本书得到复旦出版基金和
"浙江方言文献整理和方言调查"之江青年创新团队项目的支持

富阳方言研究

盛益民　李旭平　著

复旦大学出版社

"吴语重点方言研究丛书"编纂委员会

学术顾问：许宝华　王福堂　游汝杰　潘悟云　刘丹青
主　　编：陶　寰
副 主 编：盛益民
编　　委：崔山佳　黄　河　黄晓东　雷艳萍　李旭平　林晓晓
　　　　　　凌　锋　卢笑予　阮桂君　阮咏梅　施　俊　孙宜志
　　　　　　王洪钟　王　健　王文胜　吴　众　徐　波　徐丽丽
　　　　　　袁　丹　张　薇　赵　庸　郑　伟

总　序
陶　寰

一

　　语言学是经验科学,材料(语料)是研究的根本。语料之于语言学,就如实验数据之于物理学、化学、生物学。相较于标准语,方言语料有以下三方面的特点:

　　第一,变异丰富。每个方言都是一个独立的语言系统,汉语有多少种方言也即有多少个语言系统,每个语言系统都带着它独特的类型学信息和历史文化信息。同一个方言内部,不同的人群之间也有丰富的变异,这些变异反映了丰富的社会信息和语言演变信息。

　　第二,口语性强。方言几乎没有独立的书面语形式,只存在于口语之中,瞬间即逝。这就意味着,没有当下的记录,后人就无法窥见这个时代方言的面貌。

　　第三,文献稀少。历代书面语的记录基本都是标准语的记录,方言记录不成系统,且经常与标准语相错出。由于记录者多为旧时文人,他们的记录中多以方言的上层变体即文读音为主,方言中的下层变体也即土俗成分的记录不够充分。近代以来有了传教士用罗马字记录的方言材料,但失之简略,记录的水平也参差不齐。

因此，用现代语言学方法进行的方言调查和方言描写就更具有无可比拟的重要性，中国现代意义上的方言学研究甚至语言学研究正是从描写方言学发端，这不是没有原因的。

二

时代的剧变常常导致语言的剧变，汉语史已经为我们提供了鲜活的证据。自改革开放以来，中国的社会形态发生了急剧的变化，表现为：

第一，传统的农业社会开始解体，农民大量外出打工甚至移居城镇，农村人口外流严重。外流的人口产生了大量的双语双方言人群，原先的方言正在磨损。

第二，传统生活和传统观念开始发生变化。旧式家具、农具和各种工匠用具被新式的家具、农具、工匠用具和电器所取代，宗族社会、大家庭被现代小家庭取代，戏曲被流行歌曲和电影、电视取代。表示这些现代器物和观念的词语基本上都来自普通话，很大程度上消弭了方言差异。

第三，教育和现代传媒、通讯的普及使得"语同音"有了确定的标准和快速传播的渠道，很多地方普通话成了日常生活中接触到的最频繁的语码。20 世纪 80 年代以后出生的人从三岁左右开始进入幼儿园一直到二十多岁大学毕业，大部分语言交流时间都是在校园里度过的，由于校园里（尤其是在城市的学校里）禁止使用方言交流，造成语言学习的关键时期得不到足够的方言刺激。

第四，人口不仅有外流，也有输入，因而语言、方言接触的加剧，双语码人群扩大，在城市里这一点尤其明显。双语码人群除了频繁出现语码转换或语码混合之外，语言的宽容度也逐渐扩大。

这几个方面的因素促使方言的语音、词汇、语法系统同时产生了剧烈的变化，表现为：方言的词汇大量更替，旧词语大量消亡，词汇语音系统中那些依托于旧词语的早期语音层次失落严重。由于普通话这种优势语码的加入,方言的表达功能也开始残缺,语码混合现象增多。最后,方言的使用域开始退缩,公共社交领域,尤其是比较正式的场合使用方言的频率明显减少。随着方言使用域的衰退,方言的社会地位进一步降低,生存空间愈加狭小,从而形成一种万劫不复的恶性循环。

方言的衰退消亡有时代的必然,也有很强的人为因素。所谓时代的必然,乃指汉语丰富复杂的地域方言本身就是过去交通不便、高频交际范围的空间较小造成的结果。得益于交通通讯手段的现代化,人们活动空间的增大,不同语码接触的频度上升,地域方言之间的差距越来越小是必然的趋势。而20世纪50年代以来的一系列政策和措施又大大加速了方言衰退的进程。

当然,要完全消灭方言是不可能的,方言差异首先根植于语言的个人变异。可以设想,普通话在各地仍会形成各种变体,这些变体同样会形成各地固有的特色,也即地域方言。只是这些新形成的方言不再是目前各种"旧时代方言"(姑且用这个名称)直接的传承罢了。我们所处的这个时代是这两类方言交替的时期,旧时代的方言仍是许多中老年人的日常交际工具,但年轻一代中许多人已不能熟练使用,因此记录还活着的旧时代方言就成了眼下最紧迫的任务。吴语地区是中国改革开放政策的得风气之先者,社会经济的发展尤为迅速,教育水平也领先于全国其他地区,从一定程度上说,吴语区人民的语言忠诚度也较其他地区为低,很乐意接受标准语的影响,因而伴随着这些社会经济文化优势的就是吴语的衰变消退速度也远高于其他方言。吴语调查记录的迫切性是催生这一丛书最根本的动力。

近年来汉语方言的处境已得到语言学界、社会以及政策制定者的高度重视,中国语言资源保护计划的启动,其目的也正在于抢救危机中的非物质文化遗产,而方言正是其中最重要的一种。该计划从宏观方面着眼,对于单个方言来说,尚有许多无法顾及的方面,我们的丛书是想从更微观的角度对方言进行深入挖掘,对该计划进行补充完善。

三

吴语研究开启了汉语方言研究的先河,也是今天汉语方言研究的重要组成部分。从赵元任《现代吴语的研究》(1928)诞生以来,吴语研究的学者一直在孜孜不倦地调查、发现问题,尝试用各种方法来研究问题,完善我们对吴语的认识。其所涉及的领域、使用的方法、研究的深度,可以说处在汉语方言研究的前沿。

这是值得骄傲的,但同时我们也不能不看到吴语研究上仍然存在大量的空白领域和不足。首先,就研究对象而言,北部吴语特别是苏沪两地所受的关注较多,南部吴语(尤其是处衢地区)和宣州吴语所受的关注较少;中心城市的方言得到关注较多,农村地区特别是边远地区得到的关注较少;其次,就研究层面来说,吴语研究所涉及的面十分广泛,语音、词汇、语法、历史演变、语言变异等都有大量的论著,但系统的语料仍不够充分;再次,就研究特色来说,吴语研究方法多样,发掘较深,但基础语料出版不够;最后,在出版的论著中,语音(字音)材料比较丰富,词汇、语法材料相对缺乏。

就我个人所见,词典和单刊著作有:丹阳、苏州、吴江、江阴、靖江、吕四(启东)、上海市区、松江、嘉定、崇(明)启(东)海(门)、杭州、嘉善、海盐、绍兴、萧山、桐庐、余姚、宁波、鄞县、镇海北仑、舟山、天台、温岭、温州、金华、义乌、雁翅(宣城)等,篇幅大小不一,侧重各有不同。其中上海、苏州两地,研究材料最为丰富,已为深入研究奠定了良好的基础。另外,一些业余爱好者也出版了不少方言著作,如南上海(旧上海县,今闵行区)、奉贤、海宁、桐乡、余杭、德清、绍兴、萧山、嵊州、宁波、慈溪、宁海、乐清、缙云、庆元、衢州、江山,等等。后一类著作通常词汇材料比较丰富,对于了解地方文化很有帮助,但很难满足高水平方言学研究的需要。

在成片的研究方面,最早出版的是颜逸明先生的《浙南瓯语》;之后,钱乃荣先生的《当代吴语研究》沿着赵元任先生的足迹,记录了33个点的语音、词汇、语法材料;曹志耘先生的课题组,十多年来陆续出版了《吴语处衢方言研究》和《吴语婺州方言研究》,收录了南部吴语十多个点的方言材料,填补了西南部吴语研究的一个空白;秋谷裕幸发表了江山、广丰、兰溪、东阳四个点的调查材料;徐越出版了杭嘉湖地区方言的研究成果;王文胜对处州(丽水地区)方言进行了较为深入的比较研究;宣州吴语方面有蒋冰冰的《吴语宣州片方言音韵研究》。

总的来说,这些研究的字音材料较为丰富,词汇材料相对较为简略,语法材料仍不敷深入探讨之用。由于研究的不平衡性,一提到吴语,学界的印象总不出上海、苏州等北部吴语的范围,而忽略了吴语内部的巨大差异。因此,想要全面反映吴语的事实,提升研究的层次,我们仍需发掘更多的语言事实。

本丛书选点方面尽量选择非中心城市,并向南部吴语的婺州、瓯江和处衢三片倾斜。选点是开放的,只要有合适的作者,我们都欢迎加盟。

四

我们的丛书考虑到方言深入调查的难点所在,尽量选取作者自己的母语、至少是同一片的方言作为研究对象,所幸吴语研究的队伍比较庞大,差不多能满足这样的要求。

每一种书的篇幅在30—35万字。我们分为两个部分:一部分是"规定动作";另一部分是"自选动作"。所谓"规定动作",即丛书的基本要求。我们设定的框架大体如下:

1. 导言:包括概况、特点(依照吴语的共同特征、该方言片的共同特征、该方言区别于邻近方言的特征分层次叙述)、方言的内部差异(包括年龄差异)。方言内部差别较大时,可以单独设立一章进行讨论。

2. 语音：包括声韵调表（附带有具体的音值描写）、变音（如小称变音、南部吴语一些方言清浊声母在不同音高下的变音、某些数词的特殊变音等）、连读变调（包括成词的变调、结构变调、小称变调、依附调等）、文白异读的总体规律、同音字表（不少于 3 000 字）、本字考和古今音比较。

3. 词汇：词汇表不少于 4 500 条词，多多益善，按义类排列。义类的大类下可区分小类，如动物类下面区分家禽家畜、野兽、鸟类、鱼类、虫类等；动词下面区分五官动作、身体姿态、感觉心理、言说动词、系动词等，当然大部分动词很难分类。动词、形容词和量词的调查解释最好结合论元或常用搭配，即动词宾语、形容词主语、数量名短语的中心语等。介词、连词、助词等需要举例。多义词语在"方言调查词表"中可能出现在不同的类别之下，著作中应当合并为一个词条。在标音方面，原则上需要标出本调和变调，但在许多方言中，语素的本调往往是不明确的，无法通过变调形式进行"复原"，这种情况下我们只能采用变通的办法：留下本调的位置，但不标写本调。

4. 语法：包括词法和句法两部分。词法的重点在派生词和形态变化，如形容词的生动形式、小称、昵称、动词重叠以及某些形态后缀。句法分为：① 结构：短语构造（如动补、偏正、介宾）、语序（如话题化、宾语位置、副词位置）、双宾句、连词和复句；② 范畴：如否定、疑问、指称、指代、时体、态（处置、被动）、比较、情态、语气、传信/示证、数量等。语义语用范畴有时跟虚词关系更密切，但常常也与句法结构相关联，因此具体写作的时候可以互相结合，比如：否定词、否定句和否定范畴，比较句和比较范畴，处置句和处置范畴等。有些范畴是否成立尚有争议。语法例句多多益善。

如此设计当然是为了给其他研究者提供更丰富的语料。语音描写自不待言，差不多需要穷尽方言共时音系和历史演变最主要的信息，并能反映小区域内的变异情况。词汇部分我们希望能够较大多数的描写方言学著作有所突破。词语的历史发展是不平衡的，一般来说自由语素的变化速度会快于非自由语素，有些自由语素已经被另一形式替换,但早期的同义形式仍然会保留在合成词中。例如北部吴语筷子已经叫"筷""筷儿"或"筷子",但装筷子的竹筒叫"箸笼"或"筷箸笼","箸"是这一带吴语指称筷子的早期形式;又如吴语的俗语中有一个说法叫"冬冷不算冷,春冷冻杀犊","犊"义为牛犊,已不见于其他场合。苍南蛮话茅草叫"芒竿"或"茅草",闽语的底层词"菅"保留在"清明割菅,谷雨禁山"这个俗语里,意义也特化为"鲜嫩的茅草"。语音的早期层次往往依托于词汇的早期形式存在,例如江山话的苎麻叫"dɯə⁴",字即"苎",是澄母和鱼韵的早期层次;眼镜蛇叫"老鸦pʰiaʔ⁷","pʰiaʔ⁷"是"蝮"的口语音,反映了敷母和屋三韵的早期层次。如果没有较多的词汇,这些早期使用的语素以及这些语素早期的语音层次就得不到反映。

考本字的目的也想更多地反映吴语的历史信息,考本字这项研究的实质是寻找汉语方言中的同源语素,建立汉语的词族,确立构词中的形态变化。例如:绍兴话捞鱼用的长柄网兜叫"he¹ 兜",这个"he¹"本字是"櫼",或写作"㭊"。这个词普遍存在于吴语之中,各地的意义多少有一些差异,例如上海老派表示"舀"的意思。从来源上说,"櫼"是一个古江东方言词语,郭璞《方言》注说:"今江东通呼勺为櫼,音羲。"是支韵晓母字,支韵的见系吴语有 e/ɛ 一读,如"㑒""寄"等。此前一般认为"櫼"是闽南方言的特征词,反映了支韵读 ia 这一层次。这个字的考订不仅丰富了吴语支韵的读音,而且给吴语和闽语的同源关系提供了重要的证据。又如:绍兴话管家禽归宿叫做"se¹",这个字的本字是"栖",音义俱合。这个词在婺州片、处衢片方言里表示鸡窝的意思,多读为去声,可能反映了某种构词形态(关于婺州片鸡窝的本字,最早是秋谷裕幸提出的)。进一步说,这两个词的读音还反映了中古支韵和齐韵上古来源和此后演变的复杂性。

我们给语法部分较多的篇幅,希望能够比较完整地体现某个方言的语法概貌。在句法描写上,我们倾向于用功能范畴来作为描写的基础,主要是基于两方面的考虑。汉语方言的语法描写向来以结构作为描写对象,好处是较容易把握,弊端是容易流于表面,也不太容易体现方言间的语法差异。以功能范畴作为描写的基础,有利于说明某种形式的功能、同一功能范畴内部几种形式之间的差异,也方便进行跨方言比较。例如体范畴在吴语中可以用动词形容词(做补语)、副词、唯补词、体助词、语气词、动词重叠、数量短语等表达手段。唯补词是只能做补语的动词、形容词,但虚化程度要高得多,接近助词,放在哪个词类都不太合适,像上海话的"脱"、苏州话的"脱""好"和温州话的"爻"("交")等。体助词在一定条件下可以省略,也可以用在动补短语和唯补词之后。不同的手段常常还跟不同的句式结合在一起。从功能范畴出发,我们才能够系统讨论这些形式之间的关系、体助词省略的条件等。其次,吴语体范畴的次范畴划分也跟普通话有很大的差异,一些特殊的次范畴在不同的句法位置上会使用不同的标记。北部吴语的实现体标记也可以动作结束以后其状态的持续,有些学者称之为"成续体",如上海话"墙浪_上_挂了一幅画";北部吴语的动补短语后可加上持续体标记表示动词完成以后其结果的持续(似乎还没有学者讨论过这是否也是"成续体"),如上海话"渠_他_只脚掼_摔_断脱_掉_辣海_着_"。

  当然,在有限的篇幅内要全面反映一个方言的全部面貌是很困难的,有取必有舍,因此我们对长篇语料就没有做硬性的规定。一方面,方言的长篇语料记录当然是方言单点描写的重要内容。长篇语料可以分为筹划的和未筹划的两类,前者大体是有一个脚本(比如赵元任使用的"北风和太阳的故事"、中国语言资源有声数据库使用的"牛郎织女的故事"或者 Chafe 使用的短片"梨的故事"等),或者由说话者先进行组织,然后讲述记录;后者则是即兴发挥。另一方面,长篇语料也可以分为叙述和对话两类,两者在语体方面会有较大差别,前者会有较多的流水句,后者话题化的倾向会更加强烈。长篇语料的价值在于它的自然性,反映话语实际使用中的停顿、重音、语调,甚至口误等现象。然而,目前我们还没有很好的手段来记录这些语音学要素,如果只能逐词记录其语音,语法现象又不出已经描写的范围,那么长篇语料的实际价值就要大打折扣了。

  我们每位作者都接受过良好的方言学训练,共同的学术背景下也有不同的学术兴趣和学术专长,研究的领域多少有些差异。同时,每个方言自身也有不同的特色。这就是设立"自选动作"的初衷。所谓"自选动作"就是作者结合方言特色和个人的学术专长进行的专题研究。例如,宜兴处于江苏、浙江交界地区,苏沪嘉、毗陵、苕溪三个小片的接触地带,宜兴方言就非常适合进行比较细致的方言地理学研究。处衢片方言与闽语有很多共同的语音、词汇现象,语音的历史层次比较丰富,这些著作可展开吴闽语关系的讨论,进行语音的历史层次分析。少数方言有地方韵书或者传教士的记录,这些著作可以探讨百年来的演变。有些学者是实验语音学行家,不妨增加语音的声学分析;有些学者对方言语法有深入的观察,则可以深入探讨某些语法现象。

五

本丛书定位于描写方言学著作。描写与解释的关系历来颇多争议,在我看来,解释也是一种描写,两者没有本质上的区别。"太阳东升西落"是对现象的描写,"地球绕着太阳转"是对这种现象的解释,但也可以看做太阳和地球相对关系的一种描写。它背后隐藏着的是万有引力定律,万有引力定律描写了物体之间引力与它们的质量、距离之间的关系。每一层级的描写都是对前一层级现象的解释,层层深化,推动着我们对世界的认识。交叉学科的研究也不例外,社会语言学、实验语音学、心理语言学、神经语言学等领域的研究都是从另外一些角度对于语言现象的观察描写,同时也是从其他学科的角度来解释语言现象。描写与解释相辅相成。

理论与现象的关系也是如此。生成语言学主张句法具有独立性,所以他们从形式的角度描写他们的普遍语法(UG),并以此来解释各种语言中的现象;功能语法认为语法不独立于人类的其他认知模块,所以他们描写其他认知模块中的现象与语言现象之间的关系,总结出一些原则,并以此来解释语言现象。当然,同样是描写,采用不同的描写框架,其结果是完全不同的。这大概就是"横看成岭侧成峰"吧。

总之,在经验科学里描写与解释、理论与现象之间并非互相脱离的两端。理论是我们描写现象解释现象的框架,现象总是需要在一定理论框架下才能呈现出来。

我们选择的描写框架着眼于语言系统本身,大体不出美国描写语言学的范式。这种描写框架本身就是在语言调查过程中成熟起来的,对于没有语料或语料很不充分的语言/方言来说,有比较好的效果。在汉语方言的调查研究方面,前辈学者结合汉语事实对这个框架进行了优化,也取得了比较大的成就,贸然换用其他的框架会导致语料的体例不一致,对研究利用来说并非上策。当然,在具体某种现象的探讨上,我们也希望能在过去的研究上有所深化,把语言的形式和功能结合起来。每种书的作者可以借鉴其他的描写框架在自选动作中加以发挥,无论是认知语法还是生成语法,我们都不排斥。

本丛书的目标是尽量做到观察的充分性,在这个基础上,能够发掘出现象背后的一些规律并进行适当的解释。坦率地说,要达到这个要求并不容易。在具体描写的时候,想在有限的空间里面兼顾系统性和描写深度,凸显方言中有价值的语言现象或者说显赫范畴(刘丹青语),需要作者具有较高的学术修养和精雕细琢。对此,我们只能尽力而为。

六

为了提升书稿的质量,我们在操作上做了一些改变,强调了团队合作。具体来说,首先由陶寰先提出一个编写框架和体例,在工作会议上进行集体讨论,求得最大的共识。没有时间与会的学者也都出具了书面意见,相互之间进行了充分的沟通。

每部书稿的初稿完成以后,由作者将电子版稿件发给编写小组的成员进行集体审读,然后在工作会议上进行讨论。审读讨论的内容包括作者可能遗漏的某些现象、需要展开的问题、不同的学术观点、不同的记音习惯乃至行文的问题、错别字，等等。作者在这些审读意见的基础上进行修改，直至成稿。因此，本丛书不仅仅凝聚了每位作者的心血，更是一项集体合作的成果。

当然，由于我们学识上的局限，加上其他一些客观因素，丛书肯定还存在着不少缺点和错误，我们诚挚地欢迎学界同道提出尖锐的批评意见，以期在后续的吴语语料收集整理中得到完善。希望通过这些研究和交流，加深我们对于吴语、汉语乃至语言的认识。

2016.12.21 草于光华楼
2017.01.02 改定

2015年9月在四川大学参加"汉语方言中青年国际高端论坛"的时候，社科院的沈明教授提到，李荣先生生前曾反复强调方言语料的重要价值。也是在那次会议期间，赵日新、庄初升两位谈及详细描写母语方言的打算，老庄戏称之为"母语者计划"。其时，我也正谋划约请同道编写"吴语重点方言研究丛书"，与他们三位的想法可谓不谋而合。

2016年复旦大学中文系从院系发展经费中拨出一部分作为项目的启动资金。一年多以来，有20余位专家参与其事，丛书已规模初具，立项以后的第一部著作也即将出版。本序即是在几次工作会议之后，对本丛书来龙去脉的一个交代。初稿写成之后，交由团队的其他专家讨论，收到了许多建设性的意见；盛益民的意见尤为详尽，订正了原稿中一些不当表述，并补充了许多材料。在此，特向复旦大学中文系和"吴语重点方言研究丛书"团队的各位成员表示感谢。希望我们的工作能够为学界提供深入可靠的吴语语料，让吴语的面貌更加清晰真实。

2017.04.07 补记

目 录

总序（陶寰） …………………………………………………… 1

第一章 概况 …………………………………………………… 1
  1.1 富阳概况 ………………………………………………… 1
    1.1.1 地理、地貌 ………………………………………… 1
    1.1.2 人口 ………………………………………………… 2
    1.1.3 建置沿革 …………………………………………… 2
    1.1.4 县境及行政区划 …………………………………… 4
  1.2 富阳境内的方言概况 …………………………………… 7
    1.2.1 方言概况 …………………………………………… 7
    1.2.2 渔山乡的方言 ……………………………………… 8
    1.2.3 常绿镇的方言 ……………………………………… 10
    1.2.4 银湖街道导岭一带的方言 ………………………… 12
  1.3 发音人信息 ……………………………………………… 13
  1.4 方言材料来源 …………………………………………… 15
  1.5 音标和符号说明 ………………………………………… 17

第二章 音系 …………………………………………………… 20
  2.1 声韵调系统 ……………………………………………… 20
    2.1.1 声母 ………………………………………………… 20

2.1.2 韵母 ··· 21
　　　2.1.3 声调 ··· 23
　2.2 声韵配合关系 ··· 23
　2.3 连读变调 ··· 25
　　　2.3.1 韵律层级与连读变调 ······························ 25
　　　2.3.2 韵律词的连读变调 ··································· 27
　　　2.3.3 韵律短语的连读变调 ······························ 31

第三章　同音字汇 ··· 32
　3.1 同音字表 ··· 32
　3.2 本字考 ··· 60
　3.3 特字 ·· 80

第四章　音韵比较 ··· 92
　4.1 声母比较 ··· 92
　　　4.1.1 声母特点 ··· 92
　　　4.1.2 声母文白异读 ·· 93
　　　4.1.3 声母古今音比较 ···································· 95
　4.2 韵母比较 ··· 95
　　　4.2.1 韵母特点 ··· 95
　　　4.2.2 韵母文白异读 ·· 98
　　　4.2.3 韵母古今音比较 ···································· 99
　4.3 声调比较 ··· 102

第五章　分类词表 ··· 104
　5.1 天文 ··· 105
　　　5.1.1 日月星辰 ··· 105
　　　5.1.2 自然现象 ··· 106
　　　5.1.3 气候 ··· 109

5.2	地理	109
	5.2.1 田地	109
	5.2.2 山	111
	5.2.3 水	111
	5.2.4 沙石、矿物等	113
5.3	时令时间	115
	5.3.1 季节、节气	115
	5.3.2 年	116
	5.3.3 月	117
	5.3.4 日	118
	5.3.5 其他时间概念	119
5.4	生产活动	120
	5.4.1 农事	120
	5.4.2 农具	122
	5.4.3 副业	125
5.5	植物	127
	5.5.1 粮食作物	127
	5.5.2 蔬菜	130
	5.5.3 水果	132
	5.5.4 树木	133
	5.5.5 花草、菌类	135
5.6	动物	138
	5.6.1 牲畜	138
	5.6.2 野兽	141
	5.6.3 鸟类	142
	5.6.4 蛇虫	144
	5.6.5 水产	146
5.7	饮食	149
	5.7.1 米面主食	149

5.7.2　荤素食材 …………………………………… 151
　　　5.7.3　菜肴 ……………………………………… 153
　　　5.7.4　烟、酒、茶水 ……………………………… 154
　　　5.7.5　糖果点心 …………………………………… 155
　　　5.7.6　作料 ……………………………………… 156
　5.8　服饰 …………………………………………… 157
　　　5.8.1　衣裤 ……………………………………… 157
　　　5.8.2　鞋帽类 …………………………………… 158
　　　5.8.3　配饰 ……………………………………… 160
　5.9　房屋建筑 ……………………………………… 161
　　　5.9.1　住宅院落 …………………………………… 161
　　　5.9.2　房屋结构 …………………………………… 163
　　　5.9.3　其他设施 …………………………………… 164
　5.10　器具 ………………………………………… 165
　　　5.10.1　一般家具 ………………………………… 165
　　　5.10.2　卧室用具 ………………………………… 166
　　　5.10.3　厨房用具 ………………………………… 169
　　　5.10.4　生活用具 ………………………………… 173
　　　5.10.5　工匠用具 ………………………………… 175
　5.11　人品名称 …………………………………… 177
　　　5.11.1　一般称谓 ………………………………… 177
　　　5.11.2　职业称谓 ………………………………… 180
　5.12　亲属、社会关系 …………………………… 182
　　　5.12.1　长辈 ……………………………………… 182
　　　5.12.2　平辈 ……………………………………… 184
　　　5.12.3　晚辈 ……………………………………… 185
　　　5.12.4　其他亲属和社会关系 …………………… 185
　5.13　身体 ………………………………………… 187
　　　5.13.1　头部 ……………………………………… 187

		5.13.2	四肢	190
		5.13.3	躯干	191
		5.13.4	其他	192
	5.14	疾病医疗		194
		5.14.1	伤病	194
		5.14.2	生理缺陷	198
		5.14.3	医疗	199
	5.15	婚丧风俗		200
		5.15.1	岁时风俗	200
		5.15.2	婚姻	203
		5.15.3	生育、寿诞	204
		5.15.4	丧葬	206
		5.15.5	信仰	207
	5.16	官司诉讼		210
	5.17	商贸活动		212
		5.17.1	行业	212
		5.17.2	经营、交易	214
		5.17.3	商贸工具	216
	5.18	交通邮政		218
		5.18.1	陆路交通	218
		5.18.2	水路交通	219
		5.18.3	邮政	220
	5.19	文化教育		221
		5.19.1	学校教育	221
		5.19.2	教学用具	222
		5.19.3	读书识字	223
	5.20	文娱活动		224
		5.20.1	游戏玩具	224
		5.20.2	体育活动	227

5.20.3　文化活动 …………………………………………… 228
5.21　人事交际 ……………………………………………………… 230
　　　5.21.1　一般交际 …………………………………………… 230
　　　5.21.2　言语交际 …………………………………………… 232
5.22　日常生活 ……………………………………………………… 234
　　　5.22.1　衣 …………………………………………………… 234
　　　5.22.2　食 …………………………………………………… 235
　　　5.22.3　住 …………………………………………………… 238
　　　5.22.4　行 …………………………………………………… 241
5.23　一般动作 ……………………………………………………… 242
　　　5.23.1　头部动作 …………………………………………… 242
　　　5.23.2　手部动作 …………………………………………… 243
　　　5.23.3　腿脚动作 …………………………………………… 248
　　　5.23.4　全身动作 …………………………………………… 248
　　　5.23.5　心理动作 …………………………………………… 250
　　　5.23.6　系动词等 …………………………………………… 252
5.24　性状 …………………………………………………………… 253
　　　5.24.1　形状、颜色 ………………………………………… 253
　　　5.24.2　状态、感受 ………………………………………… 255
　　　5.24.3　性质 ………………………………………………… 258
　　　5.24.4　形貌、性格 ………………………………………… 259
　　　5.24.5　境况、品行 ………………………………………… 261
5.25　数量词 ………………………………………………………… 263
　　　5.25.1　数词 ………………………………………………… 263
　　　5.25.2　量词 ………………………………………………… 264
5.26　方位、趋向 …………………………………………………… 267
　　　5.26.1　方位 ………………………………………………… 267
　　　5.26.2　趋向动词 …………………………………………… 269
5.27　指代词 ………………………………………………………… 270

  5.27.1　人称代词 …… 270
  5.27.2　指示代词 …… 271
  5.27.3　疑问代词 …… 272
 5.28　副词 …… 273
  5.28.1　时间 …… 273
  5.28.2　程度 …… 274
  5.28.3　范围 …… 274
  5.28.4　肯定、否定 …… 275
  5.28.5　情状、语气 …… 275
 5.29　介词、连词 …… 277
 5.30　唯补词、助词等 …… 278
 5.31　儿童语 …… 279

第六章　语法概况 …… 280

 6.1　构词法 …… 280
  6.1.1　复合构词 …… 280
  6.1.2　加缀构词 …… 281
  6.1.3　重叠构词 …… 283
 6.2　名词性短语 …… 286
  6.2.1　名词的指称 …… 286
  6.2.2　名词的数 …… 287
  6.2.3　修饰结构 …… 288
 6.3　人称代词 …… 289
  6.3.1　三身代词 …… 289
  6.3.2　反身代词、旁称代词和统称代词 …… 292
 6.4　指示词 …… 294
  6.4.1　方位指示 …… 294
  6.4.2　个体指示 …… 296
  6.4.3　时间指示 …… 297

6.4.4 方式、程度指示 …… 298
6.5 数词、量词和(数)量名短语 …… 299
6.5.1 数词 …… 299
6.5.2 量词和量词重叠 …… 302
6.5.3 "数(量)名"结构 …… 304
6.5.4 有定和无定"量名"结构 …… 305
6.5.5 "数量+头" …… 306
6.6 谓词及动词性短语 …… 307
6.6.1 动宾和动补短语 …… 307
6.6.2 动词重叠形式 …… 310
6.6.3 双及物结构 …… 311
6.6.4 性质形容词和状态形容词 …… 313
6.7 介词和介词短语 …… 314
6.7.1 处所介词 …… 315
6.7.2 表"往,从"的介词 …… 317
6.7.3 表"到"的介词 …… 317
6.7.4 表"给"的介词 …… 318
6.7.5 表"向"的介词 …… 318
6.7.6 表"对"和"和"的介词 …… 319
6.8 致使、处置和被动结构 …… 320
6.8.1 致使结构 …… 320
6.8.2 被动结构 …… 321
6.8.3 处置结构 …… 322
6.9 时间范畴与体标记 …… 324
6.9.1 进行体 …… 324
6.9.2 持续体 …… 326
6.9.3 完整体 …… 327
6.9.4 完成体 …… 328
6.9.5 完成体、经历体和重复体:过 …… 329

         6.9.6 完结体 ·· 331
         6.9.7 将行体 ·· 332
         6.9.8 尝试体 ·· 333
    6.10 情态范畴 ··· 333
         6.10.1 情态动词 ······································· 334
         6.10.2 情态副词 ······································· 336
    6.11 否定范畴和否定句 ···································· 337
         6.11.1 一般否定词"弗" ································ 338
         6.11.2 存在否定词"无"和"咪" ·························· 338
         6.11.3 完成体的否定 ··································· 340
         6.11.4 情态否定 ······································· 341
    6.12 疑问范畴和疑问句 ···································· 343
         6.12.1 一般疑问句 ····································· 343
         6.12.2 疑问词的疑问用法 ······························· 345
         6.12.3 疑问词的非疑问用法 ····························· 348
         6.12.4 选择问句 ······································· 349
         6.12.5 附加问 ··· 349
    6.13 比较范畴和比较句 ···································· 350
         6.13.1 差比句 ··· 350
         6.13.2 等比关系和比喻关系 ····························· 351
         6.13.3 极比关系 ······································· 353
    6.14 句子和语序 ·· 353
         6.14.1 话题和语序的关系 ······························· 353
         6.14.2 动补结构和宾语的位置 ··························· 355
    6.15 复句和连词 ·· 356

第七章 内部差异 ··· 358
    7.1 语音差别 ··· 358
        7.1.1 声母差异 ··· 358

   7.1.2 韵母差异 …………………………………… 362
   7.1.3 声调差异 …………………………………… 369
  7.2 实词差别 ………………………………………… 370
  7.3 虚词差别 ………………………………………… 373
   7.3.1 人称代词 …………………………………… 373
   7.3.2 指示词 ……………………………………… 375
   7.3.3 疑问代词 …………………………………… 376
   7.3.4 否定词 ……………………………………… 377
   7.3.5 介词 ………………………………………… 378
   7.3.6 体标记 ……………………………………… 379
  7.4 方言内部分区小结 ……………………………… 380

附 录 代表点音系及字音对照表 ………………… 383
  代表点音系 ………………………………………… 383
  字音对照表 ………………………………………… 405

参考文献 ……………………………………………… 428

后记一 ………………………………………………… 436

后记二 ………………………………………………… 439

图表目录

图 1　富阳政区图(1992 年) ·················· 5
图 2　富阳政区图(2016 年) ·················· 6
图 3　老富阳范围图·························· 6
图 4　富阳区方言分布简图···················· 8
图 5　主要调查点分布图······················ 15
图 6　富阳方言内部分区简图·················· 381

表 1　渔山、富阳、萧山语音对照表············ 9
表 2　渔山、富阳、萧山实词对照表············ 9
表 3　渔山、富阳、萧山虚词对照表············ 10
表 4　富阳、湖源、常绿、诸暨语音对照表······ 11
表 5　富阳、湖源、常绿、诸暨实词对照表······ 11
表 6　富阳、湖源、常绿、诸暨虚词对照表······ 12
表 7　银湖导岭、富阳虚词对照表·············· 13
表 8　发音人信息一览表······················ 13
表 9　方言材料来源表························ 15
表 10　辅音表······························ 18
表 11　元音表······························ 18

表 12	调类对应表	19
表 13	富阳方言声母表	20
表 14	富阳方言韵母表	21
表 15	富阳方言声调表	23
表 16	声韵配合表	23
表 17	两字组连读变调表	27
表 18	韵律词与韵律短语比较表	31
表 19	韵母顺序表	32
表 20	吴语"大便"义词的读音比较	62
表 21	吴语"戴"义词读音比较	64
表 22	富阳等地"捡拾"义词语音对照	72
表 23	吴语"女"读音比较	81
表 24	部分吴语"梳"读音比较	82
表 25	吴语"数"读音比较	82
表 26	吴语"蟹""苋"读音表	84
表 27	汉语方言"鏊"读音比较表	86
表 28	北部吴语"撂"读音比较	89
表 29	吴语"块"读音比较	89
表 30	古今声母演变表	95
表 31	古今韵母比较之一：舒声开口	99
表 32	古今韵母比较之二：舒声合口	100
表 33	古今韵母比较之三：入声开口	101
表 34	古今韵母比较之四：入声合口	102
表 35	古今声调对应表	102
表 36	富阳方言人称代词的普通式和强调式	289
表 37	富阳话的指示词系统	294
表 38	富阳话的疑问代词	345

表 39	富阳地区尖团音差异表	359
表 40	富阳地区来母读鼻音差异表	360
表 41	富阳地区疑母洪音读零声母表	360
表 42	吴语疑母洪音读零声母表	361
表 43	富阳果摄见母开合对立表	362
表 44	吴语果摄见系开合对立表	363
表 45	富阳麻韵开口增生-u-介音表	363
表 46	吴语麻韵开口增生-u-介音表	364
表 47	富阳侯韵见组读音表	364
表 48	富阳咸山摄是否读口元音差异表	365
表 49	临绍小片吴语咸山摄读口元音表	366
表 50	富阳方言咸山摄三四等的分混情况	366
表 51	富阳地区咸山摄开口三四等与深臻曾摄开口三四等的混并表	367
表 52	富阳深臻曾摄部分字三等读入一等	367
表 53	富阳地区梗开二白读与其他韵类分混表	368
表 54	富阳各地声调调类、调值对照表	369
表 55	春江、东图词汇差异表	370
表 56	富阳方言常用词差异表	372
表 57	富阳方言人称代词内部差异	373
表 58	富阳方言指示代词内部差异	375
表 59	富阳方言疑问代词内部差异	376
表 60	富阳方言否定词内部差异	377
表 61	富阳方言介词内部差异	379
表 62	富阳方言常用体标记内部差异	380
表 63	富阳方言内部差异总表	381

第一章
概　况

1.1　富　阳　概　况

1.1.1　地理、地貌

富阳区位于浙江省西北部，富春江下游，属杭州市所辖。地理坐标为东经119°25′—120°19.5′、北纬29°44′45″—30°11′58.5″(中心位于东经119°57′、北纬30°03′)。东接杭州市萧山区，南连绍兴诸暨市，西邻杭州市桐庐县，北与杭州临安市、余杭区、西湖区毗邻。最东端位于东洲街道五丰村境内，北纬30°06′、东经120°09′；最西端位于万市镇何务村境内，北纬30°06′、东经119°25′；最南端位于湖源乡南坑村境内，北纬29°44′、东经119°55′；最北端位于万市镇东叙村境内，北纬30°12′、东经119°34′。市境东西长69.70公里(东起东洲街道五丰村，西至万市镇何务村)，南北宽49.70公里(南起湖源乡石龙村，北至银湖街道铜岭坞村)，总面积1831.21平方公里。

富阳区整体地貌以"两山夹江"为最大特征。天目山余脉绵亘西北，仙霞岭余脉蜿蜒东南，富春江西入东出，斜贯市境中部。平均海拔300.5米，江南主峰杏梅尖海拔1067.6米，为全市最高点，最低处皇天畈，海拔6米。地势由东南、西北向中部倾斜。依其地表水陆形态分，山地、丘陵面积1439.6平方公里，占市境总面积的78.61%；平原、盆地面积299.63平方公里,占16.36%;水域面积91.98平方公里,占5.02%。故有"八山半水分半田"之称。

富阳区河流均属钱塘江水系,富春江(钱塘江从建德市梅城镇下至萧山区闻家堰段)横贯市境中部,流程52公里,在区域内纳渌渚江、壶源江、新桥江、常绿溪、龙门溪、青云浦、大源溪、小源溪、渔山溪等,沿钱塘江注入东海。两岸风光秀丽,1982年,经国务院批准,富春江-新安江-千岛湖"两江一湖"被列为国家级风景名胜区。

1.1.2 人口

根据富阳区门户网站(http://www.fuyang.gov.cn/),截至2015年年末,富阳户籍人口66.8万人。根据第六次人口普查,富阳常住人口71.7万人,其中市外流入人口13.5万人。居有汉族及侗、畲、苗、布依、壮、土家、彝、回、满、黎等34个少数民族,其中少数民族户籍人口5 108人,主要分布在一个少数民族村(新登镇双江村)和三个少数民族聚居村(富春街道新联村,万市镇槎源坞村、白石村)。外来暂住人口26 000余人,呈现大散居、小聚居的分布格局。

富阳文化底蕴深厚,人才辈出,历史上曾涌现出三国吴大帝孙坚、孙权父子,唐代诗人施肩吾、罗隐,元代大画家黄公望,现代著名作家郁达夫、著名地理学家周廷儒等一大批杰出人物。

1.1.3 建置沿革

富阳历史悠久,古称富春。秦王嬴政二十六年(公元前221)置县,辖境含今桐庐、建德等地。新莽始建国元年(9),改名诛岁。东汉建武元年(25),复名富春。

三国吴黄武四年(225)析富春县地置建德、新昌(后改寿昌)、桐庐3县。次年(226)析富春县置新城县(故治在今新登镇东)。富阳、新登两县建置以此而始。

东晋太元十九年(394),为避简文帝生母太后郑阿春讳,改富春为"富阳",富阳之名始于此。

南朝梁武帝太清三年(549),侯景升钱唐县为临江郡,隶吴州,为杭州设置郡级政区之始。陈后主祯明元年(587),改置钱唐郡,隶吴州,郡治钱唐县,下辖钱唐、富阳、新城、於潜(故治在浙江临安市於潜镇)4县。

隋朝开皇九年(589)废钱唐郡,置杭州。废富阳县、新城县,并入钱唐县,属杭州。大业三年(607)改杭州为余杭郡,复置富阳县、新城县,同属余杭郡。唐武德七年(624)废新城县并入富阳县,永淳元年(682)又复置新城县,两县分立的建置遂定。

五代后梁开平元年(907),避梁太祖父朱诚之讳,改新城为"新登",取"年谷丰登"之义,新登之名始于此。开平二年(908)富阳复改名富春。

北宋太平兴国三年(978)又改回富阳县,次年(979)复改新登为新城。太平兴国六年(981)析临安地(原属分水县之南新、宁善、新登、广陵、桐岘五乡)置南新县,县治在今杭州市富阳区万市镇。熙宁五年(1072)废南新县,并入新城县。

南宋富阳、新城属临安府,元属杭州路,明、清属杭州府。民国元年(1912)废府设道,富阳、新城两县同属钱塘道。民国三年(1914)新城改名为新登县。

1949年5月4日,富阳、新登解放,属临安专区。1958年12月,改属杭州市至今。1958年11月撤销新登县,并入桐庐县,1960年8月撤销富阳县并入桐庐县。1961年12月恢复富阳县,以合并于桐庐县的原富阳、新登二县行政区域为富阳县。1994年1月18日,撤销富阳县,设立富阳市,行政区域不变。2014年12月13日,撤销县级富阳市,设立杭州市富阳区,以原富阳市的行政区域为富阳区的行政区域。

1.1.4 县境及行政区划

老富阳①县境范围,据清康熙《富阳县志》记载:全境东西相距五十五里,南北相距一百十五里。其四至为:东至钱塘县湖塘山石牌界二十五里,西至新城县分派岘界三十里,南至诸暨县岭峰界八十五里,北至余杭县筱岭界三十里,东南至萧山县古石牌界四十五里,西南至浦江县金沙岭界一百四十五里,东北与钱塘县分金岭界五十里,西北至临安县芝罗岭界四十五里。原新登县境范围,根据清乾隆《杭州府志》,全境东西相距九十五里,南北相距九十里。

富阳的行政区划历来有所调整。新中国成立以后的行政区划中,1984年的比较重要,除了直属镇富阳镇外,当时富阳全县分为5区51乡镇,即:(1)青云区:辖受降、新联、坑西、三桥、金桥、新义、春建、大青、春江、东洲、江丰、新民、三山、上里14乡;(2)大源区:辖大源、渔山、里山、灵桥、礼源、新关、新建、上官、常绿9乡;(3)场口区:辖场口、王洲、新桐、东图、常安、龙门、环山、湖源、栖鹤、窈口10乡;(4)新登区:辖新登镇和新浦、渌渚、城阳、灵山、南津、松溪、永昌、湘溪、湘主、胥口、高坪11乡;(5)龙羊区:辖万市、南新、南安、洞桥、三溪、贤德6乡。

到1992年5月,富阳撤区扩镇并乡,从原来的52乡镇合并为14镇、11乡:撤销南新、南安2乡,并入万市镇;撤销上里、新桐2乡,并入三山镇;撤销王洲乡,并入场口镇;撤销新关、新建2乡,并入大源镇;撤销灵山、南津、松溪、湘溪、湘主5乡,并入新登镇(城阳乡已于1991年月并入);撤销大青、三桥、春江、东洲、江丰、新民6乡,并入富阳镇;撤销新浦乡,并入渌渚镇;撤销栖鹤乡,并入常安镇;撤销礼源乡,并入灵桥镇;撤销新联、坑西2乡,合并新建高桥镇;撤销胥口、高坪2乡,合并为胥口镇;撤销洞桥、三溪、贤德,合并为洞桥镇;其他乡

---

① 本书把富阳、新登合并之前的富阳称为"老富阳"。

镇不变。合并后的富阳政区图见下(引自富阳县地方志编纂委员会1993)：

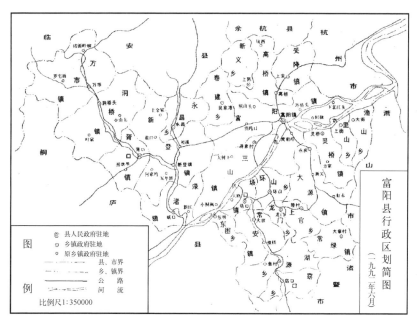

图1　富阳政区图(1992年)

之后，境内区划又发生了部分变化，主要变化为：撤销富阳镇和三山镇，设立富春街道、东洲街道、春江街道、鹿山街道和新桐乡；撤销新义乡并入高桥镇，之后高桥、受降二镇又合并为银湖街道；撤销东图乡，并入场口镇；撤销窈口乡，并入湖源乡。

根据富阳区门户网站，截至2014年5月，富阳区下辖5个街道、13个镇、6个乡：富春街道、东洲街道、春江街道、鹿山街道、银湖街道；场口镇、常安镇、万市镇、洞桥镇、胥口镇、新登镇、渌渚镇、灵桥镇、大源镇、常绿镇、龙门镇、里山镇、永昌镇；环山乡、湖源乡、上官乡、渔山乡、春建乡、新桐乡。共有行政村276个、村民小组4628个、居民区3个、社区26个。

以下为2016年的富阳政区图：

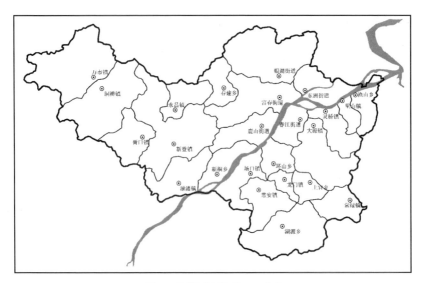

图 2　富阳政区图(2016 年)

老富阳的范围大致如下图所示：

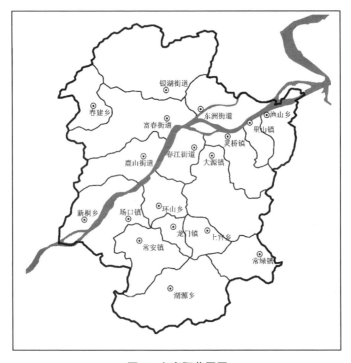

图 3　老富阳范围图

1.2 富阳境内的方言概况

1.2.1 方言概况

富阳辖区境内的方言非常复杂。原新登县区域说的是新登话；新中国成立后从原杭县（由原钱塘、仁和二县合并而成）划入富阳的部分，包括银湖街道交界岭以北地区（原杭县寿民乡）、东洲街道东洲沙官路以东的民联（原杭县周安乡浮沙、铜钱沙和东清乡小沙）、紫铜二村，说的是属于苕溪小片的老杭县话。

即便是在老富阳县境内，也依然复杂。一方面，部分地区由于与相邻地区有更频繁的往来与接触，因此所说的方言反而接近临近地区。根据我们初步的调查，渔山溪流域的渔山乡（包括原属渔山、2008年才划入东洲街道的五丰村）、大源原虹赤自然村以东地区和常绿原青龙头、石盆自然村说的话接近萧山话，其中渔山乡说的方言靠近萧山中部的方言，而大源、常绿境内的则是靠近萧山南部楼塔一带的方言；常绿溪流域的常绿大部分地区和大源史家村等说的方言接近诸暨方言，原窈口乡的方言据发音人介绍也有一些接近诸暨马剑的特点；银湖街道导岭一带的方言由于靠近余杭，其方言接近属于苕溪小片的老余杭中泰乡一带的方言。①

另一方面，由于移民的因素，老富阳境内还形成了一系列的方言岛。例如原受降、三桥等地有温州平阳移民，新登镇及鹿山街道等地有淳安县新安江移民，银湖街道、湖源乡等地有绍兴移民，湖源乡费家村全村对内说江淮官话，新登镇双江村有畲族聚居村，等等。

富阳境内的方言分布，大致如下图所示：

---

① 老余杭方言与老杭县方言都属于吴语太湖片苕溪小片，比较接近，但仍有一些差别。

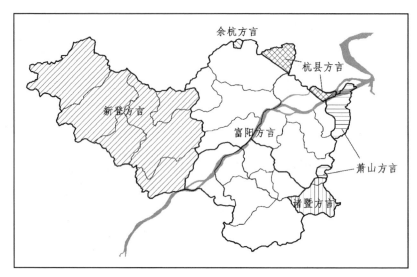

图 4　富阳区方言分布简图

本书主要关注老富阳县境内的富阳方言,原新登县、新中国成立后从原钱塘县划入富阳的部分以及因移民形成的方言岛不在本书的考察范围内。由于渔山、常绿、银湖街道导岭一带基本上可以看做是萧山话、诸暨话、余杭话,因此可以说老富阳话分布于老富阳除去渔山、常绿、银湖街道导岭一带等地的地区。根据《中国语言地图集》中的"汉语方言分区图",老富阳方言都属于吴语太湖片临绍小片。

渔山乡、常绿镇和银湖街道导岭一带的方言与富阳其他地区有较大差别,本节接下来将会简要介绍。本书的主体部分将不再包括这三个地区的方言,三地的音系和对照字表请参附录。

1.2.2　渔山乡的方言

渔山乡地处县境东北部,东邻杭州萧山区,东北与杭州市西湖区隔江相望。由于地理上渔山乡有山与里山镇相隔,同时靠近萧山义桥镇,交通方便,在商贸方面也与义桥有较多的往来,因此渔山乡的方言大部分特征都接近萧山中部地区的方言,下面从语音、实词、虚词三个方面比较其与富阳、萧山的异同。萧山使用城厢街道的材料,主要根据大西博子(1999)等。

先来看语音。渔山方言来母细音阳声韵字不读 n-、鱼虞韵知章组读 ɿ、侯尤韵合流读 iɤu、咸山摄舒声字与梗摄二等不混、次浊调不归入阴调类、保持四声八调等特征,与萧山相同而异于富阳。请看以下对比材料:

表1　渔山、富阳、萧山语音对照表

	林　宁	书鱼　树虞	头侯　酒尤	胆　打	二　地
富阳	niŋ² niŋ²	ɕy¹ zy⁶	dei² tɕiu³	tã³ tã³	n̠i⁵ di⁶
渔山	liŋ² niŋ²	sɿ¹ zɿ⁶	diɤu² tɕiɤu³	te³ te³	n̠i⁶ di⁶
萧山	liŋ² niŋ²	sɿ¹ zɿ⁶	dio² tɕio³①	tẽ³ tã³	n̠i⁶ di⁶

此外,还有些特殊的语音表现也与萧山相同,如"水"读 sɿ³、"鱼"读 ŋ̍²、"鼠老~"读 tsʰɿ³ 等。当然,渔山在语音上也有一些自己的特点,具体请参附录部分的介绍。

再来看实词。主要有三种不同的情况:第一,富阳方言与萧山方言虽然同属临绍小片,但由于原本属于不同的府(富阳属于杭州府,萧山属于绍兴府),相互之间的词汇有较大差别,两地有差别之处,渔山的词汇基本上比较接近萧山;第二,由于渔山行政上还属富阳,所以也难免有一小部分特征与富阳相同;第三,还有一些词是渔山与萧山、富阳都不同。下面举一些常用词,A、B、C分别代表三种不同的情况,请看下表的对比:

表2　渔山、富阳、萧山实词对照表

A类	祖父	祖母	弟弟	妹妹	女儿	舅母	丈夫	妻子
富阳	老伯	阿婆	兄弟	妹子	女	娘舅母	老子	老娘
渔山	爷爷	娘娘	阿弟	阿妹	囡	娘妗	老公	老嬢
萧山	爷爷	娘娘	阿弟	阿妹	囡	娘妗	老公	老嬢

	厨师	脸	手臂	桌子	洗衣棒槌	中饭	菜肴	肚子饿
富阳	厨师	脸孔	手梗	桌床	榔头	日中饭	菜	肚皮饥
渔山	师工	面孔	手膀	□dio⁴	棒槌	晏饭	下饭	肚皮瘝
萧山	师工	面孔	手膀	□dio⁴	棒槌	晏饭	下饭	肚皮瘝

---

① 根据盛益民调查,萧山城厢的流摄字主元音仍有动程,而麻韵二等见系的老文读才是 io。

续　表

	猪圈	翅膀	豌豆	昨天	上午	中午	谜语	洗
富阳	猪栏	翼胛	寒豆	昨日子	上半日	日中	喻子	洗
渔山	猪圈	翼膀	花蚕豆	上日子	上昼	晏昼	枚子	屏
萧山	猪圈	翼膀	花蚕豆	上日子	上昼	晏昼	枚子	屏

	跑	靠	油炸	给	回家	小孩乖		
富阳	跑	靠	沸	拨=	回去	慧、填债		
渔山	□dʑia⁴	隉	□tsʰŋ¹	板=	归去	偎		
萧山	□dʑia⁴	隉	□tsʰŋ¹	板=	归去	偎		
B类	脖子	地方	高粱	倒掉	踩	闻		
富阳	胫颈	户荡	芦粟	倒	踏	闻		
渔山	胫颈	户荡	芦粟	倒	踏	闻		
萧山	项颈	埭户	打粟	□tʰeŋ¹	□nɔ⁶	嗅		
C类	冰雹	下午	玩具	围嘴	耳环			
富阳	冰雹	晚半日	搞家生	围口袋	耳朵环			
渔山	冰片	晚昼	顽家生	围嘴袋	圈链			
萧山	雪雹子	下昼	嬉家生	围嘴布	环子			

最后是虚词,我们只需简单地比较几个词,就能看出渔山方言接近萧山而异于富阳来,请看下表:

表3　渔山、富阳、萧山虚词对照表

	我们	你们	他们	那	什么	没有	被动介词	处所介词
富阳	阿拉	倷	俰	尔带	何事	□mi¹	拨=	来里、来底
渔山	□ŋa⁴	尔拉	渠拉	□han⁵	啥[ho¹]	无有	板=	来带、来亨、来咚
萧山	□ŋa⁴	尔拉	渠拉	□han⁵	啥[ho¹]	无有	板=	来带、来亨、来咚

1.2.3　常绿镇的方言

常绿镇(包括原属富阳、1957年11月才划入诸暨的紫云乡)与诸暨应店街道接壤。过去翻过雀门岭便可到诸暨,距诸暨只有50里,离富阳有70里,反而交通不便。常绿镇与诸暨有更密切的往来,因此方言也受诸暨影响,甚至有不少居民是从诸暨迁来的。

下面从语音、词汇、语法三个方面考察常绿与诸暨、富阳的关系,诸暨的材料语音根据顾春蕾(2007)、词汇语法根据钱乃荣(1992a)和盛益民调查。

先来看语音方面。以下几点体现常绿与诸暨相同而异于富阳:戈韵、模韵帮组字有别;咸山摄一律读口元音,尤其覃韵、谈韵见系、寒桓韵等读ɤ、yɤ是诸暨的特色;咸山摄与梗摄二等不混;富阳方言存在次浊归阴调类的现象,而常绿次浊调仍属于阳调类;常绿阴平与阴上合流,阳平与阳上合流,也体现出诸暨的特点来。由于常绿位于富阳的东南,下面增加一个富阳湖源作为比较的方言点,请看以下的比字:

表4　富阳、湖源、常绿、诸暨语音对照表

	婆	菩	蚕	原	胆	打	二	地	题	家	嫁
富阳	bu²	bu²	zẽ²	yẽ²	tã³	tã³	ȵi⁵	di⁶	di²	ko¹	ko⁵
湖源	bu²	bu²	ze²	ye²	ta³	ta³	ȵi⁶	di⁶	di²	kuo¹	kuo⁵
常绿	bəu²	bu²	zɤ²	ɦyɤ²	tɛ³	tã³	ȵi²	di²	di²	ko¹	ko¹
诸暨	bəi²	bu²	zɤ²	ɦyɤ²	tɛ³	tã³	ȵi²	di²	di²	ko¹	ko¹

当然常绿也有同于富阳而异于诸暨的地方,主要表现在来母阳声韵读 n- 上,例如:林 niŋ²、两 niã⁴,而诸暨一般读 l-。

接下来是实词方面。诸暨原本属于绍兴府,与富阳方言在词汇上也有较大的差别,常绿的词汇比较接近诸暨。以下只选择部分常用词汇做一比较:

表5　富阳、湖源、常绿、诸暨实词对照表

	热	乖	撕	跑	打雷	猪牛栏	脱帽	洗
富阳	热	慧、填债	扯	跑	动雷	猪栏	除	洗
湖源	热	填债	扯	跑	动雷	猪栏	除	洗
常绿	暖	偎	劰	抢	打天雷	猪团	下	屓
诸暨	暖	偎	劰	抢	打天雷	猪团	下	屓

续　表

	高粱	爷爷	奶奶	弟弟	妹妹	妻子	昨天	中午
富阳	芦粟	老伯	阿婆	兄弟	妹子	老娘	昨日子	日中
湖源	芦粟	老伯	阿婆	兄弟	妹子	老娘	昨日子	日中
常绿	芦穄	爷爷	娘娘	阿弟	阿妹	老嬢	上日子	晏昼
诸暨	芦穄	爷爷	娘娘	阿弟	阿妹	老嬢	上日子	晏昼

最后是虚词方面。常绿与诸暨相同,而异于富阳的特点也非常明显,请看以下的对照表:

表 6　富阳、湖源、常绿、诸暨虚词对照表

	我们	他	他们	那	什么	谁	怎么	给~他开门
富阳	阿拉	渠 i⁶	俹	尔带	何[go²]事	何[gã]侬	哪个	拨⁼
湖源	阿拉	渠 i⁴	俹	尔带	何[ga²]事	何[ga]侬	哪个	拨⁼
常绿	伢 ŋa⁴	渠 dʑi²	伽 dʑia²	美⁼me⁵	何[ɦa²]只	何[ɦa]个	何只介	得⁼te<ʔ>⁷
诸暨	伢 ŋa⁴	渠 dʑi²	伽 dʑia²	美⁼me⁵	何[ɦa²]只	何[ɦa]个	何只介	得⁼te<ʔ>⁷

1.2.4　银湖街道导岭一带的方言

银湖街道的导岭、峡岭一带,靠近余杭中泰乡。据发音人介绍,过去其田地主要分布于余杭中泰乡一带,因此与余杭地区有更多的交流,方言上靠近老余杭话也就非常自然了。

银湖导岭方言以下几点音韵特点与余杭一致:第一,没有撮口呼,这是吴语太湖片苕溪小片最显著的特征,例如:雨 i³、云 iŋ²;第二,覃韵、谈寒韵见系、桓韵端系读 uɔ̃、iɔ̃,这些韵主元音读圆唇元音也是余杭一带的特点,而与富阳不同,例如:蚕 zuɔ̃²、权 dʑiɔ̃²;第三,次浊上归阴上,这也与富阳北部地区次浊去归阴去的现象不同。

当然,毕竟银湖街道的导岭、峡岭一带行政上一直归富阳管辖,也有一些富阳的特点,如来母细音阳声韵字也出现了与泥母合流读 n-的现象,例如:连⁼年 niɛ²、良⁼娘 niã²、林⁼宁 niŋ²。不过我们在余杭临平也调查到了类似的现象,可见来母阳声韵读鼻音可能不仅仅限于富阳北部。

在虚词方面有不少不同于富阳的地方,例如:

表 7　银湖导岭、富阳虚词对照表

	我们	这里	没有	把~鸡杀掉了	在近指	了₂
富阳	阿拉	格里、来里	□mi⁵³	搭 kʰoʔ⁵	来底	嘚 deʔ⁰
导岭	□ŋa²¹²	(格)□(keʔ³³)nuɔ̃³³	无得m̩³³peʔ⁵⁵	担 tā⁵⁵	来塔	唻 le⁰

当然也有不少虚词是与富阳的特点相同的,如"那、那里"说"尔带"n⁵⁵ta⁵⁵、"什么"说"何事"go¹¹l̩⁵⁵等。

1.3　发音人信息

本书的发音人信息如下表所示:

表 8　发音人信息一览表

方言点(自然村)	发音人姓名	出生年	个人主要经历
春江八一1(栗树园村)	董仁青	1944 年	浙江大学毕业,富阳铸造厂退休
春江八一2(栗树园村)	吴永青	1959 年	务农
富春苋浦(原城关镇)	吴建民	1954 年	世居富阳,在企业工作退休
富春秋丰(石塔上村)	陶文燕(女)	1992 年	北京语言大学硕士研究生
灵桥永丰(赵家墩村)	汪建	1956 年	大专毕业,民政局退休
灵桥外沙(外沙村)	李平儿(女)	1985 年	硕士毕业,医院医生
东洲黄公望1(华墅村)	章南忠	1936 年	务农
东洲黄公望2(华墅村)	章征武	1973 年	务农,章南忠之子
大源骆村(骆村)	骆善珍	1940 年	师范肄业,当过村里会计和机修工等
鹿山新祥(夏家村)	夏关同	1942 年	中学、小学教师退休

续　表

方言点（自然村）	发音人姓名	出生年	个人主要经历
春建咸康（上台门村）	徐长德	1947年	杭州大学毕业，富阳文化馆退休
银湖受降（大树下村）	金国强	1956年	退休教师
银湖金竺（导岭村）	闻善林	1947年	中学教师退休
环山环二（环二村）	裘开福	1937年	村会计退休
龙门龙五（龙七村）	孙文喜	1947年	孙权后人，世居龙门。富阳高中毕业，农业局退休
上官剡溪（周村）	盛根祥	1956年	初中毕业，富阳铸造厂退休
场口场口（场口村）	徐培清	1935年	务农
场口真佳溪（红溪村）	倪妙静（女）	1988年	浙师大硕士毕业，高中教师
常安安禾（安一村）	董土根	1947年	初中毕业，务农
湖源上臧（路西村）	臧凤娟（女）	1946年	本科毕业，从事畜牧业工作
新桐新桐（包家淇村）	董百生	1936年	包家淇小学退休教师
东图东梓关（东梓关村）①	许履潭	1952年	中学教师退休
渔山墅溪（小坞村）	金坤祥	1930年	中学教师退休
常绿五联（菜坞村）	毛欢祥	1946年	初中毕业后务农，文革后到乡文化站工作直至退休

本书主要依据春江八一董仁青先生的发音。

本书主要调查点的分布情况请见下图：

---

① 原东图乡虽已经并入场口镇，但由于原东图乡的方言与原场口镇有较大差别，故本书仍用"东图"的名称。

图 5　主要调查点分布图

关于富阳方言内部的地理、年龄差异,请参见第七章的详细讨论。

1.4　方言材料来源

本书所使用的方言材料及其来源请见下表,书中不再一一注明材料出处。

表 9　方言材料来源表

方言点	方言系属	材料来源
宜兴	吴语太湖片毗陵小片	叶祥苓、郭宗俊 1991
苏州	吴语太湖片苏沪嘉小片	汪平 2011

续 表

方言点	方言系属	材料来源
常熟梅里	吴语太湖片苏沪嘉小片	袁丹 2010
海门	吴语太湖片苏沪嘉小片	王洪钟 2011
崇明	吴语太湖片苏沪嘉小片	张惠英 2009
上海	吴语太湖片苏沪嘉小片	许宝华、汤珍珠主编 1988
川沙	吴语太湖片苏沪嘉小片	石汝杰 1985
松江	吴语太湖片苏沪嘉小片	许宝华、陶寰 2015
嘉兴	吴语太湖片苏沪嘉小片	俞光中 1988a
海盐	吴语太湖片苏沪嘉小片	胡明扬 1992
嘉善	吴语太湖片苏沪嘉小片	徐越 2007
湖州	吴语太湖片苕溪小片	赤松祐子 1991
德清乾元	吴语太湖片苕溪小片	盛益民调查
武康塔山	吴语太湖片苕溪小片	盛益民调查
长兴	吴语太湖片苕溪小片	徐越 2007
余杭临平	吴语太湖片苕溪小片	盛益民调查
杭州	吴语太湖片杭州小片	钱乃荣 1992b、鲍士杰 1998
临安青柯	吴语太湖片临绍小片	盛益民调查
昌化	吴语太湖片临绍小片	徐越 2007
新登城关	吴语太湖片临绍小片	盛益民调查
桐庐	吴语太湖片临绍小片	浙江省桐庐县县志编纂委员会 1992
萧山	吴语太湖片临绍小片	大西博子 1998
绍兴城区	吴语太湖片临绍小片	王福堂 2008a
绍兴柯桥	吴语太湖片临绍小片	盛益民 2013a
绍兴湖塘	吴语太湖片临绍小片	盛益民调查
绍兴陶堰	吴语太湖片临绍小片	陶寰 1996a、陶寰提供
绍兴稽东	吴语太湖片临绍小片	金春华提供
上虞小越	吴语太湖片临绍小片	盛益民调查
余姚	吴语太湖片临绍小片	肖萍 2011
诸暨	吴语太湖片临绍小片	顾春蕾 2007
嵊州长乐	吴语太湖片临绍小片	钱曾怡 2003
嵊州崇仁	吴语太湖片临绍小片	盛益民调查

续 表

方言点	方言系属	材料来源
宁波	吴语太湖片甬江小片	字音据高志佩等1991,词汇据汤珍珠等1997
鄞州瞻岐	吴语太湖片甬江小片	盛益民调查
北仑柴桥	吴语太湖片甬江小片	盛益民调查
奉化桐照	吴语太湖片甬江小片	盛益民调查
象山	吴语太湖片甬江小片	叶宗正2011
临海	吴语台州片	黄晓东2007
路桥	吴语台州片	林晓晓2012
温岭	吴语台州片	阮咏梅2013
天台	吴语台州片	戴昭铭2006
温州	吴语瓯江片	郑张尚芳2008a
金华	吴语婺州片	曹志耘1996
汤溪	吴语婺州片	曹志耘2002
东阳	吴语婺州片	秋谷裕幸等2002
浦江虞宅	吴语婺州片	盛益民调查
衢州柯城	吴语处衢片	黄晓东2010
衢州九华	吴语处衢片	彭燕飞2008
龙游	吴语处衢片	曹志耘等2000
云和	吴语处衢片	曹志耘等2000
庆元	吴语处衢片	曹志耘等2000
广丰	吴语处衢片	秋谷裕幸2000
汨罗长乐	湘语长益片	陈山青2006
铅山	赣语鹰弋片	胡松柏、林芝雅2008

1.5 音标和符号说明

本书采用国际音标标音,以国际语音学会2005年修订的国际音标为基础,根据方言的实际情况加以补充。所列音标符号,限于本书使用。

第一,辅音。

辅音音标按发音部位和发音方法列表如下：

表 10　辅音表

			双唇	唇齿	齿龈	舌叶	卷舌	腭前	硬腭	软腭	喉音
塞音	清	不送气	p		t				c	k	ʔ
		送气	pʰ		tʰ				cʰ	kʰ	
	浊		b		d				ɟ	g	
塞擦音	清	不送气		pf	ts	tʃ	tʂ	tɕ			
		送气		pfʰ	tsʰ	tʃʰ	tʂʰ	tɕʰ			
	浊			bv	dz	dʒ	dʐ	dʑ			
擦音	清			f	s	ʃ	ʂ	ɕ	ç		h
	浊			v	z	ʒ	ʐ	ʑ	j		ɦ
鼻音			m		n		ɳ	ȵ	ɲ	ŋ	
边音					l		ɭ				
近音			w	ɥ	ɹ		ɻ		j	ɰ	

说明：m̥、n̥、ŋ̍、l̩ 表示 m、n、ŋ、l 为成音节辅音。

第二，元音。

本书所用舌面元音，按舌位的前后、高低和唇形的圆与不圆列成下列表格如下：

表 11　元音表

	前		央		后	
	不圆	圆	不圆	圆	不圆	圆
高	i	y			ɯ	u
	ɪ					ʊ
半高	e	ø		θ	ɤ	o
中	ᴇ		ə			
半低	ɛ	œ			ʌ	ɔ
	æ		ɐ			
低	a		A		ɑ	ɒ

鼻化元音用舌面元音上加"～"表示，如 ã 表示 a 的鼻化元音。

除舌面元音之外，本书还用到一个舌尖元音 ɿ 和一个卷舌元音 ɚ。

第三,声调。

本书记录声调的调类和调值。调值符号采用五度制标音法,把声调按相对音高平均分成五个等级,分别用1、2、3、4、5表示。单字调用两个或三个数字表示长调,一个数字表示短调;连读变调中,为了简化变调模式,一律使用两个或三个数字。声调以上标的方式标写在音节的右上方。

连读产生变调的时候,单字调称本调,和变调用"-"连接,"-"之前的为本调,之后的为变调。本调和变调有时调形相同,本书仍同时标写本调和变调。

调类符号也采用数字方式标写,一般跨方言比较的时候采用调类标写。调类标调法如下:

表12　调类对应表

1	2	3	4	5	6	7	8
阴平	阳平	阴上	阳上	阴去	阳去	阴入	阳入

除非会引起误会,本书国际音标一般不放在"[ ]"之内。

第四,本书还使用另外一些符号:

"-"表示连接。① 用在某个音素的前后,表示"前接"或"后接"其他音素。② 用来连接声调、韵母的音变。

"～"表示引述。在某个字或某个词的注释中出现该字或该词时,用"～"代替。

"/"前后的两个成分可以互相替换。

"﹡"表示:① 构拟的古音;② 表示不合语法的语言单位。

"＝"同音替代的汉字在右上角标"＝"。但常用词语如"阿拉我们""㑚你们""伢他们""格这""尔带那""勒了1""浪了1""嗝了2""嗰的"等不再逐一标注。

"‖"之后的是说明性的文字和书证。

"♯"表明是前后不同的韵律词组成的韵律短语。

第二章 音 系

2.1 声韵调系统

2.1.1 声母

富阳方言有 28 个声母,列表如下:

表 13　富阳方言声母表

p 宝帮北	pʰ 怕胖劈	b 爬盘拔	m 毛忙木	f 飞翻福	v 符饭罚	
t 带当得	tʰ 偷听铁	d 地田夺	n 耐林纳			l 老兰绿
ʦ 早张责	ʦʰ 叉昌拆	ʣ 查陈宅		s 丝三色	z 柴蚕石	
ʨ 鸡借节	ʨʰ 溪窗确	ʥ 棋秦杰	ɲ 泥娘热	ɕ 细先雪	ʑ 树船嚼	
k 高缸刮	kʰ 靠宽阔	ɡ 厚环轧	ŋ 饿硬岳	h 好欢黑		
Ø 欧盐鸭						

说明:

① 跟大部分吴语一样,富阳话也保持中古塞音、塞擦音的三分格局。中古浊音声母在韵律词的非首字位置为真浊音,且与清音对立,例如:宝剑 pɔ³³ ʨiɛ³⁵ ≠ 保健 pɔ³³ ʥiɛ³⁵,经折旧式信用卡 ʨiŋ⁵⁵ ʦeʔ⁵⁵ ≠ 惊蛰 ʨiŋ⁵⁵ ʣeʔ⁵⁵;在其他位置则并非真正的浊音,而是发声态上的气声(breathy)。本书仍记为浊音。

② 富阳的清塞音较普通话更硬,属于发声态中的张声。

③ m、n、ȵ、ŋ、l 拼阴调类时,有紧喉作用。跟绍兴、宁波等地不同,富阳连读后字并没有鼻音、边音的两类对立,如:拎 niŋ⁵³ ≠ 灵 niŋ¹¹³,弗拎＝弗灵 feʔ⁵⁵niŋ³¹。我们认为,如果像绍兴、宁波等地鼻音、边音在连读后字有两类对立,那么音系处理中就需要设立两类鼻、边音;如果没有对立,则可视为同一音位的不同变体,不需要设立两类鼻音。所以富阳的鼻音、边音声母我们只设立了一套。

④ 跟大部分吴语不同,富阳话有一系列 n、ȵ 的对立,来母细音阳声韵字读 n-,如:林 niŋ¹¹³ ≠ 宁 ȵiŋ¹¹³、练 niɛ³³⁵ ≠ 念 ȵiɛ³³⁵、良 niã¹¹³ ≠ 娘 ȵiã¹¹³。

⑤ k、kʰ、g、ŋ 拼细音时,实际发音为 c、cʰ、ɟ、ȵ。

⑥ 自从赵元任(1956[1928])以来,大部分吴语著作中用 ɦ 表示读阳调类的零声母,盛益民、李旭平(2015)对富阳音系的处理也是如此。但是已经有不少学者(如汪平 1987,沈钟伟 2016,刘丹青:私人交流,等等)提出,在苏州、上海等地,即便在连读后字时,零声母也没有清浊的对立,建议取消 ɦ。本书接受这种处理方式,取消了富阳方言的 ɦ 声母,一律用 ∅,理由有二:一方面,匣母、云母、以母等的去声字读阴调类后,与影母字合流,例如:夜＝亚 ia³³⁵,暗＝汗 ɛ³³⁵;另一方面,富阳话在连读后字也没有零声母的清浊独立,如:要 iɔ³³⁵ ≠ 校 iɔ²¹²,亦要＝学校 iaʔ¹¹iɔ⁵³;一 ieʔ⁵ ≠ 页 ieʔ²,七一＝七页 tɕʰieʔ⁵⁵ieʔ³¹;屋 uoʔ⁵ ≠ 活 uoʔ²,山屋＝生活 sã⁵⁵uoʔ⁵⁵。富阳各地的情况均与春江同,本书一律不标 ɦ。此外,根据我们的简单调查,钱塘江以北的浙江吴语皆是如此,不过若是引用的材料则一仍其旧。

2.1.2 韵母

富阳方言有 48 个韵母,可列表如下:

表 14　富阳方言韵母表

1 支猪丝池	i 地吕戏衣	u 婆补何乌	y 朱遇雨鱼
a 排鞋<u>介</u>外	ia 写谢惹夜	ua 怪快坏歪	
ɛ 赔梅堆开	iɛ <u>介</u>也	uɛ 鬼亏灰会	yɛ 靴睡谁哕

续　表

ɔ 宝饱老咬	iɔ 表钓笑桥		
o 牙瓦茶我		uo 挂跨花化	yo 撱
ʊ 多罗歌祖	iʊ 酒牛油有		
ei 豆刘走愁			
ã 彭胆蓝眼	iã 亮将强羊	uã 关环横弯	
ɜ̃ 闪安乱敢	iɜ̃ 边颠田前	uɜ̃ 官宽换碗	yɜ̃ 战船扇远
ɔ̃ 绑党港杭		uɔ̃ 光黄广框	yɔ̃ 桩状双爽
eŋ 门灯村恩	iŋ 经心肯英	ueŋ 滚棍温稳	yŋ 君春群云
oŋ 东龙公洪			yoŋ 种冲兄用
aʔ 盒塔鸭法	iaʔ 贴脚嚼药	uaʔ 刮阔划挖	
eʔ 得色责割	ieʔ 接十急直		
oʔ 八托壳恶		uoʔ 骨扩活屋	yoʔ 月出橘
m̩ 母亩尾	ŋ̍ 儿尔芋~芿	ṅ 五午洪红	l̩ 而尔儿

说明：

① a、ia、ua 中 a 实际读音为 A，ã、iã、uã 中的主元音为前 a 稍偏高偏后，aʔ、iaʔ、uaʔ 中 a 的实际发音为 ɐ。

② 圆唇元音 ɔ、o、ʊ、u 唇形均较展。

③ ʊ 有两个变体：在非 k 组声母后为较松的 ʊ，k 组声母之后实际读音为 ɯ。从来源上讲，非 k 组声母后的 ʊ 来源于 u 在锐音声母后的松化；但是考虑到富阳富春和部分新派 ʊ 与 ɯ 发生了合并，我们将其合并为一个音位。①

④ ei 的实际发音为 ɿe。

⑤ iɛ、yɛ、iɜ̃、yɜ̃ 中 ɛ 的实际发音都为 ɛ̝。ɛ、ɜ̃ 拼 k、kʰ、g 时，有时有过渡音 i，但并非稳定的介音。

⑥ eŋ、ueŋ 中的 e 偏央，eʔ、ueʔ 中的 e 也是如此。ieʔ 的实际音值为 iɿʔ。

⑦ oŋ、yoŋ 的 o 实际发音开口度略小。oŋ 拼 k 组声母时，有时有过渡音 u，但并非稳定的介音。

---

① 盛益民、李旭平（2015）将 ʊ、ɯ 分成了两个韵。这种处理也可以，本文为了精简韵母将其合并。

⑧ 前元音后的韵尾为-ȵ,央后元音后的韵尾为-ŋ,两者呈互补分布,本文一律记做-ŋ。

⑨ l̩ 的实际读音是舌尖上翘的l̩。

⑩ 此外,还有韵母 əʔ,只用于近指词 kəʔ⁷ 和定语标记 gəʔ⁸ 等中,不列入韵母表中。

2.1.3 声调

富阳方言有 7 个声调,可列表如下:

表 15　富阳方言声调表

| 1 阴平：53 | 3 上声：424 | 5 阴去：335 | 7 阴入：5 |
| 2 阳平：113 | | 6 阳去：212 | 8 阳入：2 |

说明:

① 最高点是阴平的起点和去声的终点,最低点为阳去的中间点。

② 阳平的起点比最低点略高,但相差不到一度。阳平另有 13 等变体。

③ 上声有 423 的变体。

④ 阳去有 21、213 的变体。

⑤ 阴入调在 k-、kʰ-、h-、Ø 诸声母中,实际为 45；拼其他声母为 54。

⑥ 阳入调实际发音为 23。

2.2　声韵配合关系

富阳话主要的声、韵配合关系可以列表如下:

表 16　声韵配合表

	p pʰ b	m	f v	t tʰ d	l	n	ts tsʰ dz s z	tɕ tɕʰ dʑ ɕ ʑ	k kʰ g ŋ	h	Ø
1	−	−	−	−	−	+	−	−	−	−	−
a	+	+	−	+	+	+	+	−	+	+	+

续　表

	p pʰ b	m	f v	t tʰ d	l	n	ts tsʰ dz s z	tɕ tɕʰ dʑ ɕ z ȵ	k kʰ g ŋ	h	∅
ɛ	+	+	−	+	+	+	+	−	+	+	+
ɔ	+	+	−	+	+	+	+	−	+	+	+
o	+	+	−	+	+	+	+	−	+	+	+
ʊ	−	+	−	+	+	+	+	−	+	−	−
ei	−	+	+	+	+	+	+	−	−	+	+
ã	+	+	+	+	+	+	+	−	+	+	+
ɛ̃	+	+	+	+	+	+	+	−	+	+	+
ɔ̃	+	+	+	+	+	−	+	−	+	+	+
eŋ	+	+	+	+	+	−	+	−	+	+	+
oŋ	+	+	+	+	+	−	+	−	+	+	+
aʔ	+	+	+	+	+	+	+	−	+	+	+
eʔ	+	+	+	+	+	+	+	−	+	+	+
oʔ	+	+	+	+	+	+	+	−	+	+	+
i	+	+	+	+	+	+	−	+	−	+	+
ia	−	−	−	−	−	−	−	+	+	−	+
iɛ	−	−	−	−	−	−	−	+	+	−	+
iʊ	−	−	−	−	−	−	−	+	+	−	+
iɔ	+	+	+	+	+	−	−	+	−	−	+
iã	−	−	−	−	+	−	−	+	−	−	+
iɛ̃	+	+	−	+	−	+	−	+	−	−	+
iŋ	+	+	−	+	−	+	−	+	−	−	+
iaʔ	−	−	−	+	−	−	−	+	−	−	+
ieʔ	+	+	−	+	+	−	−	+	−	−	+
u	+	−	−	−	−	−	−	−	+	+	+
ua	−	−	−	−	−	−	−	−	+	+	+
uɛ	−	−	−	−	−	−	−	−	+	+	+
uo	−	−	−	−	−	−	−	−	+	+	+
uã	−	−	−	−	−	−	−	−	+	+	+
uɛ̃	−	−	−	−	−	−	−	−	+	+	+
ueŋ	−	−	−	−	−	−	−	−	+	+	+

续 表

	p pʰ b	m	f v	t tʰ d	l	n	ts tsʰ dz s z	tɕ tɕʰ dʑ ɕ ʑ	k kʰ g ŋ	h	Ø
uɔ̃	—	—	—	—	—	—	—	—	+	+	+
uaʔ	—	—	—	—	—	—	—	—	+	+	+
ueʔ	—	—	—	—	—	—	—	—	+	+	+
uoʔ	—	—	—	—	—	—	—	—	+	+	+
y	—	—	—	—	—	—	—	+	—	—	+
yɛ	—	—	—	—	—	—	—	+	—	—	+
yo	—	—	—	—	—	—	—	+	—	—	+
yɛ̃	—	—	—	—	—	—	—	+	—	—	+
yɔ̃	—	—	—	—	—	—	—	+	—	—	+
yŋ	—	—	—	—	—	—	—	+	—	—	+
yoŋ	—	—	—	—	—	—	—	+	—	—	+
yoʔ	—	—	—	—	—	—	—	+	—	—	+

从以上表格中可以看出,富阳方言在声韵配合方面有如下特点:

第一,唇齿音 f-、v-在富阳话中可以与齐齿呼韵母相拼,限于 i 韵母,另有一个合音字麨 fiɔ³³⁵。这种拼合关系在普通话中是不存在的。

第二,富阳话舌尖音声母 T-、Ts-、n-、l-都不能与合口呼韵母、撮口呼韵母相拼,而普通话中 T-、Ts-、n-可以拼合口呼韵母,n-、l-还可以拼撮口呼韵母。但富阳话 n 声母可以与细音拼,且与 ȵ-有系列的对立。而鼻尾韵 oŋ、eŋ 不拼 n-声母。

第三,所有有-u-介音的韵母都只与 K-组声母和零声母拼合,有-y-介音的韵母只与 Tɕ-组声母搭配。

第四,K-组声母可以与齐齿呼相拼。

2.3 连读变调

2.3.1 韵律层级与连读变调

词汇音系学(lexical phonology)和短语音系学(phrasal phonology)认

为在语法结构与语音表达之间还有一个有多层级的韵律结构。韵律层级模型有多个版本，其中最有影响力的是 Selkirk(1984)和 Nespor & Vogel(1986)的韵律层级模型。Selkirk(1984)和 Nespor & Vogel(1986)的这两个韵律结构有许多不同层级的韵律单位组成，包括韵素(mora,用 μ 表示)、音节(syllable,用 σ 表示)、音步(foot,用 Φ 表示)、音系词/韵律词(phonological word/prosodic word,用 ω 表示)、黏附组(clitic group,简略形式为 CG)、音系短语(phonological phrase,简略形式为 PPh)、语调短语(intonational phrase,简略形式为 Iph)和语句(utterance,简略形式为 Utt)。(具体可参张洪明 2008、2014 等著述的介绍)

Selkirk(1980,1981)、Nespor & Vogel(2007[1986])等著述认为：韵律层级树中的各个层级，都能够成为音系规则作用的辖域。陈渊泉(Chen 2000:285)也已经指出，对于连调变调来说，也可以把音步、音系词、音系短语、语调短语等各级韵律单位作为其变调的辖域。吴语是连读变调(tone sandhi)发达的方言，连读变调也可以在音系词、音系短语、语调短语等多个层面发生。

吴语等不少方言韵律词和韵律短语具有完全不同的连读变调规则。例如学界很早就发现不少吴语方言中动宾结构和定中结构存在不同的变调，从韵律结构上来看的话，其中偏正短语的变调属于音系词层面的变调，而动宾短语的变调则属于由不同音系词组成的音系短语层面的变调，两者不在同一个韵律层面上。

有些语音或音系现象也是对不同的韵律层级敏感。如北部吴语的浊音普遍表现为清音浊流，但是在韵律词的非首字，则是真浊音；再如富阳话的 kiʊ、kʰiʊ 两个韵的字，若处于韵律词的非末字，则常常会弱化为 kɪ、kʰɪ。

下面分别考察富阳话韵律词和韵律短语的连读变调问题。由于富阳话的连读变调较为复杂，本书只考察两字组的连读变调，三字组以上多为其延伸。进一步地深入分析只能留待将来。

2.3.2 韵律词的连调变调

一般的词汇成分以及偏正结构、动补结构、方位结构按照相同的变调规则变,具体的规则可列表如下:

表 17　两字组连读变调表

	1	2	3	5	6=4	7	8
1	55-55			55-31		55-55	
2	11-11						
3	33-35						
4	11-53,11-35						
5	33-53						
6	11-35						
7	55-31			33-35		55-31	
8	11-53						

下面以首字的调类为纲列举不同的例词:

(一) 阴平

阴平表现了后字平、入与上、去的对立,例如:1+1 书包 ɕy^{55}pɔ^{55}≠1+5 书报 ɕy^{55}pɔ^{31},1+3 天井=1+5 天境 tɕʰiɛ^{55}tɕiŋ^{31},1+2 新桐 ɕiŋ^{55}doŋ^{55}≠1+4 心动=1+6 新桶 ɕiŋ^{55}doŋ^{31}。以下是各类声调组合的例词:

1+1	天公天气 tʰiɛ$^{53\text{-}55}$koŋ$^{53\text{-}55}$	溪坑溪水 tɕʰi$^{53\text{-}55}$kʰã$^{53\text{-}55}$
1+2	天河银河 tʰiɛ$^{53\text{-}55}$u$^{113\text{-}55}$	灰尘 huɛ$^{53\text{-}55}$dzeŋ$^{113\text{-}55}$
1+3	桑果桑葚 sɔ̃$^{53\text{-}55}$ku$^{424\text{-}31}$	蕰草水草 ueŋ$^{53\text{-}55}$tsʰɔ$^{424\text{-}31}$
1+4	香蕈 ɕiã$^{53\text{-}55}$dʑiŋ$^{212\text{-}31}$	蕉藕 tɕiɔ$^{53\text{-}55}$ŋiʋ$^{212\text{-}31}$
1+5	青菜 tɕʰiŋ$^{53\text{-}55}$tsʰɛ$^{335\text{-}31}$	星亮星星 ɕiŋ$^{53\text{-}55}$niã$^{335\text{-}31}$
1+6	荒地 huɔ$^{53\text{-}55}$di$^{212\text{-}31}$	山洞 sã$^{53\text{-}55}$doŋ$^{212\text{-}31}$
1+7	金橘 tɕiŋ$^{53\text{-}55}$tɕyoʔ$^{5\text{-}55}$	猪血 tsʅ$^{53\text{-}55}$ɕyoʔ$^{5\text{-}55}$
1+8	惊蛰 tɕiŋ$^{53\text{-}55}$dzeʔ$^{2\text{-}55}$	阴历 iŋ$^{53\text{-}55}$lieʔ$^{2\text{-}55}$

(二) 阳平

前字为阳平时所有词连调相同，一律读 11-11，例如：2+1 评估＝2+3 苹果 biŋ^{11}ku^{11}，2+1 平方＝2+5 平放 biŋ^{11}fɔ̃^{11}，2+3 茅草＝2+5 毛糙 mɔ^{11}tsʰɔ^{11}，2+2 黄铜＝2+4 黄桶＝2+6 黄洞 uɔ̃^{11}doŋ^{11}。以下是各类声调组合的例词：

2+1	年糕 ȵiɛ̃$^{113-11}$kɔ$^{53-11}$	皮箱 bi$^{113-11}$ɕiã$^{53-11}$
2+2	麻油 mo$^{113-11}$iʊ$^{113-11}$	黄牛 uɔ̃$^{113-11}$ȵiʊ$^{113-11}$
2+3	茅草 mɔ$^{113-11}$tsʰɔ$^{424-11}$	毛笋 mɔ$^{113-11}$seŋ$^{424-11}$
2+4	强盗 dʑiã$^{113-11}$dɔ$^{212-11}$	雄马 公马 yoŋ$^{113-11}$mo$^{212-11}$
2+5	油菜 iʊ$^{113-11}$tsʰɛ$^{335-11}$	年纪 ȵiɛ̃$^{113-11}$tɕi$^{335-11}$
2+6	棉被 miɛ̃$^{113-11}$bi$^{212-11}$	徒弟 dʊ$^{113-11}$di$^{212-11}$
2+7	墙壁 ziã$^{113-11}$pieʔ$^{5-11}$	圆桌 yɛ̃$^{113-11}$tɕyoʔ$^{5-11}$
2+8	茶叶 dzo$^{113-11}$ieʔ$^{2-11}$	平屋 biŋ$^{113-11}$uoʔ$^{5-11}$

(三) 阴上

阴上起头的所有词连调相同，一律读 33-35，例如：3+1 水晶＝3+3 水井＝3+5 水镜 sɛ^{33}tɕiŋ^{35}，3+2 紫铜＝3+4 纸筒＝3+6 纸洞 tsɿ^{33}doŋ^{35}。以下是各类声调组合的例词：

3+1	狗窠 狗窝 kiʊ$^{424-33}$kʰʊ$^{53-35}$	水沟 sɛ$^{424-33}$kiʊ$^{53-35}$
3+2	小肠 ɕiɔ$^{424-33}$dzã$^{113-35}$	纸槽 tsɿ$^{424-33}$zɔ$^{113-35}$
3+3	水果 sɛ$^{424-33}$ku$^{424-35}$	井水 tɕiŋ$^{424-33}$sɛ$^{424-35}$
3+4	早稻 tsɔ$^{424-33}$dɔ$^{212-35}$	小马 ɕiɔ$^{424-33}$mo$^{212-35}$
3+5	韭菜 tɕiʊ$^{424-33}$tsʰɛ$^{335-35}$	草帽 tsʰɔ$^{424-33}$mɔ$^{335-35}$
3+6	早饭 tsɔ$^{424-33}$vã$^{212-35}$	滚刨 曲线刨 kueŋ$^{424-33}$bɔ$^{212-35}$
3+7	哑雀 喜鹊 o$^{424-33}$tɕʰiaʔ$^{5-35}$	粉笔 feŋ$^{424-33}$pieʔ$^{5-35}$
3+8	手镯 ɕiʊ$^{424-33}$dʑyoʔ$^{2-35}$	火石 hu$^{424-33}$zaʔ$^{2-35}$

(四) 阴去

阴去起头的所有词连调相同，一律为 33-53，例如：5+1 将官＝5+5 酱罐 tɕiã^{33}kuɛ̃^{53}，5+2 姓名＝5+6 性命 ɕiŋ^{33}miŋ^{53}。次浊去归入了阴去，其变调也按照阴去的规则变调，例如：妹夫 mɛ^{33}fu^{53}、露水

lʊ^{33}sɛ^{53}、糯米 nʊ^{33}mi^{53}。以下是各类声调组合的例词：

5+1　裤腰 kʰu$^{335-33}$iɔ$^{53-53}$　　　荔枝 li$^{335-33}$tsɿ$^{53-53}$

5+2　晒台 阳台 so$^{335-33}$dɛ$^{113-53}$　　　闰年 yŋ$^{335-33}$ɲiɛ$^{113-53}$

5+3　汽水 tɕʰi$^{335-33}$sɛ$^{424-53}$　　　露水 lʊ$^{335-33}$sɛ$^{424-53}$

5+4　震动 tseŋ$^{335-33}$doŋ$^{212-53}$　　　味道 mi$^{335-33}$dɔ$^{212-53}$

5+5　苋菜 hã$^{335-33}$tsʰɛ$^{335-53}$　　　外畈 平原地区 ŋã$^{335-33}$fã$^{335-53}$

5+6　菜地 tsʰɛ$^{335-33}$di$^{212-53}$　　　夜饭 ia$^{335-33}$vã$^{212-53}$

5+7　刺猬 刺猬 tsʰɿ$^{335-33}$ɕyoʔ$^{5-53}$　　　利息 li$^{335-33}$ɕieʔ$^{5-53}$

5+8　气力 tɕʰi$^{335-33}$lieʔ$^{2-53}$　　　闰月$^{335-33}$yoʔ$^{2-53}$

(五) 阳去

单字调中，古阳上与古全浊去已经合流，不过在连读变调中，除了部分较文的词按照中古全浊去的变调之外，基本上阳上与全浊去仍能区分，阳上起头的为11-53，阳去起头的为11-35，例如：柿=士 zɿ^{212}，柿饼 zɿ^{11}piŋ^{53}≠士兵 zɿ^{11}piŋ^{35}。

先来看古阳上为首字时独立变调的例词：

4+1　雉鸡 野鸡 dzɿ$^{212-11}$tɕi$^{53-53}$　　　杏花 ã$^{212-11}$huo$^{53-53}$

4+2　雁鹅 大雁 ŋã$^{212-11}$ŋʊ$^{113-53}$　　　冷苔 蓝藻 lã$^{212-11}$dɛ$^{113-53}$

4+3　稻草 dɔ$^{212-11}$tsʰɔ$^{424-53}$　　　老鼠 lɔ$^{212-11}$tɕʰy$^{424-53}$

4+4　马桶 mo$^{212-11}$doŋ$^{212-53}$　　　道士 dɔ$^{212-11}$zɿ$^{212-53}$

4+5　荠菜 zi$^{212-11}$tsʰɛ$^{335-53}$　　　罪过 可怜 zɛ$^{212-11}$ku$^{335-53}$

4+6　道地 晒场 dɔ$^{212-11}$di$^{212-53}$

4+7　柱脚 柱子 zy$^{212-11}$tɕia ʔ$^{5-53}$　　　市尺 zɿ$^{212-11}$tsʰeʔ$^{5-53}$

4+8　眼热 羡慕 ŋã$^{212-11}$ɲieʔ$^{2-53}$　　　五十 ŋ̍$^{212-11}$zieʔ$^{2-53}$

也有部分字混入古全浊去为首字的变调，例如：肚皮 肚子 dʊ$^{212-11}$bi$^{424-35}$、马路 mo$^{212-11}$lʊ$^{335-35}$、藕粉 ŋʊ$^{212-11}$feŋ$^{424-35}$。

再来看古全浊去为首字的例词：

6+1　顺风 ziŋ$^{212-11}$foŋ$^{53-35}$　　　味精 vi$^{212-11}$tɕiŋ$^{53-35}$

6+2　苎麻 dzɿ$^{212-11}$mo$^{113-35}$　　　地蚕 地老虎 di$^{212-11}$zɛ$^{113-35}$

6+3　稗草 稗子 bo$^{212-11}$tsʰɔ$^{424-35}$　　　地板 di$^{212-11}$pã$^{424-35}$

6+4	饭桶 vã$^{212-11}$ doŋ$^{212-35}$		地动地震 di$^{212-11}$ doŋ$^{212-35}$
6+5	袖套 ʑiʊ$^{212-11}$ tʰɔ$^{335-35}$		雾露雾 vu$^{212-11}$ lʊ$^{335-35}$
6+6	字号 zŋ$^{212-11}$ ɔ̃$^{212-35}$		大豆 do$^{212-11}$ dei$^{212-35}$
6+7	字帖 zŋ$^{212-11}$ tʰieʔ$^{5-35}$		大雪 dʊ$^{212-11}$ ɕieʔ$^{5-35}$
6+8	树叶 ʑy$^{212-11}$ ieʔ$^{2-35}$		大学 da$^{212-11}$ iaʔ$^{2-35}$

(六) 阴入

阴入起头的词也体现平、入与上、去的区别,例如:黑猪 heʔ^{55} tsŋ^{31} ≠ 7+3 黑子 heʔ^{33} tsŋ^{35},7+3 黑手=7+5 黑瘦 heʔ^{33} ɕiʊ^{35};7+2 黑桃 heʔ^{55} dɔ^{31} ≠ 7+4 黑道 heʔ^{33} dɔ^{35},7+2 黑头 heʔ^{55} dei^{31} ≠ 7+6 黑豆 heʔ^{33} dei^{35}。以下是各类声调组合的例词:

7+1	菊花 tɕyoʔ$^{5-55}$ huo$^{53-31}$		八哥 poʔ$^{5-55}$ kʊ$^{53-31}$
7+2	桌床桌子 tɕyoʔ$^{5-55}$ zã$^{113-31}$		脚橱落地柜 tɕiaʔ$^{5-55}$ dʑy$^{113-31}$
7+3	竹竿 tɕyoʔ$^{5-33}$ kɛ̃$^{424-35}$		壁虎 pieʔ$^{5-33}$ hu$^{424-35}$
7+4	圪蜢蚂蚱 kieʔ$^{5-33}$ mã$^{212-35}$		脚桶 tɕiaʔ$^{5-33}$ doŋ$^{212-35}$
7+5	夹裤 kaʔ$^{5-33}$ kʰu$^{335-35}$		阔面宽面 kuaʔ$^{5-33}$ miɛ̃$^{335-35}$
7+6	赤豆 tsʰaʔ$^{5-33}$ dei$^{212-35}$		夹被 kaʔ$^{5-33}$ bi$^{212-35}$
7+7	格栅栅栏 kaʔ$^{5-55}$ saʔ$^{5-31}$		角落 koʔ$^{5-55}$ loʔ$^{2-31}$
7+8	脚镯 tɕiaʔ$^{5-55}$ dʑyoʔ$^{2-31}$		豁裂皲裂 huaʔ$^{5-55}$ lieʔ$^{2-31}$

(七) 阳入

阳入起头的词变调一致,一律是 11-53,例如:8+1 律师=8+3 历史 lieʔ^{11} sŋ^{53},8+1 石墩=8+5 石凳 zaʔ^{11} teŋ^{53},8+2 牧童=8+4 木桶 moʔ^{11} doŋ^{53},8+2 白堤=8+6 白地 baʔ^{11} di^{53}。以下是各类声调组合的例词:

8+1	篾青 mieʔ$^{2-11}$ tɕʰiŋ$^{53-53}$		木梳 moʔ$^{2-11}$ ɕy$^{53-53}$
8+2	袜缘 maʔ$^{2-11}$ yɛ̃$^{113-53}$		钥匙 iaʔ$^{2-11}$ zŋ$^{113-53}$
8+3	麦馃 maʔ$^{2-11}$ ku$^{424-53}$		墨斗 moʔ$^{2-11}$ tei$^{424-53}$
8+4	篾匠 mieʔ$^{2-11}$ ziã$^{212-53}$		服侍 voʔ$^{2-11}$ zŋ$^{212-53}$
8+5	学费 iaʔ$^{2-11}$ fi$^{335-53}$		白露 baʔ$^{2-11}$ lʊ$^{335-53}$
8+6	实惠 zieʔ$^{2-11}$ uɛ$^{212-53}$		白字 baʔ$^{2-11}$ zŋ$^{212-53}$

| 8+7 | 翼胛 ieʔ²⁻¹¹ kaʔ⁵⁻⁵³ | 白鸽 boʔ²⁻¹¹ kieʔ⁵⁻⁵³ |
| 8+8 | 越剧 yoʔ²⁻¹¹ dʑieʔ²⁻⁵³ | 簎席 mieʔ²⁻¹¹ ʑieʔ²⁻⁵³ |

在富阳方言中,方位结构与一般的两字组结构没有区别,例如:海里计量单位＝海里 hɛ⁴²⁴⁻³³ li⁴²⁴⁻³⁵、地理＝地里 di²¹²⁻¹¹ li²¹²⁻³⁵。

2.3.3 韵律短语的连读变调

按照韵律短语变调的结构主要有:动宾结构、主谓结构、量名结构、领属结构、"阿"前缀词等,韵律短语的变调规则为:前一韵律词若首字为阴调类,变为 33 或 33‐33,若首字为阳调类,变为 11 或 11‐11;后一韵律词则不变调。请看以下例词:

(1) 动宾:开♯门 kʰɛ⁵³⁻³³ meŋ¹¹³　　骑♯马 dʑi¹¹³⁻¹¹ mo²¹²

(2) 主谓:狗♯好 kiʊ⁴²⁴⁻³³ hɔ⁴²⁴　　地♯动 di²¹²⁻¹¹ doŋ²¹²

(3) 量名:本♯书 peŋ⁴²⁴⁻³³ ɕy⁵³　　瓶♯酒 biŋ¹¹³⁻¹¹ tɕiʊ⁴²⁴

(4) 领属:倷♯爹 na²¹²⁻¹¹ tia⁵³　　阿拉♯老娘 aʔ⁵⁻³³ la²¹²⁻³³ lɔ¹¹ niã³⁵

(5) "阿"前缀词:阿♯哥 aʔ⁵⁻³³ kʊ⁵³　　阿♯大 aʔ⁵⁻³³ dʊ²¹²

不少组合如果同时可以是韵律词或者韵律短语,那么就可以通过连读变调的不同加以区分,请看以下的对比:

表 18　韵律词与韵律短语比较表

	韵律词	韵律短语
拉手	la⁵³⁻⁵⁵ ɕiʊ⁴²⁴⁻³¹ 指门窗上的拉手	la⁵³⁻³³ ɕiʊ⁴²⁴ 动宾短语
蒸饭	tseŋ⁵³⁻⁵⁵ vã²¹²⁻³¹ 蒸熟的饭	tseŋ⁵³⁻³³ vã²¹² 动宾短语
平地	biŋ¹¹³⁻¹¹ di²¹²⁻¹¹ 平坦的地	biŋ¹¹³⁻¹¹ di²¹² 平整土地
炒面	tsʰɔ⁴²⁴⁻³³ miẽ³³⁵⁻³⁵ 面的名称	tsʰɔ⁴²⁴⁻³³ miẽ³³⁵ 动宾短语
盖被	kɛ³³⁵⁻³³ bi²¹²⁻⁵³ 盖的被子	kɛ³³⁵⁻³³ bi²¹² 把被子盖上
花红	huo⁵³⁻⁵⁵ ŋ̍²¹²⁻⁵⁵ 沙果儿	huo⁵³⁻³³ ŋ̍²¹² 花的颜色红
写好	ɕia⁴²⁴⁻³³ hɔ⁴²⁴⁻³⁵ 写完	ɕia⁴²⁴⁻³³ hɔ⁴²⁴ 写这个行为好

第三章
同音字汇

3.1 同音字表

说明：

一、本表所收录的字以中国社会科学院语言研究所所编的《方言调查字表》（修订本）为基础，补充了一部分口语中使用的方言俗字和有音无字的词语。先按韵母分部，同韵母的字按声母排列，声韵相同的字再按声调排列。

二、本表的韵母次序如下所示：

表 19　韵母顺序表

ɿ¹	a⁵	ɛ⁸	ɔ¹²	o¹⁴	ʊ¹⁷	ei¹⁹	ã²⁰
i²	ia⁶	iɛ⁹	iɔ¹³		iʊ¹⁸		iã²¹
u³	ua⁷	uɛ¹⁰		uo¹⁵			uã²²
y⁴		yɛ¹¹		yo¹⁶			
ɛ̃²³	ɔ̃²⁷	eŋ³⁰	oŋ³⁴	aʔ³⁶	eʔ³⁹	oʔ⁴²	m̩⁴⁵
iɛ̃²⁴		iŋ³¹		iaʔ³⁷	ieʔ⁴⁰		n̩⁴⁶
uɛ̃²⁵	uɔ̃²⁸	ueŋ³²		uaʔ³⁸	ueʔ⁴¹	uoʔ⁴³	ŋ̍⁴⁷
yɛ̃²⁶	yɔ̃²⁹	yŋ³³	yoŋ³⁵			yoʔ⁴⁴	l̩⁴⁸

三、本表的声母次序如下所示：

p pʰ b m f v, t tʰ d n l, ʦ ʦʰ s z, ʨ ʨʰ ʥ ɲ ɕ z, k kʰ g ŋ h, ∅

四、声调次序为阴平 53、阳平 113、上声 424、阴去 335、阳去 212、阴入 5、阳入 2。

五、白读音下加一，文读音下加＝。下标"又"的是又读音，比另一读音出现的频率低，但并非文白异读。

六、一字多音的，在字的右侧下标注明该字出现的环境或意义。

七、方框"□"表示该词暂无适当的汉字可写，"□"右侧下标该词的意义。

八、下标的注释文字中，用"～"代替被注释的字，注文中的浪纹号表示该字为同音替代字，与该字本来的意义没有关系。

九、右上角带"＊"的字 3.2 节"本字考"部分有专门的考释和讨论。

十、若与盛益民、李旭平（2015）有不一致之处，以本书为准。

1

ts [53]知支枝肢栀～子花、黄山～眵＊眼～溂：眼屎 资姿脂芝之猪咨锥＊刺入 渚嘴～：沙洲尖端 楮苦～ 滋汗往外冒 □低头　[424]纸煮紫止址趾子梓～树、柏～桐椿 指旨 嘴围～袋：围嘴；吃～：口吃的人 □～梦：做梦　[335]制致至置志翅～膀 智稚幼～

tsʰ [53]雌痴　[424]此耻齿鼠黄～狼　[335]痣次厕刺

dz [113]迟池驰兹磁慈瓷词祠～堂锄～头、山～除＊脱帽子 槌锣～　[212]治饲～养苎～麻雉～鸡：野鸡 坠因重而下坠：～落去

s [53]斯簛＊呼啸～：细竹丝 施私师狮蛳筛米～尸～首司丝思诗 □脚～髁：膝盖　[424]史使驶始死　[335]势世四肆试

z [113]时持辞匙治逝　[212]是氏似仕柿士市痔～疮 逝自示视字寺事侍餈＊麻～：一种糯米食品 箸＊～夹馃：面疙瘩 墅华～沙：东洲地名 睡＊睡眼朦胧状

i

p [53]屄女阴 鄙　[424]比彼　[335]匕臂闭秘～书、～密

pʰ [53]批披砒剃＊削 譬　[335]屁

b	[113]皮疲啤脾琵薇蔷~花肥~皂树：无患子垕*量词,层：一~砖头 [212]被蔽隐~：隐藏币毙痹弊躃*摩擦：~刀布哧~道避	
m	[53]浿*小口喝咪眯眼睛~拢来癞*小睡□没有，"无有"的合音 [113]迷弥矛~盾眉~毛谜米微~刀：小刀 [335]茂未~哧：还早呢	
f	[53]飞妃非啡菲 [424]匪榧香~翡否 [335]费沸油炸沸乱吵：~遭遭,勥~痱~子废肺柿*木：木头片儿；石~：小石片儿	
v	[113]肥化~薇紫~微~小维唯惟 [212]负~担、~荷尾结~未~来哧~之素：味精	
t	[53]低 [424]底抵 [335]帝蒂~头	
tʰ	[53]梯电~ [424]体 [335]替涕剃屉笼~嚏韃*细腻：~洁□清理：~蚕沙	
d	[113]堤题提蹄 [212]弟第递地娣隶棣里又。一~路	
l	[113]梨黎犁篱璃狸厘离驴~合子：骡子 [335]旅例厉励丽利荔痢吏虑滤 [212]礼李里裏理鲤鳢黑~头吕侣铝屡劙*划破泪眼~水：泪水㵺*过滤	
tɕ	[53]鸡稽几茶~饥饿：肚里~肌基机虮*灶~：灶马蟋箕粪~脊背~头：背后 [424]几~个麂角~：麂己挤姊阿~：姐姐 [335]姬计继季系~鞋带寄记祭际济剂既秖暨锯~：锯子	
tɕʰ	[53]蛆妻凄溪~坑：小溪流蹊栖犀~牛欺~落：欺负 [424]启企起岂 [335]器弃气汽憩坐~间：客厅砌去觑*近~眼：近视眼	
dʑ	[113]徐姓奇骑歧齐整~祁祈芪黄~其棋旗期麒蜞*蟛~：毛蟹蕲及来弗~ [212]技妓忌~一头：防一手	
ɲ	[53]引又。~线：针抳*手指捻搓 [113]倪霓仪蚁蚂~疑尼泥呢~大衣凝~固 [335]毅艺谊义议腻二	
ɕ	[53]西牺希稀嘻嬉熙康~尿兮髓脑~、骨~ [424]洗~衣机喜蟢壁~：蟢子禧 [335]戏细絮花~：棉花婿系关~	
z	[113]齐~崭崭：很齐；~整：漂亮脐~带 [212]荠~菜	
Ø	[53]衣依医宜便~已以 [113]移遗夷姨娘~：姨妈彝 [424]倚 [335]意亿忆勩*磨损□副词"又"的意思：~来得 [212]异易遽他	

第三章 同音字汇

u

p [53]波玻菠 [424]补 [335]簸布棉~布架设；~梯子怖哺*嘴对嘴喂食□依托器物承受东西或重量

pʰ [53]铺~路潽*沸腾溢出甫 [424]普浦地名用字,小河：青云~谱 [335]铺店~破~坏

b [113]婆阿~：祖母；牛~、羊~菩蒲葡~萄脯奶奶~子；胸口脯嘴：嘴巴葡萝~匏*~芦；瓢子扶主动扶□树~头；树根 [212]薄~子；本子薄~荷部簿*竹筐捕埠~头；码头步鹁~鸪；一种斑鸠伏~孵：~小鸡；下蹲绊*~条；捆东西的树条或竹条鲋沙土~；一种鱼

f [53]俘敷夫肤麸麦~；~皮 [424]斧府腑辅 [335]富副阜付赋赴傅姓

v [113]扶抚无~锡浮 [212]符妇新~；媳妇父师~：师傅附驸雾武舞鹉侮腐~烂务任~

k [53]锅钢种~戈~壁滩姑菇估鸪孤 [424]果馃麦~裹鼓古牯雄性；骚~牛、~羊股故固 [335]雇过荷薄~顾过经~过传染；~毛病

kʰ [53]箍~桶 [424]苦 [335]库裤

h [53]呼 [424]虎琥浒水~□上~、下~；上边、下边火伙 [335]货戽~水；泼水

∅ [53]窝窝~芴~莒倭傻：~子乌坞多用于地名邬熄*熄灭诬 [113]禾~苗荷~花河贺何姓和麻将术语和两娘~子；母子俩胡湖糊蒙住蝴~蝶乎在~；在意吴梧~桐娱~乐扶又~梯；楼梯□不明目地做事或摸物、摸索□~统；全部 [335]浣*陷入泥中浣*大便污圬*使变热；~番薯糊又~；粥稠户又~荡；地方 [212]五伍量词,五张纸叫"~"午狐误沪悟互户护祸糊又,米糊

y

tɕ [53]诸珠居拘朱株蛛殊车~马炮□用手指东西□穿洞；~耳朵洞□撅嘴 [424]渚渌~；镇名举矩主注 [335]句据蛀驻铸著挂疰*~夏

tɕʰ	[53]区躯驱　[424]取娶鼠老~处~理　[335]去祛趣处~长
dʑ	[113]除厨瞿衢渠~道聚绪情~　[212]巨拒炬距具俱飓惧住柱~子序秩~
ȵ	[212]女~人蕊~头：花蕊　[335]语禹
ɕ	[53]书舒虚梳~头，木~墟须需输胥~口：镇名　[424]暑数~一~，动词许
ʑ	[212]储~蓄树聚~拢叙绪光~柱~脚：柱子序次~竖横~：反正；~旗杆竖掀（桌子）；推搡
∅	[53]遇於~潜：地名　[113]儒如~果鱼木~渔~山：乡名余于愉虞盂痰~愚俞榆围~身布襁：围裙；~口：围嘴　[424]雨羽椅　[335]御*~粟：玉米寓宇预誉裕喻~子：谜语餒~饭　[212]乳腐~

a

p	[53]爸阿~；爸爸巴~西芭~蕾　[424]摆　[335]拜叭爸~~
pʰ	[335]派破又，东西~破*又，~鱼：剖鱼□田里放水
b	[113]排牌　[212]败罢
m	[53]马驸~妈姆~磨*又，慢移　[113]埋　[335]卖迈~~动：小孩子走路摇摇晃晃□后背背东西　[212]买
t	[53]□尔~：那里　[335]带~东西带*~帽子：戴帽子
tʰ	[53]拖又，拖动他　[424]□用刀或锯切东西　[335]太汰泰
d	[113]绐*（棕绷）变松弛而下垂　[212]大~学埭前~、后~：前面、后面；量词，用于长条状事物筻*笪笃道又，缝~：缝
n	[53]拿推~哪那　[113]□~朝：现今　[212]艿芋~~□你们
l	[53]拉喇攋*划一道口子　[335]赖~学癞
ts	[53]斋聊~□吹号　[335]债寨大~
tsʰ	[53]钗薛宝~差　[424]扯　[335]蔡镲钣
dz	[212]射*又，排泄：~尿
s	[53]筛*~酒：倒酒筛敲锣　[424]洒　[335]厦

第三章 同音字汇

z [113]柴豺~狗

k [53]街阶~沿：门沿 [424]解*~：锯木头；~款：汇款 [335]介蒋~石界交~芥~菜疥癞~疥疖*~橱：碗橱尬尴~戒~指

kʰ [53]揩擦楷卡

g [113]懈人松懈 [212]□身体擦蹭

ŋ [335]外捱

h [424]蟹

Ø [53]挨挤 [113]鞋何又，~里：哪儿 [424]矮轭牛~

ia

t [53]爹 [335]渧*水下滴

tɕ [53]家~具加嘉枷袈佳 [424]贾 [335]借藉~口驾~驶员济*~手：左手幰*~笤篮：针线篮

tɕʰ [335]笡*倾斜

dʑ [113]茄 [212]□剩留：~落：东西落下□小孩顽劣

ȵ [212]惹

ɕ [424]写 [335]卸泻

z [113]邪斜 [212]谢榭

Ø [53]鸦~片雅优~椰霞凤冠~帔 [113]爷耶~稣 [424]野 [335]亚夜~里间：晚上 [212]□他们

ua

k [424]拐 [335]怪

kʰ [335]夸快跨~越

g [113]瘸*腿有残疾：~脚

Ø [53]歪□小孩子无理取闹 [113]怀槐娃 [335]话~梅坏外~员~

ε

p [53]杯卑碑悲背动词簸又，簸谷□上拱 [335]背~栋骨：脊椎蓓~

	麻褙粘贴：～锡箔贝狈狼～辈
pʰ	[53]坯胚杀～：混蛋　[335]沛配
b	[113]培陪赔　[212]倍焙背耳朵～备佩悖～时：言行过时
m	[113]玫楣梅莓媒霉煤　[335]妹煝*暗火闷烧　[212]每美牡～丹
f	[335]刎不会
t	[53]堆碓水～，脚～　[424]劧*扯、拉：～直；～布：买布　[335]戴姓对
tʰ	[53]推台～州苔舌～胎贱～炱*加热水给动物褪毛梯～子　[424]腿　[335]退煺褪～色态
d	[113]台抬苔青～毛：苔藓　[212]待兑队代袋贷□蛤蟆～：蝌蚪
n	[113]乃　[424]奶又，～～：乳房　[335]耐性子慢内　[212]奶牛～
l	[53]□～钻：钻子　[113]来雷　[335]累擂类跦～滚动　[212]瘤*肉～：粉刺偏□在：～塘里(在这里)，本字可能就是"在"
ts	[53]灾栽追哉锥　[424]者宰～猪嘴　[335]再载醉最赘缀
tsʰ	[53]猜吹炊催　[424]采彩啐*压惊的语气词□～可：幸亏　[335]菜脆翠崔姓
dz	[113]才材～料财～神裁～判垂锤随隋　[212]在罪遂隧瑞～金穗
s	[53]腮鳃虽栖*禽类归宿粞*米～：碎米粒陕～西　[424]水洗　[335]税～务税*租赁赛碎岁舍宿～帅元～
z	[113]材棺～裁～缝随～便　[212]罪～过队旧读，排～锐
k	[53]该赅*拥有：～东西　[424]改　[335]丐盖溉概
kʰ	[53]开凯　[335]□打～交：打架
g	[212]徛*站；双～人：双人旁骸打～：打嗝
ŋ	[113]呆　[335]碍艾
h	[53]虚(脸)虚肿桸*撩～：一种捕鱼虾的大工具□责备　[424]海□说大话　[335]□比试(衣裳)
Ø	[53]埃哀　[113]孩　[335]爱　[212]害

iɛ

tɕ	[53]阶 [424]解~放 [335]届介~绍	
∅	[53]也~许 [335]□表示应答的语气词	

uɛ

k　[53]乖规瑰归龟硅冠衣~禽兽　[424]鬼轨　[335]贵桂鳜~鱼会~计鹳~山:山名

kʰ　[53]亏奎魁傀~儡　[335]块

g　[113]葵逵馗　[212]跪柜

h　[53]灰恢诙盔头~徽挥辉回又。~转:半路折回　[424]悔毁~灭 [335]晦~气卉海烩

∅　[53]威煨萎花~掉嘞喂用于称呼□火头小　[113]回茴蛔危桅韦违围~巾□推~:相差　[424]委　[335]卫胃尉慰为淮汇~款慧*乖巧　[212]伟苇纬惠彗慧智~会魏

yɛ

ɕ	[53]靴
ʑ	[212]睡~衣谁射
∅	[424]哕* 恶心想吐

ʊ

m　[113]摩模魔　[335]磨动作、工具幕墓坟~幕暮募

t　[53]多都首~□~出来:突出;~~头:突出的部分　[424]朵耳~躲肚~子:猪的胃赌睹堵~塞妒

tʰ　[53]拖~把、~拉机　[424]妥椭土　[335]唾涎~水:唾沫吐呕吐兔

d　[113]驮拿驼图途涂徒屠　[212]大舵堕惰杜肚~皮度渡镀

n　[113]挼*揉奴　[212]努　[335]糯怒

l　[113]罗萝~卜箩锣胭螺驴~子炉卢芦~粟:高粱庐颅鲈鸬

	[335]啰露路鹭　[212]鲁橹撸*~顺头毛：顺着说 卤盐~房掳
ts	[53]租　[424]左佐组阻祖　[335]做
tsʰ	[53]粗初　[424]搓础楚　[335]瘥~子：麻疹 醋措~施 错
dz	[212]助
s	[53]梭蓑~衣 苏酥疏~远 蔬菜~ 须胡~　[424]琐锁嗽咳~ [335]素诉塑~菩萨、雕~ 数~学
z	[113]□塌陷等：山~、屋~、腰~掉啦　[212]坐□休息
k	[53]歌哥　[335]个~人、格~：这个
kʰ	[53]科柯窠棵课颗髁*脚□sɪ¹~：膝盖 □移栽　[424]可
ŋ	[113]蛾鹅俄　[335]饿卧　[212]我

iʊ

t	[53]□一点儿：一~东西
tɕ	[53]赳纠鸠周州舟洲邹□质量差　[424]走九久酒韭帚肘 [335]究救灸皱绉文~~ 咒~语
tɕʰ	[53]秋丘邱鳅泥~ 刍箍紧抽~斗：抽屉　[424]丑子~ 寅卯 [335]臭凑~拢班子
dʑ	[113]酬稠~溪：大源镇地名 绸筹求球裘蚯*~蟥 蚰蜒 仇姓 囚售~ 票员　[212]就成~袖领~ 纣宙舅臼旧
ɲ	[53]扭拧　[113]牛　[212]纽~珠：扣子 忸*潮~~
ɕ	[53]修休羞搜馊溲解~：小便 收　[424]手首守　[335]秀锈绣 瘦兽□滑，溜出
ʑ	[113]愁发~ 稠~水：溃液 柔　[212]就~是 勿去 袖~子管：袖子 受~ 降：地名 授寿
k	[53]钩勾沟构阄撮~：抓阄 鸠斑~　[424]狗枸　[335]够购□介……~：这…那…，必须与"介"搭配使用
kʰ	[424]口　[335]扣寇□筑（地基）
g	[113]赹*蜷缩　[212]厚
ŋ	[212]偶耦~合 藕~粉 纽又。外~、里~

第三章 同音字汇 41

Ø　　[53]优悠幽~默幽*声音轻　[113]尤由柚油邮蚰~蜒游犹
　　　[335]诱幼蚴炒*煮猪血　[212]有酉友右佑

o

p　　[53]巴~掌芭~蕉疤　[424]把~车子龙头　[335]霸坝□赖司蛤
　　　~：癞蛤蟆

pʰ　　[53]剖解~　[335]怕

b　　[113]爬琶巴下~耙铁~杷枇~　[212]稗~草䅟*牙齿外长

m　　[53]蚂~蚁　[113]麻膜蟆蛤~田鸡：青蛙　[335]骂　[212]马
　　　码~子：数字蚂~蟥拇大~手指头<u>某</u>

t　　[424]□~拄：用于支持扁担的工具

l　　[53]□猫~：呼狗

n　　[113]挪　[212]女~：女儿；孙~：孙女□~周：抓周

ts　　[53]遮渣楂~斑果：野山楂　[335]炸蔗榨诈耍赖痄*~腮风：腮
　　　腺炎

tsʰ　[53]差叉杈车　[335]岔

dz　　[113]查茶搽涂蛇勺铜~：勺子

s　　[53]沙纱痧砂裟裂~赊　[424]所产*又。~姆娘：产妇　[335]
　　　晒舍简易草房捨弗割~：舍不得

z　　[113]佘　[212]社射~箭麝~香

k　　[53]家加嘉袈~裟佳诸~坞、真~溪：地名　[424]假　[335]嫁稼
　　　禾~沙：地名架~子价□鱼骨头卡住

kʰ　　[335]搭*抓跨

g　　[113]何又，~事：什么　[212]□有意为难

ŋ　　[113]牙芽衙~门伢病~：妊娠反应　[212]瓦　[335]砑*压平□
　　　东西向外；牙齿~出、骨头~出

h　　[53]虾躯*身弯曲：人~转呵~气

Ø　　[53]阿~弥陀佛鸦乌老~：乌鸦丫~头桠*~杈掗*强行给予　[113]
　　　蛤~蟆田鸡　[424]哑华姓　[335]画又，~眉鸟夏立~；姓　[212]

下~脚：下面；肋胳肢~：腋下；水中行走学又。放~

uo

k　　[53]瓜　　[335]挂卦

h　　[53]花　　[335]化□~树：枫杨。本字也许是"桦"

Ø　　[53]划~船蛙娲握~手　　[113]华　　[212]话画

yo

tɕ　　[53]撠* 抓取

ɔ

p　　[53]包苞胞褒热心~肠：热心肠　　[424]宝饱保堡四~：地名
　　[335]豹报暴风~爆眼睛~出；植物分蘖趵跳起来

pʰ　　[53]抛疱　　[335]泡~茶；烫炮奇* 大而虚脬卵~：阴囊□香~：柚子

b　　[113]跑袍咆　　[212]抱鲍刨暴~力暴~盐：快速腌制雹~炸雹冰
　　~：夏天落的冰雹

m　　[53]猫马又,~~虎虎毛又。~~头：婴儿□吐酸水　　[113]毛髦矛
　　茅□次,量词　　[335]帽冒貌贸　　[212]某~~人：某人□火气上升

t　　[53]刀叨　　[424]倒~霉倒* 铸造岛捣祷　　[335]到倒~车

tʰ　　[53]滔涛掏□转圈,绕远路　　[424]讨　　[335]套

d　　[113]桃逃陶淘萄　　[212]导稻道盗

n　　[53]□用手抓：~点饼干吃吃,本字可能是"拿"　　[113]孬~胚：傻子
　　[212]脑恼瑙　　[335]闹

l　　[53]捞　　[113]牢劳痨唠醪　　[212]老佬~官：指人□木~~：
　　很多

ts　　[53]朝今~：今天遭糟昭招　　[424]早枣蚤找爪一~：虾　　[113]
　　灶罩照诏

tsʰ　　[53]操抄超秒　　[424]草炒吵钞~票　　[335]糙躁脾气石~□一
　　遍：洗一~、种一~

dz	[113]曹嘈漕朝~代 朝_{理睬} 嘲潮□探寻□雨、雾、霜等自然现象的量词 [212]赵兆_征~邵	

s　[53]骚臊肖又,生~ 稍梢筲*~箕：淘米箩 烧　[424]嫂少扫
　　[335]燥干哨潲_雨~进来悛*_豪~：快点

z　[113]㾮*_{胃里因饥饿而难受}槽□不大不小　[212]皂造扰绍召

k　[53]高膏羔糕皋 教~书 交~待 胶~水 茭~白 跤_跌~□下雪的量词
　　[424]稿~子搞玩 绞~拧干；量词：一~线 铰~链　[335]告郜~村：村
　　名 窖_{地窖}：番薯~ 校~准 觉_睏~

k^h　[53]敲拷　[424]考烤□返~：毛病复发　[335]靠铐氅*_{龙头}~：
　　小鱼干

g　[113]交*又。完：戏文~嘚　[212]搅~勿灵清：弄不清 峧_{水道上拱处,}
　　_{山岭下凹处}□不顺利□脱~：脱臼

ŋ　[113]熬敖嗷□盼望：~尔来　[424]拗*折断　[212]咬
　　[335]傲

h　[53]蒿~菜　[424]好　[335]耗哮~_病□食物变质

Ø　[53]凹呑　[113]毫豪擤*计量：~米　[424]祅　[335]奥澳
　　懊□舀_水□头~起来：抬头　[212]号浩

ci

p　[53]标镖膘彪滮_{喷射}　[424]表婊

p^h　[53]缥飘漂~流　[424]漂~白　[335]漂~亮票

b　[113]瞟嫖瓢藻*浮萍□抚养：~小猪□猪交配

m　[113]苗描瞄秒渺貌　[335]妙庙缪姓

f　[335]覅不要

t　[53]刁貂雕碉 条_缚~：捆柴的长条竹木□量词,串：一~葡萄　[424]
　　鸟　[335]吊钓

t^h　[53]挑佻刟*~刺　[335]跳眺粜~米

d　[113]条迢笤~帚 调~排：作弄 蜩_{余知}~：蝉□脉动　[212]调换掉
　　~枪花□~觉：醒

l	[53]撩*捞□顺便邀请　[113]寥聊僚燎辽疗　[212]了 [335]潦料廖□向上方、远处够
tɕ	[53]焦蕉浇椒娇骄交~通胶郊姣蛟□内~：内行；外~□水冲坏 [424]绞饺缴　[335]教~室较比~叫大声叫曼"只要"的合音
tɕʰ	[53]跷*~脚：跛足缲~边锹　[424]巧□深挖　[335]俏行~：畅销窍翘
dʑ	[113]巢剿樵乔侨荞~麦桥矫□手弯的动作：~肩、~篮　[212]轿挢*撬：~门
ɲ	[113]饶尧　[424]绕~锯　[335]绕　[212]尿~素
ɕ	[53]肖~像消宵霄销萧箫操揭开□裂开　[424]小晓筱　[335]孝~顺酵笑啸呼~箫：竹丝
Ø	[53]舀夭妖腰　[424]闄*折叠　[113]摇肴洧谣窑遥瑶姚余~　[335]要鹞~子：风筝　[212]效校耀跃大~进

ei

m	[113]谋牟
v	[212]负正~
f	[424]否~定
t	[53]兜~会：民间集资兜*舀水　[424]斗抖发~　[335]鬥
tʰ	[53]偷　[424]敨*展开　[335]透
d	[113]头投骰~子：色子　[212]豆痘出~胫*~颈：脖子
l	[53]□转动　[113]娄楼刘流硫留馏瘤榴璃玻~　[335]漏绺一~头发雷*合~：积水槽　[212]柳抈圆形状搅拌
h	[53]呴吸水：龙~水□叫　[424]吼　[335]瘊~饭：疣鲎雩*彩虹
Ø	[53]欧呕　[113]猴侯喉~咙骨：喉咙　[335]候探出身子 [212]后厚候~车室

第三章 同音字汇 45

ã

p [53]扮班斑绊*~架:绣花的架子;花线~ [424]板扳版 [335]迸*裂开

pʰ [335]攀襻盼錾*~头:提梁 □转头 □稍微洒水

b [113]爿萗*爬朋棚彭膨澎蟛*~蜞:毛蟹 鳌*聱~:聋子 □翅膀振动 [212]办瓣叶~蚌~埠碰膀 □围绕 □采摘:~马兰头、~葱

m [53]蛮很:~好 [113]蛮顽*寻~头:开玩笑虻牛~ [335]慢蔓曼漫 [212]晚~米、~娘蟒虼:蚱蜢莽蟒

f [53]翻番 [424]反返 [335]泛贩疲*心~:恶心想吐畈*~洋:平原

v [113]帆~布凡烦繁樊矾明~ [212]犯晚~会范饭万

t [53]丹单郸担~任;~身:怀孕耽~搁:停留 [424]胆掸疸打 [335]旦担~子

tʰ [53]坍倒~、~台滩摊瘫 □讲~头:说话 [424]坦毯 □慢性子 [335]叹炭碳 □踩着来回转

d [113]檀谈痰弹~琴 [212]淡氮蛋弹子~但掞~脸:化妆逛*逛又。谷粒饱满 □砌石头路面 □瞄准目标扔

n [53] □感叹词,表要求听话者手拿着某物(表给予) [113]难 [335]烂又。~泥

l [113]拦阑澜幡*围身布~:围裙兰栏蓝篮 [335]滥~~湿:很湿烂 [212]懒览缆榄冷

ts [53]剗*剁张争睁 [424]盏崭~新斩攒攒钱掌手~ □腾空间 [335]蘸赞孈*好潵*溅帐~子胀账涨仗打~

tsʰ [53]撑~船、~伞搀餐 [424]产铲厂敞 □~碗:把饭倒入菜碗中 [335]灿忏畅掌*撑支撑 □踢一脚

dz [113]残惭谗长肠场又。~口:地名 [212]站栈暂绽~放场一~电影丈杖仗炮~碾*~满:塞满、放满

s [53]三山杉衫删甥生 [424]散~掉馓油~子省节~、浙江~ [335]汕~头伞散~会

z	[113]馋~痨胚□~唾水：唾液　[212]盛~家桥：春江地名□铁的工具重新打造□~瞌睡：打瞌睡
k	[53]间房~监~牢更五~头粳羹耕赓*钴：~进~出　[424]拣减碱~子裥*皱~：褶皱
kʰ	[53]铅刊坑溪~、茅~堪　[424]砍槛嵌舰□~板：肯定
g	[113]何又,~侬：谁□隆起的长条　[212]□脾气倔强
ŋ	[113]岩颜衔~头：职位癌　[335]雁~鹅：大雁硬　[212]眼馅~子
h	[335]喊苋~菜
Ø	[53]樱~桃犅小牛□不甜不咸难以形容的味道　[113]咸闲衔桁*~条：檩还又,~未：尚未　[212]限杏□改造：~平、~路

iã

n	[113]凉粮量良梁杨黄~木谅　[212]两辆　[335]亮
tɕ	[53]将~来将~刚：刚刚浆姜缰僵桨*~节：木节　[424]奖桨景十点光~：十点左右□从上往下　[335]酱将蒋糨
tɕʰ	[53]枪羌腔醋*~蟹□量词，一阵风　[424]抢□~刀：锅铲　[335]呛咳嗽：说话冲炝
dʑ	[113]祥详强犟~气　[212]象~棋像画~橡~皮匠蔷~薇强凑和、勉强弶*设陷阱
ȵ	[113]娘穰*稻芒、麦芒　[424]娘~~：姑妈　[212]仰　[335]让酿
ɕ	[53]香乡箱厢湘镶襄　[424]相想响鲞享~福　[335]向
z	[113]墙　[212]象~鼻头：大象像动词匠
Ø	[53]央秧殃鸯映反~　[113]羊洋垟地名用字阳扬杨疡~□ hɛ³³⁵窝：淋巴炀*熔化降受：浙江侵华日军在此地投降，故名□漂浮、滑翔：鸟~、船~。本字也许是"漾"　[424]养~小人：抚养孩子氧痒　[335]样恙养~头发、鱼要~两日

uã

k　　［53］梗 量词，一～绳子 关

kʰ　　［335］□ 筷子。"筷儿"的合音

g　　［113］环寰　［212］掼*摔摽* 篮子的提把

h　　［335］□甩

Ø　　［53］弯湾幻～灯片　［113］还～钞票 横 与"竖"相对　［424］横～财

ɛ̃

p　　［53］般　［335］半

pʰ　　［53］潘拚～命；～得；舍得　［335］判

b　　［113］盘蟠磐滛*满溢　［212］拌伴叛迸* 躲藏：～猫猫

m　　［113］瞒馒鳗蛮*～裆裤　［212］满

t　　［53］端～午、～正 断阻断：～路强盗 □ 蘸　［424］短　［335］锻

tʰ　　［53］贪　［335］探

d　　［113］潭谭昙坛 酒～、花～ 团　［212］断段缎

l　　［212］卵～子；睾丸　［335］乱

n　　［113］南楠男　［212］暖

ts　　［53］钻簪　［424］转

tsʰ　　［53］穿参～加 掺蔡*～条鱼 窜～改 □ 用力合拢木板

dz　　［212］撰* 捡拾

s　　［53］酸　［424］糁* 饭米～：饭粒 □ 撒粉末状的物体　［335］算蒜

z　　［113］蚕錾～子：一种长形尖头的凿子　［212］染 传～

k　　［53］尴甘泔～浆水 柑疳～积～：消化不良 干肝杆坫 旁边；身～ 菅～草：一类野草的总称 官又。小～家：小男孩　［424］敢竿赶感秆橄鳡*～条；鳡鱼　［335］□烤

kʰ　　［335］看勘～察 碙*～头：河碙 □ 上～、下～：上一点、下一点

ŋ　　［335］岸 □ 星；表示方位"边"

h　　［53］鼾酣罕　［335］汉熯* 煮饭时附带蒸 焊 □ 疮～窝：淋巴

Ø　　［53］安放鞍庵按　［113］含颔函涵寒～豆；蚕豆 韩邗　［335］暗

案汗　[212]旱翰

iɛ̃

p　　[53]边鞭编艑~鱼□~箕：齿细密的篦子　[424]扁蝙蝙~匾牌~匾扁形笋筐　[335]变遍普~

pʰ　　[53]偏~生：偏偏翩篇　[335]片骗

b　　[113]便~宜　[212]辫辨辩卞汴便~当：方便

m　　[113]棉绵眠~床□~缝：没有间隙　[335]面　[212]免勉缅

t　　[53]掂颠巅癫~子：疯子　[424]点典□~恰：恰巧　[335]踮店

tʰ　　[53]天忝添舔掭火~

d　　[113]田钱又,铜~：钱甜填又,~空　[212]填用沙土填埋簟畅~：晒谷的簟淀甸电垫殿

n　　[113]连莲鲢联廉簾镰~刀殓落~：入殓　[335]练链炼恋楝~树栾銮　[212]脸

tɕ　　[53]尖煎兼搛*用筷夹：~菜肩坚艰鉴　[424]茧柬简减~少碱盐~地检剪　[335]佔又,~位子建健见剑箭荐间~隔犍*斜撑

tɕʰ　　[53]千歼迁纤~维签笺谦牵扦*用尖物插入□轻浮　[424]浅　[335]欠芡~头：加热水搅拌之后的米饼糊歉纤~丝：纤绳

dʑ　　[113]全泉钱姓前潜於~乾虔钳勥*用肩扛　[212]件渐健践羡俭□互相辩论□歪头

ȵ　　[53]黏研　[113]年严俨酽阎鲶~鳈郞：鲶鱼　[424]验　[335]砚~瓦廿二十念捻~线　[212]染~头发

ɕ　　[53]先仙鲜宣妗*女子轻浮□秤杆上扬　[424]显癣选险筅*用物轻轻拨动：~耳朵　[335]宪献线鏟*阉鸡

z　　[113]前~头　[212]贱旋漩头涡~：头上的漩涡

Ø　　[53]烟胭淹阉蔫嫌腌腌制　[113]贤弦延筵蜒~~螺：蛞蝓炎盐沿檐言彦谚　[424]掩魇*鬼压床厣*鳞甲　[335]咽燕陷~井堰堤坝雁厌餍*比较：~大小贬~口：大源地名　[212]演现艳焰艳宴

冶~金

uɛ

k　　[53]官倌棺观　[424]管馆　[335]贯惯灌罐

kʰ　[53]宽　[424]款

h　　[53]欢焕患无~子　[424]缓

Ø　　[113]完玩古~顽~皮皖援　[424]碗　[335]换　[212]宦

yɛ

tɕ　　[53]占~卜毡牛毛~詹专砖眷家~娟捐鹃狷绢　[424]卷展转~一圈　[335]战佔~领

tɕʰ　[53]圈川踹串　[424]犬喘　[335]券劝篡

dʑ　　[113]缠传~达椽~子拳权颧　[212]篆

ȵ　　[113]圆又,肉~子:肉丸原源大~:镇名　[335]愿　[212]软

ɕ　　[53]闩膻羊~气　[335]闪霍:闪电楦扇

z　　[113]婵蝉船然燃　[212]善鳝擅单姓蟮蚰~:蚯蚓剡~溪:水名

Ø　　[53]冤渊鸳怨　[113]玄悬员圆园元袁原源猿缘眩头~　[424]远　[335]院县

ɔ̃

p　　[53]帮邦谤　[424]梆榜磅~秤泵

pʰ　[335]髈*蹄~:猪蹄

b　　[113]旁傍庞防　[212]膀翼:翅膀□~可:假如;~来:料想

m　　[113]忙衣~芒~果茫氓盲

f　　[53]方芳肪　[424]纺坊访仿妨　[335]放

v　　[113]房　[212]亡忘望希~

t　　[53]裆裤~当~家　[424]党挡档又,~案□村~:村子　[335]当上~档横档□掂分量

tʰ　[53]汤　[424]躺倘耥~田　[335]烫趟

d	[113]唐塘□户冰~：冰锥。为"澤"儿化的残存 糖搪堂膛棠 [212]盪*用水晃动着清洗 凼小水坑荡宕石~挡又，~弗牢：挡不住
l	[113]狼郎牛~郎稀疏廊榔螂囊胶~ [335]浪朗眼*晒衣服上又，方位词：树~
ts	[53]庄上~：地名装妆章樟蟑障 [335]葬壮胖
tsʰ	[53]仓苍疮舱昌鲳~片鲞、~条鱼 [335]唱倡创
dz	[113]常~州藏西~臧姓
s	[53]商~朝桑丧出~、~失霜孀*孤~：寡妇礵砒~偿赔~伤 [424]爽清~磉*~鼓：柱础
z	[113]常床尝裳□盐水浸泡 [212]尚绱缝鞋帮和鞋底上
k	[53]缸刚钢纲豇扛用杠子抬虹光线折射形成的一条光线，不是彩虹 [424]港*河流讲 [335]冈岗降霜~杠~子
kʰ	[53]康糠 [424]慷 [335]囥*藏东西抗
g	[113]□~螂：螳螂□地不平 [212]戆~头：傻瓜□石~：棘胸蛙
Ø	[53]肮~脏 [113]行银~绗*~针：大针杭航 [212]项~目

uɔ̃

k	[53]光 [424]广 [335]晃因晃动外溢
kʰ	[335]匡筐框眶矿旷
g	[113]狂
h	[53]荒慌谎 [335]况
Ø	[53]汪□小坑 [113]黄潢磺硫~簧皇蝗隍城~庙凰王横蛮横 [424]枉往来~：交往 [212]旺

yɔ̃

tɕ	[53]桩庄~稼□重重放下 [335]壮~族□坛子：腐乳~
tɕʰ	[53]窗 [424]闯 [335]戗*定船的工具戗定船的动作铳*火器：放~□发脾气不理人
dʑ	[113]桩又，一~事体狂被惹怒或刺激后的一系列剧烈反应 [212]撞~

车；～肩：够及肩膀 幢状重* 碗等叠起来 □截断

ɕ　[53]双商～量舂*捶打：～米　[424]爽心里爽快：今朝介～咯

eŋ

p　[53]奔搬　[424]本

pʰ　[53]喷

b　[113]朋鹏盆贫□～家：别人，"别人"的合音　[212]笨坌并～拢

m　[113]蚊～虫门们老娘～：已婚女子闻鼻子嗅明又，～朝：明天　[335]问动词闷扪焖

f　[53]分昐芬纷　[424]粉　[335]粪奋愤

v　[113]闻姓文坟纹　[212]问～题份～量份分成份：～三份

t　[53]灯敦礅～碌：柱下石蹲登瞪蹬䂿鸡～鼓：嗓子戥～子：小天平　[424]等　[335]炖顿凳吨扽*用力拉䐢*～食：积食

tʰ　[53]吞氽*漂浮燉*用沸水煮：～鸡子 □固体呈流体状倾倒：～谷　[335]煺～皮：脱皮

d　[113]藤屯囤～积饨腾臀　[212]滕豚河～邓钝盾囤*趸卖 □赶：～牛 □固执

l　[113]邻轮仑轮伦囵圇～论能～干嶙*～头：经过深耕平整以后的长条形土地　[335]嫩

ts　[53]真曾增憎罾*榛笋尊遵贞侦针砧～板珍征症蒸整僧殿*木楔，用楔子塞紧 □阻塞 □动量词，一次：泡得一～ □枕木　[424]准枕疹黰*霉～　[335]震振镇正～面，～月症政证赠甑*～桶：用来蒸饭、蒸年糕粉等的桶

tsʰ　[53]村蛏～子称～呼称～东西春　[335]秤趁～心趁*～钞票：赚钱；～车、船：乘车、船诊～断寸衬忖思考。旧说

dz　[113]曾～经存层陈尘沉成城诚橙澄丞呈程逞乘拯承～担仍～旧　[212]剩嵊郑阵臣

s　[53]森参人～牲笙孙狲猻～：猴子逊深绅声～音圣～旨口　[424]笋省反～榫～头损渗

| z | [113]纯~粹 辰时~ [212]肾甚刃
| h | [424]很擤~鼻涕 [335]狠
| ∅ | [53]恩嗯 [113]痕恒衡 [424]□言语冲撞 [212]恨

in

| p | [53]兵冰宾滨槟斌彬鬓 [424]饼秉丙炳柄
| pʰ | [53]拼姘怦抨乒 [424]品 [335]榜聘
| b | [113]频瓶屏平萍苹坪凭屏 [212]评並病
| m | [113]明~代民名铭鸣冥瞑闽敏觅寻死~活:拼命 [335]命
| t | [53]丁钉洋~疗脚~盯 [424]顶 [335]鼎灇沉淀钉动词:~洋钉钉*扔钉
| tʰ | [53]厅听~见 [424]艇挺 [335]听故意留下来
| d | [113]亭停廷庭蜓 [212]定锭
| n | [53]拎零又,~碎铃又,小~铛 [113]临林淋凌陵怜菱檩灵玲铃零~头龄聆探听:~市面鳞麟宁~波□向着:~直走 [335]另令赁 [212]领岭
| tɕ | [53]仐金襟津斤筋巾精睛腈*~肉:瘦肉京经晶惊俊 [424]紧警锦景井颈 [335]镜境竟敬进禁浸晋
| tɕʰ | [53]侵亲~切,~家钦卿倾青清轻顷 [424]请寝 [335]揿按庆
| dʑ | [113]琴秦芹~菜勤禽情饧*~糖:流质麦芽糖擎举旬 [212]竞静尽净循巡劲~头近蕈*蘑菇
| nʑ | [113]人迎宁安~ [335]认~得韧仍~旧净又,干~
| ɕ | [53]心辛新馨欣身深水~申~报纸:报纸伸星腥蜻~蜓声叫一~升星格~:这些 [424]沈审婶醒 [335]信性兴植物茂盛姓迅讯汛胜囟~门
| z | [113]神绳纯~落落:清一色的承~朝:答应辰时~晨顺唇塍*田~:田埂淳~安寻盛~饭,~大人仁 [212]吮忍任刃认~识润
| k | [53]跟根更~改今~朝:今天廣耕 [424]耿 [335]更~加
| kʰ | [424]肯啃垦恳

第三章　同音字汇　53

g　　[212]□固执

Ø　　[53]音阴因英殷应~该、答 鹰蝇婴樱~花 莺鹦~鹉缨萝卜~子：
　　　萝卜叶子　　[113]淫寅营莹荧形型赢　　[424]瘾引饮隐影
　　　[335]洇印溲*凉　　[212]颖幸杏

uen

k　　[424]滚~水　　[335]棍

kʰ　　[53]昆坤　　[335]困睏

g　　[212]捆动词：~柴

h　　[53]昏婚荤

Ø　　[53]温蕰*~草：水草瘟　　[113]浑馄魂~灵混浑浊　　[424]稳
　　　[212]混动词：~拢

yŋ

tɕ　　[53]君均

tɕʰ　　[53]菌

dʑ　　[113]群裙

ɕ　　[53]熏醺勋嗅　　[335]训

Ø　　[113]云耘~田匀韵允　　[335]晕闰~年运

oŋ

p　　[335]蹦跳起来

pʰ　　[53]蓬头发~开来：头发蓬松　　[424]捧

b　　[113]蓬篷□堆东西　　[212]奉~化、徽州朝~埲*~尘：灰尘棒

m　　[113]蒙檬芒麦~忙□~蚣：蜈蚣　　[335]梦忘望~东走：向东走孟
　　　猛　　[212]网

f　　[53]风枫疯丰封峰蜂锋　　[424]讽　　[335]沨脏

v　　[113]冯逢缝动词：~衣裳　　[212]奉~承凤

t　　[53]东冬咚彤红~~　　[424]董懂　　[335]冻栋

tʰ	[53]通 [424]统捅 [335]痛□断头水
d	[113]同桐铜童瞳炯*热~~ [212]动筒桶洞胴*~疮：直肠
l	[113]隆龙咙喉~笼砻*~糠聋农脓 [335]弄~堂 [212]拢陇垄
ts	[53]宗棕踪 [424]总 [335]粽~子纵向外跳
tsʰ	[53]葱囱聪熜*火~：取暖的手炉
dz	[113]崇从纵~队丛 [212]颂歌~
s	[53]松 [424]讼搡*推 [335]宋送诵朗~诵"哭"的贬义说法□告~：告诉
z	[113]怂精液□讽刺
k	[53]公蚣工功弓躬宫恭龚 [424]拱 [335]贡供攻
kʰ	[53]空~间箜帡~篮：针线篮 [424]孔恐控 [335]空有~
g	[212]拱猪用嘴拱共
h	[53]哄~动烘轰蕻*植物的嫩芽 [424]哄起~ [335]齈*~鼻头
Ø	[53]翁鎓□鼻头~：鼻血 [113]鸿弘宏红洪虹 [424]塕*尘土飞扬 [335]瓮

yoŋ

tɕ	[53]中~国盅酒~忠钟终众大~供~饭：提供饭菜宫~前：大源镇地名龚姓 [424]肿种~子冢义~坟 [335]仲种种植
tɕʰ	[53]充中又，人~鏦*钻洞 [424]宠眽打瞌~：打瞌睡 [335]冲突出：头~出
dʑ	[113]虫琼穷重~复 [212]重轻~
ɕ	[53]凶兄胸
ȵ	[113]浓戎绒茸
Ø	[53]拥雍壅~壮：施肥 [113]容溶榕蓉荣熊雄孕 [424]永泳勇蛹俑 [335]用佣

第三章 同音字汇

aʔ

p [5]百伯阿~：父亲；大~、小~：伯父、叔父 柏袹褙~：袹褙 拜又，寄~：认干亲

pʰ [5]拍~篮球 追 帕 擘张开、剥开 泊梁山 ~脈* 分开、折断

b [2]白拔跋

m [2]袜麦脉抹~桌布 陌 拍* 轻打

f [5]发法

v [2]罚乏伐筏阀

t [5]答搭瘩塔湿~~褡背~：背心 □~篮球：拍篮球

tʰ [5]塔榻溻揸* 挞鳎箬~鱼：鳎鱼 遢邋~汏* 打滑~：打滑 獭埫* 一~地：一小块地方 □慢稳而行 □向下，如低头，秤杆往下

d [2]达踏~步档：阶梯

n [2]捺用手指头按住 哪又，~个：怎么。发生了促化

l [2]辣腊蜡镴锡邋~遢拦又，拦住：贼骨头~牢□山林中穿行，爬、跨

ts [5]摘扎勾住 撒播撒~谷子 窄~溪：桐庐地名 眨眼~毛：眼睫毛 □~硬：很能干

tsʰ [5]册拆坼*裂开 插察擦 □小孩顽皮

dz [2]着~火；~奸：上当 翟宅择~韭菜 拽拽绳子

s [5]杀煞萨霎一会儿：等一~；格~：这会儿 □紧紧地插入另一个物体

z [2]石铡闸煠*清水煮 趆* 突然出现：事体~出来 弱~小 若 郭 沫~ □~鼠：兔子 □喷射，飞溅

k [5]格骼隔~壁 膈夹~心 甲 盔甲 胛肩~：肩膀 胛* 翼~：翅膀 □阻挡 □量词，橘子一瓣

kʰ [5]客掐甲手指~ 渴~望

g [2]夹夹住 夹拥挤 轧

ŋ [2]额齾*缺口：落~

h [5]吓赫~~有名 瞎呵*喝

Ø [5]鸭押抵~压阿前缀 □折断 □~拉：我们。本字是"我" [2]狭匣~头：盒子

ia?

l　[2]猎掠用手整理头发：~头略策~

tɕ　[5]脚甲~鱼押压

tɕʰ　[5]恰洽却雀鹊骰* ~丝：小的木刺或竹刺

ȵ　[2]捏虐匿箬~帽：斗笠；~壳：竹叶掠又，~夺略又，侵~

ɕ　[5]削胁

ʑ　[2]嚼

Ø　[5]约峡又，~岭：银湖地名　[2]药钥协峡三~侠学~校也尔去我~要去

ua?

k　[5]括包~刮□饿产生的痛感：肚皮~

kʰ　[5]阔

g　[2]掴*打巴掌

h　[5]豁用鞭或棒打：~一顿；无目标的扔□裂开：~裂

Ø　[5]挖□眼睛张开　[2]滑猾还~要划~线、计~

e?

p　[5]拨不~锈钢钵~头□给，本字是"把"

pʰ　[5]泼活~

b　[2]鼻~头

m　[2]末期~茉默没沉~

f　[5]弗不：我~去。本字就是"不"佛~教

v　[2]物佛如来~

t　[5]得德掇端啄□暂借

tʰ　[5]脱~衣裳忒~(尖)：太突眼睛~出□上升：太阳~得蛮高咮□(狗)咬

d　[2]特凸突~然夺沓一~纸

n　[2]纳衲*裹小孩的尿布诺~言

l　[5]□相当于普通话的"了1"：吃~一碗饭　[2]栗垃~圾□麻烦

第三章 同音字汇

ts	[5]浙折哲褶蜇责执汁质织职卒则侧东西~转只~有指又,手~头	
tsʰ	[5]出测尺赤撤彻撮~药:抓药猝策~略忏~惊:吃惊	
dz	[2]侄~郎:侄儿直值植殖养~杂泽术白~掷*~骰子	
s	[5]摄涩塞释饰虱色适率圾垃~屑*末~:粉末	
z	[2]述贼昨~日子:昨天是又,代词强调词头:~我,~渠。为促化形式	
h	[5]黑	
∅	[5]扼压噎噩*覆盖□~脬眼:眼皮突出的人　[2]合亥核~桃	

ieʔ

p	[5]必逼壁憋瘪笔泌*挡住固体,把液体倒出毕鳖碧璧弼陛~下	
pʰ	[5]匹肌*女阴劈撇僻癖霹□打人	
b	[2]枇~杷麅熇*火烤、火烘:火~鸡别~人家、~针荸~荠趯*追赶	
m	[5]搣*拧　[2]灭篾密蜜	
t	[5]跌滴嫡~亲的~确扚*用手指掐	
tʰ	[5]铁贴帖剔踢	
d	[2]碟蝶牒叠狄敌笛涤	
l	[2]立力历裂劣小孩顽劣律捩*	
tɕ	[5]接节吉结洁织揭急绩激~动激食物用冷水冲或泡使变凉击积迹即级鲫~鱼杞枸~子羯*阉割猪牛等鹫伤阴~	
tɕʰ	[5]切七乞戚漆迄讫泣刺*~鞋底:纳鞋底辑编~劫且契喫*吃茸~理:培育	
dʑ	[2]捷及~格籍极疾截杰袭绝狠毒剧席主~夕寂~寞集~体揲*抱	
ȵ	[2]聂孽逆溺业日热入~舍:入赘□用力装东西	
ɕ	[5]吸惜昔息析熄媳悉雪歇泄薛锡疲*差失式湿设识~相刷摄魂灵~去释解~适~合屑弗~□躲藏:~壁贼	
z	[2]席~子嶷*~转:转身集整理:东西~~好十实日~光灯拾舌食~
sʴ⁴⁴	食物入~收~入性交蚀拆~:花费折手表:翘脚~手术算~、心~绝~薄、~嫩、~细:很薄、很嫩、很细□板起脸:脸孔~~落	
k	[5]割佮*合拢蛤文~鸽革葛吃*口吃:~嘴(口吃的人)疙~蚤镢*~	

子：镰刀

k^h　　[5]磕~头克刻瞌

g　　　[2]囗卡住

Ø　　　[5]一乙益壹稏*~谷：秕谷　　[2]叶液页翼曳拖拉译翻~

o?

p　　　[5]博搏~斗膊剥驳卜北八波又,宁~囗~鸟：阴茎

p^h　　[5]拍~手扑朴泼蝮蝮蛇覆翻转~碗~转囗石~：悬崖

b　　　[2]薄厚~薄~刀：菜刀魄落~箔镴；锡箔帛搏~跤：摔跤坡*泥~头：泥块白又,~鸽：鸽子雹雪~珠；霰仆缚只鸡：牢渠囗~lo?⁸头：多出的小东西囗以翻滚的方式移动物体囗泡沫囗~篮：大而深的竹器

m　　　[5]摸末~屓：最后　　[2]没~大水：涨洪水莫漠寞墨木穆牧睦目

f　　　[5]福幅蝠辐车~板：车页板复腹覆

v　　　[2]服伏茯缚

t　　　[5]督啄动词笃沰*量词,一小块：一~鼻涕屓*末~：最后朵又,一~花剁~豆腐堵一~墙囗陡囗竖起

t^h　　[5]托拓秃脱解~蜕~皮、~壳庹囗~~：到处。可能是"统"的促声化

d　　　[2]独踱毒读犊渎凸

l　　　[2]洛络烙骆落乐军~队：乐队陆鹿六录禄绿渌~渚：镇名碌簏*壳~：盒子髅骷~头

ts　　　[5]作琢涿足跞*~柴：砍柴捉䀼*~漏囗发笑囗小孩吵闹

ts^h　　[5]促踧

dz　　　[2]族簇续

s　　　[5]索肃宿缩粟芦~：高粱束速蟀蟋~

z　　　[2]凿芍~药孰塾赎俗射有目的的长方向抛扔：~标枪謍*数落鹬鸼~囗扁嘴的禽类用嘴吃食等的动作

k　　　[5]各阁搁角觉~得家又,小官~：小男孩

k^h　　[5]壳廓确估计恰囗tiæ⁴²⁴~之：恰巧觳*因受潮而分离

g　　　[2]搁又,垫东西囗转弯囗心里估算

ŋ　　[2]愕鳄鄂鹤岳
Ø　　[5]恶　[2]学~堂、~生

uoʔ

k　　[5]国帼郭谷骨
kʰ　　[5]廓扩哭
h　　[5]霍~闪：闪电藿忽寉*小睡殻漱口
Ø　　[5]屋頝*没入水中　[2]镬~子：锅子鳠*鲶~郎：鲶鱼获或惑活榍水果的核葫~芦囫~狲猢~狲：猴子还副词：~要和又，六~塔

yoʔ

tɕ　　[5]菊掬~水鞠~躬橘觉~悟决诀竹粥桌~床：桌子卓烛瘃*冻~块：冻疮祝竺筑捉~狗涮：捡狗屎
tɕʰ　　[5]曲蛐~蟮：蚯蚓屈麴缺畜~生戳触
dʑ　　[2]逐轴浊属~于蜀镯~子穴一~坟头泞*~雨：淋雨局崛掘倔榾*量词，不长的一段□捅
nʑ　　[2]肉拗*揉：~面粉钺*~斧：大斧头女~婿
ɕ　　[5]畜蓄血旭嗾挑唆叔朔说刷嗽吮吸猬刺~：刺猬
z　　[2]属~牛熟鞣~皮：将生皮制熟
Ø　　[5]郁拥*弄折，扭伤育粤□挥舞旗帜　[2]域月浴欲曰阅悦疫役玉越狱地~

m̩

Ø　　[53]蚁又，白~□~妈：妈妈　[113]无只用于构词：~结果　[424]尾~巴　[212]母娘舅~：舅妈阿~头：小女孩亩一~田墓陆~：地名

ŋ̍

Ø　　[113]儿~子　[335]芛~芛耳~朵□~ta53：那、那里　[212]尔第二人称□何~：谁。可能是"侬"的弱化形式

| ŋ̍ | [113]吴姓红~颜色 洪姓虹~赤；地名 [212]五午端~、~时

| l̩ | [53]二 [113]□何~：什么。本字是"事"而 耳黑木~ 尔儿

3.2 本字考

【眵 tsɿ¹】眼~㳠：眼屎。《广韵》平声支韵章移切："目汁凝。"

【锥 tsɿ¹】刀或尖状的东西插入物体内。《广韵》平声脂韵职追切："《说文》：锐也。"此字旧以为是"刴"，许宝华、陶寰（2015：147）认为调不合，考定本字为"锥"。本书赞同其考定，这是名词活用为动词的例子。

【锄 dzɿ²】~头。《广韵》平声鱼韵士鱼切："诛也。又，田器。"也作"鉏"。

【除 dzɿ²】脱帽子。富阳方言用"除"dzɿ²表示脱帽子，"除"的读音属于鱼虞有别的层次。用"除"表示脱帽子，也见于德清乾元、余杭临平等地；而武康塔山则用"除"表示脱项链、手表等，但脱帽子仍用"脱"。根据曹志耘主编（2008：81）"脱~鞋"和北大中文系语言学教研室（1995：375）"脱"，汉语方言中主要是粤语用"除"表示脱衣物；不过根据曹志耘主编（2008：81），吴语、徽语部分点存在用"除"表示"脱~鞋"。

【簛 sɿ¹】呼啸~：细竹丝。《集韵》平声支韵相支切："竹枝也。"

【餈 zɿ⁶】麻~：一种糯米食品。《广韵》平声脂韵疾资切："饭饼也。"今富阳读阳去调，而绍兴柯桥读阳上调，绍兴陶堰读阳平调。

【箸 zɿ⁶】~夹馃：面疙瘩。《广韵》去声遇韵遟倨切："匙～。"吴语原本用"箸"表示"筷子"，富阳"筷ɿ"替代"箸"之后，"箸"只在部分词中降级保留。

【睡 zɿ⁶】睡眼朦胧状。读ɿ是止摄合口的白读，类似的现象也见于

其他吴语,如:绍兴柯桥 z_1^6、温州 z_1^6慵~:瞌睡。吴语"睡"表犯困的状态,"睏"表睡觉,与普通话正好相反。

【𠜱 p^hi^1】削。~肉片。《广韵》平声齐韵匹迷切:"~斫。"《集韵》平声齐韵篇迷切:"削也。"

【鎞 bi^6】蹭、摩擦、划:~洋火、~刀布。《集韵》去声霁韵蒲计切:"治刀使利。"

【坒 bi^2】层:书一~一~放好。《广韵》去声至韵毗至切:"地相次坒也。"富阳读阳平。

【渳 mi^1】小口喝酒。《广韵》上声纸韵绵婢切:"《说文》饮也。"富阳跟不少吴语一样,今读阴平。

【寐 mi^1】小睡,打盹儿。《广韵》上声荠韵莫礼切:"寐不觉。"富阳跟不少吴语一样,今读阴平。

【柿 fi^5】木~:碎木片。《广韵》去声废韵方废切:"斫木札也。"

【體 t^hi^5】细腻。《集韵》上声荠韵士礼切:"软谓之~。"今富阳读阴去调。

【剺 li^6】擦伤,用刀划。《广韵》平声之韵里之切:"剥也。"比较周边方言可知来源于阳上。

【𤁸 li^6】过滤,把水沥干。《广韵》去声霁韵郎计切:"《埤苍》云:渧~,漉也。"

【蚔 $tɕi^1$】灶~:灶马。《广韵》平声脂韵居夷切:"密~:虫名。"

【覰 $tɕ^hi^5$】眯着眼睛看:近~眼。《广韵》去声御韵七虑切:"伺视也。"

【蜞 $dʑi^2$】螃~:小毛蟹。《广韵》写作"蟛",平声之韵渠之切:"螃蟛,似蟹而小,晋蔡谟食之殆死也。"

【捼 ni^1】手指来回捻搓。《集韵》平声脂韵女夷切:"研也。"富阳与大部分吴语一样,读阴平。

【劓 i^5】磨损。《广韵》去声至韵羊至切:"劳也。"

【哺 pu^5】嘴对嘴喂食。《广韵》去声遇韵薄故切:"食在口中。"富阳读 p-声母,绍兴也是如此。

【潽 p^hu^5】水因沸腾而溢出。《集韻》颇五切:"水也。"

【匏 bu^2】～芦:瓠瓜。《广韵》平声肴韵薄交切:"瓠也,可为笙竽。"陶寰(私人交流)认为,"匏"表示"瓠瓜"在东南方言中非常常见,而且很多地方读入一等,读-u保留了上古幽部的读音。另可参曹志耘、秋谷主编(2016:32)。

【篰 bu^6】竹篾做的一种筐。《集韵》上声姥韵伴姥切:"竹器。"俗作"箁"。

【伏 bu^6】孵:～小鸡、～蚕子。《广韵》去声宥韵扶富切:"鸟菢子。"

【紨 bu^6】～条:捆东西的树条或竹条。《集韵》去声遇韵符遇切:"～缚绳也。"

【熰 u^1】火熄灭。《字汇补》:"火熄也。"

【埦 u^5】脚陷入泥中。《广韵》去声过韵乌卧切:"泥著物也。"

【埦 u^5】大便。张惠英(1980)、郑张尚芳(2010a)等根据文献"恶"表"大便",认为大部分吴语表"大便"的词本字是模韵去声乌路切的"恶"。不过从吴语整体来看,其音韵地位应是去声戈韵,而非去声模韵。请比较以下方言的材料:

表 20 吴语"大便"义词的读音比较

方言点	"大便、屎"	河 戈韵	乌 模韵
绍兴 柯桥	u^5	$ɦu^2$ ～港:河流	u^1
云和、龙游	u^5	u^2	u^1
衢州 柯城	u^5	$ɦu^2$	u^1
温州	$'vu^5$	vu^2	$'vu^1$
嵊州 长乐	o^5	$ɦo^2$	u^1
诸暨	$əi^5$	$ɦəi^2$	u^1
温岭	$ɯ^5$	$ɦɯ^2$	u^1
浦江 虞宅	$ɯ^5$	$ɦɯ^2$	u^1
东阳	u^5	$ɦu^2$	u^1
遂昌	u^5	u^2	$uɪ^1$

一方面,由于富阳、绍兴、温州等地歌戈韵与模韵发生了合流,不容易区分;而嵊州、温岭、东阳等地能够看出合于戈韵去声,而非模韵去声。

另一方面,该词临海话音 e⁵,这也是歌韵才有的白读,而不可能来源于模韵。这个字的本字,曹志耘主编(2008：289)、曹志耘、秋谷主编(2016)写作戈韵去声的"涴",王福堂(2015：96)认为绍兴话此词的本字也是"涴"。不过《广韵》"涴"的释义为"泥著物也",与"大便"意义上有较大差别。另一种可能性是如李荣(1965)本字写作"屙",不过"屙"在《玉篇》《字汇》中释义为"上厕也",只能是通过去声别义的方式转类成了名词(周志锋 2012),但是吴语表示排泄的动作并不使用"屙"。具体该如何解释,还需要进一步研究。本书暂且写作"涴",不过这个问题尚需进一步研究。

【炉 u⁵】使暖和：～脚。《集韵》去声过韵乌卧切："暖也。"俗作"焐"。

【痏 tɕy⁵】～夏：夏天精神倦怠,健康状况欠佳。《广韵》去声遇韵之戍切："～病。"

【御 y⁵】～粟：玉米。玉米传入中国之后,大大改善了中国的粮食结构,有如御赐,因此用"御"命名。即便是普通话的"玉米",周振鹤、游汝杰(1986)已经指出,首字的本字当是"御",由于北方"玉""御"同音才写成了"玉"。苏州叫 ɦy²² m ᴀʔ⁴,叶祥苓(1988)就写作"御麦";绍兴柯桥话叫"御粟"ȵi³² soʔ⁵³,"御"读 ȵi 则需要做一番解释,绍兴话鱼韵的确有读 i 的层次,例如"去"tɕʰi⁵、"渠他"ɦi²、"余～渚：地名"ɦi²,但是玉米明代才传入中国,不太可能保留早期层次,所以我们觉得"御"读 ȵi 恐怕是 ȵy 受"粟"soʔ 异化的结果。关于本字为"御"的进一步讨论,具体请参盛益民(2016a)。

【破 pʰa⁵】剖开、劈：～鱼、～西瓜、～柴。富阳话表示"破旧"的"破"就读 pʰa⁵,歌戈韵有读 a 的层次。吴语中用"破"表示"剖开""劈"等意思,有两类读音：一类如富阳读同佳韵,与"破旧"义的"破"同音,如温州话"破"pʰa⁵(郑张 2008：322)、嵊州长乐话"破"pʰa⁵(钱曾怡 2008：293)都表示"劈"的动作,浦江虞宅用"破"pʰɔ⁵ 表示"剖鱼""劈"等义;另一类读音是符合歌戈韵的主体层,如嘉兴话(俞光中 1988a)用 pʰu⁵ 表示"～西瓜、竹头～开",武康塔山用 pʰu⁵ 表示"剖鱼",绍兴话用 pʰo⁵ 表示"剖鱼、剖西瓜"等,都符合歌戈韵的主体层,而与"破旧"义的"破"不同音。

【磨 ma¹】慢慢移动。郑张尚芳(2008：178)认为本字是"磨",本书从之。富阳果摄有读 a 的层次。

【带 ta⁵】富阳话表示"戴帽子"的词音 ta⁵,由于富阳端系区分哈泰,读 a 属于泰韵的读法。不少吴语的情况如此：

表 21　吴语"戴"义词读音比较

方言点	菜哈	"戴帽子"	蔡泰
富阳	tsʰe⁵	ta⁵	tsʰa⁵
松江	tsʰe⁵	da⁵	tsʰa⁵
绍兴 柯桥	tsʰe⁵	ta⁵	tsʰa⁵
宁波	tsʰe⁵	ta⁵	tsʰa⁵
浦江 虞宅	tsʰa⁵	tɔ⁵	带 tɔ⁵

有两种可能性：一种是本字就是泰韵的"带",周志锋(2012：172)认为泰韵的"带"古有"戴"义,例如："宋江坚执要行,便取个毡笠带了,提条短棒,腰带利刃,便下山去"(《水浒全传》第 42 回);另一种可能是本字为"戴",读音特殊。我们倾向于前一种观点,不过还需要进一步研究。

【筻 da⁶】笪箩。《集韵》上声骇韵徒骇切："竹器。"也写作"筿"。"筻"的读音在吴语中较特殊,进一步的讨论见下一节。

【绐 da²】失去弹性而下垂：棕绷～落特。《广韵》上声海韵徒亥切："欺言诈见,又,丝劳也。"富阳读阳平。相关问题下一节进一步讨论。

【攋 la¹】刀等划一道口子,引申为切菜。《集韵》去声太韵落盖切："毁裂。"富阳今读阴平。

【射 dza⁶】(1) 排泄：～尿、～涎、～屁;(2) 腹泻：肚皮～。本书按照不少研究者的意见,把表示排泄的词本字认定为"射"。

【筛 sa¹】富阳倒酒、倒茶喝说"筛茶、筛酒","筛"的读音 sa¹ 符合《玉篇》所街切的音韵地位。

【解 ka³】锯：～木头。《集韵》上声蟹韵举蟹切："《说文》：判也。"

【庎 ka⁵】～橱：碗橱。《集韵》去声怪韵居拜切："所以庋食器者。"

【渧 tia⁵】液体下滴。《广韵》去声霁韵都计切："《埤苍》云：～㵽,滴也。"

《集韵》去声霁韵丁计切:"泣貌,一曰滴水。"读 ia 是齐韵较古老的层次。

【济 tɕia⁵】～手:左手。秋谷裕幸、汪维辉(2015)专文考证了吴语"左手"的本字,提出一种假设:苏南、上海、浙北和婺州、台州、丽水境内处衢片的 tsi⁵/tɕi⁵ 本字是"济";绍兴、宁波等浙北吴语和部分婺州片的 tsia⁵/tɕia⁵ 本字也可能是"济"。由于婺州片齐韵有 ia 的白读,音韵上比较容易说明;而宁波、绍兴一带,文章找出"儕"读 tɕia⁵ 作为齐韵有读 ia 的证据。由于富阳存在"渧"读 tia⁵ 的现象,因此可为这种说法提供新的证据。当然,从音韵和语义上认为本字是"借"也说得通,这也是秋谷裕幸、汪维辉(2015)一文所不否认的,进一步的讨论请参该文。

【儕 tɕia⁵】织～:纺苎麻线;～筐篮:针线篮。《广韵》去声霁韵子计切:"缉麻纻名,出《异字苑》。"读 ia 也是齐韵较古老的层次。

【笡 tɕʰia⁵】斜。《广韵》去声祃韵迁谢切:"斜逆也。"

【瘸 gua²】～脚:撇脚之人。韵母读 ua 较为特殊。不过富阳果摄一等字有读 a 的白读层,如"何""破"等。

【焥 mɛ⁵】暗火闷烧。《广韵》去声至韵明祕切:"焥热。"

【劯 te³】拉。《篇海》都罪切:"着力牵也。"

【煺 tʰɛ¹】加热水给动物褪毛。《广韵》平声灰韵他回切:"煺毛,出《字林》。"

【𨁏 lɛ⁵】滚动。《集韵》去声队韵卢对切:"足跌。"

【瘰 lɛ⁶】肉～:粉刺。《广韵》上声贿韵落猥切:"瘰～,皮外小起。"

【啐 tsʰɛ³】～～:孩子受惊时大人的安慰用语。《说文》口部七外切:"惊也。"

【栖 sɛ¹】禽类归宿。《广韵》平声齐韵先稽切:"鸟～,《说文》曰:或从木西。"为齐韵字读 ɛ 的例证。绍兴柯桥有"赶鸡栖 sɛ¹ 赶鸡归宿"一词,陶寰(私人交流)告知绍兴陶堰也用"栖 sɛ¹"表示"禽类归宿"。用"栖"表示禽类归宿,在《诗经·王风·君子于役》中就能见到:"鸡栖于埘,日之夕矣,羊牛下来。"黄晓东(2015)、曹志耘 & 秋谷主编(2016:31)指出,婺州片方言多见"鸡栖 sɛ⁵"表示"鸡屋";富阳话也说"鸡栖"tɕi⁵³⁻⁵⁵ sɛ³³⁵⁻³¹,后字也按阴去变调。罗美珍等主编(2004:195)指出长汀、梅县等不少客家话方言点也用"鸡栖"表示鸡屋,可见这种形式在南方方言中较为普遍。"鸡栖"表示"鸡屋"在汉语史中也有例证:"车如鸡栖马如狗,疾恶如风朱伯厚。"(《后汉书·陈蕃传》)

【粞 sɛ¹】米～:碎米。南朝梁顾野王《玉篇·米部》:"粞,碎米。"《广韵》"粞"有齐韵平声先稽切和哈韵平声苏来切两个反切,释义都是"碎米",富阳读 ɛ 与两个反切都符合。郑张尚芳(2002)认为温州话齐韵有读 ai 的层次,所举就有"粞米~儿"sai⁵。苏州、松江音 si¹,上海、德清乾元、杭州、绍兴音 ɕi¹,只能来源于齐韵的先稽切。所以我们认为这个字也是富阳齐韵读 ɛ 的体现。"粞"在闽语中常见,这是个吴闽语的同源词。

【税 sɛ⁵】租赁。胡正武(2011)指出"税""租"自古以来都是同义词,台州方言仍然使用"税"表示"租赁"的意思。富阳方言也是如此。当然,本字也可能是去声祭韵舒制切的"贳",《广韵》:"赊也,贷也。"苏州音 sʅ⁵、绍兴音 sʅ⁵。不过由于今富阳没有其他祭韵读 ɛ 的其他例证,加上宁海音 ɕy⁵(韵母属于支微入虞层),我们按照胡正武(2011)写作"税"。

【赆 kɛ¹】拥有:～铜钱、～车子。《广韵》平声鱼韵九鱼切:"贮也。"古书中也多写作"居"。具体请参张惠英(1980)的考证。

【徛 gɛ⁶】站立。《广韵》上声纸韵渠绮切:"立也。"富阳话支韵韵母读 ɛ 的字较少,不过浙北吴语该字读 ɛ 的现象比较普遍,详见汪维辉、秋谷裕幸(2010)一文。关于吴语此字的本字,钱乃荣(1992a)认为本字是巨代切的"隑";汪维辉、秋谷裕幸(2010)则认为本字应该是渠绮切的"徛",曹志耘主编(2008:134)也写作"徛";而赵日新(2003)认为"隑"和"徛"是不同地区或不同时代的人所造的两个同音同义字。由于吴语作品中多用"隑"表示"倚靠",所以我们选择"徛"表示"站立"。

【㭴 hɛ¹】撩～:带把的抓鱼虾的网兜。《广韵》支韵平声许羁切:"杓也。"跟"徛"一样是支韵读 ɛ 的例证。"㭴"又写作"檥"。扬雄《方言》卷五曰:"㿜,陈楚宋魏之间或谓之筲,或谓之檥,或谓之瓢。"郭璞注:"今江东通呼勺为檥,音羲。"南朝沈约《齐禅林寺尼净秀行状》中就用到这个词:"即闻器㭴构作声,如用水法,意谓或是有人出,便共往看,但见水杓自然摇动,故知神异。"罗杰瑞(Norman1979)、梅祖麟(2015)等认为这个词是古江东方言的词汇。之前学界一般认为基本上只见于闽语,李如龙(2001)也将其定为闽语的一级特征词;不过在浙南吴语中也有这个词汇,如曹志耘等(2000:295)指出,庆元话用"蒲⁼ 梛"[pɤ⁴xai¹]①表示"水瓢",郑张尚芳(2002)也指出龙泉话"瓢"叫"匏橭[he¹]"。此外,曹志耘(1996:145)指出金华方言"捞鱼虾用的小网"叫"捞□"[hɛ],汤珍珠等(1997:110)指出宁波话用金属丝或竹篾柳条编成的用于捞东西的长柄用具叫"撩海"[lio²² he⁴⁴],我们怀疑后字都是"梛/橭"②。我们发现富阳话等也用"梛/橭",将该词的使用范围拓宽到了北部吴语。此外,陶寰(2016)认为松江表示"舀食物"的 he¹、绍兴表示"用网兜捞鱼"的 hɛ¹ 本字也都是"梛/橭"。我们同意这种观点,这是工具名词专指动作的一种语义演变,南宁平话的"杓"既可以同时表示"勺子"和"舀"(覃远雄等 1997),英语可以表示"勺子"的 ladle、scoop 也是可以表示"舀"的动作。进一步的讨论参陶寰、盛益民(2017)。

【慧 uɛ⁵】乖巧。《广韵》去声霁韵胡桂切:"解也。""慧"在吴语中分布广泛,不过各地的语义略有差别,分别表示"乖""聪明""能干"等不同意思,(陶寰:私人交流)"乖巧"是从"聪明"的意思引申出来的。"儇",《广韵》平声仙韵许缘切:"智也,……慧也。"本义是"聪明",在宁波,"儇"既有"小孩聪明"义,又有"乖巧"义;而在绍兴等地只表示"乖巧"的意思。"儇"表示"乖巧",也是从"聪明"的意思引申出来的,属于平行的语义引申。相关问题待专文讨论。

【哕 yɛ³】恶心想吐。《广韵》入声月韵於月切:"逆气。"吴语基本上都读成舒声。

【挼 nʊ²】揉,摩挲。《广韵》平声戈韵奴禾切:"挼莏。《说文》曰:摧也,一曰两手相切摩也。俗作授。"

【撸 lʊ⁶】用手掌或手臂扫。《篇海》郎古切:"音鲁,动也。"

---

① 前字的本字是"匏",李如龙(2001)指出闽语也多用"匏梛"。
② 不过宁波话的后字按照阴去的变调规则,具体还需要进一步研究。

【髁 kʰʋ¹】脚□sɿ¹~：膝盖。《广韵》苦禾切："膝骨。《说文》口卧切，髀骨也。"

【沑 ȵiʋ⁶】形容潮湿：潮~~。《集韵》上声有韵女尼切："湿也。"

【蚯 dʑiʋ²】~蟗：蜘蛛。《广韵》平声尤韵巨鸠切："蚯蟗虫。"

【赹 giʋ²】蜷缩：~拢来。《集韵》平声尤韵渠尤切："足不伸也，或作趜。"

【幽 iʋ¹】声音轻。《广韵》平声幽韵於虬切："微也，隐也。"

【烞 iʋ⁵】煮猪血。《集韵》上声黝韵於纠切："炄~：欲干。"

【齀 bo⁶】牙齿外凸。《集韵》去声祃韵步化切："齿出貌。"《字汇》："齿不正也。"

【痄 tso⁵】~腮疯：腮腺炎。《广韵》上声马韵侧下切："~疮不合。"富阳方言读成去声。

【产 so³】~母娘：产妇；做~母：坐月子。该本字问题学界多有争论，由于宁波读阳声韵 sɛ̃⁵，所以施文涛(1979)认为本字就是"产"，我们赞同这种观点。"产"《广韵》中的音韵地位为"所简切"，声母读 s-符合生母的音韵地位；而韵母读入麻韵，类似的情况在吴语中非常普遍，如苏州音 soº、绍兴柯桥音 so¹ᐟ³、嵊州长乐音 sɔ⁵、金华音 suɑ³ 等韵母均符合麻韵。大概是由于"产"受后字"母"鼻音声母的异化读成了阴声韵，之后并入了麻韵。

【搳 kʰo⁵】抓，捕捉：~鱼，~人。《集韵》去声祃韵丘驾切："持也。"

【砑 ŋo⁵】压平。《广韵》去声祃韵吾驾切："碾砑。"

【䞤 ho¹】身体弯曲。《集韵》平声麻韵虚加切："身伛貌。"

【椏 o¹】~杈：树的枝杈。《广韵》平声麻韵於加切："《方言》云：江东言树枝为~杈也。"

【掗 o¹】硬把东西给别人或强卖给别人。《字汇》："强予人物也"，衣架切。富阳今读阴平，绍兴一带仍读去声。

【摣 tɕyo¹】抓取：~牌。《集韵》平声麻韵庄加切："~，《说文》：叉取也。"《释名》："叉也，五指俱往叉取也。"

【奅 pʰo⁵】大而虚。《广韵》去声效韵匹皃切："起䤂亦大也。"

【倒 tɔ³】（1）铸造；（2）买锅子。王福堂（2003）认为传统的铸造法多为浇铸，指出"倒"可以表示铸造的意思。而锅子是铸造而成的，后一个用法是前一个用法的引申。

【筲 sɔ¹】～箕：淘米、盛饭的竹器。《广韵》平声肴韵所交切："斗～，竹器。"

【潲 sɔ⁵】飘雨进屋。《广韵》去声效韵所教切："飘雨也。"

【愮 sɔ⁵】豪⁼～：赶快。《玉篇》卷八心部八十七诉到切："快性。"《集韵》去声号韵先到切："快也。"

【㿋 zɔ²】胃里因为饥饿而难受的感觉。《字汇补》"从陶切"。

【薧 kʰɔ³】龙头～：龙鱼做的小鱼干。《广韵》上声晧韵苦浩切："干鱼。《周礼》曰：辨鱼物为鲜薧。注云：薧，干也。亦作槁。"

【交 gɔ²】富阳话表示"完"的词音 gɔ²，本文依据郑张尚芳（2008）、陶寰（私人交流）等先生的考证写作"交"。这个词在绍兴等地也是"完"的意思，而在台州、温州进一步发展出了表示完成体的功能，一般写作"爻"。

【㩦 ɔ²】量（米等）：米～一～。《集韵》平声豪韵乎刀切："较多少曰～。"

【拗 ŋɔ³】折断。《广韵》上声巧韵於绞切："手拉。"声母读 ŋ 比较特殊。

【藨 biɔ²】浮萍。《广韵》平声宵韵符霄切："《方言》云：江东谓浮萍为藨。"

【挑 tʰiɔ¹】用针拨：～刺，～痧。《集韵》平声萧韵他雕切："剔也。"今通作"挑"，《广韵》平声萧韵吐雕切："～拨。"

【撩 liɔ¹】水中捞物。《广韵》平声萧韵落萧切："取物。又理也。"富阳今读阴平。

【蹺 tɕʰiɔ¹】跛足：～脚。《广韵》平声宵韵去遥切："揭足。"今义有转移。

【挤 dʑiɔ⁶】撬。不少吴语用同源的说法表示"撬"的意思，例如：松江 jiɔ⁴、绍兴 dʑiɔ⁴等。这是一个吴闽语的同源词。李如龙（2001）指出，这个词在闽语中也常见，如福州、福鼎音 kieu⁶，泉、漳、厦门、潮州、海口、建瓯音 kiau⁶，永安音 kiɯ⁴。李如龙（2001）认为本字是《集韵》"巨夭切"的"挶",语音符合。本书也暂时也做"挶"。不过"挶"的释义为"举手也",意义相差较远,还需研究。

【闄 iɔ³】折叠:纸头一～两。《广韵》上声小韵於小切:"隔也。"

【兜 tei¹】舀水。吴语有不少点用"兜"表示"舀"的动作,如杭州的"兜"tei¹、萧山的"兜"tio¹表"舀",温州的"兜"tau¹用来指用瓢、勺等器物舀物体,金华用"兜"tiu¹表示用铲子、勺子取物。

【敨 tʰei³】(1) 敨气;(2) 展开:纸～开。《集韵》上声厚韵他口切:"展也。"

【脰 dei⁶】脖子:～颈。《广韵》去声候韵田候切:"项脰。"旧以为"脰颈"作"头颈",但是富阳从连读变调来看,应该是阳去调,本字应该是"脰"。许宝华、陶寰(2015:154)也指出松江方言的本字也是"脰颈"。关于吴语"脰颈"的进一步讨论,请参汪维辉(2016)、曹志耘、秋谷主编(2016)。

【霤 lei⁵】合～:屋檐下的积水槽。《广韵》去声宥韵力救切:"屋水流也。"

【挖 lei⁶】搅和。《集韵》上声有韵力九切:"扚也。"《越谚》卷下:"糊未匀,以筷～之。"潘悟云(私人交流)认为,"挖"是俗写,本字是"搅",反映了上古 kl-类复辅音,潘悟云(1995b)已经指出南部吴语不少方言音 ku³,而北部吴语音同"柳"。

【餱 hei⁵】饭～:疣。《广韵》平声侯韵户钩切:"疣瘊。"今富阳读清声母去声。

【雩 hei⁵】～:彩虹。大部分吴语表示"彩虹"的词符合中古侯韵去声晓母的音韵地位,关于该词的本字,有两种说法比较值得注意:第一种认为本字是"雩"(郑张尚芳 2010a、项梦冰 2014b),郭璞《方言》注"虹江东呼雩",《集韵》王遇切"雩,一曰吴人谓虹曰雩",本书暂时从之,不过由于"雩"中古为云母遇韵字,其中的语音演变问题还需要进一步解释;第二种认为来源于表示表示"吸"这个动作(王福堂 2003),不过表示"吸"这个动作的词富阳音 hei¹,声调不同。

【絣 pã¹】～架:绣花的架子。《广韵》平声耕韵北萌切:"振绳墨也。"

【迸 pã⁵】裂开。《广韵》去声诤韵北诤切:"散也。"

【鋬 pʰã⁵】器物上的提梁：～头。《集韵》去声裥韵普患切："器系。"

【豝 bã²】爬行。《集韵》平声衔韵皮咸切："跁，涉也，或书作～。"《篇海》："～跁，不能行也。"

【瓾 bã²】坛子。《字汇·瓦部》："瓾，蒲孟切。瓶瓮。"

【蟛 bã²】～蜞：毛蟹。《广韵》写作"蛖"，平声庚韵薄庚切："蛖蜞，似蟹而小。"

【顽 mã²】玩。陶寰（私人交流）认为"顽"为"玩耍"义"玩"的本字，其中涉及 *ŋu->m- 的音变。早期文献就写作"顽"，例如："宋蕙莲正和玉箫、小玉在后边院子里挝子儿，赌打瓜子，顽成一块。"（《金瓶梅》第 24 回）

【疲 fã⁵】反胃，恶心。《广韵》去声愿韵芳万切："吐～。"《集韵》去声愿韵方愿切："心恶病。"

【畈 fã⁵】田～：田野。《广韵》去声愿韵方愿切："田～。"

【趤 dã⁶】闲逛：～马路。《集韵》去声宕韵大浪切："趤～，逸游。"

【襴 lã²】围身布～：围裙。《广韵》平声寒韵落干切："～衫，～裙。"也作"繝、襕"，《集韵》平声寒韵郎干切："衣与裳连曰～。"

【劗 tsã¹】剁：～碎肉。《玉篇》卷十七刀部："剃发也，减也，切也。"子践、子丸二切，富阳读音符合后者。

【孉 tsã⁵】好。《广韵》去声翰韵祖赞切："一曰美好貌。"《玉篇》卷三女部三十五作旦切："好容貌。"《说文》："～，白好也"，段注："色白之好也。"《通俗文》："服饰鲜盛谓之～。"

【濽 tsã⁵】水溅。《广韵》去声翰韵则旴："水溅。"

【牚 tsʰã⁵】用于支撑的档。《集韵》去声映韵耻孟切："支柱也。"

【磸 dzã⁶】～满：塞满、放满。《广韵》去声映韵除更切："塞也。"

【䢚 kã¹】钻入某处或某物。《广韵》平声庚韵古行切："兔径。"

【裪 kã³】衣服上的褶子。《广韵》上声裥韵古苋切："～裙。"《类篇》："裙幅相襡也。"

【桁 ã²】～条：檩条。《广韵》平声庚韵户庚切："屋～。"

【牚 tɕiã¹】～节：木节。《广韵》平声耕韵楚耕切："木束。"

【醦 tɕʰiã¹】用酒或醋腌渍食品：～蟹。《玉篇》卷十五卤部："卤渍也，齿良切,音昌。"

【弞 dʑiã⁶】设陷阱。《广韵》去声漾韵其亮切:"张取兽也。"

【穰 ȵiã²】稻芒、麦芒。《广韵》平声阳韵汝阳切:"禾茎也。"

【炀 iã²】融化:雪~掉喏,铁~掉喏。《广韵》平声阳韵与章切:"释金。"《集韵》平声阳韵余章切:"烁金也,或作烊。"

【掼 guã⁶】扔。《广韵》去声谏韵古患切:"~带。"北部吴语多表示"扔"。

【撯 guã⁶】篮子的提把。《广韵》去声谏韵胡惯切:"~甲。"

【溄 bɛ̃²】水溢出。《集韵》平声桓韵蒲官切:"~水泂也。"

【迸 bɛ̃⁶】躲藏:~猫猫。《集韵》去声换韵薄半切:"去也。"

【䅉 mɛ̃²】~裆裤:裆部缝上的裤子。《广韵》平声桓韵母官切:"无穿孔状。"

【鰺 tsʰɛ̃¹】~条鱼:白条鱼。《集韵》平声寒韵千安切:"鱼名。"

【㩎 dzɛ̃⁶】捡拾。对应这个词只在吴语太湖片临绍小片、杭州小片、苕溪小片及靠近苕溪小片的海盐等地使用(曹志耘主编 2008:147),例如:海盐 zə⁴、武康塔山 dʑiɵ⁴、杭州 dzuo⁶、富阳春建 dzyɛ̃⁶、富阳东梓关 dzyɛ⁶、绍兴柯桥 dzɔ̃⁴、绍兴陶堰 dzɛ̃⁴、上虞小越 dzɛ̃²⁄⁴、余姚 zɛ̃²⁄⁴。该词对应的音韵地位可能来源于:覃韵精组、盐韵章组、删韵庄组、仙韵知章组、桓韵精组。请看下表:

表22 富阳等地"捡拾"义词语音对照

	"捡拾"	覃韵精组	盐韵章组	删韵合庄组	仙韵知章	桓韵精组
富阳春江	zɛ̃⁴	ɛ̃	yɛ̃	yɛ̃	yɛ̃,ɛ̃	ɛ̃
富阳东梓关	dzyɛ⁶	ɛ̃,ɛ	yɛ̃,yɛ	yɛ̃,yɛ	yɛ̃,yɛ	ɛ̃,ɛ
海盐	zə⁴	ə	ə	ə	ə	ə
德清武康	dʑiɵ⁴	iɵ	iɵ	iɵ	iɵ	iɵ
杭州	dzuo⁶⁄⁴	uo	uo	uo	uo	uo
绍兴柯桥	dzɔ̃⁴	ɔ̃	ɔ̃	ɔ̃	ɔ̃	ɔ̃
绍兴陶堰	dzɛ̃⁴	ɛ̃	ɛ̃	ɛ̃	ɛ̃	ø̃
上虞小越	dzɛ̃²⁄⁴	ɛ̃	ɛ̃	ɛ̃	ɛ̃	ø̃
余姚	zɛ̃²⁄⁴	ɛ̃	ɛ̃	ɛ̃	ɛ̃	ø̃

从方言的比较中可以看出,该词只能来源于盐韵章组、删韵庄组、仙韵知章组。项梦冰(2014a)认为本字是上声狝韵士免切的"㨃",《广韵》释义为"持也",捡拾义是从持拿义中引申出来的。我们赞同这一观点,关于持拿义到捡拾义的演变也可参张敏(2011)的讨论。

【糁 sɛ³】饭粒:饭～。《集韵》上声感韵桑感切:"《说文》:以米和羹也。一曰粒也。"《广韵》认为同"糂"。

【疳 kɛ¹】积～:消化不良。《集韵》沽三切:"病也。"《正字通》:"小儿食甘物,多生疳病。疳有五,心肝肺脾肾也。治疳先辨冷热肥瘦,初病为肥热疳,久病为瘦冷疳,五疳诸积,腹大筋青,面黄肌瘦,或腹痛。以葱椒煮虾蟆食之,大效。"

【鱤 kɛ³】～条:鱤鱼。《广韵》上声感韵古禫切:"鱼名。"

【礛 kʰɛ⁵】～头:河礛、山礛。《广韵》去声勘韵苦绀切:"岩崖之下。"《集韵》去声勘韵苦绀切:"险岸。"

【熯 hɛ⁵】煮饭时附带蒸。《广韵》去声翰韵呼旰切:"火干。"《正字通》:"炙也。"

【㩜 tɕiɛ¹】夹菜。《集韵》平声沾韵坚嫌切:"夹持也。"

【䇦 tɕiɛ⁵】斜撑。《字汇》:"屋斜用～。"

【扦 tɕʰiɛ¹】插:～花。《集韵》平声仙韵亲然切:"插也。"

【𦡮 dʑiɛ²】用肩扛物。《集韵》平声仙韵渠焉切:"负物也。"今俗作"掮"。

【妗 ɕiɛ¹】女子轻浮。《广韵》平声添韵许兼切:"美也。"

【筅 ɕiɛ³】～帚:刷锅用的竹帚。《广韵》上声铣韵:"～帚,饭具",先典切。通作"筌"。

【鐥 ɕiɛ⁵】～鸡:阉割过的鸡。张自烈《正字通》:"鐥音线。今俗雄鸡去势谓之鐥,与宦牛、阉猪、骗马义同。郭师孔误书'鐥'作'线',说见《謇斋琐缀录》。"

【魇 iɛ³】鬼压床。《广韵》上声琰韵於琰切:"睡中魇也。"

【厣 iɛ³】(1)痂;(2)鱼鳞,螺类盖。《广韵》上声琰韵於琰切:"蟹腹下～。"语义有所转移。

【䆸 iɔ̃⁵】比较长短。《广韵》上声阮韵於巘切:"物相当也。"富阳跟大部分吴语一样,今读去声。

【髈 pʰɔ̃³】蹄～:猪蹄。《玉篇》卷七骨部七十九:"股也",浦浪切。《广韵》上声荡韵匹朗切:"髈,吴人云～。"

【瀎 dɔ̃⁶】涮洗,洗涤器皿。《广韵》上声荡韵徒朗切:"涤～,摇动貌。《说文》曰:涤器也。"

【朖 lɔ̃⁵】晾晒:～衣裳。《集韵》去声宕韵郎宕切:"暴也。"

【孀 sɔ̃¹】孤～:寡妇。《广韵》平声阳韵色庄切:"寡妇。"

【磉 sɔ̃⁵】～鼓:柱础。《广韵》去声宕韵苏朗切:"柱下石也。"

【港 kɔ̃⁵】富阳表河流的[kɔ̃³]只读阴上调,本字不可能是阴平的"江"。李小凡、陈宝贤(2002)指出"港"本义为江河的总称,是此词的本字。所以"富春江""钱塘江"在富阳的本字都是"富春港""钱塘港"。

【囥 kʰɔ̃⁵】藏。《集韵》去声宕韵口浪切:"藏也。"

【絎 ɔ̃²】～针:缝被子的大针。《广韵》去声映韵下更切:"刺缝。"意思相合,但是音不合。

【𣐿 tɕʰyɔ̃⁵】定船的竹竿。《广韵》去声绛韵色绛切:"捍船木也。"进一步的讨论见下一节。

【銃 tɕʰyɔ̃⁵】土枪。《广韵》东韵去声充仲切:"銎也。"富阳读入宕江摄。

【重 dʑyɔ̃⁶】摞:～碗。《广韵》去声用韵柱用切:"更为也。"富阳读同宕摄开口三等阳韵庄组。另可参曹志耘、秋谷主编(2016:89)。

【舂 ɕyɔ̃¹】捶打。《广韵》平声钟韵书容切。富阳读同宕摄开口三等阳韵章组。

【扽 tɜŋ⁵】突然用力拉。《广韵》去声恩韵都困切:"撼～。"《集韵》去声恨韵都困切:"《博雅》:引也。"

【瘏 tɜŋ⁵】～食:吃得太饱,不消化。《集韵》平声登韵都腾切:"病也。"富阳今读去声。

【𣲙 tʰɜŋ¹】浮,漂浮。《字汇》:"水推物也。"《字林》:"人在水上为～,

人在水下为溺。"

【燉 tʰeŋ¹】用沸水煮。《广韵》平声魂韵他昆切："火炽。"

【囤 deŋ⁶】趸卖：～猪。《广韵》上声混韵徒损切："小廪也。"

【畛 leŋ²】～头：经过深耕平整以后的长条形土地。《广韵》平声真韵力珍切："同垄。"

【罾 tseŋ¹】～子：可从四角提起的渔网。《广韵》平声曾韵作滕切："鱼网。"

【㲋 tseŋ¹】用楔子塞紧：榫头松掉嘚，快～～紧。《广韵》平声真韵侧邻切："击也。"

【黰 tseŋ³】霉～：霉斑。《广韵》章忍切："黑儿。"

【甑 tseŋ⁵】～桶：用来蒸饭、蒸年糕粉等的桶。《广韵》去声证韵子孕切,《集韵》解释为"炊器"。该词古书中常见,如《史记·项羽本纪》："皆沈船,破釜甑,烧庐舍。"

【趁 tsʰeŋ⁵】(1)赚钱：～铜钱；(2)搭乘交通工具：～车、～船、～飞机。江蓝生(2014)指出,"趁"表"赚钱"主要分布在吴语、闽语地区①,"趁"的本义是"追逐",之后发展出了"寻觅"的意思,"赚钱"的意思是从"寻觅"的意思发展出来的。由于"趁"也有"趁便、利用"的意思,搭乘交通工具的意思大概是从中引申出来的,"趁"的这种意思汉语史中也可见到用例,如"北上难陪骥,东行且趁船"(苏轼《至真洲再和诗二首之一》)。

【濎 tiŋ⁵】沉淀。《广韵》上声迥韵都挺切："～泞水貌。"

【钉 tiŋ⁵】扔,投掷。王福堂(2015：94)指出,吴语、赣语、湘语有个音韵地位为梗开四去声的字表示"投掷"的意思,如绍兴叫 tiŋ⁵、南昌叫 tian⁵、长沙叫 tian⁵。我们认为本字应为"钉"。

【腈 tɕiŋ¹】～肉：瘦肉。《集韵》平声清韵咨盈切："肉之粹者。"今通作"精"。

【饧 dʑiŋ²】～糖：麦芽糖。《广韵》平声清韵徐盈切："饴也。"

---

① 闽语的例子请参李如龙(2001)。

【蕈 dʑiŋ⁶】野生蘑菇。《广韵》上声轸韵慈荏切:"菌生木上。"

【塍 ziŋ²】田～:田埂。《广韵》平声蒸韵食陵切:"稻田畦也。"

【洇 iŋ⁵】液体渗透。《广韵》平声真韵於巾切:"落也,沉也。"富阳跟大部分吴语一样,今读阴去。

【瀴 iŋ⁵】凉。《集韵》去声映韵於孟切:"～瀳,冷也。"

【蕰 ueŋ¹】～草:水草。《广韵》平声魂韵乌浑切:"～藻节中生叶。"

【埲 boŋ⁶】尘土飞扬;～尘,灰尘。《广韵》上声董韵蒲蠓切:"塕～,尘起。"

【烔 doŋ²】暖和:热～～。《广韵》平声东韵徒红切:"热气～～,出《字林》。"

【胴 doŋ⁶】～疝:直肠。《集韵》去声送韵徒弄切:"大肠。"

【礱 loŋ²】一种木制的磨。《广韵》平声东韵卢红切:"磨也。"

【穱 loŋ²】庄稼病害。《广韵》平声东韵卢红切:"禾病。"

【熜 tsʰoŋ¹】火～:取暖的手炉。《龙龛手镜·火部》:"熜,仓红反。煴器也。"《正字通·火部》:"熜,俗熜字。"

【㩳 soŋ³】推。《集韵》上声董韵损动切:"推也。"字也写作"㩳"。

【蕻 hoŋ¹】《广韵》去声送韵胡贡切:"草莱心长。"富阳读阴平。

【齈 hoŋ⁵】鼻塞,说话瓮声瓮气。《广韵》去声送韵乌贡切:"鼻塞也。"富阳读 h-声母。

【塕 oŋ³】尘土飞扬貌。《广韵》上声董韵乌孔切:"～埲,尘起。"

【楤 tsʰoŋ¹】钻洞:～个洞。《集韵》平声东韵粗丛切:"～,《说文》:枪～也。一曰大凿,一曰平木刉。"

【𨂂 pʰaʔ⁷】掰开。《广韵》入声陌韵匹陌切:"破物也。"《集韵》入声麦韵匹麦切:"分也。"

【拍 maʔ⁸】轻拍。《广韵》入声陌韵莫白切:"击也。"

【埳 tʰaʔ⁷】一～地:一处地方。《集韵》入声盍韵德盍切:"地之区处。"富阳读送气,类似的现象也见于嘉兴,俞光中(1988b)指出,嘉兴话的"埳□～"有 taʔ⁷ 和 tʰaʔ⁷ 的异读。

【搨 tʰaʔ⁷】涂抹:～粉。《集韵》入声合韵托合切:"冒也,一曰摹也。"

或作搨。"今通作"搨"。

【汰 tʰaʔ⁷】打滑～：脚下打滑。《广韵》入声曷韵他达切："泥滑。"

【坼 tsʰaʔ⁷】开裂：开～。《广韵》入声陌韵丑格切："墌，裂也，亦作～。"

【趰 zaʔ⁸】突然出现。《集韵》入声盍韵疾盍切："疾走貌。"

【煠 zaʔ⁸】清水煮。《广韵》入声洽韵士洽切："汤～。"

【胛 kaʔ⁷】翼～：翅膀。北大中文系语言学教研室(1995：83)认为本字是"翮"。"翮"《广韵》入声麦韵下革切："鸟羽。"意思上完全对得上，但是北部吴语尚未发现匣母读 k-的现象，所以我们暂时仍写作"胛"。"胛"和"翅膀"的"膀"都与"胳膊、肩部"有关，意义上也是有关联的。当然，这个字的本字还可以进一步研究。

【齾 ŋaʔ⁸】器物边缘的缺口。《广韵》入声鎋韵五鎋切："器缺也。"

【呷 haʔ⁷】喝。《广韵》入声狎韵呼甲切："《说文》曰：吸～也。"

【歃 tɕʰiaʔ⁷】～丝：木头表面的刺。《广韵》入声药韵："～，皮皱。《尔雅》云：楛～，谓木皮甲错。"七雀切。

【摑 guaʔ⁸】打：～渠一记耳光。《玉篇》卷六手部："～，掌耳也。"古获切。《广韵》入声麦韵古获切："打也。"也作"掴"，《广韵》入声陌韵古伯切："手打之类。"

【衲 neʔ⁸】裹小孩的尿布。《广韵》入声合韵奴答切："补～缀也。"

【掷 dzeʔ⁸】～骰子：掷色子。《广韵》入声昔韵直炙切："投也，搔也，振也。"

【罨 eʔ⁸】覆盖：～草药。《广韵》入声覃韵乌合切："覆盖也。"

【滗 pieʔ⁷】挡住固体，把液体倒出：～药；～渣。《广韵》入声质韵："去滓。"鄙密切。

【膍 pʰieʔ⁷】女阴。《广韵》入声质韵譬吉切："牝膍。"

【爆 bieʔ⁸】火～鸡：用火帮助孵化的鸡。《玉篇》："火乾也。"《集韵》入声职韵弼力切："《说文》：以火干肉。"

【趩 bieʔ⁸】追赶。《集韵》入声职韵弼力切："走也。"

【搣 mieʔ⁷】拧：～螺丝。《广韵》入声薛韵亡列切："手拔，又摩也，批也,捽也。"

【扚 tieʔ⁷】用手指尖掐。《字汇》:"～,手掐也。"《集韵》入声锡韵丁历切:"击也,引也。"

【捩 lieʔ⁸】挤压出液体或让液体从小孔中滴出。《集韵》入声术韵劣成切:"去滓汁曰～。"通作"沥"。

【羯 tɕieʔ⁷】阉割。《广韵》入声月韵居谒切:"犗羯。"

【刺 tɕʰieʔ⁷】～鞋底:纳鞋底。《广韵》入声昔韵七迹切:"穿也。"这个字一般写作"緝",不过郑张尚芳(1998:200)、曹志耘、秋谷主编(2016:36)写作"刺"。从富阳的情况来看,不管是昔韵还是緝韵,韵母都是读 ieʔ;但是在温州话中,昔韵读 ei,緝韵读 ai,而表"纳鞋底"的词音 tsʰei⁷,只可能来源于昔韵。本书依照郑张先生等的观点写作"刺"。

【喫 tɕʰieʔ⁷】吃。《广韵》入声锡韵苦击切:"～食。"吴语表示"吃"的词除了南部吴语用"食""咥"之外,其他地区都用"喫"。大部分吴语语音符合苦击切,不过部分方言点声母为圆唇的,如杭州、宁波、临海、温岭的 tɕʰyoʔ⁷,天台的 tɕʰyuʔ⁷,而且台州大部分地区见组拼-y-介音仍为 k-组声母,因此只可能来源于昌母、初母或彻母,而不可能来源于溪母。不过早期吴语大概用"食"等词表示吃,"喫"应该是外来的,陶寰(私人交流)认为:吴语"喫"韵母读圆唇的 yoʔ 等的方言点,大概是杭州话影响的结果。不过杭州话锡韵字为何会读圆唇,还有待于进一步研究。

【揭 dʑieʔ⁸】腋下夹,抱持。《广韵》入声月韵其谒切:"担～物也。"俗作"揲"。

【疲 ɕieʔ⁷】差。《集韵》入声緝韵迄及切:"病劣也。"意思有所引申。

【甄 zieʔ⁸】转身、转头。《集韵》入声薛韵似绝切:"旋倒也。"

【佮 kieʔ⁷】① 合拢:～拢;② 交(朋友):～朋友;③ 做(榫头),造(棺材);④ 配制(药)。《广韵》入声合韵古沓切:"并,聚。"《集韵》入声合韵葛合切:"《说文》:合也。"

【吃 kieʔ⁷】～嘴:口吃的人。《广韵》入声迄韵居乙切:"语难。"

【鎌 kieʔ⁷】～子：镰刀。《广韵》入声屑韵古屑切："镰别名也。""鎌"原本是四等字，富阳早先仍读洪音，-i-介音是后来增生的。

【秳 ieʔ⁷】～谷：秕谷。《集韵》入声叶韵益涉切："禾不实。"

【垘 boʔ⁸】泥～：土块。《广韵》入声末韵蒲拨切："一臿土也。"

【沰 toʔ⁷】量词，一小块。《集韵》入声铎韵当各切："滴也。"

【㞑 toʔ⁷】末～：最后。《集韵》入声屋韵都木切："《博雅》：臀也。"李荣（1992）认为这个词本义是"臀部"，"末尾"的意思都是从此义发展出来的。

【簏 loʔ⁸】壳～：盒子。《广韵》入声屋韵卢谷切："箱簏。《说文》云：竹高箧也。"

【斫 tsoʔ⁷】砍，割：～树。《广韵》入声觉韵竹角切："削也。"今通作"斫"。

【謯 zoʔ⁸】数落。《集韵》入声铎韵疾各切："詈也。"

【㱿 kʰoʔ⁷】紧贴着的东西由于受潮、干裂等原因而分离。《广韵》入声觉韵苦角切："～，㿯～，皮干。"

【瘄 huoʔ⁷】小睡。《玉篇》卷七瘖部："卧惊也。一曰小儿啼～～也"，呼骨切。《广韵》入声没韵呼骨切："睡一觉。"今俗作"䁂"。

【䫉 uoʔ⁷】没入水中。《广韵》入声没韵乌没切："内头水中。"

【猢 uoʔ⁸】～狲：猴子。"猢"《广韵》平声模韵户吴切："猢，兽名，似猨。"在富阳方言中发生了促化，读 uoʔ⁸。陶寰（私人交流）认为本字可能是"猴"，韵母读 u 保留了上古幽部的读法，"猢"也是后来造的分化字。

【鳠 uoʔ⁸】鲶～郎：鲶鱼。《广韵》去声祃韵胡化切："鱼名，似鲇白大。"在富阳方言中发生了促化。

【瘃 tɕyoʔ⁷】冻～：冻疮。《广韵》入声烛韵陟玉切："寒疮也。"

【浞 dʑyoʔ⁸】～雨：淋雨。《广韵》入声觉韵士角切："水湿。"

【橛 dʑyoʔ⁸】一小段：一～棒头、一～路。《集韵》入声迄韵渠勿切："断木也。"

【嗍 ɕyoʔ⁷】吮吸：～螺蛳。《集韵》入声觉韵色角切："《说文》：吮也。"

也作"欨""嗽"。

【抐 n̠yoʔ⁸】揉搓：～粉；～衣裳。《集韵》入声屋韵女六切："搲～不伸。"《篇海》："手～也"，昵角切。

【钺 n̠yoʔ⁸】～斧：大斧头。《广韵》入声月韵王伐切的"戉"注释为："《说文》曰：大斧也。司马法曰：夏执玄戉，殷执白戚，周左杖黄。'戉'又作'钺'。"

【抈 yoʔ⁷】弄折。《广韵》入声月韵鱼厥切："折也。"

3.3 特　　字

特字是读音特殊的字，关于特字的成因及研究意义，丁邦新(2002)有专门的讨论。我们认为有三类特字值得特别关注：第一种是读音不符合中古的音韵地位，但是该特殊读音为本地区所共享；第二种是在古代另有来源，只是这个来源的读法在今天多数方言中已经不通用，这些也多是具有区域性的；第三种是负载了小称等形态意义，但形态已经消失了，只有部分字还存留有形态的痕迹。以上三类情况富阳方言中都有，下面逐一做些介绍讨论。

第一类的情况最多，下面根据《方言调查字表》的顺序，详细讨论部分特字：

1. 荷："薄荷"的"荷"在富阳方言中音 ku⁵。大部分吴语"薄荷"的"荷"声母读晓母，富阳的情况较为特殊。富阳晓母字读 k- 也仅有此字。

2. 簸：富阳方言表示"簸"的动作音 pɛ¹，歌戈韵读 ɛ 暂时只发现此字。郑伟(2013：35)指出，"簸~箕"读 e 类韵的现象在不少吴语中存在：象山 pei⁵、嵊县 pE⁵、诸暨 pE¹~簸箕；我们调查发现德清乾元、余杭临平也用 pE⁵ 表示"簸"的动作。

3. 箍：富阳声母读 kʰu¹。该字《广韵》仅平声模韵古胡切一个反切："以篾束物。出《异字苑》。"不过在吴语中有两类读音：毗陵小片和苏沪嘉小片读不送气的 k 声母,例如:宜兴、上海、松江 ku¹,苏州 kəu¹;其他吴语读送气的 kʰ 声母,例如:武康塔山、绍兴柯桥、宁波、临海、浦江虞宅、衢州柯城 kʰu¹,开化 kʰuə¹。"箍"读送气广泛分布在南方方言中,具体请参曹志耘(2011)。

4. **糊**:富阳方言"糊"有三个读音:u² 表示"蒙"的动作义,u⁵ 表示粥稠,u⁶ 表示"米糊"等的名词义和"模糊"的形容词义。《广韵》中"糊"只有户吴切一个读音,其他韵书也未见去声的反切。不过吴语不少点有"糊"读去声的例证,如绍兴话"糊"表"米糊"等义的名词、"模糊"义形容词等都音 ɦu⁶;象山话表示"混淆、糊弄"的"糊"读 ɦu⁶;潘悟云(私人交流)告知,温州话"糊"做名词是读阳平 vu²,而表示"模糊"义形容词和"敷衍"义动词时音 vu⁶。普通话"糊弄"一词中"糊"也读去声。"糊"阳去的读音可能韵书失收了。

5. **女**:富阳话表示"女儿"的词 no⁶,读同麻韵。根据潘悟云(1995a、2002b)的考证,本字就是"女",属于三等读入二等的音韵特征词。潘悟云(2002b)指出除富阳外,湖州、嘉兴、德清、桐乡、长兴、余杭、安吉、临海、仙居、天台等地吴语"女"有读同麻韵的现象,文章将其与麻韵字"蛇"和桓韵字"端"做对比,以下字音对照引自该文而略有顺序上的调整:

表 23　吴语"女"读音比较

	嘉兴	湖州	德清	安吉	余杭	桐庐	临海	仙居	天台	衢州
女	nɤ	nʊ	nɔ	nʊ	nuo	nuo	no	no	no	na
蛇	zɤ	zʊ	zɔ	zʊ	dzuo	zuo	dzo	zo	zo	ʒya
端	tɤ	tɛ	tø	tɛ	tuõ	tø	tø	tø	tø	tõ

包括富阳在内的这一些方言的特殊性在于,跟其他北部吴语不同,富阳等地并不存在有儿化形态的"囡"。

6. **梳**:富阳表示"梳头"的"梳"读 ɕy¹,是鱼韵庄组唯一韵母读 y 的字。浙北不少吴语该字读如知章组,请看以下的字音对照:

表 24　部分吴语"梳"读音比较

方言点	除澄	初初	梳生	书书
富阳	dzɿ², dzy²	tsʰu¹	ɕy¹	ɕy¹
萧山	dzɿ²	tsʰu¹	sɿ¹	sɿ¹
绍兴柯桥	dzy²	tsʰu¹	ɕy¹	ɕy¹
诸暨	dzy²	tsʰu¹	ɕy¹	ɕy¹

萧山"梳"读 ɿ 元音可能是保留了鱼虞有别的层次，也可能与其他方言点一样读到了知章组去了。

7. 须：在"胡须"一词中音 su¹，根据演变规律虞韵精组应该读 y。"须胡~、牙~"读入模韵精组或虞韵庄组的现象也见于其他北部吴语，例如：苏州 səu¹；上海、萧山、桐庐、绍兴柯桥、嵊州长乐、宁波、象山 su¹。此字的讨论另请参郑伟（2013：83-89），曹志耘、秋谷主编（2016：60）。

8. 数："数"名词和动词用法中古音的声、韵相同，声调不同。富阳动词的"数"音 ɕy³，与名词的"数"su⁵ 不仅声调不同，韵母也不同。动词"数"与名词"数"韵母不同，不符合庄组读音的情况，在吴语不少地区中都有，例如：

表 25　吴语"数"读音比较

方言点	柱澄	数动词,生	数名词,生
松江	dzy⁴	ɕy³	su⁵
川沙	zy⁴	ɕy³	su⁵
富阳	dzy⁶	ɕy³	su⁵
萧山	dzɿ⁴	sɿ³	su⁵
绍兴柯桥	dzy⁴	ɕy³	su⁵
嵊州长乐	dzy⁴	sɿ³	su⁵
路桥	tʃɦy²	ʃy³	səu⁵
温州	dzɿ⁴	sɿ³	sɿu⁵

这种语音上的区分大概是为了更好地将"数"的动词用法与名词用法区分开来。

9. 芋：富阳方言"芋"在"芋艿"一词中音 ŋ⁵。"芋艿"中"芋"读成音节鼻音的现象,主要分布在浙北的湖州、杭州、绍兴、宁波一带,例如:武康㟃山、宁波、鄞州瞻岐、北仑柴桥、奉化桐照等地音 ŋ⁴,绍兴柯桥等地音 ŋ̍⁴。除了成音节鼻音的读法,这一带"芋"还有 n-、n̠-声母的读法,例如:绍兴市区 n̠y⁴、绍兴陶堰 nu⁴、绍兴湖塘 noŋ⁴①。大西博子(1999:82)指出萧山地区"芋艿"有三种说法:n̠y²² na⁴⁴、nu²² na⁴⁴、ŋ̍⁴⁴ na⁴⁴。我们认为,"芋"读成音节鼻音,很可能是从 *nu 或者 *n̠y 成音节化而来的。还有就是云母字"芋"读鼻音声母的问题,我们发现,吴语中云母字"芋"读 n-/n̠-声母的,只分布在说"芋艿"的地区,所以我们怀疑"芋"读 n-/n̠-声母可能是受"艿"声母逆同化的结果。

10. 晒稗挂卦画话:这一批佳韵字在富阳主元音都是 o,属于佳韵读入麻韵的现象。这个问题具体请参潘悟云(2002a)、郑伟(2015)的讨论。

11. 苔:"苔"在"舌苔"一词中音 tʰɛ¹。《广韵》"苔"只有徒哀切一个反切,不过吴语"苔"在"舌苔"一词中有透母的读音,如:苏州 tʰɛ¹,松江、川沙、绍兴柯桥 tʰɛ¹,温岭 tʰe³ 等。类似的现象在闽语、官话中都广泛分布,王福堂(2015:93)认为可能是韵书失收了透母的读音。

12. 筷:表筷箸的"筷"②音 da⁶,该字《集韵》有徒盖(定母泰韵)和徒骇(定母骇韵)二切,富阳阳上、阳去合流,看不出来源;不过由于常熟梅里、海盐、武康㟃山、绍兴柯桥、温州音 da⁴、温岭音 da²/⁴,所以我们认为富阳也来源于上声的徒骇切。吴语该词有两类读音:一类读 d-声母,分布在大部分吴语中,除了上文提到的几个点,再如苏州、松江 da⁶、余姚 da²/⁴/⁶;一类读 z-声母,只分布在甬江小片中,如宁波 za⁴/⁶、鄞州瞻岐 za⁴/⁶。《篇海》的反切为"直骇切",所以我们怀疑"筷"最初可能是澄母二等字,甬江小片读 z-声母符合澄母的读法,其他地区读 d-声母保留了古音。

13. 给:富阳音 da²,元音不符合哈韵主体层。大部分吴语该字的读音符合哈韵的主体层,例如:松江、绍兴柯桥、宁波、温州说 de⁶,川沙说 de⁴。根富阳一样元音不符合哈韵主体层的,还有萧山话,音 da⁶(大

---

① 绍兴湖塘读鼻音尾可能是受"艿"声母影响的结果。
② 根据我们的初步调查发现,"筷箸"说"筷"大概是吴语的特征词。

西博子1999:36)。至于声调,黄河(私人交流)告知,宜兴丁蜀表示肚子下垂、门板下垂的"给"音dai²,也是阳平。

14. 蟹苋回:富阳方言这三个匣母字读h-声母,"蟹"音ha³、"苋"hã⁵、"回~转"huɛ¹。① 其中"蟹"和"苋"这两个字,陶寰(2016)指出读h-声母在吴语地区比较常见,以下表引自该文:

表26 吴语"蟹""苋"读音表

	蟹	苋		蟹	苋		蟹	苋		蟹	苋
上海	ha⁵	ɕi⁵	松江	ha³	hɛ⁵	绍兴	ha³	hɛ̃⁵	宁波	ha³	hɛ⁵
泰顺	ha³	ɕia⁵	云和	xa³	—	松阳	ha³	hɔ̃⁵	遂昌	xa³	xaŋ⁵
龙游	xa³	hã⁵	常山	ha³	hã⁵	开化	ha³	haŋ⁵	江山	ha³	hã⁵
温州	ha³	ɕi⁵	金华	ha³	ha⁵	天台	ha³	hɛ⁵			

而"回"读h-声母在吴语中则较少见。

15. 蓖:富阳齐韵平声字"蓖~麻油"读pɛ¹,可能不是保留古音,而是避讳"屄"的改音现象。李荣(1994)指出北京话和不少汉语方言中存在避讳"屄"的语音现象,北京话"蓖"就因避讳而改读去声。而像富阳话这样,"蓖~麻油"通过改变韵母的方式来避讳的,也见于部分其他浙北吴语,例如:海门读pei¹,苏州、常熟、武康塔山读pɛ¹,嘉兴、萧山、绍兴柯桥读pe¹。

16. 蚁:富阳方言"白蚁"一词中"蚁"读m̩⁶,读音特殊。浙北吴语"蚁"在"白蚁"一词中往往会读音特殊,有类似富阳读成音节鼻音的,如德清乾元、武康塔山音m̩³;也有读mi的,如绍兴柯桥就音mi⁴。我们认为m̩类早期是经由*mi成音节化而来的,这是一种词汇内部的特殊音变。疑母字"蚁"声母会读m-,大概是受"白"唇音声母的顺同化所致。

---

① 此外,富阳许多点还存在其他匣母字读h-声母的现象。一个是"下"。春建咸康表示"下种"义的"下"音ho³,而春江八一仍然读o⁶;常绿五联"把东西取下"义的"下"音ho³。"下"读h-声母的现象在吴语中很常见,如温岭"卸货"说"ho³货",阮咏梅(2013:43)写作"卸",不过"卸"是心母麻韵去声字,声韵调皆不合,我们认为本字就是"下";此外安吉、金华、温州等地都有"下"读h-声母的现象。另可参看志耘、秋谷主编(2016:52)。另一个是"环",东图东梓关"门环"叫"门环头"[mɛn]¹¹hua⁵⁵də⁵⁵],匣母字"环"读h-声母尚未见于其他吴语方言中。需说明的是,表示"蛋黄"的"黄"在富阳方言中仍读阳调零声母。

17. 椅：富阳方言"椅"读圆唇的 y^3，这种现在在北部吴语地区非常常见，如川沙、临安、嘉善、海盐、桐庐、嵊州长乐、宁波等地都音 y^3，绍兴柯桥音 $y^{1/3}$。梅祖麟（2012）认为吴语"椅"读 y 韵母是保留了重纽三等的读音，可参看。

18. 髓：富阳方言"髓"音 $ɕi^1$，读入开口，请比较：姊 $tɕi^3$。浙北吴语"髓"不符合演变规律的现象分布广泛，绍兴、宁波等地皆如此；郑张尚芳（2008：115）指出温州也是如此。有可能早期读音是 *sui，在"骨髓"一词中受"骨"异化丢失了-u-介音，温州方言"骨髓"一词中的读音就与"脑盖髓"中不同，之后再推广到其他词中。当然这还需要进一步研究。

19. 尾：富阳方言"尾"在"尾巴"一词中音成音节的 $m̥^4$，比较特殊，"尾"读成音节鼻音的现象也见于湖州、德清乾元、安吉递铺、宁海等地。而绍兴柯桥等地"尾"在"尾巴"一词中音 mi^4，成音节鼻音的读音大概是从 *mi 成音节化而来的。

20. 道：富阳"缝道自然形成的缝隙"中音 da^6。王福堂（2008b）指出，绍兴、萧山等地有部分效摄字读 a，"道"也是其中的一个例子。富阳方言"道"读 a 也正是这种现象的体现。

21. 钞：富阳读 $tsʰɔ^3$。该字《广韵》有平声楚交切和去声初教切两个反切，但吴语不少地区读上声，可能是受常用字"炒""吵"影响的结果。

22. 肖："肖"《广韵》的音韵地位是去声笑韵字，为三等字，但是富阳话表示"生肖"时音 $sɔ^5$，读入一等。常州（郑伟：私人交流）、川沙、德清乾元、安吉递铺、绍兴柯桥等地"肖"表示"生肖"时也读入一等。

23. 豆：富阳方言侯韵字"豆"在"豆腐"一词中音 $dɛ^6$，韵母读入蟹摄一等。类似的现象也见于诸暨等地。我们认为这与避讳有关，富阳丧饭叫"豆[dei]腐饭"，为了避讳所以改变了"豆"的主元音。这样的避讳风俗在杭嘉湖地区也存在，如徐越（2007：243）指出，很多地区平时因避讳"豆腐饭"将"豆腐"叫作"大素菜"。

24. 厚：富阳方言表示"厚薄"义时，"厚"音 $giɤ^6$。李荣（1982）早就指出匣母字"厚"声母读 g-的现象在吴语中很常见，以下是李先生文中所举例证：常州 gei⁶、无锡 gei⁴、义乌 gəu⁴、温岭 dʑiɤ⁴、温州 gau⁴、平阳 gau⁴。我们再补充一些例证：宜兴 gəu⁶、长兴 gei⁴、临安 giɤ⁶、昌化 gi⁶、桐庐 ge⁶、嵊州长乐 gøy⁴、浦江虞宅 gʌ⁴。

25. **踏**：富阳音 daʔ⁸。《广韵》只有透母他合切一个反切，而吴语基本上都读定母。也可参曹志耘（2002：60）。

26. **鏨**：富阳方言"鏨~子；一种小凿子"音 zɛ̃²。虽然其在《广韵》中有昨甘、士咸、才敢、慈染、藏滥五个反切，如谈韵平声昨甘切的释义就是"小凿。"但在不少覃谈有别的方言中，"鏨"的白读多读入覃韵而有别于谈韵，来自"才敢切"，（曹志耘、秋谷主编 2016：33）。富阳话的情况也是如此，例如：

表 27　汉语方言"鏨"读音比较表

	蚕覃韵	鏨	三谈韵
富阳	zɛ̃²	zɛ̃²	sã¹
绍兴城区	zẽ²	zẽ²	s æ̃¹
广丰	z æ̃²	z æ̃⁴	sã¹
汨罗长乐	tsõ²	tsõ⁶	sã¹
铅山	tʃʰuon²	tsʰon⁵①	san¹

27. **猎**：富阳音 liaʔ⁸，韵母与部分四等字"捏"等相同。这种现象在吴语中很常见，如金有景（1982）就已经指出，乐清城关读-ia、永康读 liaʔ⁸，都读同四等；再比如在绍兴柯桥，"猎"音 liaʔ⁸，也读同四等。在富阳其他不少区分三四等的方言，三等的"裂"也读同四等，也许都是来母的特殊变化所致。②

28. **官**：在"小~家小男孩"一词中音 kɛ̃¹，音同"干"，苏州一带（钱乃荣 1992：869）也管"小孩"叫"小干⁼"。"官"一般读 kuɛ̃¹，不过由于吴语地区多用"官"称呼小男孩（张惠英 2003），而且根据石汝杰、宫田一

---

① 原文为："□鏨刻。"(p57)本字就是"鏨"。
② "猎"在不少吴语点中读音都较特殊，除了读同四等之外，还有一部分方言是读开口呼，例如：松江音 læʔ⁸（许宝华、陶寰 2015：139）。陶寰（私人交流）认为这一类可能是误读，将"猎(獵)"读成了"蜡（蠟）、邋、镴"的读音了。

郎(2005),早期吴语文献中多有"小官"的说法,因此,我们怀疑这是"官"在词汇中失落-u-介音的形式。

29. **烂**:"烂"在"烂泥"一词中音 nã^5,来母洪音音读 n-声母的就这一个字,大概是受"泥"声母的逆同化所致。"烂"在"烂泥"一词中读鼻音的现象也见于宁波(周志锋 2012:198-201)、上海①(许宝华、陶寰 1996:88)等地。

30. **伞**:富阳读去声 sã^5,这是为了避讳"散"sã^3 所致。类似的现象也见于川沙、绍兴柯桥、浦江虞宅等地的吴语。

31. **撒**:富阳音 tsaʔ^7。"撒"《广韵》写作曷韵桑割切的"攃",心母字读塞擦音。这个字在吴语中读塞擦音多见,例如:绍兴柯桥、临海、温岭②tsaʔ^7、温州 tsa^7。另可参曹志耘、秋谷主编(2016:47)。

32. **八**:富阳方言"八"音 poʔ^7,山开二都读 aʔ,韵母不符合。"八"读音不符合山开二的现象也见于苏州、湖州、武康塔山、安吉递铺等地。我们发现,"八"读 poʔ^7 的地区均无入声的前后 a 对立,所以很可能是由于这些地区咸山摄开口二等与梗开二的入声字合流了,为了避免"八""百"相混的现象,于是"八"读成了特殊的读音。

33. **绽**:富阳春江表示"颗粒饱满"的词音 dã^6,春建咸康读 dzã^6,东图东梓关、常安安禾音 dza^6,我们认为本字就是《广韵》去声襉韵丈苋切的"绽"。"颗粒饱满"这种意思是从"绽开、裂开"发展而来的,这大概是吴语的一个语义创新。吴语不少地区用"绽"表示"颗粒饱满",如苏州:绽 zɛ^{6}③;崇明:绽 dzɛ^6;松江、上海:绽 zɛ^6;绍兴柯桥:绽 dzɛ^6;宁波、象山④、临海⑤:绽 dzɛ^6。"绽"在富阳春江读 d-声母,也许是知组声母读同端组的残留。郑张尚芳(2008:102)就认为温州知组字有读同端组的白

---

① 上海"烂泥"有两种读音,其中一种是 na^{22} ni^{44},大概"烂"很早就受"泥"异化成了口元音,元音读入佳韵。

② 阮咏梅(2013:220)作"摘",我们认为本字就是"撒"。

③ 汪平(2011:132)原文为"□子饱满:瓣毛豆蚕~葛",本字就是"绽",苏州话的早期文献《山歌》中也有用"绽"表"颗粒饱满"的意思:"只怕凤仙花子<u>绽</u>笑开来。"(山歌·10)

④ 叶宗正(2011:96)原文作"穊"。乾隆《象山县志》卷1:"物饱满曰绽,言饱而欲开也。……作事舛错亦曰绽,如衣之破绽也。"

⑤ 黄晓东(2007)的同音字表中标的是"□颗粒饱满",本字就是"绽"。

读 t-类，其中就提到"绽"文读为 dza⁶、白读为 da⁶ ₍眼~开₎的现象。

34. **钱**：富阳话"铜钱"一词的后字音 diɛ²，俗写作"钿"，不过"钿"为山开四去声字，声调不符合。李荣（1992）已经指出，吴语地区"钱"又音"田"，可见李先生认为本字就是"钱"，我们也认同本字就是"钱"的观点。至于"钱"声母读 d-，大概是由于在"铜钱"一词中受"铜"同化的结果。"钱"声母读 d-的现象在吴语方言中非常常见。

35. **阎**：富阳读 ȵiɛ²。"阎"《广韵》为以母盐韵字，读 ȵ-的类似现象在吴语中非常常见，例如：苏州 ȵɪ²，松江、临海 ȵi²，绍兴 ȵiɛ²，嵊州 ȵiæ²。不少闽语点将"阎"读入疑母，读音与"严"相同，例如：漳州、厦门、漳浦、长泰音 giam²，潮州音 ŋiəm²，莆田音 ŋieŋ⁶，福州、福清音 ŋieŋ²等。① 郑张尚芳（2010b）认为"阎"读 ȵ-声母是零声母增生鼻音所致；当然，也有可能是韵书失收了一个疑母的反切。

36. **搬**：富阳白读音 peŋ¹，韵母读入深臻摄。"搬"韵母读入深臻摄的这种现象在浙北吴语中比较常见，如绍兴 peŋ¹、桐庐 pəŋ¹。

37. **明**：在"明朝₍明天₎""明年"两词中读 meŋ²，读成开口呼。"明"在时间词中读成开口呼的，在吴语方言中非常常见。

38. **仗**：富阳话"仗"有两个读音：tsã⁵ ₍打~₎和 dzã⁶ ₍炮~₎。读清声母不符合《广韵》直两切或者直亮切的读音。吴语"打仗"的"仗"读清声母很常见，再如：上海 tsã⁵、绍兴 tsaŋ⁵、路桥 tɕiã⁵。

39. **篾**：富阳读 tɕʰyɔ⁵，为生母读塞擦音的例子，类似的现象也见于其他吴语，例如：绍兴₍柯桥₎ tsʰɔŋ⁵ ₍~杆；撑船或定船的竹竿₎。汉语方言中生母读塞擦音的例字还有"产、生、闩、拴、筛、杉、双"等，具体情况请参谢留文（2003：32）。

40. **撑**：富阳话"撑"有两个读音，表示撑船、撑伞音 tsʰã¹，表示支撑、撑住音 tsʰã⁵。《广韵》写作"樘"，只有平声庚韵丑庚切一读，富阳读 tsʰã¹符合这个反切。吴语多另有去声的读音，如：绍兴₍柯桥₎ tsʰaŋ⁵、温州 tsʰiɛ⁵。

41. **蜻**：富阳话"蜻蜓"的"蜻"读擦音声母 ɕ-，像富阳这样读擦音

---

① 以上材料，除了长泰、莆田来源于盛益民调查外，其余均以上引自"小学堂"网站中的闽语字音查询系统（http://xiaoxue.iis.sinica.edu.tw/minyu）。

的现象在北部吴语不少地点都有这样的现象，如川沙 sin^1、绍兴柯桥 ɕin^1 竖～蜓：倒立 等。

42. 劲：《广韵》只有居正切一个反切，但富阳话音 dʑin^6。"劲"读浊声母在吴语中非常普遍，可能是韵书中失收的一个反切。请参曹志耘（2002：60）的讨论。

43. 擤：《篇海》呼梗切："手捻鼻脓曰擤。""擤"富阳音 heŋ^3，与《篇海》的反切相符合。根据傅国通、郑张尚芳主编（2015：1173）和其他材料，该字北部吴语有四类读音，见下表所示：

表28　北部吴语"擤"读音比较

类别	声母	韵母	分布地
A	h	ən、əŋ、eŋ 等	苏州、上海、湖州、杭州、绍兴北部
B	ɕ	in、iŋ 等	绍兴南部、宁波
C	h	oŋ、ŋ	嘉兴地区
D	ɕ	yŋ	桐庐

至于吴语"擤"这几类音之间的关系问题还需要进一步研究。

44. 乐："军乐队"中音 loʔ^8，读同"快乐"的"乐"，这是一种误读。类似的现象也见于绍兴柯桥等地的吴语。

再来看第二种情况，以下这些例字是其反映：

1. 块：富阳读 $\text{k}^\text{h}\text{uɐ}^5$，来自《广韵》的苦队切，而普通话读 $\text{k}^\text{h}\text{uai}$ 则来自《广韵》的苦怪切。吴语的"块"多是一等的来源，请看下表所示：

表29　吴语"块"读音比较

方言点	块	灰	快
宜兴	$\text{k}^\text{h}\text{uɐ}^5$	huɐ^1	$\text{k}^\text{h}\text{ua}^5$
苏州、上海	$\text{k}^\text{h}\text{uɐ}^5$	huɐ^1	$\text{k}^\text{h}\text{ua}^5$
绍兴柯桥、临海	$\text{k}^\text{h}\text{ue}^5$	hue^1	$\text{k}^\text{h}\text{ua}^5$
宁波	$\text{k}^\text{h}\text{uei}^5$	huei^1	$\text{k}^\text{h}\text{ua}^5$
温州	$\text{k}^\text{h}\text{ai}^5$	fai^1	$\text{k}^\text{h}\text{a}^5$
衢州柯城	$\text{k}^\text{h}\text{ue}^5$	hue^1	$\text{k}^\text{h}\text{ue}^5$

2. 尿：富阳 ɕi¹。根据宋戴侗《六书故》，该字古音有哮韵奴吊切和脂韵息遗切两个反切，富阳的读音跟大部分吴语一样，符合"息遗切"的反切。周志锋（2012：161）认为吴语的表"尿"的词是"水"通过变调的结果。这种观点很值得重视，不过富阳"水"已经读 sɛ³ 了，两者读音相差较远。

3. 绕：富阳话"绕"有两个读音，一般音 ȵiɔ⁵，在"绕锯"一词中音 ȵiɔ³。前者符合《广韵》去声笑韵人要切，汉语方言中"绕"多是这个来源；后者则符合《广韵》上声小韵而沼切。

4. 阄鸠："阄"中古有两个反切：一个是平声尤韵居求切，一个是平声侯韵居侯切（据《集韵》）。富阳方言音 kiu¹，符合侯韵的读音。类似的现象也见于桐庐，"阄"的白读为 ke¹，符合侯韵的读音。南部吴语中更常见，请参曹志耘（2002：97），曹志耘、秋谷主编（2016：32）。而"斑鸠"的"鸠"在富阳方言中也读同侯韵，不过韵书中并无异读。

5. 押：富阳表示"压"的"押"音 tɕiaʔ⁷，来自《广韵》入声狎韵古狎切，与普通话来源于狎韵乌甲切不同。"押"古有"压"的意思，例如："初生子，便以石押其头使扁。"（《晋书·东夷·辰韩传》）

6. 屑："木屑"在富阳可以表示"碎末"。"屑"古有"碎末"之义，如《晋书·陶侃传》："时造船，木屑及竹头悉令举掌之。"表示这两个意思时，富阳音 sɛʔ⁷。"屑"在《广韵》有两个音韵地位：入声没韵苏骨切和入声屑韵先结切。sɛʔ⁷ 符合苏骨切的读音。类似的现象也见于绍兴等地。

7. 填：富阳表示"用沙土填埋"音 diɛ⁶，符合《广韵》去声霰韵堂练切："塞填。"

8. 褪：富阳表示蛇蜕皮、人脱皮等的"褪"音 tʰeŋ⁵，该读音符合《古今韵会举要》中"吐困切"的读音。

9. 瞪：富阳表示瞪眼的"瞪"音 teŋ¹，阴平符合《广韵》平声蒸韵直棱切相符。北京话读去声，来自《广韵》证韵丈证切。

10. 听："听"《广韵》有平声他丁切和去声他定切两个反切，富阳方言表示"听任遗留"义读去声，符合他定切的反切。松江方言表示"剩余"的"听"也读去声。另可参曹志耘、秋谷主编(2016:36)。

11. **桶**：富阳声母为 d-，符合《广韵》定母徒揔切，不符合透母他孔切。大部分吴语的情况都是如此，另可参曹志耘(2002:61)。

下面来看第三种特字的情况。主要有以下两类：

一类是小称残留。富阳方言也有部分小称的痕迹，不过这种例子非常少，我们只找到了以下四条比较可靠的例证：

① 富阳"筷子"说 $k^h uã^5$，来源于"筷儿"的合音。这种合音现象在钱塘江以北的吴语中比较普遍。

② 富阳方言土生的"梨子"叫"棠林⁼ niŋ"，富阳南片仍为"棠梨 li²"，可见后字为"梨儿"的合音。另外，"棕榈树"中"榈"音 liŋ⁶，是否为儿化的残留，需要进一步研究。

③ 富阳方言"屋檐下滴水冻成的冰锥"叫"无⁼冰糖⁼[dɔ̃]"，其中末字为"澤儿"的合音。"澤"《广韵》入声铎韵徒落切："楚词云冬冰之各澤。""澤"早期读音可构拟为*dɔk/dɔʔ，带上儿化之后正好读入宕江摄。类似的现象也见于其他吴语，如陶寰(1996a)已经指出，绍兴表示该词的"秤管糖⁼"的末字合入了"儿"；徐越(2007:146)指出，海盐武原的"淳宕"来源于"淳澤儿"的合音。

④ 富阳方言乌梢蛇叫"乌赤桑⁼"u³³ tsʰ e²³³ sɔ̃⁵³，周边都叫"乌赤梢"，所以我们怀疑末字是"梢儿"的合音。

一类是浊音构词。"绞搅捆拱夹刮搁"这些见母动词在富阳方言中读成 g-声母，"绞~辫子；编辫子"gɔ⁶、"搅"gɔ⁶、"捆"gueŋ⁶、"拱"goŋ⁶、"夹"gaʔ⁸、"刮刮风"guaʔ²、"搁垫东西"goʔ⁸等。根据刘丹青(1992)研究，这是吴语利用空格进行构词的一种重要手段。这种音韵变化手段主要出现在钱塘江以北的吴语当中，钱塘江以南的吴语中较少见。

第四章
音韵比较

本章依次从声母、韵母、声调三个方面考察富阳方言的音韵特点。

4.1 声 母 比 较

4.1.1 声母特点

富阳方言声母的音韵特点主要有以下几点：

(1) 塞音、塞擦音、擦音保持清不送气、清送气和浊三分。这也是吴语的重要特点。

(2) 泥母阳声韵读 l-，例如：能~干 leŋ², 嫩 leŋ⁵、农脓 loŋ²。这是一种异化现象，类似的现象在浙北地区比较普遍。例如徐越(2007：245-6)指出，"农、脓、能、嫩"等字在杭嘉湖地区普遍读成 l-声母，例如"农、脓"海盐读 loŋ³¹，"能"海盐读 leŋ³¹，"嫩"湖州读 leŋ²⁴等。这种现象也见于绍兴地区，如根据赵则玲、大西博子(1999)，在20世纪50年代以前一直隶属绍兴的萧山话老派、中派当中，"农"也读入来母音 loŋ²；而在绍兴柯桥部分老派中，"农""嫩"仍音 loŋ²、leŋ⁶，而"能~干"在各派中都音 leŋ²，"宁"在"宁可"一词中音 leŋ²，为"宁"读同一等之后，声母也相应随着"农、能"等字一同读入来母。

(3) 来母阳声韵细音字读鼻音声母 n，但仍然与来自泥娘母的 ȵ

保持对立,例如：林 $niŋ^2$≠宁 $ȵiŋ^2$,良 $niã^2$≠娘 $ȵiã^2$。这个特点只见于富阳沿江地区方言,具体的内部差异情况请参 7.1 节的进一步讨论。

（4）不分尖团。富阳城区一带只有部分老派仍能分尖团,而周边地区分尖团的情况较为多见。具体请参 7.1 节的讨论。

（5）知庄章的读音比较复杂,基本情况为：知₌庄组流摄、江摄、山摄合口读 Tɕ-组,其他读 Ts-声母;而知₃章组遇摄、流摄、咸摄、山摄臻摄开口章组、合口读 Tɕ-组,假摄、蟹摄、止摄、臻摄开口知组、宕摄读 Ts-声母。尤韵庄组读 Tɕ-组声母,在富阳地区也只见于春江一带,其他地区都读 Ts-声母。

（6）匣母、云母、以母拼阴调时,与影母合流,例如：夜＝亚 ia^5,暗＝汗 $ɛ^5$。在吴语不少次浊(包括匣母)归阴调类的方言中,匣母、云母、以母多与对应的影母合流,如湖州、德清乾元、余杭临平、临海、温岭等地皆如此。另可参曹志耘、秋谷主编(2016：40)。

4.1.2　声母文白异读

本节只介绍成系统的声母文白异读。

第一,部分中古开口二等见系字,白读声母为 k 组,韵母为开口呼;文读声母为 tɕ 组,韵母为齐齿呼。其中匣母的文白异读声母相同。例如：

例字	中古音韵地位	白读	文读
家嘉加	假开二平麻见	ko^1	$tɕia^1$
架嫁价	假开二去祃见	ko^5	$tɕia^5$
牙芽	假开二平麻疑	$ŋo^2$	ia^2
下夏	假开二去祃匣	o^5	ia^5
介芥疥界届戒	蟹开二去怪见	ka^5	$tɕiɛ^5$
解	蟹开二上蟹见	ka^3	$tɕia^3$
交胶	效开二平肴见	$kɔ^1$	$tɕiɔ^1$
绞铰搅	效开二上巧见	$kɔ^3$	$tɕiɔ^3$
教觉	效开二去效见	$kɔ^5$	$tɕiɔ^5$
敲	效开二平肴溪	$kʰɔ^1$	$tɕʰiɔ^1$

孝	效开二去效晓	hɔ⁵	ɕiɔ⁵
间	山开二去裥见	kã⁵	tɕiɛ̃⁵
涧锏	山开二去谏见	kã³	tɕiɛ̃³
颜	山开二平删疑	ŋã²	iɛ̃²
江	江开二平见	kɔ̃¹	tɕiã³
讲	江开二上讲见	kɔ̃³	tɕiã³
学	江开二入觉匣	oʔ⁸	iaʔ⁸

第二，部分奉、微母的合口三等，白读声母为 b- 或 m-，文读为 v-，例如：

例字	中古音韵地位	白读	文读
肥	止合三平微奉	bi²	vi²
微	止合三平微微	mi²	vi²
薇	止合三平微微	bi²	vi²
尾	止合三上尾微	m⁶	vi⁶
味	止合三去未微	bi⁶	vi⁶
未	止合三去未微	mi⁵	vi⁵
晚	山合三上阮微	mã⁶	vã⁶
闻	臻合三平文微	meŋ²	veŋ²
问	臻合三去问微	meŋ⁵	veŋ⁶
防	宕合三平阳奉	bɔ̃²	vɔ̃²
望忘	宕合三去漾微	mɔŋ⁵	vɔ̃⁶
缚	宕合三入药奉	boʔ⁸	voʔ⁸
覆	通合三入屋敷	pʰoʔ⁷	foʔ⁷
奉	通合三上肿奉	boŋ⁶	voŋ⁶

第三，部分中古日母字，白读声母为 ȵ，文读声母为 z 或 ʑ。例如：

例字	中古音韵地位	白读	文读
染	咸开三上琰日	ȵiɛ̃⁶	zɛ̃⁶
人	臻开三平真日	ȵiŋ²	ʑiŋ²
认	臻开三去震日	ȵiŋ⁵	zeŋ⁶

日	臻开三入质日	ȵieʔ²	zeʔ²
让	宕开三去漾日	ȵiã⁵	zã⁶
入	深开三入缉日	ȵieʔ⁸	zieʔ⁸

4.1.3 声母古今音比较

中古声母到富阳方言声母的演变,可以总结归纳为下表:

表 30　古今声母演变表

		全清	次清	全浊	次浊	清	浊
帮组		帮 p	滂 pʰ	並 b	明 m		
非组		非 f	敷 f	奉 v	微 m̠/v̠		
端组、来		端 t	透 tʰ	定 d			来 l n
精组、泥	洪音	精 ts	清 tsʰ	从 dz	泥 n	心 s	邪 z
	细音	精 tɕ	清 tɕʰ	从 dʑ	泥 ȵ	心 ɕ	邪 z̠/dʑ̠
知组	流遇山臻合江	知 tɕ	彻 tɕʰ	澄 dʑ z			
	其他	知 ts	彻 tsʰ	澄 dz			
庄组	江山合	庄 tɕ	初 tɕʰ	崇 dʑ z		生 ɕ	
	其他	庄 ts	初 tsʰ	崇 dz		生 s	
章组	流遇山咸臻合	章 tɕ	昌 tɕʰ	船 dʑ z		书 ɕ	禅 dʑ z
	其他	章 ts	昌 tsʰ	船 z		书 s	禅 dz
日母					日 ȵ z/z̠		
见晓组	洪音	见 k	溪 kʰ	群 g	疑 ŋ	晓 h	匣 ∅
	细音	见 tɕ	溪 tɕʰ	群 dʑ	疑 ȵ/∅̠	晓 ɕ	匣 ∅
影组		影 ∅			云以 ∅		

4.2　韵　母　比　较

4.2.1　韵母特点

富阳方言的韵母特点如下:

（1）果摄一等的主体层为帮组、见系读 u，其余读 ʊ，例外是"拖何破磨他哪"读 a，"阿"读 aʔ。此外，果摄一等见母有歌戈的对立，歌韵读 ʊ，戈韵读 u，例如：歌 kʊ¹ ≠ 锅 ku¹；而溪、疑母歌戈合流为 ʊ，与大部分果摄字不同。果摄一等除去见组读 ʊ 的字，其余与遇摄一等模韵合流，锐音声母之后读 ʊ，钝音声母之后读 u，如：蓑＝苏 sʊ¹，过＝故 ku⁵。

（2）麻韵二等的主元音是 o，见系基本上保持开合口的区别，但是疑母、溪母已经开合口合流了，例如：跨＝搭 kʰo⁵、瓦 ŋo⁶。麻韵疑母、溪母不分开合口的现象，也在绍兴城区、绍兴柯桥、萧山等地存在。

（3）鱼韵读音较复杂，部分字有 o、i、ɿ、ɛ 等白读，例如：女₍女儿₎ no⁶、徐 dzi²、蛆 tɕʰi¹、猪 tsɿ¹、锄₍~头₎ dzɿ²、苎₍~麻₎ dzɿ⁶、箸₍夹馃₎ tsɿ⁵、除₍脱帽₎ dzɿ²、煮 tsɿ³、鼠₍黄~狼₎ tsʰɿ³、锯 tɕi⁵、去 tɕʰi⁵、渠₍他₎ i²、赔₍拥有₎ kɛ¹、虚₍脸浮肿₎ hɛ¹ 等。白读属于鱼虞有别的层次。

（4）咍泰端系有别。咍韵读 ɛ，泰韵帮见系读 ɛ，端系读 a，例如：戴 tɛ⁵ ≠ 带 ta⁵，菜 tsʰɛ⁵ ≠ 蔡 tsʰa⁵。大部分吴语均是这种区分模式。

（5）富阳方言中的蟹开一咍韵和蟹合一灰韵的端系今韵母相同，例如：胎＝推 tɛ¹，来＝雷 lɛ²，猜＝催 tsʰɛ¹，戴＝对 tɛ⁵，袋＝队 dɛ⁶。北部吴语蟹开一咍韵和蟹合一灰韵的分混问题比较复杂，具体请参盛益民（2017）的讨论。

（6）蟹摄四等齐韵字有 ia、ɛ 等白读，例如：渧₍水向下滴₎ tia⁵、䒰₍~箜篮₎ tɕia⁵、济₍~手₎ tɕia⁵、梯₍扶₎ tʰɛ¹、栖₍禽类归宿₎ sɛ¹、粞₍米~₎ sɛ¹、洗₍~衣裳₎ sɛ³。东图东梓关另有两个齐韵读 ɛ 的例证：递 dɛ⁶、细 sɛ⁵。（盛益民 2016b）像富阳齐韵有这么多白读的，在北部吴语中较为少见。

（7）止摄合口三等部分字有 i（来母）、ɿ（精组、知系）、y（日母、见系）等白读，例如：泪 li⁶、嘴₍围~、围嘴₎ tsɿ³、睡₍睡眼朦胧状₎ zɿ⁶、槌₍锣~₎ dzɿ²、坠 dzɿ⁶、蕊₍~头、花蕾₎ n̠y⁶、馁 y⁵、围 y² 。

（8）侯韵见组字的韵母为 iʊ，例如：钩 kiʊ¹、口 kʰiʊ³、藕 ŋiʊ⁴ 等。一方面，其主元音与其他侯韵字不同，其他侯韵字为 ei；另一方面，一等读细音，是介音增生的结果，基本上整个富阳都是如此。关于吴语侯韵字的介音增生现象，请参陶寰（2003）、盛益民和丁健（2015）等的讨论。

(9) 尤韵来母读同一等侯韵,例如:刘流＝楼 lei²、柳＝篓 lei⁶。基本上整个富阳地区均是如此。这种现象在婺州片(曹志耘、秋谷主编 2016)、处衢片吴语中很常见,也见于湖州、武康塔山等方言。

(10) 覃谈有别,覃谈端系有别,见系合流读同覃韵,例如:潭 dɛ̃²≠谈 dã²、感＝敢 kɛ̃³。这也是大部分吴语的特点。

(11) 咸开三盐韵、山开三仙韵知₂庄组字读撮口呼韵母 yɛ̃,例如:闪 ɕyɛ̃³、缠 dʑyɛ̃²。

(12) 寒桓有别。寒韵与谈韵相同,端系读ã,见系读ɛ̃;而桓韵帮系、端系读 ɛ̃,见系读 uɛ̃。例如:丹 tã¹≠端 tɛ̃¹,烂 lã⁵≠乱 lɛ̃⁵,干 kɛ̃¹≠官 kuɛ̃¹,汗 ɛ̃⁵≠换 uɛ̃⁵。

(13) 山合一桓韵与山合二山删韵有别,例如:官 kuɛ̃¹≠关 kuã¹,完 uɛ̃²≠还 uã²。

(14) 山合三仙韵精组读齐齿呼韵母 iɛ̃,而有别于本韵其他组字,例如:全 dʑiɛ̃²≠权 dʑyɛ̃²、雪 ɕieʔ⁷≠说 ɕyoʔ⁷。山合三仙韵精组读齐齿呼的现象在吴语中非常常见。

(15) 咸开一谈韵端系、咸开二咸衔韵、咸合三凡韵、山开一寒韵见系、山开二山删韵、山合三元韵帮组与梗开二白读合流,读ã,例如:胆＝掸＝打 tã³,三＝山＝生 sã¹。这一方面的内部差异的情况请参 7.1 节的进一步讨论。

(16) 宕摄、江摄帮系部分字白读读同通摄,例如:忙芒＝蒙 moŋ²、网 moŋ⁶、忘望＝梦 moŋ⁵、棒＝奉 boŋ⁶。类似的特点也见于其他的杭嘉湖地区,如徐越(2007:30)提到嘉善、德清等地不仅帮系字会读同通摄,端、知系字也有类似的现象,如嘉善方言:帮 poŋ⁵³、棒 boŋ¹³、忙芒茫 moŋ³¹、莽蟒忘网望 moŋ¹³、撞幢 zoŋ¹³;德清方言:胖 pʰoŋ³⁵、棒 boŋ¹³、网 moŋ⁵³、忘望 moŋ³⁵、撞 zoŋ¹³;昌化方言:忘望网 məŋ²⁴、嗓 səŋ⁵⁴⁴。再如武康塔山:忙 moŋ²、网 moŋ³、忘望看望 moŋ⁵、棒 boŋ⁴、撞 zoŋ⁶。秋谷裕幸(1999)指出这个现象同时见于闽语和处衢片吴语,是闽语的鉴别特征。另可参曹志耘、秋谷主编(2016:84)。

(17) 部分通摄匣母字的白读读成音节 ŋ̍,例如:红~颜色 洪姓虹~赤:地名ŋ²。来源于 VN＞N 这种方式产生的鼻音声母成音节化,音变过程为：*uŋ＞ŋ̍。(Shen2007)通摄匣母阳声韵字读成音节鼻音在浙江吴语中比较普遍,如绍兴﹝禇东﹞、嵊州﹝崇仁﹞、诸暨、温岭、天台、衢州﹝九华﹞、庆元、广丰等地都发生了这一演变。

4.2.2 韵母文白异读

本节只介绍部分成系统的文白异读,其他的请见 4.2.1 节的讨论。

第一,麻韵二等,白读是 o,文读是 a、ia。例如：

例字	中古音韵地位	白读	文读
巴芭	假开二平麻帮	po¹	pa¹
下	假开二去祃匣	o⁶	ia⁶
鸦丫桠	假开二平麻影	o¹	ia¹
哑	假开二上马影	o³	ia³
瓜	假合二平麻见	kuo¹	kua¹
跨	假合二去祃溪	kʰo⁵	kʰua⁵
华	假合二平麻匣	uo²	ua²
蛙	假合二平麻影	o¹	ua¹
话	蟹合二去夬匣	uo⁵	ua⁵

第二,止摄日母字,白读为鼻音声母或自成音节的鼻音,文读是自成音节的边音。例如：

例字	中古音韵地位	白读	文读
儿	止开三平支日	ŋ̍²	l̩²
耳尔	止开三上纸日	ŋ̍⁶	l̩⁶
二	止开三平至日	ȵi⁵	l̩⁵

第三,梗摄开口二等字,白读为,文读是 eŋ 或 iŋ。例如：

例字	中古音韵地位	白读	文读
猛	梗开二上梗明	mã⁶	meŋ⁶

冷	梗开二上梗来	lã⁶	leŋ⁶
生笙牲甥	梗开二平庚生	sã¹	seŋ¹
省	梗开二上梗生	sã³	seŋ³
更粳庚羹	梗开二平庚见	kã¹	kiŋ¹
亨	梗开二平庚晓	hã¹	heŋ¹
争睁	梗开二平耕庄	tsã¹	tseŋ¹
耕	梗开二平耕见	kã¹	kiŋ¹
鹦樱	梗开二平耕影	ã¹	iŋ¹

4.2.3 韵母古今音比较

中古韵母到富阳方言韵母的演变，可以总结归纳为以下四张表①：

表 31　古今韵母比较之一：舒声开口

	一等				二等			
	帮系	端系	见组	晓影组	帮系	泥来	知庄组	见系
果开		ʊ	ʊ	u				
假开					o	o	o	o, ia
蟹开	ɛ	ɛ^哈, a^秦	ɛ	ɛ	a	a	a	a̠, iɛ̠
效开	ɔ	ɔ	ɔ	ɔ	ɔ	ɔ	ɔ	ɔ̠, iɔ̠
流开	②	ei	iʊ	ei				
咸开		ɛ̃^覃, ã^谈	ɛ̃	ɛ̃			ã	ã̠, iɛ̠̃
山开	ã	ɛ̃	ɛ̃	ã	ã	ã	ã̠, iɛ̠̃	
臻开		eŋ	iŋ	eŋ				
宕开	ɔ̃	ɔ̃	ɔ̃	ɔ̃				
江开					ɔ̃		yɔ̃	ɔ̠̃, iã
曾开	ã	eŋ	iŋ	eŋ				
梗开					ã	ã	ã, eŋ	ã̠, eŋ/iŋ

---

① 以下各表，用上标表示中古韵母、声母条件。例外字请参 3.3 节 "特字" 部分的讨论以及 4.2.1 节的说明，表中不列。

② 侯韵帮组字读音较复杂：ɔ某贸, o剖拇, ɛ牡, m亩。

续　表

	三　四　等							
	帮系	端组	泥来	精组	庄组	知组	章组日	见系
果开								ia
假开				ia		ia	o	ia
蟹开	i	i	i	i		ʅ	ʅ	i
止开	i	i	i	ʅ	ʅ	ʅ	ʅ①	i
效开	ei	ei	ei	ei		ɔ	ɔ、ei	ei
流开	u		iu ei	iu	ei	iu	iu	iu
咸开	iɛ̃	iɛ̃	iɛ̃	iɛ̃			yɛ̃	iɛ̃
深开	iŋ		iŋ	iŋ	eŋ	eŋ	iŋ、eŋ	iŋ
山开	iɛ̃	iɛ̃	iɛ̃	iɛ̃		yɛ̃	yɛ̃	iɛ̃
臻开	iŋ		iŋ	iŋ	eŋ	eŋ	iŋ、eŋ	iŋ
宕开			iã	iã	ɔ̃	ã	ɔ̃	iã
曾开	iŋ		Iŋ			eŋ	iŋ、eŋ	
梗开	iŋ	iŋ	iŋ	iŋ		eŋ	iŋ、eŋ	iŋ

表 32　古今韵母比较之二：舒声合口

	一　　等				二　　等			
	帮系	端系	见组	晓影组	帮系	泥来	知庄组	见系
果合	u、ʊ明	ʊ	u见/ʊ	u				
假合							uo/o疑、ua	uo、ua
遇合	u、ʊ明	ʊ	ʊ、ŋ̍疑	u				
蟹合	ɛ	ɛ	uɛ	uɛ				ua
山合	ɛ̃	ɛ̃	uɛ̃	uɛ̃			yɛ̃	uɛ̃
臻合	eŋ	ã	ueŋ	ueŋ				
宕合			uɔ̃	uɔ̃				
曾合				oŋ				
梗合								uã
通合	oŋ	oŋ	oŋ	oŋ、ŋ̍				

---

① 日母读音较复杂，有白读是 i(泥)、ŋ(儿、尔)，文读是 ʅ。

续 表

	三 四 等							
	帮系	端组	泥来	精组	庄组	知组	章组日	见系
果合								yɛ
遇合	u		y	i	ɿ,y	ʊ	ʅ,y	ʅ,y	ɛ,y
蟹合	i			ɛ		ɛ	ɛ	uɛ
止合	i		ɛ	ʅ,ɛ	ɛ	ɛ	ɛ	y,uɛ
咸合	ã							
山合	ã		iɛ̃	iɛ̃		yɛ̃	yɛ̃	yɛ̃
臻合			eŋ	eŋ		yŋ	yŋ	yŋ
宕合	ɔ̃							uɔ̃
梗合								yoŋ,iŋ
通合	oŋ		oŋ	oŋ		yoŋ	yoŋ	yoŋ,oŋ

表 33 古今韵母比较之三：入声开口

	一 等				二 等			
	帮系	端系	见组	晓影组	帮系	泥来	知庄组	见系
咸开		aʔ	ieʔ	eʔ		aʔ		aʔ,ieʔ
山开		aʔ	ieʔ	eʔ	aʔ,oʔ		aʔ	aʔ
宕开	oʔ	oʔ	oʔ	oʔ				
江开					oʔ	yoʔ	oʔ,iaʔ	
曾开	oʔ	eʔ	ieʔ	eʔ				
梗开					aʔ		aʔ	aʔ

	三 四 等							
	帮系	端组	泥来	精组	庄组	知组	章组日	见系
咸开		ieʔ	ieʔ	ieʔ			ieʔ	ieʔ
深开			ieʔ	eʔ	eʔ	eʔ	eʔ	ieʔ
山开	ieʔ	ieʔ	ieʔ	ieʔ		eʔ	eʔ	ieʔ
臻开	ieʔ		ieʔ	ieʔ	eʔ	eʔ	eʔ	ieʔ
宕开		iaʔ	iaʔ			oʔ	oʔ	iaʔ
曾开	ieʔ		ieʔ	ieʔ	eʔ	eʔ	eʔ	ieʔ
梗开	ieʔ		ieʔ	ieʔ		eʔ	eʔ	ieʔ

表 34　古今韵母比较之四：入声合口

	一 等				二 等			
	帮系	端系	见组	晓影组	帮系	泥来	知庄组	见系
山合	oʔ	eʔ	uaʔ	uoʔ			yoʔ	uaʔ
臻合	oʔ	eʔ		uoʔ				
宕合			uoʔ	uoʔ				
曾合			uoʔ	uoʔ				
梗合								uoʔ
通合	oʔ	oʔ	uoʔ	uoʔ				

	三 四 等							
	帮系	端组	泥来	精组	庄组	知组	章组日	见系
咸合	aʔ							
山合	aʔ		ieʔ	ieʔ			yoʔ	yoʔ
臻合			ieʔ	ieʔ	eʔ	eʔ	eʔ	ieʔ
宕合	oʔ							
曾合								yoʔ
梗合								yoʔ
通合	oʔ		oʔ	oʔ	yoʔ	yoʔ	yoʔ	yoʔ

4.3　声调比较

从中古四声八调格局到富阳话现今的声调系统，经历的变化可以列表总结如下：

表 35　古今声调对应表

中古声调	分化条件	富阳话调值
阴平		53
阳平		113
阴上		424
阳上		212

续　表

中古声调	分化条件	富阳话调值
阴去		335
阳去	次浊、匣母	335
	全浊	212
阴入		5
阳入		2

从表中我们看出，富阳话的声调变化主要有以下两个方面：

(1) 次浊去归入阴去，匣母字随次浊字一同归入阴去。不过部分零声母的次浊或匣母字如"悟、误、互、护、惠、彗、慧、效、校、候、翰、换、狠"等读阳上，这些都是比较文的字，其中"慧、候"白读为阴去、文读为阳上很能说明问题。关于富阳方言中次浊调的归并的内部差异，请参 7.1.3 节的进一步讨论。

(2) 全浊去与阳上合流，合流后的调值为 212。由于富阳有八个声调的龙门五村方言中，阴去、阳去的对立正好是 335 与 212，加之汉语方言阳上归入阳去的现象非常普遍，所以我们认为富阳方言也是阳上归入阳去。

此外，还有部分零声母上声字如"雨、羽、野养、氧、痒、远、引、往"等读同阴上，这些多是口语常用字。富阳多地存在这个现象（具体详见附录的音系介绍部分），这也是需要特别注意的。

第五章
分类词表

说明：

1. 本章按照语义将词分成三十一大类，每个大类下又分成若干小类，共收词约 4 500 条。

2. 同义词、近义词排在一起。第一条顶个排列，其他各条后缩一格另行排列。

3. 同音词用右上标数字来区别，以出现的先后为序。

4. 每条词都先写汉字，后标读音，再加注释和用例，标音方式同前面的章节。-表示变调或变音，变调前后一致的也按变调算。

5. 为避免混淆，有的字右上角标"="，表示该字是方言同音替代字。没有同音字可写或者找不到合适的字，用□表示有音无字。

6. 韵律词中间不加空格；韵律短语中，不同韵律词的汉字中间加♯，国际音标中间加空格。

7. 少数读音等比较特殊，‖之后为补充说明和书证。

8. 一个词条若有几个义项，就用(1)(2)(3)隔开。

9. "～"在举例中用以替代词条。"～"用在音标之间表示两个音可以互相替换，不改变意义。

10. "/"表示前后的语音可以换读而不改变意义。

5.1 天　　文

5.1.1 日月星辰

日头　ȵieʔ²⁻¹¹ dei¹¹³⁻⁵³　太阳

太阳菩萨　tʰa³³⁵⁻³³ iã¹¹³⁻³³ bu¹¹³⁻³³ saʔ⁵⁻⁵³　太阳的拟人化称谓

　　太阳公公　tʰa⁵³⁻³³ iã¹¹³⁻³³ koŋ³³⁻³³ koŋ⁵³⁻⁵³

日头火　ȵieʔ²⁻¹¹ dei¹¹³⁻¹¹ hu⁴²⁴⁻⁵³　阳光

乌花日头　u⁵³⁻⁵⁵ huo⁵³⁻⁵⁵ ȵieʔ²⁻⁵⁵ dei¹¹³⁻⁵⁵　多云时不太强烈的太阳

日头浒⁼　ȵieʔ²⁻¹¹ dei²⁻¹¹ hu⁴²⁴⁻⁵³　太阳地儿

阴头浒⁼　iŋ⁵³⁻⁵⁵ dei¹¹³⁻⁴¹ hu⁴²⁴⁻³¹　太阳晒不到的阴凉地儿

光头　kuã⁵³⁻⁵⁵ dei¹¹³⁻⁵⁵　光线

影子　iŋ⁴²⁴⁻³³ tsɿ⁴²⁴⁻³⁵

月亮　ȵyoʔ²⁻¹¹ / yoʔ²⁻¹¹ niã³³⁵⁻⁵³

月亮菩萨　ȵyoʔ²⁻¹¹ / yoʔ²⁻¹¹ niã³³⁵⁻¹¹ bu¹¹³⁻¹¹ saʔ⁵⁻⁵³　月亮的拟人化称谓

眉毛月　mi¹¹³⁻¹¹ mɔ¹¹³⁻¹¹ yoʔ²⁻¹¹　新月

星　ɕiŋ⁵³

　星亮　ɕiŋ⁵³⁻⁵⁵ niã³³⁵⁻³¹

星宿　ɕiŋ⁵³⁻⁵⁵ soʔ⁵⁻⁵⁵

溜星　lei³³⁵⁻³³ ɕiŋ⁵³⁻⁵³　流星

扫帚星　sɔ³³⁵⁻³³ ɕiʋ⁴²⁴⁻³³ ɕiŋ⁵³⁻⁵³　彗星

天亮晓　tʰiɛ⁵³⁻³³ niã³³⁵⁻⁵⁵ ɕiɔ⁴²⁴⁻³¹　启明星，清晨时对金星的称呼

黄昏晓　uõ¹¹³⁻¹¹ hueŋ⁵³⁻¹¹ ɕiɔ⁴²⁴⁻¹¹　长庚星，黄昏时对金星的称呼

扁担星　piɛ⁴²⁴⁻³³ tã³³⁵⁻³³ ɕiŋ⁵³⁻³⁵　牛郎星

梭子星　sʋ⁵³⁻⁵⁵ tsɿ⁴²⁴⁻⁵⁵ ɕiŋ⁵³⁻³¹

　织女星　tseʔ⁵⁻³³ ȵy²¹²⁻³³ ɕiŋ⁵³⁻³⁵

七簇星　tɕʰieʔ⁵⁻⁵⁵ tsʰɔʔ⁵⁻⁵⁵ ɕiŋ⁵³⁻³¹

　北斗星　pɔʔ⁵⁻³³ tei⁴²⁴⁻³³ ɕiŋ⁵³⁻³⁵

七姊妹　tɕʰieʔ⁵⁻³³ tɕi⁴²⁴⁻³³ mɛ³³⁵⁻³⁵　昴星团

天狗♯糊♯日　tʰiɛ⁵³⁻⁵⁵ kiʊ⁴²⁴⁻³¹ u¹¹³⁻¹¹ nieʔ²　日蚀

　天狗♯吃♯日头　tʰiɛ⁵³⁻⁵⁵ kiʊ⁴²⁴⁻³¹ tɕʰieʔ⁵⁻³³ nieʔ²⁻¹¹ dei¹¹³⁻⁵³

天狗♯糊♯月　tʰiɛ⁵³⁻⁵⁵ kiʊ⁴²⁴⁻³¹ u⁵³⁻¹¹ ȵyoʔ²/yoʔ²　月蚀

　天狗♯吃♯月亮　tʰiɛ⁵³⁻⁵⁵ kiʊ⁴²⁴⁻³¹ tɕʰieʔ⁵⁻³³ yoʔ²⁻¹¹/ȵyoʔ²⁻¹¹ niã³³⁵⁻⁵³

天河　tʰiɛ⁵³⁻⁵⁵ u¹¹³⁻⁵⁵　银河

天亮　tʰiɛ⁵³⁻⁵⁵ niã³³⁵⁻³¹　天亮

斗♯光　tei³³⁵⁻³³ kuɔ⁵³　逆光

蒙蒙天亮　mo⁵³⁻⁵⁵ mo⁵³⁻⁵⁵ tʰiɛ⁵³⁻⁵⁵ niã³³⁵⁻³¹　天微亮‖"蒙"读阴声韵,韵母读音特殊

大天♯十八亮　dʊ²¹²⁻¹¹ tʰiɛ⁵³⁻³⁵ zieʔ²⁻¹¹ pɔʔ⁵⁻¹¹ niã³³⁵⁻⁵³　天大亮

暗　ɛ̃³³⁵　(1)白天变黑；(2)傍晚变黑

5.1.2 自然现象

风　foŋ⁵³　一腔～、一阵～

打♯风　tã⁴²⁴⁻³³ foŋ⁵³　刮风

歇　ɕieʔ⁵　(风)停

斗风　tei³³⁵⁻³³ foŋ⁵³⁻⁵³　逆风、顶风

顺风　ʑiŋ²¹²⁻¹¹ foŋ⁵³⁻³⁵

鬼头风　kuɛ⁴²⁴⁻³³ dei¹¹³⁻³³ foŋ⁵³⁻³⁵　小型旋风：发～

龙风　loŋ¹¹³⁻¹¹ foŋ⁵³⁻¹¹　台风：发～

风暴　foŋ⁵³⁻⁵⁵ pɔ³³⁵⁻³¹　狂风

龙风暴　loŋ¹¹³⁻¹¹ foŋ⁵³⁻¹¹ pɔ³³⁵⁻¹¹　大的龙卷风

落♯黄沙　loʔ²⁻¹¹ uɔ̃¹¹³⁻¹¹ so⁵³⁻¹¹　沙尘暴

弄堂风　loŋ³³⁵⁻³³ dɔ̃¹¹³⁻³³ foŋ⁵³⁻⁵³

穿堂风　tsʰõ⁵³⁻³³ dɔ̃¹¹³⁻³³ foŋ⁵³⁻⁵³

刮　guaʔ²　被风吹落：衣裳拨风～落来‖读浊声母

云　yŋ¹¹³

乌云　u⁵³⁻⁵⁵ yŋ¹¹³⁻⁵⁵　黑云

　黑云　heʔ⁵⁻⁵⁵ yŋ¹¹³⁻³¹

白云　baʔ²⁻¹¹ yŋ¹¹³⁻⁵³

车⁼　tsʰo⁵³　云升腾

天火烧　tʰiɛ⁵³⁻⁵⁵ hu⁴²⁴⁻⁵⁵ sɔ⁵³⁻³¹　火烧云

雷　lɛ¹¹³

雷公菩萨　lɛ¹¹³⁻¹¹ koŋ⁵³⁻¹¹ bu¹¹³⁻¹¹ saʔ⁵⁻¹¹　雷的拟人化称谓

动♯雷　doŋ²¹²⁻¹¹ lɛ¹¹³　打雷

霹雳　pieʔ⁵⁻⁵⁵ li³³⁵⁻³¹　霹雳雷①‖变调特殊，可能是"霹雳雷"的省略

天♯打　tʰiɛ⁵³⁻³³ tã⁴²⁴　（1）雷击；（2）落地雷

霍闪　huoʔ⁵⁻³³ ɕyɛ̃⁴²⁴⁻³⁵　闪电

霍闪娘娘　huoʔ⁵⁻³³ ɕyɛ̃⁴²⁴⁻³³ ȵiã¹¹³⁻³³ ȵiã¹¹³⁻⁵³　对闪电的拟人化称谓

打♯霍闪　tã⁴²⁴⁻³³ huoʔ⁵⁻³³ ɕyɛ̃⁴²⁴⁻³⁵　打闪

动雷霍闪　doŋ²¹²⁻¹¹ lei¹¹³⁻¹¹ huoʔ⁵⁻¹¹ ɕyɛ̃⁴²⁴⁻⁵³　电闪雷鸣

鲎⁼　hei³³⁵　虹

杠　kɔ̃⁵³　光折射出来的一条光线：青～白～，晒杀老蚌（农谚，干旱的象征）

雨　y⁴²⁴

落♯雨　loʔ³⁻¹¹ y⁴²⁴

阵头雨　dzeŋ²¹²⁻¹¹ dei¹¹³⁻¹¹ y²⁴²⁻⁵³　雷阵雨：落～

毛毛细雨　mɔ⁴²⁴⁻³³ mɔ⁴²⁴⁻³³ ɕi⁵³⁻³³ y⁴²⁴⁻³⁵

　雨毛细细　y⁴²⁴⁻³³ mɔ⁵³⁻³³ ɕi⁵³⁻³³ ɕi⁵³⁻³⁵

日暴雨　ȵie²⁻¹¹ pɔ³³⁵⁻¹¹ y⁴²⁴⁻⁵³　晴天下雨

黄梅雨　uɔ̃¹¹³⁻¹¹ mɛ¹¹³⁻¹¹ y⁴²⁴⁻¹¹

浞♯雨　dzyoʔ²⁻¹¹ y⁴²⁴　淋雨

---

① 外沙等地也有人"雳"音 lei⁵。

浥♯雨阵头　dʑyoʔ¹¹ y⁴²⁴⁻³³ dzeŋ²¹²⁻³³ dei¹¹³⁻⁵³　淋阵头雨

潲　sɔ³³⁵　潲雨‖老说法

　　飘　pʰiɔ³³⁵

天落水　tʰiɛ⁵³⁻⁵⁵ loʔ²⁻⁵⁵ sɛ⁴²⁴⁻³¹　收集起来的雨水

雪　ɕieʔ⁵

落♯雪　loʔ²⁻¹¹ ɕieʔ⁵

开♯雪眼　kʰɛ⁵³⁻³³ ɕieʔ⁵⁻³³ ŋã²¹²⁻⁵³　快下雪的状况

吵♯雪　tsʰɿ⁴²⁴⁻³³ ɕieʔ⁵　麻雀吵叫预示要下雪

炀　iã¹¹³　融化：雪～掉唠、铁～掉唠

雪雹珠　ɕieʔ⁵⁻⁵⁵ boʔ²⁻⁵⁵ tɕy⁵³⁻³¹　雪霰：落～

　　雪雹子　ɕieʔ⁵⁻⁵⁵ boʔ²⁻⁵⁵ tsɿ⁴²⁴⁻³¹

冰雹　piŋ⁵³⁻⁵⁵ bɔ²¹²⁻³¹　冰雹：落～‖"雹"读成舒声

霜　sɑ̃⁵³

打♯霜　tã⁴²⁴⁻³³ sɑ̃⁵³　下霜

　　落♯霜　loʔ²⁻¹¹ sɑ̃⁵³

护♯霜　u²¹²⁻¹¹ sɑ̃⁵³　下霜之后反暖‖唐李嘉祐《冬夜饶州使堂饯相公五叔赴歙州》诗："斜汉初过斗，寒云正护霜。"宋费衮《梁溪漫志·方言入诗》："方言可以入诗，吴中以八月露下而雨谓之'淋露'，九月霜降而云谓之'护霜'。竹坡周少隐有句云：'雨细方淋露，云疏欲护霜。'"

雾露　vu²¹²⁻¹¹ lʊ³³⁵⁻³⁵　雾

起♯雾　tɕʰi⁴²⁴⁻³³ vu²¹²

露水　lʊ³³⁵⁻³³ sɛ⁴²⁴⁻⁵³　露

落♯雾露　loʔ²⁻¹¹ vu²¹²⁻¹¹ lʊ³³⁵⁻³⁵　下露水

冰　piŋ⁵³

冻♯冰　toŋ³³⁵⁻³³ piŋ⁵³　结冰

连底冻　niɛ̃¹¹³⁻¹¹ ti⁴²⁴⁻¹¹ toŋ³³⁵⁻¹¹

无⁼冰糖⁼　u¹¹³⁻¹¹ piŋ⁵³⁻¹¹ dɑ̃¹¹³⁻¹¹　屋檐下的冰锥‖末字为"澤儿"的合音

5.1.3　气候

天家　　tʰiɛ⁵³⁻⁵⁵ koʔ⁵⁻⁵⁵　　气候：今年～勿好‖"家"促化了

天公　　tʰiɛ⁵³⁻⁵⁵ koŋ⁵³⁻⁵⁵　　（1）天气；（2）天

晴天公　　ʑiŋ¹¹³⁻¹¹ tʰiɛ⁵³⁻¹¹ koŋ⁵³⁻¹¹

阴天公　　iŋ⁵³⁻⁵⁵ tʰiɛ⁵³⁻⁵⁵ koŋ⁵³⁻⁵⁵

落雨天公　　loʔ²⁻¹¹ y⁴²⁴⁻¹¹ tʰiɛ⁵³⁻¹¹ koŋ⁵³⁻⁵³　　下雨天

落雪天公　　loʔ²⁻¹¹ ɕieʔ⁵⁻¹¹ tʰiɛ⁵³⁻¹¹ koŋ⁵³⁻⁵³　　下雪天

落霜天公　　loʔ²⁻¹¹ sɔ̃⁵³⁻¹¹ tʰiɛ⁵³⁻¹¹ koŋ⁵³⁻⁵³　　下霜天

雾露天公　　vu²¹²⁻¹¹ lʊ³³⁵⁻¹¹ tʰiɛ⁵³⁻¹¹ koŋ⁵³⁻⁵³　　雾天

露水天公　　lʊ³³⁵⁻³³ sɛ⁴²⁴⁻³³ tʰiɛ⁵³⁻³³ koŋ⁵³⁻⁵³　　露水天

黄梅天　　uɔ̃¹¹³⁻¹¹ mɛ¹¹³⁻¹¹ tʰiɛ⁵³⁻¹¹　　梅雨天

山水天　　sã⁵³⁻⁵⁵ sɛ⁴²⁴⁻⁵⁵ tʰiɛ⁵³⁻³¹　　洪水天

旱　　ɛ²¹²

旱场里　　ɛ²¹²⁻¹¹ dzã²¹²⁻¹¹ li²¹²⁻³⁵　　旱天

秋老虎　　tɕʰiʊ⁵³⁻³³ lɔ²¹²⁻³³ hu⁴²⁴⁻⁵³

秋拉杂　　tɕʰiʊ⁵³⁻⁵⁵ laʔ²⁻⁵⁵ zaʔ²⁻⁵⁵　　秋天淫雨的状态

甑　　tseŋ⁵³　　发霉

霉甑天　　mɛ¹¹³⁻¹¹ tseŋ⁵³⁻¹¹ tʰiɛ⁵³⁻¹¹　　黄梅时节衣物潮湿易发霉的天气

还♯潮　　uã¹¹³⁻¹¹ dzɔ¹¹³　　返潮

还潮日　　uã¹¹³⁻¹¹ dzɔ¹¹³⁻¹¹ ȵieʔ²⁻¹¹　　返潮天

5.2　地　　理

5.2.1　田地

户塘　　u³³⁵⁻³³ dɔ̃¹¹³⁻⁵³　　地方

平畈　biŋ$^{113\text{-}11}$fã$^{335\text{-}11}$　平原、旷野

　　畈垟　fã$^{335\text{-}33}$iã$^{113\text{-}53}$

村党=　tsʰeŋ$^{53\text{-}55}$tɔ̃$^{424\text{-}31}$　村庄

界址　ka$^{335\text{-}33}$tsʅ$^{424\text{-}53}$　地理边界

山里　sã$^{53\text{-}55}$li$^{212\text{-}31}$　山区

外畈　ŋã$^{335\text{-}33}$fã$^{335\text{-}53}$　山区外的平原地区

笕坡　tɕʰia$^{335\text{-}33}$pʰu$^{53\text{-}53}$　斜坡

田畈　diɛ̃$^{113\text{-}11}$fã$^{335\text{-}11}$　地头成片的水田

　　田畈垟　diɛ̃$^{113\text{-}11}$fã$^{335\text{-}11}$iã$^{113\text{-}11}$

田　　diɛ̃^{113}　水田

田塍　diɛ̃$^{113\text{-}11}$zin$^{113\text{-}11}$/in$^{113\text{-}11}$　田埂

田堋　diɛ̃$^{113\text{-}11}$kʰɛ$^{335\text{-}11}$　有高差的水田间田埂

塝头　leŋ$^{113\text{-}11}$dei$^{113\text{-}11}$　畦（垄）

田缺　diɛ̃$^{113\text{-}11}$tɕʰyoʔ$^{5\text{-}11}$　田埂的缺口

稻沟　dɔ$^{212\text{-}11}$kiʊ$^{53\text{-}35}$　稻作中搁田时用的排水沟

麦沟　maʔ$^{2\text{-}11}$kiʊ$^{53\text{-}53}$　麦田中的排水沟

塝头沟　leŋ$^{113\text{-}11}$dei$^{113\text{-}11}$kiʊ$^{53\text{-}11}$　畦中的排水沟

地　　di^{212}　旱地

菜地　tsʰɛ$^{335\text{-}33}$di$^{212\text{-}53}$　种蔬菜的田地

园　　ʑyɛ̃^{113}　菜园‖单说时声母特殊

　　菜园　tsʰɛ$^{335\text{-}33}$yɛ̃$^{113\text{-}53}$　菜园

菜塝头　tsʰɛ$^{335\text{-}33}$leŋ$^{113\text{-}33}$dei$^{113\text{-}53}$　菜园中的畦

芋艿浜=　n̩$^{335\text{-}33}$na$^{212\text{-}33}$pã$^{53\text{-}53}$　种芋艿的畦

熟地　ʑyoʔ$^{2\text{-}11}$di$^{212\text{-}53}$　田地土质较好

荒地　huã$^{53\text{-}55}$di$^{212\text{-}31}$

沙田　so$^{53\text{-}55}$diɛ̃$^{113\text{-}55}$　含沙的耕地

道地　dɔ$^{212\text{-}11}$di$^{212\text{-}53}$　晒场

洞　　doŋ^{212}　窟窿

缝道　voŋ$^{212\text{-}11}$da$^{212\text{-}35}$　自然的缝隙

豁裂　hua$ʔ^{5\text{-}55}$ lie$ʔ^{2\text{-}31}$　物体的裂缝

　脉裂　ma$ʔ^{2\text{-}11}$ lie$ʔ^{2\text{-}53}$　多为长条形

迹扎⸗　tɕie$ʔ^{5\text{-}55}$ tsa$ʔ^{5\text{-}31}$　痕迹

脚疤　tɕia$ʔ^{5\text{-}55}$ po$^{53\text{-}31}$　地上的印儿：狗～、老虎～

地动　di$^{212\text{-}11}$ doŋ$^{212\text{-}35}$　地震

　鳌鱼♯翻♯身　ŋɔ$^{113\text{-}11}$ y$^{113\text{-}11}$ fã$^{53\text{-}33}$ ɕin^{53}

5.2.2　山

山　sã^{53}

山顶上　sã$^{53\text{-}55}$ tin$^{424\text{-}55}$ lɔ̃$^{212\text{-}31}$

半山腰　pã$^{335\text{-}33}$ sã$^{53\text{-}33}$ iɔ$^{53\text{-}53}$

山脚下　sã$^{53\text{-}55}$ tɕia$ʔ^{5\text{-}55}$ o$^{212\text{-}31}$

峧　gɔ^{212}　山间低平的岭

山陇田　sã$^{53\text{-}55}$ loŋ$^{212\text{-}55}$ diɛ̃$^{113\text{-}31}$　山间的田地

坞　u^{212}　山谷

山洞　sã$^{53\text{-}55}$ doŋ$^{212\text{-}31}$

垄岗　loŋ$^{212\text{-}11}$ kɔ̃$^{53\text{-}35}$　山岗

督⸗礚　to$ʔ^{5\text{-}33}$ k^{h}ɛ̃$^{335\text{-}35}$　陡坡

丈⸗礚　dzã$^{212\text{-}11}$ k^{h}ɛ̃$^{335\text{-}53}$　悬崖峭壁

出♯峧　ts^{h}e$ʔ^{5\text{-}33}$ tɕiɔ^{53}　泥石流，迷信认为是"峧"在作怪

山水　sã$^{53\text{-}55}$ sɛ$^{424\text{-}31}$　（1）山区的水；（2）暴雨之后的积水

石宕　za$ʔ^{2\text{-}11}$ dɔ̃$^{212\text{-}53}$　采石场

5.2.3　水

水　sɛ^{424}

港　kɔ̃^{424}　河

浦　p^{h}u^{424}　小河

通⸗　t^{h}oŋ^{53}　断头水

港沿头　kɔ̃$^{424\text{-}33}$ iɛ̃$^{113\text{-}33}$ dei$^{113\text{-}35}$　河岸

礀头　kʰɛ³³⁵⁻³³dei¹¹³⁻⁵³　河礀、山礀等

沙　so⁵³　河心岛：大～、紫铜～

嘴渚　tsɛ⁴²⁴⁻³³tsʅ⁴²⁴⁻³⁵　沙洲尖端

　沙头　so⁵³⁻⁵⁵dei¹¹³⁻⁵⁵

港滩沿上　kɔ̃⁴²⁴⁻³³tʰã⁵³⁻³³iɛ̃⁵³⁻³³lɔ̃²¹²⁻⁵³　河滩

踏步档　daʔ²⁻¹¹buʔ²¹²⁻¹¹tɔ̃⁵³⁻⁵³　阶梯

塘　dɔ̃¹¹³　河堤

堰　iɛ̃³³⁵　河坝

闸　zaʔ²

溪坑　tɕʰi⁵³⁻⁵⁵kʰã⁵³⁻⁵⁵　溪

溪沟　tɕʰi⁵³⁻⁵⁵kiʊ⁵³⁻⁵⁵

瀑水　boʔ²⁻¹¹sɛ⁴²⁴⁻⁵³　瀑布

　掉⁼水　diɔʔ²¹²⁻¹¹sɛ⁴²⁴⁻³⁵

泉潭水　dʑiɛ̃¹¹³⁻¹¹dɛ̃¹¹³⁻¹¹sɛ⁴²⁴⁻¹¹

　泉水　dʑiɛ̃¹¹³⁻¹¹sɛ⁴²⁴⁻¹¹

湖　u¹¹³

潭　dɛ̃¹¹³　水潭

池　dʐʅ¹¹³　池塘

池沿上　dʐʅ¹¹³⁻¹¹iɛ̃¹¹³⁻¹¹lɔ̃²¹²⁻¹¹　池塘边

鱼塘　y¹¹³⁻¹¹dɔ̃¹¹³⁻¹¹　可用于养殖的小湖

水沟　sɛ⁴²⁴⁻³³kiʊ⁵³⁻³⁵

阴沟　iŋ⁵³⁻⁵⁵kiʊ⁵³⁻⁵⁵

阳沟　iã¹¹³⁻¹¹kiʊ⁵³⁻¹¹　不盖的沟

水汪⁼塘　sɛ⁴²⁴⁻³³uɔ̃⁵³⁻³³dɔ̃¹¹³⁻³⁵　水坑

挽♯水　uã⁵³⁻³³sɛ⁴²⁴　从河里打水

没♯大水　moʔ²⁻¹¹dʊ²¹²⁻¹¹sɛ⁴²⁴⁻³⁵　发大水

井　tɕiŋ⁴²⁴

井水　tɕiŋ⁴²⁴⁻³³sɛ⁴²⁴⁻³⁵

海　hɛ⁴²⁴

海水　hɛ⁴²⁴⁻³³sɛ⁴²⁴⁻³⁵

潮　dzɔ¹¹³　潮水：～来嘞：涨潮；～退落去：退潮

大潮汛　dʊ²¹²⁻¹¹dzɔ¹¹³⁻¹¹ɕiŋ³³⁵⁻⁵³　大汛头,流域上暴雨使河流水位发生急剧上涨而持续较久的现象

小潮汛　ɕiɔ⁴²⁴⁻³³dzɔ¹¹³⁻¹¹ɕiŋ³³⁵⁻⁵³　小汛头,江海规律性的轻微涨水现象

杀♯汛　saʔ⁵⁻³³ɕiŋ³³⁵　小潮汛水位降到最低时

浪头　lɔ̃³³⁵⁻³³dei¹¹³⁻⁵³

泡泡　pʰɔ³³⁵⁻³³pʰɔ³³⁵⁻⁵³　水泡

白薄⁼　baʔ²⁻¹¹bo²⁻⁵³　水的泡沫

煠汽　hɛ̃³³⁵⁻³³tɕʰi³³⁵⁻⁵³　水蒸气

煠水　hɛ̃³³⁵⁻³³sɛ⁴²⁴⁻⁵³　水蒸气凝结的水

潎　bɛ̃¹¹³　水满溢出

渧　tia³³⁵　（1）（水）向下滴：～水；（2）滴药水：～眼药水

漏　lei³³⁵　漏水

洇　iŋ³³⁵　渗水

潎　piɔ⁵³　迸水

濽　tsã³³⁵　溅水

忒⁼　tʰeʔ⁵　浮在水面

沉　dzeŋ¹¹³

佘　tʰeŋ⁵³　物体顺水飘动

漾　iã³³⁵

斗♯水　tei³³⁵⁻³³sɛ⁴²⁴　逆水

5.2.4 沙石、矿物等

石头　zaʔ²⁻¹¹dei¹¹³⁻⁵³

石子　zaʔ²⁻¹¹tsɿ⁴²⁴⁻⁵³

鹅卵石　mʊ¹¹³⁻¹¹/ŋʊ̃¹¹³⁻¹¹lɛ̃²¹²⁻¹¹zaʔ²⁻¹¹

石爿　zaʔ²⁻¹¹bã²¹²⁻⁵³　石片

烂泥　nã³³⁵⁻³³ n̠i¹¹³⁻⁵³　泥土‖"烂"读 n-声母
　烂泥糊　nã³³⁵⁻³³ n̠i¹¹³⁻³³ u¹¹³⁻⁵³
泥垯头　n̠i¹¹³⁻¹¹ boʔ²⁻¹¹ dei¹¹³⁻¹¹　土块
涂泥　dʊ¹¹³⁻¹¹ n̠i¹¹³⁻¹¹　大水之后沉淀下来的泥土
涂板　dʊ¹¹³⁻¹¹ pã⁴²⁴⁻¹¹　大水之后沉淀下来的泥土晒干后形成的泥块
沙泥　so⁵³⁻⁵⁵ n̠i¹¹³⁻⁵⁵　沙子
塕尘　oŋ⁴²⁴⁻³³ dzeŋ¹¹³⁻³⁵　飞的灰尘
埲尘　boŋ²¹²⁻¹¹ dzeŋ¹¹³⁻³⁵
灰尘　huɛ⁵³⁻⁵⁵ dzeŋ¹¹³⁻⁵⁵　堆积的灰尘
粒屑　leʔ²⁻¹¹ seʔ⁵⁻⁵³　垃圾
粉　feŋ⁴²⁴　粉末
火　hu⁴²⁴　~发着：点火
火星　hu⁴²⁴⁻³³ ɕiŋ⁵³⁻³⁵
火苗　hu⁴²⁴⁻³³ miɔ¹¹³⁻³⁵
火着　hu⁴²⁴⁻³³ dzaʔ²⁻³⁵　失火
煝　mɛ³³⁵　暗火闷烧：~烟堆
熰　u⁵³　火灭了
烟头　iɛ̃⁵³⁻⁵⁵ dei¹¹³⁻⁵⁵　火烟
金子　tɕiŋ⁵³⁻⁵⁵ tsʅ⁴²⁴⁻³¹
银子　iŋ¹¹³⁻¹¹ tsʅ⁴²⁴⁻¹¹
铜　doŋ¹¹³　紫~、白~、黄~、青~
铁　tʰieʔ⁵
锈　ɕiʊ³³⁵
镴锡　laʔ²⁻¹¹ ɕieʔ⁵⁻⁵³　锡
铅　kʰã⁵³
钢宗　kɔ̃⁵³⁻⁵⁵ tsoŋ⁵³⁻⁵⁵　铝合金
玉　yoʔ²
　宝玉　pɔ⁴²⁴⁻³³ yoʔ²⁻³⁵

明矾　miŋ¹¹³⁻¹¹ vã¹¹³⁻¹¹
绿矾　loʔ²⁻¹¹ vã¹¹³⁻⁵³　硫酸亚铁,用于杀虫等
硫磺　lei¹¹³⁻¹¹ uɔ̃¹¹³⁻¹¹
吸铁石　ɕieʔ⁵⁻⁵⁵ tʰieʔ⁵⁻⁵⁵ zaʔ²⁻³¹　磁石

5.3　时　令　时　间

5.3.1　季节、节气

春上头　tsʰeŋ⁵³⁻⁵⁵ lɔ̃²¹²⁻⁵⁵ dei¹¹³⁻³¹　春天
秋高里　tɕiʊ⁵³⁻⁵⁵ kɔ⁵³⁻⁵⁵ li²¹²⁻⁵⁵　秋天
夏场里　o³³⁵⁻³³ dzã¹¹³⁻³³ li²¹²⁻⁵³　夏天
冬场里　toŋ⁵³⁻⁵⁵ dzã¹¹³⁻⁵⁵ li²¹²⁻⁵⁵　冬天
热六夏天　nieʔ²⁻¹¹ loʔ²⁻¹¹ o³³⁵⁻¹¹ tʰiɛ⁵³⁻⁵³　盛夏时节
五荒六月　ŋ²¹²⁻¹¹ huɔ̃⁵³⁻¹¹ loʔ²⁻¹¹ yoʔ²⁻⁵³　旧时农历五六月间天气炎
　　　　　热,作物青黄不接,农民生活常不顺
三伏天　sã⁵³⁻⁵⁵ voʔ²⁻⁵⁵ tʰiɛ⁵³⁻³¹
忙场里　moŋ¹¹³⁻¹¹ dzã¹¹³⁻¹¹ li²¹²⁻¹¹　夏收时节
双抢　ɕyɔ̃⁵³⁻⁵⁵ tɕʰiã⁴²⁴⁻³¹　收早稻的时节
割麦头里　kieʔ⁵⁻³³ maʔ²⁻³³ dei¹¹³⁻³³ li²¹²⁻⁵³　收麦的时节
节气　tɕieʔ⁵⁻³³ tɕʰi³³⁵⁻³⁵
冬节　toŋ⁵³⁻⁵⁵ tɕie⁵⁻⁵⁵　冬至
冬节墘　toŋ⁵³⁻⁵⁵ tɕie⁵⁻⁵⁵ kɛ⁵³⁻⁵⁵　冬至边上
小寒　ɕiɔ⁴²⁴⁻³³ ɣ̃¹¹³⁻³⁵
大寒　dʊ²¹²⁻¹¹ ɣ̃¹¹³⁻³⁵
立♯春　lieʔ²⁻¹¹ tsʰeŋ⁵³
雨水　y⁴²⁴⁻³³ sɛ⁴²⁴⁻³⁵
惊蛰　tɕiŋ⁵³⁻⁵⁵ dzeʔ²⁻⁵⁵

春分　tsʰen⁵³⁻⁵⁵ fen⁵³⁻⁵⁵

清明　tɕʰin⁵³⁻⁵⁵ min¹¹³⁻⁵⁵

谷雨　kuoʔ⁵⁻³³ y⁴²⁴⁻³⁵

立♯夏　lieʔ²⁻¹¹ o³³⁵

小满　ɕiɔ⁴²⁴⁻³³ mɛ̃²¹²⁻³⁵

芒种　mon¹¹³⁻¹¹ tɕyon³³⁵⁻¹¹

夏至　o³³⁵⁻³³ tsʅ³³⁵⁻⁵³

小暑　ɕiɔ⁴²⁴⁻³³ ɕy⁴²⁴⁻³⁵

大暑　da²¹²⁻¹¹ ɕy⁴²⁴⁻³⁵

立♯秋　lieʔ²⁻¹¹ tɕʰiʊ⁵³

处暑　tɕʰy³³⁵⁻³³ ɕy⁴²⁴⁻⁵³

白露　baʔ²⁻¹¹ lʊ³³⁵⁻⁵³

秋分　tɕʰiʊ⁵³⁻⁵⁵ fen⁵³⁻⁵⁵

寒露　ɛ̃¹¹³⁻¹¹ lʊ³³⁵⁻¹¹

霜降　sɔ̃⁵³⁻⁵⁵ kɔ̃³³⁵⁻³¹

立♯冬　lieʔ²⁻¹¹ ton⁵³

小雪　ɕiɔ⁴²⁴⁻³³ ɕieʔ⁵⁻³⁵

大雪　da²¹²⁻¹¹ ɕieʔ⁵⁻³⁵

5.3.2　年

今年　kin⁵³⁻⁵⁵ ȵiɛ̃¹¹³⁻⁵⁵　‖"今"仍读 k-声母

明年　men¹¹³⁻¹¹ ȵiɛ̃¹¹³⁻¹¹　‖"明"读开口呼

后年　ei²¹²⁻¹¹ ȵiɛ̃¹¹³⁻⁵³

大后年　dʊ²¹²⁻¹¹ ei²¹²⁻¹¹ ȵiɛ̃¹¹³⁻⁵³

大大后年　dʊ²¹²⁻¹¹ dʊ²¹²⁻¹¹ ei²¹²⁻¹¹ ȵiɛ̃¹¹³⁻⁵³

旧年子　dʑiʊ²¹²⁻¹¹ ȵiɛ̃¹¹³⁻¹¹ tsʅ⁴²⁴⁻³⁵　去年

前年子　ziɛ̃¹¹³⁻¹¹ ȵiɛ̃¹¹³⁻¹¹ tsʅ⁴²⁴⁻¹¹　前年

大前年　dʊ²¹²⁻¹¹ ziɛ̃¹¹³⁻¹¹ ȵiɛ̃¹¹³⁻¹¹

大大前年　dʊ²¹²⁻¹¹ dʊ²¹²⁻¹¹ ziɛ̃¹¹³⁻¹¹ ȵiɛ̃¹¹³⁻¹¹

往年子　uɔ̃⁴²⁴⁻³³ ȵiɛ̃¹¹³⁻³³ tsʅ⁴²⁴⁻⁵³　往年

年头上　ȵiɛ̃¹¹³⁻¹¹ dei¹¹³⁻¹¹ lɔ̃²¹²⁻¹¹　年初

年夜墩　ȵiɛ̃¹¹³⁻¹¹ ia³³⁵⁻¹¹ kɛ̃⁵³⁻¹¹　年底

年外头　ȵiɛ̃¹¹³⁻¹¹ ŋa³³⁵⁻¹¹ dei¹¹³⁻⁵³　过年以后

上半年　zɔ̃²¹²⁻¹¹ pɛ̃³³⁵⁻¹¹ ȵiɛ̃¹¹³⁻⁵³

下半年　o²¹²⁻¹¹ pɛ̃³³⁵⁻¹¹ ȵiɛ̃¹¹³⁻⁵³

闰年　yŋ³³⁵⁻³³ ȵiɛ̃¹¹³⁻⁵³

年年相　ȵiɛ̃¹¹³⁻¹¹ ȵiɛ̃¹¹³⁻¹¹ ɕiã⁵³⁻¹¹　每年

统年头　tʰoŋ⁴²⁴⁻³³ ȵiɛ̃¹¹³⁻³³ dei¹¹³⁻³⁵　整年

好两年　hɔ⁴²⁴⁻³³ niã²¹²⁻³³ ȵiɛ̃¹¹³⁻⁵³　多年

年把　ȵiɛ̃¹¹³⁻¹¹ po⁴²⁴⁻¹¹　一两年

年成　ȵiɛ̃¹¹³⁻¹¹ dzeŋ¹¹³⁻¹¹　年景

5.3.3　月

上个月　zɔ̃²¹²⁻¹¹ koʔ⁵⁻¹¹ yoʔ²⁻⁵³

下个月　o²¹²⁻¹¹ koʔ⁵⁻¹¹ yoʔ²⁻⁵³

格个月　kəʔ⁵⁻³³ koʔ⁵⁻³³ yoʔ²⁻⁵³　本月

正月里　tseŋ⁵³⁻⁵⁵ yoʔ²⁻⁵⁵ li²¹²⁻³¹　正月

　正月里间　tseŋ⁵³⁻⁵⁵ yoʔ²⁻⁵⁵ li²¹²⁻⁵⁵ kã⁵³⁻³¹

闰月　yŋ³³⁵⁻³³ yoʔ²⁻⁵³

　闰一月　yŋ³³⁵⁻³³ ieʔ⁵⁻³³ yoʔ²⁻⁵³　‖ 其余依次类推

月♯半　yoʔ²⁻¹¹ pɛ̃³³⁵　农历十五

月底　yoʔ²⁻¹¹ ti⁴²⁴⁻⁵³

月月相　yoʔ²⁻¹¹ yoʔ²⁻¹¹ ɕiã⁵³⁻⁵³　每月

上半月　zɔ̃²¹²⁻¹¹ pɛ̃³³⁵⁻¹¹ yoʔ²⁻⁵³

下半月　o²¹²⁻¹¹ pɛ̃²⁻¹¹ yoʔ²⁻⁵³

月头上　yoʔ²⁻¹¹ dei¹¹³⁻¹¹ lɔ̃²¹²⁻⁵³　月初

　初头上　tsʰʊ⁵³⁻⁵⁵ dei¹¹³⁻⁵⁵ lɔ̃²¹²⁻³¹

廿几头　ȵiɛ̃³³⁵⁻³³ tɕi⁴²⁴⁻³³ dei¹¹³⁻⁵³　二十之后

5.3.4 日

今朝　kiŋ⁵³⁻⁵⁵ tsɔ⁵³⁻⁵⁵　今天‖"今"仍读 k-声母

明朝　meŋ¹¹³⁻¹¹ tsɔ⁵³⁻¹¹　明天‖"明"读开口呼

后日　ei²¹²⁻¹¹ ȵieʔ²⁻³⁵　后天

大后日　dʊ²¹²⁻¹¹ ei²¹²⁻¹¹ ȵieʔ²⁻⁵³　大后天

大大后日　dʊ²¹²⁻¹¹ dʊ²¹²⁻¹¹ ei²¹²⁻¹¹ ȵieʔ²⁻⁵³

昨日子　zeʔ²⁻¹¹ ȵieʔ²⁻¹¹ tsɿ⁴²⁴⁻⁵³　昨天‖"昨"读音特殊，韵母可能是受"日"逆同化的结果。而灵桥外沙、春建咸康"昨"音ziieʔ⁸

前日子　ziɛ¹¹³⁻¹¹ ȵieʔ²⁻¹¹ tsɿ⁴²⁴⁻¹¹　前天

大前日子　dʊ²¹²⁻¹¹ ziɛ¹¹³⁻¹¹ ȵieʔ²⁻¹¹ tsɿ⁴²⁴⁻¹¹　大前天

前两日　ziɛ¹¹³⁻¹¹ niã²¹²⁻¹¹ ȵieʔ²⁻¹¹　前几天

日日相　ȵieʔ²⁻¹¹ ȵieʔ²⁻¹¹ ɕiã⁵³⁻⁵³　天天

大半日　dʊ²¹²⁻¹¹ pɛ̃³³⁵⁻¹¹ ȵieʔ²⁻⁵³　大半天

原日头　ȵyɛ̃¹¹³⁻¹¹ ȵieʔ²⁻¹¹ dei¹¹³⁻¹¹　整天

一日　ieʔ⁵⁻⁵⁵ ȵieʔ²⁻³¹　一天

日脚　ȵieʔ²⁻¹¹ tɕiaʔ⁵⁻⁵³　日子

过♯日脚　ku³³⁵⁻³³ ȵieʔ²⁻¹¹ tɕiaʔ⁵⁻⁵³　过日子

日里间　ȵieʔ²⁻¹¹ li²¹²⁻¹¹ kã⁵³⁻⁵³　白天

夜里间　ia³³⁵⁻³³ li²¹²⁻³³ kã⁵³⁻⁵³　夜间

五更头　ŋ²¹²⁻¹¹ kã⁵³⁻¹¹ dei¹¹³⁻⁵³　清晨

早更头　tsɔ⁴²⁴⁻³³ kã⁵³⁻³³ dei¹¹³⁻³⁵　早晨

早半日　tsɔ⁴²⁴⁻³³ pɛ̃³³⁵⁻³³ ȵieʔ²⁻⁵³　上午

日中快　ȵieʔ²⁻¹¹ tɕyoŋ⁵³⁻¹¹ kʰua³³⁵⁻⁵³　接近中午的时间

日中　ȵieʔ²⁻¹¹ tɕyoŋ⁵³⁻⁵³　中午

日中心里　ȵieʔ²⁻¹¹ tɕyoŋ⁵³⁻¹¹ ɕin⁵³⁻¹¹ li²⁻⁵³　正中午

晚半日　mã²¹²⁻¹¹ pɛ̃³³⁵⁻¹¹ ȵieʔ²⁻⁵³　下午

夜快　ia³³⁵⁻³³ kʰua³³⁵⁻⁵³　傍晚

黄昏头　uɔ̃¹¹³⁻¹¹ hueŋ⁵³⁻¹¹ dei¹¹³⁻¹¹　天色刚暗的时候

晚头　mã²¹²⁻¹¹ dei¹¹³⁻³⁵　今天晚上‖昨晚叫"上～",前天晚上叫"前夜～",明晚叫"明朝～"。"晚头"特指今天晚上的现象也见于温岭方言中(李荣 1992),不过温岭话"晚头"不能用于过去,只有"明晚"叫"天亮晚头"

纯更半夜　ʑiŋ²¹²⁻¹¹ kã⁵³⁻¹¹ pɛ̃³³⁵⁻¹¹ ia³³⁵⁻⁵³　三更半夜

拢♯夜　loŋ²¹²⁻¹¹ ia³³⁵　整夜

半夜　pɛ̃³³⁵⁻³³ ia³³⁵⁻⁵³

前半夜　ʑiɛ̃¹¹³⁻¹¹ pɛ̃³³⁵⁻¹¹ ia³³⁵⁻⁵³　上半夜

后半夜　ei²¹²⁻¹¹ pɛ̃³³⁵⁻¹¹ ia³³⁵⁻⁵³　下半夜

星期♯二　ɕiŋ⁵³⁻³³ dʑi¹¹³⁻³³ ȵi³³⁵　星期二

星期♯日　ɕiŋ⁵³⁻³³ dʑi¹¹³⁻³³ ȵieʔ²　星期天‖其余类推

5.3.5　其他时间概念

时光　zɿ¹¹³⁻¹¹ kuɔ̃⁵³⁻¹¹　时候

工夫　koŋ⁵³⁻⁵⁵ fu⁵³⁻⁵⁵　时间

前场　ʑiɛ̃¹¹³⁻¹¹ dzã¹¹³⁻¹¹　先前、以前

　前遭子　ʑiɛ̃¹¹³⁻¹¹ tsɔ⁵³⁻¹¹ tsɿ⁴²⁴⁻¹¹

　头场　dei¹¹³⁻¹¹ dzã¹¹³⁻¹¹

开望头　kʰɛ⁵³⁻³³ moŋ³³⁵⁻³³ dei¹¹³⁻⁵³　开头(始时)

　落马　loʔ²⁻¹¹ mo²¹²⁻⁵³　起初

眼上　ŋã²¹²⁻¹¹ lɔ²¹²⁻⁵³　现在,眼前

　眼目上　ŋã²¹²⁻¹¹ moʔ²⁻¹¹ lɔ²¹²⁻⁵³

下毛⁼　o²¹²⁻¹¹ mɔ¹¹³⁻³⁵　下次,过后

　下毛⁼遭　o²¹²⁻¹¹ mɔ¹¹³⁻¹¹ tsɔ⁵³⁻³⁵

后歇来　ei²¹²⁻¹¹ ɕieʔ⁵⁻¹¹ lɛ¹¹³⁻⁵³　后来

过♯霎　ku³³⁵⁻³³ saʔ⁵　过一会

一霎霎　ieʔ⁵⁻⁵⁵ saʔ⁵⁻⁵⁵ saʔ⁵⁻³¹　一会儿

统生世　tʰoŋ⁴²⁴⁻³³ sã⁵³⁻³³ sɿ³³⁵⁻⁵³　一辈子

钟头　tɕyoŋ⁵³⁻⁵⁵ dei¹¹³⁻⁵⁵　小时

时辰　zɿ¹¹³⁻¹¹ ziŋ¹¹³⁻¹¹　旧时的计时单位，相当于两个小时

两分钟　niã²¹²⁻¹¹ feŋ⁵³⁻¹¹ tɕyoŋ⁵³⁻⁵³

黄历　uɔ̃¹¹³⁻¹¹ lieʔ²⁻¹¹　历书

历本　lieʔ²⁻¹¹ peŋ⁴²⁴⁻⁵³

阳历　iã¹¹³⁻¹¹ lieʔ²⁻¹¹　新历

阴历　iŋ⁵³⁻⁵⁵ lieʔ²⁻⁵⁵　旧历

□　na¹¹³　现在

　□遭　na¹¹³⁻¹¹ tsɔ⁵³⁻¹¹

5.4　生 产 活 动

5.4.1　农事

做♯生活　tsʊ³³⁵⁻³³ sã⁵³⁻⁵⁵ uoʔ²⁻⁵⁵　干活

务♯农　vu²¹²⁻¹¹ loŋ¹¹³

吃⁼理　tɕʰieʔ⁵⁻⁵⁵ li²¹²⁻³¹　培育庄稼

孵♯谷子　buʔ²¹²⁻¹¹ kuoʔ⁵⁻⁵⁵ tsɿ⁴²⁴⁻³¹　催芽

撒♯谷子　tsaʔ⁵⁻³³ kuoʔ⁵⁻⁵⁵ tsɿ⁴²⁴⁻³¹　播种谷子

犁♯田　li¹¹³⁻¹¹ diɛ¹¹³　耕田

耖♯田　yŋ¹¹³⁻¹¹ diɛ¹¹³

耖♯田　tsʰɔ⁵³⁻³³ diɛ¹¹³　农田要先耕再耙，然后灌水再耖，这是插秧前的重要工序

搁♯田　koʔ⁵⁻³³ diɛ¹¹³　烤田

拔♯稻沟　baʔ²⁻¹¹ dɔ²¹²⁻¹¹ kiɤ⁵³⁻³⁵　做畦沟的动作，降低水位以为搁田

种♯田　tɕyoŋ³³⁵⁻³³ diɛ¹¹³　插秧

壅♯壮　yoŋ⁵³⁻³³ tsɔ̃³³⁵　施肥

抛　pʰɔ⁵³　施肥的动作：～尿素、～猪窠ₐ猪肥、～化肥

化肥　　hua³³⁵⁻³³ vi¹¹³⁻⁵³

肥田粉　　vi¹¹³⁻¹¹ diɛ̃¹¹³⁻¹¹ fen⁴²⁴⁻¹¹　　硫酸氨

尿素　　n̠iɔ³³⁵⁻³³ sʊ³³⁵⁻⁵³

粪　　fen³³⁵　　粪肥

捉♯狗涴　　tɕyoʔ⁵⁻³³ kiʊ⁴²⁴⁻³³ u³³⁵⁻⁵³　　拾粪

劈♯田塍　　pʰieʔ⁵⁻³³ diɛ̃¹¹³⁻¹¹ ʑin/in¹¹³⁻¹¹　　铲田埂

帮♯田塍　　pɔ̃⁵³⁻³³ diɛ̃¹¹³⁻¹¹ ʑin/in¹¹³⁻¹¹　　给田埂加土固定

浇♯水　　tɕiɔ⁵³⁻³³ sɛ⁴²⁴

车♯水　　tsʰo⁵³⁻³³ sɛ⁴²⁴

戽♯水　　hu³³⁵⁻³³ sɛ⁴²⁴

眼♯花　　lɔ̃³³⁵⁻³³ huo⁵³　　水稻扬花

割♯稻　　kieʔ⁵⁻³³ dɔ²¹²

打♯稻　　tã⁴²⁴⁻³³ dɔ²¹²

僕♯稻头　　dzɛ̃²¹²⁻¹¹ dɔ²¹²⁻¹¹ dei¹¹³⁻³⁵　　捡拾稻穗

舂♯米　　ɕyɔ̃⁵³⁻³³ mi²¹²

机♯米　　tɕi³³⁵⁻³³ mi²¹²　　碾米

风　　fon⁵³　　用风车分离杂质：～谷、～米

簸　　pɛ⁴²⁴　　簸谷

晒♯谷　　so³³⁵⁻³³ kuoʔ⁵

牵♯磨　　tɕʰiɛ̃⁵³⁻³³ mʊ³³⁵　　拉磨

端⁼♯磨　　tɛ̃⁵³⁻³³ mʊ³³⁵　　用凿子凿磨子的圆石盘使锋利

牵♯砻　　tɕʰiɛ̃⁵³⁻³³ lon¹¹³　　拉砻

篷♯稻草　　bon¹¹³⁻¹¹ dɔ²¹²⁻¹¹ tsʰo⁴²⁴⁻⁵³　　把稻草堆成堆

敲♯麦　　kʰɔ⁵³⁻³³ maʔ²　　麦苗分蘖前，用农具敲打麦苗，促进分蘖，防止冻害增强抗倒伏能力

割♯麦　　kieʔ⁵⁻³³ maʔ²

种♯地　　tɕyon³³⁵⁻³³ di²¹²　　种旱作

开♯地　　kʰɛ⁵³⁻³³ di²¹²　　翻地

下　　o²¹²　　下种：～御粟（下玉米）

排　ba¹¹³　种植块茎状的作物：～大蒜、～芋艿、～洋芋艿

削♯草　ɕiaʔ⁵⁻³³ tsʰɔ⁴²⁴　锄草

削♯菜　ɕiaʔ⁵⁻³³ tsʰɛ³³⁵　菜地锄草

削♯毛豆　ɕiaʔ⁵⁻³³ mɔ¹¹³⁻¹¹ dei¹¹³⁻¹¹　毛豆地中锄草

搜　ɕiʊ⁵³　在挖过的地里搜寻残存的作物：～番薯、～花生

穮　loŋ¹¹³　农作物的病毒

挑♯塘泥　tʰiɔ⁵³⁻³³ dʒ¹¹³⁻¹¹ ɲi¹¹³⁻¹¹

5.4.2　农具

犁　li¹¹³　工具犁：一张～

犁身　li¹¹³⁻¹¹ ɕiŋ⁵³⁻¹¹

犁尾巴　li¹¹³⁻¹¹ m̩⁴²⁴⁻¹¹ po⁴²⁴⁻¹¹　犁把

犁头　li¹¹³⁻¹¹ dei¹¹³⁻¹¹　犁铧

犁壁　li¹¹³⁻¹¹ pieʔ⁵⁻¹¹

牛轭　ɲiʊ¹¹³⁻¹¹ a⁴²⁴⁻¹¹　‖"轭"读成舒声

马笼头　mo²¹²⁻¹¹ loŋ¹¹³⁻¹¹ dei¹¹³⁻⁵³　牛笼嘴

牛鼻针　ɲiʊ¹¹³⁻¹¹ beʔ²⁻¹¹ tseŋ⁵³⁻⁵³　牛鼻儿

牛绳　ɲiʊ¹¹³⁻¹¹ ziŋ¹¹³⁻¹¹　穿在牛鼻针上的绳子

耙　bo¹¹³

耖　tsʰɔ⁵³

镰刀　niɛ¹¹³⁻¹¹ tɔ⁵³⁻¹¹　割草用的镰刀

镙子　kieʔ⁵⁻³³ tsɿ⁴²⁴⁻³⁵　割稻用带锯齿的镰刀

钩刀　kiʊ⁵³⁻⁵⁵ tɔ⁵³⁻⁵⁵　砍柴刀

锄头　dzɿ¹¹³⁻¹¹ dei¹¹³⁻¹¹

小锄头　ɕiɔ⁴²⁴⁻³³ dzɿ¹¹³⁻³³ dei¹¹³⁻³⁵　种菜用的短柄小锹

山锄　sã⁵³⁻⁵⁵ dzɿ¹¹³⁻⁵⁵　山区用的弯柄锄头

镕　oŋ⁵³　锄头装柄的孔

桢　tseŋ⁵³　固定锄头柄的两块木楔子

垫桢　diɛ²¹²⁻¹¹ tseŋ⁵³⁻³⁵　链接锄头和木柄用的一块木楔子

洋锹　iã¹¹³⁻¹¹ tɕʰɔ⁵³⁻¹¹　铁锹

羊角　iã¹¹³⁻¹¹ koʔ⁵⁻¹¹　镐

　羊镐　iã¹¹³⁻¹¹ gɔ²¹²⁻¹¹　‖"镐"读 g-声母

铁耙　tʰieʔ⁵⁻⁵⁵ bo¹¹³⁻³¹　钉耙

碌谷耙　loʔ²⁻¹¹ kuoʔ⁵⁻¹¹ bo¹¹³⁻⁵³　翻晒谷类用的长柄耙状农具

枷子　ko⁵³⁻⁵⁵ tsɿ⁴²⁴⁻³¹　连枷

谷栈　kuoʔ⁵⁻³³ dzã²¹²⁻³⁵　稻桶（打谷桶）

栈风衣　dzã²¹²⁻¹¹ foŋ⁵³⁻¹¹ i⁵³⁻⁵³　稻桶上的遮布

围簟　uɛ¹¹³⁻¹¹ diɛ²¹²⁻¹¹　囤

撑簟　tsʰã⁵³⁻⁵⁵ diɛ²¹²⁻³¹　簟

芦簟　lʊ¹¹³⁻¹¹ diɛ²¹²⁻¹¹　芦苇编织的簟

风车　foŋ⁵³⁻⁵⁵ tsʰo⁵³⁻⁵⁵

砻　loŋ¹¹³

磨子　mʊ³³⁵⁻³³ tsɿ⁴²⁴⁻⁵³　石磨

上爿　zõ²¹²⁻¹¹ bã²¹²⁻³⁵　磨盘的上面一片

下爿　o²¹²⁻¹¹ bã²¹²⁻³⁵　磨盘的底下一片

磨柄　mʊ³³⁵⁻³³ piŋ⁴²⁴⁻⁵³　磨把

磨心　mʊ³³⁵⁻³³ ɕiŋ⁵³⁻⁵³　磨脐

磨挨＝把　mʊ³³⁵⁻³³ a⁵³⁻³³ po⁴²⁴⁻⁵³　磨推

碓　tɛ³³⁵

水碓　sɛ⁴²⁴⁻³³ tɛ³³⁵⁻³⁵

脚碓　tɕiaʔ⁵⁻³³ tɛ³³⁵⁻³⁵　用脚踩的碓

碓头　tɛ³³⁵⁻³³ dei¹¹³⁻⁵³　杵

石臼　zaʔ²⁻¹¹ dziʊ²¹²⁻⁵³　捣臼

打米榔头　tã⁴²⁴⁻³³ mi²¹²⁻³³ lõ¹¹³⁻³³ dei¹¹³⁻⁵³　臼中捣物的直槌

脚箩　tɕiaʔ⁵⁻⁵⁵ lʊ¹¹³⁻³¹　箩，有"篾丝～""垫篾～"两种

筛穰篾　sɿ⁵³⁻⁵⁵ ȵiã¹¹³⁻⁵⁵ da²¹²⁻⁵⁵　打稻后留谷出穰的筛，眼较大

筛　sɿ⁵³

砻筛　loŋ¹¹³⁻¹¹ sɿ⁵³⁻¹¹　孔最大的筛

米筛　　mi²¹²⁻¹¹ sๅ⁵³⁻³⁵　　筛米用的筛
糠筛　　kʰɔ̃⁵³⁻⁵⁵ sๅ⁵³⁻⁵⁵　　筛糠用的筛
粉筛　　feŋ⁴²⁴⁻³³ sๅ⁵³⁻³⁵　　罗筛（筛粉用）
　纱筛　　so⁵³⁻⁵⁵ sๅ⁵³⁻⁵⁵
簴　　bu²¹²　　竹筐
岔袋　　tsʰo³³⁵⁻³³ dɛ²¹²⁻⁵³
　麻袋　　mo¹¹³⁻¹¹ dɛ²¹²⁻¹¹
　麻岔袋　　mo¹¹³⁻¹¹ tsʰo⁵³⁻¹¹ dɛ²¹²⁻¹¹
绳子　　ʑiŋ¹¹³⁻¹¹ tsๅ⁴²⁴⁻¹¹
　绳　　ʑiŋ¹¹³
草绳　　tsʰɔ⁴²⁴⁻³³ ʑiŋ¹¹³⁻³⁵
麻绳　　mo¹¹³⁻¹¹ ʑiŋ¹¹³⁻¹¹
　络麻绳　　loʔ²⁻¹¹ mo¹¹³⁻¹¹ ʑiŋ¹¹³⁻⁵³
搓♯绳子　　tsʰo⁵³⁻³³ ʑiŋ¹¹³⁻¹¹ tsๅ⁴²⁴⁻¹¹
索子　　soʔ⁵⁻³³ tsๅ⁴²⁴⁻³⁵　　粗的绳子
绞♯索子　　kɔ⁴²⁴⁻³³ soʔ⁴²⁴⁻³³ tsๅ⁴²⁴⁻³⁵　　搓粗绳子
结头　　tɕieʔ⁵⁻⁵⁵ dei¹¹³⁻³¹　　绳结：死～、活～
抽股结　　tɕʰiʊ⁵³⁻⁵⁵ ku⁴²⁴⁻³³ tɕieʔ⁵⁻³¹　　可以抽动的活结
迟⁼股　　dzๅ¹¹³⁻¹¹ ku⁴²⁴⁻¹¹　　绳子纠缠在一起
扁担　　piɛ⁴²⁴⁻³³ tã³³⁵⁻³⁵　　有"挑泥～""水沟～"等多种
扦杠　　tɕʰiɛ⁵³⁻⁵⁵ kɔ̃³³⁵⁻³¹　　尖头扁担
□拄　　to⁴²⁴⁻³³ tɕy³³⁵⁻³⁵　　扁担的支持物
络头　　loʔ²⁻¹¹ dei¹¹³⁻⁵³　　担子上的绳络
水车　　sɛ⁴²⁴⁻³³ tsʰo⁵³⁻³⁵
　脚车　　tɕiaʔ⁵⁻⁵⁵ tsʰo⁵³⁻³¹　　脚踏的水车
　手车　　ɕiʊ⁴²⁴⁻³³ tsʰo⁵³⁻³⁵　　手摇的水车
　牛车　　niʊ¹¹³⁻¹¹ tsʰo⁵³⁻¹¹　　牛拉的水车
车辐板　　tsʰo⁵³⁻⁵⁵ foʔ⁵⁻⁵⁵ pã⁴²⁴⁻³¹　　车页板
车茧　　tsʰo⁵³⁻⁵⁵ tɕiɛ⁴²⁴⁻³¹　　车中连接车页板的销子

独轮车　doʔ²⁻¹¹leŋ¹¹³⁻¹¹tsʰo⁵³⁻⁵³　手推车
水机器　sɛ⁴²⁴⁻³³tɕi⁵³⁻³³tɕʰi³³⁵⁻⁵³　抽水机
粪桶　feŋ³³⁵⁻³³doŋ²¹²⁻⁵³
粪枃　feŋ³³⁵⁻³³dzo²¹²⁻⁵³　‖ "枃"读舒声
粪缸　feŋ³³⁵⁻³³kɔ̃⁵³⁻⁵³

5.4.3　副业

看♯蚕　kʰɛ⁵³⁻³³zɛ̃¹¹³　养蚕
蚕　zɛ̃¹¹³　春天第一次养的叫"头蚕",第二次养的叫"二蚕",秋天养的叫"秋蚕"
义蚕　ȵi³³⁵⁻³³zɛ̃¹¹³⁻⁵³　刚孵出的小蚕
大眠头　dʊ²¹²⁻¹¹miɛ̃¹¹³⁻¹¹dei¹¹³⁻⁵³　可以做茧的蚕
蚕子　zɛ̃¹¹³⁻¹¹tsɿ⁴²⁴⁻¹¹　蚕卵
丝果　sɿ⁵³⁻⁵⁵ku⁴²⁴⁻³¹　蚕蛹
茧　tɕiɛ̃⁴²⁴　蚕茧
蚕沙　zɛ̃¹¹³⁻¹¹so⁵³⁻¹¹　蚕粪
匾　piɛ̃⁴²⁴　养蚕用的竹制扁圆器具
蚕柱　zɛ̃¹¹³⁻¹¹dʑy²¹²⁻¹¹　放匾的三脚架,可以折叠
剔♯蚕沙　tʰi³³⁵⁻³³zɛ̃¹¹³⁻¹¹so⁵³⁻¹¹　清理蚕粪
剔♯子　tʰi³³tsɿ⁴²⁴　清理蚕吃过的桑叶、蚕粪等物,可以喂羊
眠　miɛ̃¹¹³　蚕眠
山　sã⁵³　麦草做的供蚕做茧的山形场所
上♯山　zɔ̃²¹²⁻¹¹sã⁵³　蚕做茧
煠♯茧　zaʔ²⁻¹¹tɕiɛ̃⁴²⁴　煮蚕茧
迸♯绵子　pã³³⁵⁻³³miɛ̃¹¹³⁻¹¹tsɿ⁴²⁴⁻¹¹　把蚕茧抻大
做♯丝　tsʊ³³⁵⁻³³sɿ⁵³　缫丝
摘♯桑叶　tsaʔ⁵⁻³³sɔ̃⁵³⁻⁵⁵ieʔ²⁻⁵⁵　采桑
桑箝　sɔ̃⁵³⁻⁵⁵bu²¹²⁻³¹　采桑的大竹筐
做♯毛纸　tsʊ³³⁵⁻³³mɔ¹¹³⁻¹¹tsɿ⁴²⁴⁻¹¹　造纸

晒场　　so³³⁵⁻³³ dzã²¹²⁻⁵³　　晒稻草的地方

灰镬　　huɛ⁵³⁻⁵⁵ uoʔ²⁻⁵⁵　　用石灰腌草用的大圆坑

料　　liɔ³³⁵　　稻草腌制之后的名称

料扎钩　　liɔ³³⁵⁻³³ tsaʔ⁵⁻³³ kiʊ⁵³⁻⁵³　　钩草用的工具

扎♯料　　tsaʔ⁵⁻³³ liɔ³³⁵　　用料扎钩钩腌好的草

翻♯料　　fã⁵³⁻³³ liɔ³³⁵　　翻动稻草使其冷热均匀

料袋　　liɔ³³⁵⁻³³ dɛ²¹²⁻⁵³　　盛放料的大布袋

料耙　　liɔ³³⁵⁻³³ bo¹¹³⁻⁵³　　料袋中的耙子

洗♯料　　sɛ⁴²⁴⁻³³ liɔ³³⁵　　料放入料袋之后清洗留下造纸纤维的过程

料凳　　liɔ³³⁵⁻³³ teŋ³³⁵⁻⁵³　　洗料时供人站的工具

纸槽　　tsʅ⁴²⁴⁻³³ zɔ¹¹³⁻³⁵　　造纸用的石槽

打♯槽　　tã⁴²⁴⁻³³ zɔ¹¹³　　用棒搅拌纸浆

纸簾　　tsʅ⁴²⁴⁻³³ niɛ̃¹¹³⁻³⁵　　捞取纸纤维的工具

榨床　　tso³³⁵⁻³³ zɔ²¹²⁻⁴³　　利用杠杆原理压干纸的工具

扦♯纸　　tɕʰiɛ̃⁵³⁻³³ tsʅ⁴²⁴　　把湿的纸分成五张（叫"一伍"）

晒♯纸　　so³³⁵⁻³³ tsʅ⁴²⁴

扯♯毛纸　　tsʰa⁴²⁴⁻³³ mɔ¹¹³⁻¹¹ tsʅ⁴²⁴⁻¹¹　　晒干后把五张纸彻底分离

督⁼♯毛纸　　toʔ⁵⁻³³ mɔ¹¹³⁻¹¹ tsʅ⁴²⁴⁻¹¹　　让纸变齐整

刨♯毛纸　　bɔ²¹²⁻¹¹ mɔ¹¹³⁻¹¹ tsʅ⁴²⁴⁻¹¹　　去掉纸的毛边

解♯毛纸　　ka⁴²⁴⁻³³ mɔ¹¹³⁻¹¹ tsʅ⁴²⁴⁻⁵⁵

搭♯鱼　　kʰo³³⁵⁻³³ y¹¹³　　打鱼

钓♯鱼　　tiɔ³³⁵⁻³³ y¹¹³

鱼钩　　y¹¹³⁻¹¹ kiʊ⁵³⁻¹¹　　钓鱼钩

浮子　　vu¹¹³⁻¹¹ tsʅ⁴²⁴⁻¹¹　　鱼漂

网　　moŋ²¹²

扳网　　pã⁵³⁻⁵⁵ moŋ²¹²⁻³¹　　一种扳的渔网

抛网　　pʰɔ⁵³⁻⁵⁵ moŋ²¹²⁻³¹　　一种抛的渔网

豁丝网　　huaʔ⁵⁻⁵⁵ sʅ⁵³⁻⁵⁵ moŋ²¹²⁻³¹　　两个竹竿抛洒捕鱼的网

游丝网　　iʊ¹¹³⁻¹¹ sʅ⁵³⁻¹¹ moŋ²¹²⁻¹¹　　捕鱼的长型小丝网
罾子　　tsen⁵³⁻⁵⁵ tsʅ⁴²⁴⁻³¹　　可从四角提起的渔网
撩㰰　　liɔ²¹²⁻¹¹ hɛ⁵³⁻⁵³　　带把的抓鱼虾的大网兜
虾兜　　ho⁵³⁻⁵⁵ tei⁵³⁻⁵⁵　　捉虾用的小型网兜
蟹口⁼　　ha⁴²⁴⁻³³ kʰiʊ⁴²⁴⁻³⁵　　盛鱼虾的篓
触♯鱼　　tsʰoʔ⁵⁻³³ y¹¹³　　电鱼
黄鳝夹　　uɔ̃¹¹³⁻¹¹ zyɛ̃²¹²⁻¹¹ kaʔ⁵⁻¹¹　　夹黄鳝的夹子
剥♯麻　　poʔ⁵⁻³³ mo¹¹³
麻刀　　mo¹¹³⁻¹¹ tɔ⁵³⁻¹¹　　剥麻的刀
织♯𰬭　　tɕieʔ⁵⁻³³ tɕia³³⁵　　纺苎麻线
𰬭箜篮　　tɕia³³⁵⁻³³ kʰoŋ⁵³⁻³³ lã¹¹³⁻⁵³　　盛放苎麻线的篮子
搨♯麻线　　tʰaʔ⁵⁻³³ mo¹¹³⁻¹¹ ɕiɛ³³⁵⁻¹¹　　手工把苎麻搓成粗线
割♯羊草　　kieʔ⁵⁻³³ iã¹¹³⁻¹¹ tsʰɔ⁴²⁴⁻¹¹　　打羊草等
羊草䈇　　iã¹¹³⁻¹¹ tsʰɔ⁴²⁴⁻¹¹ bu²¹²⁻⁵³　　装羊草的筐

5.5　植　　物

5.5.1　粮食作物

花⁼息　　huo⁵³⁻⁵⁵ ɕieʔ⁵⁻⁵⁵　　作物
稻　　dɔ²¹²
稻蒲头　　dɔ²¹²⁻¹¹ bu¹¹³⁻¹¹ dei¹¹³⁻⁵³　　稻茬
稻头　　dɔ²¹²⁻¹¹ dei¹¹³⁻³⁵　　稻穗
稻穰头　　dɔ²¹²⁻¹¹ ɲiã¹¹³⁻¹¹ dei¹¹³⁻⁵³　　残留稻谷的稻穗
草穰头　　tsʰɔ⁴²⁴⁻³³ ɲiã¹¹³⁻³³ dei¹¹³⁻³⁵　　稻穗和稻草的混合物
稻蓬　　dɔ²¹²⁻¹¹ boŋ¹¹³⁻³⁵　　稻垛
早稻　　tsɔ⁴²⁴⁻³³ dɔ²¹²⁻³⁵
晚稻　　mã²¹²⁻¹¹ dɔ²¹²⁻⁵³

谷　kuoʔ⁵　稻谷

餍壳　ieʔ⁵⁻⁵⁵ kʰoʔ⁵⁻³¹　秕谷

绽　dã²¹²　谷粒等饱满‖"绽"读 d-声母

米　mi²¹²

早稻米　tsɔ⁴²⁴⁻³³ dɔ²¹²⁻³³ mi²¹²⁻⁵³　籼米

晚稻米　mã²¹²⁻¹¹ dɔ²¹²⁻¹¹ mi²¹²⁻⁵³

　晚米　mã²¹²⁻¹¹ mi²¹²⁻⁵³

糯米　nʊ³³⁵⁻³³ mi²¹²⁻⁵³

米栖　mi²¹²⁻¹¹ sɛ⁵³⁻⁵³　碎米，多用于喂鸡

糠　kʰɔ̃⁵³

砻糠　loŋ¹¹³⁻¹¹ kʰɔ̃⁵³⁻¹¹　谷糠

　砻糠爿　loŋ¹¹³⁻¹¹ kʰɔ̃⁵³⁻¹¹ bã²¹²⁻¹¹

米皮糠　mi²¹²⁻¹¹ bi¹¹³⁻¹¹ kʰɔ̃⁵³⁻⁵³　米糠

麦　maʔ²

小麦　ɕiɔ⁴²⁴⁻³³ maʔ²⁻³⁵

大麦　dʊ²¹²⁻¹¹ maʔ²⁻³⁵

麦头　maʔ²⁻¹¹ dei¹¹³⁻⁵³　麦穗

麦胡须　maʔ²⁻¹¹ u¹¹³⁻¹¹ sʊ⁵³⁻¹¹　麦芒

麦穰头　maʔ²⁻¹¹ ɲiã¹¹³⁻¹¹ dei¹¹³⁻¹¹　残留麦子的麦穗

麦草　maʔ²⁻¹¹ tsʰɔ⁴²⁴⁻⁵³　麦秆儿

　麦草梗　maʔ²⁻¹¹ tsʰɔ⁴²⁴⁻¹¹ kuã⁴²⁴⁻⁵³

麦皮　maʔ²⁻¹¹ bi¹¹³⁻⁵³　麦麸

荞麦　dʑiɔ¹¹³⁻¹¹ maʔ²⁻¹¹　荞麦：～好吃，癫痫别出

稗草　bo²¹²⁻¹¹ tsʰɔ⁴²⁴⁻³⁵　稗子

御粟　y³³⁵⁻³³ soʔ⁵⁻⁵³　玉米：一蒲～。富阳老派多说

　六谷　loʔ²⁻¹¹ kuoʔ⁵⁻⁵³

御粟蒲　y³³⁵⁻³³ soʔ⁵⁻³³ bu²¹²⁻⁵³　玉米棒子

摸♯御粟　moʔ⁵⁻³³ y³³⁵⁻³³ soʔ⁵⁻⁵³　掰玉米粒

细粟　ɕi³³⁵⁻³³ soʔ⁵⁻⁵³　粟，小米

芦粟　lʊ¹¹³⁻¹¹ soʔ⁵⁻¹¹　高粱

豆　dei²¹²

毛豆　mɔ¹¹³⁻¹¹ dei²¹²⁻¹¹　黄豆

黄豆　uɔ̃¹¹³⁻¹¹ dei²¹²⁻¹¹　毛豆成熟之后

蚕豆　zɛ̃¹¹³⁻¹¹ dei²¹²⁻¹¹

豆板　dei²¹²⁻¹¹ pã⁴²⁴⁻³⁵　蚕豆肉

寒豆　ɛ̃¹¹³⁻¹¹ dei²¹²⁻¹¹　豌豆

绿豆　loʔ²⁻¹¹ dei²¹²⁻⁵³

赤豆　tsʰaʔ⁵⁻³³ dei²¹²⁻³⁵　红小豆

棉花　miɛ̃¹¹³⁻¹¹ huo⁵³⁻¹¹

苎麻　dzɿ²¹²⁻¹¹ mo¹¹³⁻³⁵

络麻　loʔ²⁻¹¹ mo¹¹³⁻⁵³　黄麻

麻花梗　mo¹¹³⁻¹¹ huo⁵³⁻¹¹ kuã⁴²⁴⁻¹¹　不带皮的麻秆

番芋　fã⁵³⁻⁵⁵ y³³⁵⁻³¹ ①　番薯

番芋藤　fã⁵³⁻⁵⁵ y³³⁵⁻⁵⁵ deŋ¹¹³⁻³¹　番薯藤

芋艿　n̩³³⁵⁻³³ na²¹²⁻⁵³　芋头：一蒲～

芋艿头　n̩³³⁵⁻³³ na²¹²⁻³³ dei¹¹³⁻⁵³　芋艿的块茎

芋艿子　n̩³³⁵⁻³³ na²¹²⁻³³ tsɿ⁴²⁴⁻⁵³　芋艿的小块茎

芋艿禾⁼　n̩³³⁵⁻³³ na²¹²⁻³³ u¹¹³⁻⁵³　芋艿茎

芋艿荷叶　n̩³³⁵⁻³³ na²¹²⁻³³ u¹¹³⁻³³ ieʔ²⁻⁵³　芋艿叶

洋芋艿　iã¹¹³⁻¹¹ n̩³³⁵⁻¹¹ na²¹²⁻⁵³　马铃薯

落花生　loʔ²⁻¹¹ huo⁵³⁻¹¹ seŋ⁵³⁻¹¹　花生

花生　huo⁵³⁻⁵⁵ seŋ⁵³⁻⁵⁵　① 花生；② 花生米

衣　i⁵³　花生米淡红色的皮

葵瓜　guɛ¹¹³⁻¹¹ kuo⁵³⁻¹¹　向日葵：一蒲～

葵瓜蒲　guɛ¹¹³⁻¹¹ kuo⁵³⁻¹¹ bu²¹²⁻¹¹　葵花的果实

葵瓜子　guɛ¹¹³⁻¹¹ kuo⁵³⁻¹¹ tsɿ⁴²⁴⁻¹¹　葵花子

---

① 后字部分人音ȵy⁵，下同。

芝麻　tsɿ⁵³⁻⁵⁵ mo¹¹³⁻⁵⁵

蕉藕　tɕiɔ⁵³⁻⁵⁵ ŋiʊ²¹²⁻³¹　一种农作物，像美人蕉

5.5.2　蔬菜

菜　tsʰɛ³³⁵　蔬菜

青菜　tɕʰiŋ⁵³⁻⁵⁵ tsʰɛ³³⁵⁻³¹　白菜：一株～

胶菜　tɕiɔ⁵³⁻⁵⁵ tsʰɛ³³⁵⁻³¹　大白菜，多产自胶州故名

小白菜　ɕiɔ⁴²⁴⁻³³ baʔ²⁻³³ tsʰɛ³³⁵⁻⁵³

火白菜　hu⁴²⁴⁻³³ baʔ²⁻³³ tsʰɛ³³⁵⁻⁵³　夏天种的小白菜

油得＝儿　iʊ¹¹³⁻¹¹ teʔ⁵⁻¹¹ l̩²¹²⁻¹¹　青菜的一种品种

油菜　iʊ¹¹³⁻¹¹ tsʰɛ³³⁵⁻¹¹　榨油用的油菜

菜心　tsʰɛ³³⁵⁻³³ ɕiŋ⁵³⁻⁵³

起♯心　tɕʰi⁴²⁴⁻³³ ɕiŋ⁵³

针金花　tsen⁵³⁻⁵⁵ tɕiŋ⁵³⁻⁵⁵ huo⁵³⁻⁵⁵　黄花菜

芥菜　ka³³⁵⁻³³ tsʰɛ³³⁵⁻⁵³

苋菜　hã³³⁵⁻³³ tsʰɛ³³⁵⁻⁵³

苋菜梗　hã³³⁵⁻³³ tsʰɛ³³⁵⁻³³ kuã⁴²⁴⁻⁵³　苋菜的茎

菠菜　pu⁵³⁻⁵⁵ tsʰɛ³³⁵⁻³¹

包心菜　pɔ⁵³⁻⁵⁵ ɕiŋ⁵³⁻⁵⁵ tsʰɛ³³⁵⁻³¹　球菜（甘蓝）

花菜　huo⁵³⁻⁵⁵ tsʰɛ³³⁵⁻³¹

大头菜　da²¹²⁻¹¹ dei¹¹³⁻¹¹ tsʰɛ³³⁵⁻⁵³　芜菁

芹菜　dʑin¹¹³⁻¹¹ tsʰɛ³³⁵⁻¹¹

蒿菜　hɔ⁵³⁻⁵⁵ tsʰɛ³³⁵⁻³¹　蓬蒿菜

莴苣笋　u⁵³⁻⁵⁵ tɕy⁵³⁻⁵⁵ sen⁴²⁴⁻³¹　莴笋

荠菜　ʑi²¹²⁻¹¹ tsʰɛ³³⁵⁻⁵³

马兰头　mo²¹²⁻¹¹ lã¹¹³⁻¹¹ dei¹¹³⁻⁵³　一种菊科马兰属的野菜

山马兰　sã⁵³⁻⁵⁵ mo²¹²⁻⁵⁵ lã¹¹³⁻³¹　一种野草，学名叫"三脉紫菀"

萝卜　lʊ¹¹³⁻¹¹ bu²¹²⁻¹¹　萝卜

萝卜缨　lʊ¹¹³⁻¹¹ bu²¹²⁻¹¹ iŋ⁵³⁻¹¹　萝卜叶子

第五章　分类词表　131

药材萝卜　ia?$^{2-11}$ ze$^{113-11}$ lʊ$^{113-11}$ bu$^{212-53}$　胡萝卜

　黄萝卜　uɔ̃$^{113-11}$ lʊ$^{113-11}$ bu$^{212-11}$

豇豆　kɔ̃$^{53-55}$ dei$^{212-31}$

扁豆　piɛ̃$^{424-33}$ dei$^{212-35}$

四季豆　sɿ$^{335-33}$ tɕi$^{335-33}$ dei$^{212-53}$　豆角

　五月豆　ŋ̍$^{212-11}$ yo?$^{2-11}$ dei$^{212-53}$

豆芽菜　dei$^{212-11}$ ŋo$^{113-11}$ tsʰɛ$^{335-35}$

夜=夜=葫芦　ia$^{335-33}$ ia$^{335-33}$ u$^{113-33}$ lʊ$^{113-53}$　葫芦

匏芦　bu$^{113-11}$ lʊ$^{113-11}$　瓠瓜：一梗～

　葫芦　uo?$^{2-11}$ lʊ$^{113-53}$

丝瓜　sɿ$^{53-55}$ kuo$^{53-55}$　一梗～

番瓜　fã$^{53-55}$ kuo$^{53-55}$　南瓜：一个～

黄瓜　uɔ̃$^{113-11}$ kuo$^{53-11}$

冬瓜　toŋ$^{53-55}$ kuo$^{53-55}$

茭白　kɔ$^{53-55}$ ba?$^{2-55}$　一蒲～

慈姑　dʑɿ$^{113-11}$ ku$^{53-11}$

茄子　dʑia$^{113-11}$ tsɿ$^{424-11}$

番茄　fã$^{53-55}$ dʑia$^{113-55}$

葱　tsʰoŋ^{53}　小葱

洋葱　iã$^{113-11}$ tsʰoŋ$^{53-11}$

大蒜　da$^{212-11}$ sɛ̃$^{335-35}$　蒜：一蒲～

大蒜蒲　da$^{212-11}$ sɛ̃$^{335-11}$ bu$^{212-35}$　蒜头

韭菜　tɕiʊ$^{424-33}$ tsʰɛ$^{335-35}$

香菜　ɕiã$^{53-55}$ tsʰɛ$^{335-31}$　芫荽（香菜）

生姜　sã$^{53-55}$ tɕiã$^{53-55}$　姜

辣茄　la?$^{2-11}$ dʑia$^{113-53}$　辣椒

大炮辣茄　du$^{212-11}$ pʰɔ$^{335-11}$ la?$^{2-11}$ dʑia$^{113-53}$　柿子椒（青椒）

薄荷　bu$^{212-11}$ ku$^{335-35}$

蕻头　hoŋ$^{335-33}$ dei$^{113-53}$　植物的嫩芽

扮　bã²¹² 　割蔬菜

择　dza?² 　清理蔬菜：～韭菜

5.5.3　水果

水果　　sɛ⁴²⁴⁻³³ku⁴²⁴⁻³⁵

桃子　　dɔ¹¹³⁻¹¹tsʅ⁴²⁴⁻³⁵

毛桃　　mɔ¹¹³⁻¹¹dɔ¹¹³⁻¹¹　野桃儿

蟠桃　　bɛ̃¹¹³⁻¹¹dɔ¹¹³⁻¹¹

梨头　　li¹¹³⁻¹¹dei¹¹³⁻¹¹　梨子

棠梨儿　dɑ̃¹¹³⁻¹¹niŋ¹¹³⁻¹¹　土梨

苹果　　biŋ¹¹³⁻¹¹ku⁴²⁴⁻¹¹

花红　　huo⁵³⁻⁵⁵ŋ̍¹¹³⁻⁵⁵　沙果

香蕉　　ɕiã⁵³⁻⁵⁵tɕiɔ⁵³⁻⁵⁵

水车子　sɛ⁴²⁴⁻³³tsʰo⁵³⁻³³tsʅ⁴²⁴⁻⁵³　野生山楂

　山米果　sã⁵³⁻⁵⁵mi²¹²⁻⁵⁵ku⁴²⁴⁻³¹

西瓜　　ɕi⁵³⁻⁵⁵kuo⁵³⁻⁵⁵

瓜子　　kuo⁵³⁻⁵⁵tsʅ⁴²⁴⁻³¹　西瓜子

黄金瓜　uɑ̃¹¹³⁻¹¹tɕiŋ⁵³⁻¹¹kuo⁵³⁻¹¹　一种色黄的香瓜

蜜桶瓜　mie?²⁻¹¹doŋ²¹²⁻¹¹kuo⁵³⁻⁵³　一种白色的香瓜

蒂头　　ti³³⁵⁻³³dei¹¹³⁻⁵³　瓜蒂

肉　　　n̠yo?² 　瓜瓤

肠　　　dzã¹¹³ 　瓜络

倒♯肠　tɔ⁴²⁴⁻³³dzã¹¹³ 　瓜类过熟

橘子　　tɕyo?⁵⁻³³tsʅ⁴²⁴⁻³⁵　一格～：一瓣橘子

金橘　　tɕiŋ⁵³⁻⁵⁵tɕyo?⁵⁻⁵⁵

香脬　　ɕiã⁵³⁻⁵⁵pʰo³³⁵⁻³¹　土生的柚子

葡萄　　bu¹¹³⁻¹¹dɔ¹¹³⁻¹¹

枇杷　　bie?²⁻¹¹bo¹¹³⁻⁵³

樱珠　　ɑ̃⁵³⁻⁵⁵tɕy⁵³⁻⁵⁵　樱桃

荸荠　bieʔ²⁻¹¹ ʑi¹¹³⁻⁵³
李子　li²¹²⁻¹¹ tsɿ⁴²⁴⁻⁵³
杏梅　ã²¹²⁻¹¹ mɛ¹¹³⁻³⁵　杏
杏仁　ã²¹²⁻¹¹ ʑiŋ¹¹³⁻³⁵
柿子　zɿ²¹²⁻¹¹ tsɿ⁴²⁴⁻⁵³
炝♯柿子　tɕʰia³³⁵⁻³³ zɿ²¹²⁻¹¹ tsɿ⁴²⁴⁻⁵³　将生柿子放入石灰液中使其脱涩以食用
方顶柿　fɔ̃⁵³⁻⁵⁵ tiŋ⁴²⁴⁻⁵⁵ zɿ²¹²⁻³¹　方柿
杨梅　iã¹¹³⁻¹¹ mɛ¹¹³⁻¹¹
石榴　ʑieʔ²⁻¹¹ lei¹¹³⁻⁵³
强盗果　dʑiã¹¹³⁻¹¹ dɔ²¹²⁻¹¹ ku⁴²⁴⁻¹¹　猕猴桃‖为"杨桃果"的讹称
甘蔗　kɛ̃⁵³⁻⁵⁵ tso³³⁵⁻³¹
核桃　eʔ²⁻¹¹ dɔ¹¹³⁻⁵³　大核桃
草灰核桃　tsʰɔ⁴²⁴⁻³³ huɛ⁵³⁻³³ eʔ²⁻³³ dɔ¹¹³⁻⁵³　山核桃‖为"昌化核桃"之讹
栗子　leʔ²⁻¹¹ tsɿ⁴²⁴⁻⁵³
栗箬壳　leʔ²⁻¹¹ bu²¹²⁻¹¹ kʰoʔ⁵⁻⁵³　栗子的外壳
榧子　fi⁴²⁴⁻³³ tsɿ⁴²⁴⁻³⁵　香榧
白果　baʔ²⁻¹¹ ku⁴²⁴⁻⁵³
老菱　lɔ²¹²⁻¹¹ niŋ¹¹³⁻³⁵　菱角
皮　bi¹¹³　果皮
梆　uoʔ²　果核儿

5.5.4　树木

树　ʐy²¹²
树蓬　ʐy²¹²⁻¹¹ boŋ¹¹³⁻³⁵　树林
树秧　ʐy²¹²⁻¹¹ iã⁵³⁻³⁵　树苗
叶爿　ieʔ²⁻¹¹ bã²¹²⁻⁵³　树叶
脱叶　tʰoʔ⁵⁻⁵⁵ ieʔ²⁻³¹　树落叶

树皮　ʑy²¹²⁻¹¹ bi¹¹³⁻³⁵
桠子　o⁵³⁻⁵⁵ tsɿ⁴²⁴⁻³¹　树枝
蒲头　bu¹¹³⁻¹¹ dei¹¹³⁻¹¹　树根
梢头　sɔ⁵³⁻⁵⁵ dei¹¹³⁻⁵⁵　树梢
桙节　tɕiã⁵³⁻⁵⁵ tɕieʔ⁵⁻⁵⁵　树节疤
爆♯芽　pɔ³³⁵⁻³³ ŋo¹¹³　发芽
种♯树　tɕyoŋ³³⁵⁻³³ ʑy²¹²　种树
窠　kʰʊ⁵³　树木等整棵带泥移栽
解　ka⁴²⁴　锯树
　　裁　zɛ¹¹³
斫　tsoʔ⁵　砍树、柴等
松树　soŋ⁵³⁻⁵⁵ ʑy²¹²⁻³¹
松毛丝　soŋ⁵³⁻⁵⁵ mɔ¹¹³⁻⁵⁵ sɿ⁵³⁻⁵⁵　松针
松香　soŋ⁵³⁻⁵⁵ ɕiã⁵³⁻⁵⁵
杉树　sã⁵³⁻⁵⁵ ʑy²¹²⁻³¹
杉毛刺　sã⁵³⁻⁵⁵ mɔ¹¹³⁻⁵⁵ tsʰɿ³³⁵⁻³¹　杉针
槐花树　ua¹¹³⁻¹¹ huo⁵³⁻¹¹ ʑy²¹²⁻¹¹　槐树
柏子树　paʔ⁵⁻³³ tsɿ⁴²⁴⁻³³ ʑy²¹²⁻³⁵　柏树
白果树　baʔ²⁻¹¹ ku⁴²⁴⁻¹¹ ʑy²¹²⁻⁵³　银杏树
枫树　foŋ⁵³⁻⁵⁵ ʑy²¹²⁻³¹
枫叶　foŋ⁵³⁻⁵⁵ ieʔ²⁻⁵⁵
茶树　dzo¹¹³⁻¹¹ ʑy²¹²⁻¹¹
麻栎树　mo¹¹³⁻¹¹ leʔ²⁻¹¹ ʑy²¹²⁻¹¹　橡树
杨柳　iã¹¹³⁻¹¹ lei²¹²⁻¹¹　柳树
槿树条　tɕiŋ⁵³⁻⁵⁵ ʑy²¹²⁻⁵⁵ tio⁵³⁻³¹　木槿
桐子树　doŋ¹¹³⁻¹¹ tsɿ⁴²⁴⁻¹¹ ʑy²¹²　油桐树
桐油　doŋ¹¹³⁻¹¹ iʊ¹¹³⁻¹¹
桕子树　dʑiʊ²¹²⁻¹¹ tsɿ⁴²⁴⁻¹¹ ʑy²¹²⁻⁵³　乌桕
楝树　niɛ³³⁵⁻³³ ʑy²¹²⁻⁵³　苦楝树

梓树　ts̩$^{424-33}$ ʐy$^{212-35}$

苦槠　k^{h}u$^{424-33}$ ts̩$^{53-35}$　一种乔木，其果实可用于做"苦槠豆腐"

椿头树　tsʰeŋ$^{53-55}$ dei$^{113-55}$ ʐy$^{212-31}$　香椿

香樟树　ɕiã$^{53-55}$ tsɔ̃$^{53-55}$ ʐy$^{212-31}$　樟树

檀树　dã$^{113-11}$ ʐy$^{212-11}$　黄檀树

化═树　huo$^{335-33}$ ʐy$^{212-53}$　枫杨

枣子树　tsɔ$^{424-33}$ ts̩$^{424-33}$ ʐy$^{212-35}$　枣树

桑树　sɔ̃$^{53-55}$ ʐy$^{212-31}$

桑叶　sɔ̃$^{53-55}$ ieʔ$^{2-55}$

桑果　sɔ̃$^{53-55}$ ku$^{424-31}$　桑葚

肥皂果树　bi$^{113-11}$ zɔ$^{212-11}$ ku$^{424-11}$ ʐy$^{212-11}$　无患子树

梧桐树　u$^{113-11}$ doŋ$^{113-11}$ ʐy$^{212-11}$

棕榈树　tsoŋ$^{53-55}$ niŋ$^{212-55}$ ʐy$^{212-31}$　‖"榈"读音特殊

棕榈丝　tsoŋ$^{53-55}$ niŋ$^{212-55}$ s̩$^{53-31}$

黄金条　uɔ̃$^{113-11}$ tɕiŋ$^{53-11}$ tiɔ$^{53-11}$　牡荆

5.5.5　花草、菌类

(1) 花

花　huo^{53}

蕊头　n̠y$^{212-11}$ dei$^{113-35}$　花蕾

芯子　ɕiŋ$^{53-55}$ ts̩$^{424-31}$　花蕊

梅花　mɛ$^{113-11}$ huo$^{53-11}$

腊梅　laʔ$^{2-11}$ mɛ$^{113-53}$

桂花　kuɛ$^{335-33}$ huo$^{53-53}$

桃花　dɔ$^{113-11}$ huo$^{53-11}$

杏花　ã$^{212-11}$ huo$^{53-53}$

梨花　li$^{113-11}$ huo$^{53-11}$

丁香花　tiŋ$^{53-55}$ ɕiã$^{53-55}$ huo$^{53-55}$

兰花　lã$^{113-11}$ huo$^{53-11}$

水仙花　sɛ⁴²⁴⁻³³ɕiɛ̃⁵³⁻³³huo⁵³⁻³⁵

茶花　dzo¹¹³⁻¹¹huo⁵³⁻¹¹

夜夜红　ia³³⁵⁻³³ia³³⁵⁻³³ŋ̍¹¹³⁻⁵³　夜间开花的紫茉莉

荷花　u¹¹³⁻¹¹huo⁵³⁻¹¹

莲蓬　niɛ̃¹¹³⁻¹¹boŋ¹¹³⁻¹¹

藕　ŋiʊ²¹²

莲子　niɛ̃¹¹³⁻¹¹tsɿ⁴²⁴⁻¹¹

菊花　tɕyoʔ⁵⁻⁵⁵huo⁵³⁻³¹

映山红　iã³³⁵⁻³³sã⁵³⁻³³ŋ̍¹¹³⁻⁵³　杜鹃花

凤仙花　voŋ²¹²⁻¹¹ɕiɛ̃⁵³⁻³³huo⁵³⁻³⁵

鸡冠花　tɕi⁵³⁻⁵⁵kuɛ̃³³⁵⁻⁵⁵huo⁵³⁻⁵⁵

眼竿花　lɔ̃³³⁵⁻³³kɛ̃⁴²⁴⁻³³huo⁵³⁻⁵³　蜀葵

芙蓉花　fu⁵³⁻⁵⁵yoŋ¹¹³⁻⁵⁵huo⁵³⁻⁵⁵

蔷薇花　dziã¹¹³⁻¹¹bi¹¹³⁻¹¹huo⁵³⁻⁵³　‖变调同"橡皮花"

玉兰花　ȵyoʔ²⁻¹¹lã¹¹³⁻¹¹huo⁵³⁻¹¹

黄山栀　uɔ̃¹¹³⁻¹¹sã⁵³⁻¹¹tsɿ⁵³⁻¹¹　野生栀子花

美人蕉　mɛ²¹²⁻¹¹ziŋ¹¹³⁻¹¹tɕiɔ⁵³⁻⁵³

芭蕉　po⁵³⁻⁵⁵tɕiɔ⁵³⁻⁵⁵

(2) 草

草　tsʰɔ⁴²⁴

茅草　mɔ¹¹³⁻¹¹tsʰɔ⁴²⁴⁻¹¹

菅草　kɛ̃⁵³⁻⁵⁵tsʰɔ⁴²⁴⁻³¹　形状像芦苇的野草，茎不中空，叶较硬，侧有刺，丛生于高坡荒地上

　菅草毛　kɛ̃⁵³⁻⁵⁵tsʰɔ⁴²⁴⁻⁵⁵mɔ¹¹³⁻³¹

艾　ŋɛ³³⁵

棉蓬　miɛ̃¹¹³⁻¹¹boŋ¹¹³⁻¹¹　鼠曲草

蛤蟆叶草　o¹¹³⁻¹¹moʔ²⁻¹¹ieʔ²⁻¹¹tsʰɔ⁴²⁴⁻⁵³　车前草

　田鸡皮草　diɛ̃¹¹³⁻¹¹tɕi⁵³⁻¹¹bi¹¹³⁻¹¹tsʰɔ⁴²⁴⁻⁵³

　官司草　kuã⁵³⁻⁵⁵sɿ⁵³⁻⁵⁵tsʰɔ⁴²⁴⁻³¹

鱼腥草　ɣ¹¹³⁻¹¹ ɕiŋ⁵³⁻¹¹ tsʰɔ⁴²⁴⁻¹¹

木贼草　moʔ²⁻¹¹ zeʔ²⁻¹¹ tsʰɔ⁴²⁴⁻⁵³

瓦松　　ŋo²¹²⁻¹¹ soŋ⁵³⁻³⁵

浆瓣草　tɕia⁵³⁻⁵⁵ pã³³⁵⁻⁵⁵ tsʰɔ⁴²⁴⁻³¹　马齿苋

蒲公英　bu²¹²⁻¹¹ koŋ⁵³⁻¹¹ iŋ⁵³⁻¹¹

狗尾巴草　kiʊ⁴²⁴⁻³³ m̩⁴²⁴⁻³³ po⁵³⁻³³ tsʰɔ⁴²⁴⁻⁵³

灯芯草　teŋ⁵³⁻⁵⁵ ɕiŋ⁵³⁻⁵⁵ tsʰɔ⁴²⁴⁻³¹　一种可以用来做灯芯的草

草子　　tsʰɔ⁴²⁴⁻³³ tsɿ⁴²⁴⁻³⁵　紫云英

菖蒲　　tsʰã⁵³⁻⁵⁵ bu²¹²⁻³¹

藻　　　biɔ¹¹³　浮萍

　鸭藻藻　aʔ⁵⁻⁵⁵ biɔ¹¹³⁻⁵⁵ biɔ¹¹³⁻³¹

蕰草　　ueŋ⁵³⁻⁵⁵ tsʰɔ⁴²⁴⁻³¹　水草

（3）竹

竹　　　tɕyoʔ⁵

毛竹　　mɔ¹¹³⁻¹¹ tɕyoʔ⁵⁻¹¹

淡竹　　dã²¹²⁻¹¹ tɕyoʔ⁵⁻³⁵

苦竹　　kʰu⁴²⁴⁻³³ tɕyoʔ⁵⁻³⁵

箬竹　　ȵiaʔ²⁻¹¹ tɕyoʔ⁵⁻⁵³

紫竹　　tsɿ⁴²⁴⁻³³ tɕyoʔ⁵⁻³⁵

伏鸡竹　bu²¹²⁻¹¹ tɕi⁵³⁻¹¹ tɕyoʔ⁵⁻³⁵　孵鸡的时候长出来的竹子

笋　　　seŋ⁴²⁴　竹笋

毛笋　　mɔ¹¹³⁻¹¹ seŋ⁴²⁴⁻¹¹

冬笋　　toŋ⁵³⁻⁵⁵ seŋ⁴²⁴⁻³¹

　坛笋　　dɛ̃¹¹³⁻¹¹ seŋ⁴²⁴⁻¹¹

鞭笋　　piɛ⁵³⁻⁵⁵ seŋ⁴²⁴⁻³¹　竹鞭的嫩芽

壳　　　kʰoʔ⁵　笋壳

刺　　　tsʰɿ³³⁵　竹刺

篾　　　mieʔ²　竹篾

黄篾　　uɔ̃¹¹³⁻¹¹ mieʔ²⁻¹¹　篾黄

篾青　mieʔ²⁻¹¹ tɕʰiŋ⁵³⁻⁵³

竹竿　tɕyoʔ⁵⁻³³ kɛ̃⁴²⁴⁻³⁵

竹衣　tɕyoʔ⁵⁻⁵⁵ i⁵³⁻³¹　竹膜

结桑⁼　tɕieʔ⁵⁻⁵⁵ sɔ̃⁵³⁻³¹　竹结的距离

呼啸篍　hu⁵³⁻⁵⁵ ɕiɔ³³⁵⁻⁵⁵ sɿ⁵³⁻³¹　细竹丝

芦柴　lʊ¹¹³⁻¹¹ za¹¹³⁻¹¹　芦苇

（4）其他

藤　deŋ¹¹³

葛藤　kieʔ⁵⁻⁵⁵ deŋ¹¹³⁻³¹　葛

　毛葛藤　mɔ¹¹³⁻¹¹ kieʔ⁵⁻¹¹ deŋ¹¹³⁻⁵³

葛粉　kieʔ⁵⁻³³ feŋ⁴²⁴⁻³⁵　用葛藤提炼出来的粉

木莲藤　moʔ²⁻¹¹ niɛ̃¹¹³⁻¹¹ deŋ¹¹³⁻⁵³　薜荔

拉拉藤　la⁵³⁻⁵⁵ la⁵³⁻⁵⁵ deŋ¹¹³⁻⁵⁵　蓽草

刺栗篷　tsʰɿ³³⁵⁻³³ leʔ²⁻¹¹ boŋ¹¹³⁻⁵³　悬钩子属的植物组成的篷

延　iɛ¹¹³　藤本植物藤蔓延

狼萁毛　lɔ̃¹¹³⁻¹¹ tɕi⁵³⁻¹¹ mɔ¹¹³⁻¹¹　蕨

狼萁头　lɔ̃¹¹³⁻¹¹ tɕi⁵³⁻¹¹ dei¹¹³⁻¹¹　蕨的嫩芽

乌龙粉　u⁵³⁻⁵⁵ loŋ¹¹³⁻⁵⁵ feŋ⁴²⁴⁻³¹　从狼萁根部提炼出来的淀粉

蕈　dʑiŋ²¹²　野生蘑菇

地滑挞　di²¹²⁻¹¹ uaʔ²⁻¹¹ tʰaʔ⁵⁻⁵³　一种可吃的地衣

青苔毛　tɕʰiŋ⁵³⁻⁵⁵ dɛ¹¹³⁻⁵⁵ mɔ⁵³⁻⁵⁵　青苔

冷苔　lã²¹²⁻¹¹ dɛ¹¹³⁻⁵³　蓝藻

5.6　动　　物

5.6.1　牲畜

畜牲　tɕʰyoʔ⁵⁻⁵⁵ sã⁵³⁻³¹

扁毛畜牲　piẽ$^{424-33}$ mɔ$^{113-33}$ tɕʰyoŋ$^{5-53}$ sã$^{53-53}$　泛指禽类

牛　ȵiʊ^{113}

牯牛　ku$^{424-33}$ ȵiʊ$^{113-35}$　公牛

骚牯牛　sɔ$^{53-33}$ ku$^{424-33}$ ȵiʊ$^{113-35}$　阉过的牛

牛娘　ȵiʊ$^{113-11}$ ȵiã$^{113-11}$　母牛

黄牛　uõ$^{113-11}$ ȵiʊ$^{113-11}$

水牛　sɛ$^{424-33}$ ȵiʊ$^{113-35}$

犆　ã^{53}　牛犊：冬冷弗算冷,春冷冻杀～

脚蹄　tɕiaʔ$^{5-55}$ di$^{113-31}$　牛、马等的蹄

角　koʔ^5　牛、羊等的角

叉　tsʰo^{53}　牛、羊等用角拱人

马　mo^{212}

雄马　yoŋ$^{113-11}$ mo$^{212-11}$　公马

雌马　tsʰɿ$^{53-55}$ mo$^{212-31}$　母马

驴　lʊ^{113}

驴合子　li$^{113-11}$ kieʔ$^{5-11}$ tsɿ$^{424-53}$　骡子

猪　tsɿ^{53}

雄猪　yoŋ$^{113-11}$ tsɿ$^{53-11}$　公猪

走猪　tɕiɤ$^{424-33}$ tsɿ$^{53-35}$　公的种猪

猪娘　tsɿ$^{53-55}$ ȵiã$^{113-55}$　母猪

起猪爿　tɕʰi$^{424-33}$ tsɿ$^{53-33}$ bã$^{212-53}$　发情的母猪

小猪　ɕiɔ$^{424-33}$ tsɿ$^{53-35}$　猪崽

槽=猪　zɔ$^{113-11}$ tsɿ$^{53-11}$　不大不小的猪

　　槽=壳头猪　zɔ$^{113-11}$ kʰoʔ$^{5-11}$ dei$^{113-11}$ tsɿ$^{53-11}$

猪鼻冲　tsɿ$^{53-55}$ beʔ$^{2-55}$ tɕʰyoŋ$^{53-55}$　猪鼻子

拱　koŋ^{335}　猪用鼻子拱

狗　kiʊ^{424}

雄狗　yoŋ$^{113-11}$ kiʊ$^{424-11}$

雌狗　tsʰɿ$^{53-55}$ kiʊ$^{424-31}$　未生狗崽的母狗

雌狗婆　tsʰɿ⁵³⁻³³ kiʊ⁴²⁴⁻³³ bu¹¹³⁻³⁵　奶狗崽的母狗
小狗　ɕiɔ⁴²⁴⁻³³ kiʊ⁴²⁴⁻³⁵
癫狗　tiɛ̃⁵³⁻⁵⁵ kiʊ⁴²⁴⁻³¹　疯狗
羊　iã¹¹³
牯羊　ku⁴²⁴⁻³³ iã¹¹³⁻³⁵　公羊
羊婆　iã¹¹³⁻¹¹ bu¹¹³⁻¹¹　母羊
小羊　ɕiɔ⁴²⁴⁻³³ iã¹¹³⁻³⁵　羊羔
湖羊　u¹¹³⁻¹¹ iã¹¹³⁻¹¹　绵羊
山羊　sã⁵³⁻⁵⁵ iã¹¹³⁻⁵⁵
猫　mɔ⁵³
雄猫　yoŋ¹¹³⁻¹¹ mɔ⁵³⁻¹¹　公猫
雌猫　tsʰɿ⁵³⁻⁵⁵ mɔ⁵³⁻⁵⁵　母猫
猫娘　mɔ⁵³⁻⁵⁵ ȵiã¹¹³⁻⁵⁵　奶小猫的母猫
耗=猫　hɔ³³⁵⁻³³ mɔ⁵³⁻⁵³　发春的猫
鸡　tɕi⁵³
雄鸡　yoŋ¹¹³⁻¹¹ tɕi⁵³⁻¹¹　公鸡
鐝鸡　ɕiɛ̃³³⁵⁻³³ tɕi⁵³⁻⁵³　阉过的鸡
半脚鸡　pɛ̃³³⁵⁻³³ tɕiaʔ⁵⁻³³ tɕi⁵³⁻⁵³　阉而未净的公鸡
新鸡娘　ɕiŋ⁵³⁻⁵⁵ tɕi⁵³⁻⁵⁵ ȵiã¹¹³⁻⁵⁵　未下蛋的小母鸡
鸡娘　tɕi⁵³⁻⁵⁵ ȵiã¹¹³⁻⁵⁵　下过蛋的老母鸡
　　老伏鸡　lɔ²¹²⁻¹¹ bu²¹²⁻¹¹ tɕi⁵³⁻⁵³
伏鸡娘　bu²¹²⁻¹¹ tɕi⁵³⁻¹¹ ȵiã¹¹³⁻¹¹　抱窝鸡
火焙鸡　hu⁴²⁴⁻³³ bieʔ²⁻³³ tɕi⁵³⁻⁵³　用炭火孵化的鸡雏
鸡冠　tɕi⁵³⁻⁵⁵ kuɛ̃³³⁵⁻³¹
鸡膪鼓　tɕi⁵³⁻⁵⁵ teŋ⁵³⁻⁵⁵ ku⁴²⁴⁻³¹　鸡嗉囊
伏♯小鸡　bu²¹²⁻¹¹ ɕiɔ⁴²⁴⁻³³ tɕi⁵³⁻³⁵　孵小鸡
啄　toʔ⁵　鸡嘴啄
叫　tɕiɔ³³⁵　公鸡啼叫,清晨鸡叫一次叫"一遍"
鸭　aʔ⁵　鸭子

雄鸭头　　yoŋ¹¹³⁻¹¹ aʔ⁵⁻¹¹ dei¹¹³⁻¹¹　　雄鸭
麻鸭　　mo¹¹³⁻¹¹ aʔ⁵⁻¹¹　传统的鸭子
洋鸭　　iã¹¹³⁻¹¹ aʔ⁵⁻¹¹　番鸭
　洋鸭头　　iã¹¹³⁻¹¹ aʔ⁵⁻¹¹ dei¹¹³⁻¹¹
小鸭　　ɕiɔ⁴²⁴⁻³³ aʔ⁵⁻³⁵
野鸭　　ia⁴²⁴⁻³³ aʔ⁵⁻³⁵
鹅　　ŋʊ¹¹³
雄鹅　　yoŋ¹¹³⁻¹¹ ŋʊ¹¹³⁻¹¹
雌鹅　　tsʰɿ⁵³⁻⁵⁵ ŋʊ¹¹³⁻⁵⁵
凿　　zoʔ²　鸭、鹅等扁嘴的禽类用嘴吃食等的动作
伏胎蛋　　bu²¹²⁻¹¹ tʰɛ⁵³⁻¹¹ dɛ²¹²⁻³⁵　喜蛋
栖　　sɛ⁵³　禽类归宿
□　　huã³³⁵　摇尾巴
瘟　　ueŋ⁵³　鸡、猪、牛等非正常死亡
羯　　tɕieʔ⁵　阉（猪、牛等）
鐁　　ɕiɛ̃³³⁵　阉鸡
嫖⁼　　biɔ¹¹³　抚养牲畜：～小猪
起　　tɕʰi⁴²⁴　动物发情
弹♯水　　dã¹¹³⁻¹¹ sɛ⁴²⁴　禽类交配
官⁼♯胎　　kuɛ̃⁵³⁻³³ tʰɛ⁵³　家畜交配

5.6.2　野兽

野兽　　ia⁴²⁴⁻³³ ɕiʊ³³⁵⁻³⁵
老虎　　lɔ²¹²⁻¹¹ hu⁴²⁴⁻⁵³
狮子　　sɿ⁵³⁻⁵⁵ tsɿ⁴²⁴⁻³¹
豹老头　　pɔ³³⁵⁻³³ lɔ²¹²⁻³³ dei¹¹³⁻⁵³　豹
　豹　　pɔ³³⁵
金钱豹　　tɕiŋ⁵³⁻⁵⁵ dʑiɛ̃¹¹³⁻⁵⁵ pɔ³³⁵⁻⁵⁵
云豹　　yŋ¹¹³⁻¹¹ pɔ³³⁵⁻¹¹

狗头熊　kiʊ⁴²⁴⁻³³ dei¹¹³⁻³³ yoŋ¹¹³⁻³⁵　狼

豺狗　zaʔ¹¹³⁻¹¹ kiʊ⁴²⁴⁻¹¹　豺

马头熊　mo²¹²⁻¹¹ dei¹¹³⁻¹¹ yoŋ¹¹³⁻⁵³　熊

象鼻头　dʑiã²¹²⁻¹¹ beʔ²⁻¹¹ dei¹¹³⁻⁵³　大象

角麂　koʔ⁵⁻⁵⁵ tɕi⁵³⁻³¹　麂

　老角麂　lɔ²¹²⁻¹¹ koʔ⁵⁻¹¹ tɕi⁵³⁻⁵³

木羊　moʔ²⁻¹¹ iã¹¹³⁻⁵³　苏门羚

野猪　ia⁴²⁴⁻³³ tsɿ⁵³⁻³⁵

猢狲　uoʔ²⁻¹¹ seŋ⁵³⁻⁵³　猴子

䶄鼠　zaʔ²⁻¹¹ tɕʰy⁴²⁴⁻⁵³　兔子

老鼠　lɔ²¹²⁻¹¹ tɕʰy⁴²⁴⁻⁵³

　夜老　ia³³⁵⁻³³ lɔ²¹²⁻⁵³　‖戏谑的说法，较老

黄鼠狼　uõ¹¹³⁻¹¹ tsʰɿ⁴²⁴⁻¹¹ lõ¹¹³⁻¹¹　‖现在多读 uõ¹¹³⁻¹¹ tɕʰy⁴²⁴⁻¹¹
　　　　lõ¹¹³⁻¹¹

偷鸡豹　tʰei⁵³⁻⁵⁵ tɕi⁵³⁻⁵⁵ pɔ³³⁵⁻³¹　豹猫

松鼠　soŋ⁵³⁻⁵⁵ tɕʰy⁴²⁴⁻³¹

毛狸　mɔ¹¹³⁻¹¹ li¹¹³⁻¹¹　包括狐狸、貉

橘狗　tɕyoʔ⁵⁻³³ kiʊ⁴²⁴⁻³⁵　南狐

白鼻冲　baʔ²⁻¹¹ beʔ²⁻¹¹ tɕʰyoŋ⁵³⁻⁵³　果子狸

刺猲　tsʰɿ³³⁵⁻³³ ɕyoʔ⁵⁻⁵³　刺猬

偷油老鼠　tʰʊ⁵³⁻³³ iʊ¹¹³⁻³³ lɔ²¹²⁻³³ tɕʰy⁴²⁴⁻⁵³　蝙蝠

5.6.3　鸟类

鸟　tiɔ⁴²⁴

嘴钩　tsɛ⁴²⁴⁻³³ kiʊ⁵³⁻³⁵　鸟喙

翼胛　ieʔ²⁻¹¹ kaʔ⁵⁻⁵³　翅膀

　翼膀　ieʔ²⁻¹¹ bã²¹²⁻⁵³

尾巴　m̩⁴²⁴⁻³³ po⁵³⁻³⁵

鸟毛　tiɔ⁴²⁴⁻³³ mɔ¹¹³⁻³⁵

第五章　分类词表

鸟窠　tiɔ$^{424\text{-}33}$kʰʊ$^{53\text{-}35}$　鸟窝

燕子　iɛ̃$^{335\text{-}33}$tsʅ$^{424\text{-}53}$

斑鸠　pã$^{53\text{-}55}$kiʊ$^{53\text{-}55}$　‖现在多读 pã$^{53\text{-}55}$tɕiʊ$^{53\text{-}55}$

鹁鸪　bu$^{212\text{-}11}$ku$^{53\text{-}35}$　虎斑鸠

白鸽　boʔ$^{2\text{-}11}$kieʔ$^{5\text{-}53}$　鸽子‖"白"读音特殊

鹤　ŋoʔ^{2}

　仙鹤　ɕiɛ̃$^{53\text{-}55}$ŋoʔ$^{2\text{-}55}$

麻老鹰　mo$^{113\text{-}11}$lɔ$^{212\text{-}11}$iŋ$^{53\text{-}53}$　鹰

鸬鹚　lʊ$^{113\text{-}11}$zoʔ$^{2\text{-}11}$　鱼鹰‖"鹚"语音特殊，为逆同化之后又发生了促化

雉鸡　dzʅ$^{212\text{-}11}$tɕi$^{53\text{-}53}$　野鸡

猫头鸟　mɔ$^{53\text{-}55}$dei$^{113\text{-}55}$tiɔ$^{424\text{-}31}$　猫头鹰

啄木鸟　toʔ$^{5\text{-}33}$moʔ$^{2\text{-}33}$n̠iɔ$^{212\text{-}35}$

哑雀　o$^{424\text{-}33}$tɕʰiaʔ$^{5\text{-}35}$　喜鹊

八哥　poʔ$^{5\text{-}55}$kʊ$^{53\text{-}31}$

雁鹅　ŋã$^{212\text{-}11}$ŋʊ$^{113\text{-}53}$　大雁

乌老鸦　u$^{53\text{-}33}$lɔ$^{212\text{-}33}$o$^{53\text{-}53}$　乌鸦

麻鸟　mo$^{113\text{-}11}$tiɔ$^{424\text{-}11}$　麻雀

柏子鸟　dziu$^{212\text{-}11}$tsʅ$^{424\text{-}11}$tiɔ$^{424\text{-}53}$　黑尾蜡嘴雀

浣缸鸟　u$^{335\text{-}33}$kɔ̃$^{53\text{-}33}$tiɔ$^{424\text{-}53}$　鹊鸲

乌春　u$^{53\text{-}55}$tsʰeŋ$^{53\text{-}55}$　乌鸫

鹭鸶　lʊ$^{335\text{-}33}$sʅ$^{53\text{-}53}$　白鹭

　长脚鹭鸶　dzã$^{113\text{-}11}$tɕiaʔ$^{5\text{-}11}$lʊ$^{335\text{-}11}$sʅ$^{53\text{-}53}$

鹦哥　ã$^{53\text{-}55}$kʊ$^{53\text{-}55}$　鹦鹉

画眉　o$^{335\text{-}33}$mi$^{113\text{-}53}$

鸳鸯　yɛ̃$^{53\text{-}55}$iã$^{53\text{-}55}$

白头公公　baʔ$^{2\text{-}11}$dei$^{113\text{-}11}$koŋ$^{53\text{-}11}$koŋ$^{53\text{-}11}$　白头翁

蛋　dã^{212}　鸟类的卵

生　sã^{53}　下（蛋）

5.6.4 蛇虫

蛇虫百脚　dzo¹¹³⁻¹¹ dzyoŋ¹¹³⁻¹¹ paʔ⁵⁻⁵⁵ tɕiaʔ⁵⁻³¹　蛇虫类动物的总称

蛇　　dzo¹¹³

家蛇　　ko⁵³⁻⁵⁵ dzo¹¹³⁻⁵⁵　菜花蛇

火炼蛇　hu⁴²⁴⁻³³ niɛ³³⁵⁻³³ dzo¹¹³⁻³⁵　火赤练

水火炼　sɛ⁴²⁴⁻³³ hu⁴²⁴⁻³³ niɛ³³⁵⁻³³　水蛇

乌赤梢ᵣ　u⁵³⁻³³ tsʰeʔ⁵⁻³³ sɔ̃³³⁵⁻⁵³　乌梢蛇

蕲蛇　dʑi¹¹³⁻¹¹ dzo¹¹³⁻¹¹　五步蛇

竹叶青　tɕyoʔ⁵⁻⁵⁵ ieʔ²⁻⁵⁵ tɕʰiŋ⁵³⁻³¹

狗浼蝮　kiʊ⁴²⁴⁻³³ u³³⁵⁻³³ pʰoʔ⁵⁻³⁵　蝮蛇

上桠蝮　lɔ̃³³⁵⁻³³ o⁵³⁻³³ pʰoʔ⁵⁻⁵³　眼镜蛇 ‖ 本词中"上"在首字声母也读 l-

秤管蛇　tsʰeŋ³³⁵⁻³³ kuɛ⁴²⁴⁻³³ dzo¹¹³⁻⁵³　银环蛇

烙铁头　loʔ²⁻¹¹ tʰieʔ⁵⁻¹¹ dei¹¹³⁻³⁵　一种头为三角形的蛇

蛇壳　dzo¹¹³⁻¹¹ kʰoʔ⁵⁻¹¹　蛇衣

四脚蛇　sɿ³³⁵⁻³³ tɕiaʔ⁵⁻³³ dzo¹¹³⁻⁵³　蜥蜴

蠓蚣　moŋ¹¹³⁻¹¹ koŋ⁵³⁻¹¹　蜈蚣

壁虎　pieʔ⁵⁻³³ hu⁴²⁴⁻³⁵

蚂蚁　mo⁵³⁻⁵⁵ ȵi¹¹³⁻⁵⁵

白蚁　baʔ²⁻¹¹ m̩²¹²⁻⁵³

水狗子　sɛ⁴²⁴⁻³³ kiʊ⁴²⁴⁻³³ tsɿ⁴²⁴⁻³⁵　蝼蛄

毛虫　mɔ¹¹³⁻¹¹ dzyoŋ¹¹³⁻¹¹　毛毛虫

杨辣子　iã¹¹³⁻¹¹ laʔ²⁻¹¹ tsɿ⁴²⁴⁻¹¹　刺蛾的幼虫

蛆虫　tɕʰi⁵³⁻⁵⁵ dzyoŋ¹¹³⁻⁵⁵　蛆

蚴虫　iʊ³³⁵⁻³³ dzyoŋ¹¹³⁻⁵³　蚜虫

豆象　dei²¹²⁻¹¹ dʑiã²¹²⁻³⁵　蚕豆的蛀虫

灶虮　tsɔ³³⁵⁻³³ tɕi⁵³⁻⁵³　灶蟋蟀

蟑螂　tsɔ̃⁵³⁻⁵⁵ lɔ̃¹¹³⁻⁵⁵

蝗虫　　uɔ̃¹¹³⁻¹¹ dʑyoŋ¹¹³⁻¹¹

虼蜢　　kieʔ⁵⁻³³ mã²¹²⁻³⁵　　蚂蚱

□螂　　gɔ̃¹¹³⁻¹¹ lɔ̃¹¹³⁻¹¹　　螳螂

解锯虫　　ka⁴²⁴⁻³³ tɕi³³⁵⁻³³ dʑyoŋ¹¹³⁻³⁵　　天牛

叉浣虫　　tsʰo⁵³⁻⁵⁵ u³³⁵⁻⁵⁵ dʑyoŋ¹¹³⁻³¹　　屎克郎

地鳖虫　　di²¹²⁻¹¹ pieʔ⁵⁻¹¹ dʑyoŋ¹¹³⁻⁵³

金胡蜂　　tɕin⁵³⁻⁵⁵ u¹¹³⁻⁵⁵ foŋ⁵³⁻⁵⁵　　金龟子

磕头虫　　kʰieʔ⁵⁻⁵⁵ dei¹¹³⁻⁵⁵ dʑyoŋ¹¹³⁻³¹

纺缲娘　　fɔ̃⁴²⁴⁻³³ tɕia³³⁵⁻³³ ȵiã¹¹³⁻³⁵　　纺织娘

臭屁虫　　ɕiʊ³³⁵⁻³³ pʰi³³⁵⁻³³ dʑyoŋ¹¹³⁻⁵³　　臭大姐

臭虫　　tɕʰiʊ³³⁵⁻³³ dʑyoŋ¹¹³⁻⁵³

飞丝娘　　fi⁵³⁻⁵⁵ sɿ⁵³⁻⁵⁵ ȵiã¹¹³⁻⁵⁵　　蜘蛛

飞丝　　fi⁵³⁻⁵⁵ sɿ⁵³⁻⁵⁵　　蛛网

蟢　　ɕi⁴²⁴　　蟢子

壁蟢　　pieʔ⁵⁻³³ ɕi⁴²⁴⁻³⁵　　蟢子

蛐蟮　　tɕʰyoʔ⁵⁻³³ ʑyɛ̃²¹²⁻³⁵　　蚯蚓

胡峰　　u¹¹³⁻¹¹ foŋ⁵³⁻¹¹　　马蜂

蜜蜂　　mieʔ²⁻¹¹ foŋ⁵³⁻⁵³

蜂窠　　foŋ⁵³⁻⁵⁵ kʰʊ⁵³⁻⁵⁵　　蜂窝

蜜糖　　mieʔ²⁻¹¹ dɔ̃¹¹³⁻⁵³　　蜂蜜

叮　　tiŋ⁵³　　蜜蜂蜇

蝴蝶　　u¹¹³⁻¹¹ dieʔ²⁻¹¹

蛾　　ŋʊ¹¹³　　蛾子

麦蝴蝶　　maʔ²⁻¹¹ u¹¹³⁻¹¹ dieʔ²⁻¹¹　　麦蛾

米虫　　mi²¹²⁻¹¹ dʑyoŋ¹¹³⁻³⁵

米蛾　　mi²¹²⁻¹¹ ŋʊ¹¹³⁻³⁵

游火虫　　iʊ¹¹³⁻¹¹ hu⁴²⁴⁻¹¹ dʑyoŋ¹¹³⁻¹¹　　萤火虫

蜻蜓　　ɕin⁵³⁻⁵⁵ diŋ¹¹³⁻⁵⁵

蝓知蜩　　y¹¹³⁻¹¹ tsɿ⁵³⁻¹¹ ɕio¹¹³⁻¹¹　　蓝绿色的知了

蚱蜩　tso³³⁵⁻³³ diɔ¹¹³⁻⁵³　黑色的大型知了
寒蜩　ɛ̃¹¹³⁻¹¹ diɔ¹¹³⁻¹¹　秋蝉
脚蛛　tɕiaʔ⁵⁻⁵⁵ tɕy⁵³⁻³¹　蟋蟀
　斗鸡　tei³³⁵⁻³³ tɕi⁵³⁻⁵³
蚊虫　meŋ¹¹³⁻¹¹ dʑyoŋ¹¹³⁻¹¹　蚊子
叮　tiŋ⁵³　蚊子叮咬
　咬　ŋɔ²¹²
钩斗虫　kiʋ⁵³⁻⁵⁵ tei³³⁵⁻⁵⁵ dʑyoŋ¹¹³⁻³¹　孑孓
涴蚊子　u³³⁵⁻³³ meŋ¹¹³⁻³³ tsɿ⁴²⁴⁻⁵³　蚋
苍蝇　tsʰɔ̃⁵³⁻⁵⁵ iŋ¹¹³⁻⁵⁵
饭苍蝇　vã²¹²⁻¹¹ tsʰɔ̃⁵³⁻¹¹ iŋ¹¹³⁻¹¹
麻苍蝇　mo¹¹³⁻¹¹ tsʰɔ̃⁵³⁻¹¹ iŋ¹¹³⁻¹¹
涴苍蝇　u³³⁵⁻³³ tsʰɔ̃⁵³⁻³³ iŋ¹¹³⁻⁵³　屎苍蝇
苍蝇老虎　tsʰɔ̃⁵³⁻⁵⁵ iŋ¹¹³⁻⁵⁵ lɔ²¹²⁻⁵⁵ hu⁴²⁴⁻³¹　蝇虎
牛虻　ȵiʋ¹¹³⁻¹¹ mã¹¹³⁻¹¹
虱　seʔ⁵
虼蚤　kieʔ⁵⁻³³ tso⁴²⁴⁻³⁵　蚤
食痨虫　ʑieʔ²⁻¹¹ lɔ¹¹³⁻¹¹ dʑyoŋ¹¹³⁻¹¹　蛔虫
酒醉鬼　tɕiʋ⁴²⁴⁻³³ tse³³⁵⁻³³ kue⁴²⁴⁻⁵³　酒缸边的一种小甲虫
地蚕　di²¹²⁻¹¹ zɛ̃¹¹³⁻³⁵　地老虎
石老虫　zaʔ²⁻¹¹ lɔ⁴²⁴⁻¹¹ dʑyoŋ¹¹³⁻³⁵　蛴螬
红虫　ŋ̍¹¹³⁻¹¹ dʑyoŋ¹¹³⁻¹¹　水蚤
子　tsɿ⁴²⁴　鱼、虫的卵
射　dza²¹²　虫产卵

5.6.5　水产

鱼　y¹¹³
厴　iɛ̃⁴²⁴　鱼鳞、螺类的盖
鱼泡泡　y¹¹³⁻¹¹ pʰɔ³³⁵⁻¹¹ pʰɔ³³⁵⁻⁵³

鳔　　biɔ¹¹³

鳃　　sɛ⁵³

鱼骨头　　y¹¹³⁻¹¹ kuoʔ⁵⁻¹¹ dei¹¹³⁻⁵³　　鱼刺（鱼骨）

鲫板　　tɕieʔ⁵⁻³³ pã⁴²⁴⁻³⁵

　鲫鱼　　tɕieʔ⁵⁻⁵⁵ y¹¹³⁻³¹

老板鲫鱼　　lɔ²¹²⁻¹¹ pã⁴²⁴⁻¹¹ tɕieʔ⁵⁻⁵⁵ y¹¹³⁻³¹　　大的鲫鱼

乌贼　　u⁵³⁻⁵⁵ zeʔ²⁻⁵⁵　　墨鱼

黑鳢头　　heʔ⁵⁻³³ li²¹²⁻³³ dei¹¹³⁻³⁵　　黑鱼

鲤鱼　　li²¹²⁻¹¹ y¹¹³⁻³⁵

鳗　　mɛ̃¹¹³

鲇鳙郎　　ȵiɛ̃¹¹³⁻¹¹ uoʔ²⁻¹¹ lɔ̃¹¹³⁻¹¹　　鲇鱼

黄刺郎　　uɔ̃⁵³⁻⁵⁵ tsʰɿ³³⁵⁻⁵⁵ lɔ̃¹¹³⁻³¹　　黄颡鱼‖"黄"读阴调类

猫鲤鲦　　mɔ⁵³⁻⁵⁵ li²¹²⁻³³ diɔ¹¹³⁻³⁵　　刀鱼

烧过鱼　　sɔ⁵³⁻⁵⁵ ku³³⁵⁻⁵⁵ y¹¹³⁻³¹　　鳑鲏鱼

翘嘴白鱼　　tɕʰiɔ³³⁵⁻³³ tsɛʔ⁴²⁴⁻³³ baʔ²⁻⁵⁵ y¹¹³⁻⁵³　　白鱼

鳡鲦　　kɛ̃⁴²⁴⁻³³ diɔ¹¹³⁻³⁵　　鳡鱼

包头鱼　　pɔ⁵³⁻⁵⁵ dei¹¹³⁻⁵⁵ y¹¹³⁻⁵⁵　　胖头鱼（花鲢）

鲢丬头　　ȵiɛ̃¹¹³⁻¹¹ bã²¹²⁻¹¹ dei¹¹³⁻¹¹　　鲢鱼

螺蛳青　　lʊ¹¹³⁻¹¹ sɿ⁵³⁻¹¹ tɕʰiŋ⁵³⁻¹¹　　青鱼

草鱼　　tsʰɔ⁴²⁴⁻³³ y¹¹³⁻³⁵

鳊鱼　　piɛ̃⁵³⁻⁵⁵ y¹¹³⁻⁵⁵

　草鳊　　tsʰɔ⁴²⁴⁻³³ piɛ̃⁵³⁻³⁵

鲋鱼　　zɿ¹¹³⁻¹¹ y¹¹³⁻¹¹

红眼赤佬　　ŋ¹¹³⁻¹¹ ŋã²¹²⁻¹¹ tsʰeʔ⁵⁻⁵⁵ lɔ²¹²⁻³¹　　赤眼鳟

鲻鱼段头　　tsɿ⁵³⁻⁵⁵ y¹¹³⁻⁵⁵ dɛ²¹²⁻⁵⁵ dei¹¹³⁻⁵⁵　　鲻鱼

雌肚鱼　　tsʰɿ⁵³⁻⁵⁵ dʊ²¹²⁻⁵⁵ y¹¹³⁻³¹　　河豚

鲢鱼丝　　ȵiɛ̃¹¹³⁻¹¹ y¹¹³⁻¹¹ sɿ⁵³⁻¹¹　　银鱼

鲳条眼　　tsʰɔ̃⁵³⁻⁵⁵ diɔ¹¹³⁻⁵⁵ ŋã²¹²⁻³¹　　白条鱼

沙土鲋　　sɔ⁵³⁻³³ tʰʊ⁴²⁴⁻⁵⁵ bu²¹²⁻⁵³　　鲋鱼

带鱼鲞 ta$^{335\text{-}33}$ y$^{113\text{-}33}$ ɕiã$^{424\text{-}53}$　带鱼

姜鱼　tɕiã$^{53\text{-}55}$ y$^{113\text{-}55}$　黄鱼，老派说法

　黄鱼　uɔ̃$^{113\text{-}11}$ y$^{113\text{-}11}$

油桶鲞　iʊ$^{113\text{-}11}$ doŋ$^{212\text{-}11}$ ɕiã$^{424\text{-}53}$　青鲇鱼

鲳鳊鱼　tsʰɔ$^{53\text{-}55}$ piɛ$^{53\text{-}55}$ y$^{113\text{-}55}$　鲳鱼

热=踏=鱼　nieʔ$^{2\text{-}11}$ daʔ$^{2\text{-}11}$ y$^{113\text{-}11}$　比目鱼

　半爿鱼　pɛ̃$^{335\text{-}33}$ bã$^{212\text{-}11}$ y$^{113\text{-}53}$

鱼秧　y$^{113\text{-}11}$ iã$^{53\text{-}11}$　鱼苗

写=　ɕia^{424}　鱼产卵

泥鳅　n̠i$^{113\text{-}11}$ tɕʰiʊ$^{53\text{-}11}$

黄鳝　uɔ̃$^{113\text{-}11}$ ʑyɛ$^{212\text{-}11}$　鳝鱼

虾　ho^{53}

老弹虾　lɔ$^{212\text{-}11}$ dã$^{113\text{-}11}$ ho$^{53\text{-}53}$　大虾

草虾　tsʰɔ$^{424\text{-}33}$ ho$^{53\text{-}35}$

米虾　mi$^{212\text{-}11}$ ho$^{53\text{-}53}$　小虾

蟹　ha^{424}

　毛蟹　mɔ$^{113\text{-}11}$ ha$^{424\text{-}11}$

蟛蜞　bã$^{113\text{-}11}$ dʑi$^{113\text{-}11}$　淡水产小型蟹类，形似小螃蟹，学名相手蟹

石蟹　zaʔ$^{2\text{-}11}$ ha$^{424\text{-}53}$　溪水中的螃蟹

蟹黄　ha$^{424\text{-}33}$ uɔ̃$^{113\text{-}35}$

蟹膏　ha$^{424\text{-}33}$ kɔ$^{53\text{-}35}$

团脐　dɛ̃$^{113\text{-}11}$ dʑi$^{113\text{-}11}$　雌蟹的圆脐

尖脐　tɕiɛ$^{53\text{-}55}$ dʑi$^{113\text{-}55}$　雄蟹的尖脐

蚌　bã^{212}　河蚌

蚌壳　bã$^{212\text{-}11}$ kʰoʔ$^{5\text{-}35}$　河蚌壳

黄蚬　uɔ̃$^{113\text{-}11}$ ɕiɛ̃$^{335\text{-}11}$

蚬壳　ɕiɛ̃$^{335\text{-}33}$ kʰoʔ$^{5\text{-}53}$

螺蛳　lʊ$^{113\text{-}11}$ sɿ$^{53\text{-}11}$

田螺　diɛ̃$^{113\text{-}11}$ lʊ$^{113\text{-}11}$

蜒蜒螺　iɛ¹¹³⁻¹¹ iɛ̃¹¹³⁻¹¹ lʊ¹¹³⁻¹¹　蜗牛
鼻涕虫　bieʔ²⁻¹¹ tʰi³³⁵⁻¹¹ dzyoŋ¹¹³⁻⁵³　蛞蝓‖"鼻涕"相连时，"鼻"音bieʔ，可能是受"涕"影响的结果
蚂蟥　mo²¹²⁻¹¹ uã¹¹³⁻³⁵　水蛭
田鸡　diɛ̃¹¹³⁻¹¹ tɕi⁵³⁻¹¹　青蛙
青水田鸡　tɕʰiŋ⁵³⁻⁵⁵ sɛ⁴²⁴⁻⁵⁵ diɛ̃¹¹³⁻⁵⁵ tɕi⁵³⁻³¹　青色的青蛙
狗豌田鸡　kiʊ⁴²⁴⁻³³ u³³⁵⁻³³ diɛ̃¹¹³⁻⁵⁵ tɕi⁵³⁻⁵³　灰色的青蛙
癞司蛤□　la⁵³⁻⁵⁵ sɿ⁵³⁻⁵⁵ kieʔ⁵⁻⁵⁵ po/pɔ³³⁵⁻³¹　癞蛤蟆
上树田鸡　lɔ̃³³⁵⁻³³ zy²¹²⁻³³ diɛ̃¹¹³⁻³³ tɕi⁵³⁻⁵³　树蛙‖"上"在连调首字读 l-，较为特殊
石□　zaʔ²⁻¹¹ gɔ̃²¹²⁻³⁵　棘胸蛙
蛤蟆台⁼　o¹¹³⁻¹¹ mo¹¹³⁻¹¹ dɛ¹¹³⁻¹¹　蝌蚪
乌龟　u⁵³⁻⁵⁵ kuɛ⁵³⁻⁵⁵
鳖　pieʔ⁵　甲鱼

5.7　饮　　食

5.7.1　米面主食

食私　zieʔ²⁻¹¹ sɿ⁵³⁻⁵³　食物
早饭　tsɔ⁴²⁴⁻³³ vã²¹²⁻³⁵　早饭
日中饭　ȵieʔ²⁻¹¹ tɕyoŋ⁵³⁻¹¹ vã²¹²⁻¹¹　午饭
夜饭　ia³³⁵⁻³³ vã²¹²⁻⁵³　晚饭
半夜饭　pɛ̃³³⁵⁻³³ ia³³⁵⁻³³ vã²¹²⁻⁵³　晚上工作后的餐
早点心　tsɔ⁴²⁴⁻³³ tiɛ̃⁴²⁴⁻³³ ɕiŋ⁵³⁻³⁵
晚点心　mã²¹²⁻¹¹ tiɛ̃⁴²⁴⁻¹¹ ɕiŋ⁵³⁻³⁵
饭　vã²¹²　米饭
饭娘　vã²¹²⁻¹¹ ȵiã¹¹³⁻³⁵　用米做饭时掺入的剩饭

冷饭头　lã²¹²⁻¹¹ vã²¹²⁻¹¹ dei¹¹³⁻³⁵　剩饭

饭垅头　vã²¹²⁻¹¹ boʔ²⁻¹¹ dei¹¹³⁻⁵³　米饭块

镬焦　uoʔ²⁻¹¹ tɕio⁵³⁻⁵³　锅巴

涨性　tsã³³⁵⁻³³ ɕiŋ³³⁵⁻⁵³　米的出饭率

僵　tɕiã⁵³　饭夹生

饭糁　vã²¹²⁻¹¹ sɛ⁵³⁻³⁵　饭粒

粥　tɕyoʔ⁵　粥

白米粥　baʔ²⁻¹¹ mi²¹²⁻¹¹ tɕyoʔ⁵⁻⁵³　直接用米煮的粥

泡饭粥　pʰɔ³³⁵⁻³³ vã²¹²⁻³³ tɕyoʔ⁵⁻⁵³　在煮熟的饭的基础上煮的泡饭

糯米饭　nʊ³³⁵⁻³³ mi²¹²⁻³³ vã²¹²⁻⁵³

寒豆饭　ɛ¹¹³⁻¹¹ dei¹¹³⁻¹¹ vã²¹²⁻¹¹　豌豆连同饭一起煮

乌米饭　u⁵³⁻⁵⁵ mi²¹²⁻⁵⁵ vã²¹²⁻³¹　用乌树叶取汁与糯米拌和烧成糯米饭

菜饭　tsʰɛ³³⁵⁻³³ vã²¹²⁻⁵³

菜粥年糕　tsʰɛ³³⁵⁻³³ tɕyoʔ⁵⁻³³ ȵiɛ¹¹³⁻³³ kɔ⁵³⁻⁵³　青菜、剩饭、年糕煮在一起的食物

饭镬水　vã²¹²⁻¹¹ uoʔ²⁻¹¹ sɛ⁴²⁴⁻⁵³　米汤

麦粉　maʔ²⁻¹¹ fəŋ⁴²⁴⁻⁵³　面粉

米队=糊　mieʔ²⁻¹¹ dɛ²¹²⁻¹¹ u²¹²⁻³⁵　米糊、面糊‖"米"发生了促化

苀头　tɕʰiɛ³³⁵⁻³³ dei¹¹³⁻⁵³　加热水搅拌之后的米饼糊，用来做米馃

麦馃　maʔ²⁻¹¹ ku⁴²⁴⁻⁵³　面疙瘩

摘♯麦馃　tieʔ⁵⁻³³ maʔ²⁻¹¹ ku⁴²⁴⁻⁵³　用手扯下一块面疙瘩

箸夹馃　dzɿ²¹²⁻¹¹ kaʔ⁵⁻¹¹ ku⁴²⁴⁻⁵³　用筷子夹出来的一种面疙瘩

面　miɛ³³⁵　面条

阔面　kʰua⁵⁻³³ miɛ³³⁵⁻³⁵　宽面

浇头　tɕio⁵³⁻⁵⁵ dei¹¹³⁻⁵⁵　面中的配菜

娘　ȵiã¹¹³　面酵子

发粉　faʔ⁵⁻³³ fəŋ⁴²⁴⁻³⁵　发面的粉

光面　kuã⁵³⁻⁵⁵ miɛ³³⁵⁻³¹　不加配菜的面

馅子　ŋã²¹²⁻¹¹ tsɿ⁴²⁴⁻⁵³

赤豆馅子　tsʰaʔ⁵⁻⁵⁵ dei¹¹³⁻⁵⁵ ŋã²¹²⁻⁵⁵ tsʅ⁴²⁴⁻³¹　豆沙馅儿
馒头　mɛ̃¹¹³⁻¹¹ dei¹¹³⁻¹¹
　酒酿馒头　tɕiʊ⁴²⁴⁻³³ ɲiã³³⁵⁻³³ mɛ̃¹¹³⁻³³ dei¹¹³⁻⁵³
油沸馒头　iʊ¹¹³⁻¹¹ fi³³⁵⁻¹¹ mɛ̃¹¹³⁻¹¹ dei¹¹³⁻¹¹　油炸馒头
面包　miɛ̃³³⁵⁻³³ pɔ⁵³⁻⁵³　刀切馒头
包子　pɔ⁵³⁻⁵⁵ tsʅ⁴²⁴⁻³¹
馄饨　uen¹¹³⁻¹¹ den¹¹³⁻¹¹
丝瓜筋　sʅ⁵³⁻⁵⁵ kuo⁵³⁻⁵⁵ tɕin⁵³⁻⁵⁵　油条，老派叫法
　油条　iʊ¹¹³⁻¹¹ diɔ¹¹³⁻¹¹
烧饼　sɔ⁵³⁻⁵⁵ pin⁴²⁴⁻³¹
搨饼　tʰaʔ⁵⁻³³ pin⁴²⁴⁻³⁵
蟹壳饼　ha⁴²⁴⁻³³ kʰoʔ⁵⁻³³ pin⁴²⁴⁻³⁵　一种形状像蟹壳的饼
雪团　ɕieʔ⁵⁻⁵⁵ dɛ¹¹³⁻³¹　一种食物，比米粿大

5.7.2　荤素食材

肉　ɲyoʔ²　猪肉
肥肉　bi¹¹³⁻¹¹ ɲyoʔ²⁻¹¹　较老说法
　油肉　iʊ¹¹³⁻¹¹ ɲyoʔ²⁻¹¹　肥肉
腈头肉　tɕin⁵³⁻⁵⁵ dei¹¹³⁻⁵⁵ ɲyoʔ²⁻⁵⁵　瘦肉
猪婆肉　tsʅ⁵³⁻⁵⁵ bu¹¹³⁻⁵⁵ ɲyoʔ²⁻⁵⁵　老母猪的肉
猪头肉　tsʅ⁵³⁻⁵⁵ dei¹¹³⁻⁵⁵ ɲyoʔ²⁻⁵⁵
槽头肉　zɔ¹¹³⁻¹¹ dei¹¹³⁻¹¹ ɲyoʔ²⁻¹¹　指猪脖颈后的肥肉
腿精　tʰɛ⁴²⁴⁻³³ tɕin⁵³⁻³⁵　猪腿上的腱子肉
肉圆子　ɲyoʔ²⁻¹¹ ɲyɛ¹¹³⁻¹¹ tsʅ⁴²⁴⁻¹¹　肉丸
蹄髈　di¹¹³⁻¹¹ pʰɔ̃³³⁵⁻¹¹　猪蹄膀
猪肝　tsʅ⁵³⁻⁵⁵ kɛ⁵³⁻⁵⁵
猪舌头　tsʅ⁵³⁻⁵⁵ zieʔ²⁻⁵⁵ dei¹¹³⁻⁵⁵
腰子　iɔ⁵³⁻⁵⁵ tsʅ⁴²⁴⁻³¹
猪血　tsʅ⁵³⁻⁵⁵ ɕyoʔ⁵⁻⁵⁵

肚子　tʊ⁴²⁴⁻³³ tsʅ⁴²⁴⁻³⁵　多指猪肚

肚里货　dʊ²¹²⁻¹¹ li²¹²⁻¹¹ hu³³⁵⁻³⁵　家禽、家畜的内脏

鸡脚爬　tɕi⁵³⁻⁵⁵ tɕia⁵⁻⁵⁵ bo¹¹³⁻⁵⁵　鸡爪子

鸡硬肝　tɕi⁵³⁻³³ ŋã³³⁵⁻³³ kɛ⁵³⁻⁵³　鸡胗

鸡蛋　tɕi⁵³⁻⁵⁵ dã²¹²⁻³¹

鸭蛋　aʔ⁵⁻³³ dã²¹²⁻³⁵

鹌鹑蛋　ɛ̃⁵³⁻⁵⁵ zeŋ¹¹³⁻⁵⁵ dã²¹²⁻³¹

黄　uɔ̃¹¹³　蛋黄

白　baʔ²　蛋白

床=鸭蛋　zɔ̃¹¹³⁻¹¹ aʔ⁵⁻¹¹ dã²¹²⁻⁵³　咸蛋

皮蛋　bi¹¹³⁻¹¹ dã²¹²⁻¹¹　松花蛋

茶叶蛋　dzo¹¹³⁻¹¹ ieʔ⁵⁻¹¹ dã²¹²⁻¹¹

肉松　ȵyoʔ²⁻¹¹ soŋ⁵³⁻⁵³

香肠　ɕiã⁵³⁻⁵⁵ dzã¹¹³⁻⁵⁵

腌　iɛ̃⁵³　用盐腌制：～鸡、～鸭、～肉、～菜

鱼干　y¹¹³⁻¹¹ kɛ⁵³⁻¹¹　由河鱼风干而成

鲞　ɕiã⁴²⁴　由海鱼腌制而成的

鳓鲞　leʔ²⁻¹¹ ɕiã⁴²⁴⁻⁵³

龙头鲞　loŋ¹¹³⁻¹¹ dei¹¹³⁻¹¹ kʰɔ⁵³⁻¹¹　龙头鱼晒成的小鱼干

䲖蟹　tɕʰiã⁵³⁻⁵⁵ ha⁴²⁴⁻³¹　用盐水泡制的梭子蟹

明脯鲞　miŋ¹¹³⁻¹¹ fu⁴²⁴⁻¹¹ ɕiã⁴²⁴⁻¹¹　墨鱼干

淡菜　dã²¹²⁻¹¹ tsʰɛ³³⁵⁻³⁵　贻贝干

开洋　kʰɛ⁵³⁻⁵⁵ iã¹¹³⁻⁵⁵

虾皮　ho⁵³⁻⁵⁵ bi¹¹³⁻⁵⁵　虾皮（细干虾）

海蜇头　hɛ⁴²⁴⁻³³ tseʔ⁵⁻³³ dei¹¹³⁻³⁵

木耳　moʔ²⁻¹¹ ɿ²¹²⁻⁵³

黑木耳　heʔ⁵⁻³³ moʔ²⁻³³ ɿ²¹²⁻⁵³

白木耳　baʔ²⁻¹¹ moʔ²⁻¹¹ ɿ²¹²⁻⁵³

香蕈　ɕiã⁵³⁻⁵⁵ dʑiŋ²¹²⁻³¹　香菇

海带　hɛ⁴²⁴⁻³³ta³³⁵⁻³⁵
腌菜　iɛ̃⁵³⁻⁵⁵tsʰɛ³³⁵⁻³¹　咸菜
倒督=腌菜　tɔ³³⁵⁻³³toʔ⁵⁻³³iɛ̃⁵³⁻³³tsʰɛ³³⁵⁻⁵³
白腌菜　baʔ²⁻¹¹iɛ̃³³⁵⁻¹¹tsʰɛ³³⁵⁻⁵³　青菜腌制的咸菜
芥腌菜　ka³³⁵⁻³³iɛ⁵³⁻³³tsʰɛ³³⁵⁻⁵³　芥菜腌制的咸菜
干菜　kɛ̃⁵³⁻⁵⁵tsʰɛ³³⁵⁻³¹
豆腐　dɛ²¹²⁻¹¹vu²¹²⁻³⁵　‖"豆"读音特殊
豆腐干　dɛ²¹²⁻¹¹vu²¹²⁻¹¹kɛ̃⁵³⁻⁵³　‖"豆"读音特殊
豆腐渣　dɛ²¹²⁻¹¹vu²¹²⁻¹¹tso⁵³⁻⁵³　‖"豆"读音特殊
豆腐皮　dei²¹²⁻¹¹vu²¹²⁻¹¹bi¹¹³⁻⁵³
油豆腐　iʊ¹¹³⁻¹¹dɛ²¹²⁻¹¹vu²¹²⁻¹¹　‖"豆"读音特殊
腐乳　vu²¹²⁻¹¹y³³⁵⁻³⁵
素鸡　sʊ³³⁵⁻³³tɕi⁵³⁻⁵³
千张　tɕʰiɛ̃⁵³⁻⁵⁵tsã⁵³⁻⁵⁵
粉干　fen⁴²⁴⁻³³kɛ̃⁵³⁻³⁵
龙须　loŋ¹¹³⁻¹¹sʊ⁵³⁻¹¹
　粉丝　fen⁴²⁴⁻³³sɿ⁵³⁻³⁵

5.7.3　菜肴

菜　tsʰɛ³³⁵　下饭菜
荤菜　hueŋ⁵³⁻⁵⁵tsʰɛ³³⁵⁻³¹
素菜　sʊ³³⁵⁻³³tsʰɛ³³⁵⁻⁵³
过酒菜　ku³³⁵⁻³³tɕiʊ⁴²⁴⁻³³tsʰɛ³³⁵⁻⁵³　下酒菜
汤　tʰɔ̃⁵³
蒸鸡蛋　tseŋ⁵³⁻⁵⁵tɕi⁵³⁻⁵⁵dã²¹²⁻³¹　水蒸蛋
荷包蛋　u¹¹³⁻¹¹pɔ⁵³⁻¹¹dã²¹²⁻¹¹
卤　lʊ²¹²　菜卤
萝蔔干　lʊ¹¹³⁻¹¹bu²¹²⁻¹¹kɛ̃⁵³⁻¹¹
酱瓜　tɕiã³³⁵⁻³³kuo⁵³⁻⁵³　酱黄瓜

榨菜　tso³³⁵⁻³³ tsʰɛ³³⁵⁻⁵³
笋干　seŋ⁴²⁴⁻³³ kɛ̃⁵³⁻³⁵
臭豆腐干　tɕʰiʊ³³⁵⁻³³ dɛ²¹²⁻³³ vu³³⁵⁻³³ kɛ̃⁵³⁻⁵³
霉千张　mɛ¹¹³⁻¹¹ tɕʰiɛ⁵³⁻¹¹ tsã⁵³⁻¹¹
臭大蒜　tɕʰiʊ³³⁵⁻³³ da²¹²⁻³³ sɛ̃³³⁵⁻⁵³　糖蒜
肉冻　ȵyoʔ²⁻¹¹ toŋ³³⁵⁻⁵³　猪、羊等肉的汤料冻成块状后当作一种菜肴

5.7.4　烟、酒、茶水

香烟　ɕiã⁵³⁻⁵⁵ iɛ̃⁵³⁻⁵⁵
旱烟　ɛ̃²¹²⁻¹¹ iɛ̃⁵³⁻³⁵
　潮烟　dzɔ¹¹³⁻¹¹ iɛ̃⁵³⁻¹¹
水烟　sɛ⁴²⁴⁻³³ iɛ̃⁵³⁻³⁵　通过水抽的一种烟
老烟管　lɔ²¹²⁻¹¹ iɛ̃⁵³⁻¹¹ kuɛ̃⁴²⁴⁻⁵³　烟筒
酒　tɕiʊ⁴²⁴
老酒　lɔ²¹²⁻¹¹ tɕiʊ⁴²⁴⁻⁵³　黄酒
白酒　baʔ²⁻¹¹ tɕiʊ⁴²⁴⁻⁵³　糯米甜酒
　米酒　mi²¹²⁻¹¹ tɕiʊ⁴²⁴⁻⁵³
浆板糟　tɕiã⁵³⁻⁵⁵ pã⁴²⁴⁻⁵⁵ tsɔ⁵³⁻³¹　甜酒酿
烧酒　sɔ⁵³⁻⁵⁵ tɕiʊ⁴²⁴⁻³¹　白酒
茶　dzo¹¹³
糖茶　dɔ̃¹¹³⁻¹¹ dzo¹¹³⁻¹¹
茶叶茶　dzo¹¹³⁻¹¹ ieʔ²⁻¹¹ dzo¹¹³⁻¹¹
焦麦茶　tɕiɔ⁵³⁻⁵⁵ maʔ²⁻⁵⁵ dzo¹¹³⁻⁵⁵　大麦炒焦之后泡茶，多夏天喝
茶叶　dzo¹¹³⁻¹¹ ieʔ²⁻¹¹
浓　ȵyoŋ¹¹³　茶浓
冷水　lã²¹²⁻¹¹ sɛ⁴²⁴⁻⁵³　凉水
温暾水　ueŋ⁵³⁻⁵⁵ tʰeŋ⁵³⁻⁵⁵ sɛ⁴²⁴⁻³¹　温水
热水　ȵieʔ²⁻¹¹ sɛ⁴²⁴⁻⁵³

滚水　　kueŋ$^{424-33}$ sɛ$^{424-35}$　　开水
棒冰　　boŋ$^{212-11}$ piŋ$^{53-35}$　　冰棍儿
汽水　　tɕʰi$^{335-33}$ sɛ$^{424-53}$

5.7.5　糖果点心

闲食　　ã$^{113-11}$ ʑieʔ$^{2-11}$　　零食
麻酥糖　mo$^{113-11}$ sʊ$^{53-11}$ dɔ̃$^{113-11}$
牛皮糖　ȵiʊ$^{113-11}$ bi$^{113-11}$ dɔ̃$^{113-11}$
秤管糖　tsʰeŋ$^{335-33}$ kuɛ$^{424-33}$ dɔ̃$^{113-53}$　　冲管糖
冻米糖　toŋ$^{335-33}$ mi$^{212-33}$ dɔ̃$^{113-53}$　　米煮熟之后冷却晒干而成
青果　　tɕʰiŋ$^{53-55}$ ku$^{424-31}$　　橄榄的旧称
　橄榄　kɛ̃$^{424-33}$ lã$^{212-35}$
桂圆　　kuɛ$^{335-33}$ yɛ̃$^{113-53}$
桂圆肉　kuɛ$^{335-33}$ yɛ̃$^{113-33}$ ȵyoʔ$^{2-53}$
荔枝　　li$^{335-33}$ tsʅ$^{53-53}$
柿饼　　zʅ$^{212-11}$ piŋ$^{424-53}$
烤番芋　kʰɔ$^{424-33}$ fã$^{53-33}$ y$^{212-53}$　　烤红薯
藕粉　　ŋiʊ$^{212-11}$ feŋ$^{424-35}$
木莲豆腐　moʔ$^{2-11}$ ȵiɛ̃$^{113-11}$ dɛ$^{212-11}$ vu$^{212-53}$
六谷大王　loʔ$^{2-11}$ kuoʔ$^{5-11}$ da$^{212-11}$ uɔ̃$^{113-53}$　　玉米爆米花
米花　　mi$^{212-11}$ huo$^{53-35}$　　大米爆米花
炒米粉　tsʰɔ$^{424-33}$ mi$^{212-33}$ feŋ$^{424-53}$　　将大米炒熟后磨成的粉
炒麦粉　tsʰɔ$^{424-33}$ maʔ$^{2-33}$ feŋ$^{424-53}$　　将小麦炒熟后磨成的粉
糕　　　kɔ^{53}
化糕　　huo$^{335-33}$ kɔ$^{53-53}$　　一种松软的糕点
印糕　　iŋ$^{335-33}$ kɔ$^{53-53}$
香糕　　ɕiã$^{53-55}$ kɔ$^{53-55}$
荷花糕　u$^{113-11}$ huo$^{53-11}$ kɔ$^{53-11}$　　用米粉加糖蒸制的一种给孩子吃
　　　　的方糕

饼干　piŋ⁴²⁴⁻³³kɛ̃⁵³⁻³⁵

汤团　tʰɔ̃⁵³⁻⁵⁵dẽ¹¹³⁻⁵⁵

喜米倮　ɕi⁴²⁴⁻³³mi²¹²⁻³³ku⁴²⁴⁻⁵³　　无馅的糯米小丸子，多用于结婚等

粽子　tsoŋ³³⁵⁻³³tsɿ⁴²⁴⁻⁵³

箬壳　n̠iaʔ²⁻¹¹kʰoʔ⁵⁻⁵³　　包粽子的箬竹叶

花卷　huo⁵³⁻⁵⁵tɕyɛ̃⁴²⁴⁻³¹

年糕　n̠iẽ¹¹³⁻¹¹kɔ⁵³⁻¹¹

麻餈　mo¹¹³⁻¹¹zɿ²¹²⁻¹¹

绞绞糖　kɔ⁴²⁴⁻³³kɔ⁴²⁴⁻³³dɔ̃¹¹³⁻³⁵　　油馓子

京枣　tɕiŋ⁵³⁻³³tsɔ⁴²⁴⁻³¹　　一种用油炸的糯米食品，即"枇杷梗"

5.7.6　作料

料作　liɔ³³⁵⁻³³tsoʔ⁵⁻⁵³　　作料

猪油　tsɿ⁵³⁻⁵⁵iʊ¹¹³⁻⁵⁵

麻油　mo¹¹³⁻¹¹iʊ¹¹³⁻¹¹

菜油　tsʰɛ³³⁵⁻³³iʊ¹¹³⁻⁵³

豆瓣酱　dei²¹²⁻¹¹pã³³⁵⁻¹¹tɕiã³³⁵⁻³⁵　　豆瓣晒成的酱

辣酱　laʔ²⁻¹¹tɕiã³³⁵⁻⁵³

酱油　tɕiã³³⁵⁻³³iʊ¹¹³⁻⁵³

酸醋　sɛ̃⁵³⁻³⁵tsʰʊ³³⁵⁻³¹　　醋

盐　　iɛ̃¹¹³

义乌糖　n̠i³³⁵⁻³³u⁵³⁻³³dɔ̃¹¹³⁻⁵³　　红糖

白糖　baʔ²⁻¹¹dɔ̃¹¹³⁻⁵³　　白糖

饧糖　dziŋ¹¹³⁻¹¹dɔ̃¹¹³⁻⁵³　　麦芽糖

冰糖　piŋ⁵³⁻⁵⁵dɔ̃¹¹³⁻⁵⁵

味之素　vi²¹²⁻¹¹tsɿ⁵³⁻¹¹sʊ³³⁵⁻³⁵　　老派说法

　味精　vi²¹²⁻¹¹tɕiŋ⁵³⁻³⁵

茴香　uɛ¹¹³⁻¹¹ɕiã⁵³⁻¹¹

桂皮　kuɛ³³⁵⁻³³bi¹¹³⁻⁵³

花椒　　huo⁵³⁻⁵⁵ tɕiɔ⁵³⁻⁵⁵
胡椒　　u¹¹³⁻¹¹ tɕiɔ⁵³⁻¹¹
山粉　　sã³⁵³⁻⁵⁵ fen⁴²⁴⁻³¹　　勾芡用的淀粉

5.8　服　　饰

5.8.1　衣裤

衣裳　　i⁵³⁻⁵⁵ zɔ̃¹¹³⁻⁵⁵　　衣服
单布衫　tã⁵³⁻³³ pu³³⁵⁻³³ sã⁵³⁻⁵³　　单衣
大布衫　dʊ²¹²⁻¹¹ pu³³⁵⁻¹¹ sã⁵³⁻⁵³　　长衫
小布衫　ɕiɔ⁴²⁴⁻³³ pu³³⁵⁻³³ sã⁵³⁻⁵³　　衬衫
汗衫背心　ɛ̃³³⁵⁻³³ sã⁵³⁻³³ pɛ³³⁵⁻³³ ɕin⁵³⁻⁵³　　短袖背心
背褡　　pɛ³³⁵⁻³³ taʔ⁵⁻⁵³　　背心
夹袄　　kaʔ⁵⁻³³ ɔ⁴²⁴⁻³⁵
棉袄　　mi¹¹³⁻¹¹ ɔ⁴²⁴⁻¹¹　　‖ "棉"读音特殊，绍兴也是读 mi²
毛线衫　mɔ¹¹³⁻¹¹ ɕiɛ̃³³⁵⁻¹¹ sã⁵³⁻¹¹　　毛衣
毛线　　mɔ¹¹³⁻¹¹ ɕiɛ̃³³⁵⁻¹¹　　绒线
棉毛衫　miɛ̃¹¹³⁻¹¹ mɔ¹¹³⁻¹¹ sã⁵³⁻⁵³
雨披　　y⁴²⁴⁻³³ pʰi⁵³⁻³⁵　　雨衣
蓑衣　　sʊ⁵³⁻⁵⁵ i⁵³⁻⁵⁵
罩面布衫　tsɔ³³⁵⁻³³ miɛ̃³³⁵⁻³³ pu³³⁵⁻³³ sã⁵³　　外套
　罩衫　　tsɔ³³⁵⁻³³ sã⁵³⁻⁵³
中山装　tɕyon⁵³⁻⁵⁵ sã⁵³⁻⁵⁵ tsɿ⁵³⁻⁵⁵
裤子　　kʰu³³⁵⁻³³ tsɿ⁴²⁴⁻⁵³
开裆裤　kʰɛ⁵³⁻⁵⁵ tɔ̃³³⁵⁻⁵⁵ kʰu³³⁵⁻³¹
蒻裆裤　mɛ̃¹¹³⁻¹¹ tɔ̃³³⁵⁻¹¹ kʰu³³⁵⁻¹¹
裤裆　　kʰu³³⁵⁻³³ tɔ̃⁵³⁻⁵³

裤腰　kʰu³³⁵⁻³³ iɔ⁵³⁻⁵³

裤脚管　kʰu³³⁵⁻³³ tɕiaʔ⁵⁻³³ kuɛ̃⁴²⁴⁻⁵³　裤腿

裤带　kʰu³³⁵⁻³³ ta³³⁵⁻⁵³　裤腰带

短脚裤　tɛ̃⁴²⁴⁻³³ tɕiaʔ⁵⁻³³ kʰu³³⁵⁻³⁵　短裤衩

单裤　tã⁵³⁻⁵⁵ kʰu³³⁵⁻³¹

夹裤　kaʔ⁵⁻³³ kʰu³³⁵⁻³⁵

棉裤　miɛ̃¹¹³⁻¹¹ kʰu³³⁵⁻¹¹

跳舞裙　tʰiɔ³³⁵⁻³³ u²¹²⁻³³ dʑyŋ¹¹³⁻⁵³　裙子

包　pɔ⁵³　包裹婴儿的抱裙

　蜡烛包　laʔ²⁻¹¹ tɕyoʔ⁵⁻¹¹ pɔ⁵³⁻⁵³

怀襟　ua¹¹³⁻¹¹ tɕiŋ⁵³⁻¹¹　扣子在右边

对襟　tɛ³³⁵⁻³³ tɕiŋ⁵³⁻⁵³　扣子在中间

下摆　o²¹²⁻¹¹ pa⁴²⁴⁻⁵³

贴边　tʰieʔ⁵⁻⁵⁵ piɛ⁵³⁻³¹

领头　niŋ²¹²⁻¹¹ dei¹¹³⁻³⁵

领口　niŋ²¹²⁻¹¹ kʰiʊ⁴²⁴⁻⁵³

袖子管　ziʊ²¹²⁻¹¹ tsɿ⁴²⁴⁻¹¹ kuɛ⁴²⁴⁻⁵³　袖子

面子　miɛ̃³³⁵⁻³³ tsɿ⁴²⁴⁻⁵³

夹里　kaʔ⁵⁻³³ li²¹²⁻³⁵　里子

袋　dei²¹²　口袋

插插袋　tsʰaʔ⁵⁻⁵⁵ tsʰaʔ⁵⁻⁵⁵ dɛ²¹²⁻³¹　可以插手的袋子

纽珠　ȵiʊ²¹²⁻¹¹ tɕy⁵³⁻⁵³　布做的纽扣

纽襻　ȵiʊ²¹²⁻¹¹ pʰã³³⁵⁻³⁵

揿襻　tɕʰiŋ³³⁵⁻³³ pʰã³³⁵⁻⁵³　摁扣

拉机　la⁵³⁻⁵⁵ tɕi⁵³⁻⁵⁵　拉链

布　pu³³⁵

夏布　o³³⁵⁻³³ pu³³⁵⁻⁵³

5.8.2　鞋帽类

帽子　mɔ³³⁵⁻³³ tsɿ⁴²⁴⁻⁵³

第五章　分类词表　159

鸭舌头帽　aʔ⁵⁻³³ ʑieʔ²⁻³³ dei¹¹³⁻³³ mɔ³³⁵⁻⁵³　鸭舌帽
草帽　tsʰɔ⁴²⁴⁻³³ mɔ³³⁵⁻³⁵
凉帽　niã¹¹³⁻¹¹ mɔ³³⁵⁻¹¹　竹筐子加布做成的帽子
大帽　da²¹²⁻¹¹ mɔ³³⁵⁻³⁵　礼帽
西瓜帽　ɕi⁵³⁻⁵⁵ kuo⁵³⁻⁵⁵ mɔ³³⁵⁻³¹　瓜皮帽
猢狲帽　uoʔ²⁻¹¹ seŋ⁵³⁻¹¹ mɔ³³⁵⁻⁵³　罗宋帽
铜盆帽　doŋ¹¹³⁻¹¹ beŋ¹¹³⁻¹¹ mɔ³³⁵⁻¹¹　西式呢帽
箬帽　n̠iaʔ²⁻¹¹ mɔ³³⁵⁻⁵³　斗笠
包头　pɔ⁵³⁻⁵⁵ dei¹¹³⁻⁵⁵　过去老年妇女戴的包头帽
围口　y¹¹³⁻¹¹ kʰiʊ⁴²⁴⁻¹¹　围嘴儿
　围嘴袋　y¹¹³⁻¹¹ tsɿ⁴²⁴⁻¹¹ dɛ²¹²⁻¹¹
围身布襕　y¹¹³⁻¹¹ ɕiŋ⁵³⁻¹¹ pu³³⁵⁻¹¹ lã¹¹³⁻¹¹　围腰
围巾　uɛ¹¹³⁻¹¹ tɕiŋ⁵³⁻¹¹
围　y¹¹³　围的动作
手袜　ɕiʊ⁴²⁴⁻³³ maʔ²⁻³⁵　手套，较老的说法
　手套　ɕiʊ⁴²⁴⁻³³ tʰɔ³³⁵⁻³⁵
袖套　ʑiʊ²¹²⁻¹¹ tʰɔ³³⁵⁻³⁵
肚兜　dʊ²¹²⁻¹¹ tei⁵³⁻³⁵
哨＝马　sɔ³³⁵⁻³³ mo²¹²⁻⁵³　褡裢
手捏　ɕiʊ⁴²⁴⁻³³ n̠iaʔ²⁻³⁵　手帕
衲　neʔ²　尿布
骑马布　dʑi¹¹³⁻¹¹ mo²¹²⁻¹¹ pu³³⁵⁻¹¹　旧式月经带
松紧带　soŋ⁵³⁻⁵⁵ tɕiŋ⁴²⁴⁻⁵⁵ ta³³⁵⁻³¹　宽紧带
鞋子　a¹¹³⁻¹¹ tsɿ⁴²⁴⁻¹¹
布鞋　pu³³⁵⁻³³ a¹¹³⁻⁵³
单鞋　tã⁵³⁻⁵⁵ a¹¹³⁻⁵⁵
棉鞋　miɛ̃¹¹³⁻¹¹ a¹¹³⁻¹¹
　蚌壳棉鞋　bã²¹²⁻¹¹ kʰoʔ⁵⁻¹¹ miɛ̃¹¹³⁻¹¹ a¹¹³⁻⁵³　因棉鞋的形状故名
草鞋　tsʰɔ⁴²⁴⁻³³ a¹¹³⁻³⁵

箬壳草鞋　ȵiaʔ²⁻¹¹ kʰoʔ⁵⁻¹¹ tsʰɿ⁴²⁴⁻¹¹ a¹¹³⁻⁵³

皮鞋　bi¹¹³⁻¹¹ a¹¹³⁻¹¹

拖鞋爿　tʰʊ⁵³⁻⁵⁵ a¹¹³⁻⁵⁵ bã²¹²⁻³¹　拖鞋

风凉皮鞋　foŋ⁵³⁻⁵⁵ niã¹¹³⁻⁵⁵ bi¹¹³⁻⁵⁵ a¹¹³⁻⁵⁵　凉鞋

木踢拖　moʔ²⁻¹¹ tʰie⁵⁻¹¹ tʰʊ⁵³⁻⁵³　木屐

竹踢拖　tɕyoʔ⁵⁻³³ tʰieʔ⁵⁻³³ tʰʊ⁵³⁻⁵³　竹制的屐

钉鞋　tiŋ⁵³⁻⁵⁵ a¹¹³⁻⁵⁵　鞋底有钉子的高帮油布鞋，下雨天穿

套鞋　tʰɔ³³⁵⁻³³ a¹¹³⁻⁵³　雨鞋

楦头　ɕyɛ̃³³⁵⁻³³ dei¹¹³⁻⁵³　鞋楦

布袼　pu³³⁵⁻³³ paʔ⁵⁻⁵³　硬衬（袼褙）

鞋帮　a¹¹³⁻¹¹ pɔ̃⁵³⁻¹¹

鞋带　a¹¹³⁻¹¹ ta³³⁵⁻¹¹

袜　maʔ²　布袜

袜身　maʔ²⁻¹¹ ɕiŋ⁵³⁻⁵³

袜底　maʔ²⁻¹¹ ti⁴²⁴⁻⁵³　（1）袜子底部；（2）鞋垫

袜缘　maʔ²⁻¹¹ yɛ̃¹¹³⁻⁵³

上山袜　zɔ̃²¹²⁻¹¹ sã⁵³⁻¹¹ maʔ²⁻³⁵　砍柴穿的袜鞋结合物

洋袜　iã¹¹³⁻¹¹ maʔ²⁻¹¹　新式袜子

裹脚布　ku⁴²⁴⁻³³ tɕia ʔ⁵⁻³³ pu³³⁵⁻³⁵

大手巾　dʊ²¹²⁻¹¹ ɕiʊ⁴²⁴⁻¹¹ tɕiŋ⁵³⁻⁵³　劳作时缠在腰上的布带

5.8.3　配饰

首饰　ɕiʊ⁴²⁴⁻³³ seʔ⁵⁻³⁵

镯子　dʑyoʔ²⁻¹¹ tsɿ⁴²⁴⁻⁵³

手镯　ɕiʊ⁴²⁴⁻³³ dʑyoʔ²⁻³⁵

脚镯　tɕia⁵⁻⁵⁵ dʑyoʔ²⁻³¹

簪　tsã⁵³

发夹　faʔ⁵⁻⁵⁵ gaʔ²⁻³¹

戒指　ka³³⁵⁻³³ tsɿ⁴²⁴⁻⁵³

耳朵环　n̩⁴²⁴⁻³³ tʊ⁴²⁴⁻³³ guɛ¹¹³⁻⁵³　耳环

项链　ɔ̃²¹²⁻¹¹ niɛ̃³³⁵⁻³⁵

项圈　ɔ̃²¹²⁻¹¹ tɕʰyɛ̃⁵³⁻³⁵

别针　bieʔ²⁻¹¹ tsen⁵³⁻⁵³

拐拄棒　ka⁴²⁴⁻³³ tɕy⁴²⁴⁻³³ bon²¹²⁻⁵³　拐杖‖"拐"韵母特殊，可能是异化导致-u-介音脱落。灵桥外沙等地说"拄拐棒"

手表　ɕiʊ⁴²⁴⁻³³ piɔ⁴²⁴⁻³⁵

胭脂花粉　iɛ̃⁵³⁻⁵⁵ tsɿ⁵³⁻⁵⁵ huo⁵³⁻⁵⁵ fen⁴²⁴⁻³¹

雪花膏　ɕieʔ⁵⁻⁵⁵ huo⁵³⁻⁵⁵ kɔ⁵³⁻³¹

洋蜜糖　iã¹¹³⁻¹¹ mieʔ²⁻¹¹ dɔ̃¹¹³⁻¹¹　甘油

蚌壳油　bã²¹²⁻¹¹ kʰoʔ⁵⁻¹¹ iʊ¹¹³⁻⁵³　用蛤蜊壳装的润肤油膏，20世纪五六十年代的护肤品

苏头　sʊ⁵³⁻⁵⁵ dei¹¹³⁻⁵⁵　流苏

5.9　房　屋　建　筑

5.9.1　住宅院落

人家　n̠iŋ¹¹³⁻¹¹ ko⁵³⁻¹¹　住户：一份～

人家屋　n̠iŋ¹¹³⁻¹¹ ko⁵³⁻¹¹ uoʔ⁵⁻¹¹　住人的房屋

屋　uoʔ⁵　房子：老～、旧～、新～

屋里　uoʔ⁵⁻³³ li²¹²⁻³⁵　家里

平屋　biŋ¹¹³⁻¹¹ uoʔ⁵⁻¹¹　平房

瓦屋　ŋo²¹²⁻¹¹ uoʔ⁵⁻³⁵　瓦房

草屋　tsʰɔ⁴²⁴⁻³³ uoʔ⁵⁻³⁵　草房

草棚屋　tsʰɔ⁴²⁴⁻³³ bã¹¹³⁻³³ uoʔ⁵⁻³⁵　草棚

棚　bã¹¹³

舍　so³³⁵　简易的草屋

草苫　tsʰɔ⁴²⁴⁻³³ɕyɛ⁵³⁻³⁵　盖草屋的帘子

道地　dɔ²¹²⁻¹¹di²¹²⁻⁵³　屋前的晒场

天井　tʰiɛ⁵³⁻⁵⁵tɕiŋ⁴²⁴⁻³¹

晒谷场　so³³⁵⁻³³kuoʔ⁵⁻¹¹dzã²¹²⁻⁵³

　　仓库道地　tsʰɔ̃⁵³⁻⁵⁵kʰu³³⁵⁻⁵⁵dɔ²¹²⁻⁵⁵di²¹²⁻³¹

台门　dɛ¹¹³⁻¹¹meŋ¹¹³⁻¹¹　一种浙东、浙北房屋院落

台门屋　dɛ¹¹³⁻¹¹meŋ¹¹³⁻¹¹uoʔ⁵⁻¹¹　有台门的房子

走马楼　tɕiʊ⁴²⁴⁻³³mo²¹²⁻³³lei¹¹³⁻³⁵　四周可环绕的台门

骑街楼　dʑi¹¹³⁻¹¹ka⁵³⁻¹¹lei¹¹³⁻¹¹　骑楼

房间　vɔ̃¹¹³⁻¹¹kã⁵³⁻¹¹　房间,屋子

堂前　dɔ̃¹¹³⁻¹¹ziɛ¹¹³⁻¹¹　堂屋(厅堂,正厅)

退堂　tʰɛ³³⁵⁻³³dɔ̃¹¹³⁻⁵³　厅堂之后的部分

边间　piɛ⁵³⁻⁵⁵kã⁵³⁻⁵⁵　正厅旁边的房间

厢屋　ɕiã⁵³⁻⁵⁵uoʔ⁵⁻⁵⁵　厢房

灶头　tsɔ³³⁵⁻³³dei¹¹³⁻⁵³　厨房

灶披　tsɔ³³⁵⁻³³pʰi⁵³⁻⁵³　房子外的附加的厨房

晒台　so³³⁵⁻³³dɛ¹¹³⁻⁵³　阳台。富阳老建筑是没有阳台的

扶梯　u¹¹³⁻¹¹tʰɛ⁵³⁻¹¹　楼梯

扶梯弄　u¹¹³⁻¹¹tʰɛ⁵³⁻¹¹loŋ³³⁵⁻¹¹　楼梯间

扶梯档　u¹¹³⁻¹¹tʰɛ⁵³⁻¹¹tɔ̃⁵³⁻¹¹　楼梯的台阶

间沿　kã⁵³⁻⁵⁵iɛ¹¹³⁻⁵⁵　门口屋檐下的空地

踏步档　daʔ²⁻¹¹bu²¹²⁻¹¹tɔ̃⁵³⁻³⁵　屋子外的台阶

屋基　uoʔ⁵⁻⁵⁵tɕi⁵³⁻³¹　房基

墙　ʑiã¹¹³

墙壁　ʑiã¹¹³⁻¹¹pieʔ⁵⁻¹¹

板壁　pã⁴²⁴⁻³³pieʔ⁵⁻³⁵　屋里木板做的用于分隔的墙

围墙　uɛ¹¹³⁻¹¹ʑiã¹¹³⁻¹¹

沙墙　so⁵³⁻⁵⁵ʑiã¹¹³⁻⁵⁵　沙子、石灰等做的土墙

壁照　pieʔ⁵⁻³³tsɔ³³⁵⁻³⁵　影壁

马头　mo²¹²⁻¹¹ dei¹¹³⁻³⁵　马头墙

5.9.2 房屋结构

屋栋　uoʔ⁵⁻³³ toŋ³³⁵⁻³⁵　屋脊
屋头　uoʔ⁵⁻⁵⁵ dei¹¹³⁻³¹　房子的上方
辽⁼檐　liɔ¹¹³⁻¹¹ iɛ̃¹¹³⁻¹¹　房檐
　瀑水　boʔ²⁻¹¹ sɛ⁴²⁴⁻⁵³
合雷　kieʔ⁵⁻³³ lei³³⁵⁻³⁵　屋檐下的引水槽
梁　niã¹¹³
栋梁　toŋ³³⁵⁻³³ niã¹¹³⁻⁵³　主梁
桁料　ã¹¹³⁻¹¹ liɔ³³⁵⁻¹¹　檩
椽子　dʑyɛ¹¹³⁻¹¹ tsɿ⁴²⁴⁻¹¹　椽
板簟　pã⁴²⁴⁻³³ diɛ²¹²⁻³⁵　瓦下的垫子，多用杉树皮或杉木板做成
天花板　tʰiɛ⁵³⁻⁵⁵ huo⁵³⁻⁵⁵ pã⁴²⁴⁻³¹
大门　dʊ²¹²⁻¹¹ meŋ¹¹³⁻³⁵　正门
后门　ei²¹²⁻¹¹ meŋ¹¹³⁻³⁵
横门　uã¹¹³⁻¹¹ meŋ¹¹³⁻¹¹　边门
腰门　iɔ⁵³⁻⁵⁵ meŋ¹¹³⁻⁵⁵　及腰高的门
门屎　meŋ¹¹³⁻¹¹ kʰã⁴²⁴⁻¹¹　门槛
门角落里　meŋ¹¹³⁻¹¹ koʔ⁵⁻¹¹ loʔ²⁻¹¹ li²¹²⁻¹¹　门背后后
台门杠　de¹¹³⁻¹¹ meŋ¹¹³⁻¹¹ kɔ̃³³⁵⁻¹¹　立柱式的门闩
闩门杠　ɕyɛ̃⁵³⁻⁵⁵ meŋ¹¹³⁻⁵⁵ kɔ̃³³⁵⁻³¹　平放的门闩
门闩　meŋ¹¹³⁻¹¹ ɕyɛ̃⁵³⁻¹¹　小门的门闩
天盘　tʰiɛ⁵³⁻⁵⁵ bɛ¹¹³⁻⁵⁵　门上方的横板
门樘　meŋ¹¹³⁻¹¹ pʰiŋ³³⁵⁻¹¹　门柱
门板　meŋ¹¹³⁻¹¹ pã⁴²⁴⁻¹¹
门臼　meŋ¹¹³⁻¹¹ dʑiʊ²¹²⁻¹¹
门环　meŋ¹¹³⁻¹¹ guã¹¹³⁻¹¹
阘皮　iɔ⁴²⁴⁻³³ bi¹¹³⁻³⁵　合叶

锁　　sʊ⁴²⁴

□□□锁　sɿ⁻³³ peʔ⁵⁻³³ liŋ⁻³³ sʊ⁴²⁴⁻⁵³　弹簧锁‖前三字为 spring 的汉译

钥匙　　iaʔ²⁻¹¹ zɿ¹¹³⁻⁵³

插销　　tsʰaʔ⁵⁻⁵⁵ ɕiɔ⁵³⁻³¹

柱脚　　ʑy²¹²⁻¹¹ tɕiaʔ⁵⁻⁵³　柱子

磉鼓　　sɔ̃⁴²⁴⁻³³ ku⁴²⁴⁻³⁵　柱础（柱磉石）

磉墩　　sɔ̃⁴²⁴⁻³³ teŋ⁵³⁻³⁵　柱磉石下的承重物

磉板　　sɔ̃⁴²⁴⁻³³ pã⁴²⁴⁻³⁵　柱础和磉墩之间的板

抽抽窗　tɕʰiʊ⁵³⁻⁵⁵ tɕʰiʊ⁵³⁻⁵⁵ tɕʰyɔ̃⁵³⁻⁵⁵　移窗

窗门　　tɕʰyɔ̃⁵³⁻⁵⁵ meŋ¹¹³⁻⁵⁵　可以打开的窗：一扇～

窗洞　　tɕʰyɔ̃⁵³⁻⁵⁵ doŋ²¹²⁻³¹　不能打开的窗：一个～

天窗　　tʰiɛ⁵³⁻⁵⁵ tɕʰyɔ̃⁵³⁻⁵⁵

明瓦　　miŋ¹¹³⁻¹¹ ŋo²¹²⁻¹¹　亮瓦

窗盘　　tɕʰyɔ̃⁵³⁻⁵⁵ bɛ̃¹¹³⁻⁵⁵　窗槛

地湿⁼板　di²¹²⁻¹¹ ɕieʔ⁵⁻¹¹ pã⁴²⁴⁻³⁵

　地板　di²¹²⁻¹¹ pã⁴²⁴⁻³⁵

地岗砖　di²¹²⁻¹¹ kɔ̃⁵³⁻¹¹ tɕyɛ⁵³⁻³⁵　地砖

5.9.3　其他设施

茅坑　　mɔ¹¹³⁻¹¹ kʰã⁵³⁻¹¹　茅厕

茅坑板　mɔ¹¹³⁻¹¹ kʰã⁵³⁻¹¹ pã⁴²⁴⁻¹¹　茅厕上的板

茅坑棚　mɔ¹¹³⁻¹¹ kʰã⁵³⁻¹¹ bã¹¹³⁻¹¹　茅屋间

牛窠屋　ȵiʊ¹¹³⁻¹¹ kʰʊ⁵³⁻¹¹ uoʔ⁵⁻¹¹　牛屋

牛栏　　ȵiʊ¹¹³⁻¹¹ lã¹¹³⁻¹¹　牛屋里头的栅栏

猪窠屋　tsɿ⁵³⁻⁵⁵ kʰʊ⁵³⁻⁵⁵ uoʔ⁵⁻⁵⁵　猪圈

猪栏　　tsɿ⁵³⁻⁵⁵ lã¹¹³⁻⁵⁵　猪圈里的栅栏

猪食槽　tsɿ⁵³⁻⁵⁵ zieʔ²⁻⁵⁵ dzɔ¹¹³⁻⁵⁵　猪槽

猪食桶　tsɿ⁵³⁻⁵⁵ zieʔ²⁻⁵⁵ doŋ²¹²⁻³¹　喂猪的桶

猪食　　tsɿ⁵³⁻⁵⁵ zieʔ²⁻⁵⁵

羊窠　　iã¹¹³⁻¹¹ kʰʊ⁵³⁻¹¹　　羊圈
狗窠　　kiʊ⁴²⁴⁻³³ kʰʊ⁵³⁻³⁵　　狗屋
鸡栖　　tɕi⁵³⁻⁵⁵ sɛ³³⁵⁻³¹　　鸡屋
　鸡窠　　tɕi⁵³⁻⁵⁵ kʰʊ⁵³⁻⁵⁵
鸡笼　　tɕi⁵³⁻⁵⁵ loŋ¹¹³⁻⁵⁵
　提笼　　di¹¹³⁻¹¹ loŋ¹¹³⁻¹¹
柴篷　　za¹¹³⁻¹¹ boŋ¹¹³⁻¹¹　　柴草垛
格栅　　kaʔ⁵⁻⁵⁵ saʔ⁵⁻³¹　　栅栏
嵌间　　tɕʰiɛ³³⁵⁻³³ kã⁵³⁻⁵³　　篱笆
　篱桩　　li¹¹³⁻¹¹ tɕyɔ⁵³⁻¹¹
角落　　koʔ⁵⁻⁵⁵ loʔ²⁻³¹
鹰架　　iŋ⁵³⁻⁵⁵ ko³³⁵⁻³¹　　脚手架
鹰架地　iŋ⁵³⁻⁵⁵ ko³³⁵⁻⁵⁵ di²¹²⁻³¹　　脚手架下的地方
窖　　kɔ³³⁵　　地窖：番薯～
街　　ka⁵³
弄堂　　loŋ³³⁵⁻³³ dɔ̃¹¹³⁻⁵³　　巷（弄堂）

5.10　器　　具

5.10.1　一般家具

东西　　toŋ⁵³⁻⁵⁵ ɕi⁵³⁻⁵⁵　　东西
家私　　ko⁵³⁻⁵⁵ sɿ⁵³⁻⁵⁵　　家什
桌床　　tɕyoʔ⁵⁻⁵⁵ zɔ̃¹¹³⁻³¹　　桌
抽斗桌　tɕʰiʊ⁵³⁻⁵⁵ tei⁴²⁴⁻⁵⁵ tɕyoʔ⁵⁻³¹　　书桌
圆桌　　yɛ̃¹¹³⁻¹¹ tɕyoʔ⁵⁻¹¹
八仙桌　poʔ⁵⁻⁵⁵ ɕiɛ̃⁵³⁻⁵⁵ tɕyoʔ⁵⁻³¹　　方桌
小桌床　ɕiɔ⁴²⁴⁻³³ tɕyoʔ⁵⁻³³ zɔ̃¹¹³⁻⁵³　　四仙桌

搁几　koʔ⁵⁻⁵⁵tɕi⁵³⁻³¹　条案

椅子　y⁴²⁴⁻³³tsʅ⁴²⁴⁻³⁵

靠椅　kʰɔ³³⁵⁻³³y⁴²⁴⁻⁵³　躺椅

高背椅　kɔ⁵³⁻⁵⁵pɛ³³⁵⁻³³y⁴²⁴⁻³¹　高背的座椅

太师椅　tʰa⁵³⁻⁵⁵sʅ⁵³⁻⁵⁵y⁴²⁴⁻³¹

靠背椅　kʰɔ³³⁵⁻³³pɛ³³⁵⁻³³y⁴²⁴⁻⁵³　没有扶手的靠椅

凳　teŋ³³⁵

条凳　diɔ¹¹³⁻¹¹teŋ³³⁵⁻¹¹　板凳

骨牌凳　kuoʔ⁵⁻⁵⁵ba¹¹³⁻⁵⁵teŋ³³⁵⁻³¹　方凳

毛毛凳　mɔ⁵³⁻⁵⁵mɔ⁵³⁻⁵⁵teŋ³³⁵⁻³¹　小凳

5.10.2　卧室用具

床　zɔ̃¹¹³　床

帐角床　tsã³³⁵⁻³³koʔ⁵⁻³³zɔ̃¹¹³⁻⁵³　旧式大床

铺床板　pʰu³³⁵⁻³³zɔ̃¹¹³⁻³³pã⁴²⁴⁻⁵³　床板

里桥板　li²¹²⁻¹¹dʑiɔ¹¹³⁻¹¹pã⁴²⁴⁻³⁵　床里面的搁板，可以放物品

帐搁　tsã³³⁵⁻³³koʔ⁵⁻⁵³　床顶（捧垫）

床头板　zɔ̃¹¹³⁻¹¹dei¹¹³⁻¹¹pã⁴²⁴⁻¹¹

踏桥板　daʔ²⁻¹¹dʑiɔ¹¹³⁻¹¹pã⁴²⁴⁻³⁵　放床前供踩踏的板

床樽　zɔ̃¹¹³⁻¹¹pʰiŋ³³⁵⁻¹¹　床沿（上下床处）

木板床　moʔ²⁻¹¹pã⁴²⁴⁻¹¹zɔ̃¹¹³⁻³⁵　铺床

　棕板床　tsoŋ⁵³⁻⁵⁵pã⁴²⁴⁻⁵⁵zɔ̃¹¹³⁻³¹

竹榻　tɕyoʔ⁵⁻⁵⁵tʰaʔ⁵⁻³¹　一体的竹床

竹榻板　tɕyoʔ⁵⁻⁵⁵tʰaʔ⁵⁻⁵⁵pã⁴²⁴⁻³¹　一块竹板，可用来做成竹床

棕绷　tsoŋ⁵³⁻⁵⁵pã³³⁵⁻³¹

帐子　tsã³³⁵⁻³³tsʅ⁴²⁴⁻⁵³

帐钩　tsã³³⁵⁻³³kiʊ³³⁵⁻⁵³

帐竿竹　tsã³³⁵⁻³³kɛ⁴²⁴⁻³³tɕyoʔ⁵⁻⁵³　支撑帐子的细竹竿

被　bi²¹²　被子

第五章　分类词表

棉被　　miɛ̃¹¹³⁻¹¹ bi²¹²⁻¹¹
单被　　tã⁵³⁻⁵⁵ bi²¹²⁻³¹
夹被　　kaʔ⁵⁻³³ bi²¹²⁻³⁵
被窠　　bi²¹²⁻¹¹ kʰʊ⁵³⁻³⁵　　被窝
被夹里　bi²¹²⁻¹¹ kaʔ⁵⁻¹¹ li²¹²⁻³⁵　　被里
被面子　bi²¹²⁻¹¹ miɛ̃³³⁵⁻¹¹ tsɿ⁴²⁴⁻³⁵　　被面
棉花胎　miɛ̃¹¹³⁻¹¹ huo⁵³⁻¹¹ tʰɛ⁵³⁻¹¹　　棉胎
　棉花絮　miɛ̃¹¹³⁻¹¹ huo⁵³⁻¹¹ ɕi³³⁵⁻¹¹
垫被　　diɛ̃²¹²⁻¹¹ bi²¹²⁻³⁵　　褥子
毯子　　tʰã⁴²⁴⁻³³ tsɿ⁴²⁴⁻³⁵
被单　　bi²¹²⁻¹¹ tã⁵³⁻³⁵　　床单
席子　　ziɛʔ²⁻¹¹ tsɿ⁴²⁴⁻⁵³
草席　　tsɔ⁴²⁴⁻³³ ziɛʔ²⁻³⁵
篾席　　miɛʔ²⁻¹¹ ziɛʔ²⁻⁵³　　竹席
枕头　　tsen⁴²⁴⁻³³ dei¹¹³⁻³⁵
脚橱　　tɕiaʔ⁵⁻⁵⁵ dʐy¹¹³⁻³¹　　落地柜
大衣橱　da²¹²⁻¹¹ i⁵³⁻¹¹ dʐy¹¹³⁻³⁵
抽斗　　tɕʰiʊ⁵³⁻⁵⁵ tei⁴²⁴⁻³¹　　抽屉
箱子　　ɕiã⁵³⁻⁵⁵ tsɿ⁴²⁴⁻³¹
皮箱　　bi¹¹³⁻¹¹ ɕiã⁵³⁻¹¹
藤箱　　den¹¹³⁻¹¹ ɕiã⁵³⁻¹¹
箱子摆　ɕiã⁵³⁻⁵⁵ tsɿ⁴²⁴⁻⁵⁵ guã¹¹³⁻³¹　　箱环
铰链　　kɔ⁴²⁴⁻³³ niɛ̃³³⁵⁻³⁵　　箱子上可以合上的锁
蟹壳　　ha⁴²⁴⁻³³ kʰoʔ⁵⁻³⁵　　箱子或者抽屉上的拉手
袋　　　dɛ²¹²
油纸袋　iʊ¹¹³⁻¹¹ tsɿ⁴²⁴⁻¹¹ dɛ²¹²⁻¹¹　　薄膜塑料袋
锦包袋　tɕin⁴²⁴⁻³³ pɔ⁵³⁻³³ dei²¹²⁻³⁵　　一种有带子的袋子
皮夹　　bi¹¹³⁻¹¹ kaʔ⁵⁻¹¹　　钱包
衣架　　i⁵³⁻⁵⁵ ko³³⁵⁻³¹　　衣架（立在地上挂衣服用）

晾竿　lɔ̃³³⁵⁻³³ kɛ⁴²⁴⁻⁵³　晒衣的竹竿

晾筅　lɔ̃¹¹³⁻¹¹ ɕiɛ̃⁴²⁴⁻¹¹　竹做的放晾竿的架子‖"晾"读成阳平

马桶　mo²¹²⁻¹¹ doŋ²¹²⁻⁵³

夜壶　ia³³⁵⁻³³ u¹¹³⁻⁵³

痰盂　dã¹¹³⁻¹¹ y¹¹³⁻¹¹

茅纸　mɔ¹¹³⁻¹¹ tsɿ⁴²⁴⁻¹¹　手纸

脸盆　niɛ̃²¹²⁻¹¹ beŋ¹¹³⁻³⁵

　木脸盆　moʔ²⁻¹¹ niɛ̃²¹²⁻¹¹ beŋ¹¹³⁻³⁵

　洋脸盆　iã¹¹³⁻¹¹ niɛ̃²¹²⁻¹¹ beŋ¹¹³⁻³⁵　搪瓷脸盆

脸架　niɛ̃²¹²⁻¹¹ ko³³⁵⁻³⁵　脸盆架

脸汤水　niɛ̃²¹²⁻¹¹ tʰɔ̃⁵³⁻¹¹ sɛ⁴²⁴⁻⁵³　洗脸水

脚桶　tɕiaʔ⁵⁻³³ doŋ²¹²⁻³⁵　脚盆

浴汤水　yoʔ²⁻¹¹ tʰɔ̃⁵³⁻¹¹ sɛ⁴²⁴⁻⁵³　洗澡水

揩脚布　kʰa⁵³⁻⁵⁵ tɕiaʔ⁵⁻⁵⁵ pu³³⁵⁻³¹　擦脚布

肥皂　bi¹¹³⁻¹¹ zɔ²¹²⁻¹¹

石碱　zaʔ²⁻¹¹ kã⁴²⁴⁻⁵³　旧式肥皂，实为碳酸钠

牙刷　ŋo¹¹³⁻¹¹ ɕieʔ⁵⁻¹¹

牙粉　ŋo¹¹³⁻¹¹ feŋ⁴²⁴⁻¹¹　旧时牙膏

　牙膏　ŋo¹¹³⁻¹¹ kɔ⁵³⁻¹¹

牙杯　ŋo¹¹³⁻¹¹ pɛ⁵³⁻¹¹　刷牙用的杯子

镜箱　tɕiŋ³³⁵⁻³³ ɕiã⁵³⁻⁵³　梳妆盒

镜子　tɕiŋ³³⁵⁻³³ tsɿ⁴²⁴⁻¹¹

木梳　moʔ²⁻¹¹ ɕy⁵³⁻⁵³　梳子

　掠头　liaʔ²⁻¹¹ dei¹¹³⁻⁵³

编篾　piɛ̃⁵³⁻⁵⁵ tɕi⁵³⁻⁵⁵　箆子

耳耙　n̩⁴²⁴⁻³³ bo¹¹³⁻³⁵　耳挖子

蒲墩　bu¹¹³⁻¹¹ teŋ⁵³⁻¹¹　蒲团

囥⁼篮　nɔ³³⁵⁻³³ lã¹¹³⁻⁵³　婴儿的摇篮

坐车　zu²¹²⁻¹¹ tsʰo⁵³⁻³⁵　供婴儿坐的一种四轮小推车

5.10.3　厨房用具

灶　tsɔ³³⁵

灶樗　tsɔ³³⁵⁻³³pʰiŋ³³⁵⁻⁵³　灶边

灶山　tsɔ³³⁵⁻³³sã⁵³⁻⁵³　灶上方放物品的洞

水阶洞　sɛ⁴²⁴⁻³³ka⁵³⁻³³doŋ²¹²⁻⁵³　灶上的出水口

烟囱　iẽ⁵³⁻⁵⁵tsʰoŋ⁵³⁻⁵⁵　烟囱

汤罐　tʰɔ̃⁵³⁻⁵⁵kuɛ³³⁵⁻³¹　灶上用于烧水的

猫灶洞　mɔ⁵³⁻⁵⁵tsɔ³³⁵⁻⁵⁵doŋ²¹²⁻³¹　灶中放火柴处

镬壳洞　uoʔ²⁻¹¹kʰo⁵⁻¹¹doŋ²¹²⁻⁵³　烧火的灶洞

灰槽　huɛ⁵³⁻⁵⁵dzɿ¹¹³⁻⁵⁵　紧靠灶洞用于储存柴灰处

火锹　hu⁴²⁴⁻³³tɕʰiɔ⁵³⁻³⁵　火铲

火夹　hu⁴²⁴⁻³³kaʔ⁵⁻³⁵　竹制火钳

火夹钳　hu⁴²⁴⁻³³kaʔ⁵⁻³³dʑiɛ¹¹³⁻⁵³　铁制火钳

抑火棒　lei²¹²⁻¹¹hu⁴²⁴⁻¹¹boŋ²¹²⁻⁵³　通火棍

火叉　hu⁴²⁴⁻³³tsʰo⁵³⁻³⁵　烧火时将柴草叉进灶膛的工具

　铁火丫叉　tʰieʔ⁵⁻³³hu⁴²⁴⁻⁵⁵o⁵³⁻⁵³tsʰo⁵³⁻⁵³

烧火凳　sɔ⁵³⁻⁵⁵hu⁴²⁴⁻⁵⁵teŋ³³⁵⁻³¹

柴　za¹¹³

　毛柴　mɔ¹¹³⁻¹¹za¹¹³⁻¹¹　小而多叶的柴

　垒⁼柴　lɛ²¹²⁻¹¹za¹¹³⁻³⁵　粗柴

松毛柴　soŋ⁵³⁻⁵⁵mɔ¹¹³⁻⁵⁵za¹¹³⁻⁵⁵

稻草　dɔ²¹²⁻¹¹tsʰɔ⁴²⁴⁻⁵³　稻秆

麦草　maʔ²⁻¹¹tsʰɔ⁴²⁴⁻⁵³　麦秸

草结头　tsʰɔ⁴²⁴⁻³³tɕieʔ⁵⁻³³dei¹¹³⁻⁵³　草结

洋火　iã¹¹³⁻¹¹hu⁴²⁴⁻¹¹　火柴

火石　hu⁴²⁴⁻³³zaʔ²⁻³⁵　打火用的石头

煤头纸　mɛ¹¹³⁻¹¹dei¹¹³⁻¹¹tsʅ⁴²⁴⁻¹¹　纸媒儿

白炭　baʔ²⁻¹¹tʰã³³⁵⁻⁵³

乌炭　u⁵³⁻⁵⁵ tʰã³³⁵⁻³¹　　木炭

煤　mɛ¹¹³

洋油　iã¹¹³⁻¹¹ iʊ¹¹³⁻¹¹　　煤油

汽油　tɕʰi³³⁵⁻³³ iʊ¹¹³⁻⁵³

柴油　za¹¹³⁻¹¹ iʊ¹¹³⁻¹¹

清油　tɕʰiŋ⁵³⁻⁵⁵ iʊ¹¹³⁻⁵⁵　　柏子油，用于点灯或者抹在牛角上

桐油　doŋ¹¹³⁻¹¹ iʊ¹¹³⁻¹¹　　桐子油

镬子　uoʔ²⁻¹¹ tsʅ⁴²⁴⁻⁵³　　锅

　翻口镬子　fã⁵³⁻⁵⁵ kʰiʊ⁴²⁴⁻⁵⁵ uoʔ²⁻⁵⁵ tsʅ⁴²⁴⁻³¹　　有边的锅

　坦口镬子　tʰã⁴²⁴⁻³³ kʰiʊ⁴²⁴⁻³³ uoʔ²⁻³³ tsʅ⁴²⁴⁻⁵³　　无边的锅

镬子灰　uoʔ²⁻¹¹ tsʅ⁴²⁴⁻¹¹ huɛ⁵³⁻⁵³　　锅烟子

抢刀　tɕʰiã⁴²⁴⁻³³ tɔ⁵³⁻³⁵　　锅铲

钢宗锅　kɔ̃⁵³⁻⁵⁵ tsoŋ⁵³⁻⁵⁵ ku⁵³⁻⁵⁵　　铝锅

　钢精锅　kɔ̃⁵³⁻⁵⁵ tɕiŋ⁵³⁻⁵⁵ ku⁵³⁻⁵⁵

炖罐　teŋ³³⁵⁻³³ kuɛ̃³³⁵⁻⁵³　　砂锅

笼帚　ɕiɛ̃⁴²⁴⁻³³ tɕiʊ⁴²⁴⁻³⁵

镬盖　uoʔ²⁻¹¹ kɛ³³⁵⁻⁵³　　锅盖

平镬盖　biŋ¹¹³⁻¹¹ uoʔ²⁻¹¹ kɛ³³⁵⁻⁵³　　没有边的锅盖

饭桶　vã²¹²⁻¹¹ doŋ²¹²⁻³⁵

蒸笼　tseŋ⁵³⁻⁵⁵ loŋ¹¹³⁻⁵⁵

蒸笼帽　tseŋ⁵³⁻⁵⁵ loŋ¹¹³⁻⁵⁵ mɔ³³⁵⁻³¹

蒸笼格　tseŋ⁵³⁻⁵⁵ loŋ¹¹³⁻⁵⁵ kaʔ⁵⁻⁵⁵　　蒸笼屉

甑桶　tseŋ³³⁵⁻³³ doŋ²¹²⁻⁵³　　放在锅上用来蒸饭、蒸年糕粉等的用具，似木桶，但无底

饭架　vã²¹²⁻¹¹ ko³³⁵⁻³⁵　　锅中的垫架

斉橱　ka³³⁵⁻³³ dʑy¹¹³⁻⁵³　　碗厨

碗格栅　uã⁴²⁴⁻³³ kaʔ⁵⁻³³ sa⁵⁻⁵³　　碗厨下放碗的地方

覆篮罩　pʰoʔ⁵⁻³³ lã¹¹³⁻³³ tsɔ³³⁵⁻³⁵　　菜罩，眼子较小

碗盏钵头　uã⁴²⁴⁻³³ tsã⁴²⁴⁻³³ peʔ⁵⁻³³ dei¹¹³⁻⁵³　　陶瓷类厨房用具的总称

饭瓢　vã²¹²⁻¹¹ biɔ¹¹³⁻³⁵　饭勺

舀杓　ɔ³³⁵⁻³³ dzo¹¹³⁻⁵³　短柄大型水舀‖"杓"读舒声

水竹管　sɛ⁴²⁴⁻³³ tɕyoʔ⁵⁻³³ kuɛ⁴²⁴⁻³⁵　竹制的小水勺，有长柄

汤杓　tʰɔ̃⁵³⁻⁵⁵ dzo¹¹³⁻⁵⁵　洗碗之后舀水的水勺‖"杓"读舒声

瓢羹　biɔ¹¹³⁻¹¹ kiŋ⁵³⁻¹¹　羹匙

筷儿　kʰuã³³⁵　筷子

筷儿竹桶　kʰuã³³⁵⁻³³ tɕyoʔ⁵⁻³³ doŋ²¹²⁻⁵³　筷笼

碗　uɛ̃⁴²⁴

碗搭底　uɛ̃⁴²⁴⁻³³ taʔ⁵⁻³³ ti⁴²⁴⁻³⁵　碗底

汤碗　tʰɔ̃⁵³⁻⁵⁵ uɛ̃⁴²⁴⁻³¹　小碗

大碗　dʊ²¹²⁻¹¹ uɛ̃⁴²⁴⁻³⁵

海大碗　hɛ⁴²⁴⁻³³ dʊ²¹²⁻³³ uɛ̃⁴²⁴⁻³⁵　海碗

高脚碗　kɔ⁵³⁻⁵⁵ tɕiaʔ⁵⁻⁵⁵ uɛ̃⁴²⁴⁻³¹

木碗　moʔ²⁻¹¹ uɛ̃⁴²⁴⁻⁵³　竹碗

洋碗　iã¹¹³⁻¹¹ uɛ̃⁴²⁴⁻¹¹　搪瓷碗

盘子　bɛ̃¹¹³⁻¹¹ tsʅ⁴²⁴⁻¹¹

桶盘　doŋ²¹²⁻¹¹ bɛ̃¹¹³⁻³⁵　盛放食品或礼品用的大木盘

碟子　dieʔ²⁻¹¹ tsʅ⁴²⁴⁻⁵³　盐醋盘

酒壶　tɕiʊ⁴²⁴⁻³³ u¹¹³⁻³⁵

提子　di¹¹³⁻¹¹ tsʅ⁴²⁴⁻¹¹　酒提子

漏斗　lei³³⁵⁻³³ tei⁴²⁴⁻⁵³

盅子　tɕyoŋ⁵³⁻⁵⁵ tsʅ⁴²⁴⁻³¹　酒盅

瓫　bã¹¹³　一种矮而大肚的陶器

壮＝　tɕyɔ̃³³⁵　一种矮而口大的坛子

老酒壮＝　lɔ²¹²⁻¹¹ tɕiʊ⁴²⁴⁻¹¹ tɕyɔ̃³³⁵⁻⁵³　酒坛

钵头　peʔ⁵⁻⁵⁵ dei¹¹³⁻³¹

缸　kɔ̃⁵³

水缸　sɛ⁴²⁴⁻³³ kɔ̃⁵³⁻³⁵

米桶　mi²¹²⁻¹¹ doŋ²¹²⁻³⁵

米缸　mi²¹²⁻¹¹ kɔ̃⁵³⁻³⁵

十石缸　ʑieʔ²⁻¹¹ zaʔ²⁻¹¹ kɔ̃⁵³⁻⁵³　最大的一种缸

泔浆　kɛ̃⁵³⁻⁵⁵ tɕiã⁵³⁻⁵⁵　泔水

泔浆桶　kɛ̃⁵³⁻⁵⁵ tɕiã⁵³⁻⁵⁵ doŋ²¹²⁻³¹　泔水缸

茶壶　dzo¹¹³⁻¹¹ u¹¹³⁻¹¹

茶杯　dzo¹¹³⁻¹¹ pɛ⁵³⁻¹¹

罐头　kuɛ̃³³⁵⁻³³ dei¹¹³⁻⁵³

茶叶罐　dzo¹¹³⁻¹¹ ieʔ²⁻¹¹ kuɛ̃³³⁵⁻¹¹

瓶　biŋ¹¹³

癞司茶瓶　la³³⁵⁻³³ sɿ⁵³⁻³³ dzo¹¹³⁻³³ biŋ¹¹³⁻⁵³　茶瓶

油瓶　iʊ¹¹³⁻¹¹ biŋ¹¹³⁻¹¹

洋瓶　iã¹¹³⁻¹¹ biŋ¹¹³⁻¹¹　玻璃瓶

塞子　seʔ⁵⁻³³ tsɿ⁴²⁴⁻³⁵

盖　kɛ³³⁵　盖子

水桶　sɛ⁴²⁴⁻³³ doŋ²¹²⁻³⁵　可以挑的水桶

提桶　di¹¹³⁻¹¹ doŋ²¹²⁻¹¹　手提的水桶

箍　kʰu⁵³　（1）箍；（2）箍桶的动作

薄刀　boʔ²⁻¹¹ tɔ⁵³⁻⁵³　菜刀

砧板　tseŋ⁵³⁻⁵⁵ pã⁴²⁴⁻³¹

肉墩头　nyoʔ²⁻¹¹ teŋ⁵³⁻¹¹ dei¹¹³⁻⁵³　菜墩子

篮　lã¹¹³

摜　guã²¹²　篮子的提环

薄＝篮　boʔ²⁻¹¹ lã¹¹³⁻⁵³　大而深的竹器

筲箕　sɔ⁵³⁻⁵⁵ tɕi⁵³⁻⁵⁵　淘米箩

淘箩　dɔ¹¹³⁻¹¹ lʊ¹¹³⁻¹¹　放饭的箩，可挂起来防饭变馊

抹桌布　maʔ²⁻¹¹ tɕyoʔ⁵⁻¹¹ pu³³⁵⁻⁵³　抹布

　抹灶布　maʔ²⁻¹¹ tsɔ³³⁵⁻¹¹ pu³³⁵⁻⁵³

笤帚　diɔ¹¹³⁻¹¹ tɕiʊ⁴²⁴⁻¹¹　扫帚：竹丝～、麻花～

粪箕　feŋ³³⁵⁻³³ tɕi⁵³⁻⁵³　畚箕：垃圾～、洋铁～、板口～、挑泥～、长

笑~

筊 kaʔ⁷ 畚箕上竹制的环

5.10.4 生活用具

清油灯 tɕʰin⁵³⁻⁵⁵ iʊ¹¹³⁻⁵⁵ teŋ⁵³⁻⁵⁵ 简易土灯
清油 tɕʰin⁵³⁻⁵⁵ iʊ¹¹³⁻⁵⁵ 灯油
灯盏 teŋ⁵³⁻⁵⁵ tsã⁴²⁴⁻³¹
洋油灯 iã¹¹³⁻¹¹ iʊ¹¹³⁻¹¹ teŋ⁵³⁻¹¹ 简易的煤油灯
洋灯带 iã¹¹³⁻¹¹ teŋ⁵³⁻¹¹ ta³³⁵⁻⁵³ 灯绳
灯芯 teŋ⁵³⁻⁵⁵ ɕin⁵³⁻⁵⁵
煤气灯 mɛ¹¹³⁻¹¹ tɕʰi³³⁵⁻¹¹ teŋ⁵³⁻¹¹
洋灯 iã¹¹³⁻¹¹ teŋ⁵³⁻¹¹ 美孚灯
洋灯泡 iã¹¹³⁻¹¹ teŋ⁵³⁻¹¹ pʰɔ³³⁵⁻⁵³ 灯罩
蜡烛 laʔ²⁻¹¹ tɕyoʔ⁵⁻⁵³
洋蜡烛 iã¹¹³⁻¹¹ laʔ²⁻¹¹ tɕyoʔ⁵⁻⁵³ 洋烛
松明 soŋ⁵³⁻⁵⁵ miŋ¹¹³⁻⁵⁵
灯笼 teŋ⁵³⁻⁵⁵ loŋ¹¹³⁻⁵⁵
火把 hu⁴²⁴⁻³³ po⁴²⁴⁻³⁵ 用于照亮的火把
火表 hu⁴²⁴⁻³³ piɔ⁴²⁴⁻³⁵ 电表
电油 diɛ²¹²⁻¹¹ iʊ¹¹³⁻³⁵ 电池
烫斗 tʰɔ³³⁵⁻³³ tei⁴²⁴⁻⁵³ 熨斗
烙铁 loʔ²⁻¹¹ tʰieʔ⁵⁻⁵³
火盆 hu⁴²⁴⁻³³ beŋ¹¹³⁻³⁵
火熜 hu⁴²⁴⁻³³ tsʰoŋ⁵³⁻³⁵ 手炉
　铜熜 doŋ¹¹³⁻¹¹ tsʰoŋ⁵³⁻¹¹ 较大的
　手熜 ɕiʊ⁴²⁴⁻³³ tsʰoŋ⁵³⁻³⁵ 较小的
热水壶 ȵieʔ²⁻¹¹ sɛ⁴²⁴⁻¹¹ u¹¹³⁻³⁵ 热水瓶
徛桶 gɛ²¹²⁻¹¹ doŋ²¹²⁻⁵³ 儿童可站立取暖的木桶
覆篮罩 pʰoʔ⁵⁻³³ lã¹¹³⁻³³ tsɔ³³⁵⁻³⁵ 烘干尿布的竹罩,眼较大

洋车　iã$^{113-11}$ tsʰo$^{53-11}$　缝纫机

引线　n̠i$^{424-33}$ ɕiɛ̃$^{335-35}$　针‖"引"读音特殊

　　大码引线　dʊ$^{212-11}$ mo$^{212-11}$ n̠i$^{424-11}$ ɕiɛ̃$^{335-35}$　大针

　　小码引线　ɕiɔ$^{424-33}$ mo$^{212-33}$ n̠i$^{424-33}$ ɕiɛ̃$^{335-35}$　小针

绗针　õ$^{113-11}$ tseŋ$^{53-11}$　特大号针

引线头　n̠i$^{424-33}$ ɕiɛ̃$^{53-33}$ dei$^{113-35}$　针尖

引线屁股　n̠i$^{424-33}$ ɕiɛ̃$^{335-33}$ pʰi$^{335-33}$ ku$^{424-35}$　针鼻

针脚　tseŋ$^{53-55}$ tɕiaʔ$^{5-55}$

崤䇹篮　tɕia$^{335-33}$ kʰoŋ$^{53-33}$ lã$^{113-53}$　针线篮

线板　ɕiɛ̃$^{335-33}$ pã$^{424-53}$　线轴

顶针　tiŋ$^{424-33}$ tseŋ$^{53-35}$

箃　da^{212}　笸箩

自鸣钟　zɿ$^{212-11}$ miŋ$^{113-11}$ tɕyoŋ$^{53-35}$　摆钟

眼镜　ŋã$^{212-11}$ tɕiŋ$^{335-35}$

匣头　aʔ$^{2-11}$ dei$^{113-53}$　盒子

壳籚　kʰoʔ$^{5-55}$ loʔ$^{2-31}$　外壳：香烟～、洋火～（火柴盒）

洋蟑螂　iã$^{113-11}$ tsõ$^{53-11}$ lã$^{113-11}$　樟脑丸‖大概为"洋樟脑"之讹

推板　tʰɛ$^{53-55}$ pã$^{424-31}$　洗衣板

衣裳椰头　i$^{53-55}$ zõ$^{113-55}$ lõ$^{113-55}$ dei$^{113-55}$　棒槌

　　木椰头　moʔ$^{2-11}$ lõ$^{113-11}$ dei$^{113-11}$

糨糊　tɕiã$^{335-33}$ u$^{212-53}$

伞　sã^{335}

雨伞　u$^{424-33}$ sã$^{335-35}$　用桃花纸做的伞

　　纸伞　tsɿ$^{424-33}$ sã$^{335-35}$

油布伞　iʊ$^{113-11}$ pu$^{335-11}$ sã$^{424-11}$　用油布做的伞

洋伞　iã$^{113-11}$ sã$^{335-11}$　外来的伞

鸡毛掸帚　tɕi$^{53-55}$ mɔ$^{113-55}$ tã$^{424-55}$ tɕiʊ$^{424-31}$　鸡毛帚

尘帚　dzeŋ$^{113-11}$ tɕiʊ$^{424-11}$　用于掸尘,杆较长

扇子　ɕyɛ̃$^{335-33}$ tsɿ$^{424-53}$　蒲扇

芭蕉扇　po⁵³⁻⁵⁵ tɕi⁵³⁻⁵⁵ ɕyɛ̃³³⁵⁻³¹
麦草扇　maʔ²⁻¹¹ tsʰɔ⁴²⁴⁻¹¹ ɕyɛ̃³³⁵⁻⁵³
油纸扇　iʊ¹¹³⁻¹¹ tsʅ⁴²⁴⁻¹¹ ɕyɛ̃³³⁵⁻¹¹　折扇
钱竹桶　dʑiɛ̃¹¹³⁻¹¹ tɕyo⁵⁻¹¹ doŋ²¹²⁻⁵³　储钱罐
刷帚　ɕieʔ⁵⁻³³ tɕiʊ⁴²⁴⁻³⁵　刷子，用于扫床等
棕帚　tsoŋ⁵³⁻⁵⁵ tɕiʊ⁴²⁴⁻³¹

5.10.5　工匠用具

家生　ko⁵³⁻⁵⁵ sã⁵³⁻⁵⁵　家伙(工具)
鲁班尺　lʊ²¹²⁻¹¹ pã⁵³⁻¹¹ tsʰeʔ⁵⁻⁵³　木工用的尺子
弓　koŋ⁵³　(1)一种木制度量工具，三尺为一弓；(2)弹棉花的弓
墨斗　moʔ²⁻¹¹ tei⁴²⁴⁻⁵³
钩刀　kiʊ⁵³⁻⁵⁵ tɔ⁵³⁻⁵⁵　柴刀
篾刀　mieʔ²⁻¹¹ tɔ⁵³⁻⁵³　劈篾的刀
剪刀　tɕiɛ̃⁴²⁴⁻³³ tɔ⁵³⁻³⁵
微刀　mi¹¹³⁻¹¹ tɔ⁵³⁻¹¹　小刀
快口　kʰua³³⁵⁻³³ kʰiʊ⁴²⁴⁻⁵³　刀刃
榔头　lɔ̃¹¹³⁻¹¹ dei¹¹³⁻¹¹　锤子
斧头　fu⁴²⁴⁻³³ dei¹¹³⁻³⁵　斧子
钺斧　ȵyoʔ²⁻¹¹ fu⁴²⁴⁻⁵³　屠夫用的大斧头
锯　tɕi³³⁵　锯子：一把～
绕锯　ȵiɔ⁴²⁴⁻³³ tɕi³³⁵⁻³⁵　曲线锯‖"绕"读阴上
弓锯　koŋ⁵³⁻⁵⁵ tɕi³³⁵⁻³¹　背是弓形的锯子
龙锯　loŋ¹¹³⁻¹¹ tɕi³³⁵⁻¹¹　大型的锯子
柴锯　za¹¹³⁻¹¹ tɕi³³⁵⁻¹¹
锯木屑　tɕi³³⁵⁻³³ moʔ²⁻³³ seʔ⁵⁻⁵³　锯末
刨　bɔ²¹²　刨刀
平刨　biŋ¹¹³⁻¹¹ bɔ²¹²⁻¹¹

滚刨　kueŋ⁴²⁴⁻³³ bɔ²¹²⁻³⁵　曲线刨

龙刨　loŋ¹¹³⁻¹¹ bɔ²¹²⁻¹¹　大型的刨子

刨花　bɔ²¹²⁻¹¹ huo⁵³⁻³⁵　刨花

凿子　zoʔ²⁻¹¹ tsʅ⁴²⁴⁻⁵³

錾子　zɛ̃²¹²⁻¹¹ tsʅ⁴²⁴⁻⁵³　一种凿金石用的工具

□钻　lei⁵³⁻⁵⁵ tsɛ̃³³⁵⁻³¹　(1) 钻；(2) 锥子

起子　tɕʰi⁴²⁴⁻³³ tsʅ⁴²⁴⁻³⁵　改锥

锉刀　tsʰʊ³³⁵⁻³³ tɔ⁵³⁻⁵³

钳子　dʑiɛ̃¹¹³⁻¹¹ tsʅ⁴²⁴⁻¹¹

老虎钳　lɔ²¹²⁻¹¹ hu⁴²⁴⁻¹¹ dʑiɛ̃¹¹³⁻³⁵

眉毛钳　mi¹¹³⁻¹¹ mɔ¹¹³⁻¹¹ dʑiɛ̃¹¹³⁻¹¹　镊子

钉　tiŋ⁵³　土钉

洋钉　iã¹¹³⁻¹¹ tiŋ⁵³⁻¹¹　圆钉

胖钉　pʰɔ̃³³⁵⁻³³ tiŋ⁵³⁻⁵³　泡钉

殿　tseŋ⁵³　楔子

榫头　seŋ⁴²⁴⁻³³ dei¹¹³⁻³⁵

合♯榫头　kieʔ⁵⁻³³ seŋ⁴²⁴⁻³³ dei¹¹³⁻³⁵　合榫

砖刀　tɕyɛ̃⁵³⁻⁵⁵ tɔ⁵³⁻⁵⁵　瓦刀

泥夹　ȵi¹¹³⁻¹¹ kaʔ⁵⁻¹¹　泥抹子

灰桶　huɛ⁵³⁻⁵⁵ doŋ²¹²⁻³¹

砖头　tɕyɛ̃⁵³⁻⁵⁵ dei¹¹³⁻³⁵

瓦　ŋo²¹²

瓦爿　ŋo²¹²⁻¹¹ bã²¹²⁻³⁵　瓦片

洋灰　iã¹¹³⁻¹¹ huɛ⁵³⁻¹¹　水泥

水明汀　sɛ⁴²⁴⁻³³ miŋ¹¹³⁻³³ tʰiŋ⁵³⁻⁵³　混凝土，一种洋泾浜的说法

石灰　zaʔ²⁻¹¹ huɛ⁵³⁻⁵³

磊⁼灰　lɛ²¹²⁻¹¹ huɛ⁵³⁻³⁵　块状的石灰

末石灰　moʔ²⁻¹¹ zaʔ²⁻¹¹ huɛ⁵³⁻⁵³　粉末状的石灰

桐油石灰　doŋ¹¹³⁻¹¹ iʊ¹¹³⁻¹¹ zaʔ²⁻¹¹ huɛ⁵³⁻¹¹　桐油、石灰加葛麻的混合

　　　　物，多用于密封船板等
葛麻　　kieʔ⁵⁻⁵⁵ mo¹¹³⁻³¹
沙泥　　so⁵³⁻⁵⁵ n̠i¹¹³⁻⁵⁵　作为建筑材料的沙子
清沙　　tɕʰiŋ⁵³⁻⁵⁵ so⁵³⁻⁵⁵　溪里的粗沙，被认为是最好的沙子
挑泥粪箕　tʰiɔ⁵³⁻⁵⁵ n̠i¹¹³⁻⁵⁵ feŋ³³⁵⁻⁵⁵ tɕi⁵³⁻³¹　簸箕（挑土用）
钩子　　kiʊ⁵³⁻⁵⁵ tsɿ⁴²⁴⁻³¹
扎钩　　tsaʔ⁵⁻⁵⁵ kiʊ⁵³⁻³¹　有柄的钩子
剃头刀　tʰi³³⁵⁻³³ dei¹¹³⁻³³ tɔ⁵³⁻⁵³
夹钳　　gaʔ²⁻¹¹ dʑiɛ̃¹¹³⁻⁵³　理发剪
鐾刀布　bi²¹²⁻¹¹ tɔ⁵³⁻¹¹ pu³³⁵⁻³⁵　荡刀布
风箱　　foŋ⁵³⁻⁵⁵ ɕiã⁵³⁻⁵⁵

5.11　人　品　名　称

5.11.1　一般称谓

人　　n̠iŋ¹¹³
户头　　u²¹²⁻¹¹ dei¹¹³⁻³⁵　家伙（贬义）
　老倌　　lɔ²¹²⁻¹¹ kuɛ̃⁵³⁻³⁵
男人家　nɛ̃¹¹³⁻¹¹ n̠iŋ¹¹³⁻¹¹ ko⁵³⁻¹¹　男人
女人家　n̠y²¹²⁻¹¹ n̠iŋ¹¹³⁻¹¹ ko⁵³⁻⁵³　女人
老娘们　lɔ²¹²⁻¹¹ n̠iã¹¹³⁻¹¹ meŋ¹¹³⁻⁵³　已婚妇女
雌雄婆　tsʰɿ⁵³⁻⁵⁵ ioŋ¹¹³⁻⁵⁵ bu¹¹³⁻⁵⁵　不男不女的人
老头子　lɔ²¹²⁻¹¹ dei¹¹³⁻¹¹ tsɿ⁴²⁴⁻⁵³　老头
老太婆　lɔ²¹²⁻¹¹ tʰa³³⁵⁻¹¹ bu¹¹³⁻³⁵　老太太
后生家　ei²¹²⁻¹¹ sã⁵³⁻¹¹ ko⁵³⁻⁵³　小伙子
大姑娘　dʊ²¹²⁻¹¹ ku⁵³⁻¹¹ n̠iã¹¹³⁻¹¹　小姑娘
　阿母头　aʔ⁵⁻⁵⁵ m̩¹¹³⁻⁵⁵ dei¹¹³⁻³¹

小官家　ɕiɔ⁴²⁴⁻³³kɛ̃⁵³⁻³³ko⁵³⁻⁵³　男孩‖本词"官"失落了-u-介音

小鬼头　ɕiɔ⁴²⁴⁻³³kuɛ⁴²⁴⁻³³dei¹¹³⁻⁵³　男孩（昵称、贬义）

女子家　no²¹²⁻¹¹tsɿ⁴²⁴⁻¹¹ko⁵³⁻⁵³　女孩

小屄头　ɕiɔ⁴²⁴⁻³³pi⁵³⁻³³dei¹¹³⁻⁵³　女孩（昵称、贬义）

小人头　ɕiɔ⁴²⁴⁻³³ȵiŋ¹¹³⁻³³dei¹¹³⁻³⁵　小孩

毛毛头　mɔ⁵³⁻⁵⁵mɔ⁵³⁻⁵⁵dei¹¹³⁻⁵⁵　小宝宝（娃娃）、婴儿

济手佬　tɕia³³⁵⁻³³ɕiɔ⁴²⁴⁻³³lɔ²¹²⁻⁵³　左撇子

光棍头　kuɔ̃⁵³⁻⁵⁵kueŋ³³⁵⁻⁵⁵dei¹¹³⁻³¹　（1）单身汉；（2）鳏夫

老大姑娘　lɔ²¹²⁻¹¹dʊ²¹²⁻¹¹ku⁵³⁻¹¹ȵiã¹¹³⁻⁵³　老姑娘

孤孀老娘　ku⁵³⁻³³sɔ̃⁴²⁴⁻¹¹lɔ²¹²⁻³³ȵiã¹¹³⁻⁵³　寡妇

后讨老娘　ei²¹²⁻¹¹tʰɔ⁴²⁴⁻¹¹lɔ²¹²⁻¹¹ȵiã¹¹³⁻⁵³　填房

二婚头　ȵi³³⁵⁻³³hueŋ⁵³⁻³³dei¹¹³⁻⁵³　离婚后重新结婚的人

拖油瓶　tʰʊ⁵³⁻⁵⁵iʊ¹¹³⁻⁵⁵biŋ¹¹³⁻⁵⁵　带犊儿

私芽头　sɿ⁵³⁻⁵⁵ŋo¹¹³⁻⁵⁵dei¹¹³⁻⁵⁵　私生子

婊子　piɔ⁴²⁴⁻³³tsɿ⁴²⁴⁻³⁵　妓女

姘头　pʰiŋ³³⁵⁻³³dei¹¹³⁻⁵³　情人

自家人　zɿ²¹²⁻¹¹ko⁵³⁻¹¹ȵiŋ¹¹³⁻⁵³　自己人

□家拉人　beŋ¹¹³⁻¹¹ko⁵³⁻¹¹la²¹²⁻¹¹ȵiŋ¹¹³⁻¹¹　外人‖beŋ¹¹³是"别人"的合音

外头人　ŋa³³⁵⁻³³dei¹¹³⁻³³ȵiŋ¹¹³⁻⁵³　外地人

陌生人　maʔ²⁻¹¹sã⁵³⁻¹¹ȵiŋ¹¹³⁻⁵³

街上人　ka⁵³⁻⁵⁵lɔ̃²¹²⁻⁵⁵ȵiŋ¹¹³⁻³¹　城里人

农村里人　loŋ¹¹³⁻¹¹tsʰeŋ⁵³⁻¹¹li²¹²⁻¹¹ȵiŋ¹¹³⁻¹¹　乡巴佬

山里人　sã⁵³⁻⁵⁵li²¹²⁻⁵⁵ȵiŋ¹¹³⁻³¹　山区人

外畈人　ŋa³³⁵⁻³³fã⁵³⁻³³ȵiŋ¹¹³⁻⁵³　山区外的人

统家门　tʰoŋ⁴²⁴⁻³³ko⁵³⁻³³meŋ¹¹³⁻³⁵　全家

自家塘里人　zɿ²¹²⁻¹¹ko⁵³⁻³³dɔ̃¹¹³⁻¹¹li²¹²⁻¹¹ȵiŋ¹¹³⁻⁵³　本地人

外国人　ŋa³³⁵⁻³³kuoʔ⁵⁻¹¹ȵiŋ¹¹³⁻⁵³

日本佬　zieʔ²⁻¹¹peŋ⁴²⁴⁻¹¹lɔ²¹²⁻⁵³　日本人的蔑称

内交　nɛ³³⁵⁻³³ tɕiɔ⁵³⁻⁵³　内行的人
外交　ŋa³³⁵⁻³³ tɕiɔ⁵³⁻⁵³　外行的人
嬉客　ɕi⁵³⁻⁵⁵ kʰaʔ⁵⁻⁵⁵　游玩的人
流氓　lei¹¹³⁻¹¹ mɔ̃¹¹³⁻¹¹
下作胚　o²¹²⁻¹¹ tsoʔ⁵⁻¹¹ pʰɛ³³⁵⁻⁵³　下流的人
贼骨头　zeʔ²⁻¹¹ kuoʔ⁵⁻¹¹ dei¹¹³⁻⁵³
贼婆　zeʔ²⁻¹¹ bu¹¹³⁻⁵³　女贼
强盗　dʑiã¹¹³⁻¹¹ dɔ²¹²⁻¹¹
扒落手　bo¹¹³⁻¹¹ loʔ²⁻¹¹ ɕiʊ⁴²⁴⁻¹¹　扒手
拐子　kua⁴²⁴⁻³³ tsʅ⁴²⁴⁻³⁵　骗子
长脚　dzã¹¹³⁻¹¹ tɕiaʔ⁵⁻¹¹　高个子
矮脚　a⁴²⁴⁻³³ tɕiaʔ⁵⁻³⁵　矮个子
　矮子　a⁴²⁴⁻³³ tsʅ⁴²⁴⁻³⁵
大块头　dʊ²¹²⁻¹¹ kʰuɛ³³⁵⁻¹¹ dei¹¹³⁻⁵³　大个子
破脚骨　pʰa³³⁵⁻³³ tɕiaʔ⁵⁻³³ kouʔ⁵⁻⁵³　地痞
潦荡胚　liɔ¹¹³⁻¹¹ dɔ̃²¹²⁻¹¹ pʰɛ³³⁵⁻¹¹　二流子
落跳神　loʔ²⁻¹¹ diɔ¹¹³⁻¹¹ zin¹¹³⁻⁵³　指到处游逛的人
先出师　ɕiɛ⁵³⁻⁵⁵ tsʰeʔ⁵⁻⁵⁵ sʅ⁵³⁻⁵⁵　指什么都知道的人
书毒头　ɕy⁵³⁻⁵⁵ doʔ²⁻⁵⁵ dei¹¹³⁻³¹　书呆子
罾脬眼　eʔ⁵⁻³³ pʰɔ³³⁵⁻³³ ŋã²¹²⁻³⁵　天生眼皮突出的人
缺牙佬　tɕʰyoʔ⁵⁻³³ ŋo¹¹³⁻³³ lɔ²¹²⁻³⁵　缺牙的人
惹厌鬼　za²¹²⁻¹¹ iɛ̃³³⁵⁻¹¹ kuɛ⁵³⁻⁵³　淘气包
哭作猫　kʰoʔ⁵⁻⁵⁵ tɕyoʔ⁵⁻⁵⁵ mɔ¹¹³⁻³¹　经常哭的孩子
尿出佬　ɕi⁵³⁻⁵⁵ tsʰeʔ⁵⁻⁵⁵ lɔ²¹²⁻³¹　指尿床的孩子
败家子　ba²¹²⁻¹¹ ko⁵³⁻¹¹ tsʅ⁴²⁴⁻³⁵　挥霍家产的人
三脚猫　sã⁵³⁻⁵⁵ tɕia⁵³⁻⁵⁵ mɔ⁵³⁻⁵³　半瓶醋
小气鬼　ɕiɔ⁴²⁴⁻³³ tɕʰi³³⁵⁻³³ kuɛ⁴²⁴⁻³⁵　吝啬鬼
喫客　tɕʰieʔ⁵⁻⁵⁵ kʰaʔ⁵⁻³¹　吃货
娇嘴　tɕiɔ⁵³⁻⁵⁵ tsɛ⁴²⁴⁻³¹　吃东西非常挑剔的人

大食户　dʋ²¹²⁻¹¹ ʑieʔ²⁻¹¹ u³³⁵⁻³⁵　食量特别大的人

酒醉鬼　tɕiʋ⁴²⁴⁻³³ tsɛ³³⁵⁻³³ kuɛ⁴²⁴⁻⁵³　醉鬼

地脚鬼　di²¹²⁻¹¹ tɕiaʔ⁵⁻¹¹ kuɛ⁴²⁴⁻⁵³　对当地地址比较熟的人

阿♯拖　aʔ⁵⁻³³ tʰʋ⁵³　拖拖拉拉的人

5.11.2　职业称谓

百作　paʔ⁵⁻⁵⁵ tsoʔ⁵⁻³¹　各行各业的总称

农民　loŋ¹¹³⁻¹¹ miŋ¹¹³⁻¹¹

长年　dzã¹¹³⁻¹¹ ȵiɛ̃¹¹³⁻¹¹　长工

忙工　mã¹¹³⁻¹¹ koŋ⁵³⁻¹¹　短工

看牛小鬼　kʰɛ³³⁵⁻³³ ȵiʋ¹¹³⁻³³ ɕiɔ⁴²⁴⁻³³ kuɛ⁴²⁴⁻⁵³　牧童

渔船上人　y¹¹³⁻¹¹ ʐyɛ̃¹¹³⁻¹¹ lɔ²¹²⁻¹¹ ȵiŋ¹¹³⁻¹¹　渔民

船老大　dzyɛ̃¹¹³⁻¹¹ lɔ²¹²⁻¹¹ da²¹²⁻³⁵　艄公，船夫

挑脚佬　tʰiɔ⁵³⁻⁵⁵ tɕiaʔ⁵⁻⁵⁵ lɔ²¹²⁻³¹　挑夫

生意人　sã⁵³⁻⁵⁵ i³³⁵⁻⁵⁵ ȵiŋ¹¹³⁻³¹　商人

徽州朝奉　huɛ⁵³⁻⁵⁵ tɕiʋ⁵³⁻⁵⁵ dzɔ¹¹³⁻⁵⁵ boŋ²¹²⁻³¹　徽商

东家　toŋ⁵³⁻⁵⁵ ko⁵³⁻⁵⁵　老板

店倌　tiɛ̃³³⁵⁻³³ kuɛ⁴²⁴⁻⁵³　伙计

牛倒鬼　ȵiʋ¹¹³⁻³³ tɔ⁴²⁴⁻¹¹ kuɛ⁴²⁴⁻¹¹　贩牛的中介

小贩　ɕiɔ⁴²⁴⁻³³ fã³³⁵⁻³⁵　小贩

中保　tɕyoŋ⁵³⁻⁵⁵ pɔ⁴²⁴⁻³¹　中间人

换糖佬　uɛ̃³³⁵⁻³³ dɔ̃¹¹³⁻³³ lɔ²¹²⁻⁵³　兑糖担主

郎中　lɔ̃¹¹³⁻¹¹ tɕyoŋ⁵³⁻¹¹　中医医生

走坊郎中　tɕiʋ⁴²⁴⁻³³ fã⁵³⁻³³ lɔ̃¹¹³⁻³³ tɕyoŋ⁵³⁻³⁵　江湖游医

教书先生　kɔ⁵³⁻⁵⁵ ɕy⁵³⁻⁵⁵ ɕiɛ̃⁵³⁻⁵⁵ sã⁵³⁻⁵⁵　教师

学生子　oʔ²⁻¹¹ sã⁵³⁻¹¹ tsɿ⁴²⁴⁻⁵³　学生

师傅　sɿ⁵³⁻⁵⁵ vu²¹²⁻³¹

师傅娘　sɿ⁵³⁻⁵⁵ vu²¹²⁻⁵⁵ ȵiã¹¹³⁻³¹　（1）师娘；（2）老板娘

徒弟　dʋ¹¹³⁻¹¹ di²¹²⁻¹¹

手艺人　　ɕiʊ⁴²⁴⁻³³ȵi³³⁵⁻³³ȵiŋ¹¹³⁻³⁵

机师　　tɕi⁵³⁻⁵⁵sʅ⁵³⁻⁵⁵　　司机

匠作　　ʑiã²¹²⁻¹¹tsoʔ⁵⁻⁵³　　工匠

铁匠师傅　　tʰieʔ⁵⁻³³ʑiã²¹²⁻³³sʅ⁵³⁻³³vu²¹²⁻⁵³

铜匠师傅　　doŋ¹¹³⁻¹¹ʑiã²¹²⁻¹¹sʅ⁵³⁻¹¹vu²¹²⁻⁵³

白铁师傅　　baʔ²⁻¹¹tʰieʔ¹¹sʅ⁵³⁻¹¹vu²¹²⁻⁵³　　用白铁皮做器具的工匠

木匠师傅　　moʔ²⁻¹¹ʑiã²¹²⁻¹¹sʅ⁵³⁻¹¹vu²¹²⁻⁵³　　木工

箍桶师傅　　kʰu⁵³⁻³³doŋ²¹²⁻³³sʅ⁵³⁻³³vu²¹²⁻⁵³

篾匠师傅　　mieʔ²⁻¹¹ʑiã²¹²⁻¹¹sʅ⁵³⁻¹¹vu²¹²⁻⁵⁵

篷匠师傅　　boŋ¹¹³⁻¹¹ʑiã²¹²⁻¹¹sʅ⁵³⁻¹¹vu²¹²⁻⁵⁵

船匠师傅　　ʑyɛ¹¹³⁻¹¹ʑiã²¹²⁻¹¹sʅ⁵³⁻¹¹vu²¹²⁻⁵⁵

泥水师傅　　ȵi¹¹³⁻¹¹sɛ⁴²⁴⁻¹¹sʅ⁵³⁻¹¹vu²¹²⁻⁵⁵

漆匠师傅　　tɕʰieʔ⁵⁻³³ʑiã²¹²⁻³³sʅ⁵³⁻³³vu²¹²⁻⁵³

裁缝师傅　　zɛ¹¹³⁻¹¹voŋ¹¹³⁻¹¹sʅ⁵³⁻¹¹vu²¹²⁻⁵⁵

皮匠师傅　　bi¹¹³⁻¹¹ʑiã²¹²⁻¹¹sʅ⁵³⁻¹¹vu²¹²⁻⁵⁵

剃头师傅　　tʰi³³⁵⁻³³dei¹¹³⁻³³sʅ⁵³⁻³³vu²¹²⁻⁵³　　理发师

补缸佬　　pu⁴²⁴⁻³³kɔ̃⁵³⁻³³lɔ²¹²⁻³⁵　　钉碗、补缸的人

烧饭师傅　　sɔ⁵³⁻⁵⁵vã²¹²⁻⁵⁵sʅ⁵³⁻⁵⁵vu²¹²⁻³¹　　厨师

棉花匠　　miɛ¹¹³⁻¹¹huo⁵³⁻¹¹ʑiã²¹²⁻¹¹　　弹棉花的工匠

杀猪屠户　　saʔ⁵⁻³³tsʅ⁵³⁻³³dɛ⁵³⁻¹¹u³³⁵⁻⁵⁵　　屠户‖"屠"韵母特殊，灵桥外沙仍读 dʊ

　　鎚佬　　tʰɛ³³⁵⁻³³lɔ²¹²⁻⁵³

娘姨　　ȵiã¹¹³⁻¹¹i¹¹³⁻¹¹　　保姆

丫头　　o⁵³⁻⁵⁵dei¹¹³⁻⁵⁵　　丫鬟

戏子　　ɕi³³⁵⁻³³tsʅ⁴²⁴⁻⁵³　　演戏的人

兵老爷　　piŋ⁵³⁻⁵⁵lɔ²¹²⁻⁵⁵ia¹¹³⁻³¹　　新中国成立前对兵的称呼

讨饭子　　tʰɔ⁴²⁴⁻³³vã²¹²⁻³³tsʅ⁴²⁴⁻³⁵　　乞丐

　　告花子　　kɔ³³⁵⁻³³huou⁵³⁻¹¹tsʅ⁴²⁴⁻⁵³

抬轿佬　　dɛ¹¹³⁻¹¹dʑiɔ²¹²⁻¹¹lɔ²¹²⁻¹¹　　抬轿子的人

5.12 亲属、社会关系

5.12.1 长辈

大辈　　dʊ²¹²⁻¹¹pɛ³³⁵⁻³⁵　　长辈

阿♯太　　aʔ⁵⁻³³tʰa³³⁵　　曾祖父、曾祖母

公公　　koŋ⁵³⁻⁵⁵koŋ⁵³⁻⁵⁵　　祖父（面称）

　爷爷　　ia¹¹³⁻¹¹ia¹¹³⁻¹¹　　祖父（面称）

　老伯　　lɔ²¹²⁻¹¹paʔ⁵⁻⁵³　　祖父（叙称）

阿♯婆　　aʔ⁵⁻³³bu¹¹³　　（1）祖母（面称、叙称）；（2）祖父兄弟的妻子

　卸⁼婆　　ɕia³³⁵⁻³³bu¹¹³⁻⁵³　　称呼祖父最小的弟弟的妻子‖首字为"小阿"的合音

外公　　ŋa³³⁵⁻³³koŋ⁵³⁻⁵³　　（1）外祖父；（2）外公的兄弟

外婆　　ŋa³³⁵⁻³³bu¹¹³⁻⁵³　　（1）外祖母；（2）外公兄弟的妻子

阿♯公　　aʔ⁵⁻³³koŋ⁵³　　祖父的兄弟：二～、三～

姑婆　　ku⁵³⁻⁵⁵bu¹¹³⁻⁵⁵　　祖父的姐妹

姑丈　　ku⁵³⁻⁵⁵dzã²¹²⁻³¹　　祖父的姐妹夫

舅公　　dʑiʊ²¹²⁻¹¹koŋ⁵³⁻³⁵　　（1）祖母兄弟；（2）外婆的兄弟

舅婆　　dʑiʊ²¹²⁻¹¹bu¹¹³⁻³⁵　　（1）祖母兄弟的妻子；（2）外婆兄弟的妻子

娘姨婆　　n̠ia¹¹³⁻¹¹i¹¹³⁻¹¹bu¹¹³⁻¹¹　　祖母的姐妹

娘姨公　　n̠ia¹¹³⁻¹¹i¹¹³⁻¹¹koŋ⁵³⁻¹¹　　祖母的姐妹夫

阿♯爹　　aʔ⁵⁻³³tia⁵³　　父亲（面称）

　爹爹　　tia⁵³⁻⁵⁵tia⁵³⁻⁵⁵　　父亲（面称，背称）

　爸爸　　pa⁵³⁻⁵⁵pa⁵³⁻⁵⁵　　父亲（面称，背称），新

阿♯伯　　aʔ⁵⁻³³paʔ⁵　　父亲（叙称）

姆妈　m̩$^{53\text{-}55}$ ma$^{53\text{-}55}$　母亲(面称、叙称)

大伯　dʊ$^{212\text{-}11}$ paʔ$^{5\text{-}35}$　伯父

小伯　ɕiɔ$^{424\text{-}33}$ paʔ$^{5\text{-}35}$　叔父

　阿♯叔　aʔ$^{5\text{-}33}$ ɕyoʔ^{5}

嫚嫚　mã$^{212\text{-}11}$ mã$^{212\text{-}35}$　伯母

　大母　da$^{212\text{-}11}$ m̩$^{212\text{-}35}$

婶婶　ɕiŋ$^{424\text{-}33}$ ɕiŋ$^{424\text{-}35}$　叔母

　小母　ɕiɔ$^{424\text{-}33}$ m̩$^{212\text{-}35}$

娘娘　n̠iã$^{424\text{-}33}$ n̠iã$^{424\text{-}35}$　姑母

　阿♯娘　aʔ$^{5\text{-}33}$ n̠iã^{53}

姑夫　ku$^{53\text{-}55}$ fu$^{53\text{-}55}$　姑父

娘舅　n̠iã$^{113\text{-}11}$ dʑiʊ$^{212\text{-}11}$　舅父

娘舅母　n̠iã$^{113\text{-}11}$ dʑiʊ$^{212\text{-}11}$ m̩$^{212\text{-}11}$　舅母

　娘母　n̠iã$^{113\text{-}11}$ m̩$^{212\text{-}11}$

娘姨　n̠iã$^{113\text{-}11}$ i$^{113\text{-}11}$　姨母

娘姨夫　n̠iã$^{113\text{-}11}$ i$^{113\text{-}11}$ fu$^{53\text{-}11}$　姨父

丈人　dzã$^{212\text{-}11}$ n̠iŋ$^{113\text{-}35}$　岳父的背称

丈母　dzã$^{212\text{-}11}$ m̩$^{212\text{-}35}$　岳母的背称

阿♯公　aʔ$^{5\text{-}33}$ koŋ^{53}　公公的背称

　阿公头　aʔ$^{5\text{-}55}$ koŋ$^{53\text{-}55}$ dei$^{113\text{-}31}$

　阿公老人家　aʔ$^{5\text{-}33}$ koŋ$^{53\text{-}33}$ lɔ$^{212\text{-}33}$ n̠iŋ$^{113\text{-}33}$ ko$^{53\text{-}55}$　公公的尊称

阿♯婆　aʔ$^{5\text{-}33}$ bu^{113}　媳妇叙称婆婆

　阿婆头　aʔ$^{5\text{-}55}$ bu$^{113\text{-}55}$ dei$^{113\text{-}31}$

　阿婆老人家　aʔ$^{5\text{-}33}$ bu$^{113\text{-}33}$ lɔ$^{212\text{-}33}$ n̠iŋ$^{113\text{-}33}$ ko$^{53\text{-}55}$　婆婆的尊称

晚爹　mã$^{212\text{-}11}$ tia$^{53\text{-}35}$　后爸

晚娘　mã$^{212\text{-}11}$ n̠iã$^{113\text{-}35}$　后妈

亲伯　tɕhiŋ$^{53\text{-}55}$ paʔ$^{5\text{-}55}$　义父

亲娘　tɕhiŋ$^{53\text{-}55}$ n̠iã$^{113\text{-}55}$　义母

亲公　tɕhiŋ$^{53\text{-}55}$ koŋ$^{53\text{-}55}$　义祖父

亲婆　tɕʰiŋ⁵³⁻⁵⁵ bu¹¹³⁻⁵⁵　义祖母

5.12.2　平辈

并辈　biŋ²¹²⁻¹¹ pɛ³³⁵⁻⁵³　平辈
老子　lɔ²¹²⁻¹¹ tsʅ⁴²⁴⁻⁵³　丈夫
老娘　lɔ²¹²⁻¹¹ ȵiã¹¹³⁻³⁵　妻子
前头老子　ziɛ̃¹¹³⁻¹¹ dei¹¹³⁻¹¹ lɔ²¹²⁻¹¹ tsʅ⁴²⁴⁻¹¹　前夫
前头老娘　ziɛ̃¹¹³⁻¹¹ dei¹¹³⁻¹¹ lɔ²¹²⁻¹¹ ȵiã¹¹³⁻¹¹　前妻
小老娘　ɕiɔ⁴²⁴⁻³³ lɔ⁴²⁴⁻³³ ȵiã¹¹³⁻⁵³　小妾
阿♯哥　aʔ⁵⁻³³ ko⁵³　哥哥
阿♯嫂　aʔ⁵⁻³³ sɔ⁴²⁴　嫂子
兄弟　ɕyoŋ⁵³⁻⁵⁵ di²¹²⁻³¹　弟弟
弟新妇　di²¹²⁻¹¹ ɕiŋ⁵³⁻¹¹ vu²¹²⁻⁵³　弟媳妇
阿姊　aʔ⁵⁻³³ tɕi⁴²⁴　姐姐
　大大　da²¹²⁻¹¹ da²¹²⁻³⁵
姊夫　tɕi⁴²⁴⁻³³ fu⁵³⁻³⁵　姐夫
阿♯大　aʔ⁵⁻³³ da²¹²　大姐、大哥
妹子　mɛ³³⁵⁻³³ tsʅ⁴²⁴⁻⁵³　妹妹
妹夫　mɛ³³⁵⁻³³ fu⁵³⁻³⁵　妹夫
大伯　da²¹²⁻¹¹ paʔ⁵⁻³⁵　大伯子
大母　da²¹²⁻¹¹ m̩²¹²⁻³⁵　大伯子的妻子
阿♯叔　aʔ⁵⁻³³ ɕyoʔ⁵　小叔子
小母　ɕiɔ⁴²⁴⁻³³ m̩²¹²⁻³⁵　小叔子的妻子
姑娘　ku⁵³⁻⁵⁵ ȵiã¹¹³⁻⁵⁵　大姑子、小姑子
　阿♯娘　aʔ⁵⁻³³ ȵiã⁵³
舅佬　dʑiʊ²¹²⁻¹¹ lɔ²¹²⁻³⁵　内兄弟（大舅子，小舅子）
舅嫂　dʑiʊ²¹²⁻¹¹ sɔ⁴²⁴⁻³⁵　内兄弟的妻子
亲家公　tɕʰiŋ⁵³⁻⁵⁵ ko⁵³⁻⁵⁵ koŋ⁵³⁻⁵⁵　亲家
亲家婆　tɕʰiŋ⁵³⁻⁵⁵ ko⁵³⁻⁵⁵ bu¹¹³⁻⁵⁵　亲家母

5.12.3 晚辈

小辈　ɕiɔ⁴²⁴⁻³³ pɛ³³⁵⁻³⁵　下辈

儿子　n̩¹¹³⁻¹¹ tsʅ⁴²⁴⁻¹¹

新妇　ɕiŋ⁵³⁻⁵⁵ vu²¹²⁻³¹　儿媳妇

毛脚新妇　mɔ¹¹³⁻¹¹ tɕiaʔ⁵⁻¹¹ ɕiŋ⁵³⁻¹¹ vu²¹²⁻¹¹　未过门的媳妇

养新妇　iã³³⁵⁻³³ ɕiŋ⁵³⁻³³ vu²¹²⁻⁵³　童养媳

继拜儿子　tɕi³³⁵⁻³³ paʔ⁵⁻³³ n̩¹¹³⁻³³ tsʅ⁴²⁴⁻⁵³　干儿子

领来儿子　niŋ²¹²⁻¹¹ lɛ¹¹³⁻¹¹ n̩¹¹³⁻⁵⁵ tsʅ⁴²⁴⁻³¹　养子

女　no²¹²　女儿

继拜女　tɕi³³⁵⁻³³ paʔ⁵⁻³³ no²¹²⁻⁵³　干女儿

女婿　n̠yoʔ²⁻¹¹ ɕi³³⁵⁻⁵³　‖"女"促化

毛脚女婿　mɔ¹¹³⁻¹¹ tɕiaʔ⁵⁻¹¹ n̠yoʔ²⁻¹¹ ɕi³³⁵⁻¹¹　未过门的女婿

入舍　n̠ieʔ²⁻¹¹ so⁴²⁴⁻⁵³　入赘：～女婿

侄郎　dzeʔ²⁻¹¹ lɔ̃¹¹³⁻⁵³　侄子

侄女　dzeʔ²⁻¹¹ no²¹²⁻⁵³　侄女

外甥　ŋa³³⁵⁻³³ sã⁵³⁻⁵³　（1）外甥；（2）外孙

外甥女　ŋa³³⁵⁻³³ sã⁵³⁻³³ no²¹²⁻⁵³　（1）外甥女；（2）外孙女

孙子　seŋ⁵³⁻⁵⁵ tsʅ⁴²⁴⁻³¹

孙子新妇　seŋ⁵³⁻⁵⁵ tsʅ⁴²⁴⁻⁵⁵ ɕiŋ⁵³⁻⁵⁵ vu²¹²⁻³¹　孙媳

孙女　seŋ⁵³⁻⁵⁵ no²¹²⁻³¹

孙女女婿　seŋ⁵³⁻⁵⁵ no²¹²⁻⁵⁵ n̠yoʔ²⁻⁵⁵ ɕi³³⁵⁻³¹

玄孙　yɛ¹¹³⁻¹¹ seŋ⁵³⁻¹¹　重孙

玄孙女　yɛ¹¹³⁻¹¹ seŋ⁵³⁻¹¹ no²¹²⁻⁵³　重孙女

5.12.4 其他亲属和社会关系

亲眷　tɕʰiŋ⁵³⁻⁵⁵ tɕyɛ³³⁵⁻³¹　亲戚

攀　pʰã⁵³　攀亲戚

班辈　pã⁵³⁻⁵⁵ pɛ³³⁵⁻³¹　辈份

辈份　　pɛ³³⁵⁻³³ veŋ²¹²⁻⁵³
嫡亲　　tieʔ⁵⁻⁵⁵ tɕʰiŋ⁵³⁻³¹
堂份　　dɔ̃¹¹³⁻¹¹ veŋ²¹²⁻⁵³　共祖的族人
　嫡堂　　tieʔ⁵⁻⁵⁵ dɔ̃¹¹³⁻³¹　较亲的堂份
自家屋里　zɿ²¹²⁻¹¹ ko⁵³⁻³³ uoʔ⁵⁻¹¹ li²¹²⁻⁵³　本家
家长阿太　ko⁵³⁻³³ tsã⁴²⁴⁻³³ aʔ⁵⁻³³ tʰa³³⁵⁻⁵³　共同姓氏的族长
继拜亲　tɕi³³⁵⁻³³ paʔ⁵⁻³³ tɕʰiŋ⁵³⁻⁵³
爷娘　ia¹¹³⁻¹¹ n̻iã¹¹³⁻¹¹　父母
　阿伯姆妈　aʔ⁵⁻³³ paʔ⁵⁻³³ m²¹²⁻³³ ma⁵³⁻⁵³　小辈对父母的称呼
儿女　n̻¹¹³⁻¹¹ no²¹²⁻¹¹　子女
两爹老子　niã²¹²⁻¹¹ tia⁵³⁻¹¹ lɔ²¹²⁻⁵³ tsɿ⁴²⁴⁻⁵³　（1）父子；（2）父女
两娘和子　niã²¹²⁻¹¹ n̻iã¹¹³⁻¹¹ u¹¹³⁻¹¹ tsɿ⁴²⁴⁻⁵³　母子
两娘　niã²¹²⁻¹¹ n̻iã¹¹³⁻³⁵　母女
两老太婆　niã²¹²⁻¹¹ lɔ²¹²⁻¹¹ tʰa³³⁵⁻¹¹ bu¹¹³⁻³⁵　夫妻
　两公婆　niã²¹²⁻¹¹ koŋ⁵³⁻¹¹ bu¹¹³⁻¹¹
两弟兄　niã²¹²⁻¹¹ di²¹²⁻¹¹ ɕyoŋ⁵³⁻³⁵　两兄弟
姊妹　ɕi⁴²⁴⁻³³ mɛ³³⁵⁻³⁵　（1）姐妹；（2）兄弟姐妹
老堂　lɔ⁵³⁻⁵⁵ dɔ̃¹¹³⁻⁵⁵　堂兄弟、姐妹‖"老"读阴平
堂份兄弟　dɔ̃¹¹³⁻¹¹ veŋ²¹²⁻¹¹ ɕyoŋ⁵³⁻¹¹ di²¹²⁻⁵³　堂兄弟
堂份姊妹　dɔ̃¹¹³⁻¹¹ veŋ²¹²⁻¹¹ tɕi⁴²⁴⁻¹¹ mɛ³³⁵⁻⁵³　堂姊妹
老表　lɔ⁵³⁻⁵⁵ piɔ⁴²⁴⁻³¹　表兄弟、姐妹‖"老"读阴平
表姊妹　piɔ⁴²⁴⁻³³ tɕi⁴²⁴⁻³³ mɛ³³⁵⁻³⁵　表姊妹
结拜兄弟　tɕieʔ⁵⁻³³ pa³³⁵⁻³³ ɕyoŋ⁵³⁻³³ di²¹²⁻⁵³　拜把兄弟
叔伯母　ɕyoʔ⁵⁻³³ paʔ⁵⁻³³ m²¹²⁻⁵³　妯娌
两姨夫　niã²¹²⁻¹¹ i¹¹³⁻¹¹ fu⁵³⁻¹¹　连襟
姑娘阿嫂　ku⁵³⁻⁵⁵ n̻iã¹¹³⁻⁵⁵ aʔ⁵⁻⁵⁵ sɔ⁴²⁴⁻³¹　姑嫂
妹夫郎舅　mɛ³³⁵⁻³³ fu⁵³⁻³³ lɔ̃¹¹³⁻³³ dʑiʊ²¹²⁻⁵³
朋友　bã¹¹³⁻¹¹ iʊ¹¹³⁻¹¹
弟兄家　di²¹²⁻¹¹ ɕyoŋ⁵³⁻¹¹ ko⁵³⁻⁵³　哥儿们

姊妹家　tɕi⁴²⁴⁻³³ mɛ³³⁵⁻³³ ko⁵³⁻⁵³　姐妹们

邻舍　niŋ¹¹³⁻¹¹ so⁴²⁴⁻¹¹　邻居‖"邻"字灵桥外沙音 leŋ

客人　kʰaʔ⁵⁻⁵⁵ n̠iŋ¹¹³⁻³¹

同学　doŋ¹¹³⁻¹¹ iaʔ²⁻¹¹

同乡　doŋ¹¹³⁻¹¹ ɕiã⁵³⁻¹¹

同年佬　doŋ¹¹³⁻¹¹ n̠iɛ̃⁴⁵³⁻¹¹ lɔ¹¹³⁻¹¹　年纪相仿者

老同　lɔ²¹²⁻¹¹ doŋ¹¹³⁻³⁵

5.13　身　　体

5.13.1　头部

头　dei¹¹³

　胡⁼髏头　u¹¹³⁻¹¹ loʔ²⁻¹¹ dei¹¹³⁻¹¹　头

头底心　dei¹¹³⁻¹¹ ti⁴²⁴⁻¹¹ ɕiŋ⁵³⁻¹¹　头顶

脑髓　nɔ²¹²⁻¹¹ ɕi⁵³⁻⁵³

后枕头　ei²¹²⁻¹¹ tseŋ⁴²⁴⁻¹¹ dei¹¹³⁻⁵³　后脑窝、后脑勺

头涡旋　dei¹¹³⁻¹¹ u⁵³⁻¹¹ ʑiɛ̃²¹²⁻¹¹　头发旋

头发　dei¹¹³⁻¹¹ faʔ⁵⁻¹¹

看发　kʰɛ³³⁵⁻³³ faʔ⁵⁻⁵³　刘海

光郎头　kuɔ̃⁵³⁻⁵⁵ lɔ̃¹¹³⁻⁵⁵ dei¹¹³⁻⁵⁵　光头

养　iã³³⁵　留（头发）

辫子　biɛ̃²¹²⁻¹¹ tsɿ⁴²⁴⁻³⁵

头皮　dei¹¹³⁻¹¹ bi¹¹³⁻¹¹　头皮屑

脸孔　n̠iɛ³³⁵⁻³³ kʰoŋ⁴²⁴⁻⁵³　脸

额角头　ŋaʔ²⁻¹¹ koʔ²⁻¹¹ dei¹¹³⁻⁵³　额头

囟门潭　ɕiŋ³³⁵⁻³³ meŋ¹¹³⁻³³ dɛ̃¹¹³⁻⁵³　囟门

颧骨　dʑyɛ¹¹³⁻¹¹ kuoʔ⁵⁻¹¹

人中　　ʑiŋ$^{113-11}$ tɕʰyoŋ$^{53-11}$　‖"中"读送气

老酒潭　lɔ$^{212-11}$ tɕiʊ$^{424-11}$ dʒɛ$^{113-35}$　酒窝

颔腮　　ɛ̃$^{113-11}$ sɛ$^{53-11}$　腮

太阳头　tʰa$^{335-33}$ iã$^{113-33}$ dei$^{113-53}$　太阳穴

眼睛　　ŋã$^{212-11}$ tɕiŋ$^{53-35}$

眼眵浼　ŋã$^{212-11}$ tsɿ$^{53-11}$ u$^{335-35}$　眼屎

眉毛　　mi$^{113-11}$ mɔ$^{113-11}$

眼眨毛　ŋã$^{212-11}$ tsaʔ$^{5-11}$ mɔ$^{113-53}$　睫毛

眼乌珠　ŋã$^{212-11}$ u$^{53-11}$ tɕy$^{53-53}$　眼珠

黑乌珠　heʔ$^{5-55}$ u$^{53-55}$ tɕy$^{53-55}$　黑眼珠

白乌珠　baʔ$^{2-11}$ u$^{53-11}$ tɕy$^{53-11}$　白眼珠（眼白）

眼泪水　ŋã$^{212-11}$ li$^{212-11}$ sɛ$^{424-35}$　眼泪：揩～擦眼泪

眼脬皮　ŋã$^{212-11}$ pʰɔ$^{335-11}$ bi$^{113-35}$　眼皮

单层眼　tã$^{53-55}$ zeŋ$^{113-55}$ ŋã$^{212-31}$　单眼皮

二层眼　n̠i$^{335-33}$ zeŋ$^{113-33}$ ŋã$^{212-53}$　双眼皮

眼火　　ŋã$^{212-11}$ hu$^{424-35}$　眼神

鼻头　　beʔ$^{2-11}$ dei$^{113-53}$　鼻子

鼻梁　　beʔ$^{2-11}$ niã$^{113-53}$

鼻头子管　beʔ$^{2-11}$ dei$^{113-11}$ tsɿ$^{424-11}$ kuɛ̃$^{424-53}$　鼻孔

鼻头毛　beʔ$^{2-11}$ dei$^{113-11}$ mɔ$^{113-53}$

鼻涕　　bieʔ$^{2-11}$ tʰi$^{335-53}$　‖"鼻涕"相连时，"鼻"音 bieʔ，可能是受"涕"影响的结果

清水鼻涕　tɕʰiŋ$^{53-33}$ sɛ$^{424-33}$ bieʔ$^{2-33}$ tʰi$^{335-53}$　稀鼻涕

搇　　heŋ^{424}　搇鼻涕

鼻头浼　beʔ$^{2-11}$ dei$^{113-11}$ u$^{335-53}$　鼻屎

　鼻头子浼　beʔ$^{2-11}$ dei$^{113-11}$ tsɿ$^{424-11}$ u$^{335-53}$

鼻头翁⁼　beʔ$^{2-11}$ dei$^{113-11}$ oŋ$^{53-53}$　鼻血

耳朵　　n̩$^{424-33}$ tʊ$^{424-35}$

耳朵浼　n̩$^{424-33}$ tʊ$^{424-33}$ u$^{335-35}$　耳屎

耳朵洞　n̩⁴²⁴⁻³³ tʊ⁴²⁴⁻³³ doŋ²¹²⁻³⁵　耳朵孔

嘴脯　tsɛ⁴²⁴⁻³³ bu²¹²⁻³⁵　嘴巴

嘴唇　tsɛ⁴²⁴⁻³³ ʑiŋ¹¹³⁻³⁵

馋＝吐　zã¹¹³⁻¹¹ tʰʊ³³⁵⁻¹¹　唾沫

口里水　kʰiʊ⁴²⁴⁻³³ li²¹²⁻³³ sɛ⁴²⁴⁻⁵³　口水

氽♯口里水　tʰeŋ⁴²⁴⁻³³ kʰiʊ⁴²⁴⁻³³ li²¹²⁻³³ sɛ⁴²⁴⁻³⁵　流口水

馋＝痰　zã¹¹³⁻¹¹ dã¹¹³⁻¹¹　痰

　痰　dã¹¹³

舌头　ʑieʔ²⁻¹¹ dei¹¹³⁻⁵³

舌苔　ʑieʔ²⁻¹¹ tʰɛ⁵³⁻⁵³

小舌头　ɕiɔ⁴²⁴⁻³³ ʑieʔ²⁻³³ dei¹¹³⁻⁵³　小舌

牙齿　ŋo¹¹³⁻¹¹ tsʰɿ⁴²⁴⁻¹¹

当门牙　tɔ̃⁵³⁻⁵⁵ meŋ¹¹³⁻⁵⁵ ŋo¹¹³⁻³¹　门牙

盘牙　bɛ¹¹³⁻¹¹ ŋo¹¹³⁻¹¹　大牙

尽根牙　dʑiŋ²¹²⁻¹¹ kiŋ⁵³⁻¹¹ ŋo¹¹³⁻⁵³　智齿

牙床　ŋo¹¹³⁻¹¹ zɔ̃¹¹³⁻¹¹

牙床肉　ŋo¹¹³⁻¹¹ zɔ̃¹¹³⁻¹¹ n̠ʲyoʔ²⁻¹¹　牙龈

牙齿涴　ŋo¹¹³⁻¹¹ tsʰɿ⁴²⁴⁻¹¹ u³³⁵⁻¹¹　牙屎

拔♯牙齿　baʔ²⁻¹¹ ŋo¹¹³⁻¹¹ tsʰɿ⁴²⁴⁻¹¹

镶♯牙齿　ɕiã⁵³⁻³³ ŋo¹¹³⁻¹¹ tsʰɿ⁴²⁴⁻¹¹

补♯牙齿　pu⁴²⁴⁻³³ ŋo¹¹³⁻¹¹ tsʰɿ⁴²⁴⁻¹¹

下爬＝　o²¹²⁻¹¹ bo¹¹³⁻³⁵　下巴

下爬＝骨　o²¹²⁻¹¹ bo¹¹³⁻¹¹ kuoʔ⁵⁻³⁵　颌骨

胡须　u¹¹³⁻¹¹ sʊ⁵³⁻¹¹　胡子

骚脖胡子　sɔ⁵³⁻⁵⁵ pʰɔ⁵³⁻⁵⁵ u¹¹³⁻⁵⁵ tsɿ⁴²⁴⁻³¹　络腮胡子

山羊胡子　sã⁵³⁻⁵⁵ iã¹¹³⁻⁵⁵ u¹¹³⁻⁵⁵ tsɿ⁴²⁴⁻³¹

胫颈　dei²¹²⁻¹¹ tɕiŋ⁴²⁴⁻³⁵　脖子

胫颈骨　dei²¹²⁻¹¹ tɕiŋ⁴²⁴⁻¹¹ kuoʔ⁵⁻³⁵　颈椎骨

喉结　ei¹¹³⁻¹¹ tɕieʔ⁵⁻¹¹

喉咙　ei¹¹³⁻¹¹ loŋ¹¹³⁻¹¹　喉咙
喉咙头　ei¹¹³⁻¹¹ loŋ¹¹³⁻¹¹ dei¹¹³⁻¹¹　咽喉部位
喉气　ei¹¹³⁻¹¹ tɕʰi⁵³⁻¹¹　口音
　　口气　kʰiʊ⁴²⁴⁻³³ tɕʰi⁵³⁻³⁵

5.13.2　四肢

手　ɕiʊ⁴²⁴　（1）手；（2）手和手臂
济手　tɕia³³⁵⁻³³ ɕiʊ⁴²⁴⁻⁵³　左手
顺手　ziŋ²¹²⁻¹¹ ɕiʊ⁴²⁴⁻³⁵　右手
手梗　ɕiʊ⁴²⁴⁻³³ kuã⁴²⁴⁻³⁵　手臂
肋膈肢下　leʔ²⁻¹¹ kieʔ⁵⁻¹¹ tsɿ⁵³⁻⁵⁵ o²¹²⁻³¹　胳肢窝
脉息头　maʔ²⁻¹¹ ɕieʔ⁵⁻¹¹ dei¹¹³⁻⁵³　手腕
手轴山⁼　ɕiʊ⁴²⁴⁻³³ dʑyoʔ²⁻³³ sã⁵³⁻⁵³　胳膊肘儿
拳头　dʑyɛ̃¹¹³⁻¹¹ dei¹¹³⁻¹¹
巴掌　po⁵³⁻⁵⁵ tsã⁴²⁴⁻³¹
手板心　ɕiʊ⁴²⁴⁻³³ pã⁴²⁴⁻³³ ɕiŋ⁵³⁻³⁵　手心
手背　ɕiʊ⁴²⁴⁻³³ pɛ³³⁵⁻³⁵
手指头　ɕiʊ⁴²⁴⁻³³ tseʔ⁵⁻³³ dei¹¹³⁻⁵³　‖ "指"发生了促化
大拇手指头　dʊ²¹²⁻¹¹ mo⁻¹¹ ɕiʊ⁴²⁴⁻¹¹ tseʔ⁵⁻¹¹ dei¹¹³⁻⁵³
小拇手指头　ɕiɔ⁴²⁴⁻³³ mo⁻³³ ɕiʊ⁴²⁴⁻³³ tseʔ⁵⁻³³ dei¹¹³⁻⁵³
手指掐⁼　ɕiʊ⁴²⁴⁻³³ tsɿ⁴²⁴⁻³³ kʰaʔ⁵⁻³⁵　‖ 末字可能是"甲"读成了送气
腽　lʊ¹¹³　斗纹
箕　tɕi⁵³　箕纹
腽纹　lʊ¹¹³⁻¹¹ veŋ¹¹³⁻¹¹　指纹
断掼手　dɛ²¹²⁻¹¹ guã²¹²⁻¹¹ ɕiʊ⁴²⁴⁻⁵³　手纹连在一起的手相
虎口　hu⁴²⁴⁻³³ kʰiʊ⁴²⁴⁻³⁵
脚　tɕiaʔ⁵　（1）脚；（2）包括脚和腿
脚梗　tɕiaʔ⁵⁻³³ kuã⁴²⁴⁻³⁵　腿
大腿　dʊ²¹²⁻¹¹ tʰɛ⁴²⁴⁻³⁵

直脚梗　dze?²⁻¹¹ tɕia?⁵⁻¹¹ kuã⁴²⁴⁻⁵³　小腿

脚肚子　tɕia?⁵⁻³³ dʊ²¹²⁻³³ tsʅ⁴²⁴⁻⁵³　腿肚

脚司=髁　tɕia?⁵⁻⁵⁵ sʅ⁵³⁻⁵⁵ kʰʊ⁵³⁻³¹　膝盖

脚弯头　tɕia?⁵⁻⁵⁵ uã⁵³⁻⁵⁵ dei¹¹³⁻³¹　膝盖的后部

直胴骨　dze?²⁻¹¹ doŋ¹¹³⁻¹¹ kuo?⁵⁻¹¹　胫面骨

脚趾头　tɕia?⁵⁻⁵⁵ tse?⁵⁻⁵⁵ dei¹¹³⁻³¹

草鞋弯　tsʰɔ⁴²⁴⁻³³ a¹¹³⁻³³ uã⁵³⁻³⁵　脚后跟

脚背　tɕia?⁵⁻³³ pɛ³³⁵⁻³⁵

脚桥　tɕia?⁵⁻⁵⁵ dʑiɔ¹¹³⁻³¹　脚弓

脚迹疤　tɕia?⁵⁻⁵⁵ tɕie?⁵⁻⁵⁵ po⁵³⁻³¹　脚印

脚板底　tɕia?⁵⁻³³ pã⁴²⁴⁻³³ ti⁴²⁴⁻³⁵　脚底板

5.13.3　躯干

肩攀　tɕiɛ̃⁵³⁻⁵⁵ pʰã⁵³⁻⁵⁵　肩膀

肩攀骨　tɕiɛ̃⁵³⁻⁵⁵ pʰã⁵³⁻⁵⁵ kuo?⁵⁻⁵⁵

肩胛骨　tɕiɛ̃⁵³⁻⁵⁵ ka?⁵⁻⁵⁵ kuo?⁵⁻⁵⁵　扇子骨

坍♯肩　tʰã⁵³⁻³³ tɕiɛ̃⁵³　溜肩膀

强盗骨　dʑiã¹¹³⁻¹¹ dɔ²¹²⁻³³ kuo?⁵⁻¹¹　锁骨

背栋骨　pɛ³³⁵⁻³³ toŋ³³⁵⁻³³ kuo?⁵⁻⁵³　脊柱(脊梁骨)

背脊头　pɛ³³⁵⁻³³ tɕi⁴²⁴⁻³³/tɕie?⁵⁻³³ dei¹¹³⁻⁵³　脊背‖"脊"可读舒声

肋棚①骨　le?²⁻¹¹ bã¹¹³⁻¹¹ kuo?⁵⁻³³　肋骨

胸孔前　ɕyoŋ⁵³⁻⁵⁵ kʰoŋ⁴²⁴⁻⁵⁵ ziɛ̃¹¹³⁻⁵⁵　胸口

心口潭　ɕin⁵³⁻⁵⁵ kʰiʊ⁴²⁴⁻⁵⁵ dɛ̃¹¹³⁻³¹　心口

奶奶　nɛ⁴²⁴⁻³³ nɛ⁴²⁴⁻³⁵　(1) 乳房；(2) 奶汁

奶奶头　nɛ⁴²⁴⁻³³ nɛ⁴²⁴⁻³³ dei¹¹³⁻³⁵　乳头

奶奶脯子　nɛ⁴²⁴⁻³³ nɛ⁴²⁴⁻³³ bu²¹²⁻³³ tsʅ⁴²⁴⁻⁵³　胸脯

腰　iɔ⁵³

---

① 郑张尚芳(2008：193)认为本字当为"膀"。

腰把　　io⁵³⁻⁵⁵ po⁴²⁴⁻³¹　　腰部
腰段里　　io⁵³⁻³³ dɛ²¹²⁻³³ li²¹²⁻⁵³　　脊椎骨两侧，腰部左右最细的地方
肚皮　　dʊ²¹²⁻¹¹ bi⁴²⁴⁻³⁵　　肚子
肚脐眼　　dʊ²¹²⁻¹¹ zi¹¹³⁻¹¹ ŋã²¹²⁻⁵³　　肚脐
小肚皮　　ɕio⁴²⁴⁻³³ dʊ²¹²⁻³³ bi¹¹³⁻⁵³　　小腹
八鸟　　poʔ⁵⁻³³ tio⁴²⁴⁻³⁵　　男阴
卵脬　　lɛ²¹²⁻¹¹ pʰɔ⁵³⁻³⁵　　阴囊
卵窝子　　lɛ²¹²⁻¹¹ u⁵³⁻¹¹ tsʅ⁴²⁴⁻⁵³　　睾丸
卵毛　　lɛ²¹²⁻¹¹ mɔ¹¹²⁻³⁵　　男性阴毛
㞞　　zoŋ¹¹³　　精液
屄　　pi⁵³　　女阴
　丫屄　　o⁵³⁻⁵⁵ pi⁵³⁻⁵⁵
屄毛　　pi⁵³⁻⁵⁵ mɔ¹¹³⁻³⁵　　女性阴毛
屄心头　　pi⁵³⁻⁵⁵ ɕiŋ⁵³⁻⁵⁵ dei¹¹³⁻⁵⁵　　阴蒂
　胚心　　pʰieʔ⁵⁻⁵⁵ ɕiŋ⁵³⁻³¹　　多用于骂人
入♯屄　　zieʔ²⁻¹¹ pi⁵³　　性交
屁股　　pʰi⁵³⁻⁵⁵ ku⁴²⁴⁻³¹
屁股爿　　pʰi⁵³⁻⁵⁵ ku⁴²⁴⁻⁵⁵ bã²¹²⁻³¹　　屁股蛋
屁股洞　　pʰi⁵³⁻⁵⁵ ku⁴²⁴⁻⁵⁵ doŋ²¹²⁻³¹　　肛门
尾巴骨　　m̩⁴²⁴⁻³³ po⁴²⁴⁻³³ kuoʔ⁵⁻³⁵　　尾骨
尿　　ɕi⁵³
涴　　u³³⁵　　屎
屁　　pʰi³³⁵
月经　　yoʔ²⁻¹¹ tɕiŋ⁵³⁻⁵³

5.13.4　其他

身子　　ɕiŋ⁵³⁻⁵⁵ tsʅ⁴²⁴⁻³¹　　身体
条干　　dio¹¹³⁻¹¹ kɛ̃⁵³⁻¹¹　　身材
骨头　　kuoʔ⁵⁻⁵⁵ dei¹¹³⁻³¹

骨髓　kuoʔ$^{5-55}$ɕi$^{53-31}$

皮　bi^{113}

皮肉　bi$^{113-11}$ȵyoʔ$^{2-11}$

褪♯皮　tʰeŋ$^{335-33}$ bi^{113}

肉　ȵyoʔ^{2}

筋　tɕiŋ^{53}　（1）经脉；（2）肌腱

经脉　tɕiŋ$^{53-55}$maʔ$^{2-55}$　脉搏

血　ɕyoʔ^{5}

血管　ɕyoʔ$^{5-33}$kuɛ̃$^{424-35}$

汗　ɛ̃^{335}

寒毛　ɛ̃$^{113-11}$mɔ$^{113-11}$

寒毛子管　ɛ̃$^{113-11}$mɔ$^{113-11}$tsʅ$^{424-11}$kuɛ̃$^{424-53}$　汗毛孔

疡汉═窝　iã$^{113-11}$hɛ̃$^{335-11}$u$^{53-11}$　淋巴结

心肝花肺　ɕiŋ$^{53-55}$kɛ̃$^{53-55}$huo$^{53-55}$fi$^{335-31}$　内脏的总称

心　ɕiŋ^{53}

胆　tã^{424}

　苦胆　kʰu$^{424-33}$tã$^{424-35}$

胃管　uɛ$^{335-33}$kuɛ̃$^{424-53}$　胃

腰子　iɔ$^{53-55}$tsʅ$^{424-31}$　肾

肺　fi^{335}

脾　bi^{113}

肚肠　dʊ$^{212-11}$dzã$^{113-35}$　肠子

大肠　dʊ$^{212-11}$dzã$^{113-35}$

小肠　ɕiɔ$^{424-33}$dzã$^{113-35}$

胴肛　doŋ$^{212-11}$koŋ$^{53-35}$　直肠

相貌　ɕiã$^{335-33}$mɔ$^{335-53}$

　面貌　miɛ̃$^{335-33}$mɔ$^{335-53}$

年纪　ȵiɛ̃$^{113-11}$tɕi$^{335-11}$　年龄

瘾头　iŋ$^{424-33}$dei$^{113-35}$　瘾

第五章　分类词表　193

劲道　dʑin²¹²⁻¹¹ dɔ²¹²⁻⁵³　劲儿
力角　lieʔ²⁻¹¹ koʔ⁵⁻⁵³　力气
　力道　lieʔ²⁻¹¹ dɔ²¹²⁻⁵³
气子　tɕʰi³³⁵⁻³³ tsʅ⁴²⁴⁻⁵³　气味
面羹　miɛ̃³³⁵⁻³³ kã⁵³⁻⁵³　身体的泥垢
出♯长　tsʰeʔ⁵⁻³³ dzã¹¹³　处于发育期
　出♯幼　tsʰeʔ⁵⁻³³ iʊ³³⁵
记性　tɕi³³⁵⁻³³ ɕin³³⁵⁻⁵³　记忆力

5.14　疾 病 医 疗

5.14.1　伤病

毛病　mɔ¹¹³⁻¹¹ bin²¹²⁻¹¹
生♯毛病　sã⁵³⁻³³ mɔ¹¹³⁻¹¹ bin²¹²⁻¹¹　生病
　要勿来　iɔ³³⁵⁻³³ veʔ²⁻³³ le¹¹³⁻⁵³
暗病　ɛ̃³³⁵⁻³³ bin²¹²⁻⁵³
瘟病　uen⁵³⁻⁵⁵ bin²¹²⁻³¹　瘟疫
伤风　sã⁵³⁻⁵⁵ foŋ⁵³⁻⁵⁵　感冒
呛　tɕʰiã³³⁵　咳嗽
生♯蛾⁼　sã⁵³⁻³³ ŋʊ¹¹³　扁桃体发炎
身上♯热　ɕin⁵³⁻⁵⁵ lɔ̃²¹²⁻³¹ ȵieʔ²　发烧
头晕　dei¹¹³⁻¹¹ yɛ̃¹¹³⁻¹¹
射♯尿出　dza²¹²⁻¹¹ ɕi⁵³⁻⁵⁵ tsʰeʔ⁵⁻³¹　尿床
肚里♯射　dʊ²¹²⁻¹¹ li²¹²⁻³⁵ dza²¹²　泻肚
绞肠痧　kɔ⁴²⁴⁻³³ dzã¹¹³⁻³³ so⁵³⁻³⁵　霍乱
大卵脬　dʊ²¹²⁻¹¹ lɛ̃²¹²⁻¹¹ pʰɔ⁵³⁻⁵³　疝气
发♯寒热　faʔ⁵⁻³³ ɛ̃¹¹³⁻¹¹ ȵieʔ²⁻¹¹　疟疾

痨病　　lɔ¹¹³⁻¹¹ biŋ²¹²⁻¹¹　　肺结核病

哮病　　hɔ³³⁵⁻³³ biŋ²¹²⁻⁵³　　哮喘

　气急病　　tɕʰi³³⁵⁻³³ tɕie⁵⁻³³ biŋ²¹²⁻⁵³

大胆颈　　dʊ²¹²⁻¹¹ dei²¹²⁻¹¹ tɕiŋ⁴²⁴⁻³⁵　　甲状腺肿大

神精病　　zeŋ¹¹³⁻¹¹ tɕiŋ⁵³⁻¹¹ biŋ²¹²⁻¹¹　　精神病

痄腮风　　tso³³⁵⁻³³ sɛ³³⁵⁻³³ foŋ⁵³⁻⁵³　　腮腺炎

鸡爪疯　　tɕi⁵³⁻⁵⁵ tsɔ⁴²⁴⁻⁵⁵ foŋ⁵³⁻³¹　　重症类风湿性关节炎导致的手指畸形

抖　　tei⁴²⁴

抖抖病　　tei⁴²⁴⁻³³ tei⁴²⁴⁻³³ biŋ²¹²⁻³⁵

寒颤　　ɛ̃¹¹³⁻¹¹ tɕyɛ̃³³⁵⁻¹¹　　打冷战

刮结＝射　　kua⁵⁻⁵⁵ tɕieʔ⁵⁻⁵⁵ dza²¹²⁻³¹　　痢疾

网＝肠炎　　moŋ²¹²⁻¹¹ dzã²¹²⁻¹¹ iɛ̃¹¹³⁻⁵³　　阑尾炎

瘪䐃痧　　pieʔ⁵⁻⁵⁵ lʊ¹¹³⁻⁵⁵ so⁵³⁻³¹　　伤寒

出♯瘄　　tsʰeʔ⁵⁻³³ tsʰʊ³³⁵　　出麻疹/水痘

出♯痘　　tsʰeʔ⁵⁻³³ dei¹¹³

羊癫病　　iã¹¹³⁻¹¹ tiɛ̃⁵³⁻¹¹ biŋ²¹²⁻¹¹　　羊角风（癫痫）

麻风病　　mo¹¹³⁻¹¹ foŋ⁵³⁻¹¹ biŋ²¹²⁻¹¹

脚筋♯吊　　tɕiaʔ⁵⁻⁵⁵ tɕiŋ⁵³⁻³¹ tiɔ³³⁵　　抽脚筋

出♯冷汗　　tsʰeʔ⁵⁻³³ lã²¹²⁻¹¹ ɛ̃³³⁵⁻³⁵　　发汗

起♯瘖　　tɕʰi⁴²⁴⁻³³ lɛ²¹²　　起鸡皮疙瘩

寒毛子管♯督起　　ɛ̃¹¹³⁻¹¹ mɔ¹¹³⁻¹¹ tsɿ⁴²⁴⁻¹¹ kuɛ̃⁴²⁴⁻¹¹ toʔ⁵⁻³³ tɕʰi⁴²⁴⁻³⁵　　寒毛竖起

恶痧　　oʔ⁵⁻⁵⁵ so⁵³⁻³¹　　中暑

上♯火　　zɔ̃²¹²⁻¹¹ hu⁴²⁴

膪♯食　　teŋ⁵³⁻³³ zieʔ²　　积食

积♯疳　　tɕieʔ⁵⁻³³ kɛ⁵³　　消化不良

疲　　fã³³⁵　　恶心想吐的感觉、反胃：心里～

哕　　yɛ⁴²⁴　　(1)恶心欲吐；(2)干哕

吐　$t^hʊ^{424}$　呕吐

冒＝　$mɔ^{335}$　吐酸水

脱♯茄　$t^hoʔ^{5-33}$ $dʑia^{113}$　子宫脱垂

黄疸　$uɔ^{113-11}$ $tã^{424-11}$

胃管♯痛　$uɛ^{335-33}$ $kuɛ^{424-53}$ $t^hoŋ^{53}$　胃痛

肿　$tɕyoŋ^{424}$　红肿

虚　$hɛ^{53}$　脸浮肿

发♯奔　$faʔ^{5-33}$ $p^hɔ^{53}$　身体浮肿

性臭　$ɕiŋ^{335-33}$ $tɕʰiʊ^{335-53}$　狐臭

斑　$pã^{53}$

发♯斑　$faʔ^{5-33}$ $pã^{53}$　皮肤过敏等长出的斑块

虼蚤斑　$kieʔ^{5-33}$ $tsɔ^{424-33}$ $pã^{53-35}$　雀斑

寿斑　$ziʊ^{212-11}$ $pã^{53-35}$　老人斑

皱裥　$tɕiʊ^{335-33}$ $kɛ^{424-53}$　皱纹：打～

脚痔　$tɕiaʔ^{5-33}$ $zʅ^{212-35}$　脚气

米馃印　mi^{212-11} ku^{424-11} $iŋ^{335-35}$　奶癣

跰　$tɕiɛ^{424}$

张肉瘤　$tsã^{53-33}$ $n̠yoʔ^{2-33}$ $lɛ^{212-53}$　粉刺、青春痘

疤　po^{53}

疮　$tsʰɔ^{53}$

生♯疮　$sã^{53-33}$ $tsʰɔ^{53}$　长疮

癞疥疮　la^{335-33} ka^{335-33} $tsʰɔ^{53-53}$　疥疮

嘴角疮　$tsɛ^{424-33}$ $koʔ^{5-33}$ $tsʰɔ^{53-35}$　唇角炎

痔疮　$zʅ^{212-11}$ $tsʰɔ^{53-35}$

蛇缠　dzo^{113-11} $dʑyɛ^{113-11}$　带状疱疹

癣疮　$ɕiɛ^{424-33}$ $tsʰɔ^{53-35}$　癣

蛇皮癣　dzo^{113-11} bi^{113-11} $ɕiɛ^{424-11}$　鱼鳞病

杨梅疮　$iã^{113-11}$ $mɛ^{113-11}$ $tsʰɔ^{53-11}$　梅毒

跳♯脓　dio^{113-11} $loŋ^{113}$　溃脓的前兆

贡=♯脓　koŋ³³⁵⁻³³ loŋ¹¹³　溃脓
出♯脓　tsʰeʔ⁵⁻³³ loŋ¹¹³　排脓
脓髓头　loŋ¹¹³⁻¹¹ ɕi⁵³⁻¹¹ dei¹¹³⁻¹¹　疮中的白点
冻瘃块　toŋ³³⁵⁻³³ tɕyoʔ⁵⁻³³ kʰuɛ³³⁵⁻⁵³　冻疮
豁裂　huaʔ⁵⁻⁵⁵ lieʔ²⁻³¹　皲裂
疔　tiŋ⁵³
脚疔　tɕiaʔ⁵⁻⁵⁵ tiŋ⁵³⁻³¹
鸡眼　tɕi⁵³⁻⁵⁵ ŋã²¹²⁻³¹
饭瘊　vã²¹²⁻¹¹ hei³³⁵⁻³⁵　瘊子
老鼠奶奶　lɔ²¹²⁻¹¹ tɕʰy⁴²⁴⁻¹¹ na²¹²⁻¹¹ na²¹²⁻⁵³　皮肤上形状如鼠奶的疣
湿气　ɕieʔ⁵⁻³³ tɕʰi³³⁵⁻³⁵　湿疹
痱子　fi³³⁵⁻³³ tsɿ⁴²⁴⁻⁵³
块　kʰuɛ³³⁵　蚊子块
红眼睛　ŋ̍¹¹³⁻¹¹ ŋã²¹²⁻¹¹ tɕiŋ⁵³⁻⁵³　红眼病
偷引线　tʰei⁵³⁻³³ n̠i²¹²⁻³³ ɕiɛ̃³³⁵⁻³⁵　麦粒肿
近觑眼　dʑiŋ²¹²⁻¹¹ tɕʰi⁵³⁻¹¹ ŋã²¹²⁻³⁵　近视眼
老花眼　lɔ²¹²⁻¹¹ huo⁵³⁻¹¹ ŋã²¹²⁻⁵³
鸡斗眼　tɕi⁵³⁻³³ tei³³⁵⁻³³ ŋã²¹²⁻⁵³　斗鸡眼
鸡盲眼　tɕi⁵³⁻⁵⁵ mɔ¹¹³⁻⁵⁵ ŋã²¹²⁻⁵³　夜盲症‖"盲"读音特殊,异化的结果
红鼻头　ŋ̍¹¹³⁻¹¹ beʔ²⁻¹¹ dei¹¹³⁻¹¹　酒糟鼻
哄=鼻头　hoŋ³³⁵⁻³³ beʔ²⁻³³ dei¹¹³⁻⁵³　瓮鼻（鼻腔不畅,发声多带鼻音）
蛀牙　tɕy³³⁵⁻³³ ŋo¹¹³⁻⁵³
记　tɕi³³⁵　胎记
痣　tsʰɿ³³⁵
叉♯白沫　tsʰo⁵³⁻³³ baʔ²⁻¹¹ boʔ²⁻⁵³　口吐白沫
过　ku³³⁵　传染
　惹　n̠ia²¹²
伤　sɔ̃⁵³

脱╫□　tʰeʔ⁵⁻³³ gɔ²¹²　脱臼

别　bieʔ⁸　崴脚

闪　ɕyẽ⁴²⁴　闪腰

刮塌　kuaʔ⁵⁻⁵⁵ tʰaʔ⁵⁻³¹　蹭破皮

稠水　ʑiʊ¹¹³⁻¹¹ sɛ⁴²⁴⁻¹¹　伤口渗出的液体

出╫血　tsʰeʔ⁵⁻³³ ɕyoʔ⁵

死血　sɿ⁴²⁴⁻³³ ɕyoʔ⁵⁻³⁵　淤血

死血泡　sɿ⁴²⁴⁻³³ ɕyoʔ⁵⁻³³ pʰɔ³³⁵⁻³⁵

乌青块　u⁵³⁻⁵⁵ tɕʰin⁵³⁻⁵⁵ kʰuɛ³³⁵⁻³¹　乌青

收╫贡＝　ɕiʊ⁵³⁻³³ koŋ³³⁵　伤口愈合

结╫靥　tɕieʔ⁵⁻³³ iẽ⁴²⁴　结痂

5.14.2　生理缺陷

十不全　ʑieʔ²⁻¹¹ poʔ⁵⁻¹¹ dʑiẽ¹¹³⁻⁵³　残疾人

跷　tɕʰiɔ⁵³　跛（足）

跷脚　tɕʰiɔ⁵³⁻⁵⁵ tɕiaʔ⁵⁻⁵⁵　瘸子

瘸脚　gua¹¹³⁻¹¹ tɕiaʔ⁵⁻¹¹　撇脚的人

折　ʑieʔ²　手有残疾

折手　ʑieʔ²⁻¹¹ ɕiʊ⁴²⁴⁻⁵³　手有残疾的人

驼背　dʊ¹¹³⁻¹¹ pɛ³³⁵⁻¹¹　（1）驼背；（2）驼背的人

癞　la³³⁵

癞子　la³³⁵⁻³³ tsɿ⁴²⁴⁻⁵³　生癞疮的人

瞎　haʔ⁵

瞎子　haʔ⁵⁻³³ tsɿ⁴²⁴⁻³⁵

独只眼　doʔ²⁻¹¹ tseʔ⁵⁻¹¹ ŋã²¹²⁻⁵³　独眼龙

聋　loŋ¹¹³

聋聋　loŋ¹¹³⁻¹¹ bã¹¹³⁻¹¹　聋子

哑　o⁴²⁴

哑聋　o⁴²⁴⁻³³ bã¹¹³⁻³⁵　哑巴

哑子　o⁴²⁴⁻³³ tsʅ⁴²⁴⁻³⁵
麻子　mo¹¹³⁻¹¹ tsʅ⁴²⁴⁻¹¹　麻脸的人
捐⁼　dziɛ¹¹³　头歪
□　za²¹²　肩膀、嘴角下落的样子
塌　tʰaʔ⁵　眉毛、鼻子下落的样子
觑眼佬　tɕʰi³³⁵⁻³³ ŋã²¹²⁻³³ lɔ²¹²⁻⁵³　眼睛小的人
洋白佬　iã¹¹³⁻¹¹ baʔ²⁻¹¹ lɔ²¹²⁻¹¹　生白化病的人
吃　kieʔ⁵　口吃
吃嘴　kieʔ⁵⁻³³ tsʅ⁴²⁴⁻³⁵　口吃的人
破嘴　pʰa³³⁵⁻³³ tsɛ⁴²⁴⁻⁵³　豁唇子
发♯癫　faʔ⁵⁻³³ tiɛ̃⁵³　发疯
癫子　tiɛ̃⁵³⁻⁵⁵ tsʅ⁴²⁴⁻³¹　疯子
癫婆　tiɛ̃⁵³⁻⁵⁵ bu¹¹³⁻⁵⁵　女疯子
孬　nɔ¹¹³　智商低
孬鬼　nɔ¹¹³⁻¹¹ kuɛ⁴²⁴⁻¹¹　智商低的男子
孬婆　nɔ¹¹³⁻¹¹ bu¹¹³⁻¹¹　智商低的女子
倭子　u⁵³⁻⁵⁵ tsʅ⁴²⁴⁻³¹　傻子
搭舌头　taʔ⁵⁻³³ ʑieʔ²⁻³³ dei¹¹³⁻⁵³　大舌头
叼嘴　tiɔ⁵³⁻⁵⁵ tsɛ⁴²⁴⁻³¹　声音尖而含糊
觓牙　bo¹¹³⁻¹¹ ŋo¹¹³⁻¹¹　豁牙
六指头　loʔ²⁻¹¹ tsʅ⁴²⁴⁻¹¹ dei¹¹³⁻⁵³　六指
小耳朵　ɕiɔ⁴²⁴⁻³³ ŋ̍⁴²⁴⁻³³ tu⁴²⁴⁻³⁵　耳朵上多一块

5.14.3　医疗

看♯郎中　kɛ̃³³⁵⁻³³ lɔ¹¹³⁻¹¹ tɕyoŋ⁵³⁻¹¹　看病
松动　soŋ⁵³⁻⁵⁵ doŋ²¹²⁻³¹　病轻了
反考⁼　fã⁴²⁴⁻³³ kʰɔ⁴²⁴⁻³⁵　病情反复
搭♯脉　taʔ⁵⁻³³ maʔ²　号脉
药　iaʔ²

开♯方子　kʰɛ⁵³⁻³³ fɔ̃⁵³⁻⁵⁵ tsๅ⁴²⁴⁻³¹　开药方

药店　iaʔ²⁻¹¹ tiɛ³³⁵⁻⁵³　药房

引子　iŋ⁴²⁴⁻³³ tsๅ⁴²⁴⁻³⁵　药引

糖汤　dɔ̃¹¹³⁻¹¹ tʰɔ̃⁵³⁻¹¹　中药汤

炖♯糖汤　teŋ³³⁵⁻³³ dɔ̃¹¹³⁻¹¹ tʰɔ̃⁵³⁻¹¹　煎药

糖汤罐　dɔ̃¹¹³⁻¹¹ tʰɔ̃⁵³⁻¹¹ kuɛ̃³³⁵⁻¹¹　药罐

渣　tso⁵³　药渣

敷♯药　fu⁵³⁻³³ iaʔ²

药膏　iaʔ²⁻¹¹ kɔ⁵³⁻⁵³　膏药

搽　zo¹¹³　搽（药膏）

挂♯盐水　kuo³³⁵⁻³³ iɛ̃¹¹³⁻¹¹ sɛ⁴²⁴⁻¹¹　滴注

开♯刀　kʰɛ⁵³⁻³³ tɔ⁵³　动手术

打♯金针　tã⁴²⁴⁻³³ tɕiŋ⁵³⁻⁵⁵ tseŋ⁵³⁻⁵⁵　打针灸

拔♯火罐　baʔ²⁻¹¹ hu⁴²⁴⁻³³ kuɛ̃³³⁵⁻³⁵

扭♯痧　ȵiʊ⁵³⁻³³ so⁵³

消♯食　ɕiɔ⁵³⁻³³ zieʔ²

祛风排毒　tɕʰi³³⁵⁻³³ foŋ⁵³⁻³³ ba¹¹³⁻³³ doʔ²⁻⁵³

收♯惊　ɕiʊ⁵³⁻³³ tɕiŋ⁵³　一种迷信做法。小儿受惊吓生病时，施术妇人用米一碗，外包细布，手持反扑，在病儿腹部来回摇晃，口中念念有词，叫做"～"

5.15　婚丧风俗

5.15.1　岁时风俗

乡风　ɕiã⁵³⁻⁵⁵ foŋ⁵³⁻⁵⁵　风俗

过♯年　ku³³⁵⁻³³ ȵiɛ̃¹¹³

送♯灶　soŋ³³⁵⁻³³ tsɔ³³⁵

送灶日　soŋ³³⁵⁻³³ tsɔ³³⁵⁻³³ ȵieʔ²⁻⁵³　年廿三左右

送灶米粿　soŋ³³⁵⁻³³ tsɔ³³⁵⁻³³ mi²¹²⁻³³ ku⁴²⁴⁻⁵³　送灶日吃第一种米粿

掼♯尘　guaʔ²⁻¹¹ dzeŋ¹¹³　过年之前掸尘

杀♯年猪　saʔ⁵⁻³³ ȵiɛ̃¹¹³⁻¹¹ tsๅ⁵³⁻¹¹

炒♯年货　tsʰɔ⁴²⁴⁻³³ ȵiɛ̃¹¹³⁻¹¹ hu³³⁵⁻¹¹　过年前炒干果，比较隆重的习俗

贴♯门对　tʰieʔ⁵⁻³³ meŋ¹¹⁵⁻¹¹ tɛ³³⁵⁻¹¹　贴对联

年三夜　ȵiɛ̃¹¹³⁻¹¹ sã⁵³⁻¹¹ ia³³⁵⁻¹¹　除夕（三十年夜）

　年三十夜　ȵiɛ̃¹¹³⁻¹¹ sã⁵³⁻¹¹ ʑieʔ²⁻¹¹ ia³³⁵⁻¹¹

迎♯灶　ȵiŋ¹¹³⁻¹¹ tsɔ³³⁵　大年三十迎灶

年夜饭　ȵie¹¹³⁻¹¹ ia³³⁵⁻¹¹ vã²¹²⁻¹¹

打♯冻　tã⁴²⁴⁻³³ toŋ³³⁵　将猪肉、油豆腐等红烧，结冻后作为过年的食品

分♯岁　feŋ⁵³⁻³³ sɛ³³⁵　（1）三十夜给小辈分红包；（2）年前树上贴红纸的一种习俗

压岁钱　aʔ⁵⁻³³ sɛ³³⁵⁻³³ diɛ̃¹¹³⁻³⁵

守♯岁　ɕiu⁴²⁴⁻³³ sɛ³³⁵

正月初一　tseŋ⁵³⁻⁵⁵ yoʔ²⁻⁵⁵ tsʰʊ⁵³⁻⁵⁵ ieʔ⁵⁻⁵⁵

开门炮　kʰɛ⁵³⁻⁵⁵ meŋ¹¹³⁻⁵⁵ pʰɔ³³⁵⁻³¹

享♯福　ɕiã⁴²⁴⁻³³ foʔ⁵　大年初一男人做第一餐饭、女人休息的习俗

拜♯年　pa³³⁵⁻³³ ȵiɛ̃¹¹³　旧俗正月初二开始

包　pɔ⁵³　过年的礼包

看鱼看肉　kʰɛ³³⁵⁻³³ y¹¹³⁻³³ kʰɛ³³⁵⁻³³ ȵyoʔ²⁻⁵³　供奉木头做的鱼和肉，只能看不能吃

正月半　tseŋ⁵³⁻⁵⁵ yoʔ²⁻⁵⁵ pɛ̃³³⁵⁻³¹　元宵节，预示着过年结束

节头节脑　tɕieʔ⁵⁻³³ dei¹¹³⁻³³ tɕieʔ⁵⁻³³ nɔ²¹²⁻⁵³

过♯节　ku³³⁵⁻³³ tɕieʔ⁵

清明　tɕʰiŋ⁵³⁻⁵⁵ miŋ¹¹³⁻⁵⁵

上♯坟　zɔ̃²¹²⁻¹¹ veŋ¹¹³

请♯阿太拉　tɕʰiŋ⁴²⁴⁻³³ aʔ⁵⁻⁵⁵ tʰa⁵³⁻⁵⁵ la²¹²⁻³¹　祭祀祖先

起♯位　tɕʰi⁴²⁴⁻³³ uɛ³³⁵　祭祀结束后请祖先离位

喫♯篷＝米馃　tɕʰieʔ⁵⁻³³ boŋ¹¹³⁻¹¹ mi²¹²⁻¹¹ ku⁴²⁴⁻¹¹　吃清明果

喫♯清明酒　tɕʰieʔ⁵⁻³³ tɕʰiŋ⁵³⁻⁵⁵ miŋ¹¹³⁻⁵⁵ tɕiʊ⁴²⁴⁻³¹　同宗之间清明办酒

插♯杨柳条　tsʰaʔ⁵⁻³³ iã¹¹³⁻¹¹ lei²¹²⁻¹¹ tio⁵³⁻¹¹

夏饼　o³³⁵⁻³³ piŋ⁴²⁴⁻⁵³　立夏吃的饼

吃♯长脚笋　tɕʰieʔ⁵⁻³³ dzã¹¹³⁻¹¹ tɕia⁵⁻¹¹ sen⁴²⁴⁻¹¹　立夏的一种习俗，寓意让小孩子长高

秤♯人　tɕʰiŋ⁵³⁻³³ n̠iŋ¹¹³　立夏的一种习俗，寓意夏天顺利

端午　tɛ̃⁵³⁻⁵⁵ ŋ̍²¹²⁻³¹　重要的传统节日，插菖蒲和艾等用来辟邪

端午粽　tɛ̃⁵³⁻⁵⁵ ŋ̍²¹²⁻⁵⁵ tsoŋ³³⁵⁻³¹

喫♯五黄　tɕʰieʔ⁵⁻³³ ŋ²¹²⁻¹¹ uɔ̃¹¹³⁻³⁵

吊♯牛绳　tio³³⁵⁻³³ n̠iʊ¹¹³⁻¹¹ ziŋ¹¹³⁻¹¹　端午节时小孩子挂五色丝线用来辟邪

写♯王字　ɕia⁴²⁴⁻³³ uɔ̃¹¹³⁻¹¹ zɿ²¹²⁻¹¹　端午节时在小孩子额头上写"王"字用来辟邪

七月半　tɕʰieʔ⁵⁻⁵⁵ yoʔ²⁻⁵⁵ pɛ̃³³⁵⁻³¹　七月十五中元节

放♯河灯　fã³³⁵⁻³³ u¹¹³⁻¹¹ teŋ⁵³⁻¹¹　农历七月三十纪念地藏王菩萨生日的习俗

插♯狗涴香　tsʰaʔ⁵⁻³³ kiʊ⁴²⁴⁻³³ u³³⁵⁻³³ ɕiã⁵³⁻³⁵　农历七月三十的习俗，为了纪念张士诚的生日

八月半　poʔ⁵⁻⁵⁵ yoʔ²⁻⁵⁵ pɛ̃³³⁵⁻³¹　中秋

月饼　yoʔ²⁻¹¹ piŋ⁴²⁴⁻⁵³

赏♯月　sɔ̃⁴²⁴⁻³³ yoʔ²

重阳节　dʑyoŋ¹¹³⁻¹¹ iã¹¹³⁻¹¹ tɕieʔ⁵⁻¹¹

冬节搨饼　toŋ⁵³⁻⁵⁵ tɕieʔ⁵⁻⁵⁵ tʰa⁵³⁻⁵⁵ piŋ⁴²⁴⁻³¹　冬至日吃的饼

好日　hɔ⁴²⁴⁻³³ n̠ieʔ²⁻³⁵　吉日

5.15.2 婚姻

做♯媒　tsʊ³³⁵⁻³³ mɛ¹¹³　说媒

媒人大母　mɛ¹¹³⁻¹¹ n̠iŋ¹¹³⁻¹¹ da²¹²⁻¹¹ m̩²¹²⁻¹¹　媒人的尊称

调♯八字　diɔ²¹²⁻¹¹ poʔ⁵⁻³³ zɿ²¹²⁻³⁵　相互换八字

冲合　tɕʰyoŋ³³⁵⁻³³ eʔ²⁻⁵³　属相相冲或相合

定♯亲　diŋ²¹²⁻¹¹ tɕʰiŋ⁵³　订婚

望♯节　moŋ³³⁵⁻³³ tɕieʔ⁵　定亲之后拜节，主要是端午、立夏、中秋、重阳等节

淘♯日　dɔ¹¹³⁻¹¹ n̠ieʔ²　商定结婚日期

许　ɕy⁴²⁴　女方允婚

移乡饭　i¹¹³⁻¹¹ ɕiã⁵³⁻⁵⁵ vã²¹²⁻¹¹　新娘出嫁之前族人请的告别饭

讨♯亲　tʰɔ⁴²⁴⁻³³ tɕʰiŋ⁵³

出♯嫁　tsʰeʔ⁵⁻³³ ko³³⁵

讨♯老娘　tʰɔ⁴²⁴⁻³³ lɔ²¹²⁻¹¹ n̠iã¹¹³⁻³⁵　娶老婆

嫁♯老子　ko³³⁵⁻³³ lɔ²¹²⁻¹¹ tsɿ⁴²⁴⁻⁵³　嫁老公

讨♯新妇　tʰɔ⁴²⁴⁻³³ ɕiŋ⁵³⁻⁵⁵ vu²¹²⁻³¹　娶儿媳妇

嫁♯女　ko³³⁵⁻³³ no²¹²

嫁妆　ko³³⁵⁻³³ tsõ⁵³⁻⁵³

　陪嫁　bɛ¹¹³⁻¹¹ ko³³⁵⁻¹¹

花轿　huo⁵³⁻⁵⁵ dʑiɔ²¹²⁻³¹

红盖头　ŋ̍¹¹³⁻¹¹ kɛ⁵³⁻¹¹ dei¹¹³⁻¹¹

新郎官　ɕiŋ⁵³⁻⁵⁵ tʰɔ̃⁵³⁻³³ kuɛ⁵³⁻⁵⁵　新郎‖因通俗词源，讹为音同"新汤罐"

新娘子　ɕiŋ⁵³⁻⁵⁵ n̠iã¹¹³⁻⁵⁵ tsɿ⁴²⁴⁻³¹　新娘

新阿舅　ɕiŋ⁵³⁻⁵⁵ aʔ⁵⁻⁵⁵ dʑiʊ²¹²⁻³¹　送嫁的新娘兄弟

陪客　bɛ¹¹³⁻¹¹ kʰaʔ⁵⁻¹¹　伴郎伴娘

新房间　ɕiŋ⁵³⁻⁵⁵ võ¹¹³⁻⁵⁵ kã⁵³⁻⁵⁵

拜♯堂　pa³³⁵⁻³³ dɔ̃¹¹³

催炮　tsʰɛ⁵³⁻⁵⁵ pʰɔ³³⁵⁻³¹　催新娘子上轿

吃♯喜米馃　tɕʰieʔ⁵⁻³³ ɕi⁴²⁴⁻³³ mi²¹²⁻³³ ku⁴²⁴⁻³⁵　结婚时新娘子到的时候吃的小丸子

人情　zin¹¹³⁻¹¹ dʑin¹¹³⁻¹¹　礼金

轴　dʑyoʔ²　喜幛（喜事送的丝绸）

外婆盘　ŋa³³⁵⁻³³ bu¹¹³⁻³³ bɛ¹¹³⁻⁵³　外婆给外孙女的礼金

肚痛包　dʊ²¹²⁻¹¹ tʰoŋ³³⁵⁻¹¹ pɔ⁵³⁻³⁵　新女婿给丈母娘的礼金

出♯三朝　tsʰeʔ⁵⁻³³ sã⁵³⁻⁵⁵ tsɔ⁵³⁻⁵⁵　长辈给新娘的见面礼

吃♯喜酒　tɕʰieʔ⁵⁻³³ ɕi⁴²⁴⁻³³ tɕiʊ⁴²⁴⁻³⁵

喜果糖　ɕi⁴²⁴⁻³³ ku⁴²⁴⁻³³ dɔ̃¹¹³⁻³⁵　喜糖

红鸡蛋　ŋ̍¹¹³⁻¹¹ tɕi⁵³⁻¹¹ dã²¹²⁻¹¹

闹♯房　nɔ³³⁵⁻³³ vɔ̃¹¹³　闹新房

暖♯房　nɛ²¹²⁻¹¹ vɔ̃¹¹³　结婚夜的一种习俗，说吉祥话

回♯门　ue¹¹³⁻¹¹ men¹¹³　女子婚后第二天与丈夫一同回娘家

新娘子酒　ɕin⁵³⁻⁵⁵ n̠iã¹¹³⁻⁵⁵ tsɿ⁴²⁴⁻⁵⁵ tɕiʊ⁴²⁴⁻³¹　男方本家请客吃饭

新女婿酒　ɕin⁵³⁻⁵⁵ n̠yoʔ²⁻⁵⁵ ɕi³³⁵⁻⁵⁵ tɕiʊ⁴²⁴⁻³¹　女方本家请客吃饭

转♯房　tɕyɛ⁴²⁴⁻³³ vɔ̃¹¹³　兄死之后小叔子娶寡嫂

接♯命　tɕieʔ⁵⁻³³ min¹¹³　女方死了之后，新讨入的女子到前妻娘家认亲

填♯房　diɛ²¹²⁻¹¹ vɔ̃¹¹³

典♯老娘　diɛ²¹²⁻¹¹ lɔ²¹²⁻¹¹ n̠iã¹¹³⁻³⁵　典妻子

冲♯喜　tɕʰyoŋ⁵³⁻³³ ɕi⁴²⁴

5.15.3　生育、寿诞

担♯身　tã⁵³⁻³³ ɕin⁵³　怀孕

大肚皮老娘　dʊ²¹²⁻¹¹ dʊ²¹²⁻¹¹ bi¹¹³⁻⁵⁵ lɔ²¹²⁻⁵⁵ n̠iã¹¹³⁻³¹　孕妇

病伢　bin²¹²⁻¹¹ ŋo¹¹³⁻³⁵　妊娠反应

踏♯猪窠　daʔ²⁻¹¹ tsɿ⁵³⁻⁵⁵ kʰo⁵³⁻⁵⁵　女方生产回娘家住一段时间的戏谑说法

帮♯身　pɔ̃⁵³⁻³³ ɕiŋ⁵³　小产

收♯生　ɕiʊ⁵³⁻³³ sã⁵³　接生

收生婆　ɕiʊ⁵³⁻⁵⁵ sã⁵³⁻⁵⁵ bu¹¹³⁻⁵⁵　接生婆

生♯小人　sã⁵³⁻³³ ɕiɔ⁴²⁴⁻³³ ȵiŋ¹¹³⁻³⁵　生小孩

胞水　pɔ⁵³⁻⁵⁵ sɛ⁴²⁴⁻³¹　羊水

脐带　ʑi¹¹³⁻¹¹ ta³³⁵⁻¹¹

胞　pɔ⁵³　胞衣、胎盘

做♯产母　tsʊ³³⁵⁻³³ sʊ⁴²⁴⁻³³ m̩²¹²⁻³⁵　坐月子

产母娘　sʊ⁴²⁴⁻³³ m̩²¹²⁻³³ ȵiã¹¹³⁻³⁵　产妇

产母羹　sʊ⁴²⁴⁻³³ m̩²¹²⁻³³ kã⁵³⁻³⁵　坐月子时送给产妇的物品

子孙鸡　tsɿ⁴²⁴⁻³³ sen⁵³⁻³³ tɕi⁵³⁻³⁵　生孩子后娘家送给孩子的礼品

十二肖　ʑieʔ²⁻¹¹ ȵi³³⁵⁻¹¹ sʊ³³⁵⁻⁵³　十二生肖

头胎　dei¹¹³⁻¹¹ tʰɛ⁵³⁻¹¹

双生子　ɕyɔ̃⁵³⁻⁵⁵ sã⁵³⁻⁵⁵ tsɿ⁴²⁴⁻³¹　双胞胎

取♯名字　tɕʰy⁴²⁴⁻³³ miŋ¹¹³⁻³³ zɿ²¹²⁻¹¹

寄♯名　tɕi³³⁵⁻³³ miŋ¹¹³　寄拜之后娶的名字

喫♯奶奶　tɕʰieʔ²⁻⁵ nɛ⁴²⁴⁻³³ nɛ⁴²⁴⁻³⁵　吃奶

奶憨⁼头　nɛ⁴²⁴⁻³³ hɛ̃⁵³⁻³³ dei¹¹³⁻⁵³　婴儿断奶之前的婴儿肥

喂♯奶奶　y³³⁵⁻³³ nɛ⁴²⁴⁻³³ nɛ⁴²⁴⁻³⁵　喂奶

断♯奶奶　tɛ̃⁵³⁻³³ nɛ⁴²⁴⁻³³ nɛ⁴²⁴⁻³⁵　断奶

哺　pu³³⁵　嘴对嘴喂食物

把　pɔ⁴²⁴　把尿、把屎

掇　teʔ⁵

领♯小人　niŋ²¹²⁻¹¹ ɕiɔ⁴²⁴⁻³³ ȵiŋ¹¹³⁻³⁵　带孩子

怕♯陌生　pʰo³³⁵⁻³³ maʔ²⁻¹¹ sã⁵³⁻⁵³　认生

换♯牙齿　uã³³⁵⁻³³ ŋo¹¹³⁻¹¹ tsʰɿ⁴²⁴⁻¹¹　换乳牙

满月　mɛ̃²¹²⁻¹¹ yoʔ²⁻⁵³

满月酒　mɛ̃²¹²⁻¹¹ yoʔ²⁻¹¹ tɕiʊ⁴²⁴⁻⁵³

满月米馃　mɛ̃²¹²⁻¹¹ yoʔ²⁻¹¹ mi²¹²⁻¹¹ ku⁴²⁴⁻³⁵　婴儿满月时吃的一种

食物

剃头米稞　$tʰi^{335-33}\,dei^{113-33}\,mi^{212-33}\,ku^{424-53}$

生日　$sã^{53-55}\,ȵieʔ^{2-55}$　过生日

女♯周　$no^{212-11}\,tɕiʊ^{53}$　小孩子周岁

做♯寿　$tsɤ^{335-33}\,ziʊ^{212}$　五十以上的寿辰，七十岁一般是做九不做十

拜♯寿　$pa^{335-33}\,ziʊ^{212}$

寿揭饼　$ziʊ^{212-11}\,tʰaʔ^{5-11}\,piŋ^{424-53}$　一种烧饼，用于做寿、周岁时

5.15.4　丧葬

活　$uoʔ^2$

死　$sɿ^{424}$

过♯背　$ku^{335-33}\,pɛ^{335}$　死的讳称

寻♯死　$ziŋ^{113-11}\,sɿ^{424}$　自杀

药杀　$iaʔ^{2-11}\,saʔ^{5-53}$　毒死

颔杀　$uou^{5-55}\,saʔ^{5-31}$　溺死

吊杀　$tiɔ^{335-33}\,saʔ^{5-53}$　上吊

送♯终　$soŋ^{335-33}\,tɕyoŋ^{53}$

报♯活　$pɔ^{335-33}\,uoʔ^2$　报告死讯

尸首　$sɿ^{53-55}\,ɕiʊ^{424-31}$　(1) 尸体；(2) 骂人的话

　死尸　$ɕi^{424-33}\,sɿ^{424-35}$

棺材　$kuɛ̃^{53-55}\,zɛ^{113-55}$

寿材　$ziʊ^{212-11}\,zɛ^{113-35}$

材夫　$zɛ^{113-11}\,fu^{53-11}$　农村从事丧葬的帮工

灵堂　$niŋ^{113-11}\,dɑ̃^{113-11}$

带♯孝　$ta^{335-33}\,ɕiɔ^{335}$

穿素带白　$tsʰɛ̃^{53-55}\,sʊ^{335-55}\,ta^{335-55}\,baʔ^{2-31}$　披麻戴孝

孝子帽　$ɕiɔ^{335-33}\,tsɿ^{424-33}\,mɔ^{335-53}$

长命带　$dzã^{113-11}\,miŋ^{335-11}\,ta^{335-11}$　丧礼中分发的带子，用来庇护后人

白布襕　baʔ²¹¹⁻¹¹ pu³³⁵⁻¹¹ lã¹¹³⁻⁵³　丧礼中女士穿的衣服

买♯水　ma²¹²⁻¹¹ sɿ⁴²⁴　一种丧礼的习俗

落♯殓　loʔ²¹¹⁻¹¹ niɛ̃¹¹³　入殓

做♯道场　tsu³³⁵⁻³³ dɔ²¹²⁻¹¹ dzã²¹²⁻³⁵

办♯豆腐饭　bã²¹²⁻¹¹ dei²¹²⁻¹¹ vu²¹²⁻¹¹ vã²¹²⁻⁵³　办丧宴

吃♯豆腐饭　tɕʰieʔ⁵⁻³³ dei²¹²⁻¹¹ vu²¹²⁻¹¹ vã²¹²⁻⁵³　吃丧宴

出♯丧　tsʰeʔ⁵⁻³³ sɔ̃⁵³　出殡

坟头　veŋ¹¹³⁻¹¹ dei¹¹³⁻¹¹　坟墓

义冢坟　n̠i³³⁵⁻³³ tɕyoŋ⁴²⁴⁻³³ veŋ¹¹³⁻⁵³　义冢

歇洞　ɕie⁵⁻³³ doŋ²¹²⁻³⁵　寿坟

墓碑　mʊ³³⁵⁻³³ pɛ⁵³⁻⁵³

修♯坟头　ɕiʊ⁵³⁻³³ veŋ¹¹³⁻¹¹ dei¹¹³⁻¹¹

上♯坟　zɔ̃²¹²⁻¹¹ veŋ¹¹³　扫墓

鬼火　kuɛ⁴²⁴⁻³³ hu⁴²⁴⁻³⁵　磷火

灵座　niŋ¹¹³⁻¹¹ zʊ²¹²⁻¹¹　旧时候给死人用纸扎的房屋

做♯七　tsu³³⁵⁻³³ tɕʰieʔ⁵

化♯灵座　huo³³⁵⁻³³ niŋ¹¹³⁻¹¹ zʊ²¹²⁻¹¹　烧掉灵座，代表做七的完成

神主牌　ziŋ¹¹³⁻¹¹ tɕy⁴²⁴⁻¹¹ ba¹¹³⁻¹¹

做♯阴寿　tsu³³⁵⁻³³ iŋ⁵³⁻⁵⁵ ziʊ²¹²⁻³¹

做♯忌日　tsu³³⁵⁻³³ dʑi²¹²⁻¹¹ n̠ieʔ⁵⁻³⁵　在逝者去世的日子祭祀

5.15.5　信仰

菩萨　bu¹¹³⁻¹¹ saʔ⁵⁻¹¹

神仙　ziŋ¹¹³⁻¹¹ ɕiɛ̃⁵³⁻¹¹

天公菩萨　tʰiɛ̃⁵³⁻⁵⁵ koŋ⁵³⁻⁵⁵ bu¹¹³⁻⁵⁵ saʔ⁵⁻⁵⁵　老天爷

灶司菩萨　tsɔ³³⁵⁻³³ sɿ⁵³⁻³³ bu¹¹³⁻⁵⁵ saʔ⁵⁻⁵³　灶王爷

土地菩萨　tʰʊ⁴²⁴⁻³³ di²¹²⁻¹¹ bu¹¹³⁻⁵⁵ saʔ⁵⁻³⁵　土地爷

土地庙　tʰʊ⁴²⁴⁻³³ di²¹²⁻³³ miɔ³³⁵⁻³⁵

观音菩萨　kuɛ̃⁵³⁻⁵⁵ iŋ⁵³⁻⁵⁵ bu¹¹³⁻⁵⁵ saʔ⁵⁻⁵⁵

观音娘娘　kuɛ⁵³⁻⁵⁵ iŋ⁵³⁻⁵⁵ ȵiã¹¹³⁻⁵⁵ ȵiã¹¹³⁻⁵⁵

哈喇菩萨　ha⁵³⁻⁵⁵ la³³⁵⁻⁵⁵ bu¹¹³⁻⁵⁵ saʔ⁵⁻³¹　弥勒佛

财神菩萨　dzɛ¹¹³⁻¹¹ ʑiŋ¹¹³⁻¹¹ bu¹¹³⁻¹¹ saʔ⁵⁻¹¹

接♯财神　tɕieʔ⁵⁻³³ dzɛ¹¹³⁻¹¹ ʑiŋ¹¹³⁻¹¹

关帝菩萨　kuã⁵³⁻⁵⁵ ti³³⁵⁻⁵⁵ bu¹¹³⁻⁵⁵ saʔ⁵⁻³¹　浙北民间有信奉关羽的习俗

关帝庙　kuã⁵³⁻⁵⁵ ti³³⁵⁻⁵⁵ miɔ³³⁵⁻³¹

天妃　tʰiɛ⁵³⁻⁵⁵ fi⁵³⁻⁵⁵　妈祖娘娘

龙王菩萨　loŋ¹¹³⁻¹¹ uɔ̃¹¹³⁻¹¹ bu¹¹³⁻¹¹ saʔ⁵⁻¹¹

龙王庙　loŋ¹¹³⁻¹¹ uɔ̃¹¹³⁻¹¹ miɔ³³⁵⁻¹¹

城隍菩萨　dzeŋ¹¹³⁻¹¹ uɔ̃¹¹³⁻¹¹ bu¹¹³⁻¹¹ saʔ⁵⁻¹¹

城隍庙　dzeŋ¹¹³⁻¹¹ uɔ̃¹¹³⁻¹¹ miɔ³³⁵⁻¹¹

阴间　iŋ⁵³⁻⁵⁵ kã⁵³⁻⁵⁵

阎罗王　ȵiɛ¹¹³⁻¹¹ lʊ¹¹³⁻¹¹ uɔ̃¹¹³⁻¹¹

活无常　uoʔ²⁻¹¹ u¹¹³⁻¹¹ zɔ̃¹¹³⁻⁵³　无常

夜叉　ia³³⁵⁻³³ tsʰo⁵³⁻⁵³

鬼　kuɛ⁴²⁴

　老本烟=　lɔ²¹²⁻¹¹ peŋ⁴²⁴⁻¹¹ iɛ̃⁵³⁻³⁵　鬼的讳称

颔杀鬼　uoʔ⁵⁻⁵⁵ saʔ⁵⁻⁵⁵ kuɛ⁴²⁴⁻³¹　淹死鬼

吊杀鬼　tiɔ³³⁵⁻³³ saʔ⁵⁻³³ kuɛ⁴²⁴⁻⁵³　吊死鬼

惹♯鬼　ȵia²¹²⁻¹¹ kuɛ⁴²⁴

　惹♯猫　ȵia²¹²⁻¹¹ mɔ⁵³　惹鬼的讳称

魂灵　ueŋ¹¹³⁻¹¹ niŋ¹¹³⁻¹¹　灵魂

摄♯魂　ɕieʔ⁵ ueŋ¹¹³　摄魂魄

□♯魂　hei⁵³⁻³³ ueŋ¹¹³　孩子受惊之后去叫魂

投♯胎　dei¹¹³⁻¹¹ tʰɛ⁵³

羹饭　kã⁵³⁻⁵⁵ vã²¹²⁻³¹　祭祀鬼神用的饭菜

烧♯野头　sɔ⁵³⁻³³ ia³³⁵⁻³³ dei¹¹³⁻⁵³　晚上把羹饭拿到野外让鬼吃

香　ɕia⁵³

蜡烛台　laʔ²⁻¹¹ tɕyoʔ⁵⁻¹¹ dei¹¹³⁻⁵³　烛台

烧♯香　sɔ⁵³⁻³³ ɕiã⁵³

磕♯头　kʰieʔ⁵⁻³³ dei¹¹³

化♯纸　huo³³⁵⁻³³ tsʅ⁴²⁴

黄纸　uɔ̃¹¹³⁻¹¹ tsʅ⁴²⁴⁻¹¹　纸钱

镴箔　laʔ²⁻¹¹ boʔ²⁻⁵³　锡箔

折♯元宝　tseʔ⁵⁻³³ yɛ̃¹¹³⁻¹¹ pɔ⁴²⁴⁻¹¹

和尚　u¹¹³⁻¹¹ zɔ̃²¹²⁻¹¹

　和尚师傅　u¹¹³⁻¹¹ zɔ̃²¹²⁻¹¹ sʅ⁵³⁻¹¹ vu²¹²⁻¹¹

和尚庙　u¹¹³⁻¹¹ zɔ̃²¹²⁻¹¹ miɔ³³⁵⁻¹¹

木鱼　moʔ²⁻¹¹ y¹¹³⁻⁵³

袈裟　ko⁵³⁻⁵⁵ so⁵³⁻⁵⁵　僧袍

尼姑　n̠i¹¹³⁻¹¹ ku⁵³⁻¹¹

尼姑庵　n̠i¹¹³⁻¹¹ ku⁵³⁻¹¹ ɜ⁵³⁻¹¹

念佛珠　n̠iɛ̃³³⁵⁻³³ veʔ²⁻³³ tɕy⁵³⁻⁵³

念♯经　n̠iɛ̃³³⁵⁻³³ tɕin⁵³

放♯生　fã³³⁵⁻³³ sã⁵³

化♯缘　huo³³⁵⁻³³ yɛ̃¹¹³

招魂袋　tsɔ̃⁵³⁻⁵⁵ ven¹¹³⁻⁵⁵ dɛ²¹²⁻³¹

道士　dɔ²¹²⁻¹¹ zʅ²¹²⁻⁵³

　道士先生　dɔ²¹²⁻¹¹ zʅ²¹²⁻¹¹ ɕiɛ̃⁵³⁻¹¹ sã⁵³⁻⁵³

算命先生　sɛ̃³³⁵⁻³³ min³³⁵⁻³³ ɕiɛ̃⁵³⁻³³ sã⁵³⁻⁵³

　瞎子先生　haʔ⁵⁻³³ tsʅ⁴²⁴⁻³³ ɕiɛ̃⁵⁻³³ sã⁵³⁻³⁵

算♯命　sɛ̃³³⁵⁻³³ min³³⁵

拆♯字　tsʰaʔ⁵⁻³³ zʅ²¹²

风水先生　fon⁵³⁻⁵⁵ sɛ⁴²⁴⁻⁵⁵ ɕiɛ̃⁵³⁻⁵⁵ sã⁵³⁻³¹　看风水的人

看♯风水　kʰɛ³³⁵⁻³³ fon⁵³⁻⁵⁵ sɛ⁴²⁴⁻³¹

排♯八字　ba¹¹³⁻¹¹ paʔ⁵⁻³³ zʅ²¹²⁻³⁵

黄头鸟♯钳♯牌　uɔ̃¹¹³⁻¹¹ dei¹¹³⁻¹¹ tiɔ⁴²⁴⁻¹¹ dʑiɛ̃¹¹³⁻¹¹ ba¹¹³　一种用鸟
　衔牌算命的方式

看相佬　kʰɛ³³⁵⁻³³ ɕiã¹¹³⁻³³ lɔ²¹²⁻⁵³　看相的人

看♯相　kɛ³³⁵⁻³³ ɕiã³³⁵

卜♯卦　poʔ⁵⁻³³ kuo³³⁵

求♯签　dʑiʊ¹¹³⁻¹¹ tɕʰiɛ⁵³

解♯签　ka⁴²⁴⁻³³ tɕʰiɛ⁵³

许♯愿　ɕy⁴²⁴⁻³³ n̠yɛ³³⁵

还♯愿　uã¹¹³⁻¹¹ n̠yɛ³³⁵

肚仙　dʊ²¹²⁻¹¹ ɕiɛ⁵³⁻³⁵　巫婆

关♯肚仙　kuã⁵³⁻³³ dʊ²¹²⁻¹¹ ɕiɛ⁵³⁻³⁵　巫婆假装神鬼附体搞迷信活动

祠堂　dzɿ¹¹³⁻¹¹ dɔ̃¹¹³⁻¹¹

圆♯桥　yɛ¹¹³⁻¹¹ dʑiɔ¹¹³　桥造好之后请百岁老人先走以保平安

上梁酒　zɔ̃²¹²⁻¹¹ niã¹¹³⁻¹¹ tɕiʊ⁴²⁴⁻³³　乔迁新居办的酒

热♯新屋　n̠ieʔ²⁻¹¹ ɕiŋ⁵³⁻⁵⁵ uoʔ⁵⁻⁵⁵　乔迁新居,暖房

接♯龙　tɕieʔ⁵⁻³³ lɔŋ¹¹³　祈雨的仪式

讨♯彩头　tʰɔ⁴²⁴⁻³³ tsʰɛ⁴²⁴⁻³³ dei¹¹³⁻³⁵

解♯晦气　ka⁴²⁴⁻³³ huɛ³³⁵⁻³³ tɕʰi³³⁵⁻⁵³　去除晦气

信♯耶稣　ɕiŋ³³⁵⁻³³ ia¹¹³⁻¹¹ sʊ⁵³⁻¹¹　入耶稣教

命　miŋ³³⁵

运道　yŋ³³⁵⁻³³ dɔ²¹²⁻⁵³　运气

5.16　官司诉讼

衙门　ŋo¹¹³⁻¹¹ meŋ¹¹³⁻¹¹

打♯官司　tã⁴²⁴⁻³³ kuɛ⁵³⁻⁵⁵ sɿ⁵³⁻⁵⁵

喫♯官司　tɕʰieʔ⁵⁻³³ kuɛ⁵³⁻⁵⁵ sɿ⁵³⁻⁵⁵

告♯状　kɔ³³⁵⁻³³ dʑyɔ̃²¹²

状纸　dʑyɔ̃²¹²⁻¹¹ tsɿ⁴²⁴⁻³⁵

认　ziŋ²¹²　供认

第五章 分类词表 211

审♯案子　ɕiŋ⁴²⁴⁻³³ ɛ̃³³⁵⁻³³ tsʅ⁴²⁴⁻⁵³
判♯案子　pʰɛ̃³³⁵⁻³³ ɛ̃³³⁵⁻³³ tsʅ⁴²⁴⁻⁵³
师爷　　sʅ⁵³⁻⁵⁵ ia¹¹³⁻⁵⁵
讼师　　soŋ⁴²⁴⁻³³ sʅ⁵³⁻³⁵
差人　　tsʰa⁵³⁻⁵⁵ ȵiŋ¹¹³⁻⁵⁵　衙役,公差
搭　　　kʰo³³⁵　衙役抓人
犯♯法　　vã²¹²⁻¹¹ faʔ⁵　犯罪
犯人　　vã²¹²⁻¹¹ ȵiŋ¹¹³⁻³⁵　囚犯
罚♯款　　vaʔ²⁻¹¹ kʰuɛ̃⁴²⁴
杀♯头　　saʔ⁵⁻³³ dei¹¹³
枪毙　　tɕʰia⁵³⁻⁵⁵ bi²¹²⁻³¹
坐♯牢监　zo²¹²⁻¹¹ lɔ¹¹³⁻¹¹ kã⁵³⁻¹¹　坐牢
　坐♯班房　zo²¹²⁻¹¹ pã⁵³⁻⁵⁵ vɔ̃¹¹³⁻⁵⁵
牢头♯禁子　lɔ¹¹³⁻¹¹ dei¹¹³⁻¹¹ tɕiŋ³³⁵⁻³³ tsʅ⁴²⁴⁻⁵³　狱卒
解　　　ka³³⁵　解押人员、钱物等
枷　　　ko⁵³　旧式木质手铐
背♯枷　　pɛ³³⁵⁻³³ ko⁵³
洋铐　　iã¹¹³⁻¹¹ kʰɔ³³⁵⁻¹¹
　手铐　　ɕiʊ⁴²⁴⁻³³ kʰɔ³³⁵⁻³⁵
脚铐　　tɕiaʔ⁵⁻³³ kʰɔ³³⁵⁻³⁵　脚镣
反绑　　fã⁴²⁴⁻³³ pɔ̃⁴²⁴⁻³⁵　把手反绑在后背
捆　　　gueŋ²¹²　绑起来
路条　　lʊ³³⁵⁻³³ diɔ¹¹³⁻⁵³
官印　　kuɛ̃⁵³⁻⁵⁵ iŋ³³⁵⁻³¹　公章
私章　　sʅ⁵³⁻⁵⁵ tsɔ̃⁵³⁻⁵⁵
搭♯印子　taʔ⁵⁻³³ iŋ³³⁵⁻³³ tsʅ⁴²⁴⁻⁵³　盖图章
揿♯䐒印　tɕʰiŋ⁵³⁻³³ lʊ¹¹³⁻¹¹ iŋ³³⁵⁻¹¹　按手印
　搭♯䐒印　taʔ⁵⁻³³ lʊ¹¹³⁻¹¹ iŋ³³⁵⁻¹¹
印色　　iŋ³³⁵⁻³³ seʔ⁵⁻⁵³　印泥

税　sɛ³³⁵

缴♯税　tɕiɔ⁴²⁴⁻³³ sɛ³³⁵　纳税

租钱　tsu⁵³⁻⁵⁵ diẽ¹¹³⁻⁵⁵　租金

契　tɕʰieʔ⁵　契约：山～、地～、房～、田～

写♯字据　ɕia⁴²⁴⁻³³ zɿ²¹²⁻¹¹ tɕy³³⁵⁻³⁵

奸臣官　tɕiɛ⁵³⁻⁵⁵ dzeŋ¹¹³⁻⁵⁵ kuẽ⁵³⁻⁵⁵　奸臣

贪♯污　tʰẽ⁵³⁻³³ u⁵³

塞♯钞票　seʔ⁵⁻³³ tsʰɔ⁴²⁴⁻³³ pʰiɔ³³⁵⁻³⁵　行贿

偷　tʰei⁵³

着♯贼　dzaʔ²⁻¹¹ zeʔ²　被偷

骗　pʰiẽ³³⁵

着♯拐　dzaʔ²⁻¹¹ kua⁴²⁴　被骗

着♯奸　dzaʔ²⁻¹¹ tɕiɛ⁵³　上当

强奸　dʑiã¹¹³⁻¹¹ tɕiɛ⁵³⁻¹¹

5.17　商 贸 活 动

5.17.1　行业

店　tiẽ³³⁵　商店

字号　zɿ²¹²⁻¹¹ ɔ²¹²⁻³⁵

招头　tsɔ⁵³⁻⁵⁵ dei¹¹³⁻⁵⁵　招牌

招头纸　tsɔ⁵³⁻⁵⁵ dei¹¹³⁻⁵⁵ tsɿ⁴²⁴⁻³¹　旧式广告纸

门面　meŋ¹¹³⁻¹¹ miẽ²¹²⁻¹¹　铺面

开♯店　kʰɛ³³⁵⁻³³ tiẽ³³⁵　开铺子

做♯生意　tsu³³⁵⁻³³ sã⁵³⁻⁵⁵ i³³⁵⁻³¹　做买卖

跑♯单帮　bɔ²¹²⁻¹¹ tã⁵³⁻⁵⁵ pɔ̃⁵³⁻⁵⁵

挑♯脚　tʰiɔ⁵³⁻³³ tɕiaʔ⁵　长途挑货赚脚钱

南货店　nɛ¹¹³⁻¹¹ hu³³⁵⁻¹¹ tiɛ³³⁵⁻¹¹　杂货店

倒　tɔ⁴²⁴　（1）买锅子；（2）铸造金属器物

布店　pu³³⁵⁻³³ tiɛ³³⁵⁻⁵³

刞　tɛ⁴²⁴　买（布）

曳　ieʔ²

瓷器店　dzʅ¹¹³⁻¹¹ tɕhi³³⁵⁻¹¹ tiɛ³³⁵⁻¹¹

落♯馆子店　loʔ²⁻¹¹ kuɛ⁴²⁴⁻³³ tsʅ⁴²⁴⁻³³ tiɛ³³⁵⁻³⁵　下饭馆

歇夜店　ɕieʔ⁵⁻³³ ia³³⁵⁻³³ tiɛ³³⁵⁻³⁵　客栈、旅馆

茶馆　dzo¹¹³⁻¹¹ kuɛ⁴²⁴⁻¹¹

剃头店　thi³³⁵⁻³³ dei¹¹³⁻¹¹ tiɛ³³⁵⁻⁵³　理发馆

剃♯头　thi³³⁵⁻³³ dei¹¹³　理发

修♯脸　ɕiʊ⁵³⁻³³ niɛ²¹²

浑堂　ueŋ¹¹³⁻¹¹ dɔ̃¹¹³⁻¹¹　澡堂

肉店　ȵyoʔ²⁻¹¹ tiɛ³³⁵⁻⁵³　肉铺

劗　tsã⁵³　买肉

打♯油　tã⁴²⁴⁻³³ iʊ¹¹³

调♯油　diɔ²¹²⁻¹¹ iʊ¹¹³　菜籽换油

米店　mi²¹²⁻¹¹ tiɛ³³⁵⁻⁵³

籴　dieʔ²　买米等粮食

粜　thiɔ⁴²⁴　卖米等粮食

豆腐店　dɛ²¹²⁻¹¹ vu²¹²⁻¹¹ tiɛ³³⁵⁻³⁵

打♯豆腐　tã⁴²⁴⁻³³ dɛ²¹²⁻¹¹ vu²¹²⁻³⁵　买豆腐

面店　miɛ³³⁵⁻³³ tiɛ³³⁵⁻⁵³

小菜场　ɕiɔ⁴²⁴⁻³³ tshɛ³³⁵⁻³³ dzã²¹²⁻⁵³　菜市场

书店　ɕy⁵³⁻⁵⁵ tiɛ³³⁵⁻³¹

药店　iaʔ²⁻¹¹ tiɛ³³⁵⁻⁵³

撮♯药　tsheʔ⁵⁻³³ iaʔ²　抓中药

当铺　tɔ̃³³⁵⁻³³ phu³³⁵⁻⁵³

当　tɔ̃³³⁵　典当东西

银行　iŋ¹¹³⁻¹¹ɦ¹¹³⁻¹¹
摆♯摊　pa⁴²⁴⁻³³ tʰã⁵³
羊角担　iã¹¹³⁻¹¹ koʔ⁵⁻¹¹ tã³³⁵⁻¹¹　小的百货担子
剃头担　tʰi³³⁵⁻³³ dei¹¹³⁻¹¹ tã³³⁵⁻⁵³
馄饨担　ueŋ¹¹³⁻¹¹ deŋ¹¹³⁻¹¹ tã³³⁵⁻¹¹
椅子匠　y⁴²⁴⁻³³ tsɿ⁴²⁴⁻³³ ʑiã²¹²⁻³⁵　做椅子、庎橱、竹榻等物品的行业
篾匠　mieʔ²⁻¹¹ ʑiã²¹²⁻⁵³
囤♯猪　deŋ²¹²⁻¹¹ tsɿ⁵³　出售整只猪

5.17.2　经营、交易

开张　kʰɛ⁵³⁻⁵⁵ tsã⁵³⁻⁵⁵　开业
关张　kuɛ⁵³⁻⁵⁵ tsã⁵⁵　停业
倒♯灶　tɔ⁴²⁴⁻³³ tsɔ³³⁵　倒闭
盘♯货　bɛ¹¹³⁻¹¹ hu³³⁵
盘♯店　bɛ¹¹³⁻¹¹ tiɛ³³⁵　店转移产权
兑⁼♯货　dɛ²¹²⁻¹¹ hu³³⁵　批发
倒♯担　tɔ⁴²⁴⁻³³ tã³³⁵　全包，包圆
柜头　guɛ²¹²⁻¹¹ dei¹¹³⁻³⁵
价钱　ko³³⁵⁻³³ diɛ¹¹³⁻⁵³
要价　iɔ³³⁵⁻³³ ko³³⁵⁻⁵³　开价
还♯价　uã¹¹³⁻¹¹ ko³³⁵
本钱　peŋ⁴²⁴⁻³³ diɛ¹¹³⁻³⁵
货色　hu³³⁵⁻³³ seʔ⁵⁻⁵³
贵　kuɛ³³⁵
贱　ʑiɛ²¹²　便宜
　便宜　biɛ¹¹³⁻¹¹ i¹¹³⁻¹¹
实惠　ʑieʔ²⁻¹¹ uɛ²¹²⁻⁵³　价格公道
行俏　ɦ¹¹³⁻¹¹ tɕʰiɔ³³⁵⁻¹¹　畅销
行市　iŋ¹¹³⁻¹¹ zɿ²¹²⁻¹¹　流行

钞票　tsʰɔ⁴²⁴⁻³³ pʰiɔ³³⁵⁻³⁵
　洋钱　iã¹¹³⁻¹¹ niɛ̃¹¹³⁻¹¹　　钱,钞票‖"钱"声母同化为了 n-,下同
　铜钱　doŋ¹¹³⁻¹¹ niɛ̃¹¹³⁻¹¹
洋圆　iã¹¹³⁻¹¹ yɛ̃¹¹³⁻¹¹　　银圆
铜板　doŋ¹¹³⁻¹¹ pã⁴²⁴⁻¹¹　　铜钱（铜板儿）
铅板　kʰã⁵³⁻⁵⁵ pã⁴²⁴⁻³¹　　硬币
　铅角子　kʰã⁵³⁻⁵⁵ koʔ⁵⁻⁵⁵ tsɿ⁴²⁴⁻³¹
　镴板　laʔ²⁻¹¹ pã⁴²⁴⁻⁵³
齐头数　ʑi¹¹³⁻¹¹ dei¹¹³⁻¹¹ sʊ³³⁵⁻¹¹　　不带零头的整数
零碎铜钱　niŋ⁵³⁻⁵⁵ sɛ³³⁵⁻⁵⁵ doŋ¹¹³⁻⁵⁵ niɛ̃¹¹³⁻³¹　　零钱
趁♯钞票　tsʰeŋ³³⁵⁻³³ tsʰɔ⁴²⁴⁻³³ pʰiɔ³³⁵⁻³⁵　　挣钱
赚♯钞票　dzã²¹²⁻¹¹ tsʰɔ⁴²⁴⁻³³ pʰiɔ³³⁵⁻³⁵　　赚钱
折♯本　ziɛʔ²⁻¹¹ peŋ⁴²⁴　　亏本
攒♯钞票　tsã⁴²⁴⁻³³ tsʰɔ⁴²⁴⁻³³ pʰiɔ³³⁵⁻³⁵　　攒钱
脚钱　tɕiaʔ⁵⁻⁵⁵ diɛ̃¹¹³⁻³¹　　跑腿费
发票　faʔ⁵⁻³³ pʰiɔ³³⁵⁻³⁵
经折　tɕiŋ⁵³⁻⁵⁵ tseʔ⁵⁻⁵⁵　　老式折叠的信用卡
解♯款　ka⁴²⁴⁻³³ kʰuɛ̃⁴²⁴　　汇款
租　tsʰʊ⁵³　　租：～房子
税　sɛ³³⁵　　短期租赁交通工具：～车子、～船
讨　tʰɔ⁴²⁴　　雇佣交通工具：～车子、～船
借　tɕia³³⁵
　掇　teʔ⁵　　短期借
会♯钞　uɛ³³⁵⁻³³ tsʰɔ⁴²⁴　　付钱
开销　kʰɛ⁵³⁻⁵⁵ ɕiɔ⁵³⁻⁵⁵
回　uɛ¹¹³　　物品转卖给别人
还　uã¹¹³　　还钱
赔　bɛ¹¹³　　赔钱
赊　so⁵³　　赊账

找　tsɔ⁴²⁴　找钱
套　tʰɔ³³⁵　破钱
　倒　tɔ⁴²⁴
账房　tsã³³⁵⁻³³ võ¹¹³⁻⁵³
账　tsã³³⁵
欠♯账　tɕʰiɛ³³⁵⁻³³ tsã³³⁵
上♯账　zõ²¹²⁻¹¹ tsã³³⁵　记账
讨♯账　tʰɔ⁴²⁴⁻³³ tsã³³⁵
赖♯账　la³³⁵⁻³³ tsã³³⁵
债　tsa³³⁵
欠♯债　tɕʰiɛ³³⁵⁻³³ tsa³³⁵
还♯债　uã¹¹³⁻¹¹ tsa³³⁵
讨♯债　tʰɔ⁴²⁴⁻³³ tsa³³⁵
抵♯债　ti⁴²⁴⁻³³ tsa³³⁵
利息　li³³⁵⁻³³ ɕieʔ⁵⁻⁵³
贷♯款　dɛ²¹²⁻¹¹ kʰuɛ⁴²⁴
高利贷　kɔ⁵³⁻⁵⁵ li³³⁵⁻⁵⁵ dei¹¹³⁻³¹
发♯工钱　faʔ⁵⁻³³ koŋ⁵³⁻⁵⁵ diɛ̃¹¹³⁻⁵⁵　发工资
□　tõ³³⁵　掂份量
　戥　teŋ⁵³
做♯会　tsʊ³³⁵⁻³³ uɛ²¹²　一种民间集资活动
　兜♯会　tei⁵³⁻³³ uɛ²¹²
审头　ɕiŋ⁴²⁴⁻³³ dei¹¹³⁻³⁵　会的发起人
中间头人　tɕyoŋ⁵³⁻⁵⁵ kã⁵³⁻⁵⁵ dei¹¹³⁻⁵⁵ ȵiŋ¹¹³⁻⁵⁵　经纪人
学徒　iaʔ²⁻¹¹ dʊ¹¹³⁻⁵³
客人　kʰaʔ⁵⁻⁵⁵ ȵiŋ¹¹³⁻³¹　顾客
老客人　lɔ²¹²⁻¹¹ kʰaʔ⁵⁻¹¹ ȵiŋ¹¹³⁻⁵³　老主顾

5.17.3　商贸工具

算盘　sɛ³³⁵⁻³³ bɛ¹¹³⁻⁵³　算盘

算盘珠　sɛ̃³³⁵⁻³³ bɛ̃¹¹³⁻³³ tɕy⁵³⁻⁵³

打♯算盘　tã⁴²⁴⁻³³ sɛ̃³³⁵⁻³³ bɛ̃¹¹³⁻⁵³

天平　tʰiɛ⁵³⁻⁵⁵ biŋ¹¹³⁻⁵⁵

秤　tsʰeŋ³³⁵

盘秤　bɛ̃¹¹³⁻¹¹ tsʰeŋ³³⁵⁻¹¹　有托盘的秤

杠秤　kɔ̃³³⁵⁻³³ tsʰeŋ³³⁵⁻⁵³　需要人抬的秤：抬～

磅秤　pɔ̃⁴²⁴⁻³³ tsʰeŋ³³⁵⁻³⁵　地秤

秤盘　tsʰeŋ³³⁵⁻³³ bɛ̃¹¹³⁻⁵³

秤星　tsʰeŋ³³⁵⁻³³ ɕiŋ⁵³⁻⁵³

秤钩　tsʰeŋ³³⁵⁻³³ kiʊ⁵³⁻⁵³

定盘星　diŋ²¹²⁻¹¹ bɛ̃¹¹³⁻¹¹ ɕiŋ⁵³⁻³⁵

秤梗　tsʰeŋ³³⁵⁻³³ kuã⁴²⁴⁻⁵³　秤杆

秤头　tsʰeŋ³³⁵⁻³³ dei¹¹³⁻⁵³　秤锤

秤纽　tsʰeŋ³³⁵⁻³³ ŋiʊ²¹²⁻⁵³　‖"纽"声母特殊

里纽　li²¹²⁻¹¹ ŋiʊ²¹²⁻⁵³　‖"纽"声母特殊

外纽　ŋa³³⁵⁻³³ ŋiʊ²¹²⁻⁵³　‖"纽"声母特殊

戥子　teŋ⁵³⁻⁵⁵ tsɿ⁴²⁴⁻³¹　戥秤

称　tsʰeŋ⁵³

轩　ɕiɛ⁵³　称物体时秤尾上抬

平　biŋ¹¹³　称物体时秤尾持平

塌　tʰaʔ⁵　称物体时秤尾下垂

斗　tei⁴²⁴　量米的容器

升箩　ɕiŋ⁵³⁻⁵⁵ lʊ¹¹³⁻⁵⁵　量米的容器

合　kieʔ⁵　量米的容器

夹　kaʔ⁵　量米时的刮平器

尺　tsʰeʔ⁵　尺子

皮尺　bi¹¹³⁻¹¹ tsʰeʔ⁵⁻¹¹

市尺　zɿ²¹²⁻¹¹ tsʰeʔ⁵⁻⁵³　旧式的竹尺

□□尺　mieʔ²⁻¹¹ daʔ²⁻¹¹ tsʰeʔ⁵⁻⁵³　公尺‖是洋泾浜的说法

尺寸　tsʰeʔ⁵⁻³³ tsʰeŋ³³⁵⁻³⁵

5.18　交 通 邮 政

5.18.1　陆路交通

路　lʊ³³⁵

马路　mo²¹²⁻¹¹ lʊ³³⁵⁻³⁵

十字路口　ziɛʔ²⁻¹¹ zʅ²¹²⁻¹¹ lʊ³³⁵⁻¹¹ kʰiʊ⁴²⁴⁻⁵³

三岔路口　sã⁵³⁻⁵⁵ tsʰo³³⁵⁻⁵⁵ lʊ³³⁵⁻⁵⁵ kʰiʊ⁴²⁴⁻³¹

车子　tsʰo⁵³⁻⁵⁵ tsʅ⁴²⁴⁻³¹　车

马车　mo²¹²⁻¹¹ tsʰo⁵³⁻³⁵

车站　tsʰo⁵³⁻⁵⁵ dzã²¹²⁻³¹

汽车　tɕʰi³³⁵⁻³³ tsʰo⁵³⁻⁵³

小包车　ɕiɔ⁴²⁴⁻³³ pɔ⁵³⁻³³ tsʰo⁵³⁻⁵³　轿车

开♯车子　kʰɛ⁵³⁻³³ tsʰo⁵³⁻⁵⁵ tsʅ⁴²⁴⁻³¹

黄包车　uɔ̃¹¹³⁻¹¹ pɔ⁵³⁻¹¹ tsʰo⁵³⁻¹¹　拉客的人力车

料车　liɔ³³⁵⁻³³ tsʰo⁵³⁻⁵³　货车

双轮车　ɕyɔ̃⁵³⁻⁵⁵ leŋ¹¹³⁻⁵⁵ tsʰo⁵³⁻⁵⁵　拉货的板车

三轮车　sã⁵³⁻⁵⁵ leŋ¹¹³⁻⁵⁵ tsʰo⁵³⁻⁵⁵

脚踏车　tɕiaʔ⁵⁻⁵⁵ daʔ²⁻⁵⁵ tsʰo⁵³⁻³¹　自行车

马达刻　mo²¹²⁻¹¹ daʔ²⁻¹¹ kʰiɛʔ⁵⁻⁵³　摩托车

晕♯车　yŋ⁵³⁻³³ tsʰo⁵³　晕车

趁♯车　tsʰeŋ³³⁵⁻³³ tsʰo⁵³　乘车

落♯车　lɔʔ²⁻¹¹ tsʰo⁵³　下车

上♯车　zɔ̃²¹²⁻¹¹ tsʰo⁵³

停　diŋ¹¹³　停车、船

踩盘　lei³³⁵⁻³³ bɛ¹¹³⁻⁵³　车轮

轮盘　leŋ¹¹³⁻¹¹ bɛ̃¹¹³⁻¹¹

轿子　dʑiɔ²¹²⁻¹¹ tsʅ⁴²⁴⁻⁵³

抬♯轿子　dɛ¹¹³⁻¹¹ dʑiɔ²¹²⁻¹¹ tsʅ⁴²⁴⁻³⁵

兜子　tei⁵³⁻⁵⁵ tsʅ⁴²⁴⁻³¹　由竹竿与座位组成的便轿

幼⁼篮　iʊ³³⁵⁻³³ lã¹¹³⁻⁵³　抬老弱病残用的篮子

5.18.2　水路交通

桥　dʑiɔ¹¹³

桥墩　dʑiɔ¹¹³⁻¹¹ teŋ⁵³⁻¹¹

桥头　dʑiɔ¹¹³⁻¹¹ dei¹¹³⁻¹¹

桥脚　dʑiɔ¹¹³⁻¹¹ tɕiaʔ⁵⁻¹¹

桥洞　dʑiɔ¹¹³⁻¹¹ doŋ²¹²⁻¹¹　拱桥的桥洞

桥板　dʑiɔ¹¹³⁻¹¹ pã⁴²⁴⁻¹¹

船　ʐyɛ̃¹¹³

排　ba¹¹³

　竹排　tɕyoʔ⁵⁻⁵⁵ ba¹¹³⁻³¹

渔船　y¹¹³⁻¹¹ ʐyɛ̃¹¹³⁻¹¹

义渡船　ȵi³³⁵⁻³³ dʊ²¹²⁻³³ ʐyɛ̃¹¹³⁻⁵³　渡船

轮船　leŋ¹¹³⁻¹¹ ʐyɛ̃¹¹³⁻¹¹

小船　ɕiɔ⁴²⁴⁻³³ ʐyɛ̃¹¹³⁻³⁵

风篷船　foŋ⁵³⁻⁵⁵ boŋ¹¹³⁻⁵⁵ ʐyɛ̃¹¹³⁻⁵⁵　帆船

航船　ɔ̃¹¹³⁻¹¹ ʐyɛ̃¹¹³⁻¹¹

船头　ʐyɛ̃¹¹³⁻¹¹ dei¹¹³⁻¹¹

邋⁼舷　laʔ²⁻¹¹ iɛ̃¹¹³⁻⁵³　船舷

后桥　ei²¹²⁻¹¹ dʑiɔ¹¹³⁻³⁵　船尾

牛腿　ȵiʊ¹¹³⁻¹¹ tʰɛ⁴²⁴⁻¹¹　船肋

船梁　ʐyɛ̃¹¹³⁻¹¹ ȵiã¹¹³⁻¹¹　船的龙骨

船舱　ʐyɛ̃¹¹³⁻¹¹ tsʰɔ̃⁵³⁻¹¹　船一般有两个舱，叫"头舱"和"二舱"

螃蜞洞　bã¹¹³⁻¹¹ dʑi¹¹³⁻¹¹ doŋ²¹²⁻¹¹　船舱之间的连通孔，用来水流通

风篷　foŋ⁵³⁻⁵⁵boŋ¹¹³⁻⁵⁵　帆

篷　boŋ¹¹³　船篷

舵　dʊ²¹²

桅杆　uɛ¹¹³⁻¹¹kɛ̃⁴²⁴⁻¹¹

橹　lʊ²¹²　橹片：一匹～

橹把　lʊ²¹²⁻¹¹po⁴²⁴⁻⁵³

橹钩索　lʊ²¹²⁻¹¹kiʊ⁴²⁴⁻¹¹soʔ⁵⁻⁵³　橹担绳，绑橹的绳索

橹八鸟　lʊ²¹²⁻¹¹poʔ⁵⁻¹¹tiɔ⁴²⁴⁻⁵³　橹支纽，即船上架橹的钉子

橹脐　lʊ²¹²⁻¹¹ʑi¹¹³⁻⁵³　橹眼，架橹钉的圆孔

橹脐板　lʊ²¹²⁻¹¹ʑi¹¹³⁻¹¹pɛ̃⁴²⁴⁻⁵³　橹眼垫

戡　tɕʰyɔ̃³³⁵　定船的工具

撑杠　tsʰã⁵³⁻⁵⁵kɔ̃³³⁵⁻³¹　船篙

跳板　tʰiɔ³³⁵⁻³³pã⁴²⁴⁻⁵³

桨　tɕiã⁴²⁴

铁锚　tʰieʔ⁵⁻⁵⁵mɔ¹¹³⁻³¹

趁♯船　tsʰeŋ³³⁵⁻³³ʑyɛ̃¹¹³　乘船

　坐♯船　zo²¹²⁻¹¹ʑyɛ̃¹¹³

　搭♯船　taʔ⁵⁻³³ʑyɛ̃¹¹³

落♯船　loʔ²⁻³³ʑyɛ̃¹¹³　下到船上

上♯岸　zɔ̃²¹²⁻¹¹ŋɛ̃³³⁵

晕♯船　yŋ⁵³⁻³³ʑyɛ̃¹¹³

划♯船　uo⁵³⁻³³ʑyɛ̃¹¹³

埠头　bu²¹²⁻¹¹dei¹¹³⁻³⁵　码头

水踏埠头　sɛ⁴²⁴⁻³³daʔ²⁻³³bu²¹²⁻³³dei¹¹³⁻³⁵　水边洗衣服的台阶

渡　dʊ²¹²　渡口

扳♯纤　pã⁴²⁴⁻³³tɕʰiɛ̃³³⁵　拉纤

纤丝　tɕʰiɛ̃³³⁵⁻³³sʅ⁵³⁻⁵³　纤绳

5.18.3　邮政

信　ɕiŋ³³⁵

信纸　　ɕiŋ³³⁵⁻³³ tsʅ⁴²⁴⁻⁵³
信壳　　ɕiŋ³³⁵⁻³³ kʰoʔ⁵⁻⁵³　信封
寄♯信　　tɕi³³⁵⁻³³ ɕiŋ³³⁵
邮票　　iʊ¹¹³⁻¹¹ pʰiɔ³³⁵⁻¹¹
邮电局　　iʊ¹¹³⁻¹¹ diɛ̃²¹²⁻¹¹ dʑyoʔ²⁻¹¹
邮差　　iʊ¹¹³⁻¹¹ tsʰa⁵³⁻¹¹　老式的邮递员
邮筒　　iʊ¹¹³⁻¹¹ doŋ²¹²⁻¹¹
邮箱　　iʊ¹¹³⁻¹¹ ɕiã⁵³⁻¹¹
电报　　diɛ̃²¹²⁻¹¹ pɔ³³⁵⁻³⁵
电话　　diɛ̃²¹²⁻¹¹ uo³³⁵⁻³⁵
带♯信　　ta³³⁵⁻³³ ɕiŋ³³⁵　（1）带口信；（2）带信件

5.19　文　化　教　育

5.19.1　学校教育

学堂　　oʔ²⁻¹¹ dɔ̃¹¹³⁻⁵³
　学校　　iaʔ²⁻¹¹ iɔ³³⁵⁻⁵³
教室　　tɕiɔ³³⁵⁻³³ ɕieʔ⁵⁻⁵³
上♯学　　zɔ̃²¹²⁻¹¹ o²¹²　入学‖本词中"学"读成舒声，下同
　读♯书　　doʔ²⁻¹¹ ɕy⁵³
上学酒　　zɔ̃²¹²⁻¹¹ o²¹²⁻¹¹ tɕiʊ⁴²⁴⁻⁵³　入学酒
读书人　　doʔ²⁻¹¹ ɕy⁵³⁻¹¹ ɲiŋ¹¹³⁻⁵³
文盲　　veŋ¹¹³⁻¹¹ mɔ̃¹¹³⁻¹¹
学费　　iaʔ²⁻¹¹ fi³³⁵⁻⁵³
暑假　　ɕy⁴²⁴⁻³³ tɕia³³⁵⁻³⁵
寒假　　ɛ̃¹¹³⁻¹¹ tɕia³³⁵⁻¹¹
农忙假　　loŋ¹¹³⁻¹¹ mã¹¹³⁻¹¹ tɕia³³⁵⁻¹¹

放♯饭学　fɔ̃³³⁵⁻³³ vã²¹²⁻¹¹ o²¹²⁻³⁵　中午放学
关♯饭学　kuã⁵³⁻³³ vã²¹²⁻¹¹ o²¹²⁻³⁵　中午放学被留
放♯夜学　fɔ̃³³⁵⁻³³ ia³³⁵⁻³³ o²¹²⁻⁵³　傍晚放学
关♯夜学　kuã⁵³⁻³³ ia³³⁵⁻³³ o²¹²⁻⁵³　傍晚放学被留
上♯课　zɔ̃²¹²⁻¹¹ kʰʊ⁵³
落♯课　loʔ²⁻¹¹ kʰʊ⁵³　下课
改♯卷子　kɛ⁴²⁴⁻³³ tɕyɛ̃³³⁵⁻³³ tsɿ⁴²⁴⁻⁵³
头名　dei¹¹³⁻¹¹ miŋ¹¹³⁻¹¹
末屄名　moʔ⁵⁻⁵⁵ toʔ⁵⁻⁵⁵ miŋ¹¹³⁻³¹　末名
零蛋　niŋ¹¹³⁻¹¹ dã²¹²⁻¹¹　零分
逃♯学　dɔ¹¹³⁻¹¹ o²¹²
赖♯学　la³³⁵⁻³³ o²¹²
徛♯壁　gɛ²¹²⁻¹¹ pieʔ⁵　靠着墙壁的一种体罚方式
对♯科　tɛ³³⁵⁻³³ kʰʊ⁵³　对对子
国文　kuoʔ⁵⁻⁵⁵ veŋ¹¹³⁻³¹　旧式叫法
　语文　n̠y³³⁵⁻³³ veŋ¹¹³⁻⁵³
算学　sɛ̃³³⁵⁻³³ iaʔ²⁻⁵³　旧式叫法
　数学　sʊ³³⁵⁻³³ iaʔ²⁻⁵³

5.19.2　教学用具

书　ɕy⁵³
簿子　bu²¹²⁻¹¹ tsɿ⁴²⁴⁻⁵³　本子
纸　tsɿ⁴²⁴
大字纸　dʊ²¹²⁻¹¹ zɿ²¹²⁻¹¹ tsɿ⁴²⁴⁻³⁵
元书纸　yɛ̃¹¹³⁻¹¹ ɕy⁵³⁻¹¹ tsɿ⁴²⁴⁻¹¹　写毛笔字的纸
墨笔　moʔ²⁻¹¹ pieʔ⁵⁻⁵³　毛笔
大字笔　dʊ²¹²⁻¹¹ zɿ²¹²⁻¹¹ pieʔ⁵⁻³⁵
小字笔　ɕiɔ⁴²⁴⁻³³ zɿ²¹²⁻³³ pieʔ⁵⁻³⁵
笔套管　pieʔ⁵⁻³³ tʰɔ̃³³⁵⁻³³ kuɛ⁴²⁴⁻³⁵　毛笔的笔帽‖受"汤罐"的通俗

词源影响读成"笔汤罐"

墨　　mo$ʔ^2$

砚瓦　　ȵiɛ$^{335-33}$ ŋo$^{212-53}$　　砚台

磨♯墨　　mʊ$^{113-11}$ moʔ^2　　研墨

洇　　iŋ^{335}　　墨不熟洇开

搽　　tʰiɛ^{424}　　搽笔

鐾　　bi^{212}

字帖　　zɿ$^{212-11}$ tʰieʔ$^{5-35}$

描♯红　　miɔ$^{113-11}$ ŋ̍^{113}

钢笔　　kɔ̃$^{53-55}$ pieʔ$^{5-35}$

蘸钢　　tsã$^{335-33}$ kɔ̃$^{53-53}$　　蘸墨水写字的钢笔

铅笔　　kʰã$^{53-55}$ pieʔ$^{5-35}$

墨水　　moʔ$^{2-11}$ sɛ$^{424-53}$

黑板　　heʔ$^{5-33}$ pã$^{424-35}$

粉笔　　feŋ$^{424-33}$ pieʔ$^{5-35}$

黑板刷　　heʔ$^{5-33}$ pã$^{424-33}$ ɕieʔ$^{5-35}$　　板擦儿

牛皮筋　　ȵiʊ$^{113-11}$ bi$^{113-11}$ tɕiŋ$^{53-11}$　　橡皮筋

橡皮　　dʑia$^{212-11}$ bi$^{113-35}$　　橡皮擦

小刀　　ɕiɔ$^{424-33}$ tɔ$^{53-35}$　　铅笔刀

铅笔刨　　kʰã$^{53-55}$ pieʔ$^{5-55}$ bɔ$^{212-31}$　　卷笔刀

书包袋　　ɕy$^{53-55}$ pɔ$^{53-55}$ dɛ$^{212-31}$

申报纸　　ɕiŋ$^{53-55}$ pɔ$^{335-55}$ tsɿ$^{424-31}$　　报纸

摇铃　　iɔ$^{113-11}$ niŋ$^{113-11}$　　铃铛

5.19.3　读书识字

笔顺　　pieʔ$^{5-33}$ ʑiŋ$^{212-35}$　　笔画

直　　dze$ʔ^2$　　一竖

划　　uaʔ^2　　一横

撇　　pʰieʔ^5

捺　naʔ²
挑　tʰiɔ⁴²⁴　一提
点　tiɛ̃⁴²⁴
勾　kiʊ⁵³
旁　bɔ̃¹¹³　偏旁
倚人旁　gɛ²¹²⁻¹¹ ȵin¹¹³⁻¹¹ bɔ̃¹¹³⁻⁵³　单人旁
双倚人　ɕyɔ̃⁵³⁻⁵⁵ gɛ²¹²⁻⁵⁵ ȵin¹¹³⁻³¹　双人旁
覆♯盖　pʰoʔ⁵⁻³³ kɛ³³⁵　宝盖头
竖心旁　ʐy²¹²⁻¹¹ ɕin⁵³⁻¹¹ bɔ̃¹¹³⁻⁵³
耳朵旁　n⁴²⁴⁻³³ tʊ⁴²⁴⁻³³ bɔ̃¹¹³⁻³⁵　耳朵边
折♯刀　tseʔ⁵⁻³³ tɔ⁵³　立刀旁
反♯文　fã⁴²⁴⁻³³ veŋ¹¹³　反文旁
踢♯土　tʰieʔ⁵⁻³³ tʰʊ⁴²⁴　提土旁
挑♯手　tʰiɔ⁴²⁴⁻³³ ɕiʊ⁵³　提手旁
三点水　sã⁵³⁻⁵⁵ tiɛ̃⁴²⁴⁻⁵⁵ sɛ⁴²⁴⁻³¹
病披舍　biŋ²¹²⁻¹¹ pʰi⁵³⁻¹¹ so⁴²⁴⁻³⁵　病字头
走之　tɕiʊ⁴²⁴⁻³³ tsɿ⁴²⁴⁻³⁵
草头　tsʰɔ⁴²⁴⁻³³ dei¹¹³⁻³⁵　草字头
竹立头　tɕyoʔ⁵⁻⁵⁵ lieʔ⁵⁻⁵⁵ dei¹¹³⁻³¹　竹字头
搪　dɔ̃¹¹³　涂了
污煤搪　u⁵³⁻⁵⁵ mɛ¹¹³⁻⁵⁵ dɔ̃¹¹³⁻⁵⁵　纸上、书上的污迹
白字　baʔ²⁻¹¹ zɿ²¹²⁻⁵³　正字的反面
白字先生　baʔ²⁻¹¹ zɿ²¹²⁻¹¹ ɕiɛ̃⁵³⁻¹¹ sã⁵³⁻⁵³　对易写白字者的称呼

5.20　文娱活动

5.20.1　游戏玩具

搞　kɔ⁴²⁴　玩儿

顽　mã¹¹³　多指小孩子玩

嬉　ɕi⁵³　多指游山玩水：到杭州去～、～山头

搞家生　kɔ⁴²⁴⁻³³ kɔ⁵³⁻³³ sã⁵³⁻³⁵　　玩具 ‖ "家"元音读 ɔ，也许是受"搞"的同化，也许是保留了古音

顽顽家生　mã¹¹³⁻¹¹ mã¹¹³⁻¹¹ ko⁵³⁻¹¹ sa⁵³⁻¹¹

放♯鹞子　fã³³⁵⁻³³ iɔ³³⁵⁻³³ tsʅ⁴²⁴⁻⁵³　放风筝

躲♯猫　to⁴²⁴⁻³³ mɔ⁵³　（1）藏老猫；（2）捉迷藏

迷♯猫　bɛ̃²¹²⁻¹¹ mɔ⁵³

打♯旋骆驼　tã⁴²⁴⁻³³ ziɛ̃²¹²⁻¹¹ loʔ²⁻¹¹ dʊ¹¹³⁻⁵³　打陀螺

照相片　tsɔ³³⁵⁻³³ tɕiã³³⁵⁻³³ pʰiɛ̃³³⁵⁻⁵³　相片

拍♯照相　pʰoʔ⁵⁻³³ tsɔ³³⁵⁻³³ ɕiã³³⁵⁻⁵³　拍照

画♯图画　uo³³⁵⁻³³ dʊ¹¹³⁻¹¹ uo³³⁵⁻¹¹

着♯颜色　dzaʔ²⁻¹¹ ŋã¹¹³⁻¹¹ seʔ⁵⁻¹¹　上色

花菩萨　huo⁵³⁻⁵⁵ bu¹¹³⁻⁵⁵ saʔ⁵⁻⁵⁵　年画

菩萨书　bu¹¹³⁻¹¹ saʔ⁵⁻¹¹ ɕy⁵³⁻¹¹　小人书

叫子　tɕiɔ³³⁵⁻³³ tsʅ⁴²⁴⁻⁵³　哨子

跳♯洋房　tʰiɔ³³⁵⁻³³ iã¹¹³⁻¹¹ vɔ̃¹¹³⁻¹¹　跳房子

办♯缸缸灶　bã²¹²⁻¹¹ kɔ̃⁵³⁻⁵⁵ kɔ̃⁵³⁻⁵⁵ tsɔ³³⁵⁻³¹　过家家

麻老鹰♯搭♯小鸡　mo¹¹³⁻¹¹ lɔ²¹²⁻¹¹ iŋ⁵³⁻¹¹ kʰo³³⁵⁻³³ ɕiɔ⁴²⁴⁻³³ tɕi⁵³⁻³⁵　老鹰抓小鸡

打♯水霹雳　tã⁴²⁴⁻³³ sɛ⁴²⁴⁻³³ pʰieʔ⁵⁻³³ li²¹²⁻⁵³　打水漂

鬼面壳　kuɛ⁴²⁴⁻³³ miɛ̃³³⁵⁻³³ kʰoʔ⁵⁻⁵³　假面具

挑♯花线绷　tʰiɔ⁵³⁻³³ huo⁵³⁻⁵⁵ ɕiɛ̃³³⁵⁻⁵⁵ pã³³⁵⁻³¹　翻绳子

捉♯一子　tɕyoʔ⁵⁻³³ ieʔ⁵⁻⁵⁵ tsʅ⁴²⁴⁻³¹　抓子的游戏

打♯弹子　tã⁴²⁴⁻³³ dã²¹²⁻¹¹ tsʅ⁴²⁴⁻³⁵　弹球

晴⁼♯同♯掼　dziŋ¹¹³ doŋ¹¹³ guã²¹²　"石头、剪子、布"游戏

放♯炮仗　fã³³⁵⁻³³ pʰo³³⁵⁻³³ dzã²¹²⁻⁵³

百子炮　paʔ⁵⁻⁵⁵ tsʅ⁴²⁴⁻⁵⁵ pʰo³³⁵⁻³¹　鞭炮

放♯铳　fɔ̃³³⁵⁻³³ tɕʰyɔ̃³³⁵　放枪一类的火器

摇拨登= iɔ¹¹³⁻¹¹ peʔ⁵⁻¹¹ teŋ⁵³⁻¹¹　拨浪鼓

骑马浪=浪= dʑi¹¹³⁻¹¹ mo²¹²⁻¹¹ lã³³⁵⁻⁵⁵ lã³³⁵⁻⁵⁵　把小孩子放在肩膀上

介=龙　ka³³⁵⁻³³ loŋ¹¹³⁻⁵³　把小孩子放在腿上的一种游戏

呵♯痒　ho⁵³⁻³³ iã⁴²⁴

破♯鳗　pʰu³³⁵⁻³³ mɛ̃²¹²　大人嘴哈气之后，用手指沿着手臂划上去逗小孩的一种游戏

豁♯拳　huaʔ⁵⁻³³ dʑyɛ̃¹¹³　猜拳

走♯棋　tɕiʊ⁴²⁴⁻³³ dʑi¹¹³　下棋

象棋　dʑiã²¹²⁻¹¹ dʑi¹¹³⁻³⁵

卒卒头　tseʔ⁵⁻⁵⁵ tseʔ⁵⁻⁵⁵ dei¹¹³⁻³¹　卒

兵　piŋ⁵³

挺　tʰiŋ⁵³　拱卒、拱兵

跳♯马　tʰiɔ³³⁵⁻³³ mo²¹²

方　fã⁵³　象棋中相行走的路线

上♯象　zɔ̃²¹²⁻¹¹ dʑiã²¹²　飞相

上♯士　zɔ̃²¹²⁻¹¹ zɿ²¹²　支士

架♯炮　ko³³⁵⁻³³ pʰɔ³³⁵　拉炮

斗♯车　tei³³⁵⁻³³ tɕy⁵³　对车

照　tsɔ³³⁵　出老将

将　tɕiã³³⁵　将军（动词）

吃　tɕʰieʔ⁵　吃（小卒）

围棋　uɛ¹¹³⁻¹¹ dʑi¹¹³⁻¹¹

西瓜棋　ɕi⁵³⁻⁵⁵ kuo⁵³⁻⁵⁵ dʑi¹¹³⁻⁵⁵

跳棋　tʰiɔ³³⁵⁻³³ dʑi¹¹³⁻⁵³

推♯牌九　tʰɛ⁵³⁻³³ ba¹¹³⁻¹¹ tɕiʊ⁴²⁴⁻¹¹

搓♯麻将　tsʰo⁵³⁻³³ mo¹¹³⁻¹¹ tɕiã³³⁵⁻¹¹　打麻将

和　u¹¹³

碰　pʰoŋ³³⁵

押♯宝　tɕiaʔ⁵⁻³³ pɔ⁴²⁴　押宝

掷♯骰子　ʣeʔ²⁻¹¹ dei¹¹³⁻¹¹ tsʅ⁴²⁴⁻¹¹　掷色子

打♯老K　tã⁴²⁴⁻³³ lɔ²¹²⁻¹¹ kʰɛ⁵³⁻³⁵　打扑克

豁♯沙蟹　huaʔ⁵⁻³³ so⁵³⁻⁵⁵ ha⁴²⁴⁻³¹　打沙蟹

做♯庄　tsʊ³³⁵⁻³³ tɕyɔ̃⁵³

打♯赌　tã⁴²⁴⁻³³ tʊ⁵³

赌♯博　tʊ⁴²⁴⁻³³ boʔ²

输　ɕy⁵³

赢　iŋ¹¹³

抽♯头　tɕiʊ⁵³⁻³³ dei¹¹³　赌博中分红

5.20.2　体育活动

踢♯毽子　ɕieʔ⁵⁻³³ tɕiɛ³³⁵⁻³³ tsʅ⁴²⁴⁻⁵³　踢毽子

跳♯绳　tʰiɔ³³⁵⁻³³ ʑiŋ¹¹³　跳绳

划♯龙船　uo⁵³⁻³³ loŋ¹¹³⁻¹¹ ʑyɛ̃¹¹³⁻¹¹　划龙舟

跳♯狮子　tʰiɔ³³⁵⁻³³ sʅ⁵³⁻⁵⁵ tsʅ⁴²⁴⁻³¹　舞狮

盘♯龙灯　bɛ̃¹¹³⁻¹¹ loŋ¹¹³⁻¹¹ teŋ⁵³⁻¹¹　舞龙

踏♯高跷　daʔ²⁻¹¹ kɔ⁵³⁻⁵⁵ tɕʰiɔ⁵³⁻⁵⁵　踩高跷

跳♯竹马　tʰiɔ³³⁵⁻³³ tɕyoʔ⁵⁻³³ mo²¹²⁻³⁵　装扮成帝王将相骑在竹马上

荡♯秋千　dɔ̃²¹²⁻¹¹ tɕʰiʊ⁵³⁻⁵⁵ tɕʰiɛ⁵³⁻⁵⁵　打秋千

搭♯篮球　taʔ⁵⁻³³ lã¹¹³⁻¹¹ ʥiʊ¹¹³⁻¹¹　打球

踢♯足球　tʰieʔ⁵⁻³³ tsoʔ⁵⁻⁵⁵ ʥiʊ¹¹³⁻³¹

打♯拳　tã⁴²⁴⁻³³ ʥyɛ̃¹¹³

游♯水　iʊ¹¹³⁻¹¹ sɛ⁴²⁴　游泳

托⁼♯没桶⁼酸　tʰoʔ⁵⁻³³ moʔ²⁻¹¹ doŋ²¹²⁻¹¹ sɛ⁵³⁻⁵³　潜水

酸♯鼻　sɛ⁵³⁻³³ beʔ²

向天游　ɕiã³³⁵⁻³³ tʰiɛ³³⁵⁻³³ iʊ¹¹³⁻⁵³　仰泳

踏♯浮脚　daʔ²⁻¹¹ vu¹¹³⁻¹¹ tɕia⁵⁻¹¹　踩水

变♯戏法　piɛ³³⁵⁻³³ ɕi³³⁵⁻³³ faʔ⁵⁻⁵³　变魔术

翻♯钩斗　　fã⁵³⁻³³ kiʊ⁵³⁻⁵⁵ tei⁴²⁴⁻³¹　　翻筋斗

打♯虎跳　　tã⁴²⁴⁻³³ hu⁴²⁴⁻³³ tʰiɕ³³⁵⁻³⁵　　侧空翻

督⁼♯插子　　toʔ⁵⁻³³ tsʰaʔ⁵⁻³³ tsɿ⁴²⁴⁻³⁵　　倒立

旋♯箍罗圈　　ziɛ²¹²⁻¹¹ kʰu⁵³⁻⁵⁵ lo¹¹³⁻⁵⁵ tɕʰyɛ⁵³⁻⁵⁵　　原地快速转圈

打♯皮枪　　tã⁴²⁴⁻³³ bi¹¹³⁻¹¹ tɕʰiã⁵³⁻¹¹　　打弹弓

水箭筒　　sɛ⁴²⁴⁻³³ tɕiɛ̃⁵³⁻³³ doŋ²¹²⁻³⁵　　竹制的水枪

跷跷板　　tɕʰiɔ³³⁵⁻³³ tɕʰiɔ³³⁵⁻³³ pã⁴²⁴⁻⁵³

雪菩萨　　ɕieʔ⁵⁻⁵⁵ buʔ¹¹³⁻⁵⁵ saʔ⁵⁻³¹　　雪人

秀⁼秀⁼板　　ɕiʊ³³⁵⁻³³ ɕiʊ³³⁵⁻³³ pã⁴²⁴⁻⁵³　　滑梯

5.20.3　文化活动

做♯戏文　　tsʊ³³⁵⁻³³ ɕi³³⁵⁻³³ veŋ¹¹³⁻⁵³　　演戏

班子　　pã⁵³⁻⁵⁵ tsɿ⁴²⁴⁻³¹　　戏班子

文书班　　veŋ¹¹³⁻¹¹ ɕy⁵³⁻³³ pã⁵³⁻¹¹　　简易的越剧

　越剧　　yoʔ²⁻¹¹ dʑieʔ²⁻⁵³

绍兴大班　　zɔ²¹²⁻¹¹ ɕiŋ⁵³⁻¹¹ da²¹²⁻¹¹ pã⁵³⁻⁵³　　绍剧

京戏　　tɕiŋ⁵³⁻⁵⁵ ɕi³³⁵⁻³¹　　京剧

木头戏　　moʔ²⁻¹¹ dei¹¹³⁻¹¹ ɕi³³⁵⁻⁵³　　木偶戏

戏子　　ɕi³³⁵⁻³³ tsɿ⁴²⁴⁻⁵³　　演员

班⁼　　pã⁵³　　扮演角色

大花脸　　dʊ²¹²⁻¹¹ huo⁵³⁻¹¹ niɛ̃³³⁵⁻⁵³　　铜锤花脸

小花脸　　ɕiɔ⁴²⁴⁻³³ huo⁵³⁻³³ niɛ̃³³⁵⁻⁵³　　丑角

老生　　lɔ²¹²⁻¹¹ seŋ⁵³⁻³⁵

老旦　　lɔ²¹²⁻¹¹ tã³³⁵⁻³⁵

武生　　vu²¹²⁻¹¹ seŋ⁵³⁻³⁵

武旦　　vu²¹²⁻¹¹ tã³³⁵⁻³⁵　　刀马旦

小生　　ɕiɔ⁴²⁴⁻³³ seŋ⁵³⁻³⁵

花旦　　huo⁵³⁻⁵⁵ tã³³⁵⁻³¹

跑♯龙套　　bɔ¹¹³⁻¹¹ loŋ¹¹³⁻¹¹ tʰɔ³³⁵⁻¹¹

第五章　分类词表　229

值场　　ʥeʔ²⁻¹¹ ʥã²¹²⁻⁵³　常务人员
后场　　ei²¹²⁻¹¹ ʥã²¹²⁻³⁵　乐队
行头　　iŋ¹¹³⁻¹¹ dei¹¹³⁻¹¹
戏文台　ɕi³³⁵⁻³³ veŋ¹¹³⁻³³ dei¹¹³⁻⁵³　戏台
开♯场　 kʰɛ⁵³⁻³³ ʥã²¹²　开戏了
散♯场　 sɛ̃³³⁵⁻³³ ʥã²¹²　散戏了
　交♯场　 gɔ¹¹³⁻¹¹ ʥã¹¹³
做♯喻子 tsʊ³³⁵⁻³³ y³³⁵⁻³³ tsʅ⁴²⁴⁻⁵³　出谜
猜♯喻子 tsʰɛ⁵³⁻³³ y³³⁵⁻³³ tsʅ⁴²⁴⁻⁵³　猜谜
说♯大书　ɕyoʔ⁵⁻³³ da²¹²⁻¹¹ ɕy⁵³⁻³⁵　说书
讲♯摊头　kã⁴²⁴⁻³³ tʰã⁵³⁻⁵⁵ dei¹¹³⁻⁵⁵　讲故事
寻♯顽头　ziŋ¹¹³⁻¹¹ mã¹¹³⁻¹¹ dei¹¹³⁻¹¹　捉弄
放♯电影　fã³³⁵⁻³³ diɛ²¹²⁻¹¹ iŋ⁴²⁴⁻³⁵
留声机　lei¹¹³⁻¹¹ ɕiŋ⁵³⁻¹¹ tɕi⁵³⁻¹¹
外⁼♯胡琴　ŋa³³⁵⁻³³ u¹¹³⁻¹¹ ʥiŋ¹¹³⁻¹¹　拉二胡
弹♯琵琶　dã¹¹³⁻¹¹ bi¹¹³⁻¹¹ bo¹¹³⁻¹¹
弦线　　iɛ̃¹¹³⁻¹¹ ɕiɛ̃⁵³⁻¹¹　弦,乐器上发声的线
吹♯笛子　tsʰɛ⁵³⁻³³ dieʔ²⁻¹¹ tsʅ⁴²⁴⁻⁵³
吹♯箫　　tsʰɛ⁵³⁻³³ ɕiɔ⁵³
吹♯梅花　tsʰɛ⁵³⁻³³ mɛ¹¹³⁻¹¹ huo⁵³⁻¹¹　吹唢呐
斋⁼♯号　 tsa⁵³⁻³³ ɔ¹¹³　吹号
筛♯锣　　sa⁵³⁻³³ lʊ¹¹³　敲锣
铞锣　　tʰɔ̃³³⁵⁻³³ lʊ¹¹³⁻⁵³　小锣,手锣
锣槌　　lʊ¹¹³⁻¹¹ ʥʅ¹¹³⁻¹¹
敲♯铜鼓　kʰɔ⁵³⁻³³ doŋ¹¹³⁻¹¹ ku⁴²⁴⁻¹¹　敲鼓
报鼓　　pɔ³³⁵⁻³³ ku⁴²⁴⁻⁵³　乐队用于指挥全场的一种鼓
镲　　　tsʰa³³⁵　钹
□□镲　pã³³⁵⁻³³ pã³³⁵⁻³³ tsʰa³³⁵⁻⁵³　小孩子玩的微型钹
策⁼板　 tsʰaʔ⁵⁻³³ pã⁴²⁴⁻³⁵　快板

5.21 人事交际

5.21.1 一般交际

事体　　zๅ$^{212-11}$ tʰi$^{424-35}$　　事情

交　　gɔ^{113}　　事情结束

进出　　tɕiŋ$^{335-33}$ tsʰeʔ$^{5-53}$　　来往

嬉♯人家　　ɕi$^{53-33}$ ȵiŋ$^{113-11}$ ko$^{53-11}$　　串门

走♯亲眷　　tɕiʊ$^{424-33}$ tɕʰiŋ$^{53-55}$ tɕyɛ̃$^{335-31}$　　走亲戚

做♯客人　　tsʊ$^{335-33}$ kʰaʔ$^{5-55}$ ȵiŋ$^{113-31}$　　做客

支♯客　　tsๅ$^{53-33}$ kʰaʔ^{5}　　应酬客人

请♯客　　tɕʰiŋ$^{424-33}$ kʰaʔ^{5}

客气　　kʰaʔ$^{5-33}$ tɕʰi$^{335-35}$

泡♯茶　　pʰɔ$^{335-33}$ dzo^{113}　　沏茶

筛♯茶　　sa$^{53-33}$ dzo^{113}　　倒茶

喫♯酒　　tɕʰieʔ$^{5-33}$ tɕiʊ^{424}　　赴宴

发♯帖子　　faʔ$^{5-33}$ tʰieʔ$^{5-33}$ tsๅ$^{424-35}$　　下请帖

办♯酒　　bã$^{212-11}$ tɕiʊ^{424}　　摆酒席

酒水铜钱　　tɕiʊ$^{424-33}$ sɜ$^{424-33}$ doŋ$^{113-33}$ ȵiɛ$^{113-35}$　　办酒的开销

筛♯酒　　sa$^{53-33}$ tɕiʊ^{424}　　倒酒

送♯人情　　soŋ$^{335-33}$ ziŋ$^{113-11}$ dziŋ$^{113-11}$　　送礼

打♯□交　　tã$^{424-33}$ kʰɛ$^{335-33}$ tɕiʊ$^{53-53}$　　打架

掴♯巴掌　　guaʔ$^{2-11}$ po$^{53-55}$ tsã$^{424-31}$　　打耳光

掴♯头彭$^{=}$　　guaʔ$^{2-11}$ dei$^{113-11}$ bã$^{113-11}$　　打头

凿♯栗壳　　dzoʔ$^{2-11}$ loʔ$^{2-11}$ kʰoʔ$^{5-53}$　　栗凿‖"栗"受前字、后字同化读成了 o 元音

交代　　kɔ$^{53-55}$ dɛ$^{212-31}$

碰着 bã²¹²⁻¹¹ dzaʔ²⁻³⁵　遇见

等　teŋ⁴²⁴　等候

候　ei²¹²　守株待兔式的等待

寻♯行当　zin¹¹³⁻¹¹ ɔ̃¹¹³⁻¹¹ tɔ̃³³⁵⁻¹¹　找茬儿

　扳♯敲丝　pã⁴²⁴⁻³³ tɕʰiaʔ⁵⁻⁵⁵ sɿ⁵³⁻³¹　象牙筷ɪ上～：鸡蛋里挑骨头

佔♯便宜　tɕyɛ³³⁵⁻³³ biɛ¹¹³⁻¹¹ i¹¹³⁻¹¹

有♯路道　iʊ²¹²⁻¹¹ lʊ³³⁵⁻¹¹ dɔ²¹²⁻⁵³　有关系

话弗来　uo³³⁵⁻³³ veʔ²⁻³⁵ lɛ¹¹³⁻⁵³　闹不和‖否定词"弗"在语音词内部发生了浊化

弗搭界　feʔ⁵⁻⁵⁵ taʔ⁵⁻⁵⁵ ka⁵³⁻³¹　没关系

媤得　fɛ³³⁵⁻³³ teʔ⁵⁻⁵³　不要紧

回报　uɛ¹¹³⁻¹¹ pɔ³³⁵⁻¹¹　回绝

装♯假　tsɔ̃⁵³⁻³³ ko⁴²⁴　假装

弄松⁼　noŋ³³⁵⁻³³ soŋ⁵³⁻⁵³　作弄

　调排　diɔ¹¹³⁻¹¹ ba¹¹³⁻¹¹

喫♯冤枉　tɕʰieʔ⁵⁻³³ yɛ̃⁵³⁻⁵⁵ uɔ̃⁴²⁴⁻³¹　背黑锅

欺落　tɕʰi⁵³⁻⁵⁵ loʔ²⁻⁵⁵　欺侮

摆♯架子　pa⁴²⁴⁻³³ ko³³⁵⁻³³ tsɿ⁴²⁴⁻⁵³

吹♯牛屄　tsʰɛ⁵³⁻³³ ȵiʊ¹¹³⁻¹¹ pi⁵³⁻¹¹　吹牛

　吹♯大麦⁼　tsʰɛ⁵³⁻³³ dʊ²¹²⁻¹¹ maʔ²⁻³⁵

搨♯麻油　tʰaʔ⁵⁻³³ mo¹¹³⁻¹¹ iʊ¹¹³⁻¹¹　拍马

帮♯忙　pɔ̃⁵³⁻³³ mɔŋ¹¹³

巴结　po⁵³⁻⁵⁵ tɕie⁵⁻⁵⁵　巴结人

看轻　kʰɛ³³⁵⁻³³ tɕʰiŋ⁵³⁻⁵³　看不起

看重　kʰɛ³³⁵⁻³³ dʑyoŋ²¹²⁻⁵³　看重

看♯乔　kʰɛ³³⁵⁻³³ dʑiɔ¹¹³　看扁

并　pʰiŋ³³⁵　合伙

　合♯伙　kieʔ⁵⁻³³ hu⁴²⁴

对手　tɛ³³⁵⁻³³ ɕiʊ⁴²⁴⁻⁵³　助手

趯　bieʔ²　撵出去

赢赛　iŋ¹¹³⁻¹¹ sɛ³³⁵⁻¹¹　炫耀

弗贪抢　feʔ⁵⁻⁵⁵ tʰɛ⁵³⁻⁵⁵ tɕʰiã⁴²⁴⁻³¹　不稀罕

腔套　tɕʰiã⁵³⁻⁵⁵ tʰɔ³³⁵⁻³¹　行为做事的样子

夺　deʔ²　争抢（东西）

抢　tɕʰiã⁴²⁴

当♯值　tɔ̃⁵³⁻³³ dzeʔ²　值班

服侍　voʔ²⁻¹¹ zɿ²¹²⁻⁵³

热心褒肠　ȵieʔ²⁻¹¹ ɕiŋ⁵³⁻¹¹ pɔ⁵³⁻¹¹ dzã¹¹³⁻⁵³　热心肠

着♯忙头　dzaʔ²⁻¹¹ mɔŋ¹¹³⁻¹¹ dei¹¹³⁻¹¹　起忙头

记认　tɕi³³⁵⁻³³ ȵiŋ²¹²⁻⁵³　记号

撮♯阄　tsʰeʔ⁵⁻³³ kiʊ⁵³　抓阄

5.21.2　言语交际

讲　kɔ̃⁴²⁴　说：渠～明朝来

　话　uo³³⁵

谈♯天　dã¹¹³⁻¹¹ tʰiɛ⁴²⁴　聊天

讲♯摊头　kɔ̃⁴²⁴⁻³³ tʰã⁵³⁻⁵⁵ dei¹¹³⁻⁵⁵　说话

问　meŋ³³⁵

□　hei⁵³　叫喊：～渠一声

　叫　tɕiɔ³³⁵

劝　tɕʰyɛ³³⁵

骂　mo³³⁵

謷　zoʔ²　数落，强烈指责

吵♯□交　tsʰɔ⁴²⁴⁻³³ kʰɛ³³⁵⁻³³ tɕiɔ⁵³⁻⁵³　吵架

吵♯相骂　tsʰɔ⁴²⁴⁻³³ ɕiã⁵³⁻⁵⁵ mo²¹²⁻³¹

入♯倷母　zieʔ²⁻¹¹ nã²¹²⁻¹¹ m̩²¹²⁻⁵³　詈语，相当于"操你妈"‖"倷"同化成鼻化

佬母♯入　nã²¹²⁻¹¹ m̩²¹²⁻⁵³ zie⁻ʔ² ‖ 也可以说"佬母拨我入"
训　ɕyɛ̃³³⁵　责骂
呵　hɛ⁵³　呵斥，责备 ‖ 韵母特殊
争　tsã⁵³　争吵
盾＝　deŋ²¹²　言语顶撞
□　eŋ⁴²⁴
吓　haʔ⁵　吓唬
告送　kɔ³³⁵⁻³³ soŋ⁵³⁻⁵³　告发，打小报告
哄　hoŋ⁴²⁴　哄(孩子)
商量　ɕyɔ̃⁵³⁻⁵⁵ niã¹¹³⁻⁵⁵
搭♯白　taʔ⁵⁻³³ baʔ²　搭话，搭讪
兜呼　tei⁵³⁻⁵⁵ hu⁵³⁻⁵⁵　打招呼
朝　dzɔ¹¹³　理睬
承朝　ʑiŋ¹¹³⁻¹¹ dzɔ¹¹³⁻¹¹　答应
讨♯饶　tʰɔ⁴²⁴⁻³³ ɲiɔ¹¹³　求饶
讨♯保　tʰɔ⁴²⁴⁻³³ pɔ⁴²⁴　请求对方原谅、宽恕
讲♯鬼话　kɔ̃⁴²⁴⁻³³ kuɛ⁴²⁴⁻³³ uo³³⁵⁻³⁵　说谎
挑♯发　tiɔ⁴²⁴⁻³³ faʔ⁵　挑唆
搭♯嘴　taʔ⁵⁻³³ tsɛ⁴²⁴　(1)插嘴；(2)交谈
弗搭嘴　feʔ⁵⁻³³ taʔ⁵⁻³³ tsɛ⁴²⁴⁻³⁵　不交谈
弗作声　feʔ⁵⁻³³ tsoʔ⁵⁻³³ ɕiŋ⁵³⁻⁵³　不作声
□♯天谈　mi⁵³⁻³³ tʰiɛ̃⁵³⁻⁵⁵ dã²¹²⁻³¹　没有共同的话题
罚♯愿　vaʔ²⁻¹¹ ȵyɛ̃³³⁵　诅咒
讲♯消罚　kɔ̃⁴²⁴⁻³³ ɕiɔ⁵³⁻⁵⁵ vaʔ²⁻⁵　向家长打小报告
谢谢　ʑia²¹²⁻¹¹ ʑia²¹²⁻³⁵
麻烦　mo¹¹³⁻¹¹ vã¹¹³⁻¹¹　麻烦了
腿＝活去　tʰɛ⁴²⁴⁻³³ uoʔ²⁻³³ tɕʰi³³⁵⁻⁵³　慢走
下毛＝会　o²¹²⁻¹¹ mɔ¹¹³⁻¹¹ uɛ³³⁵⁻⁵³　再见

5.22 日 常 生 活

5.22.1 衣

穿　tsʰɛ⁵³　穿衣服、裤子、鞋子
　着　tsaʔ⁵　穿，限于骂人
脱　tʰeʔ⁵　脱衣服、裤子、鞋子
瘫=　tʰã⁵³　裤子因宽松往下掉
带　ta³³⁵　戴帽子、戒指等
除　dʑɿ¹¹³　脱帽子
挂　kuo³³⁵　戴项链
褪　tʰeŋ³³⁵　（1）摘戒指、项链；（2）脱裤子
系　tɕi³³⁵　系鞋带、裤带
扣　kʰiʊ³³⁵　扣扣子
解　ga²¹²　解扣子、鞋带、裤带
赤♯头　tsʰaʔ⁵⁻³³ dei¹¹³　光着头不戴帽子
赤♯膊　tsʰaʔ⁵⁻³³ poʔ⁵　光膀子
赤♯卵　tsʰaʔ⁵⁻³³ lɛ̃²¹²　光下身
赤♯脚　tsʰeʔ⁵⁻³³ tɕiaʔ⁵　光脚
洗　sɛ⁴²⁴　洗衣
汏　da²¹²　投衣服
泡　pɔ³³⁵　用水浸泡
　尝=　zɔ̃¹¹³　物体浸泡水中
　淹　iɛ⁵³　加洗涤物浸泡
晾　lɔ̃³³⁵　晾衣服
烫　tʰã³³⁵　熨衣服
□　kɛ³³⁵　烘干衣服

烘　hoŋ⁵³

叠　deʔ²　折衣服、叠棉被

卷　tɕyɛ⁴²⁴　挽袖子

缩　ɕyoʔ⁵　衣服缩

褪　tʰɛ³³⁵　衣服褪色

脱♯线缝　tʰoʔ⁵⁻³³ ɕiɛ³³⁵⁻³³ voŋ¹¹³⁻⁵³　衣服脱线

缝　voŋ¹¹³

绗　ɔ̃¹¹³　指用绗针线粗缝：～棉被

掇♯肩头　teʔ⁵⁻³³ tɕiɛ⁵³⁻⁵⁵ dei¹¹³⁻⁵⁵　衣服肩部补洞

染　n̠iɛ²¹²　染衣服

做♯花　tsʊ³³⁵⁻³³ huo⁵³　绣花

花线绷　huo⁵³⁻⁵⁵ ɕiɛ³³⁵⁻⁵⁵ pã⁵³⁻³¹　绣花圆形简易架子

绷架　pã⁵³⁻⁵⁵ ko³³⁵⁻³¹　绣花的专用架子

挑♯毛线衫　tʰiɔ⁵³⁻³³ mɔ¹¹³⁻¹¹ ɕiɛ³³⁵⁻¹¹ sã⁵³⁻¹¹　打毛衣

刺♯鞋底　tɕʰieʔ⁵⁻³³ a¹¹³⁻¹¹ ti⁴²⁴⁻¹¹　纳鞋底

绱　zɔ̃²¹²　把鞋帮和鞋底缝在一起

绷♯布裪　pã⁵³⁻³³ pu³³⁵⁻³³ paʔ⁵⁻⁵³　做袼褙

拷♯边　kʰɔ⁴²⁴⁻³³ piɛ⁵³

打♯补丁　tã³³ pu⁴²⁴⁻³³ tiŋ⁵³⁻³⁵

吊♯扣子　tio³³ kʰiʊ³³⁵⁻³³ tsʅ⁴²⁴⁻⁵³　缝扣子

锁♯扣眼　sʊ³³ kʰiʊ³³⁵⁻³³ ŋã²¹²⁻⁵³

晒♯被头　so³³⁵ bi²¹²⁻¹¹ dei¹¹³⁻³⁵　晒被子

穿　tsʰɛ⁵³　穿针

5.22.2 食

烧♯饭　sɔ⁵³⁻³³ vã²¹²　煮饭

淘♯米　dɔ¹¹³⁻¹¹ mi²¹²　淘米

烧♯镬壳洞　sɔ⁵³⁻³³ uoʔ²⁻¹¹ kʰoʔ⁵⁻¹¹ doŋ²¹²⁻⁵³　烧火

擘　bi²¹²　划火柴

劈♯柴　pieʔ⁵⁻³³ za¹¹³　劈大块的柴

　破♯柴　pʰa³³⁵⁻³³ za¹¹³　劈小块的柴

切　tɕʰieʔ⁵　切菜

　拉　la⁵³　横向切：～肉

鐁　tsã⁵³　剁：～肉圆子

批　pʰi⁵³　削成薄片：～肉、～冬瓜

宰♯猪　tsɛ⁴²⁴⁻³³ tsʅ⁵³　杀猪

煺♯毛　tʰɛ⁵³⁻³³ mɔ¹¹³

破♯鱼　pʰa³³⁵⁻³³ y¹¹³　剖鱼

滗　pieʔ⁵　挡住渣滓或固体的东西，将液体轻轻倒出

烧♯菜　sɔ⁵³⁻³³ tsʰɛ³³⁵

放♯汤　fã³³⁵⁻³³ tʰɔ̃⁵³　烧汤

勾♯芡头　kiʊ⁵³⁻³³ tɕʰiɛ³³⁵⁻³³ dei¹¹³⁻⁵³　勾芡

散　sɛ⁴²⁴　撒盐

炒　tsʰɔ⁴²⁴

炖　teŋ³³⁵　慢煮

沸　fi³³⁵　大量油炸：～小鱼

焖　meŋ³³⁵　中量油炸：～笋

煎　tɕiɛ⁵³　少量油煎

煮　tsʅ⁴²⁴

煠　zaʔ²　清水煮：～鸡蛋

炈　iʊ³³⁵　煮猪血

蒸　tseŋ⁵³

熯　hɛ³³⁵　熟菜加热

汆　tsʰɛ⁵³　焯：～野草

煨　uɛ⁵³　在带火的灰里烧熟东西：～番薯

烩　huɛ³³⁵　煮熟之后用小火炖煮：～芋艿

□　kɛ³³⁵　（1）烤：～鱼；（2）烙饼：～揭饼

喫♯饭　tɕʰieʔ⁵⁻³³ vã²¹²

食♯祭　ʑieʔ²⁻¹¹ tɕi³³⁵　贬义的吃饭

祭♯饭　tɕi³³⁵⁻³³ vã²¹²　贬义的吃饭

盛♯饭　ʑiŋ¹¹³⁻¹¹ vã²¹²

减　kɛ̃⁴²⁴　减饭

过　ku³³⁵　用菜下饭、下酒的动作

捏　ȵiaʔ²　拿（筷子）

搛　tɕiɛ̃⁵³　夹（菜）

掐　kʰaʔ⁵　用筷子掐断菜肴

兜　tei⁵³　用勺子舀

掇　teʔ⁵　端（碗）

厂⁼♯碗　tsʰã⁴²⁴⁻³³ uɛ̃²¹²　把饭倒入菜碗中吃

淘♯汤　dɔ¹¹³⁻¹¹ tʰɔ̃⁵³　浇汤

端⁼　tɛ̃⁵³　蘸酱油等作料，老派说法

　蘸　tsã³³⁵

嗒♯味道　taʔ⁵⁻³³ bi²¹²⁻¹¹ dɔ²¹²⁻³⁵　尝味道

喫♯酒　tɕʰieʔ⁵⁻³³ tɕiu⁴²⁴　喝酒

湎　mi⁵³　小口喝（酒）

掺　tsʰã⁵³　兑（酒）

噎　eʔ⁵　吃饭噎住

嚼　ʑiaʔ²

担♯饭　tã³³⁵⁻³³ vã²¹²　送饭

狼藉　lɔ̃¹¹³⁻¹¹ʑieʔ²⁻¹¹　掉落米粒、饭粒而浪费

烧♯水　sɔ⁵³⁻³³ sɛ⁴²⁴

滚　kueŋ⁴²⁴　水沸腾

潽　pʰu⁴²⁴　水沸腾溢出

喫♯茶　tɕieʔ⁵⁻³³ dzo¹¹³　喝茶

喫♯烟　tɕieʔ⁵⁻³³ iɛ̃⁵³　抽烟

挼♯面　ȵyo²⁻¹¹ miɛ̃²¹²　揉面

揉♯年糕　ɕyɔ⁵³⁻³³ ȵiɛ̃¹¹³⁻¹¹ kɔ⁵³⁻¹¹　在石臼里打年糕

打♯年糕　tã⁴²⁴⁻³³ ȵiɛ̃¹¹³⁻¹¹ kɔ⁵³⁻¹¹　用竹杠压制年糕
口里♯燥　kʰiʊ⁴²⁴⁻³³ li²¹²⁻³⁵ sɔ³³⁵　口渴
肚里♯饥　dʊ²¹²⁻¹¹ li²¹²⁻³⁵ tɕi⁵³　饿了
膆＝　zɔ¹¹³　（1）胃里不舒服的一种生理反应，如空腹吃萝卜等；（2）饿
痨　lɔ¹¹³　嘴馋
做♯酒　tsʊ³³⁵⁻³³ tɕiʊ⁴²⁴
吊♯酒　tiɔ³³⁵⁻³³ tɕiʊ⁴²⁴　蒸馏白酒
白药　baʔ²⁻¹¹ iaʔ²⁻⁵³　酒曲
做♯酱　tsʊ³³⁵⁻³³ tɕiã³³⁵
酱搨饼　tɕiã³³⁵⁻³³ tʰaʔ⁵⁻³³ piŋ⁴²⁴⁻⁵³　用麦粉与豆类做成的酱饼
出♯花　tsʰeʔ⁵⁻³³ huo⁵³　酱饼盖上牡荆叶子发酵
晒♯酱　sɔ³³⁵⁻³³ tɕiã³³⁵　把发酵好的碎酱饼放入缸内加水暴晒
馊　ɕiʊ⁵³
烂　lã³³⁵　腐朽、腐烂
春＝　tsʰeŋ⁵³　刚开始烂
霉　mɛ¹¹³
蒿　hɔ⁵³　油性物体变质
出♯骨　tsʰeʔ⁵⁻³³ kuoʔ⁵　鱼出腐
出♯乌花毛　tsʰeʔ⁵⁻³³ u⁵³⁻⁵⁵ huo⁵³⁻⁵⁵ mɔ¹¹³⁻⁵⁵　食物发霉

5.22.3　住

蹲＝　teŋ⁵³　住：～何里
起♯屋　tɕʰi⁴²⁴⁻³³ uoʔ⁵　盖房
造♯房子　zɔ²¹²⁻¹¹ vɑ̃¹¹³⁻¹¹ tsɿ⁴²⁴⁻¹¹
拆♯屋　tsʰaʔ⁵⁻³³ uoʔ⁵　拆房子
牮♯屋　tɕiɛ̃³³⁵⁻³³ uoʔ⁵　用物体支持房子
捉♯漏　tɕyoʔ⁵⁻³³ lei³³⁵　找出屋顶漏的地方进行修补
揉♯墙头　ɕyɔ̃⁵³⁻³³ ziã¹¹³⁻¹¹ dei¹¹³⁻¹¹　打土墙

起♯墙头　tɕʰi⁴²⁴⁻³³ ʑiã¹¹³⁻¹¹ dei¹¹³⁻¹¹　砌墙
　打♯墙头　tã⁴²⁴⁻³³ ʑiã¹¹³⁻¹¹ dei¹¹³⁻¹¹
粉　feŋ⁴²⁴　墙面粉刷
刷　ɕieʔ⁵　老墙上重新刷墙
洗♯脸　sɛ⁴²⁴⁻³³ niɛ̃²¹²
刷♯牙　ɕieʔ⁵⁻³³ ŋo¹¹³　刷牙
嗽　huoʔ⁵　漱口
洗♯浴　sɛ⁴²⁴⁻³³ yoʔ²　洗澡
揩♯身　kʰa⁴²⁴⁻³³ ɕiŋ⁵³　擦身
　抹♯身　maʔ²⁻¹¹ ɕiŋ⁵³
梳♯头　ɕy⁵³⁻³³ dei¹¹³
　掠♯头　liaʔ²⁻¹¹ dei¹¹³　带情绪时说：两桄头发掠好渠再走
编　piɛ̃⁵³　用篦子去虱子等
褪　tʰeŋ³³⁵　（1）头发掉落；（2）蛇蜕皮
绞♯辫子　gɔ²¹²⁻¹¹ biɛ̃²¹²⁻¹¹ tsl̩⁴²⁴⁻⁵³　编辫子‖"绞"读浊音声母
打♯辫子　tã⁴²⁴⁻³³ biɛ̃²¹²⁻¹¹ tsl̩⁴²⁴⁻⁵³　（1）梳辫子；（2）留着辫子
刮♯胡须　kuaʔ⁵⁻³³ u¹¹³⁻¹¹ sʊ⁵³⁻¹¹　刮胡子
　剃♯胡须　tʰi³³⁵⁻³³ u¹¹³⁻¹¹ sʊ⁵³⁻¹¹
搏⁼♯耳朵　boʔ²⁻¹¹ n̩⁴²⁴⁻³³ tʊ⁴²⁴⁻³⁵　掏耳朵‖"搏⁼"可能是"拨"
　　的浊化
装扮　tsɔ̃⁵³⁻⁵⁵ pã³³⁵⁻³¹　打扮
醒⁼　ɕiŋ⁴²⁴　歇息、休息
睏　kʰueŋ³³⁵　躺下
盖♯被　kɛ³³⁵⁻³³ bi²¹²
睏♯觉　kʰueŋ³³⁵⁻³³ kɔ³³⁵　睡觉
瘄　huoʔ⁵　小睡
睏着　kʰueŋ³³⁵⁻³³ dzaʔ²⁻⁵³　睡熟了
弗落觉　feʔ⁵⁻³³ loʔ²⁻³³ kɔ³³⁵⁻⁵³　（1）不易入睡；（2）睡相差
打♯鼾　tã⁴²⁴⁻³³ hɛ⁵³　打呼

伸♯懒腰　ɕiŋ⁵³⁻³³ lã²¹²⁻¹¹ iɔ⁵³⁻³⁵　伸懒腰

打♯呵汉⁼　tã⁴²⁴⁻³³ ho⁵³⁻⁵⁵ hɛ³³⁵⁻³¹　打呵欠

□♯瞌盹　zã²¹²⁻¹¹ kʰie⁵³⁻³³ tsʰoŋ⁴²⁴⁻³⁵　打瞌睡

睡　zʅ²¹²　睡眼朦胧的样子

紫⁼♯夜梦　tsʅ⁴²⁴⁻³³ ia³³⁵⁻³³ moŋ³³⁵⁻⁵³

　紫⁼♯梦　tsʅ⁴²⁴⁻³³ moŋ³³⁵

讲♯梦话　kã⁴²⁴⁻³³ moŋ³³⁵⁻³³ uo³³⁵⁻⁵³　说梦话

魇　iɛ̃⁴²⁴　鬼压床

落♯夜　loʔ²⁻¹¹ ia³³⁵　熬夜

醒　ɕiŋ⁴²⁴

　掉♯觉　diɔ²¹²⁻¹¹ kɔ³³⁵

爬起　bo¹¹³⁻¹¹ tɕʰi⁴²⁴⁻¹¹　起床

点♯亮　tiɛ̃⁴²⁴⁻³³ niã³³⁵　点灯

引　iŋ⁴²⁴　点火

　点　tiɛ̃⁴²⁴

开♯门　kʰɛ⁵³⁻³³ meŋ¹¹³

关♯门　kuã⁵³⁻³³ meŋ¹¹³

碰　bã²¹²　带门

搬　peŋ⁵³　搬东西、搬家

收捉　ɕiʊ⁵³⁻⁵⁵ tɕyoʔ⁵⁻⁵⁵　收拾（房间，行李）

扫　sɔ⁴²⁴　扫地

掸♯尘　tã⁴²⁴⁻³³ dzeŋ¹¹³

乘♯风凉　dzeŋ¹¹³⁻¹¹ foŋ⁵³⁻⁵⁵ niã¹¹³⁻⁵⁵　乘凉

向♯日头　ɕiã³³⁵⁻³³ ȵieʔ²⁻¹¹ dei¹¹³⁻⁵³　晒太阳

　伏♯日头　bu²¹²⁻¹¹ ȵieʔ²⁻¹¹ dei¹¹³⁻⁵³

向♯火熜　ɕiã³³⁵⁻³³ hu⁴²⁴⁻³³ tsʰoŋ⁵³⁻³⁵　烤火

烘♯手　hoŋ⁵³⁻³³ ɕiʊ⁴²⁴

射　dza²¹²　排泄：～屎、～尿、～屁

揩　kʰa⁵³　大便后擦屁股

打♯嚏　tã⁴²⁴⁻³³ tʰi³³⁵　打喷嚏

打♯割⁼斗⁼　tã⁴²⁴⁻³³ kieʔ⁵⁻³³ tei⁴²⁴⁻³⁵　打冷嗝

打♯餩　tã⁴²⁴⁻³³ gɛ²¹²　打饱嗝

抓♯痒　tsɔ⁵³⁻³³ iã⁴²⁴　抓痒

解♯痒　ga²¹²⁻¹¹ iã⁴²⁴　在物体上蹭痒

居　kɛ⁵³　拥有：～东西

劬　i³³⁵　磨损

坠　ʥɿ²¹²　物体下垂

绐　da¹¹³　松弛而下垂：棕绷～落哉

断　dɛ²¹²　物体断掉

豁　huaʔ⁵　裂开

搭　taʔ⁵　粘住

落♯齾　loʔ²⁻¹¹ ŋaʔ²　器物留下缺口

出♯脱　tsʰeʔ⁵⁻³³ tʰeʔ⁵　弄坏

5.22.4　行

走♯路　tɕiʊ⁴²⁴⁻³³ lʊ³³⁵

走♯水路　tɕiʊ⁴²⁴⁻³³ sɛ⁴²⁴⁻³³ lʊ³³⁵⁻³⁵

抄♯旱　tsʰɔ⁵³⁻³³ ɛ²¹²　步行

插　tsʰaʔ⁵　抄近路

掏⁼　tʰɔ⁵³　绕远路

趈　dã²¹²　(1)闲逛，散步；(2)转圈圈儿

趈♯街　dã²¹²⁻¹¹ ka⁵³　逛街

出♯门　tsʰeʔ⁵⁻³³ mɛŋ¹¹³

盘缠　bɛ¹¹³⁻¹¹ ʐyɛ¹¹³⁻¹¹　路费

淘摇　dɔ¹¹³⁻¹¹ iɔ¹¹³⁻¹¹　路上的开支

回去　uɛ¹¹³⁻¹¹ tɕi³³⁵⁻¹¹　回家

　屋里去　uoʔ⁵⁻⁵⁵ li²¹²⁻⁵⁵ tɕi³³⁵⁻³¹

打♯转回　tã⁴²⁴⁻³³ tɕyɛ⁴²⁴⁻³³ uɛ¹¹³⁻³⁵　当天来回

回转　huɛ⁵³⁻⁵⁵ tsɛ⁴²⁴⁻³¹　半路折回 ‖ 本词中"回"读 h-声母

综=拢　tsoŋ⁵³⁻⁵⁵ loŋ²¹²⁻³¹　聚集

5.23　一般动作

5.23.1　头部动作

看　kʰɛ̃³³⁵

　望　moŋ³³⁵　（1）看，老派说法：～田水；～～看衣裳燥勿燥；（2）看望：～病人

详　dʑiã¹¹³　仔细观察

张　tsã⁵³　偷看

刮　kuaʔ⁵　很快地看：～一眼

挖　uaʔ⁵　睁开眼睛：眼睛～开

闭　pi³³⁵　闭眼

眨　tsaʔ⁵　眨眼

盯　tiŋ⁵³

瞪　teŋ⁵³　瞪眼

撮♯眉头　tsʰeʔ⁵⁻³³ mi¹¹³⁻¹¹ dei¹¹³⁻¹¹　皱眉头

　皱♯眉头　tɕiɤ³³⁵⁻³³ mi¹¹³⁻¹¹ dei¹¹³⁻¹¹

哭　kʰuoʔ⁵

　诵　soŋ³³⁵　贬义的说法

佘　tʰeŋ⁵³　流眼泪

听　tʰiŋ⁵³

闻　meŋ¹¹³

　嗅　ɕyŋ⁵³　仔细地闻

叹♯气　tʰã³³⁵⁻³³ tɕʰi³³⁵　呼吸

开　kʰɛ⁵³　张嘴

张　tsã⁵³
闭　pi³³⁵　闭嘴
朱=　tɕy⁵³　撅嘴
嚼　ʑiaʔ²
咬　ŋɔ²¹²
啃　kʰiŋ⁴²⁴　～骨头
吞　tʰeŋ⁵³
囫囵吞　uoʔ²⁻¹¹ leŋ¹¹³⁻¹¹ tʰeŋ⁵³⁻⁵³　整个吞下
含　ɛ̃¹¹³
喷　pʰeŋ⁵³　喷水
吐　tʰʊ³³⁵　吐东西
吹　tsʰɛ⁵³　吹气
敨♯气　tʰei⁴²⁴⁻³³ tɕʰi³³⁵　呼气
呵♯气　ho⁵³⁻³³ tɕʰi³³⁵
嗍　ɕyoʔ⁵　吮吸：～奶奶
吮　ʑiŋ²¹²　含在口中吮吸
□　hei⁵³　大口猛吸：龙～水、香烟～一口
舔　tʰiɛ̃⁴²⁴
亲♯嘴　tɕʰiŋ⁵³⁻³³ tsɛ⁴²⁴　接吻
笑　ɕiɔ³³⁵　笑
摇　iɔ¹¹³　摇头
掇　teʔ⁵　点头
奥=　ɔ³³⁵　抬头
仰　ȵiã²¹²　‖为新的说法
低♯头　ti⁵³⁻³³ dei¹¹³
跙　ʑieʔ²　回头
潘=　pʰɛ̃⁵³　转头

5.23.2　手部动作

招　tsɔ⁵³　招手

伸　ɕiŋ⁵³　伸手
拍♯手　pʰɔʔ⁵⁻³³ ɕiʊ⁴²⁴
　拍♯蝴蝶　pʰɔʔ⁵⁻³³ u¹¹³⁻¹¹ dieʔ²⁻¹¹　戏谑的说法
叉♯手　tsʰo⁵³⁻³³ ɕiʊ⁴²⁴
朱＝　tɕy⁵³　用手指
做♯手势　tso³³⁵⁻³³ ɕiʊ⁴²⁴⁻³³ sʅ³³⁵⁻³⁵　打手势
闷　meŋ³³⁵　捂眼睛、碗口、掩耳等
　糊　u¹¹³
扶　bu¹¹³　主动扶着东西：～墙壁
搀　tsʰã⁵³　(1)搀扶；(2)拉手
挽　uã⁴²⁴　挽篮子
桥＝　dʑiɔ¹¹³　搂(肩膀、腰)
㩳　dʑieʔ²　抱：～小人
　抱　bɔ²¹²
怀　ua¹¹³　抱在怀里
捧　pʰoŋ⁴²⁴　抱：～柴火、～花
钉　tiŋ³³⁵　向上扔
　趠＝　dã²¹²　对准目标扔
　料＝　liɔ³³⁵　随意、无目标地扔
　射　zoʔ²　扔长形物体：～标枪
掼　guã²¹²　扔掉
　㧍　hu³³⁵
倒　tɔ⁴²⁴　倒掉剩菜
竖　ʑy²¹²　掀掉：～桌床
夹　gaʔ²　夹在腋下
递　di²¹²
　轮　leŋ¹¹³　多人传递
迸　pã³³⁵　拉紧：绳子～牢
推　tʰɛ⁵³　(1)推：～车、～人；(2)搓衣服

挺　soŋ⁴²⁴　推：～人
竖　ʑy²¹²　推：～人
扯　tsʰa⁴²⁴　撕
团　dɛ̃¹¹³　把纸团成团
搽　dzo¹¹³　抹：～粉
搨　tʰaʔ⁵　脸上搽粉
研　ȵiɛ̃⁵³　研成粉
扭　ȵiʊ⁵³　拧：～大腿
绞　kɔ⁴²⁴　拧：～手巾
搣　mieʔ⁵　拧：～盖头
捻　ȵiɛ̃⁵³　捻线
拸　ɕiɛ̃⁴²⁴　捻虫
驮　dʊ¹¹³　拿
捏　ȵiaʔ²
掐　kʰaʔ⁵　掐：～虱子
摸　moʔ²　(1) 摸；(2) 捋胡子
撸　lʊ²¹²　抚摸：～顺头毛
挼　nʊ¹¹³　揉（皮肤）
喫＝　tɕʰieʔ⁵　勒紧绳子
牵　tɕʰiɛ̃⁵³　～牛
□　nɔ⁵³　抓：～沙泥、～鸡涴
撩　liɔ⁵³　水中捞物
打　tã⁴²⁴　打人
捆　guaʔ²
敲　kʰɔ⁵³　～人
摘　tieʔ⁵　摘植物：～花、～烂叶（择菜）
搓　tsʰʊ⁵³　用手搓：～绳
揩　kʰa⁵³　擦
拎　niŋ⁵³　提物体：～篮

僎 dzɛ̃²¹² 捡拾
擎 dʑiŋ¹¹³ （1）举起来；（2）抬手
　策⁼ tsʰaʔ⁵ 多人共举
托 tʰoʔ⁵
接 tɕieʔ⁵ （1）接住；（2）连接绳子
抬 dɛ¹¹³ 肩抬、手抬：～轿
　扛 kɔ̃⁵³ 用杠子抬
押 tɕiaʔ⁵ 用物体压
罯 eʔ⁵ 覆盖：～草药
掇 teʔ⁵ 端：～椅子
㨃 tɕʰiŋ³³⁵ 按、摁
拔 baʔ² 拔：～萝卜、～草
戳 tɕʰyoʔ⁵ 戳：～个洞
　督 toʔ⁵
　锥 tsɿ⁵³
剥 poʔ⁵ 剥：～皮
拦 laʔ² 挡：～牢‖读入声
　断 tɛ̃⁴²⁴
撑 tsʰã⁵³ 撑伞
越⁼ yoʔ² 摇动：～旗
拖 tʰa⁵³ 拖动：东西～过来
削 ɕiaʔ⁵ 削：～皮
　刨 bɔ²¹²
破 pʰa³³⁵ 剖开：～西瓜、～鱼
脈 pʰaʔ⁵ 掰：～橘子
㢧 hu³³⁵ （1）用工具㢧水；（2）甩掉水
搊 ɕio⁵³ 掀开覆盖物：～被头、～盖
揭 tɕieʔ⁵ 揭开黏附物
挢 dʑiɔ²¹² 撬门

局= dʑyoʔ² 捅：～蜂窠‖可能是"戳"的浊化

及= dʑieʔ² 泼水

豁 huaʔ⁵ 洒水

□ tseŋ⁴²⁴ 塞(洞口)

衬 tsʰeŋ³³⁵ 垫东西

盖 kɛ³³⁵ 盖盖子

覆 pʰoʔ⁵ 罩住：碗～转

筒 doŋ¹¹³ 卷成卷儿

脚= tɕiaʔ⁵ 捆：～稻草

捆 gueŋ²¹² 缚：～人

　缚 boʔ²

解 ga²¹² 解开绳子‖"解"读浊音声母

摊 tʰã⁵³ 摊手

挖 uaʔ⁵ (1)挖：～墙脚；(2)用手抠：～洞

淘 dɔ¹¹³ 翻土：～荸荠

□ ŋaʔ⁵ 折断

　拗 ŋɔ⁴²⁴

重 dʑyɔ̃²¹² 堆叠：～饭碗

铺 pʰu⁵³ 铺设：～砖头、～席

敲 kʰɔ⁵³ 敲：～门、～背：捶背

　搡 ɕyɔ̃⁴²⁴ 用力敲

挑 tʰiɔ⁵³ 挑刺

抑 lei²¹² 圆形状搅拌：～麦粉

　捣 dɔ²¹² 搅匀

拌 bɛ²¹² 混合搅拌：～水泥

朱= tɕy⁵³ 穿洞：～耳朵洞

督= toʔ⁵ 使竖立

锹 tɕʰiɔ⁵³ 用铲子铲

巧= tɕʰiɔ⁴²⁴ 深挖：～笋、～瓶盖

阖 iɔ⁵³ 折叠

5.23.3 腿脚动作

走 tɕiʊ⁴²⁴
磨 ma⁵³ 老弱病残者慢移
跑 bɔ¹¹³ 人跑
悚 sɔ³³⁵ 马、狗等快跑
逃 dɔ¹¹³
趨 bieʔ² 追赶
跟 kiŋ⁵³ 跟随
纵 tsoŋ³³⁵ 跳
踏 daʔ² 踩
蹬 teŋ⁵³ （1）用脚蹬；（2）跺脚
跐 tiẽ³³⁵ 踮脚
翘 tɕhiɔ³³⁵ 翘脚
踢 thieʔ⁵
别 bieʔ² 伸脚绊人
垫 tɕiẽ³³⁵ 用脚尖抵物
伏 bu²¹² 蹲
跪 guɛ²¹² 跪
跨 kho³³⁵ 迈、跨：～门槛
下 o²¹² 涉水
□ gɔ̃²¹² 硌脚
湴 u³³⁵ 脚陷入泥土

5.23.4 全身动作

坐 zʊ²¹²
倚 gɛ²¹² 站立
靠 khɔ³³⁵ 倚靠

覆　pʰoʔ⁵　趴着

逶　kã⁵³　钻：洞里～进去

跞　lei³³⁵　滚动

跌　tieʔ⁵　跌倒，摔倒

　掼#跤　guã²¹²⁻¹¹ kɔ⁵³

搏#跤　boʔ²⁻¹¹ kɔ⁵³　摔跤

爬　bo¹¹³

　搨⁼　tʰaʔ⁵　在地上爬

　□　laʔ⁵　向上爬：～扶梯、～山

候　ei³³⁵　探出身子

拨⁼　peʔ⁵　给

背　pɛ⁵³　背(孩子，包袱)

挑　tʰiɔ⁵³　挑(担)

躶　hõ⁵³　弯腰

㨃　ʑieʔ²　转身

搭　kʰo³³⁵　抓住

放　fã³³⁵　安放

　搁　koʔ⁵

　摆　pa⁴²⁴

碰　bã²¹²　碰(到人)

　□　zã²¹²　碰撞：～一头

长　tsã⁴²⁴　腾空间：～位子

佔　tɕiɛ³³⁵　占空间：～位子

遮　tso³³⁵　遮挡

□　hɛ³³⁵　比较尺寸的大小、长短等

拣　kã⁴²⁴　挑选

囥　kʰɔ̃³³⁵　藏物体

躲　tʊ⁴²⁴　躲藏

葬　tsɔ̃³³⁵　埋(在地下)

寻　ziŋ¹¹³　　寻找

□　dzia²¹²　　（1）遗忘：东西麭～落；（2）剩：到年底还～两个月

听　tʰiŋ³³⁵　　留出空间、物体

无走　m̩¹¹³⁻¹¹ tɕiʊ⁴²⁴⁻¹¹　　丢失

跌　tieʔ⁵　　直接掉落

　翻　fã⁵³　　翻身掉落

懈　ga²¹²　　人松懈

捼　o⁵³　　强行给予或买卖

㢣　dzia²¹²　　设陷阱

坐♯臀桩　zo²¹²⁻¹¹ deŋ¹¹³⁻¹¹ tɕyõ⁵³⁻¹¹　　屁股着地

填　diɛ̃²¹²　　填土

剪　tɕiɛ̃⁴²⁴

杀　saʔ⁵

拉　la⁵³　　被植被划伤

　杀＝　saʔ⁵　　手被刀划了一道

劙　li²¹²　　划破

装　tsɔ̃⁵³　　装进袋子

　灌　kuɛ̃³³⁵　　装入坛子等

惹　ȵia²¹²　　沾染：衣裳里油漆～牢

滤　li²¹²　　过滤

5.23.5　心理动作

想　ɕiã⁴²⁴

　忖　tsʰəŋ³³⁵　　老派说法

□　goʔ²　　思考

记　tɕi³³⁵　　想起来

打算　tã⁴²⁴⁻³³ sɛ̃³³⁵⁻³⁵

抵桩　ti⁴²⁴⁻³³ tɕyõ⁵³⁻³⁵　　做好最坏的打算

晓得　ɕio⁴²⁴⁻³³ teʔ⁵⁻³⁵　　知道

得知　teʔ⁵⁻⁵⁵ tsɿ⁵³⁻³¹

有♯数　iʊ²¹²⁻¹¹ sʊ³³⁵

弗接⁼头　feʔ⁵⁻³³ tɕieʔ⁵⁻³³ dei¹¹³⁻³⁵　不知晓 ‖ 本字可能是"弗知头"

懂　toŋ⁴²⁴

认得　nʑiŋ³³⁵⁻³³ teʔ⁵⁻⁵³

欢喜　huɛ̃⁵³⁻⁵⁵ ɕi⁴²⁴⁻³¹　喜欢

高兴　kɔ⁵³⁻⁵⁵ ɕiŋ³³⁵⁻³¹

熬　ŋɔ¹¹³　盼望

要弗得　iɔ⁵³⁻³³ veʔ²⁻³³ teʔ⁵⁻⁵³　迫切希望：我～想到上海去

发♯火　faʔ⁵⁻³³ hu⁴²⁴　发怒

卫护　uɛ³³⁵⁻³³ u²¹²⁻⁵³　袒护

宠　tɕʰyoŋ⁴²⁴　宠爱、溺爱

眼热　ŋã²¹²⁻¹¹ nʑieʔ²⁻⁵³　羡慕

弗出气　feʔ⁵⁻³³ tsʰeʔ⁵⁻³³ tɕʰi³³⁵⁻³⁵　忌妒（不及物）

难为情　nã¹¹³⁻¹¹ uɛ¹¹³⁻¹¹ dʑiŋ¹¹³⁻¹¹　害羞

发♯脾气　faʔ⁵⁻³³ bi¹¹³⁻¹¹ tɕʰi³³⁵⁻¹¹

嫌憎　iɛ⁵³⁻⁵⁵ tseŋ³³⁵⁻³¹　嫌弃

　憎嫌　tseŋ³³⁵⁻³³ iɛ⁵³⁻⁵³

怨　yɛ̃³³⁵　怨恨

肉痛　nʑyoʔ²⁻¹¹ tʰoŋ³³⁵⁻⁵³　疼爱

恨　eŋ²¹²

烦　vã¹¹³　烦恼

埋怨　ma¹¹³⁻¹¹ yɛ̃³³⁵⁻¹¹　责怪

懊悔　ɔ³³⁵⁻³³ huɛ⁴²⁴⁻⁵³　后悔

当♯心　tɔ̃⁵³⁻³³ ɕiŋ⁵³　留神

怕　pʰo³³⁵

慌　huɔ̃⁵³　担心：我～勒渠弗来

怵♯惊　tsʰeʔ⁵⁻³³ tɕiŋ⁵³　吃惊

劳碌　lɔ¹¹³⁻¹¹ loʔ²⁻¹¹　操心

巴弗得　　po⁵³⁻⁵⁵ veʔ²⁻⁵⁵ teʔ⁵⁻³¹　　巴不得

拚得　　pʰɛ̃⁵³⁻⁵⁵ teʔ⁵⁻⁵⁵　　舍得

弗割舍　　feʔ⁵⁻³³ kieʔ⁵⁻³³ so⁴²⁴⁻³⁵　　舍不得

喫弗落　　tɕʰieʔ⁵⁻³³ veʔ⁵⁻³³ loʔ²⁻⁵³　　吃不消

挡弗牢　　dɔ̃²¹²⁻¹¹ veʔ²⁻¹¹ lɔ¹¹³⁻³⁵　　‖ "挡"在本词中读浊声母

记挂　　tɕi³³⁵⁻³³ kuo³³⁵⁻⁵³　　挂念

疑心　　ȵi¹¹³⁻¹¹ ɕiŋ⁵³⁻¹¹　　怀疑

忘记　　mɔŋ³³⁵⁻³³ tɕi³³⁵⁻⁵³

还道　　uaʔ²⁻¹¹ dɔ²¹²⁻⁵³　　以为：我～渠弗来

相信　　ɕiã⁵³⁻⁵⁵ ɕiŋ³³⁵⁻³¹

值　　dzeʔ²

忌♯一头　　dʑi²¹²⁻¹¹ ieʔ⁵⁻⁵⁵ dei¹¹³⁻³¹　　敬畏一点

5.23.6　系动词等

是　　zɿ²¹²　　是

勿是　　feʔ⁵⁻³³ zɿ²¹²⁻³⁵　　不是

有　　iʊ²¹²

□　　mi⁵³　　没有‖ 为"无有"的合音

勒⁼　　leʔ²　　在：我～富阳

像　　ʑiã²¹²

　像杀　　ʑiã²¹²⁻¹¹ saʔ⁵⁻³⁵　　俹儿子～渠

做　　tsʊ³³⁵　　当：～老师、～医生

属　　ʑyoʔ²　　属某个生肖：～老虎

叫　　tɕio³³⁵　　叫名：～何事名字（叫什么名字）

□　　hei⁵³　　使令：～张三来做

　叫　　tɕio³³⁵

让　　ȵiã³³⁵　　使役动词：～渠去做

拨⁼　　peʔ⁵　　允许：司机弗～渠落车（司机不让他下车）

随　　zɛ¹¹³　　任由：～渠去

象= ʑiã²¹² 任由：～渠吃

会 uɛ³³⁵

刎 fɛ³³⁵ 不会

 刎得 fɛ³³⁵⁻³³ teʔ⁵⁻⁵³

要 iɔ³³⁵ （1）意愿：我～吃肉；（2）需要：～十个人

覅 fiɔ³³⁵

 覅渠 fiɔ³³⁵⁻³³ i¹¹³⁻⁵³ 不要：苹果我～‖不能再带宾语

甮得 foŋ³³⁵⁻³³ teʔ⁵⁻⁵³ 不需要：明朝～去

好 hɔ⁴²⁴ 可以：明朝～去啯

弗好 feʔ⁵⁻³³ hɔ⁴²⁴⁻³⁵ 不可以

弗止 feʔ⁵⁻³³ tsɿ⁴²⁴⁻³⁵ 不止

5.24 性　　状

5.24.1 形状、颜色

大 dʊ²¹²

小 ɕiɔ⁴²⁴

绍= zɿ²¹² 不大不小

粗 tsʰʊ⁵³

细 ɕi³³⁵

长 dzã¹¹³ （1）长：绳子～；（2）个子高：人～

短 tɛ̃⁴²⁴

高 kɔ⁵³

低 ti⁵³

矮 a⁴²⁴ 山低、人矮

厚 ei²¹²

薄 boʔ²

阔 kʰuaʔ⁵ 宽：路～

狭 aʔ² 窄

朗倘 lɔ̃¹¹³⁻¹¹ tʰɔ̃⁴²⁴⁻¹¹ 衣服宽敞

深 ɕiŋ⁵³

浅 tɕʰiɛ̃⁴²⁴

弯 uã⁵³

直 dzeʔ²

笡 tɕʰia⁴²⁴ 歪（东西不正）

歪 ua⁵³

平 biŋ¹¹³ （1）平；（2）坡度小

督= toʔ⁵ 坡度陡

正 tseŋ³³⁵

斜 zia¹¹³ 斜：身子～转

横 uã¹¹³

直 dzeʔ²

坦 tʰã⁴²⁴ 口子大：碗～

快 kʰua³³⁵ 刀锋利

支= tsɿ⁵³ 刀钝

钝 deŋ²¹²

尖 tɕiɛ̃⁵³

凸 doʔ²

浽 u³³⁵ 凹

凹 ɔ⁵³

圆 yɛ̃¹¹³

扁 piɛ̃⁴²⁴

方 fã⁵³

瘪 piɛʔ⁵ 气球～

亮 niã³³⁵

暗 ɛ̃³³⁵

清　tɕʰiŋ⁵³　（水）清
浑　ueŋ¹¹³　（水）浑
颜色　ŋã¹¹³⁻¹¹ seʔ⁵⁻¹¹
乌　u⁵³
　黑　heʔ⁵
白　baʔ²
红　ŋ̍¹¹³
黄　uɔ̃¹¹³
绿　loʔ²
青　tɕʰiŋ⁵³
蓝　lã¹¹³
茄皮色　dʑia¹¹³⁻¹¹ bi¹¹³⁻¹¹ seʔ⁵⁻¹¹　紫色
浓　ȵyoŋ¹¹³　颜色深
淡　dã²¹²　颜色浅

5.24.2　状态、感受

多　tʊ⁵³
少　sɔ⁴²⁴
远　yɛ̃⁴²⁴
近　dʑiŋ²¹²
重　dʑyoŋ²¹²
轻　tɕʰiŋ⁵³
热　ȵieʔ²　（天气）热
泡　pʰɔ³³⁵　（水）热
冷　lã²¹²　（1）（天气）冷；（2）（水）冷
温吞头　ueŋ⁵³⁻⁵⁵ tʰeŋ⁵³⁻⁵⁵ dei¹¹³⁻⁵⁵　温
暖热　nɛ̃²¹²⁻¹¹ ȵieʔ²⁻³⁵　暖和
风凉　foŋ⁵³⁻⁵⁵ niã¹¹³⁻⁵⁵　凉快
燥　sɔ³³⁵　干

湿　ɕieʔ⁵　湿
潮　dzɔ¹¹³　潮湿
糊　u³³⁵　（粥）稠‖本词"糊"读去声
　　稠　dʑiɯ¹¹³
薄　boʔ²　（粥）稀
猛　mã²¹²　密
　　密　mieʔ²‖新说法
朗　lɔ̃²¹²　稀疏
　　稀　ɕi⁵³‖"牙齿稀疏"只能说"稀"
兴　ɕiŋ³³⁵　（植物等）茂密
硬　ŋã³³⁵
软　ȵyɛ̃²¹²
脆　tsʰɛ³³⁵
霍　huoʔ⁵　纸、布等因氧化而变脆
韧　ȵiŋ³³⁵
霉　mɛ¹¹³　食物煮烂：肉～
嫩　leŋ³³⁵
老　lɔ²¹²　（菜）老
熟　ʑyoʔ²
生　sã⁵³
牢　lɔ¹¹³　坚固
扎制　tsaʔ⁵⁻³³ tsɿ³³⁵⁻³⁵　结实
松　soŋ⁵³　松宽
紧　tɕiŋ⁴²⁴　紧
稳　ueŋ⁴²⁴
滑　uaʔ²
韡　tʰi³³⁵　细腻
糙　tsʰɔ³³⁵　粗糙
粘　ȵiɛ̃⁵³

空　kʰoŋ⁵³　空间空
满　mɛ̃²¹²　空间满
轧　ɡaʔ²　拥挤
乱　lɛ³³⁵　凌乱
齐　ʑi¹¹³　整齐
匀　yŋ¹¹³　均匀：拌得～丢
免⁼缝　miɛ̃²¹²⁻¹¹voŋ¹¹³⁻⁵³　严丝合缝
澍　foŋ³³⁵　肮脏
　邋遢　laʔ²⁻¹¹tʰaʔ⁵⁻⁵³
清确⁼　tɕʰiŋ⁵³⁻⁵⁵kʰo⁵⁻⁵⁵
　干净　kɛ̃⁵³⁻⁵⁵n̠iŋ²¹²⁻³¹　‖"净"逆同化为鼻音声母
破　pʰa³³⁵
丁倒　tiŋ⁵³⁻⁵⁵tɔ⁴²⁴⁻³¹　颠倒‖[南朝·宋]刘义康《读曲歌》之四八："鹿转方相头，丁倒欺人目。"
塕　oŋ⁵³　尘土飞扬状
味道　bi²¹²⁻¹¹dɔ²¹²⁻³⁵　味道
甜　diɛ̃¹¹³
鲜　ɕiɛ̃⁵³
辣　laʔ²
涩　seʔ⁵
酸　sɛ̃⁵³
苦　kʰu⁴²⁴
咸　ã¹¹³
淡　dã²¹²　（1）不咸；（2）酒淡
□　ã⁵³　不甜不咸难以形容的味道
浓　n̠yoŋ¹¹³　浓，酽
糯　nʊ³³⁵
厌　iɛ̃³³⁵　腻了
入味　ʑieʔ²⁻¹¹bi²¹²⁻⁵³

杀饣饭　saʔ⁵⁻³³ vã²¹²　菜肴下饭：菜蛮～
粉　feŋ⁴²⁴　水果、食物淀粉多
油腻　iʊ¹¹³⁻¹¹ ȵi³³⁵⁻¹¹
香　ɕiã⁵³
臭　tɕʰiʊ³³⁵
腥气　ɕiŋ⁵³⁻⁵⁵ tɕʰi³³⁵⁻³¹　腥
膻　ɕyɛ̃⁵³
旺　uɔ̃²¹²　（火）旺
　猛　mã²¹²
微　uɛ⁵³　（火）弱
痛　tʰoŋ³³⁵　疼痛
痒　iã⁴²⁴
麻　mo¹¹³　（手脚）麻
胀　tsã³³⁵　（肚子）胀
吃力　tɕʰieʔ⁵⁻⁵⁵ lieʔ²⁻³¹　疲劳（累）
气闷　tɕʰi³³⁵⁻³³ meŋ⁵³⁻⁵³　（1）气不畅；（2）有心事

5.24.3　性质

好　hɔ⁴²⁴
　馋　tsã⁵³　好：味道蛮～
□着　guaʔ²⁻¹¹ dzaʔ²⁻⁵³　很好
弗错气　feʔ⁵⁻³³ tsʰʊ³³⁵⁻³³ tɕʰi³³⁵⁻⁵³　不错
疲　ɕieʔ⁵　（质量）差
　周＝　tɕiʊ⁵³
　推扳　tʰɛ⁵³⁻⁵⁵ pã⁵³⁻⁵⁵　‖为新说法
真　tseŋ⁵³
假　ko⁴²⁴
正宗　tseŋ³³⁵⁻³³ tsoŋ⁵³⁻⁵³　地道
纯　ziŋ¹¹³

对　tɛ³³⁵

错　tsʰʊ³³⁵

快　kʰua³³⁵

慢　mã³³⁵

迟　dʐɿ¹¹³　晚：来得～

早　tsɔ⁴²⁴

新　ɕiŋ⁵³

旧　dʑiʊ²¹²

响　ɕiã⁴²⁴　（声音）大

幽　iʊ⁵³　（声音）小

清　tɕʰiŋ⁵³　安静

沸　fi³³⁵　（1）吵闹；（2）狗叫

闹热　nɔ³³⁵⁻³³ȵieʔ²⁻⁵³　热闹

冷清　lã²¹²⁻¹¹tɕʰiŋ⁵³⁻³⁵

经用　tɕiŋ⁵³⁻⁵⁵yoŋ³³⁵⁻³¹　耐用

难　nã¹¹³　难：～做、～听

好　hɔ⁴²⁴　容易：～做

奇怪　dʑi¹¹³⁻¹¹kua³³⁵⁻¹¹

　古怪　ku⁴²⁴⁻³³kua³³⁵⁻³⁵

发♯魔　faʔ⁵⁻³³iɛ⁴²⁴

　有趣　iʊ²¹²⁻¹¹tɕʰy³³⁵⁻³⁵

滑稽　uaʔ²⁻¹¹tɕi³³⁵⁻⁵³

清爽　tɕʰiŋ⁵³⁻⁵⁵sɔ̃⁴²⁴⁻³¹　清楚

糊　u²¹²　模糊‖本词"糊"读阳去

　模糊　mo¹¹³⁻¹¹u²¹²⁻¹¹

各♯较＝　koʔ⁵⁻³³tɕiɔ³³⁵　与众不同（贬义）

5.24.4　形貌、性格

壮　tsɔ̃³³⁵　（1）动物肥；（2）人胖

瘦　ɕiʊ³³⁵

腈　tɕiŋ⁵³　肉瘦：～肉

油　iʊ¹¹³　肉肥

　肥　vi¹¹³

扎制　tsaʔ⁵⁻³³ tsʅ³³⁵⁻³⁵　身体强壮

单小　tã⁵³⁻⁵⁵ ɕiɔ⁴²⁴⁻³¹　身体单薄

弱　zaʔ²　衰弱

健　dʑiɛ²¹²　老人健朗

老　lɔ²¹²　人老

后生　ei²¹²⁻¹¹ sã⁵³⁻³⁵　年轻

齐整　zi¹¹³⁻¹¹ tseŋ⁴²⁴⁻¹¹　漂亮

　等样　teŋ⁴²⁴⁻³³ iã³³⁵⁻³⁵

标道　piɔ⁵³⁻⁵⁵ dɔ²¹²⁻³¹　帅气

难看　nã¹¹³⁻¹¹ kʰɛ³³⁵⁻¹¹　丑

装　tsɔ̃⁵³　指人会打扮

性急　ɕiŋ³³⁵⁻³³ tɕieʔ⁵⁻⁵³　性子急

耐　nɛ³³⁵　性子缓

腿=　tʰɛ⁴²⁴　悠闲

　百腿=　paʔ⁵⁻³³ tʰɛ⁴²⁴⁻³⁵

和善　u¹¹³⁻¹¹ zyɛ̃²¹²⁻¹¹

凶　ɕyoŋ⁵³

直　dzeʔ²　直爽

活泼　uoʔ²⁻¹¹ pʰeʔ⁵⁻⁵³

活相　uoʔ²⁻¹¹ ɕiã⁵³⁻⁵³　机灵、活络

死板　sʅ⁴²⁴⁻³³ pã⁴²⁴⁻³⁵　不灵活

文　veŋ¹¹³　文静,不好动

武　vu²¹²　不文静

慧　uɛ³³⁵　乖、听话：小人～

　填债　diɛ²¹²⁻¹¹ tsa³³⁵⁻³⁵

讲=进　tɕia⁴²⁴⁻³³ tɕiŋ⁵³⁻³⁵

□　dʑia²¹²　小孩顽劣

歪　ua⁵³　小孩子哭闹

皮　bi¹¹³　小孩子调皮

犯♯贱　vã²¹²⁻¹¹ ziɛ̃²¹²

怂　zoŋ¹¹³　脓包，怂

□　gɔ̃¹¹³　脾气倔强

爆　bɔ²¹²　脾气火爆

栗=　leʔ²　麻烦：格件事体蛮～嗰

　讨厌　tʰɔ⁴²⁴⁻³³ iɛ̃³³⁵⁻³⁵

烦　vã¹¹³　啰唆

黏　ȵiɛ̃⁵³　唠叨

悖　bɛ²¹²　落伍

5.24.5　境况、品行

顺当　ziŋ²¹²⁻¹¹ tɔ̃⁵³⁻³⁵　顺利

泻=意　ɕia³³⁵⁻³³ i³³⁵⁻⁵³　舒服

肆坦　sɿ³³⁵⁻³³ tʰã⁴²⁴⁻⁵³　生活宽裕

得过　teʔ⁵⁻³³ ku³³⁵⁻³⁵　好受

弗得过　feʔ⁵⁻³³ teʔ⁵⁻³³ ku³³⁵⁻³⁵　难过(身体～，心里～)

便当　biɛ̃²¹²⁻¹¹ tɔ̃⁵³⁻³⁵　方便

绞　gɔ²¹²　不顺利‖读成浊音声母

倒♯霉　tɔ⁴²⁴⁻³³ mɛ¹¹³　（1）倒霉；（2）丢脸

要紧　iɔ³³⁵⁻³³ tɕiŋ⁴²⁴⁻⁵³

洋气　iã¹¹³⁻¹¹ tɕʰi³³⁵⁻¹¹

土气　tʰʊ⁴²⁴⁻³³ tɕʰi³³⁵⁻³⁵

讲究　kɔ̃⁴²⁴⁻³³ tɕiʊ⁵³⁻³⁵

忙　moŋ¹¹³

空　kʰoŋ³³⁵　空闲

急 tɕieʔ⁵ 着急

熟识 ʑyoʔ²⁻¹¹ zɿ²¹²⁻⁵³ 熟悉

陌生 maʔ²⁻¹¹ sã⁵³⁻⁵³

萎 uɛ⁴²⁴ 精神不振

合算 kieʔ⁵⁻³³ sẽ³³⁵⁻³⁵

罪过 zɛ²¹²⁻¹¹ ku³³⁵⁻⁵³ 可怜

麬脸 fio³³⁵⁻³³ niɛ̃²¹²⁻⁵³ 不要脸

坏 ua³³⁵ （1）人坏；（2）浪费

懒惰 lã³³⁵⁻³³ dʊ²¹²⁻⁵³

劲道 dʑin²¹²⁻¹¹ dɔ²¹²⁻³⁵ 勤快

狗戾 kiʊ⁴²⁴⁻³³ pi⁵³⁻³⁵ 吝啬

　细 ɕi³³⁵

省 sã⁴²⁴ 节俭

做♯人家 tso³³ n̠in¹¹³⁻¹¹ ko⁵³⁻¹¹ 节省，节俭

精将⁼ tɕin⁵³⁻⁵⁵ tɕiã⁵³⁻⁵⁵ 爱惜东西

大派 dʊ²¹²⁻¹¹ pʰa³³⁵⁻³⁵ 大方

老实 lɔ²¹²⁻¹¹ ʑieʔ²⁻⁵³

奸 tɕʰiɛ̃⁵³ 轻浮

傲 ŋɔ³³⁵ 高傲

善 ʑyɛ̃²¹² 善良

恶 oʔ⁵ 恶毒

奸 tɕiɛ̃⁵³ 奸诈

花 huo⁵³ 好色

下作 o²¹²⁻¹¹ tso⁵⁻⁵³ 下流：下里～

横 uõ¹¹³ 蛮不讲理

缺♯德 tɕʰyoʔ⁵⁻³³ teʔ⁵

内交 nɛ³³⁵⁻³³ tɕiɔ⁵³⁻⁵³ 内行

外交 ŋa³³⁵⁻³³ tɕiɔ⁵³⁻⁵³ 外行

灵光 nin¹¹³⁻¹¹ kuõ⁵³⁻¹¹ 聪明

能干　leŋ¹¹³⁻¹¹ kɛ̃³³⁵⁻¹¹

　　能争　leŋ¹¹³⁻¹¹ tseŋ⁵³⁻¹¹　　能干（带贬义）

刁　　tiɔ⁵³　刁蛮

滑头　uaʔ²⁻¹¹ dei¹¹³⁻⁵³

精　　tɕin⁵³　精明

死　　sɿ⁴²⁴　死心眼，一根筋

木　　moʔ²　笨，迟钝

倭　　u⁵³　痴呆、笨

糊涂　u¹¹³⁻¹¹ dʊ¹¹³⁻¹¹　糊涂

细到　ɕi³³⁵⁻³³ tɔ³³⁵⁻⁵³　细致、周到

5.25　数　量　词

5.25.1　数词

一　　ieʔ⁵

二　　n̠i³³⁵

　　两　niã²¹²

三　　sã⁵³

四　　sɿ³³⁵

五　　ŋ̍²¹²

六　　loʔ²

七　　tɕʰieʔ⁵

八　　poʔ⁵

九　　tɕiʊ⁴²⁴

十　　ʑieʔ²

零　　nin¹¹³

十五　ʑieʔ²⁻¹¹ ŋ̍²¹²⁻⁵³

廿　ȵiɛ³³⁵　　二十

廿二　ȵiɛ³³⁵⁻³³ȵi¹¹³⁻⁵³　　二十二

三十　sã⁵³⁻⁵⁵ʑieʔ²⁻⁵⁵

五十　ŋ²¹²⁻¹¹ʑieʔ²⁻⁵³

百　　paʔ⁵

千　　tɕhiɛ⁵³

万　　vã²¹²

无千得万　vu¹¹³⁻¹¹tɕiɛ⁵³⁻¹¹teʔ⁵⁻¹¹vã²¹²⁻⁵³　　成千上万

半　　pɛ̃³³⁵

十来个　ʑieʔ²⁻¹¹lɛ¹¹³⁻¹¹kʊ³³⁵⁻⁵³　　十多个

毛十个　mɔ¹¹³⁻¹¹ʑieʔ²⁻¹¹kʊ³³⁵⁻⁵³　　不到十个

　靠十个　khɔ³³⁵⁻³³ʑieʔ²⁻³³kʊ³³⁵⁻⁵³

光景　kuɤ̃⁵³⁻⁵⁵tɕiã⁴²⁴⁻³¹　　左右：三点～、十个～人、一百～苹果‖
　　　　"景"在本词中为白读

头#一　dei¹¹³⁻¹¹ieʔ⁵　　第一

第#二　di²¹²⁻¹¹ȵi³³⁵　‖ 之后以次类推

头两个　dei¹¹³⁻¹¹niã²¹²⁻¹¹kʊ³³⁵⁻¹¹　　前几个

头十个　dei¹¹³⁻¹¹ʑieʔ²⁻¹¹kʊ³³⁵⁻¹¹　　十个以内

两　　niã⁵³　　虚指，几：来嘞～个人

5.25.2　量词

个　　kʊ³³⁵　　一～人、苹果、箱子……

根　　kiŋ⁵³　　一～棒头

把　　pɔʔ⁵　　一～刀、伞、椅子‖读成入声

支　　tsɿ⁵³　　一～笔、香烟、山

块　　khuɛ³³⁵　　一～墨、田、手捏

篷　　boŋ¹¹³　　一～草、灰

匹　　phieʔ⁵　　一～布

只　　tseʔ⁵　　一～鸡、牛、手、歌、船、猪

梗　kuã⁵³　　根：一～鱼、头发、线

口　kʰiʊ⁴²⁴　　一～水

帖　tʰieʔ⁵　　一～药

朵　toʔ⁵　　一～花‖读入声

顿　teŋ³³⁵　　一～饭

埭　da²¹²　　（1）条：一～路；（2）趟：去一～

部　bu²¹²　　一～汽车

穴　dʑyoʔ²　　一～坟头

张　tsã⁵³　　一～桌床、凳子、刨子

堵　toʔ⁵　　一～墙‖读入声

床　zɔ̃¹¹³　　一～被、席

顶　tiŋ⁴²⁴　　一～帐子

封　foŋ⁵³　　一～信

道　dɔ²¹²　　一～题目

件　dʑiɛ²¹²　　一～衣裳

条　diɔ¹¹³　　一～裤

株　tɕy⁵³　　一～菜、树

粒　leʔ²　　一～珠子、豆、米

记　tɕi³³⁵　　一～石头（一块石头）

瓶　biŋ¹¹³　　一～酒

套　tʰɔ³³⁵　　一～衣裳

条　tiɔ⁵³　　串：一～葡萄‖读轻声母

梮　dʑyoʔ²　　一～棒头

　段　dɛ̃¹¹³‖新说法

份　veŋ²¹²　　一～人家（一户人家）

扇　ɕyɛ̃³³⁵　　一～门、旗

洞　doŋ²¹²　　一～桥（一座桥）

　梗　kuã⁵³

泡　pʰɔ⁵³　　一～尿、涎

间　　kã⁵³　　一～屋、房间
进　　tɕiŋ³³⁵　　两～屋
桩　　dʑyɔ̃²¹²　　一～事体‖声母读成浊音
样　　iã³³⁵　　一～东西
笔　　pieʔ⁵　　一～生意
个　　kʊ³³⁵
双　　ɕyɔ̃⁵³　　一～鞋
对　　tɛ³³⁵　　一～花瓶
副　　fu³³⁵　　一～眼镜
窠　　kʰʊ⁵³　　窝：一～鸟
管　　kuɛ̃⁴²⁴　　一～锯、锁、灯、电筒、秤、尺
爿　　bɛ̃²¹²　　一～天、店
坯　　bi¹¹³　　层：一～砖头
肖　　sɔ³³⁵　　年龄相差十二岁为一肖
伍　　u²¹²　　五张纸叫"～"
尺　　tsʰeʔ⁵
寸　　tsʰeŋ³³⁵
里　　di²¹²　　一～路‖读 d-声母
庹　　tʰoʔ⁵　　一庹，两手伸长的距离
料=　　liɔ³³⁵　　一手垂直伸长的距离
搯　　kʰaʔ⁵　　一拃
跨　　kʰo³³⁵　　一脚步距离
抱　　bɔ²¹²　　一环抱的粗细
斤　　tɕiŋ⁵³
两　　niã²¹²
二两　　ȵi³³⁵⁻³³ niã²¹²⁻⁵³
钱　　dɕiɛ̃¹¹³
亩　　m̩²¹²
升　　ɕiŋ⁵³

合　kieʔ⁵
斗　tei⁴²⁴
石　tã³³⁵
块　kʰuɛ³³⁵
角　koʔ⁵
分　feŋ⁵³
开间　kʰɛ⁵³⁻⁵⁵ kã⁵³⁻⁵⁵　旧式房屋的横向宽度
入深　n̠ieʔ²⁻¹¹ ɕiŋ⁵³⁻⁵³　旧式房屋的纵深
记　tɕi³³⁵　（打）一下
毛⁼　mɔ¹¹³　次、回
□　tsʰɔ³³⁵　一遍，量词
腔　tɕʰiã⁵³　一阵风、雨
交⁼　kɔ⁵³　一场风、雨、雾
场　dzã²¹²　一～雪
觉　kɔ³³⁵　睏一～
霎　saʔ⁷　一会儿
　歇　ɕieʔ⁷
口嘴　kʰiʊ⁴²⁴⁻³³ tsɛ⁴²⁴⁻³⁵　少量（食物）：一～水
一丢　ieʔ⁵⁻⁵⁵ tiʊ⁵³⁻³¹　一点儿
星　ɕiŋ⁵³　一些
个把　kʊ³³⁵⁻³³ po⁴²⁴⁻⁵³

5.26　方位、趋向

5.26.1　方位

四向　sɿ³³⁵⁻³³ ɕiã³³⁵⁻⁵³　方向
东岸　toŋ⁵³⁻⁵⁵ ŋ̍³³⁵⁻³¹　东边

东星岸　toŋ⁵³⁻⁵⁵ ɕiŋ⁵³⁻⁵⁵ ŋɛ̃³³⁵⁻³¹

西岸　ɕi⁵³⁻⁵⁵ ŋɛ̃³³⁵⁻³¹　西边

　西星岸　ɕi⁵³⁻⁵⁵ ɕiŋ⁵³⁻⁵⁵ ŋɛ̃³³⁵⁻³¹

南岸　nɛ̃¹¹³⁻¹¹ ŋɛ̃³³⁵⁻¹¹　南边

　南星岸　nɛ̃¹¹³⁻¹¹ ɕiŋ⁵³⁻¹¹ ŋɛ̃³³⁵⁻¹¹

北岸　poʔ⁵⁻³³ ŋɛ̃³³⁵⁻³⁵　北边

　北星岸　poʔ⁵⁻³³ ɕiŋ⁵³⁻³³ ŋɛ̃³³⁵⁻³⁵

中间　tɕyoŋ⁵³⁻⁵⁵ kã⁵³⁻⁵⁵　中间

半当中　pɛ̃³³⁵⁻³³ tɔ̃⁵³⁻³³ tɕyoŋ⁵³⁻⁵³

　半中间　pɛ̃³³⁵⁻³³ tɕyoŋ⁵³⁻³³ kã⁵³⁻⁵³

上星岸　zɔ̃²¹²⁻¹¹ ɕiŋ⁵³⁻¹¹ ŋɛ̃³³⁵⁻⁵³　地势的上方

下星岸　o²¹²⁻¹¹ ɕiŋ⁵³⁻¹¹ ŋɛ̃³³⁵⁻⁵³　地势的下方

上头　zɔ̃²¹²⁻¹¹ dei¹¹³⁻³⁵　上面

　高顶　kɔ⁵³⁻⁵⁵ tiŋ⁴²⁴⁻³¹

下脚　o²¹²⁻¹¹ tɕiaʔ⁵⁻⁵³　下面（不接触）

　下头　o²¹²⁻¹¹ dei¹¹³⁻³⁵

底脚　ti⁴²⁴⁻³³ tɕiaʔ⁵⁻³⁵

　底落　ti⁴²⁴⁻³³ loʔ²⁻³⁵　接触的下方：箱子～

济（手）星岸　tɕia³³⁵⁻³³（ɕiʊ⁴²⁴⁻³³）ɕiŋ⁵³⁻³³ ŋɛ̃³³⁵⁻⁵³　左边

顺手星岸　ziŋ¹¹³⁻¹¹ ɕiʊ⁴²⁴⁻¹¹ ɕiŋ⁵³⁻¹¹ ŋɛ̃³³⁵⁻⁵³　右边

前头　ziɛ̃¹¹³⁻¹¹ dei¹¹³⁻¹¹

后头　ei²¹²⁻¹¹ dei¹¹³⁻³⁵　后面

背脊头　pɛ³³⁵⁻³³ tɕi⁴²⁴⁻³³ dei¹¹³⁻⁵³　背后‖"脊"读舒声

对照　tɛ³³⁵⁻³³ tsɔ³³⁵⁻⁵³　对面

　对面　tɛ³³⁵⁻³³ miɛ̃³³⁵⁻⁵³

里岸　li²¹²⁻¹¹ ŋɛ̃³³⁵⁻³⁵　里面

　里星岸　li²¹²⁻¹¹ ɕiŋ⁵³⁻¹¹ ŋɛ̃³³⁵⁻³⁵

外岸　ŋa³³⁵⁻³³ ŋɛ̃³³⁵⁻⁵³　外面

　外头　ŋa³³⁵⁻³³ dei¹¹³⁻⁵³

第五章 分类词表

团圈四岸　dɛ̃$^{113-11}$tɕʰyɛ̃$^{53-11}$sʅ$^{335-11}$ŋɛ̃$^{335-11}$　四周

边上　piɛ̃$^{53-55}$lã$^{212-31}$　（1）旁边；（2）附近‖做处所后置词的"上"声母读边音 l-，下同

当边上　tɔ̃$^{53-55}$piɛ̃$^{53-55}$lɔ̃$^{212-31}$　最边上

地上　di$^{212-11}$lɔ̃$^{212-35}$

地底落　di$^{212-11}$ti$^{424-11}$loʔ$^{2-35}$　地底下

楼上　lei$^{113-11}$lɔ̃$^{212-11}$

楼下　lei$^{113-11}$o$^{212-11}$

街上　ka$^{53-55}$lɔ̃$^{212-31}$　（1）街上；（2）城里

床上　zɔ̃$^{113-11}$lɔ̃$^{212-11}$

床底脚　zɔ̃$^{113-11}$ti$^{424-11}$tɕiaʔ$^{5-11}$　床下

碗搭底　uã$^{424-33}$taʔ$^{5-33}$ti$^{424-35}$　碗底

桌床上　tɕyoʔ$^{5-33}$zɔ̃$^{113-33}$lɔ̃$^{212-35}$　桌上

上横头　zɔ̃$^{212-11}$uã$^{113-11}$dei$^{113-11}$　桌子的正位

下横头　o$^{212-11}$uã$^{113-11}$dei$^{113-35}$　桌子的非正位

门口头　meŋ$^{113-11}$kʰiɤ$^{424-11}$dei$^{113-11}$

壁角落里　pieʔ$^{5-33}$koʔ$^{5-33}$loʔ$^{2-33}$li$^{212-53}$　角儿上

半路上　pɛ̃$^{335-33}$lɤ$^{335-33}$lɔ̃$^{212-53}$　途中

心里岸　ɕiŋ$^{53-55}$li$^{212-55}$ŋɛ̃$^{335-31}$　心里

身墘　ɕiŋ$^{53-55}$kɛ̃$^{335-31}$　身边

末落尿　moʔ$^{2-11}$loʔ$^{2-11}$to$^{5-53}$　末了、最后

是个何里　zʅ$^{113-11}$gieʔ$^{2-11}$a$^{113-11}$li$^{212-53}$　到处、任何地方

弗拘何里　feʔ$^{5-55}$tɕy$^{53-55}$a$^{113-55}$li$^{212-31}$

5.26.2　趋向动词

来　lɛ^{113}

去　tɕʰi^{335}

上　zɔ̃^{212}

上来　zɔ̃$^{212-11}$lɛ$^{113-35}$

上去　zɔ̃²¹²⁻¹¹ tɕʰi³³⁵⁻³⁵
落　loʔ²
落来　loʔ²⁻¹¹ lɛ¹¹³⁻⁵³
落去　loʔ²⁻¹¹ tɕʰi³³⁵⁻⁵³
上南♯落北　zɔ̃²¹²⁻¹¹ nɛ̃¹¹³⁻¹¹　loʔ⁵⁻⁵⁵ poʔ⁵⁻³¹
进　tɕiŋ³³⁵
进来　tɕiŋ³³⁵⁻³³ lɛ¹¹³⁻⁵³
进去　tɕiŋ³³⁵⁻³³ tɕʰi³³⁵⁻⁵³
出　tsʰeʔ⁵
出来　tsʰeʔ⁵⁻⁵⁵ lɛ¹¹³⁻³¹
出去　tsʰeʔ⁵⁻⁵⁵ tɕʰi³³⁵⁻³¹　‖变调与"出来"相同
开　kʰɛ⁵³
开来　kʰɛ⁵³⁻⁵⁵ lɛ¹¹³⁻⁵⁵
开去　kʰɛ⁵³⁻⁵⁵ tɕʰi³³⁵⁻³¹
拢　loŋ²¹²
拢来　loŋ²¹²⁻¹¹ lɛ¹¹³⁻³⁵　‖只能做补语
拢去　loŋ²¹²⁻¹¹ tɕʰi³³⁵⁻³⁵　‖只能做补语
起　tɕʰi⁴²⁴
起来　tɕʰi⁴²⁴⁻³³ lɛ¹¹³⁻³⁵
回　uɛ¹¹³
回来　uɛ¹¹³⁻¹¹ lɛ¹¹³⁻¹¹
回去　uɛ¹¹³⁻¹¹ tɕʰi³³⁵⁻¹¹

5.27　指代词

5.27.1　人称代词

我　ŋʊ²¹²

是我　　ze$^{2\text{-}11}$/e$^{2\text{-}11}$ ŋʊ$^{212\text{-}53}$

尔　ņ^{212}　你

是尔　ze$^{2\text{-}11}$/e$^{2\text{-}11}$ ņ$^{212\text{-}53}$

渠　i^{212}　他

是渠　ze$^{2\text{-}11}$/e$^{2\text{-}11}$ i$^{212\text{-}53}$

阿♯拉　aʔ$^{5\text{-}33}$ la^{212}　我们

拉　la^{212}

㑚　na^{212}　你们

是㑚　ze$^{2\text{-}11}$/e$^{2\text{-}11}$ na$^{212\text{-}53}$

伊　ia^{212}　他们

是伊　ze$^{2\text{-}11}$/e$^{2\text{-}11}$ ia$^{212\text{-}53}$

自家　zɿ$^{212\text{-}11}$ ko$^{53\text{-}35}$　自己

□家　beŋ$^{212\text{-}11}$ ko$^{53\text{-}35}$　别人 ‖ beŋ 是"别人"的合音

别人家　bieʔ$^{2\text{-}11}$ ņiŋ$^{113\text{-}11}$ ko$^{53\text{-}35}$

大家　dʊ$^{212\text{-}11}$ ko$^{53\text{-}35}$

独落家　doʔ$^{2\text{-}11}$ loʔ$^{2\text{-}11}$ ko$^{53\text{-}53}$　独个儿

独自家　doʔ$^{2\text{-}11}$ zɿ$^{212\text{-}11}$ ko$^{53\text{-}53}$

5.27.2　指示代词

格　kəʔ^{5}　这

唔带　ņ$^{335\text{-}33}$ ta$^{53\text{-}53}$　（1）那：～本书；（2）那里

带　ta^{53}

格头　kəʔ$^{5\text{-}55}$ dei$^{113\text{-}31}$　这儿

勒里　leʔ$^{2\text{-}11}$ li$^{212\text{-}53}$

勒里头　leʔ$^{2\text{-}11}$ li$^{212\text{-}11}$ dei$^{113\text{-}53}$

克=低=　kʰieʔ$^{5\text{-}55}$ ti$^{53\text{-}31}$　‖ 较老的说法

唔带克=低=　ņ$^{335\text{-}33}$ ta$^{53\text{-}33}$ kʰieʔ$^{5\text{-}55}$ ti$^{53\text{-}53}$　那个地方

唔带头　ņ$^{335\text{-}33}$ ta$^{53\text{-}33}$ dei$^{113\text{-}53}$

勒里星岸　leʔ$^{2\text{-}11}$ li$^{212\text{-}11}$ ɕiŋ$^{53\text{-}11}$ r̃$^{335\text{-}53}$　这边

格星岸　　kəʔ⁵⁻⁵⁵ ɕiŋ⁵³⁻⁵⁵ ŋɛ̃³³⁵⁻³¹

唔带星岸　ŋ̍³³⁵⁻³³ ta⁵³⁻⁵³ ɕiŋ⁵³⁻³³ ŋɛ̃³³⁵⁻⁵³　那边

　带星岸　ta⁵³⁻³³ ɕiŋ⁵³⁻³³ ŋɛ̃³³⁵⁻⁵³

格个　　kəʔ⁵⁻³³ kʊ³³⁵⁻³⁵　这个

唔带个　ŋ̍³³⁵⁻³³ ta⁵³⁻³³ kʊ³³⁵⁻⁵³　那个

　带个　ta⁵³⁻³³ kʊ³³⁵⁻⁵³

格老官　kəʔ⁵⁻³³ lɔ²¹²⁻³³ kuɛ̃⁵³⁻⁵³　这个人

唔带老官　ŋ̍³³⁵⁻³³ ta⁵³⁻³³ lɔ²¹²⁻³³ kuɛ̃⁵³⁻⁵³　那个人

格星　kəʔ⁵⁻⁵⁵ ɕiŋ⁵³⁻³¹　这些

带星　ta³³⁵⁻³³ ɕiŋ⁵³⁻⁵³　那些

格毛⁼　kəʔ⁵⁻⁵⁵ mɔ¹¹³⁻³¹　这时，现在

　格霎　kəʔ⁵⁻⁵⁵ saʔ⁵⁻³¹

唔带时光　ŋ̍³³⁵⁻³³ ta⁵³⁻³³ zɿ¹¹³⁻³³ kuɔ̃⁵³⁻⁵³　那时

介　ga²¹²　(1) 这么/那么：尔要～做，弗要～做；(2) 这么/那么：～好

介许多　ga²¹²⁻¹¹ ɕy⁴²⁴⁻¹¹ tʊ⁵³⁻⁵³　这么多

介星　ga²¹²⁻¹¹ ɕiŋ⁵³⁻³⁵　这么些

介…够⁼　ka³³⁵…kiʊ³³⁵　这…那…：～也弗对，～也弗对

另外　niŋ³³⁵⁻³³ ŋa³³⁵⁻⁵³　别的①

别堆里　bieʔ²⁻¹¹ tɛ⁵³⁻¹¹ li²¹²⁻⁵³　别处

5.27.3　疑问代词

何侬　gã¹¹³⁻¹¹ ŋ̍¹¹³⁻¹¹　谁 ‖ "何"逆同化读阳声韵

何侬则⁼个　gã¹¹³⁻¹¹ ŋ̍¹¹³⁻¹¹ tseʔ⁵⁻¹¹ kʊ³³⁵⁻⁵³　哪一位

何里　a¹¹³⁻¹¹ li²¹²⁻¹¹　(1) 哪里：尔是～人？(2) 哪，用于指别：～个？

何事　go¹¹³⁻¹¹ l̩²¹²⁻¹¹　什么：格是～？～颜色？

何介个　go¹¹³⁻¹¹ ga²¹²⁻¹¹ kəʔ⁵⁻¹¹　什么样的：渠是～人？

---

① 后字外沙有人音ŋa⁶。

哪个　　naʔ²⁻¹¹gəʔ²⁻⁵³　　怎么：杭州～去？‖"哪"读入声

哪样子　　na²¹²⁻¹¹iã³³⁵⁻¹¹tsĮ⁴²⁴⁻⁵³　　怎么样：字写得～？

哪话　　naʔ²⁻¹¹uo³³⁵⁻³⁵　　怎么了、怎么说

何介时光　　go¹¹³⁻¹¹ga²¹²⁻¹¹zĮ¹¹³⁻¹¹kuã⁵³⁻¹¹　　什么时候

　何事时光　　go¹¹³⁻¹¹l̩²¹²⁻¹¹zĮ¹¹³⁻¹¹kuã⁵³⁻¹¹

　几时　　tɕi⁴²⁴⁻³³zĮ¹¹³⁻³⁵

做♯何事　　tsʊ³³⁵⁻³³go¹¹³⁻¹¹l̩²¹²⁻¹¹　　做什么

　□事　　tso³³⁵⁻³³l̩²¹²⁻³⁵　　‖tso 为"做何"的合音

　□啰　　tso³³⁵⁻³³lo¹¹³⁻³⁵

□事　　no⁴²⁴⁻³³l̩²¹²⁻³⁵　　怎么啦？什么事？‖no⁴²⁴是"弄何"的合音

　□啰　　no⁴²⁴⁻³³lo¹¹³⁻³⁵

为♯何事　　uɛ³³⁵⁻³³go¹¹³⁻¹¹l̩¹¹³⁻¹¹　　为什么

多少　　tʊ⁵³⁻⁵⁵sʊ⁴²⁴⁻³¹　　（1）问数量：～人、～洋钱；（2）问程度：～高

几　　tɕi⁴²⁴　　人来勒～个？

5.28　副　　词

5.28.1　时间

将刚　　tɕiã⁵³⁻⁵⁵kã⁵³⁻⁵⁵　　（1）刚才、刚：～走；（2）正要：～要走

将之　　tɕiã⁵³⁻⁵⁵tsĮ⁵³⁻⁵⁵　　刚才、刚：～走

后歇来　　ei²¹²⁻¹¹ɕieʔ⁵⁻¹¹lɛ¹¹³⁻⁵³　　后来

本来　　pen⁴²⁴⁻³³lɛ¹¹³⁻³⁵

向来　　ɕiã³³⁵⁻³³lɛ¹¹³⁻⁵³　　一向

幼小　　iʊ³³⁵⁻³³ɕiɔ⁴²⁴⁻⁵³　　从小

专门　　tɕyɛ̃⁵³⁻⁵⁵meŋ¹¹³⁻⁵⁵　　常常

　通常　　tʰoŋ⁵³⁻⁵⁵dzɑ̃¹¹³⁻⁵⁵

已经　　i³³⁵⁻³³tɕiŋ⁵³⁻⁵³

目上　moʔ²⁻¹¹lɔ̃²¹²⁻⁵³　马上

眼目上　ŋã²¹²⁻¹¹moʔ²⁻¹¹lɔ̃²¹²⁻⁵³　眼下，当前

衣⁼　i⁵³　又

再　tsɛ³³⁵

先　ɕiɛ̃⁵³

才　zɛ¹¹³　才：过勒五日～来

　才刚　zɛ¹¹³⁻¹¹kɔ̃⁵³⁻¹¹

　才之　dzɛ¹¹³⁻¹¹tsʅ⁵³⁻¹¹

勒里　leʔ²⁻¹¹li²¹²⁻⁵³　正在，近指：我～睏觉

勒底　leʔ²⁻¹¹ti⁴²⁴⁻⁵³　正在，远指：渠～睏觉

5.28.2　程度

蛮　mã⁵³　很

　呆　ŋɛ¹¹³

木老　moʔ²⁻¹¹lɔ̃²¹²⁻⁵³　非常

　毛⁼　mɔ¹¹³　‖ 为"木老"的合音

交关　tɕiɔ⁵³⁻⁵⁵kuã⁵³⁻⁵⁵

忒　tʰeʔ⁵　太：鞋～小

　忒简⁼　tʰeʔ⁵⁻³³tɕiɛ̃⁴²⁴⁻³⁵

　忒个　tʰeʔ⁵⁻⁵⁵gəʔ²⁻³¹

稍许　sɔ⁵³⁻⁵⁵ɕy⁵³⁻⁵⁵　稍许：～等我霎 ‖ "许"读阴平

少星　sɔ⁴²⁴⁻³³ɕiŋ⁵³⁻³⁵　稍微一点儿：盐～放丢⁼

有丢⁼　iʊ²¹²⁻¹¹tiʊ⁵³⁻³⁵　有点儿：～冷

愈加　yoʔ²⁻¹¹kɔ⁵³⁻⁵³　更加 ‖ "加"发生了促化

还　uaʔ²　更加：今朝比昨日子～要冷

5.28.3　范围

都　tʊ⁵³

　勒　leʔ²

通通　tʰoŋ⁵³⁻⁵⁵ tʰoŋ⁵³⁻⁵⁵　统统

　统赢=　tʰoŋ⁴²⁴⁻³³ iŋ¹¹³⁻³⁵

总共　tsoŋ⁴²⁴⁻³³ goŋ²¹²⁻³⁵

一淘　ieʔ⁵⁻⁵⁵ dɔ¹¹³⁻³¹　一起

　一总生　iʔ⁵⁻³³ tsoŋ⁴²⁴⁻³³ sã⁵³⁻³⁵

　做淘　tsʊ³³⁵⁻³³ dɔ¹¹³⁻⁵³

光　kuã⁵³　～喫苹果

秃落落　tʰoʔ⁵⁻⁵⁵ loʔ⁵⁻⁵⁵ loʔ²⁻³¹　清一色：～个男人家

也　iaʔ²　也：尔去我～去‖"也"读入声

5.28.4　肯定、否定

勿　feʔ⁵　不

咪=　mi⁵³　没：～去

还未　ã¹¹³⁻¹¹ m̩³³⁵⁻¹¹　尚未：渠～来‖"还"读开口呼，"未"读声化韵

覅　fiɔ³³⁵　(1) 不要；(2) 不用：尔明朝～来

甮　foŋ³³⁵　不必，不用

　甮得　foŋ³³⁵⁻³³ teʔ⁵⁻⁵³

是　zɿ²¹²　确实：格个东西～好用

实别　ziɛʔ²⁻¹¹ bieʔ²⁻⁵³　实在：我～弗晓得

笃定　toʔ⁵⁻³³ diŋ²¹²⁻³⁵　一定

　嵌=板　kʰã³³⁵⁻³³ pã⁴²⁴⁻⁵³

硬　ŋã³³⁵　渠～要去

5.28.5　情状、语气

将刚　tɕiã⁵³⁻⁵⁵ kã⁵³⁻⁵⁵　刚好：～三十岁

仍旧　n̠iŋ⁵³⁻⁵⁵ dʑiʊ²¹²⁻³¹　‖"仍"读阴平，声调特殊

特为　doʔ²⁻¹¹ uɛ³³⁵⁻⁵³　故意‖"特"韵母特殊

　特为子　doʔ²⁻¹¹ uɛ³³⁵⁻¹¹ tsɿ⁴²⁴⁻⁵³

防可　pʰɔ̃⁴²⁴⁻³³ kʰʊ⁴²⁴⁻³⁵　也许，说不定：今朝～落雨‖"防"声母读

　　　　　　p^h特殊，有人仍读 bɔ̃^{113}
怕道　　$p^ho\text{ʔ}^{5-33}\,lɔ^{212-35}$　　难道‖"怕"读入声
像看　　$ziã^{212-11}\,k^hɛ^{335-35}$　　好像：～弗勒底
　搭过　　$ta\text{ʔ}^{5-33}\,ku^{335-35}$
白　　$ba\text{ʔ}^2$　　白：～来
乱　　$lɛ^{335}$　　胡：～做
亏得　　$k^huɛ^{53-55}\,te\text{ʔ}^{5-55}$　　幸亏
　亏可　　$k^hɛ^{53-55}\,k^hʊ^{424-31}$
　彩⁼可　　$ts^hɛ^{424-33}\,k^hʊ^{424-35}$
讲弗来　　$kɔ̃^{424-33}\,ve\text{ʔ}^{2-33}\,lɛ^{113-53}$　　说不定
　恐怕　　$k^hoŋ^{424-33}\,p^ho^{335-35}$
介够⁼　　$ka^{335-33}\,kiʊ^{424-53}$　　反正：～都一样
　够⁼介　　$kiʊ^{424-33}\,ka^{335-53}$
偏生　　$p^hiɛ^{53-55}\,sã^{53-55}$　　偏偏
只顾　　$tsa\text{ʔ}^{5-33}\,ku^{335-35}$　　老是：～迟到
　专门　　$tɕyɛ̃^{53-55}\,mɛŋ^{113-55}$
爽可　　$sɔ̃^{424-33}\,k^hʊ^{424-35}$　　索性，干脆：～不去嘚
总归　　$tsoŋ^{424-33}\,kuɛ^{53-55}$　　终究，毕竟
弗□　　$fe\text{ʔ}^{-33}\,tɕiɔ^{-35}$　　不知，表示不确定的语气
　□　　$tɕiɔ^{-35}$
一霎时光　　$ie\text{ʔ}^{5-33}\,sa\text{ʔ}^{5-33}\,zɿ^{113-33}\,kuã^{53-53}$　　突然：小人～哭得起来
　突然　　$de\text{ʔ}^{2-11}\,zyɛ̃^{113-53}$
随便得　　$zɛ^{113-11}\,biɛ̃^{212-11}\,te\text{ʔ}^{5-11}$　　随便
豪⁼悾　　$ɔ^{113-11}\,sɔ^{335-11}$　　赶快：～走
　结棍　　$tɕie^{5-33}\,kuɛŋ^{335-35}$
大家　　$dʊ^{212-11}\,ko^{53-35}$　　互相：～看弗起
差♯丢丢　　$ts^ho^{33}\,tiʊ^{5-55}\,tiʊ^{5-55}$　　差点儿：来弗及
浑身　　$uɛŋ^{212-11}\,ɕiŋ^{53-35}$　　根本：～弗晓得
慢慢里　　$mã^{335-33}\,mã^{335-33}\,li^{212-53}$　　慢慢地：～走

慢慢叫　mã³³⁵⁻³³ mã³³⁵⁻³³ tɕiɔ³³⁵⁻⁵³

白白里　baʔ²⁻¹¹ baʔ²⁻¹¹ li²¹²⁻⁵³　白白：～浪费

着着里　dzaʔ²⁻¹¹ dzaʔ²⁻¹¹ li²¹²⁻⁵³　睡得很熟：睏得～

好好里　hɔ⁴²⁴⁻³³ hɔ⁴²⁴⁻³³ li²¹²⁻³⁵

好好叫　hɔ⁴²⁴⁻³³ hɔ⁴²⁴⁻³³ tɕiɔ³³⁵⁻³⁵

幽幽叫　iʊ⁵³⁻⁵⁵ iʊ⁵³⁻⁵⁵ tɕiɔ³³⁵⁻³¹　轻轻地

5.29　介词、连词

拨　peʔ⁵　（1）被动：东西～渠吃掉嘚；（2）引介受益者：渠～我开门；（3）处置：尔～门关好

搭　kʰoʔ⁵　（1）处置：渠～我只苹果吃掉嘚；（2）引介受损者：电脑渠～我驮得去嘚‖为"搭"的促化形式

得⁼　teʔ⁵　（1）引介动作对象：～渠招手；（2）引介言语对象：我～渠讲；（3）引介伴随者：我～渠一道游水去；（4）并列：我～渠都是富阳人

则⁼　tseʔ⁵

问　meŋ³³⁵　引介索取者：～渠借一百块

对　tɛ³³⁵　对：～他好

比　pi⁴²⁴　比较标记：我～渠长

勒⁼　leʔ²　在：渠～上海工作‖老派有人读 teʔ¹⁵

望　mɔŋ³³⁵　（1）从：渠～北京来；（2）向：～上海去、～东走；（3）经由：到上海要～杭州过

到　tɔ³³⁵　到：～上海去

用　yoŋ³³⁵　使：～毛笔写字

是话　zʅ²¹²⁻¹¹ uoʔ⁵⁻⁵³　如果‖"话"韵母发生了促化

为勒　uɛ³³⁵⁻³³ leʔ²⁻⁵³　为了

介么　kieʔ⁵⁻⁵⁵ meʔ²⁻³¹　那么

怪弗得　kua³³⁵⁻³³ f-veʔ⁵⁻³³ teʔ⁵⁻⁵³

宁可　n̠iŋ³³⁵⁻³³ kʰʊ⁴²⁴⁻⁵³

要么　iɔ³³⁵⁻³³ meʔ²⁻⁵³　或者：～今朝去，～明朝去

也…也…　iaʔ²…iaʔ²…　今朝～好，明朝～好

5.30　唯补词、助词等

-杀　saʔ⁵　热～

-弗过　veʔ²⁻¹¹ ku⁵³⁻⁵³　表程度高：今朝热～

-弗来　veʔ²⁻¹¹ lɛ¹¹³⁻⁵³　不能：吃～

-弗得　veʔ²⁻¹¹ teʔ⁵⁻⁵³　不能，程度比"弗来"更深

之故　tsɿ⁵³⁻⁵⁵ ku³³⁵⁻³¹　……的原因：渠弗来～

嘅　gieʔ²　（1）定语标记；（2）状语标记；（3）表确认的语气词

得　leʔ²　（1）状态补语标记：写～蛮好；（2）趋向补语标记：东西驮～来；（3）能性补语标记：写～好 ‖ 声母弱化为 l-

勒　leʔ²　完整体标记：吃～三碗饭

　上　lɔ̃²¹²　完整体标记：吓～一头 ‖ "上"声母弱化为 l-①

嘚　deʔ²　已然体标记：落雨～ ‖ 口语中声母也常弱化为 l-

过　ku³³⁵　（1）经历体标记：我北京去～嘞；（2）重行体标记：明朝去～

看　kʰɛ³³⁵　尝试体标记：用用～

添　tʰiɛ⁵³　重行体：吃碗～

再#介　tsɛ³³⁵⁻³³ ga²¹²　再说：坐坐～

快　kʰua³³⁵　将行体：天亮～

是个　zɿ²¹²⁻¹¹ gieʔ²⁻⁵³　任何：～东西都好嘅、～何里都去过

算嘞　sɛ̃³³⁵⁻³³ leʔ²⁻⁵³　算了：弗去～

---

①　绍兴柯桥话对应的成分音 zɔŋ⁴，声母没有弱化，具体请参盛益民（2014）。

| □ iɛ¹¹³　回答是非问的叹词，相当于"是的"
| □ o⁵³　表应答的叹词
| □ nã⁵³　叹词，表示给予

5.31　儿　童　语

阿□　a⁵³⁻⁵⁵ m̩¹¹³⁻⁵⁵　鱼
□□　ko⁴²⁴⁻³³ ko⁴²⁴⁻³⁵　鸡
□□蛋　ko⁴²⁴⁻³³ ko⁴²⁴⁻³³ dã²¹²⁻³⁵　鸡蛋
□□　ka⁵³⁻⁵⁵ ka⁵³⁻⁵⁵　鸭
□□牛　ua³³⁵⁻³³ ua³³⁵⁻³³ ȵiʊ¹¹³⁻⁵³　牛
咩咩羊　mɛ³³⁵⁻³³ mɛ³³⁵⁻³³ iã¹¹³⁻⁵³　羊
汪汪狗　uɔ̃⁵³⁻³³ uɔ̃⁵³⁻⁵⁵ kiʊ⁴²⁴⁻³¹　狗
猫老虎　mɔ⁵³⁻³³ lɔ²¹²⁻³³ hu⁴²⁴⁻⁵³　猫
□□猪　ȵyo³³⁵⁻³³ ȵyo³³⁵⁻³³ tsʅ⁵³⁻³³　猪
阿□　a⁵³⁻⁵⁵ u²¹²⁻³¹　老虎
鸟鸟　tiɔ⁴²⁴⁻³³ tiɔ⁴²⁴⁻³⁵　鸟
□□　uã³³⁵⁻³³ uã³³⁵⁻⁵³　饭
饭饭　vã²¹²⁻¹¹ vã²¹²⁻³⁵
糖糖　dɔ̃¹¹³⁻¹¹ dɔ̃¹¹³⁻¹¹
糕糕　kɔ⁵³⁻⁵⁵ kɔ⁵³⁻⁵⁵
饼饼　piŋ⁴²⁴⁻³³ piŋ⁴²⁴⁻³⁵
袋袋　dɛ²¹²⁻¹¹ dɛ²¹²⁻³⁵
□□　ŋ̍⁵³⁻⁵⁵ ŋ̍⁵³⁻⁵⁵　屎
尿尿　ɕi⁵³⁻⁵⁵ ɕi⁵³⁻⁵⁵　尿
□□　ua⁵³⁻⁵⁵ ua⁵³⁻⁵⁵　睡觉
窠窠　kʰʊ⁵³⁻⁵⁵ kʰʊ⁵³⁻⁵⁵
澳⁼渠　ɔ³³⁵⁻³³ i²¹²⁻⁵³　不要
阿乌♯痛　a⁻³³ u⁻³³ tʰoŋ³³⁵　小儿喊疼痛

第六章
语法概况

本章讨论富阳方言的语法,为了行文方便,把例句中的常用词列举如下:勒了1、浪了1、唔了2、格这、唔带那、嗰的、介这么、那么。

6.1 构词法

构词常见的有两种手段,包括复合(compounding)和派生(derivation)。派生构词的主要方式包括加缀和重叠。[①]

6.1.1 复合构词

富阳话中复合手段使用的比例要大大高于派生。常见的复合方式有并列、偏正、动宾、动补、主谓等几类,例如:

(1) a. 并列:进出 亲戚邻居间的来往,来去 朋友间的交往,好疲 好歹,正反,深浅

  b. 偏正:大门,条凳,沙田,烂泥,火锹,猪窠

  c. 动宾:懂事,动手 开始,犯贱,出门 出嫁,伤风

  d. 动补:敲破,饿煞,冻牢,晒燥,斫倒

  e. 主谓:风凉,眼热,肉痛 心疼,地震

[①] 朱德熙(1982:32)认为汉语的合成词有复合、加缀和重叠三种构成手段。

6.1.2 加缀构词

富阳话的主要词缀有"阿""头""子""家"等,下面分别讨论。

(一) 前缀"阿"aʔ⁵

前缀"阿"是一个很有吴语特色的名词性前缀。在富阳话中,"阿"可以附着于人名前,一般取名字中的后字常表亲昵或熟悉等相关意义,如例(2)。"阿"也可出现在单音节亲属名词词素之前,如例(3)。除了"阿哥""阿姐"和"阿嫂"以外,其他表达均表示背称。

(2) a. 女性:阿娟,阿兰,阿莲

b. 男性:阿国,阿明,阿水

(3) a. 阿哥,阿姐,阿嫂

b. 阿婆_奶奶、婆婆_,阿公_公公_,阿伯_父亲_,阿婶_妯娌_,阿叔_丈夫的弟弟_,阿孃_丈夫的姐妹_,阿舅_妻子的兄弟_,阿姨_妻子的姐妹_

除了"阿大"可以表示"老大"(如大姐和大哥)以外,前缀"阿"不表示家庭成员的排行,"*阿二""*阿三""*阿小"这种说法在富阳话中不存在。富阳话一般用前缀"老"表示排行,如"老大""老二"和"老小"。

由前缀"阿"构成的派生词语音上的一大特点是:后字不变调,读本调。

(二) 后缀"头"dei¹¹³

后缀"头"的语义范围较为宽泛,可以表时间、身体部位、工具或表人等。例(4)所列举的例子中,"头"均具有成词功能,不能省略:

(4) a. 表时间:早间(头)_早晨_,黄昏头_黄昏_,晚头_今晚_,昨晚头_昨晚_

b. 表示处所:前头,后头,上头、下头,边上头,横头_旁边_,后门头,扶梯头,灶头

c. 表身体部位:手指头,背脊头,胸孔头,额角头,鼻头,舌头,喉咙头,屁股头

d. 表人:小人头_小孩_,大人头_大人_,老人头_老人_,小鬼头_小男孩_,小屄头_小女孩_

e. 表物体：榔头,锄头,结头,日头,沙头_岛_,破布头,浪头_浪花_,领头,屋头_屋顶_,盒头_盒子_

有两点需要注意：第一,"头"不仅可以作为构词后缀表示时间,也可以作为一个名词构词表示时间的短语,比如"小介头"即"小的时候"。第二,表示处所的"头"只是一个构词词缀,起到成词的作用,但不能作为一个能产的方位名词,比如"*茅坑头_茅坑那儿_""*桌床头_桌子那儿_"在富阳话中都不能说。

此外,后缀"头"还能附于动词后,表示"做某事的价值"。从词性来看,"V头"可视为派生名词,它们一般作动词"有"或□mi³的宾语。如"田 mi³ 种头"就是"田没有种的价值";"螺狮 mi³ 吃头"就是"螺狮没什么吃的必要/没什么好吃的"。

(三) 后缀"子"ts1⁴²⁴

后缀"子"在富阳话的使用范围要远远小于普通话。"X-子"这一类词在富阳话中的比例远远没有普通话高。比如,普通话中"沙子""剪子""刀子""瓶子""链子""凳子""钉子"等这些带"子"的名词,富阳话均不能带"子"。我们能见到主要集中在以下几类。

例(5)所列词汇在普通话中也有,并非富阳话特有。例(5a)中的"子"亦可以写作"籽"(这类实际上是复合词,不是派生词)。例(5b)的"子"尾仍有一定的词汇意义,表示果实类,不过"桃""李""栗""橘"在富阳话中均为黏着性词素,如果没有"子"尾,它们都不成词,所以我们可以把此处的"子"尾看成名词性派生词缀。例(5c)的"子"尾也是派生词缀,能将形容词转化成名词,表示某类人。

(5) a. 表种子：葵瓜子,谷子,菜子,莲子
  b. 表果实：桃子,李子,栗子,橘子,茄子
  c. 表人品：癫子,乌⁼子_傻子_,矮子,胖子,瘦子,瞎子
  d. 表物体：盘子,车子,裤子,扇子,粽子,条子_纸条_

例(6)所列的"X-子"的相关例子,普通话一般都不用"子"缀。其中例(6a)为时间名词,其中的"子"无任何词汇意义,纯粹起到构词作用。例(6b)中的部分词,普通话一般用"儿"尾,如"馅儿""妹

儿"等。

(6) a. 昨日子,前日子,明朝日子,旧年子,前年子,往年子

　　b. 馅子,妹子,肉圆子,杠子_{工具;杠},索子_{绳索}

(四) 后缀"家"ko⁵³

后缀"家"一般加在一些指人名词后,表示某种社会身份,如性别、小孩-成人的区别等,如例(7a—c)。部分人称代词也可以加后缀"家",如例(7d)。

(7) a. 男人家_{男性},女人家_{女性}

　　b. 女子家_{年轻女性},小官家_{后生},后生家_{年轻人}

　　c.（小）弟兄家_{哥们儿},（小）姐妹家_{小姐妹}

　　d. 自家,併家_{别人家}

但是,"名词+家"能产性不强,例(7)基本穷尽列举了富阳话中带有后缀"家"的名词。绍兴话还有"邻舍家""兄弟家"等词,在富阳话中均没有这些词。

(五) 儿化残留

从语音形式来看,富阳话中"儿"尾,以鼻化的形式附于主要元音。但是,除了例(8)所示零星见到几个词以外,富阳话几乎见不到"儿"尾的踪迹。相关的讨论请参 3.3 节。

(8) a. 筷儿 kʰuã

　　b. 棠梨儿 niŋ

　　c. 无冰铎儿 dɔ̃

　　d. 乌赤梢儿 sɔ̃

6.1.3　重叠构词

重叠①在富阳话中也是一种构词手段,包括名词性重叠、形容词性

---

① 儿童语言这一特定变体中也多使用重叠形式,如例(1)。其中(1a)为名词性重叠,(1b)为动词性重叠。下文不再涉及儿童语言。

(1) a. 水水,饭饭,车车,狗狗

　　b. 饭饭_{吃饭},街街_{上街},尿尿_{小便},嗯嗯_{大便}

重叠和副词性重叠。

(一) 名词性重叠

名词性重叠在富阳话中并不发达,一般只限于部分亲属称谓的重叠,如例(9)。非亲属名词无重叠形式。

(9) a. 伯伯

　　b. 爸爸,爹爹 父亲

　　c. 大大 姐姐,孃孃 姑妈,婶婶,嫚嫚 伯母,公公 爸爸

富阳话对亲属名词的重叠词分三类。第一类,"伯伯"一词本身不单独使用,必须在它前面加上表示排行的成分,如"大伯伯""小伯伯""二伯伯"之类;或者加上姓名,如"阿根伯伯""正树伯伯"等。第二类,亲属称谓重叠词一般不加排行前缀或者人名,如"爸爸"等,因为它们往往表示唯一亲属关系。第三类重叠亲属名词也可以加上类似的排行成分或人名,但是不是强制性要求,具体例子如"大婶婶""二婶婶"或"李英大大""彩萍孃孃"等。

亲属称谓词主要包括"阿＋亲属名词"和重叠亲属词两大类。"阿＋亲属名词"一般表示背称(除 3a 以外),而重叠亲属词表面称和背称均可。此外,我们还可以使用复合词表示亲属称谓,例如:

(10) 娘姨 阿姨,娘舅 舅舅,娘姆 舅妈,娘姨夫,姑夫,姐夫,妹夫,姨夫

(二) 形容词重叠

富阳话中表示味觉、嗅觉和颜色的状态形容词往往采用双音节复合词表示,如例(11)所示:

(11) a. 蜜甜,津酸,㾎苦,稀辣

　　b. 喷香,稀臭

　　c. 雪白,绯红,墨黑,焦黄

富阳话可以在这些复合形容词的基础上,构词 AAB[例(12)]和 ABAB[例(13)]等多种形容词重叠形式。

(12) 蜜蜜甜,津津酸,㾎㾎苦,稀稀辣,喷喷香,雪雪白,绯绯红,墨墨黑

(13) 蜜甜蜜甜,津酸津酸,㾎苦㾎苦,稀辣稀辣,喷香喷香,雪白

雪白,绯红绯红,墨黑墨黑

此外,还可以在形容词基础上构成ABB式形容词,例如:

(14) 甜蜜蜜,酸啾啾,辣涣涣,香喷喷,黑吱吱,红涣涣,白雪雪,木星星,黄焦焦

这三种重叠形式,从形式上看,只有AAB和ABB是词,而ABAB可视为一种重复形式,是短语,因此只有AAB和ABB能称为重叠构词。

从语义上看,只有AAB和ABAB表示一种程度的强化,而ABB反而表示的是一种程度的弱化。这三者的意思上的差异从例(15)可见一斑,其中"雪雪白"和"雪白雪白"都强调过于白,而"白雪雪"则表达"有点白白"的意思。

(15) a. 尔张脸孔介**白雪雪**,蛮好看。

b. 尔张脸孔介**雪雪白**,气色弗好。

c. 尔张脸孔介**雪白雪白**,要去看医生去㖿。

(三) 副词性重叠

所谓的副词性重叠指的是只能修饰动词做状语的重叠形式。具体形式包括"AA叫"和"AA里",两者无意义上的区别。我们认为"AA叫"为副词性重叠,而不是形容词重叠以后作状语,其中一个主要原因是"慢""轻""幽"这些词本身就是副词,而非形容词。

(16) a. 慢慢叫,轻轻叫,幽幽叫_{轻声地},好好叫,呆呆叫_{待会儿},

b. 慢慢里,轻轻里,幽幽里_{轻声地},好好里,呆呆里_{待会儿}

(17) a. 尔**轻轻叫**走,勿搭渠吵醒。(你轻轻地走,不要把他吵醒。)

b. 尔**幽幽里**讲,我听得出㖿。(你轻轻地说,我听得见的)

c. 有摊头**好好里**讲,勿骂人。(有话好好讲,不要骂人。)

d. 尔**呆呆叫**再来,俉还未上班㖿。(你晚点再来,他们还没上班。)

6.2 名词性短语

6.2.1 名词的指称

普通话的光杆名词可以出现在不同的句法环境中,表示多种指称,如有定、无定和类指等。与之相比,富阳话中光杆名词的使用很受限制,一般不能表示有定或者无定(用相应的"量名"短语表示,参见6.5节),请看以下例子:

(18) a. *[狗]有无看见?

a′.[只狗]有无看见?(狗有没有看见?)

b. *[大门]调过嘚。

b′.[扇大门]调过嘚。(大门换过了)

c. *渠买勒[橘子树]。

c′.渠买勒[株橘子树]。(他买了棵橘子树)

d. *我敲破勒[碗]。

d′.我敲破勒[只碗]。(我打破了只碗)

但是,它可以出现在动宾短语中(VO 或 OV 语序均可)表示某种行为动作,如"种菜""洗头""学电脑"或"吃药",其中的宾语为无指或通指(参见李旭平 2016)。

(19) a. 今年格块地我[菜]种好勒底。(今年这块地我种好菜了。)

b. 我底在学[电脑]。(我在学电脑。)

c. 尔[头]洗过茫?(你洗过头没有?)

d. 你感冒介厉害,[药品]吃过未?(你感冒这么厉害,吃过药没有?)

光杆名词也可以做"是""做""当""像"等动词表语,表示某种身份或社会属性。例如:

(20) a. 尔是学生还是老师？

b. 渠蹲勒北京做老板。（他在北京做老板。）

c. 尔当_{以为}我十三点_{白痴}噢？（你以为我白痴啊？）

d. 渠像杀老师㗁。（他很像老师。）

表示通指的光杆名词还可以表示通指句,不过在真实语言环境中通指句的使用频率并不是很多,例如:

(21) a. [蛇]吃老鼠嘓。（蛇吃老鼠的。）

b. [苦竹]上不来坟。（苦竹不能用来上坟。）

c. [瞎子]是眼瞎心弗瞎。（瞎子是眼瞎心不瞎。）

d. [金环蛇]比[银环蛇]毒。

6.2.2 名词的数

富阳话的名词在形式上没有单数和复数的区别（number neutral）。它也没有专门的复数标记可以表示普通名词的复数。因此,富阳话的名词既可以表示单数[例(22a)],也可以表示复数[例(22b—c)]。

(22) a. 问：倷屋里锄头有无噢？借我把。（你家里有没有锄头？借我一把。）

答：有嘓,尔自家去驮。（有的,你自己去拿。）

b. 亲眷嚨,都恶失光。（亲戚都断绝关系。）

c. 小弟兄家倻屋里走进走出一日到夜不断嘓。（哥们儿从他们家走进走出一天到晚川流不断。）

虽然名词本身没有单复数的区别,但是如果两个或者多个名词并列,从形式上看表示复数意义。富阳话的并列形式可以是用并列连词"则"或"得"[例(23a—b)],或者直接把相关名词并列架构(juxtaposition)[例(23c—d)]。这种复数意义可以从量化词"都"得到验证。例如：

(23) a. [苹果**则**橘子]我都蛮欢喜吃。

b. [红茶**得**绿茶]我都吃过㗁。

c. ［北京上海］我都还未_{没有}去过。

d. ［英语法语］我都学过。

6.2.3 修饰结构

名词可以被代词（或专有名词）、方位名词、形容词或者小句修饰。我们可以根据有无修饰标记"嗰"gəʔ²，分为两类：即"修饰语＋名词中心语"和"修饰语＋嗰＋名词中心语"。其中修饰语为代词或方位名词时，我们不需要使用修饰表示"嗰"，如例（24—25）。如果修饰语为形容词或关系从句时，我们则必须使用修饰标记"嗰"连接修饰语和中心语，如例（26—27）。

(24) 领有者＋名词中心语

  a. 小王只手伤掉嘚。

  b. 我本书还新嘚。

  c. 尔双球鞋忒大。

(25) 方位词＋名词中心语

  a. 门浪_上幅对联

  b. 桌床浪_上本书

  c. 头浪_上朵花

(26) 形容词＋嗰＋名词中心语

  a. 红颜色**嗰**花比白颜色**嗰**好看。

  b. 顶高**嗰**间房子是阿拉嗰。（最高的那间房子是我们的）

  c. 棉**嗰**衣裳比尼龙**嗰**舒服。

(27) 关系从句＋嗰＋名词中心语

  a. 渠写**嗰**字我一个勒_都弗认识。（他写的字我一个也不认识。）

  b. 尔写拨我**嗰**封信我收到嘚。（他写给我的信我收到了。）

  c. 老师话**嗰**说话要听进去。（老师说的话要听进去。）

  d. 尔烧**嗰**菜味道蛮好。（你烧的菜味道超好。）

6.3 人称代词

6.3.1 三身代词

富阳方言有一套完整的三身代词系统"我""你"和"渠",相应复数形式在单数形式基础上加上后缀"拉"。富阳方言的人称代词有普通式和强调式的区别。我们可以在普通式代词前加上前缀 zeʔ² 或者 eʔ²,构成强调式代词。这两套人称代词的词汇形式可以见表 36。

表 36　富阳方言人称代词的普通式和强调式

	第一套		第二套	
	单数	复数	单数	复数
第一人称	我 ŋu²¹²	阿拉 aʔ³³la²¹²,拉 la²¹²	是我 zeʔ¹¹/eʔ¹¹ŋu⁵³	——
第二人称	尔 n̩²¹²	侬 na²¹²	是尔 zeʔ¹¹/eʔ¹¹n̩⁵³	是侬 zeʔ¹¹/eʔ¹¹na⁵³
第三人称	渠 i²¹²	俹 ia²¹²	是渠 zeʔ¹¹/eʔ¹¹i⁵³	是俹 zeʔ¹¹/eʔ¹¹ia⁵³

就这两套人称代词,有以下几个方面需要说明:

首先,第一人称复数是北部吴语常见的"阿拉"aʔ³³la²¹²,第二人称和第三人称复数形式的复数标记的声母已经脱落,相应形式为合音后的单音节词"侬"na²¹²和"俹"ia²¹²。例如:

(28) a. **尔**得和**渠**两个人,何侬谁力气好?
　　 b. **阿拉**今年稻割进嘚,**俹**还要半个月好割。(我们今年稻子已经割好了,他们还要半个月才能割。)
　　 c. **侬**今朝弗出门噢?(你们今天不出去呀?)

其次,第一人称复数"阿拉"作动词或者介词的宾语时,往往可以省略"阿",只保留"拉"的形式[例(29a—b)]。做主语时,必须使用"阿拉"[例(29c)]。注意:富阳方言的第一人称复数没有包括式和排除式的区别。

(29) a. 渠得**(阿)拉**一总生去。(他和我们一起去。)

　　b. 格株树拨勒**(阿)拉**。(这棵树给我们。)

　　c. ***(阿)拉**晚半日_{下午}杭州去。(我们下午去杭州。)

再次,强调式代词前缀 ze$ʔ^2$ 的本字应为"是",e$ʔ^2$ 是 ze$ʔ^2$ 的一种语音弱化形式(陈忠敏 1996)。根据李旭平(Li 2015)的论述,富阳话中普通式和强调式代词在句法分布和意义上有一定的区别。顾名思义,强调式代词本身有强调意义,更确切地说这种强调意义体现为对比性(contrastiveness)。从句法分布来看,强调式代词一般出现在话题的位置,包括主语和前置宾语等。出现在动词后作宾语时,往往需要重音或者用于对比句。例如:

(30) a. **是尔**今年几岁？=尔今年几岁？

　　b. 我搭**是渠**打勒一顿。=我搭渠打勒一顿。

　　c. *我打勒**是渠**一顿。/我打勒'**是渠**一顿。

　　d. *小王欢喜**是尔**。/小王欢喜'**是尔**。

最后,与普通话相比,富阳话的复数标记"拉"具有以下几个特点:

第一,普通话的复数标记"们"一般可以加在任何表人名词,包括关系名词(如"叔叔们""同学们")和其他表人名词(如"农民们""女人们")。但是富阳话中,除了人称代词以外,"拉"只能出现在亲属名词等关系名词(relational noun)之后,不能出现在其他表人名词之后。富阳话没有"*农民拉""*女人家拉"这样的表达,但是可以说"同学拉""舅舅拉"。需要注意的是,复数标记"拉"在人称代词后均读上声,在其他情况下则一律变读阴平调(包括表示集体意义和处所意义两种情况)。

"关系名词＋拉"不表示复数(plural)意义,只表示集体(collective)意义,相当于"XP 他们"的意思。比如,例(31a)中的"阿姨拉"不表示"很多阿姨",表示"阿姨和她家人"或"阿姨和别人"的意思。

(31) a. 快落去！<u>倷娘姨</u>**拉**来嘚。(快下去,你阿姨他们来了。)

　　b. 我晚半日得<u>同学</u>**拉**街上去。(我下午和同学他们去街上。)

c. 倷大娘舅<u>拉</u>三个人都要来。（你大舅舅他们三个人都要来。）

和普通话"们"的另一个不同之处在于，普通话中，"名词＋们"一般不能再被数量词修饰，没有"*三个阿姨们"这种表达。但是，富阳话中允许"数量＋名词＋复数标记"这种表达的存在，如例(32)。

　（32）a. 渠则<u>三个娘舅拉</u>都进出嗰。（他和他的三个舅舅们都来往的。）

　　b. <u>两个女拉</u>拜年来过茫？（几个女儿他们来拜过年没有？）

第二，根据盛益民(2013b)，北部吴语的复数标记一般来自表处所的成分。如例(33)所示，富阳话中"名词＋拉"可以表示处所意义，表示"某某人家里"的意思。

　（33）a. 我想得孃孃_{姑妈}<u>拉</u>去搞玩_{玩耍}去，你去弗去？（我想去姑妈家玩，你去不去？）

　　b. <u>外婆拉</u>好还是自家屋里好？（外婆家好还是自己家里好？）

　　c. 阿山<u>拉</u>介里间房子？（阿山家是哪间房子？）

　　d. 我到<u>阿拉同学拉</u>去埭_趟。（我去我同学家一趟。）

但是，"三身代词＋拉"不能表示处所。比如，"阿拉"不能表示"我家"，一般要说成"阿拉屋里"，"倷"或"尔拉"不能表示"你家"，要说成"倷屋里"。

第三，在领属短语中，如果名词中心语为表人名词时，领有者必须使用复数形式表示单数意义。例(34)中的例子，其领有者为人称代词，我们应使用代词复数形式。它们分别表示"我妈妈""我学生""我妻子""我儿子"的意思。例(35)中的领属短语其领有者则为普通人名时，它们也必须后加复数标记"拉"，它们分别表示"阿标他侄子""小王他干妈""阿明他师傅"。换言之，富阳话中表示亲属关系的领属结构中，领有者必须使用复数形式来表示。这一现象在北部吴语较为普遍。

　（34）a. 阿拉姆妈/倻学生/倷老娘_{妻子}/倻儿子

b. *我姆妈/*渠学生/*你老娘妻子/*你儿子

(35) a. 阿标拉侄郎/小王拉亲娘干妈/阿明拉师傅

b. *阿标侄郎/*小王亲娘干妈/*阿明师傅

6.3.2 反身代词、旁称代词和统称代词

(一) 反身代词

富阳话中一般用"自家"$zı^{11}$ ko^{35}表示"自己",可以独用[例(36)]或者跟在人称代词之后[例(37)]。

"自家"独用时,它需要和某个先行词同指,如例(36a)的"小张"或者例(36b)的"尔"。例(36c)中的"自家"没有具体的先行词,其所指对象由语境决定。这种用法只在少数熟语中有此用法。

(36) a. 小张$_i$欢喜蹲得**自家**$_i$屋里。(小张喜欢呆在自己家。)

b. 尔$_i$今天读书**自家**$_i$去,好弗好?(今天上学你自己去,好不好?)

c. 脚踏碌谷耙翻晒稻谷用的耙子,敲破**自家**头。(习语:自作自受。)

"自家"和代词(或专有名词)连用时,它相当于代词(或专有名词)。例如:

(37) a. 格桩行当是**我自家**弗好。(这件事是我自己不好。)

b. 尔问我借脚踏车,**尔自家**部咛?(你向我借自行车,你自己那辆呢?)

此外,在习语中,我们也能见到"自"独用当自反代词的情况:

(38) a. **自**讲**自**听!

b. **自**顾**自**。

(二) 旁称代词

富阳话的旁称代词为"併家"$beŋ^{212-11}$ ko^{53-35}。"併"的读音为$beŋ^{212}$,是"别人"的合音。"别"较为常见的读音是$bie\text{ʔ}^2$,我们怀疑"别人"早先的读音为*$be\text{ʔ}^2$,所以才能有$beŋ^{212}$的合音形式。

虽然"併"是"别人"的合音,但是"併家"并不表示别人。"併家"只

能表示说话者自己。"併家"表示自己的时候,常常带有责备或者埋怨他人的预期。

(39) a. 尔自家懒惰煞弗高兴做,还要叫**併家**我做。(你自己懒惰不喜欢做,还要叫我做。)

b. **併家**今朝人勒吃力煞,还要叫我做生活。(我今天人都吃力死了,还要叫我干活。)

"併家"相对应的复数形式"併家拉"则可表示"别人"的。其所指对象可以是单数或复数,如例(40)中所有的例子中"併家拉"既可以指别的某一个人,也可以指别的某些人,无单复数之分。

(40) a. 我自家刎勒做嚜,只好叫**併家拉**去做。(我自己不会做,只要叫别人去做。)

b. 尔出勒行当,**併家拉**会弗会来帮你?(你出了事,别人会不会来帮你?)

c. 专门**併家拉**介话,**併家拉**介话,尔自家哪个想想?(老是人家说,人家说,你自己怎么想?)

例(40)中"併家拉"做论元,充当句子的主语或宾语。但是,例(41)中的"併家拉"充当领属短语中的修饰语。

(41) a. **併家拉**啯东西勥去驮。(别人的东西不要去拿。)

b. 自家人啯摊头话勥听,**併家拉**人啯摊头话蛮要听。(自己人的话不要听,别人的话很要听。)

c. **併家拉**屋里啯饭菜好吃星。(别人家的饭菜好吃些。)

(三) 统称代词

统称代词"大家"do[11] ko[35]可以用于指称某个特定的群体,即可单用,也可跟在三身代词复数之后。例如:

(42) a. 等一等吃日中饭,徕**大家**来。(等一会吃中饭,你们大家都来。)

b. 倻**大家**介话,爿厂倒灶倒闭嘚。(他们说,那家厂倒闭了。)

c. 问勒倻声,倻**大家**弗响。(问了他们一声,他们都不响。)

d. 明朝**大家**一总生乘飞机去。(明天大家一起乘飞机去。)

"大家"除了表示统称以外,在语境中也有旁称"别人"的意思。此处的旁称意义,可以看作是把说话者派出在外的解读。该解读类似与普通话话第一人称包括式和排除式人称代词的区别。

(43) 格蛋糕弗是拨尔独自家吃嗰,分点拨大家_别人_吃吃。(这个蛋糕不是给你一个人吃的,分点给大家吃。)

6.4 指 示 词

富阳话的基本指示词是一个远近两分的系统,其中"勒里""格"表示近指,"唔带"表示远指。从句法角度来说,它们不属于指示代词,而是指示形容词,因为它们需要结合方位名词、量词或时间名词等成分后,才能表示具体的指示对象。

富阳话的代词系统可列表如下:

表 37　富阳话的指示词系统

	近　　指		远　　指
方位指示	格头 kə?^{55}dei^{31}	勒里 le?^{11}li^{53}	唔带 ŋ^{33}ta^{53}、带 ta^{53}
		勒里头 le?^{11}li^{11}dei^{53}	唔带头 ŋ^{33}ta^{33}dei^{53}
	格身岸 kə?^{55}ɕiŋ^{55}ŋɛ̃^{31}	勒里身岸 le?^{11}li^{11}ɕiŋ^{11}ŋɛ̃^{53}	唔带身岸 ŋ^{33}ta^{33}ɕiŋ^{33}ŋɛ̃^{53}
个体指示	格 kə?^{5}		唔带 n^{33}ta^{53}
时间指示	格毛＝kə^{55}mɔ^{31}、格霎 kə?^{55}sa?^{31}		格时光 kə?^{55}zๅ^{33}kuɔ^{31}
	介时光 ga^{11}zๅ^{11}kuɔ^{35}		
方式指示	介 ga^{212}		
程度指示	介 ga^{212}		

6.4.1 方位指示

"勒里"和"唔带"本身是方位指示词,而"格"不能单用指示方位意义,必须说"格头",所以例(44)中的例句均不能翻译成括号中的句子。

"勒里""格头"和"尔带"独用时只表方位,不表个体,它们分别相当于"这里"和"那里"。例(45)展示了"勒里"和"唔带"的方位指示词用法。注意,远指方位词"唔带"可以省略"唔",说成"带"。

(44) a. *<u>格</u>是富阳。(这儿是富阳。)

  b. *杭州得_在<u>格</u>。(杭州在这儿。)

(45) a. <u>勒里</u>/<u>格头</u>是外沙村,<u>(唔)带</u>是八一村。

  b. <u>(唔)带</u>我去过嘚,一总生去勒三毛。(那里我去过了,一共去过三次。)

  c. <u>勒里</u>/<u>格头</u>尔来过茫?(这儿你来过没有?)

"勒里"和"唔带"虽然本身就是方位词,但是它们也可被附上"头""身岸_边"等方位名词表示具体方位,一般指某个物体的某一端或某一处。"格"后也可以加"身岸_边"。例如:

(46) a. 块木头,<u>勒里头</u>比<u>(唔)带头</u>阔。(那块木头,这头比那头宽。)

  b. 尔睏勒<u>勒里身岸</u>,我睏勒<u>(唔)带身岸</u>。(你睡这边,我睡那边。)

  c. <u>格身岸</u>尔药再拨我搽丢,<u>(唔)带身岸</u>随渠去嘚。(这边你再擦点儿药,那边就随它去吧。)

需要注意的是,虽然"格""勒里"和"唔带"均能加上方位名词"头",但是"勒里头"和"唔带头"的意思较实,有"一端"的意思,而"格头"的"头"的意思较虚,单纯地表示方位,没有"一端"的意思。

我们之所以把"格"当作一个近指示成分,其中的一条重要证据是"格"不能和"勒里"对举,只能和"(唔)带"对举。例如:

(47) a. #<u>格头</u>比<u>勒里</u>好。

  b. <u>格头</u>比<u>(唔)带</u>好。(这儿比那儿好。)

(48) a. # 我蹲勒<u>勒里</u>,尔蹲勒<u>格头</u>。

  b. 我蹲勒<u>格头</u>,尔蹲勒<u>(唔)带</u>。= 我蹲勒<u>勒里</u>,尔蹲勒<u>(唔)带</u>。(我在这儿,你在那儿。)

6.4.2 个体指示

"格"和"(唔)带"可以加上量词,用于指称个体。换言之,"格+量词"相当于近指代词 this,而"(唔)带+量词"相当于远指代词 that,它们分别可以指代语境中离说话者或远或近的某个物体。"格/(唔)带+量词"不仅有代词的用法,还有限定词(或指示形容词)的用法,即它们可以修饰名词,构成"指+量+名"短语。这两种用法分别见例(49)和例(50)。

(49) a. [**(唔)带个老倌**]尔认弗认识?(这个人你认不认识?)

b. [**格本书**]尔几时买嘚?(这本书你们什么时候买的?)

c. [**(唔)带部车子**]像看_{好像}俰将刚_{刚刚}买来嘚。(那辆车好像他们刚刚买来了。)

d. [**格碗饭**]忒满,帮我去减出丢_{一点}。(这碗饭太满了,帮我减掉一点。)

(50) a. 尔要[**格杯**]还是[**(唔)带杯**]?

b. [**格本**]比[**(唔)带本**]厚。

近指方位词"勒里"一般不用于个体指,没有"勒里+量词"或者"勒里+量词+名词"这两种短语形式。如果硬要实用该格式,只表示这儿的某物,更加强调其处所义。例如:

(51) a. ???[**勒里杯茶**]热勒还是冷?(这杯茶热还是冷?)

b. *[**勒里桩行当**],我弗晓得。(这件事情我不知道。)

c. [**勒里种村党**]条件好。(这儿的村子条件好。)

d. [**勒里部脚踏车**]何俰嘚?(这儿的自行车是谁的?)

普通话的指示词短语"这/那+量词+名词"可以在量词前插入数词"一"。但是,富阳话(52)中的各例,我们都不能在量词前插入数词"一"。

(52) a. **格**(*一)只狗

b. **(唔)带**(*一)碗水

富阳话的指示成分可以修饰数量名短语的前提条件是数词大于

自然数 2。换言之,"指+量+名"表示单数个体,"指+数+量+名"只表示复数个体。①

(53) a. **格**三只桌床脚漆跌落嘚,要漆过嘚。(这三张桌子掉漆了,要重新油漆了。)

b. **(唔)带**两碗茶覅去吃,拨客人吃嗰。(那两碗茶不要喝,给客人喝。)

c. **(唔)带**两几本书是弗是我买拨尔嗰?(那几本书是不是我买给你的?)

d. **格**三条短信我昨日子就发过嘚。(这三条短信我昨天就发过了。)

富阳话表示个体指示的远指代词"(唔)带"是从处所指示词发展而来的,相关演变机制请参盛益民(2015)。

6.4.3 时间指示

富阳话中时间词的表达既不同于方位指示的两分系统("勒里/格头"和"唔带"的对立),也不同于个体指示的两分系统("格"和"唔带"的对立)。根据我们的观察,只有近指示的"格"可以和时间名词结合,而表示处所的近指词"勒里"和远指词"唔带"一般不表示时间指示。

富阳话中用表示次数"毛"做时间名词。比如,用"格毛"或"格毛里"(本义为"这次")表示"现在"的意思,例如:

(54) a. 尔**格毛**现在有无时光?(你现在有没有时间?)

b. 尔**格毛**两年现在几年底做何事行当?(你这家年在干什么行当?)

一般也可以使用"格"加时间名词"霎"或"霎上"表示"此刻"。可能的表达包括"格毛霎(上)"和"格霎(上)"。

(55) a. 渠**格毛霎上**总勒屋里。(他这会儿应该在家的。)

---

① 表复数的"指+数+量+名"在实际使用中,频率不高,母语者对这组例子的接受度也存在分歧。

b. 尔**格霎上**去嚛，俩讲弗来勒底吃饭。（你现在过去，他们说不定在吃饭。）

虽然我们目前看到的"格＋时间名词"均表示近指时间，但是有趣的是"格时光"可以表示远指示时间，相当于普通话的"那时"。但是，"格时光"一般用来讲述或者追忆过往事件时使用。普通话中类似"你昨天打电话那会儿"这一类表达，富阳话一般直接用时间名词"时光"，不用指示词修饰。

(56) a. **格时光**大家穷，格毛里嚛，大家条件都好起来嘚。（那时候大家都穷，现在呢，大家条件都好了。）

b. 阿拉**格时光**好煞来格。（我们那时好得很。）

c. **格时光**烧饭嚛，都用柴灶。（那时候烧饭，都用柴灶。）

此外，富阳话还有一种"这个时候"还可以用"介时光"表示。更确切地讲，"介时光"表示某个特定的时候，既不是远指也不是近指。

(57) a. 昨日子**介时光**，我还蹲在上海嘚。（昨天这个时候，我还在上海呢。）

b. **介时光**还未爬起！（这个时候了还没爬起来。）

6.4.4 方式、程度指示

富阳话中，基本指示语素"格""唔带"等也不能用于构成指示方式、程度的词，表示"这样""那样"等。富阳话用副词"介"表示"这样"或者"那样"。

从句法功能来看，"介"可以至少出现在以下三种句法环境中：
第一种是作状语修饰动词，表示方式，例如：

(58) a. 弗要**介**做，尔要介做。（不要这样做，你要那样做。）

b. 格封信尔**介**写弗对嗰。（这封信你这么写不对的。）

c. 尔**介**开嗰说话，要多开半个钟头。［你这么开的话，（车子）要多开半个小时。］

第二种是做定语，表示性状，例如：

(59) a. **介种**腔套，我是看勒还无看见过。（这种腔调我是看都没看过。)

  b. **介种**人是有！(怎么会有这种人！)

  c. 渠一向来**介种**脾气。(他向来这种脾气。)

  d. **介种**酒驮去送人勒总送弗出去嗝。(这种酒拿出去送人，总送不出手的。)

第三种是修饰形容词表示程度，例如：

(60) a. **介**好嗝鲫鱼，尔要弗要买？(这么好的鲫鱼，你要不要买？)

  b. **介**好听嗝段戏文弗听见。(这么好听的一段戏文没听见。)

  c. 唔带间房子有株毛竹**介**长。(那间房子有这棵毛竹这么长。)

  d. **介**泡嗝茶哪介吃！(这么烫的茶怎么喝！)

6.5　数词、量词和(数)量名短语

6.5.1　数词

  富阳话的基数词系统和普通话基本一致，不过它可以用"廿"表示"二十"，相应的二十一为"廿一"。在一些吴语中，数词"十"在末位或"五"之前有特殊音变，富阳话无此现象。此外，富阳话的位数词前必须使用数词，没有"百六""千八""百多"这样的说法，必须说成"一百六""一千八""一百多"。至于序数词的话，富阳话只有"第一"和"最后"的说法和普通话不同，分别为"头一(个)"或"末落(个)"，其他均表示为"第＋基数词"。

  数词"两"有两个读音。"两"读阳上时为基数词"二"，读阴平时表示不确数，相当于普通话的"几"。两者的用法区别，分别见例(61)和例(62)。

(61) a. 老王,老李,倷两²¹²个人走过来,有句说话得倷话。(老王,老李,你们两个人走过来,有句话跟你们说。)

　　b. 两²¹²斤够弗够?(两斤够不够?)

　　c. 今朝罚款罚勒两²¹²百块。(今天罚款罚了两百块。)

(62) a. 尔去叫两⁵³个人来帮帮忙,两²¹²个、三个都好啯。(你去叫几个人来帮帮忙,两个、三个都可以的。)

　　b. 钞票拨我两⁵³块,一百好啰。(钱给我几块,一百好了。)

基数词"两²¹²"和约数词"两⁵³"可以用约量修饰语来区分。只有基数词"两²¹²"可以被"上落"或"光景"等约量修饰语修饰,但是约数词"两⁵³"不能被它们修饰。

(63) a. 两²¹²斤光景　　a′. *两⁵³斤光景

　　b. 两²¹²百个上落　　b′. *两⁵³百个上落

富阳话的约数表达十分丰富。根据其意义,约量修饰词可以分为三类:

(i) 不到:毛,靠

"毛"只和10,20⋯90这些100以内10的倍数连用,一般表示不到某个具体的数值。

(64) a. 一总生来勒[毛廿个]人。(一共来了近二十人。)

　　b. 渠有[毛六十岁]好看。(他看着近六十岁左右。)

"靠"的意思和"毛"基本一样,表示"不到",但它只和"百、千、万"这些位数词连用。

(65) a. 一日趁啯[靠百块]噢差弗多啰。(一天赚近一百块差不多了。)

　　b. 格个操场有[靠千个人]好坐。(这个操场能坐近千人。)

　　c. 坐坐办公室工资[靠万块]一个月。(坐办公室一个月工资近万元。)

"靠"可以修饰数词"十"或者"廿",但是不能修饰"三十"或者"四十"等其他数词。这是数词的音节对"靠"的制约作用,即只有单音节的位数词才可以被"靠"修饰。

(66) a. 靠十个人

b. 靠廿个人

c. *靠三十个人

(ii) 超过：来，多两个，多星

"来"表示超过某个数值，相当于普通话的"多"，一般出现在位数词或者十的倍数后(如十，二十，三十等)。

(67) a. 三十来岁嗰寻勒一个。(找了一个三十来岁的。)

b. 格梗鱼曼十来块铜钿够嘚。(这条鱼只要十来块钱就够了。)

c. 格记石头讲弗来有廿来斤。(这块石头说不定有二十来斤。)

富阳话的约量修饰语"多"不能单用，需要在"多"后加上阴平的"两[53]＋量词"，或者加不定量词"星些"，如"多星"。相应的表达分别为"数＋两[53]＋量词"[例(68)]和"数词＋多星"[例(69)]。

(68) a. 三十多两[53]岁(三十几岁)

b. 一个钟头嚡来勒十多两[53]个人。(一个小时来了十多人。)

c. 今年割勒一千多两[53]斤谷。(今年割了一千多斤稻谷。)

(69) a. 渠看看嚡，有三十多星好看。(他看上去，有三十多岁可以看。)

b. 食堂里岸光是烧饭嗰人就有一百多星。(食堂光是烧饭的人就有100多。)

c. *廿多星

d. *十多星

例(69)中"数词＋多星"中，"多星"一般不能直接修饰数词"十"和"廿"，没有例(c—d)的说法。

数词"十"和"廿"只有在加上度量衡量词后，才可以被"多星"修饰。但是，"十/廿＋个体量词"不能被"多星"修饰。

(70) a. 十斤多星　　　　a′. *十只多星

　　　　b. 廿米多星　　　　　b′. *廿个多行

(iii) 大约：把，光景

"把"po^{335}可以用在"百，千"等位数词或者量词后表示约量；"光景"kuõ^{55}tɕiã^{31}则修饰整个数量短语，相当于"左右"。

(71) a. 只来勒个把人。（只来了个把人。）

　　　b. 摘勒百把斤橘子。（摘了一百斤左右橘子。）

　　　c. 称斤把够嘚。（称一斤左右就够了。）

　　　d. 格块布做裤子嗰说话，还差尺把。（这块布做裤子的话，还差一尺左右。）

(72) a. 格毛已经三点光景嘚。（现在已经三点光景了。）

　　　b. 格个小人讲弗来有一米光景。（这个小孩说不定有一米左右。）

6.5.2　量词和量词重叠

我们把富阳话的量词可以分为名量词和动量词两个小类。我们这里主要讨论名量词的情况，动量词将放在谓语部分讨论。

富阳话是一种量词型语言，有一个发达的名量词系统。通常情况下，数词不能直接修饰名词，数词和名词之间需要名量词起到桥梁衔接作用。与普通话相比，富阳话名量词能够出现的句法环境更加多样，包括"数＋量＋名"，"量＋名"，"指＋量＋名"和量词独用等，之后两节详细讨论。本节主要讨论量词重叠。

名量词的重叠包括"量量＋相"和"一量一量"两种基本形式，但没有普通话中"量量"重叠形式。

其中"量量相"可以做主语，做主语时一般需要复数名词作为其先行词，如例(73a)的"个个相"需要回指到"俙"，例(73b)的"只只相"回指到"蟹"。不过，"份"作为家庭的特定量词时候，它是一个特列，它既可以没有先行词直接说"份份相"表示"每户家庭"或者用"份份人家"完整地表示。其他量词的重叠形式均不能直接修饰名词中心语。

(73) a. 俙**个个相**要来，我弗拨俙来。（他们个个要来，我不让他们来。)

b. 格两[53]只蟹嚟,**只只相**好。(这几只螃蟹,只只都很好。)

c. 做寿分揭饼嗰时光,渠**份份**人家/**份份相**去分转来。(做寿分寿饼的时候,他家家都分过来。)

只有动量词或者时间名词,如"日""月"等,构成的重叠形式才可以充当状语。

(74) a. 渠**日日相**做生活,一日勒不停。(他天天干活,一天也不听。)

b. 格毛电费**月月相**银行卡上自动会扣嗰。(现在电费每月银行卡上会自动扣的。)

c. 我**回回相**去,渠**回回相**弗勒屋里。(我每次去,他每次不在家里。)

d. 我**毛毛相**交代渠,渠都覅听。(我每次关照他,他都不听。)

最后需要指出的是,富阳话除了"一丢丢一点点"没有其他"一量量"的重叠形式。而"一量一量"的重叠很发达,它也充当状语,表示相关事件的进行方式。该重叠形式的量词可以是名量词例(75)或动量词例(76)。

(75) a. 韭菜要**一把一把**割嗰。(韭菜要一把一把地割。)

b. 尔担来嗰丢青菜,我**一株一株**嗰拣出来嗰。(你挑来的那些青菜,我是一棵一棵挑出来的。)

c. 饭要**一碗一碗**吃,路要**一步一步**走。

d. 慢慢里来,**一个一个**进去。(慢慢来,一个一个进来。)

(76) a. **一脚一脚**跨过去。(一步一步跨过去。)

b. 我**一毛一毛**交代渠,渠都覅听。(我一次一次关照他,他都不听。)

c. 我**一顿一顿**烧拨渠吃,都白烧嗰。(我一顿一顿烧给他吃,都白烧的。)

6.5.3 "数(量)名"结构

量词最常见的用法就是"数+量+名"用来表示数量,如例(77)。但是当"一量名"出现在动词后时(非强调时),数词"一"可以省略,如例(78)。但是,量名前有数词"一"的时候,它还是有强调数量的作用。

(77) a. 驮两只碗去,放勒桌床浪。(拿两只碗放在桌子上。)

b. 一个晚半日吃勒三杯茶。(一个下午喝了三杯茶。)

c. 一个房间一只电视机。

d. 佴外婆就嫁勒两只箱子拨渠,另外一丢勒咪_{没有}。(她外婆就嫁了两只箱子给他,别的一点都没有。)

(78) a. 尔头浪有(一)蒲树脱叶勒底。(你头上有片树叶。)

b. 渠背浪(一)把锄头,望前头介去啤。(他背了把锄头,往前面去了。)

c. 我只手机寻弗着啤,尔打(一)个电话看。(我那只手机找不到了,你给我打个电话试试。)

d. 买(一)包香烟拨渠吃吃。(买包烟给他吃。)

虽然数词一般情形下不能直接修饰名词,我们需要使用"数+量+名"短语,但是我们也注意到,名词中心语如果是亲属名词,数词则可以直接修饰。"数词+亲属名词"表示某种亲属组合关系(详参李旭平 2014)。我们区分了例(79)和例(80)两类,其中前者为功能名词,后者的中心名词为关系名词。

(79) a. 两爹老子(父子俩)

b. 四老太婆(一家四口)

c. 两老太婆/两公婆(夫妻俩)

d. 三娘和子(母子仨/母女仨)

(80) a. 六弟兄(兄弟六人)

b. 两姊妹(姊妹俩)

c. 三叔伯姆(妯娌三个)

e. 三姨夫(连襟三个)

6.5.4 有定和无定"量名"结构

如果我们把例(78)中的"量名"看做是"一量名"的省略形式的话，在这些例子中它们均为无定的解读。除此之外，"量名"也可以解读为有定。在富阳话中，无定和有定量名的区别取决于它们的句法位置。具体而言，"量名"短语出现在动词前，如话题、主语和次话题的位置，它表示有定，如例(81)；当量名短语出现在动词后，它表示无定，如例(82)(参见 Li & Bisang 2012)。

例(81a)的主语"把剪刀"指与话者都知道的那把剪刀，属于一种背景知识；例(81b)"支笔"可以指说话者手上拿着的那支笔。相反，例(82)种的量名只能表示无定，听话者不知道具体所指。

(81) a. [把剪刀]尔去放勒何里嘚？（那把剪刀你放哪里了？）（有定）

　　b. [支笔]写弗出，墨水咪_{无有}嘚。（那支笔写不出了，没有墨水了。）

　　c. 我搭_把[只狗]去无掉嘚。（我把那只狗给丢了。）

(82) a. 阿拉下半年想造[间房子]。（我们下半年想造个房子。）（无定）

　　b. 我早更买勒[梗鱼]，日中好吃嗰。（我早上买了条鱼，中午可以吃。）

当"量名"为无定解读时，我们甚至可以省略名词，使用光杆量词做论元。所省略名词，我们可以通过语境得知其具体所指。而有定"量名"无此省略用法。

(83) a. 尔拨我去买[只]来。（你给我去买只回来。）

　　b. 电脑我有好两部，我拨尔[只]好嘚。（我有好几台电脑，我给你一台好了。）

　　c. 还弗够甜，糖还要再放[瓢]勒底。（还不够甜，还要再放勺糖。）

从以上例子我们看到，光杆"量名"有"有定/无定"两解的现象。

但是，光杆"量名"短语一旦被形容词、代词或者关系从句等成分修饰后，它只能获得有定的解读。

(84) 领有者＋量名

　　a.〔我本书〕拨渠撕破嗗。（我那本书被他撕破了。）

　　b.〔小张部车子〕我寻弗着。（小张那辆车子我找不到。）

　　c.〔阿拉单位个食堂〕顶弗好吃。（我们单位那个食堂最好吃。）

　　d.〔俫爿厂〕像看要关门嗗。（他们那家厂看来要关门了。）

(85) 形容词＋量名

　　a.〔红嗰朵花〕叫牡丹。（红的那朵花叫牡丹。）

　　b.〔热嗰杯茶〕拨我端端过来。（热的那碗茶给我端过来。）

　　c.〔破嗰只碗〕掼掼掉好嗗。（破的那只碗扔掉算了。）

　　d.〔旧嗰种衣裳〕好送人嗗。（旧的那些衣服可以送人了。）

(86) 关系从句＋量名

　　a.〔俫买嗰个西瓜〕蛮甜嗰。（他们买的那个西瓜挺甜的。）

　　b.〔旧年子种嗰株树〕今年大勒不少。（去年种的那棵树今年大了不少。）

　　c.〔尓覅用嗰只手机〕拨勒我用。（你不想用的那部手机给我用。）

　　d.〔你蹲过嗰间房子〕下半年要拆嗗。（你住过的那间房子下半年要拆了。）

6.5.5 "数量＋头"

数量成分可以被附缀（clitic）"头"修饰，表示具备某种数量特征的某一类物体，如例(87)。此外，"量词＋头"还可以做修饰语，但这限于商品类，如例(88)。

(87) a. 一百块头(面值为一百元的纸币)，十块头(面值为一百元的纸币)，一角头(面值为一角的硬币)

　　b. 半斤头(半斤装的东西)、二两头(二两装的东西，比如白酒)

c. 三间头(三间一套的宅子)、三层头(三层一幢的房子)

d. 两瓶头(两瓶一组的东西,如一对酒)、一箱头(一箱装的东西)

(88) a. 瓶头酒(瓶装酒)

b. 袋头酱油(袋装酱油)

6.6 谓词及动词性短语

6.6.1 动宾和动补短语

动词性谓语最典型的是动宾短语和动补短语两大类。

动宾短语的宾语形式可以是光杆名词或者"(指)数量名"短语。"动词＋光杆宾语"表示某种活动,其中的宾语为无指,如例(89)。大多数情况下,"数量名"和"指量名"做宾语时,它们分别处于动词后例(90)和动词前的位置例(91)。

(89) a. 尔则我晚半日一总生[割稻]去嘚。(你跟我下午一起割稻去吧。)

b. 渠夏场里嚡[开拖拉机],冬场里嚡厂里岸[做生活]。(他夏天开拖拉机,冬天厂里干活。)

c. 渠格毛勒村里岸[扫地]。(他现在在村里扫地。)

(90) a. 今年种勒[两亩田]。(今年种了两亩地。)

b. 一年功夫调勒[三只手机]。(一年时间换了三个手机。)

c. 老王一顿吃勒[两大碗饭]。(老王一顿吃了两大碗饭。)

(91) a. [格个房间]我抹过嘚。(这个房间我擦过了。)

b. [带个人]我认着嗰。(那个人我认识。)

c. [格本书]我买嗰。(这本书我买的。)

"动＋动量词"包括"动词＋数词＋动量词"[例(92)]和"动词＋人称代词＋动量词"[例(93)]两类。

(92) a. 渠叫勒两声,弗叫嘚。(他叫了两声,不叫了。)

b. 渠搭我踢勒两脚。（他把我踢了两脚。）

c. 我搭渠道头上敲勒一记。（我把他头上敲勒一下。）

(93) a. 屁股上踢渠脚。（屁股上踢他一脚。）

b. 你去啊说话，叫我声。（你去的话，叫我一声。）

c. 打渠记！（打他一下！）

d. 捆渠顿！（打他一顿。）

从狭义上说，动补短语专指结果补语（resultatives），即由动词和结果性补语性成分构成的复合词。比如"打死""剪开""吃饱""开开_{打开}"等。几个常见的唯补词包括"掉"liɔ³³⁵、"好"、"交"gɔ¹¹³、"光"等。唯补词"掉"表示"去除""清理"等意思。

(94) a. 尔带堆柴拨佴烧掉嗨。（那堆柴被他们烧掉了。）

b. 格碗菜你拨我吃掉渠。（这碗菜你给我吃掉他。）

c. 鼻涕揩揩掉。（把鼻涕擦掉。）

d. 黑板浪两⁵³个字擦擦掉。（把黑板上那几个字擦掉。）

唯补词"交"和"好"的意思非常接近，都能表示某事结束的意思。"V 交"所表示某件的事件一般有自然终点，一般不能用于无自然终点的事件，如"造房子""写作业"。"V 好"所表示的结束义来自事件的完结意义（accomplishment）。

(95) a. 戏文 9 点做*好/交嗨。（戏九点演完了。）

b. 阿拉房子旧年子造好/*交啊。（我们去年造好房子的。）

c. 佴酒吃交/好嗨，你好去收碗筷嗨。（他们喝好酒了，你可以去收拾碗筷了。）

d. 我课上好/交回来。（我上好课回来。）

e. 作业做好/交未？（作业做好了没有？）

唯补词"光"大致相当于普通话的"V 完"，表示与事件相关的论元的消耗殆尽。

(96) a. 袋米一个月弗到就吃光嗨。（这袋米一个月不到就吃完了。）

b. 格个故事我半个钟头讲光嗨。

c. 尔本书看光未？（你那本书看完没？）

从广义上说，动补短语还包括趋向补语、可能补语、程度补语和状态补语等。

富阳话的趋向补语必须要加指示方位的"来"和"去"。换言之，富阳话没有"位移动词＋趋向动词"的结构，只有"位移动词＋趋向动词＋来/去"。其中，趋向补语包括"上""落""进""出""过"等。

(97) a. 爬上去　　　　　　　a′. *爬上
　　 b. 走落来　　　　　　　b′. *走落
　　 c. 走进去　　　　　　　c′. *走进
　　 d. 走出来　　　　　　　d′. *走出
　　 e. 跑过来　　　　　　　e′. *跑过
　　 f. 飞过去　　　　　　　f′. *飞过

动趋短语的趋向补语和"来、去"之间不能插入宾语。我们一般会使用介词"望"引介宾语，并且置于动趋短语之前。例如：

(98) a. *爬上戏文台去　　　　a′. 望戏文台浪爬上去
　　 b. *走落拖拉机来　　　　b′. 望拖拉机浪走落来
　　 c. *走进办公室去　　　　c′. 望办公室里走进去
　　 d. *走出教室来　　　　　d′. 望教室里走出来
　　 e. *跑过操场来　　　　　e′. 望操场浪跑过来
　　 f. *飞过大港去　　　　　f′. 望大港高顶飞过去

可能补语的表达形式为"动＋得＋补"，其中"得"的语音形式为 le?^{5}，是 te?^{5} 边音化的结果。"得"是一个表示能力或可能情态动词。"动＋得＋补"相应的否定式为"动＋弗＋补"。从例(99)的相关例子，我们可以看到，可能补语后一般不出现宾语。其宾语往往需要前置，如例(99a)的"饭"，例(99b)的"脚踏车"和例(99c)的"夜饭"。

(99) a. 我饭吃得/弗完。
　　 b. 我脚踏车骑得/弗动。
　　 c. 我夜饭吃得/弗落。
　　 d. 这个人讲得/弗灵清。

富阳话一般使用程度副词表示程度,它们出现在谓词之前,如"蛮""木老""呆"等。相对于程度副词,程度补语很少见。只有"煞"saʔ⁵可以直接跟在动词后,充当程度补语。

(100) a. 电风扇开开来,热煞喏。(把电风扇打开,热死了。)

b. 当勒个小组长,神气煞喏。(当了小组长,神气死了。)

c. 闷煞喏,窗洞开开渠。(闷死了,把窗子打开。)

动词和状态补语之间有助词"得"leʔ⁵连接,此处"得"无实际词汇意义,只起到引介补语的作用。"得"后的状态补语需要被程度副词修饰,否则这些补语很容易被解读为可能补语。

(101) a. 跑得蛮快

b. 飞得蛮高

c. 烧得呆咸

d. 写得忒快

6.6.2 动词重叠形式

除了动补结构以外,富阳话的复杂谓语还包括多种动词重叠形式。一般来说,富阳话的动词重叠形式 VV 不能单用,只能用于连动结构。例(102)相关例句中的 VV 重叠形式通常不能用 V 或者"V 一 V"替代。

(102) a. 讲讲拨拉听听。(讲给我们听听。)

b. 烧顿拨拉吃吃。(烧顿给我们吃。)

c. 讨顿骂骂。(欠骂)

d. 我买勒两支棒冰吃吃。(我买了两支冰棍吃。)

e. 做件衣裳穿穿。(做件衣服穿。)

f. 渠驮勒一只箱子来装装书。(他拿了一只箱子来装书。)

此外还有"V 一 V""VV 补"和"VV 看"等重叠形式。

"V 一 V"相当于普通话的"V 一 V""V 一下",表示主观上的动作小量。例如:

(103) a. 两件衣裳你拨我洗一洗。(那几件衣服你帮我洗一洗。)

b. 阿拉夜饭吃交,公园里去走一走。(我们吃饭晚饭,到公园里去走一走。)

c. 部车子去开勒一开,搁个人去碰勒一头。(那辆车开了一下,把个人给撞了。)

d. 渠嗰名字叫弗响,叫瞎子去改勒一改。(他的名字叫不响,让算命的瞎子去改了改。)

再来看"VV 补"。例(103)的例句中"VV 补"可以省略为"V 补"形式,但是不能省略为"VV"。"VV 补"的意思与"V 一 V"类似,表示主观动作小量。

(104) a. 我两件衣裳洗洗好,再出门。(我那几件衣服洗好再出门)

b. 还有介丢丢酒,吃吃光嚜好嘞。(还有这么一点儿酒,吃光算了)

c. 门口嗰菜园弄丢何事去拦拦牢,猪要跑进去嗰。(门口的菜园弄点什么去把它拦住,否则猪要跑进来的)

"VV 看"表示尝试义,具体 6.9.8 节会详细讨论。

6.6.3 双及物结构

富阳话中最普通的给予义动词为"拨"(把)po⁴²⁴,新派的发音已经促化为 po$ʔ^5$ 或 pe$ʔ^5$。"拨"作动词时,只有"拨+间接宾语+直接宾语"这一语序,没有"拨+直接宾语+间接宾语"的表达。和"拨"有相同语序的双及物动词还包括"交待"("给"或"转交"的意思)"送"等。

(105) a. 拨我两个塌饼。(给我两只塌饼)

b. *拨两个塌饼我。

(106) a. 交待我一袋米。(交给我一袋米)

b. *交待一袋米我。

第二类双及物动词主要包括"发""送""寄"和"分"等动词。它们有两种基本的语序,分别为"动词+直接宾语+拨+间接宾语"例(107)或"动词+拨+间接宾语+直接宾语"例(108)。在该两个结构中,间接宾语均需与格介词"拨"引介。

(107) a. 发个帖子拨渠,来弗来随由渠。(发给请帖给他,来不来随他。)

b. 送勒两百块人情拨㑚。(送了两百块礼金给他们。)

c. 寄勒五斤枣子拨我。(寄了五斤枣子给我。)

d. 村里岸分勒一亩田拨我。(村里分了一亩地给我。)

(108) a. 帖子发勒拨渠,来不来随由渠。

b. 送拨渠勒两百块人情。

c. 寄拨我五斤枣子。

d. 村里岸分拨我一亩田。

第三类双及物动词为租借类动词,包括"借""租"和"掇"(表示临时借用)等。它们有以下两种语序,"动词+直接宾语+拨+间接宾语"和"问+间接宾语+动词+直接宾语",其中第一个结构中的间接宾语表示目的地(goal),第二个结构中的间接宾语表示来源(source)。

(109) a. 借勒一千块钞票拨渠。(借了一百块钱给他。)

b. 我问渠借勒一千块钞票。

(110) a. 租勒一个房间拨渠。(租了一个房间给他。)

b. 问渠租勒一个房间。

(111) a. 掇勒五百拨渠。(暂借五百给他。)

b. 问渠掇勒五百。(向他暂借五百。)

值得注意的是,动词"借"除了例(109)的两种语序,还可以使用例(112)中的结构,"借+间接宾语+直接宾语"。普通话中这一语序中的间接宾语只能分别表示来源,如"我借了[他]$_{来源}$一千块钱"。但是富阳话的这种语序中的间接宾语似乎只能解读为目的地。例(112a)表示,我借给他一千块钱。

(112) a. 我借勒渠一千块钞票,晓得几时有得还。(我借了他一千块钱,不知道什么时候有得还。)

b. 格时光,借勒㑚一升米,专门介记着。(那时候,借了他们一升米,老是这样记着。)

6.6.4 性质形容词和状态形容词

根据朱德熙(1956)的分类,我们把富阳话的形容词分为性质形容词和状态形容词。两者判定的主要标准是能否受程度副词的修饰。一般来说,只有性质形容词可以被程度形容词修饰,而状态形容词不能被程度形容词修饰。

性质形容词主要包括以下语义范畴(非穷尽性列举):

(113) a. 空间尺寸:长_{身高或长度},短,狭窄,阔,厚,薄,远,近,粗,细
  b. 人体特征:胖,瘦,长,矮,壮_胖,弱_{体虚},老_{年纪},小,漂亮,难看
  c. 形状、口味:圆,方,尖,团,扁,咸,淡,甜,苦,老,嫩,鲜
  d. 温度、天气:热,暖热_{暖暖},冷,凉,泡_{液体或固体热},温,风凉_{凉快},潮,冈
  e. 颜色:黑,白,乌,黛,红,绿,青,黄

按照程度从低到高来排列,富阳话中修饰性质形容词的程度副词包括:弗大 < 蛮 < 木老、毛("木老"的合音)< 木老老 < 呆 < 忒_太 < 大似_太 < 顶_最。它们修饰形容词时,一般只能出现在形容词之前,没有舟山话中"好吃足_{好吃得很}"之类的说法。

(114) a. 格碗辣椒毛辣啯。(这碗辣椒很辣。)
  b. 渠忒矮,篮球搭弗来啯。(他太矮,不能打篮球。)
  c. 今朝蛮暖热。(今天蛮暖和的。)
  d. 俚爬起来专门呆迟啯。(他们起床经常挺晚的。)
  e. 格个小人大似出格啦。(这个小孩太出格了。)

不过,"煞"是唯一一个出现在形容词后的程度副词。但是,"形容词+煞"的用法并不是很发达,我们可以说"热煞""咸煞""冷煞""难看煞",但是没有"胖煞""长煞""老煞"等用法。

状态形容词主要包括颜色、味道、质地和温度等语义范畴,如例(115)。它们不受任何程度副词所修饰,可以直接做谓语或定语,如例

(116)。

(115) a. 颜色：雪白,涤绿,墨黑,墨乌,绯红,焦黄

b. 味道：蜜甜,疯咸,槲苦,津酸,稀辣

c. 质地：石硬,绵软,绢光_丝滑_,稀糙

d. 温度：火_阴平_泡_烫_,百泡_烫_,阴凉_冷_

(116) a. 介火泡嘚茶,哪个喫落去。(这么烫的茶,怎么喝下去。)

b. 张脸孔雪白雪白。(那张脸雪白雪白。)

c. 格粒糖绵软嘚,尔好吃嘚。(这颗糖软软的,你可以吃的。)

d. 格粒药槲苦嘚,我覅吃。(这颗药挺苦的,我不吃。)

虽然状态形容词本身不被副词所修饰,但是它们可以用重叠形式表示程度的加深。状态形容词的重叠形式包括 AAB 式和 ABAB 式两种,其中 ABAB 的程度比 ABB 略高。

(117) a. 蜜蜜甜,津津酸,槲槲苦,稀稀辣,阴阴凉,石石硬,墨墨黑,绢绢光

b. 蜜甜蜜甜,津酸津酸,槲苦槲苦,稀辣稀辣,阴凉阴凉,石硬石硬,墨黑墨黑,绢光绢光

AAB 式和 ABAB 式状态形容词既可以做谓语也可以做定语,例如:

(118) a. 雪雪白嘚墙　　　　a′. 格堵墙介雪雪白。

b. 蜜蜜甜嘚西瓜　　　b′. 格个西瓜介蜜蜜甜。

c. 绢绢光嘚皮肤　　　c′. 渠皮肤介绢绢光。

(119) a. 雪白雪白嘚墙　　　a′. 格堵墙介雪白雪白。

b. 蜜甜蜜甜嘚西瓜　　b′. 格个西瓜介蜜甜蜜甜。

c. 绢光绢光嘚皮肤　　c′. 渠皮肤介绢光绢光。

6.7　介词和介词短语

富阳话的介词总的数量要远远少于普通话,一个介词往往身兼数职,因此介词系统仍旧有较高的复杂性。我们现对富阳话中的常用介

词的意义和用法一一做以解释。

6.7.1 处所介词

普通话用"在"表示处所介词,同时"在"也可以作为一个处所动词(locative verb)。前者出现的句法环境为"动词+在+处所宾语",后者为"主+在+处所宾语"。

富阳话中处所动词和处所介词分别由不同的词素表示,其中处所动词为"蹲⁼",处所介词为"勒"。

富阳话的"蹲"其实没有姿势改变义,它最直接的词汇意义为"居住",例如:

(120) a. 年纪大啯人欢喜蹲勒一楼浪。(年纪大的人喜欢住在一楼。)

b. 我幼小蹲勒农村里。(我从小住在农村。)

c. 我则拉爸爸姆妈蹲做淘。(我和我爸妈住在一起。)

富阳方言中用居住义动词"蹲"可以表示某种物体的空间存在关系,这一衍生意义,因此很多时候它相当于普通话的处所动词"在"。"蹲在"一般作句子的谓词,例如:

(121) a. 尔只电脑蹲何里_{何处}? 借我借。(你那台电脑在哪儿? 借我一下。)

b. 箱苹果蹲勒桌床浪,尔去放放好。(那箱苹果在桌子上,你去放好。)

c. 尔蹲何里搓麻将? 马上回来。(你在哪里打麻将?)

从例(120—121)我们可以看到,"蹲"表示居住时候,需要加处所介词"勒"。从我们观察到的语料来看,不仅"蹲"本身可以做处所动词,而且"蹲勒"或者介词"勒"都有类似的用法。它们均可以表示人或者无生命物体的存在,如例(122)。

(122) a. 尔蹲/蹲勒/勒何里? (你在哪里?)

b. 倷间新房子弗蹲勒/蹲/勒格头。(你们那间房子不在这里。)

c. 本书蹲勒/蹲/勒写字台浪。(那本书在写字台上。)

我们由此认为,从居住义动词"蹲"发展出处所义动词可以有以下两种可能的发展路径,见例(123)。从语音上来看,"蹲"作为实义动词表居住时,语音形式只能为 teŋ^{53},但是"蹲"一般处所动词时,可以是促化形式 teʔ^5。

(123) 蹲勒$_{居住}$ teŋ^{55}leʔ^{55}＞蹲勒$_{在}$ teʔ^{55}leʔ^{31}

＞蹲$_{在}$ teʔ^5

但是,富阳话的处所动词"蹲"不能用做处所介词。表"在"的介词出现在动词后时,我们只能使用介词"勒",不能使用"蹲"或者"蹲勒"。请看以下的对比。

(124) a. 俫房子买勒/*蹲/*蹲勒何里?(你房子买在哪里?)

b. 尔弗要坐勒/*蹲/*蹲勒我本书浪。(你不要坐在我那本书上。)

c. 个帽子戴勒/*蹲/*蹲勒头浪。(那个帽子戴在头上。)

富阳话只有"动词＋勒"这一形式,而没有"动＋蹲"或"动＋蹲勒"这两种形式。换言之,"蹲"或者"蹲勒"表示"在"的时候,只能做动词,不能做介词。

例(124)中的"勒"可以理解为静止或状态意"位于……"意义。除了"在"这一静止意义以外,"勒"还可以表示"到"这一动态意义,如例(125)。比如,在"水倒勒杯子里"这一例句中,我们可以用"勒"替代"到"表示"把水倒到杯子里"这个意思。

(125) a. 两本书帮我驮驮勒二楼浪。(那几本书帮我拿到二楼上。)

b. 尔送送我勒车站。(尔送我到车站。)

c. 今朝跑步,尔跑勒何里为止?(今天跑步,你跑到哪里为止?)

当谓词是典型的位移类动词,表示"你到哪里去?",一般不用介词"勒",而用"到",如"你到何里去?"或者直接用"你何里去"表达。

6.7.2 表"往,从"的介词

表示沿着某个方向或者经由某个地方前行,富阳话使用介词"望",后加表示路径的名词,名词之后多加"介",与宁波话(刘丹青2003)一样。

(126) a. 龙门望何里埭路去?(龙门镇往哪一条路过去?)
　　　b. 尔望后门头介去。(你往后门去。)
　　　c. 渠望东身岸介去?(他往东边去?)

富阳话没有专门表示"从"的介词。普通话中"从马背上摔了下来","你从哪里回来?"这些使用"从"的例句,富阳话均不需要使用"从"类介词,更严格地说,例(127)如果插入介词"望",这些句子是错误的。

(127) a. 渠(*望)脚踏车上跌勒落来㗳。(他从自行车上掉下来了。)
　　　b. 尔飞机(*望)何里飞到杭州?(你飞机从哪里飞到杭州。)

6.7.3 表"到"的介词

富阳话表示达到目的地的介词用"到"或"勒"表示。

普通话的位移动词"去"的补足语可以后置,如"你去哪?",也可前置,但前置时,使用介词"上"引介,如"你上哪去?"但是,富阳话中动词"去"的补足语只能前置[例(128a—b)],不能后置[例(128a′—b′)]。此时,前置处所宾语可以由介词"到"引介,但是介词的使用不是强制的。

(128) a. 佴(到)东阳旅游去㗳。(他们去东阳旅游了。)
　　　a′. *佴去东阳旅游㗳。
　　　b. 我(到)菜场里去买丢菜。(我到菜场去买点菜。)
　　　b′. *我去菜场里买丢菜。

我们只有在"V到"结构中强制使用介词"到",如例(129)。在这两个例子中,我们可以用"勒"替代"到"表示达到目的地。

(129) a. 尔明朝送送我到/勒学校。(你明天送我去学校。)

b. 开到/勒杭州,才刚晓得今朝学校放假。(开到杭州,才知道今天学校放假。)

6.7.4 表"给"的介词

富阳话表示"给"的介词源自动词"拨",如"拨我一本书"。"拨"老派发音为 po^{424},新派为促化音 po^{5} 或 pe^{5}。介词"拨"可以表示与格、受益格或者被动意义。给予义动词"拨"在北部吴语的使用较为普遍,一般认为"拨"的本字为持拿义动词"把",如"弄潮儿向潮头里,手把红旗旗不湿"句子中的"把"为"拿"(陶寰：私人交流)。在富阳话"把"可做动词,如"把尿""龙头把牢"。

"拨"表示与格的时候,一般用于"直接宾语＋V＋拨＋间接宾语"结构[例(130)]或"V＋直接宾语＋拨＋间接宾语"[例(131)]。

(130) a. 尔钞票还勒**拨**渠茫?(你钞票还给你了吗?)

b. 格封信是写**拨**尔嗰。(这封信是写给你的。)

(131) a. 我驮拿两株青菜来**拨**尔。(我拿几棵青菜来给你。)

b. 徐外婆叫我带个信**拨**尔。(你外婆叫我带个口信给你。)

"拨"可以表示受益格,即表示替某人或为某人干事。表示受益的"拨"一般置于主要动词之前,即"拨＋受益者＋动词谓语"。

(132) a. 尔**拨**我菜场里带块肉回来噢?(你给我菜场里带一块肉回来吧?)

b. 你**拨**我则渠去讲声好话。(你给我和他去说一句好话。)

给予义动词表示被动是汉语中很常见的一种用法。"拨"也无例外,它可以表示被动,引介被动事件的实施者。具体请参 6.8.2 节讨论。

6.7.5 表"向"的介词

"问"做介词一般用于向他人借物时引介被借人。该介词一定程度上保留了"问"本身表询问的词汇意义。

(133) a. 我想**问**尔掇两百铜钿。（我想向你暂借两百块钱。）

b. 渠**问**拉借勒50斤谷籽。（他向我们借了50斤谷子。）

c. 我**问**渠租勒一间厂房。（我向他租了一间厂房。）

d. **问**渠借钞票，还是不如问银行借好。（向他借钱，不如向银行借钱。）

虽然例(130)中"问"的用法，普通话一般用"向"表示。普通话中"向"还可以"问"不能用于"向他人提问"和"向他人问好"等情形，用于引介言谈对象。但是，富阳话中的"问"无此用法，一般用"得/则"，如"则渠问声好"或"得渠话一声"。

6.7.6 表"对"和"和"的介词

富阳话中用"得"$te?^5$或"则"$tse?^5$来引介言谈对象。例如：

(134) a. 我**则/得**尔讲，你要懂事丢。（我跟你说，你要懂事点。）

b. 尔拨我**则/得**渠讲一声，我来寻渠过嘚。（你给我跟他说一声，我来找过他了。）

富阳话中也用"得"$te?^5$或"则"$tse?^5$表示并列关系，相当于普通话的"和"。

(135) a. 苹果**则/得**橘子，尔欢喜何事？（苹果和橘子，你喜欢哪一样？）

b. 我小学**则/得**初中都灵桥读嗰。（我小学和初中都在灵桥读的。）

除了"得"和"则"，"做淘"也可以表示并列或者引介言谈对象。"做淘"本来表示"作伴"或者"在一起"的意义，所以它可以很自然地引申出表示并列的意义。从语音上来看，"做淘"也有合音现象，成为单音节的 $ts\mathrm{ɔ}^{335}$。"则"与 $ts\mathrm{ɔ}^{335}$ 也许有关系。

(136) a. 我**做淘**尔一总生_{一起}去。（我跟你一起去。）

b. 渠上日子**做淘**我话过嘚。（他昨天跟我说过了。）

我们也可以省略"做淘"的"做"，单用"淘"表示并列或动作对象：

(137) a. 我**淘**渠读书过啯。（我跟他读过书的。）

b. **淘**尔去,还是**淘**渠去好。（跟你去,不如跟他去。）

c. 覅**淘**渠讲,渠个人讲弗灵清。（不要跟他讲,他这个人跟他说不清楚的。）

d. 苹果**淘**橘子我都欢喜吃啯。（苹果和橘子,我都喜欢吃。）

老派用"对勒"表示言谈对象或行为对象,但是它不能表示底下的并列:

(138) a. 外婆**对勒**尔话,尔要待傣姆妈好丢。（外婆对你说,你对待你妈呀好点。）

b. 明朝**对勒**傣老师讲,有行当打电话拨我。（明天对你老师说,有事打电话给我。）

c. 格个畜生,我要**对勒**渠拜啦。（这个畜生,真得对他拜了。）

6.8　致使、处置和被动结构

我们将致使、处置和被动这三个结构放在一起讨论,出于两方面考虑。第一,很多汉语方言中表示致使、处置和被动这三种语义关系使用同一个标记,如中原官话的"叫"。第二,从结构上来看,这三个结构具有一定的类似性,它们都有连动结构的痕迹,并且从历时角度看,这三者有以下内在语义发展关系：处置 > 致使 > 被动（曹茜蕾 2007）。

6.8.1　致使结构

致使从广义上可以分为"使役致使"(coercive causation)和"允让致使"(permissive causation)(Kulikov 2001)。

富阳话一般使用"叫""害"等实义动词来表示使役致使。"叫"表达命令义或使成义[例(139)],而"害"强调消极结果义,即某格事件导致某个结果[例(140)]。

(139) a. 老师<u>叫</u>我放夜学啯时光,等着渠。(老师让我晚上放学的时候等着他。)

b. <u>叫</u>我烧开水,尔弗烧。(叫我烧开水,你自己不烧。)

c. 渠明朝<u>叫</u>我则渠一总生街浪去。(他明天叫我一起去镇上。)

(140) a. 生勒一场毛病,<u>害得</u>我半年工资驮弗着。(生了一场病,害得我半年工作没拿到。)

b. 渠勾勒我一脚,<u>害得</u>我只杯子去敲破得。(他勾了我一脚,害得我那只杯子打破了。)

富阳话的"允让致使"动词较多,包括"让"或"随",两者均表示任由的意思,如例(141)。此外,给予义动词"拨"也可以表"允让致使",该动词更强调被允许做某事的意思,如例(142)。

(141) a. <u>随/让</u>渠去。(随他去。)

b. 渠要玩嚡,<u>随/让</u>渠去玩啊!(他要玩儿,随他去玩。)

c. 钞票拨渠,<u>随/让</u>渠买。(钱给他,随他买。)

(142) a. 尔<u>拨</u>拨我去哦?(你让我去吗?)

b. <u>拨</u>渠话两句嚡算嘚。(让他说几句算了。)

6.8.2 被动结构

富阳话没有长短被动句之分,所有的被动句均需要被动标记"拨+施事者"表示。例(143)中被动标记"拨"后的施事者均不能省略。

(143) a. 门口块菜地[<u>拨</u>只猪]踏掉嘚。(门口那块地被那只猪踏掉了。)

b. 阿明早间头[<u>拨</u>老师]批评勒一顿。(阿明早上被老师批评了一顿。)

c. [<u>拨</u>蚊虫]咬浪好两口。(被蚊子咬了好几口。)

如果施事者在语境中不明确时，可以用第三人称代词复数形式"㑚"或者疑问词"何侬̣谁"表示。

(144) a. 只羊[**拨**㑚]牵得去嘚。（那只羊被人牵走了。）

b. 扇窗洞像看[**拨**何侬̣谁]敲破嘚。（那扇窗好像被谁打破了。）

由自然现象引起的一些被动事件，可以直接用受事主语句表示。其中施事者可以不出现，如果出现也一般不使用被动标记"拨"引介。

(145) a. 两件衣裳快丢收进来，等一等要[雨淋湿]嗰。（那几件衣服赶紧收进来，等一会要被雨淋湿了。）

b. 阿拉间屋[大水没牢]嘚。（我们那间房子被大水淹了。）

从上述三种被动句来看，富阳话中的被动句一般表示遭受不幸、蒙受损失等消极事件。积极义事件不用被动句表达。

6.8.3 处置结构

在很多方言中，"给"义动词是处置式标记的一个重要来源。一些学者(曹茜蕾 2007)提出"给予动词＞引益介词＞处置标记"的发展路径，但是在富阳话中"拨"不能用于处置式。例如：

(146) a. *尔**拨**扇大门去关一关。（你把那扇门关一下。）

b. *尔**拨**件衣裳弄破嘚。（你把那件衣服弄破了。）

c. *尔**拨**只鸡去关勒鸡笼里。（你把那只鸡关到鸡笼里。）

富阳话用"捉拿义"动词表示处置标记，它只有一个处置标记"搕" k^ho^{5}，部分人音 $k^hə^{5}$。它是由表示"抓"义动词"搕" k^ho^{335} 演变而来，语音上的变化为：$k^ho^{335}>k^ho^{5}>k^hə^{5}$。

"搕"表示处置的时候，动词只能表示出乎意料的事情的发生，因此一定程度上由表示不如意的意思，对比例(147)和例(148)。

(147) a. ***搕**菜掇出去。（把菜端出去。）

b. ***搕**衣裳洗洗掉。（把衣服洗掉。）

(148) a. 老师**搕**渠骂勒一顿。（老师把他骂了一顿。）

b. 只狗**搿**拉只鸡去咬死嘚。（那只狗把我们那只鸡咬死了。）

c. 渠**搿**块玻璃去敲破嘚。（他把那块玻璃敲破了。）

d. 渠**搿**我本书去无掉嘚。（他把我那本书丢掉了。）

"搿"字句的"消极义"这一语义限制也体现在例(149)和例(150)。例(149)中的相关例句均表示一个积极事件，它们均不能和标记"搿"共现。例(150)所表示"骑走自行车"和"洗衣服"这两件看起来是中性的事情。用"搿"之后，它们必须理解为不期待的事件，即"我没想到他骑走了我的自行车"或"我本不希望她把我的衣服洗了"。

(149) a. ♯ 渠搿部电视机修好嘚。

b. ♯ 渠搿奖金赢得回来嘚。

c. ♯ 老师今朝搿我表扬勒两毛。

(150) a. 渠**搿**我部脚踏车骑勒去嘚。（他把我那辆自行车骑走了。）

b. 渠**搿**我两件衣裳去洗掉嘚。（他把我那几件衣服洗掉了。）

类似的语义限制也见于绍兴话（盛益民 2010）。

普通话的"把"字句很多时候要求谓语是一个复杂谓语形式，并且一般要表示有界事件，但是富阳话的"搿"字句没有此限制。虽然"搿"字句经常表示不容易或者不期待的事情，句子的谓词往往表示已然事件。但是，它不仅仅限于表示已然事件，它完全可以用于祈使句或者虚拟句。

(151) a. 渠要**搿**我打。（他要把我打。）

b. 个贼骨头讲弗来想着**搿**我只皮包偷得去啕。（那个小偷说不定想把我的皮包偷走。）

c. 大水马上要**搿**阿拉间房子没牢来嘚。（大水马上要把我们那间房子淹没了。）

对应普通话中表示中性的把字句，如"把饭吃了"等，富阳话可以前置宾语，不用任何介词标记，直接用 STV 语序表示。

(152) a. 尔[碗饭]吃掉。(你把饭吃掉。)

b. 尔[个房间]弄弄干净。(你把那个房间弄干净。)

c. 我[菜]洗好嘚,尔好去烧嘚。(我把菜洗好了,你可以去烧了。)

d. 我[作业]要5点才将写得完,尔再等我霎。(我作业要5点才能写完,你在我会儿。)

6.9 时间范畴与体标记

和普通话以及很多汉语方言一样,富阳话没有高度语法化的时标记,但是有一个发达的体标记系统。我们将分别讨论"勒""嘚""过""掉""快"等词素做体标记的用法。

6.9.1 进行体

普通话的进行体(progressive)标记由存在动词"在"承担,"在+动词"表示某个事件正在进行。但是,富阳话的进行体标记则由"勒+方位成分"构成,如"勒里""勒带"和"勒底"。

根据我们在介词部分的论述,"勒"为处所介词,相当于"在",所以"勒里""勒带"和"勒底"则应视为表示处所的介词短语,其中"勒里"和"勒带"表示近指意义"在这里",而"勒底"表示远指意义"在那里"。例(153)中"勒里""勒带"和"勒底"的均充当句子的谓语。

(153) a. 你坐**勒带**,等着。(你坐在这儿,等着。)

b. 你坐**勒底**再讲,我马上来抱你。(你坐在那儿再说,我马上来抱你。)

当这些处所短语处于动词前时,它们充当进行体标记。处所短语"勒里/带"和"勒底"做体标记的时候,不仅表示当下正在发生什么事情,而且也体现一定的方位意义。根据说话者和回答者是否处于统一空间平面,我们可以选择近指的"勒里/带"或者远指的

"勒底"。

(154) a. 阿拉**勒里**/**勒带**拣毛豆。（我们在挑选毛豆。）

b. 我早间打电话拨渠啯时光，渠将刚**勒底**上课。（我早上打电话给他的时候，他正在上课。）

c.（站在屋里看窗外下雨）爿天又**勒底**落雨。（天又在下雨了。）

d. 阿拉格头**勒里**落雨，尔格头落弗落？（我们这里在下雨，你那儿下不下？）

进行体标记"勒里/搭"和"勒底"距离远近的区别在打电话的语境中更加明确。一般来说，打电话问对方时，为远指；答者，回答时为近指。以下为打电话时的语境：

(155) 问：你**勒底**做何事？（你在干什么）

答：我**勒带**/**勒里**看书啊。

再如其他的语境：

(156)（语境：两个老年朋友见面互相询问彼此在吃什么特殊的养生补品）问：尔格毛**勒底**吃何事？（你现在在吃什么？）

(157)（语境：问者看见答者正在吃东西）问：尔**勒带**吃何事？拨我丢吃吃。（你在吃什么？给我点吃的。）

"勒带"和"勒底"做体标记的时候，"勒"可以省略，单独用"带"和"底"做体标记。但是，我们不能省略"勒里"的"勒"。

(158) a. 我 *(**勒**)里写作业。（我在写作业。）

b. 渠(**勒**)带写作业。

c. 渠(**勒**)底写作业。

需要指出的是，"勒里""勒带"和"勒底"中的方位成分不完全对应于指示系统中方位处所近指词。我们前文讲到方位指示词，表示近指的方位词为"勒里"，远指的方位词为"唔带"。但是在体标记系统中，"里"和"带"均表示近指成分，而远指成分"底"不是一个基本方位词。

6.9.2 持续体

很多吴方言种表示进行体的体标记可以兼做持续体(durative)标记,两者主要通过语序来体现。一般来说,进行体标记出现在动词之前,而持续体标记出现在动词之后,即"勒里/勒带/勒底＋动词"表示进行体,而"动词＋勒里/勒带/勒底"表示持续体。富阳话的情况大体如此,但是我们进一步区分"动词＋勒里/勒带/勒底"表示"持续体"和"存有体"这两种情况。

首先,"动词＋勒里/勒底/勒带"可以表示由某种动作引起的某种状态的延续,是一种持续意义。

(159) a. 钞票尔先园**勒底**好嘚。(钱你先放着好了。)

b. 堂前里有张毛泽东挂好**勒底**。(大厅有张毛泽东的画像挂着。)

c. 管电灯亮好**勒带**。(那盏电灯亮着。)

普通话中,"动词＋持续体标记"一般可以直接加宾语,如"拿着话筒"或"戴着帽子"。但是,富阳话中,其宾语一般只能前置,动词出现在句末。

(160) a. 个帽子戴**勒底**。(把帽子戴着。)

a′. *戴**勒底**个帽子。

b. 我看见桌床浪有个西瓜放好**勒底**。(我看见桌上放着一个西瓜。)

b′. *我看见桌床浪放**勒底**个西瓜。

"头上戴着一朵花"这一类表示存在的句子,普通话仍使用持续体标记"着"。富阳话使用完成体标记"勒"或"浪上"表示。

(161) a. 头浪戴**勒**个帽子。(头上戴着一个帽子。)

b. 桌床浪放**勒**个西瓜。(桌子上放着一个西瓜。)

c. 衣裳浪画**浪**朵花。(衣服上画着一朵花。)

其次,"动词＋勒带/勒里/勒底"可以强调存有或者存在,其主要动词一般为"有"。我们认为例(162)的例子表示一种存有意义。持续和存在的区别主要在于动词本身,持续体的动词一般表示某个过程的变化,而存有体的动词一般为"有"。

(162) a. 俩有个小人生好**勒底**。(他们生了个小孩。)

b. 酱油阿拉屋里有**勒底**。(酱油我们家有。)

c. 我钞票有**勒带**,弗要拨我咡。(我有钱,不要给我了。)

富阳人在说普通话时,很多时候有母语迁移现象,经常能听到"有在"结构,如"我有苹果在"或者"我苹果有在"。

6.9.3 完整体

富阳话有两个完整体标记(perfective),"勒"leʔ⁵和"浪"lɔ̃²¹²都相当于"了1",它们的用法有重合的地方。

完整体标记"浪"的本字为"上";"上"作为方位词时,也发作"浪"音,比如"桌子上"说成"桌床浪"。吴语的常州方言(郑伟 2010)、绍兴方言(陶寰 1996b,盛益民 2014)也存在"上"表示体标记的用法。而另一完整体标记"勒"的早期形式应该是"得"teʔ⁵,在富阳话中,t边音化为l是一个较为常见的语音变。在典型的"得"字句,如"V+得+补语"这一结构中,"得"也已经弱化为 leʔ⁵。所以,我们还是把"得"记做"勒",如例(163)所示。

(163) a. 吃**勒**落/吃弗落(吃不下/吃得下)

b. 看弗看**勒**懂(看不看得懂)

c. 我走**勒**动。(我走得动)

d. 有**勒**吃,咪**勒**吃。(有得吃,没得吃)

"勒/浪"表示事件已经完成或者结束。很多时候,说话时间和参考时间两者是吻合的,所以带"勒/浪"的句子往往可以表示说话以前已经发生的事件,是一个过去的已然事件。

(164) a. 我日中吃**勒/浪**三碗饭。(我中午吃了三碗饭。)

b. 跌**勒/浪**一跤。(摔了一跤。)

c. 拨狗咬**勒/浪**一口。(被狗咬了一口。)

d. 背脊浪生**勒/浪**个疤。(背上生了一个疤。)

"勒/浪"也可出现在存现句中,表示某种状态的持续。普通话中可以用"了1"或者持续体标记"着"来表示。"勒/浪"所表示持续体的意义来源于这些谓词本身所表示的事态的变化。

(165) a. 胸孔前戴**勒**/**浪**一朵花。(胸前戴着一朵花。)

　　　b. 大门浪贴**勒**/**浪**副对联。(大门上贴着一副对联。)

在以上两种语境下,"勒"可以被"浪"替代,可以表示一种已然事件,在这两种情形下,"勒"和"浪"是自由变体。除了事件意义上的一致性,"浪"往往暗含"不期待"意思,但是"勒"没有该类语用意义。比如,例(165)中用"浪"时,说者似乎在暗示"胸前戴花"有点奇怪,有不应该戴之类的语用意思。老派使用"浪"的频率大大高于新派,同时,不期待义对老派并不明显。

"勒"和"浪"的其中一个区别在于,"勒"可以表示两个相继事件中其中一个先发生,但是"浪"无此用法。例(166)表示的未然事件,因为这时事件发生的时间不是相对于说话时间,而是相对于另一个事件。在这种情形下,只能用"勒",不能用"浪"。

(166) a. 日中饭吃好**勒**/*浪,再出门。(中饭吃好再出门。)

　　　b. 生活弗要去做,书读**勒**/*浪再说。(不要去干活,读了书再说。)

6.9.4　完成体

富阳话中表示"了2"的完成体标记(perfect)为"嘚"de$?^2$,也有人音die$?^2$。这或许是"嘚"和某个语气词的合音。"嘚"表达一定的现实相关性。

(167) a. 问:写好芒?(写好没?)

　　　　答:写好嘚!(写好了。)

　　　b. 停电嘚!(停电了。)

　　　c. 渠英语三年学好嘚,还呒勒讲。(他英语学了三年了,还不会讲。)

(168) a. 弗要谈天嘚,好吃嘚!(不要聊天了,可以吃了。)

  b. 要弄好来出发嗻,倷准备好未?(要准备出发了,你们准备好了吗?)

  c. 爿天要落雨嗻。(天要下雨了。)

  普通话中有"了 1"和"了 2"连用的现象,如"我吃了饭了"。普通话的"双了句"表示完成意义,即"已经做过某事"。富阳话没有类似的结构。原因有二:一是该结构中,富阳话宾语往往需要前置;二是在该结构中,富阳话往往用表示完成的"好"或者"过"来表示"了 1",而不用"勒"。

(169) a. 饭我吃过嗻。(我吃了饭了。)

  b. 我作业做好嗻。(我做了作业了。)

  c. 格部电影我三回看落嗻。(这部电影我看了三次了。)

6.9.5　完成体、经历体和重复体:过

  "过"可以表示多种体意义,包括完成体,经历体和重复体。

(一) 过 1: 完成体标记(perfect)

  "过"表示完成体,相当于英语的"have done"。虽然"过"和"嗻"都能表示完成体,但是"过"表示的完成事件的事件框架是过去的,如例(170),而"嗻"则无此限制,可以是过去,现在或者将来[例(171)]。从例(170)可以看出,表示完成的"过"往往需要"嗻"的出现,但是"嗻"对"过"无此要求。

(170) a. 早间落雨过嗻。(过去:早晨下过雨了。)

  b. 我饭吃过嗻。(过去:我饭吃过了。)

(171) a. 落雨嗻。(现在时间:下雨了。)

  b. 渠要明朝来嗻。(将来时间:他要明天才来。)

  c. 我作业写好快嗻。(将来时间:我作业快写好了。)

  作为完成体标记,例(172)含有"过"的句子都有一个预设,即说话者希望主语表示的个体有相关的践行。

(172) a. 我叫尔上海去,尔上海去过茫?(我让你去上海。你上海去了没?)

　　　　b. 尔马骑过茫？（你骑过马没？）

　　　　c. 尔饭吃过茫？还未吃啯说话，阿拉屋里吃。（你饭吃过没？没吃的话，我们家吃。）

另外，需要特别注意的是，凡是带完成体"过"的句子，其宾语都必须前置。对比例(172)和例(173)。

　(173) a. *尔去上海过茫？

　　　　b. *尔骑马过茫？

　　　　c. *尔吃饭过茫？

（二）过2：经历体(experiential)

经历体"过"表示主体是否经历过某事或者是否有过某种体验，这种经历可以重复，因而可以被计数的。

从之前的例子可以看出，"过"表示完成体时，宾语需要前置于动词前。但是，表示经历体时候，"过"一般出现在正常的动宾短语之后，如例(174)。

　(174) a. 你今朝吃咖啡过茫？（你今天喝咖啡过没？）

　　　　b. 你染头发过嘚噢？（你染头发过了呀？）

如果有时量短语，"过"即可以跟在动词之后，也可以出现在时量短语之后，如例(175—176)。

　(175) a. 我去过三回。

　　　　b. 渠考及格过两毛。（他考及格过两次。）

　　　　c. 馒头我早间吃一个过嘚。（馒头我早晨吃过一个。）

　(176) a. 我去三回过。

　　　　b. 渠考及格两毛过。

（三）过3：重复体(repetitive)

"过"可以做重复体标记，即表示重新做某一件事情，相当于英语的 again 或者前缀 re-。

　(177) a. 格道题目做错啯，重新做过。（格道题目做错的，重新做。）

　　　　b. 格顿饭是话吃勒不开心嚹，阿拉再去吃过。（这顿饭如果吃得不开心的话,我们再去吃过。)

c. 格碗菜还生嘚,再去烧过。(格碗菜还生呢,再去烧。)

如果有动量词,重复体"过"必须出现在动量词之后:

(178) a. 两个字写勒不好看,再去写一遍过。(那几个字写得不好看,再去写一遍。)

a′. *两个字写勒不好看,再去写过一遍。

b. 格个地方尔去两毛过嚜,尔认着嘚。(这个地方你去过量词,你认识了。)

b′. *格个地方尔去过两毛嚜,尔认着嘚。

6.9.6 完结体

"掉"lio³³⁵是一个完结体(completive)标记,表示某件事情的结束。"掉"的用法大致相当于上海话的"脱"。

"掉"既能跟在及物之后,也能跟在不及物动词之后。"及物动词+掉"表示事情结束很大程度上取决于宾语论元所指物体的消耗殆尽,如例(179)。而"不及物动词+掉"则表示状态的变化,如例(180)。

(179) a. 渠一锅饭都去吃掉嘚。(他把一锅饭都吃掉了。)

b. 一个礼拜用掉勒一千块钞票。(一个星期用掉了一百块钱。)

c. 渠间屋拨佣拆掉嘚。(他那间房子被人拆掉了。)

(180) a. 对照嗰老头昨晚上死掉嘚。(对面那个老头昨晚死了。)

b. 格爿店倒灶掉嘚。(这间店倒闭了。)

c. 个人呆掉嘚。(人变呆了。)

d. 双鞋子弗要湿掉。(鞋子不要弄湿。)

e. 饭要焦掉来嘚。(饭马上要焦了。)

"动词+掉"很多时候用于祈使句。祈使句的谓语如果是及物动词的话,它的宾语往往提前,然后再用复指代词(resumptive pronoun)"渠"回指。如果不使用复指代词的话,动词则需要使用重叠形式。

(181) a. 两梗鱼吃掉渠,到明朝要坏唡。(这几条鱼吃掉它,等到明天就坏了。)

b. 格株树斫掉渠。(这棵树砍掉它。)

c. 园里岸丢草拔掉渠。(菜园里的草拔掉它。)

(182) a. 个番瓜棚拨我拆拆掉。(把这个南瓜棚给我拆掉它。)

b. 门口堆垃圾扫扫掉。(把门口那堆垃圾打扫掉。)

c. 园里岸丢草拔拔掉。(把菜园里的草拔干净。)

6.9.7 将行体

"快"做体标记时候,表示某事即将发生,相当于英语的 be about to …它一般出现在整个动词短语之后,如单个动词谓语[例(183)],"动词+宾语+快"[例(184)]或"动词+补语+快"[例(185)]。

(183) a. 戏文要开始**快**嘚。(戏文快开始了。)

b. 杭州到**快**嘚!(杭州快到了。)

c. 好**快**嘚,再等一煞。(快好了,再等一下。)

(184) a. 覅跑出去嘚,吃夜饭**快**嘚。(不要出去了,快吃晚饭了。)

b. 要落雨**快**嘚,尔弗要去嘚。(快要下雨了,你不要去了。)

c. 做爸爸**快**嘚。(快做爸爸了。)

(185) a. 个贼骨头拨拉打煞**快**。(那个小偷快被我们打死了。)

b. 碗肉烧焦**快**嘚,好盛起来嘚。(那碗肉快烧焦了,可以盛起来了。)

c. 今朝胃口好勒带,三个包子拨尔吃完**快**嘚。(今天胃口好得很,三个包子都快给你吃完了。)

d. 桩行当处理好**快**未?(这件事快处理好了吗?)

虽然情态动词"要"也可以表示某事将要发生,但是"快"暗含了某事有个预期的时间点发生,但是当下还没到这个时间节点,这是"要"没有的语义。

(186) a. 弗要跑出去嘚,要吃夜饭**快**嘚。(不要跑出去了,快吃晚饭了。)

  b. 戏文要开始**快**嘚。(戏文马上要开始了。)

"快"除了用在动宾短语之后,也可出现在名词性谓语之后,如例(187)。

(187) a. 五个月**快**嘚。(快五个月了。)

  b. 立秋**快**嘚。(快立秋了。)

  c. 冬场里**快**嘚。(快冬天了。)

6.9.8 尝试体

普通话一般用动词重叠表示尝试体(tentative),如"V 一 V"或者"V 一下"等。富阳话中一般使用"VV 看"表示尝试做某事,如例(188)。

(188) a. 你吃吃看咸勒还是淡?(你吃吃看咸还是淡?)

  b. 你打打看!(你打打看!)

  c. 你去看看看,渠来未?(你去看看看,他来了没有?)

该动词重叠形式要求动词为单音节动词,如果是 VO 或者动补结构的,我们只拷贝第一个动词。

(189) a. 尔游水游游看,会弗会游?(你游泳游游看,会不会游?)

  b. 格部车子发发看,发弗发得着?(这辆车发动发动看,发不发得着?)

  c. 尔英语讲讲看,会弗会讲?(你英语讲讲看,会不会讲?)

6.10 情态范畴

我们将情态范畴分为情态动词和情态副词两部分讨论,暂且不讨论评价情态和传信情态等用法。

基于情态表达本身的多义性,我们不按照动力情态、认识情态和道义情态这一情态语义三分法来讨论,而是按照每个情态动词或情态副词能够表达的情态意义来描述。

6.10.1 情态动词

(一) 情态动词: 好

"好"可以表示道义情态,表达被经某权威方同意或被允许做某事。

(190) a. 生毛病,辣椒<u>好</u>弗<u>好</u>吃?(生病辣椒能不能吃?)

b. 医生叫过嘚,尔<u>好</u>进去嘚。(医生了叫过,你可以进去了。)

c. 水库里岸<u>好</u>弗<u>好</u>洗浴?(水库里能不能洗澡?)

d. 酒吃落,弗<u>好</u>开车子。(喝了酒,不能开车。)

"好"表示有生命个体有能力做某事,这种能力既可以是一种内在的能力,如例(191)所表示的胃口或能力,也可以是拥有某方面的技能,如例(192)。

(191) a. 渠一顿有三碗饭<u>好</u>吃。(他一顿能吃三碗饭。)

b. 我一个早间有十里路<u>好</u>走。(他一个早晨能走十里地。)

(192) a. 介好嗰水平,尔<u>好</u>读大学嘚。(这么好的水平,你可以读大学了。)

b. 烧菜烧得介好,尔<u>好</u>去开饭店嘚。(菜烧得这么好,你可以去开饭店了。)

c. 渠<u>好</u>当老师噻,我<u>好</u>做局长。(他能当老师,我就能当局长。)

"好"可以表示物体的某种用途和功能,例如:

(193) a. 格只袋麭掼掉,<u>好</u>放东西嗰。(这只袋子不要扔掉,可以放东西的。)

b. 破布头<u>好</u>做鞋子嗰。(破布可以做鞋子。)

c. 冷饭头<u>好</u>烧油炒饭。(冷饭可以烧炒饭。)

"好"可以表示说话者根据在某种客观条件满足的情况下,表达的一种主观建议,应属于认识情态。

(194) a. 尔好上班去嘚,介迟嘚。(你可以去上班了,这么迟了。)
   b. 粥冷掉嘚,大家好吃嘚。(粥冷掉了,大家可以吃了。)
   c. 明年60岁啯说话,好拨尔做寿嘚。(明年六十岁的话,可以给你做寿了。)

(二) 情态动词: 要

"要"表示道义情态,即根据某种道义规定,当事人必须做某事。

(195) a. 两弟兄要话得来。(兄弟俩应该和睦。)
   b. 早饭要吃格,弗好弗吃。(应该吃早饭,不能不吃。)
   c. 㑚叫你过,尔实别肯定要去。(他邀请过你,你肯定得去。)

"要"表示认识情态,表示根据说话者了解的背景知识,某事在某个将来的时间将要发生。

(196) a. 今朝要落雨啯,衣裳甭洗啯。(今天要下雨的,衣服不用洗。)
   b. 我晚半日要出门啯,尔东西拨我准备好。(我下午要出门,你东西给我准备好。)
   c. 我要放炮仗嘚,倷走开。(我要放炮仗了,你们走开。)

(三) 情态动词: 会

"会"表示某个有生命的个体有能力做某事,这种能力往往是后天习得某种能力。

(197) a. 你游水会弗会游?(你会不会游泳。)
   b. 渠会讲英语啯。(他会说英语的。)
   c. 个小鬼走路会走茫?(这个小鬼会走了吗?)

"会"也可以表示将来时间发生与否,但是它只限于问句,我们用"会弗会"或者其省略形式"会会"提问。回答的时候,如果是有生命的个体,我们用"会"回答,如例(198a)的合理回答是"渠会来啯。"如果主语是无生命的个体,我们一般不用"会"回答,而用"要"回答,如例(198b—c)的回答分别为"明朝要落雨啯"和"国庆节阿拉要放假啯"。

(198) a. 你讲,渠会弗会来?

b. 明朝会会落雨?

c. 国庆节阿拉会会放假?

(四) 能性动补结构

"得"和"弗"用于动补短语中,可以引介可能补语,表示某种能力[例(199)]或者可能性[例(200)]。

(199) a. 格碗饭我吃得/弗落。(这碗饭我吃得/不下。)

b. 脚踏车我还骑得/弗动唧。(自行车我骑得/不动。)

c. 问:尔跑弗跑得动? 答:跑得动。(问:你跑不跑得动? 答:跑得动。)

(200) a. 格场雪落得落唧,你看着好唭。(这场雪下得下,你看着好了。)

b. 格块牛肉烧得烂唧,再等一霎。(这块牛肉煮得烂的,再等一会。)

6.10.2 情态副词

(一) 表示可能性的情态副词

"像看"相当于普通话的"好像",可以表示可能性这一认识情态意义。

(201) a. 爿天像看要落雨唭。(这天好像要下雨了。)

b. 渠像看勿得来唭。(好像他不会来了。)

c. 渠像看是外头人。(他好像是外地人。)

"讲弗来"相当于普通话"说不定"的意思,表示说话者主观的不确定性。

(202) a. 爿天讲弗来要落雨唭。(这天说不定要下雨了。)

b. 渠讲弗来勿得来唭。(说不定他不会来了。)

c. 渠讲弗来是外头人。(他说不定是外地人。)

(二) 表示概然性的情态副词

"总"表示基于某种背景认识作出的一种概率较大推测,属于认识情态。

(203) a. 介则渠话过,渠总勿得迟到。(这么跟他说,他总不会迟到吧。)

b. 盛勒介满一碗,你总吃饱嘚。(盛了这么满一碗,你总吃饱了。)

c. 渠总勿得讲出去格。(他总不会说出去的。)

(三) 表示必然的情态副词

"硬/死必"均表示道义情态,相当于"务必"或"一定"的意思。其中,"死比"有点"无论如何"的意味。

(204) a. 尔硬/死必要去嗰。弗去俪要有意见嗰。(你一定要去。不去的话,人家会有意见的。)

b. 格只电脑尔硬/死必要买拨渠。(电脑你一定要买给她。)

c. 格顿饭尔硬/死必要请,弗请话弗过去。(这顿饭你一定要请,不请说不过去。)

虽然"一定"也表示必然性,但是这种必然性可以是说话者主观上认为的必然性。与之不同的是,"硬/死必"则是一种道义上的必然性。

(205) a. 阿拉爸爸弗拨我来,我自家一定要来。(我爸爸不让我来,我自己一定要来。)

b. 渠一定要告送老师,小王讲鬼话。(他一定要报告老师,小王在说谎。)

6.11 否定范畴和否定句

富阳话的否定词系统是建立在"弗"和"无"的对立之上。否定副词"弗"表示一般否定,相当于普通话的"不";"无"表示存在否定,相当于普通话的"没有"。

6.11.1 一般否定词"弗"

我们首先说一下"弗"的语音变体。"弗"单独否定独立谓语时,声母为轻擦音 f,记做"弗"fe?⁵。但是在动补结构中否定补语时,其声母则为浊塞音 v,本书仍记做"弗"ve?²。例如:

(206) a. 渠今朝上班弗[fe?⁵]来。(他今天上班没来。)

b. 问:你是弗[ve?²]是富阳人?答:弗[fe?⁵]是。(问:你是不是富阳人?答:不是。)

c. 渠讲弗[ve?⁵]来说不定今朝上班弗来。(他说不定今天上班没来。)

d. 吃弗[ve?⁵]落吃不消。(吃不下。)

一般来说,普通话用"不"否定现在或未来事件,而用"没(有)"否定已然事件。富阳话的一般否定词"弗"则没有时态的限制,它可以出现在不同的时间框架中。具体来说,"弗"不仅可以否定现在或者未然事件[例(207)],也可以否定已然事件,表示不曾做过某事[例(208)]。

(207) a. 今朝图书馆门弗开。(今天图书馆不开门。)

b. 明朝格班车弗开。(明天这班车不开。)

c. 我肉弗吃。(我不吃肉。)

(208) a. 我上个礼拜一日班勒弗上。(我上个礼拜一天班都没上。)

b. 渠早饭弗吃,就出门嘚。(他没吃早饭,就出门了。)

c. 我一个月已经弗上班嘚。(我已经一个月没上班了。)

"弗"可以构成 A−NOT−A 极性问句,即"动词-弗-动词"。很多时候这个"弗"可以省略,直接用动词重叠表示是非问句。

(209) a. 问:我街上去,你去(弗)去? 答:弗去。

b. 问:碗中药渠吃(弗)吃光? 答:吃光嗰。

c. 问:格句摊头话好(弗)好讲? 答:讲弗得。

6.11.2 存在否定词"无"和"咪"

富阳话中表示存在否定的否定词是"无",其中白读音为 m[113],用于"无显法问菩萨""有爹娘生,无爹娘教""无头无脑 六神无主,没头绪""无结果 没出息""无掉 丢失"等;文读音为 vu^{113},用于"无千得万 成千上万""无法无天""无所谓"等词。

不管是文读还是白读,否定词"无"都只出现在一些成语或者俗语中,它一般不能用来否定普通的名词或者句子中的谓词性成分。富阳话只能使用"咪"mi^{53}来否定普通名词的存在,如例(210)。

(210) a. 我今朝咪胃口,夜饭麴吃。(我今天没有胃口,不想吃晚饭)

b. 格个礼拜作业咪,阿拉好去搞 玩 嘚。(这个礼拜没有作业,我们可以去玩了)

c. 米咪嘚,要去买袋来嘚。(没米了,要去买一袋了)

不过,存在否定词有老派和新派两种说法。单独做存在动词时,新老派均用"咪"mi^{53},老派还用"无得"m^{55} le?^{55}。例如:

(211) a. 格塥地今年咪/无得 淘成 收成 啊。(这块地今年没有收成。)

b. 我个人力气一丢勒咪/无得。(这个人一点力气都没有。)

c. 我身干钞票一分勒咪/无得。(我身上没有一分钱。)

存在否定"咪"与存古的"无"之间有怎样的关系?我们认为,"咪"是"无"和"有"的合音。但是,我们发现这一假设有困难,因为"有"的发音为 iʋ^{424},如果"无"和"有"合音的话,我们得到的最可能的发音是:miʋ＝m+iʋ。但是,富阳话并没有 miʋ 这样的语音形式。我们认为,"有"在富阳话中有可能存在特殊音变 i(李旭平 2015)。

提问是否拥有某物的问句应为极性问句,吴语中常见的包括句末语助词、A-not-A 问和 K-VP 问句这三类。富阳话中,一般动词通常使用"V-not-V"形式表极性问句。但是,提问"有"这个动词时,我们一般不用"有弗有",而直接用"有无"提问,如例(212a—b)。

(212) a. 尔感冒药有无?(你有没有感冒药?)

b. ??? 尔感冒药有弗有?

c. *尔有弗有感冒药?

例(212a)是使用最多，最自然的语序。我们认为，"有无"在富阳话中已经词汇化成为一个固定表达，构成极性问句时其功能相当于汉语的"是否"或者英语的 whether。例(212b)"有弗有"这种表达是一种新近后起的表达，年轻人会说。即使年轻人使用"有弗有"的话，正常的语序应该是宾语提前[例(212b)]，而不用[例(212c)]的语序。

"无"和"咪"的对立在疑问句中也有体现。富阳话一般用"有无"提问某人是否拥有某物，但是只能用"咪"回答，如例(213)所示。

(213) a. 问：你感冒药**有无**/*有咪？　　答：咪/*无。
　　　b. 问：佗今朝电**有无**/*有咪？　　答：咪/*无。

6.11.3　完成体的否定

普通话中的存在否定词"没有"既可以否定名词，即否定物体的存在，也可以动词，表示尚未或未曾做某事。在富阳话中，存在否定词"咪"并没有尚未等用法。

富阳话用"还未"ã¹¹³⁻¹¹ m̩³³⁵⁻¹¹ 表示。我们认为 m̩ 本字是"未"的依据有二：第一，语音上，由于早期"未"读鼻音声母，声调读阴去调符合其次浊去归阴去的规律，而读成自成音节的鼻音则是弱化的表现；第二，从周边的吴语来看，多用"未"来对已然的状况进行提问。

"还未"相同于"尚未"，表示到说话时间尚未发生。之前还能出现表示状态持续的副词"还 uaʔ²"。例如：

(214) a. 阿拉还**还未**开学嘚。（我们还尚未开学呢）
　　　b. 佗阿哥**还未**爬起来奥？（你哥哥尚未起床？）
　　　c. 我还**还未**到屋里，再等我霎。（我还没有到家里，在等我会儿。）

提问已然事件时，富阳话有两种常见的手段：(i) 使用句末的"未"m̩³³⁵ 或其变体"矛⁼"mɔ¹¹³、"茫⁼"mɔ̃¹¹³，其中"矛⁼"mɔ¹¹³ 是"未"m̩³³⁵ 和语气词"噢"ɔ 的合音，"茫⁼"mɔ̃¹¹³ 大概是其增生鼻化的形式。如例(215)。(ii) 使用"有无"置于动词前，有两种语音形式，一种是"有无"iʊ³³m̩⁵³,一种是"□无"nʊ⁴²⁴⁻³³m̩¹¹³⁻⁵³,其中后一种现在只限于老派使用,如例(216)。这两种问句,回答时均使用"还未"ã¹¹m̩¹¹。此处,均不能使用"咪"来提问或者回答。

(215) a. 问:尔作业写好<u>未</u>/<u>矛</u>⁼/<u>茫</u>⁼? (你作业写好了没有?)
    答:还未。(还没有。)
  b. 问:尔上海去过<u>未</u>/<u>矛</u>⁼/<u>茫</u>⁼? (你去过上海没有?)
    答:还未。(还没有。)

(216) a. 问:徐阿哥<u>有无</u>/nʊ⁴²⁴<u>无</u>爬起奥? (你哥哥有没有起床?)
    答:还未。
  b. 问:尔<u>有无</u>/nʊ⁴²⁴<u>无</u>开学唠? (你有没有开学?)
    答:还未。

6.11.4 情态否定

富阳话的情态否定包括"弗"和一些情态动词合音的"覅""甮""勿"三个和存在否定词"无得"的情态用法。

"覅"是"弗要"的合音,不仅可以表示实际的词汇意义,即某种主观上的不要或不愿意[例(217)],而且也可以表示劝诫,禁止等动力情态意义[例(218)]。

(217) a. 格件衣裳,尔要还是<u>覅</u>? (这件衣服,你要不是不要?)
  b. 我<u>覅</u>尔好! (我不要你好!)
  c. 渠幼儿班小班<u>覅</u>读,要读中班。(他不想读小班,要读中班。)

(218) a. 尔<u>覅</u>则渠讲,我来过嘚。(你别跟他说,我来过了。)
  b. 墙浪<u>覅</u>去画。(墙上别画。)
  c. <u>覅</u>吵,听渠讲。(别吵,听他讲。)

"甮"是"弗"和"用"的合音,表示"不必"的意思,其相对应的肯定式是"要"表示必须。我们也可以在否定情态词"甮"后加上"得"le?⁵。

(219) a. 尔考弗上嗰啦,试也<u>甮</u>(得)试。(你考不上的,不用试了。)

b. 尔甭(得)讲,讲落去也咪意思。(你不用说了,说下去也没有意思。)

c. 尔甭(得)则我去,我自家驮得动。(你不用和我去,我自己拿得动。)

"刎"是"弗"和"会"的合音,用来否定能力[例(220)]或者不可能性[例(221)]。"刎"一般和动词后缀"得"成词,即"刎得"整体作为一个情态否定词。"得"可以弱化(边音化)为"勒"。

(220) a. 格道题目我刎得做。(这道题我不会做。)

b. 我游水会得游,潜水刎得潜。(我会游泳,不会潜水。)

c. 跌勒一跤,走路勒刎得走嘚。(摔了一跤,走路都不会走了。)

(221) a. 明朝刎得落雨格。(明天不会下雨的。)

b. 介迟嘚,渠总刎得来上课嘚。(这么迟了,他总不会来上课了。)

c. 尔介讲过,渠总刎得去。(你这么说过,他总不会再去。)

此外,"刎得"可以表示"没关系"的意思,例如:

(222) 问:我搁尔支笔弄破嘚。(我把你那支笔弄破了。)

答:刎得嗰。(没关系。)

存在否定词"无"加上情态词素"得"后,可以构词情态否定词"无得"$m^{11}le?^{11}$,类似于普通话的"没得"。新派在"咪"的基础上类推出了"咪得"$mi^{55}le?^{55}$的说法,例如:

(223) a. 推扳三日,渠养老保险无得驮。(差三天,他养老保险没得拿。) [老派]

b. 推扳三日,渠养老保险咪得驮。 [新派]

我们把"无得/咪得"视为情态动词,即直接否定动词。如果动词带宾语的话,宾语一般需要提前,可以出现在情态动词"无得/咪得"之前或者位于"无得/咪得"与实义动词之间。

(224) a. 格时光穷,大家饭无得/咪得吃。(那时候穷,大家饭没得吃。)

  b. 格时光穷,大家无得/咪得饭吃。

  c. *格时光穷,大家无得/咪得吃饭。

否定情态动词"无得/咪得"可以表示认识情态,表示没有机会做某事。例如:

(225) a. 格时光穷,大家饭无得/咪得吃。

  b. 尔格个月奖金无得/咪得发啯,旷工日子太多。

也可以表示不允许或不能做某事等动力情态意义,例如:

(226) a. 尔考试弗及格,春游无得/咪得去。(你考试不及格,春游没得去。)

  b. 倻爸爸无得/咪得拨渠去读大学。(他爸爸不让他去读大学。)

6.12 疑问范畴和疑问句

  我们讨论的疑问句包括一般疑问句和特殊疑问句。所谓的一般疑问句专指极性问句,特殊疑问句指由含有疑问代词的疑问句。此外,我们也将讨论疑问词的非疑问用法,其中包括不定用法和任指用法。

6.12.1 一般疑问句

(一) A-NOT-A 问句

  富阳话采用 A-not-A 形式表示构成极性问句,没有苏州一带的"可 VP"或者上海一带的"VP 伐"这两种形式。

  单音节动词或形容词可以直接在肯定式后加否定式,其中否定词为"弗",即基本形式为正反问句"动词-弗-动词"或"形容词-弗-形容词",如例(227)。

(227) a. 尔田里岸去弗去?(你去不去田里?)

  b. 尔晚头夜饭吃弗吃?(你晚上吃不吃晚饭?)

c. 格件衣裳<u>贵弗贵</u>？（这件衣服贵不贵？）

　　d. 格个橘子<u>酸弗酸</u>？（这个橘子酸不酸？）

除了动词和形容词外，介词和情态动词也可以进入结构表示疑问。例(228)中的与格标记"则"和受益格标记"拨"分别可以有"则弗则"和"拨弗拨"的形式，构成问句。

(228) a. 格桩行当渠<u>则弗则</u>尔话起过？（这件事情他跟没跟你说？）

　　b. 后歇来，封信渠<u>拨弗拨</u>尔寄？（后来，那封信他给没给你寄？）

例(229)中，情态动词"高兴""敢"等都能构成 A-not-A 问句。

(229) a. 弗晓得渠<u>高弗高兴</u>阿拉屋里来？（不知道他愿意不愿意到我们家来？）

　　b. 格张梯子尔<u>敢弗敢</u>爬？（这张梯子你敢不敢爬？）

　　c. 尔<u>好弗好</u>拨我去话一声？（你能不能帮我说一声？）

　　d. 尔种田<u>会弗会</u>种？（你会不会种田？）

如果动词为双音节动词，富阳话只拷贝双音节动词的第一个语素，构成 A-not-A 正反问句。例如：

(230) a. 张医生<u>欢弗欢喜</u>你？　　a′.＊张医生欢喜弗欢喜你？

　　b. 尔<u>难弗难过</u>？　　　　　b′.＊尔难过弗难过？

　　c. 电影<u>好弗好看</u>？　　　　c′.＊电影好看弗好看？

(二) 句末语气词

A-not-A 问句的否定词只能是一般否定词"弗"，而不能是存在否定词"无"或者"咪"。我们在前文提到，提问存在与否时，富阳话有"有无"的形式，但是它一般只能提问名词[例(231a)]，不能提问动词[例(231b)]。我们只能使用句末"未"或者它的变体形式[例(231c)]。

(231) a. 尔钞票<u>有无</u>？（你有没有钱？）

　　b. ??? /＊尔饭<u>有无</u>吃？（你有没有吃饭？）

　　c. 尔饭吃<u>未</u>？（你吃饭了没有？）

我们在否定部分谈到,表示已然否定时,富阳话用"未"。该否定词可以用作句末语气词,表示是非问。"未"另有两个变体"矛⁼"mɔ[113]或"茫⁼"mɔ̃[113]。

(232) a. 尔作业写好**未/矛⁼/茫⁼**？（你作业做好了没？）

b. 尔上海去过**未/矛⁼/茫⁼**？（你去过上海了没？）

在上海话和宁波话等吴语中,极性问句可以由句末语气词"伐"构成,如"你去伐?",其中的"伐"就是基本否定词"弗"的一个变体,但是在富阳话中基本否定词"弗"没有发作出这样一种用法。

6.12.2 疑问词的疑问用法

富阳话的疑问代词可以列表如下（本字考见7.3.3节）：

表38 富阳话的疑问代词

选择疑问词		何里 a¹¹li¹¹
普通疑问词	问人	何侬 gã¹¹ŋ¹¹、何侬则⁼个 gã¹¹ŋ¹¹tseʔ¹¹kɤ⁵³
	问事物	何事 go¹¹l¹¹
	问处所	何里 a¹¹li¹¹
	问性状	何介个 go¹¹ga¹¹kɤʔ³⁵
	问方式	哪个 naʔ¹¹gə⁵³、哪样子 na¹¹iã¹¹tsɿ⁵³
	问时间	几时 tɕi³³zɿ³⁵、何介时光 go¹¹ga¹¹zɿ¹¹kuã⁵³、何事时光 go¹¹l¹¹zɿ¹¹kuã⁵³
	问数量	多少 tu⁵⁵sɔ³¹、几 tɕi⁴²⁴

富阳话用"何里＋量词"表示问选择。在富阳话中,用表示方位的词来指示哪一个是一种较为普遍的现象。它的指示词系统也是建立在方位词之上。

(233) a. 格两株树,<u>何里</u>株长？（这两棵树,哪一棵高？）

b. <u>何里</u>种便宜？大嗰勒还是小嗰勒？（哪一种便宜？大的呢还是小的呢？）

c. <u>何里</u>头信号好？（哪一头信号好？）

问人用"何侬"或"何侬则⁼个",两者用法没有区别,可看做自由变体。它们可以单独做论元,专门指代人[例(234)],或者在领属结构中充当领有者[例(235)]。

(234) a. 今朝何侬值日?(今天谁值日?)

b. 有人底敲门,去看看何侬来嘚哦?(有人在敲门,去看看谁来了?)

c. 尔则何侬拉好?(你跟谁好?)

(235) a. 格部车子何侬嘚?(这辆车是谁的?)

b. 格个是何侬拉小人?(这个是谁家孩子?)

c. 尔到何侬拉去?(你到谁那儿去?)

注意,虽然"拉"是复数标记[例(234c)],但是[例(235b—c)]中的"何侬拉"不仅表示复数,相当于官话中的"谁们",更是一种领属结构中"单数表复数"的用法,相当于"我们老婆"等于"我老婆"的意思。

问事物用"何事"或者"何事东西",例如:

(236) a. 晚头吃何事?(今晚吃什么?)

b. 尔底讲何事东西?(你在讲什么?)

c. 明朝渠生日,尔讲买丢何事拨渠?(明天他生日,你说买点什么给他?)

问处所用"何里"$a^{11}li^{11}$,或 $a^{11}i^{11}$ 其中的 i 应该是"里"脱落声母所致,相当于"何处"。

(237) a. 尔何里去?(你去哪儿?)

b. 尔蹲何里?我寻尔弗着嚜。(你在哪里?我找不到你呀。)

c. 杭州好还是富阳好?尔讲讲看,何里好?(杭州好还是富阳好?你说说看,哪里好?)

当然富阳话也可以使用"何事户荡"或"何事地方"来提问处所,例如:

(238) a. 明朝阿拉何事地方碰头?(我们明天在什么地方碰头?)

b. 㑚间房子造勒何事户荡?(你们那间房子造在什么地方?)

c. 格部打稻机放放勒何事户荡好？（这台打稻机放在什么地方好？）

如果我们要表示具体到某个很详细的地方，我们可以使用"何里脚跟"。这个表达时较为特殊的，因为一般认为"何里"（哪里）是一个表示处所的代词性成分，不能加名词中心语。

(239) a. 尔蹲勒何里脚跟嘚？（你在哪里？）

b. 尔何里脚跟疼？（你哪个地方疼？）

问时间可以用由"几"构成的"几时"，或用"何事"构成的"何事时光"等。两者无明显语义区别。

(240) a. 尔北京几时去嘚？（你什么时候去的北京？）

b. 尔何事时光落班？（你什么时候下班？）

如果要表示反问，我们还可以用"几生世"说明这件事不可能发生。

(241) a. 我几生世则尔讲过？（我什么时候和你说过？）

b. 我几生世回来过？（我什么时候回来过？）

问方式主要用"哪个"来提问，相当于普通话的"怎么"，例如：

(242) a. 番茄哪个烧烧，尔晓不晓得？（番茄怎么烧？你知不知道？）

b. 杭州哪个去？是弗是望格头去？（杭州怎么去？是不是往这头？）

c. 格嚜，尔哪个话？决定好未？（那么，你怎么说？决定好没有？）

问数量用"几""多少"。"几"是最常用的提问数量的疑问词，可以问年龄、重量、长度或个数等。一般的格式是"几＋度量衡量词"。需要注意的是，在提问年龄时"几岁"对年龄没有任何限制，可幼可老。

(243) 问：倷公公今年几岁嘚？　　［年龄］

答：讲弗来八十嘚。

(244) 问：格头有几斤奥？　　　　［重量］

答：毛两斤嘅样子。

(245) a. 格堵围墙有几米噢？ ［长度］
　　　 b. 富阳到灵桥有几里路？
(246) a. 尔烧勒几只菜？ ［个数］
　　　 b. 尔叫勒几个人来吃饭？

"几"后面一般加的是度量衡提问数量，但是"多少"可以通过加"维度形容词"来提问程度，比如"多少长/阔/大"等。"多少"不能和度量衡量词合用，如"多少斤""多少岁"之类的表达都不说，只能和名词搭配，如"多少铜钱"或者"多少个数"。

(247) a. 格沓路有多少阔？ ［宽度］
　　　 b. 尔格毛有多少长？ ［高度］
　　　 c. 倷个学校多少大？ ［面积］
　　　 d. 尔买勒多少苹果？ ［数量］

6.12.3　疑问词的非疑问用法

疑问词还有两种非疑问的用法，即无定用法和任指用法。所谓的无定用法是指疑问词用于肯定或者否定等非疑问句式，表示某人，某物等意义，相当于英语的 somebody，something，somewhere 等意义。例如：

(248) a. 尔吃何事，我就吃何事。（你吃什么，我就吃什么。）
　　　 b. 渠到勒何里，房子买勒何里。（他到哪里，房子买在哪里。）
　　　 c. 尔要多少，我有多少。随尔买多少。（你要多少，我有多少。随你买多少。）

普通话的疑问代词还可以有任指用法，比如"我什么也不想吃"，比如其中的"什么"相当于 anything，即"任何东西"。在富阳话中，疑问词单独不能表示任指，必须有其他成分相辅助，比如副词"是格"和"随便"，其中"随便"可以有音变，可以变读 zɛ¹¹ pʰiɛ̃¹¹。

从例(249—251)来看，"是格"不仅可以后加疑问词，而且可以后加名词，但是"随便"只能加疑问词。这两个副词的意思，相当于

"任何"。

(249) a. 俚屋里[是格何事]/[随便何事]有嗰。(他们家什么都有。)

b. 俚屋里[是格东西]/[*随便东西]有嗰。

(250) a. 我[是格何里]/[随便何里]都去过。(我哪儿都去过。)

b. 我[是格地方]去过/[*随便地方]去过。

(251) a. 渠[是格何侬]/[随便何侬]认着。(我谁都认识。)

b. 渠[是格人]/[*随便人]认着。

6.12.4 选择问句

富阳话的选择问句只能用连词"还是"表示,具体格式为"……,还是……",如例(252)。

(252) a. 尔欢喜小王<u>还是</u>小张?

b. 尔欢喜英语<u>还是</u>法语?

c. 尔要蹲勒杭州<u>还是</u>富阳?你自家选。

绍兴话中还可以表示成"是……,……"和无标记形式,但是富阳话没有这两种形式的选择问句,如例(253—254)中相关例子都不能说。

(253) a. *渠是今朝去,明朝去?

b. *尔是要芹菜,青菜?

(254) a. *尔吃荤吃素噢?

b. *尔种田上班噢?

6.12.5 附加问

附加问是在陈述句后加上表示疑问的成分,从而将陈述句转换成一般疑问句。富阳话中可以把"好""是"和"对"等谓词性成分,通过"A-not-A"的形式,形成附加问。其中否定词"弗"可以省略。

(255) a. 上海开会尔去,<u>好(弗)好</u>?(你去上海开会,好吗?)

b. 尔富阳人,<u>是(弗)是</u>?(你是富阳人,是吗?)

c. 格块田旧年子倷种嗰,对(弗)对?(这块地去年你们种的,对吗?)

6.13 比较范畴和比较句

富阳话的性质形容词(或副词)本身没有(曲折)形态变化来表示比较级或者最高级。光杆形容词本身就有比较意义。如例(256)中的答句,"我重"表面上看似形容词的原级,但实际上比较比较意义,即"我比渠重"。相反,要表示原级程度义,形容词前必须加程度副词,比如"蛮"和"呆"都表示"很",如例(257)所示。例(257a)暗含了某个比较对象,今天热是相对于其他某个参考点而言,比如,与昨天相比,今天更热。例(257b)则只是在描述今天天气情况,但并无"比昨天更热或更不热"这一语用推理。

(256) 问:尔则渠何侬重?(你跟他谁重?)

答:我重。

(257) a. 今朝热。　　　　　　　[比较义]

b. 今朝蛮/呆⁼热。　　　　　[原级]

光杆形容词的比较意义在不同的比较结构中也得到了体现。从语义角度,我们把比较结构分成差比句、等比句和比喻句、极比句。

6.13.1 差比句

富阳话有两类差比句,它们分别使用话题手段[例(258)]和"比"字句[例(259)]。

从表层线性关系看,使用话题手段的差比句,表示比较标准的名词置于表示比较对象的名词之前,其中比较对象由表示递进关系的连词"还是"引导。形容词前的比较对象直接获得形容词所表示的比较意义。Chappell(2015)把比较标准看做是一个话题成分。

(258) **话题手段:比较标准+还是+比较对象+形容词**

  a. 我则渠比勒一比，我还是渠长。（我跟他比，我不如他高。）

  b. 格块稻还是旧年子产量高。（这块稻田不如去年产量高。）

  c. 期末考试，我还是渠考得好。（期末考试，我不如他考得好。）

"比"字句和普通话并无明显差异，表示比较对象的名词置于表示比较标准的名词，其中比较标准用介词"比"引介。形容词可以是光杆形式[例(259a)]或者被副词"还"或"愈加"修饰[例(259b—c)]。

  (259) **比较对象＋比＋比较标准＋形容词**

    a. 我烧得比尔好吃。

    b. 格本书比唔带本还贵。

    c. 格件比唔带件愈加好看。

我们可以在形容词后加上表量成分，说明两者比较的差值。

  (260) a. 老王比拉爸爸大两岁。（老王比我爸爸大两岁。）

    b. 格本书比唔带本稍微贵丢点。（这本书比那本稍微贵点。）

    c. 格只裤脚比唔带只要长木老老。（这只裤脚比那只要长很多。）

我们可以用否定词"刎得"否定"比字句"，相对应的否定形式为"**比较对象＋刎得＋比＋比较标准＋形容词**"。

  (261) a. 渠一米八弗到，刎得比尔高啯。（他一米八不到，不会比你高的。）

    b. 格个西瓜刎得比唔带个轻啯。（这个西瓜不会比那个轻的。）

    c. 格毛考试刎得比上毛好。（这次考试不会比上次好。）

6.13.2 等比关系和比喻关系

普通话的形容词还可以用于等比句，表示相比较的两者在某种性质上具有等同或者近似的程度。普通话一般可以用"一样＋形容词"表示等同关系,如"我和他一样高",也可以用"差不多＋形容词"表示近似关系,如"我和他差不多高"。但是,富阳话的性质形容词无此用法,我们一般用相应的表示维度的名词表示。富阳话只有例(263)和例(265)的表达,无例(262)和例(264)之类的表达。以下四种情况,普通话的相关例子都成立。

(262) a. ♯ 阿拉两间屋一样大。

　　　b. ♯ 格两只包一样贵。

　　　c. ♯ 我则渠一样重。

(263) a. 阿拉两间屋大小<u>一样</u>。

　　　b. 格两只包价钱<u>一样</u>。

　　　c. 我则渠份量<u>一样</u>。(我跟他重量一样。)

(264) a. ♯ 今天温度则昨日子差弗多低。

　　　b. ♯ 今年工资则旧年子差弗多高。

(265) a. 今天温度则昨日子<u>差弗多</u>/<u>差大弗多</u>/<u>差弗大多</u>。

　　　b. 今年工资则旧年子<u>差弗多</u>/<u>差大弗多</u>/<u>差弗大多</u>。

等比句除了以上两种结构以外,我们还可以使用"比较对象＋有＋比较标准＋介＋形容词",表示在某种维度下,比较对象达到了比较标准的程度。该结构中的"介"为副词,表示"如此,这样"之意。

(266) a. 株树有三层楼介高。(这棵树有3层楼那么高。)

　　　b. 格袋谷有尔个人介重。(这袋谷有你这个人这么重。)

　　　c. 尔有无渠介懂事？(你有没有他那么懂事？)

"有"字句对应的否定句用"咪"表示,即"比较对象＋咪＋比较标准＋介＋形容词"。

(267) a. 咪尔介有。(没你那么富有。)

　　　b. 渠间房子咪倷间介大。(他的房子没你们的那么大。)

　　　c. 渠还咪尔介懂事。(他还没你这么懂事。)

　　　d. 格株树咪两米介高。

和等比句较为相近的是比喻句,通过性质形容词体现两者在某个纬度的相似性。富阳话中用"搭过_像"既可以引介等比对象（参照标准），也可以引介比喻对象，例如：

(268) a. 渠笑起来<u>搭过</u>渠姆妈一样，眼睛眯眯拢。（他笑起来跟他妈妈一样，眼睛眯着。）

b. 四季豆弗烧熟<u>搭过</u>出芽嘞洋芋艿一样，都有毒嘞。（四季豆没烧熟与出芽的马铃薯一样，都有毒的。）

c. 北方人嘞麦<u>搭过</u>南方人嘞米一样，都是主食。（北方人的麦跟南方人的米一样，都是主食。）

d. 泥鳅<u>搭过</u>黄鳝一样，蛮滑嘞。（泥鳅跟黄鳝一样，挺滑的。）

(269) a. 渠<u>搭过</u>姚明介高。（他像姚明那么高呢。）

b. 今朝<u>搭过</u>过年介闹热。（今天跟过年那么热闹。）

c. 茅草嘞叶子<u>搭过</u>刀介快啦。（茅草的叶子像刀那么快。）

6.13.3　极比关系

富阳话的最高级用副词"顶"表示，即"顶＋形容词"，例如：

(270) a. 阿拉班里，渠顶高。（我们班他最高。）

b. 出勒行当，你跑得顶快。（出了事情，你跑得最快。）

c. 介许多人家，俚屋里顶宽敞。（这么多人家，你们家最宽敞。）

6.14　句子和语序

6.14.1　话题和语序的关系

学界一直认为，吴语是比普通话更"话题优先"的语言，其中一个重要体现就是很多时候宾语都需要从动词后的位置提前到动词前或者句首。而且这种受事前置往往是一种句法上的强制性要求。

当句子的谓词表示已然事件时,如用完整体或经历体标记时,有定的受事不能出现在动词后[例(271a—272a)],它必须提前到主语和动词之间,如例(271b—272b)。前置受事经常出现的另一个位置是句首,这是典型的话题的位置,如例(271c—272c)。

(271) a. *我无掉[唔带把剪刀]。(我丢掉了那把剪刀。)

    b. 我[唔带把剪刀]无掉嘚。

    c. [唔带把剪刀]我无掉嘚。

(272) a. *我看过唔带本书嘚。(我看过那本书了。)

    b. 我[唔带本书]看过嘚。

    c. [唔带本书]我看过嘚。

如果句子的谓词表示未然事件,则受事成分的位置较为自由。如果受事成分表示有定,一般来说,它既可以出现动词后(a),也可以出现在主谓之间(b)或者句首(c)。但是,VO这一语序往往表示对比意义(contrastiveness),而另外两种语序无此语用意义。

(273) a. 我明朝看[唔带本书],今朝看[格本]。(我明天看那本书,今天看这本。)

    b. 我[唔带本书]明朝看。

    c. [唔带本书]我明朝看。

(274) a. 我将刚带看[早间买嘅本书]。(我刚在看早上买的这本书。)

    b. 我[早间买嘅本书]将刚搭看。

    c. [早间买嘅本书]我将刚搭看。

如果受事成分是无定形式,不管动词本身表示已然还是未然,它们均不能前置。

(275) a. 我无掉[一把剪刀]。(我丢了一把剪刀。)

    b. *我[一把剪刀]无掉嘚。

    c. *[一把剪刀]我无掉嘚。

(276) a. 我明朝去买[一本书]。(我明天去买一本书。)

    b. *我[一本书]明朝去买。

c. *［一本书］我明朝去买。

最后还需要指出的是，在疑问句中，受事成分一般都需要前置，不管它是有定还是无定。

(277) a. *尔认弗认识［格个外国人］？　　［有定］

b. ［格个外国人］你认弗认识？

(278) a. 尔［钞票］有无？借我两百。　　［无定］

b. 你身浪［两百块］有无？有嗰说话，借我借。

6.14.2　动补结构和宾语的位置

富阳话动补结构中宾语的位置也有较多的限制和变化。在祈使句中，动补结构的受事成分一般需要前置；同时，我们可以在动词与补语之间加上一个复指代词（resumptive pronoun）。例如：

(279) a. 把_{量词}电风扇搬落去。（把那把电扇搬下去）

b. 把_{量词}电风扇搬渠落去。

(280) a. 两只碗洗干净来。（把那几只碗洗干净）

b. 两只碗洗渠干净来。

在动词带可能补语的否定式时，复指代词既可以出现在动词后，也可以出现在否定词"弗"之后，但是不能出现在整个动补短语之后，例如：

(281) a. 我覅尔管，尔管我弗着。（我不要你管，你管不着我。）

b. 我覅尔管，尔管弗我着。

c. *我覅尔管，尔管弗着我。

(282) a. 梗黄鳝太滑，我搚渠弗牢。（那条黄鳝太滑了，你抓不住它。）

b. 梗黄鳝太滑，我搚弗渠牢。

c. ? 梗黄鳝太滑，我搚弗牢渠。

但是，相应的肯定式，只有"动＋勒＋代词＋补"这一形式。

(283) a. *我管你得着。（我管得着你。）

b. 我管得你着。

c. *我管得着你。

6.15 复句和连词

富阳话中的主句和从句之间，一般都不需要具体的连词来表示具体的语义关系，如因果、条件、假设、让步等。这种语义关系我们可以从语境中获知。本小节我们只列举有显性连词的情况。

并列关系有以下几种，一种是"又……(勒)，又……"，例如：

(284) a. 个人脾气<u>又</u>弗好勒，<u>又</u>懒惰。

   b. 杭州冬场里_{冬天}<u>又</u>冷勒，<u>又</u>潮湿。

   c. 咖啡<u>又</u>苦，<u>又</u>贵。

"一头……，一头……"表示"一边……，一边……"，例如：

(285) a. 渠<u>一头</u>唱歌，<u>一头</u>跳舞。（她一边唱歌，一边跳舞。）

   b. 小王<u>一头</u>得_在学校里教书，<u>一头</u>得_在外头教辅导班。（他一边在学校教书，一边在外面教辅导班。）

"一来……，一来……"表示"一会儿……，一会儿……"例如：

(286) a. 尔<u>一来</u>讲好格，<u>一来</u>又讲弗好嗰。（他一会儿说好的，一会儿又说不好。）

   b. 渠<u>一来</u>来上班，<u>一来</u>又弗来上。开除开除掉算嗰。（他一会儿来上班，一会儿又不来上。把他开除算了。）

假设关系主要有三种表达方法：i."是话＋从句，……"，请见例(287)；ii."从句＋格说话，……"，请见例(288)；iii."从句＋嚱，……"，请见例(289)。

(287) a. 尔<u>是话</u>讲嗰是真话，格噢渠勒底讲鬼话。（你如果说的是真话，那么他在说谎。）

   b. <u>是话</u>尔弗来，大家豁勒来。（如果你不来，大家都不会来。）

   c. 格杯<u>是话</u>是咖啡，渠老早吃完嗰。

(288) a. 尔弗来<u>嗰说话</u>，我先去嗰。（你不来的话，我先去了。）

   b. 手机坏掉<u>嗰说话</u>嚱，马浪去买一部。（手机不好的话，马上去买一台。）

　　c. 调勒我嘅说话,我弗肯饶渠。（换成我的话,我不肯饶他。）

(289) a. 尔来嚟,我等着尔。

　　b. 明朝落雨嚟,我弗出门。

因果关系主要用"……,……嘅之故",例如:

(290) a. 渠出国咪得去,讲弗来是咪钞票嘅之故。（他出国没得去,说不定是没钱的缘故。）

　　b. 小张格毛考试靠勒弗好,渠生毛病嘅之故。（小张这次考试考得不好,他生病的缘故。）

　　c. 尔电话我接弗牢,唔带信号弗好嘅之故。（你的电话我没接,那儿信号不好的缘故。）

转折、让步关系主要用"……,弗过……"或者"……,就是……",例如:

(291) a. 今朝是暖热,弗过等一等讲弗要来要落雨嘅。（今天是很暖和,不过等一下说不定要下雨。）

　　b. 医生看过嘚,弗过医生介讲弗搭界嘅。（医生看过了,不过医生说没关系的。）

(292) a. 格碗菜吃勒好吃嘅,就是难看丢。（这碗菜好吃是好吃的,就是难看了一点。）

　　b. 背勒背得动嘅,就是吃力丢。（背是背得动,就是吃力了点。）

　　c. 部车子借尔弗搭界,就是油要咪快嘚。（车子借你没关系,就是油快没了。）

取舍关系用"宁可……,也……"或者"……,宁可……",例如:

(293) a. 个西瓜渠宁可烂掉,也弗拨拉吃。（这个西瓜他宁可烂掉,也不给我们吃。）

　　b. 叫渠去,我宁可叫尔去。（叫他去,我宁可叫你去。）

　　c. 叫我自家去摘桃子,我宁可咪得吃。（叫我自己去摘桃子,我宁可没得吃。）

第七章
内部差异

内部差异主要包括地域差异和年龄差异两个方面,富阳方言两个层面都有较大且较复杂的差异。年轻人词汇、语法上的差异主要是更靠近普通话,词汇、语法方面的年龄差异下文不再涉及。

7.1 语音差别

富阳方言的语音差别最为明显,下面讨论一些有较大差别的语音特征。关于各代表点的音系,请参"附录"部分。

7.1.1 声母差异

(一)尖团音的分合

先来看老派。尖团音是否有区别,主要体现在以下几个方面:(1)南边场口地区基本上都分尖团(上官的发音人可能由于年龄原因不分尖团),北部只有部分老年人还能分尖团;(2)北部文化水平高的人倾向于不分尖团;(3)即便是分尖团,也只是在齐齿呼前区分,而在撮口呼前也已经不区分尖团了。各点的情况请看下表:

表 39　富阳地区尖团音差异表

	妻	溪	精	经	节	结	需	虚
春江八一	tɕʰi¹		tɕin¹		tɕieʔ⁷		ɕy¹	
富春苋浦	tɕʰi¹		tɕin¹		tɕieʔ⁷		ɕy¹	
灵桥永丰	tɕʰi¹		tɕin¹		tɕieʔ⁷		ɕy¹	
春建咸康	tɕʰi¹		tɕin¹		tɕieʔ⁷		ɕy¹	
东洲黄公望1	tsʰi¹	tɕʰi¹	tsin¹	tɕin¹	tsieʔ⁷	tɕieʔ⁷	ɕy¹	
大源骆村	tɕʰi¹		tɕin¹		tɕieʔ⁷		ɕy¹	
鹿山新祥	tɕʰi¹		tɕin¹		tɕieʔ⁷		ɕy¹	
环山环二	tsʰi¹	tɕʰi¹	tsin¹	tɕin¹	tsieʔ⁷	tɕieʔ⁷	ɕy¹	
龙门五村	tsʰi¹		tsin¹		tsieʔ⁷		ɕy¹	
上官剡溪	tɕʰi¹		tɕin¹		tɕieʔ⁷		ɕy¹	
场口场口	tsʰi¹	tɕʰi¹	tsin¹	tɕin¹	tsieʔ⁷	tɕieʔ⁷	ɕy¹	
常安安禾	tsʰi¹	tɕʰi¹	tsin¹	tɕin¹	tsieʔ⁷	tɕieʔ⁷	ɕy¹	
湖源上臧	tsʰi¹	tɕʰi¹	tsin¹	tɕin¹	tsieʔ⁷	tɕieʔ⁷	ɕy¹	
新桐新桐	tsʰi¹	tɕʰi¹	tsin¹	tɕin¹	tsieʔ⁷	tɕieʔ⁷	ɕy¹	
东图东梓关	tsʰi¹	tɕʰi¹	tsin¹	tɕin¹	tsieʔ⁷	tɕieʔ⁷	ɕy¹	

而对于富阳的新派（富春秋丰、灵桥外沙、东洲黄公望2、场口真佳溪）来说，完全已经都不能区分尖团了。

（二）来母细音字与泥母的分混

来母细音字是否有读鼻音的现象，这一点体现出了富阳境内的巨大差异：

第一，这种现象基本上只出现在富阳北部的青云、大源地区，除了春建咸康不存在这种现象外（发音人指出本村有来母细音阳声韵与泥母合流的现象，本书发音人不混也许与受其他方言影响有关系），北部各点都有来母读鼻音的现象；而南部除了靠近北部的环山之外，其他地区则不存在该现象。

第二，在有来母读鼻音的北部地区，哪些韵类读鼻音，来母细音是否与泥母、疑母细音合流，也存在着地域、年龄等方面的差异。各点的情况请看下表：

表 40　富阳地区来母读鼻音差异表

	梨	泥	辽	饶	良	娘	林	宁	立	热
春江八一1	li²	ȵi²	liɔ²	ȵiɔ²	niã²	ȵiã²	niŋ²	ȵiŋ²	lieʔ⁸	ȵieʔ⁸
春江八一2	ni²	ȵi²		niɔ²	niã²	ȵiã²	niŋ²	ȵiŋ²	nieʔ⁸	ȵieʔ⁸
富春苋浦	li²	ȵi²	liɔ²	ȵiɔ²	niã²		niŋ²		lieʔ⁸	ȵieʔ⁸
富春秋丰	li²	ȵi²	liɔ²	ȵiɔ²	niã²		niŋ²		lieʔ⁸	ȵieʔ⁸
东洲黄公望1	li²	ȵi²	liɔ²	ȵiɔ²	niã²		niŋ²		lieʔ⁸	ȵieʔ⁸
东洲黄公望2	ni²		niɔ²		niã²		niŋ		nieʔ⁸	
灵桥永丰	li²	ȵi²	liɔ²	ȵiɔ²	niã²		niŋ²		lieʔ⁸	ȵieʔ⁸
灵桥外沙	ni²		niɔ²		niã²		niŋ²		nieʔ⁸	
大源骆村	ni²		niɔ²		niã²		niŋ²			
鹿山新祥	li²	ȵi²	liɔ²	ȵiɔ²	niã²		niŋ²		lieʔ⁸	ȵieʔ⁸
环山环二	li²	ȵi²	liɔ²	ȵiɔ²	niã²		n/liŋ²		lieʔ⁸	ȵieʔ⁸

从上表中可以看出一个大致的规律：一方面，不管是来母细音读鼻音还是其与泥母、疑母细音合流，都是从阳声韵开始发生的，这是一种同化作用的体现；之后再扩展到了阴声韵和入声韵。另一方面，合并最厉害的主要是大源、灵桥、东洲等偏东部的地区。

（三）疑母洪音字是否读零声母

在富阳各方言点中，只有鹿山新祥、东图东梓关和新桐新桐的疑母洪音字读零声母，而不读ŋ声母。这一点在富阳地区也是比较特殊的，试比较以下字的读音：

表 41　富阳地区疑母洪音读零声母表

	鹅	牙	呆	咬	藕	岩	眼	硬	额	岳
鹿山	u²	o²	ɛ²	ɔ⁶	θ⁶	ẽ²	ã⁶	ã⁵	aʔ⁸	oʔ⁸
新桐	u²	uo²	ɛ²	ɔ³	θ³	ɛ̃²黄~	a³	ã⁶	aʔ⁸	aʔ⁸
东图	u²	uo²	ɛ²	ɔ³	θ³	a²	a³	ã⁶	aʔ⁸	aʔ⁸

在吴语共时层面，具有该现象的主要分布在三个区域：

第一，浙江境内的京杭大运河沿线，从嘉兴经桐乡、德清新市到余杭五杭。俞光中（1988a）指出，嘉兴方言古疑母今读洪音的字，除了"我"的

文读音是 ŋ 声母外,一律读零声母;桐乡市方志办(2014)指出,桐乡方言没有 ŋ 声母;德清县志编委会(1992:614)指出,德清_{新市}没有 ŋ 声母。

第二,原杭州府辖县余杭、海宁、富阳、新登的部分地区。除了东梓关之外,徐越(2015:168)指出新登_{湘溪崔家村}没有 ŋ 声母,海宁史志办主编(2009:96)也指出海宁方言疑母一二等读零声母。此外,余杭_{临平}、新登_{城关}等地也都读零声母。

第三,金华地区的金华、汤溪、兰溪、义乌等地。曹志耘(2002:214-215)指出,汤溪话疑母洪音字今读零声母;而金华话只有"我"一字的文读音声母为 ŋ,其他疑母洪音字都读零声母。赵则玲(2003)指出,兰溪_{兰江}的声母 ŋ 趋于消失,古疑母一、二等字,今读洪音的声母为 ɦ-。施俊(2010:8)指出,义乌各地,除了读成声化韵 ŋ̍,疑母洪音均读 ɦ-。

吴语疑母洪音读零声母的部分点的情况可见下表:

表42 吴语疑母洪音读零声母表

	饿	艾	外	熬	藕	岸	眼	硬	额
嘉兴	ɦu⁶	ɦɛ⁶	ɦa⁶	ɦɔ²	偶 ɦɛ⁴	ɦɤ⁶	ɦɛ⁴	ɦã⁶	ɑʔ⁷
桐乡	我 u³	ɛ¹	ɦa⁶	傲 ɦɔ²	əɯ⁵	ɦɛ⁶	æ³	ɦã⁶	ɦaʔ⁸
余杭_{五杭}	u³	ɦɛ⁶	a³	ɦɔ³	ɤ³	ɦɛ⁶	ɛ³	ɦaŋ⁶	ɦaʔ⁸
余杭_{临平}	u²	e¹	a²	ɔ²	ɤ⁴	e²	ɛ²	ã²	aʔ⁸
海宁	ɦu²	呆 ɦɛ²	ɦa²	ɔ¹	ɦɯɯ⁴	ɦɛ⁵	ɦɛ⁴	ɦã²	ɦaʔ⁸
新登_{城关}	u⁶	ɛ⁶	ɑ²	ɔ²	ɤ⁶	ɛ̃⁶	ã³	ã⁶	aʔ⁸
义乌	ɦuɤ⁶	ɦɛ⁶	ɦɑ⁶	ɦɑu²	eu³	ɦɤ⁵	ɑ³	ɦaŋ⁶	ɦəʔ⁸
汤溪	uŋ⁶	ɛ⁶	ɑ⁶	ə²	əɯ⁵	ɤ⁵	uo⁴	a²	a⁴
兰溪_{兰江}	ɦuɤ⁶	ɦie⁶	ɦa⁶	ɦɔ²	ɤɯ³	ɦuɤ⁶	uɑ³	ɦæ̃e⁶	ɦɛʔ⁸

我们认为,这些方言疑母洪音字读零声母,都导源于杭州方言的影响。在早期的杭州话传教士文献 *Sound-table of the Hangchow dialect*(绍兴传教士协会,1902年出版)①中,音节表里只有"我"一个

---

① 这份材料根据史皓元(Simmons 1992)。

字是 ŋo 上声外,此外没有任何 ŋ-声母的音节,其他疑母洪音字读零声母。我们认为吴语区疑母洪音字读零声母,都源于杭州话的影响,杭州话主要是通过京杭大运河和钱塘江的水路以及行政管辖影响这些方言点的。而嘉兴、金华方言中第一人称"我"的文读形式,也正是受了杭州话读 ŋo 的"我"的影响。在现代杭州话中,疑母开口呼字又读 ŋ-声母,则是晚近受绍兴等地影响的结果。

7.1.2 韵母差异

(一) 果摄见母字的开口有别

在 4.2.1 节我们已经指出,富阳春江方言果摄见母存在开合口的差别,见系其他声母没有区别,但是溪母、疑母同见组开口,晓组、影组同见母合口。见组有开合口差别的也主要分布于富阳的北部地区,在南部场口地区没有这个差别。请看下表:

表43 富阳果摄见母开合对立表

	歌	锅	饿	卧	河	禾
春江八一	ko¹	ku¹	ŋo⁵		u²	
富春荻浦	ko¹	ku¹	ŋo⁵		u²	
春建咸康	ko¹	ku¹	ŋo⁵		u²	
灵桥永丰	ko¹	ku¹	ŋo⁵		u²	
大源骆村	ko¹	ku¹	ŋo⁵		u²	
鹿山新祥	ku¹		u⁵		u²	
环山环二	ku¹		ŋu⁵		u²	
龙门五村	ku¹		ŋu⁵		u²	
上官剡溪	ku¹		ŋu⁵		u²	
场口场口	ku¹		ŋu⁶		u²	
常安安禾	ku¹		ŋu⁶		u²	
湖源上臧	ku¹		ŋu⁶		u²	
新桐新桐	ku¹		u⁶	u²	u¹	
东图东梓关	ku¹		u⁶		u²	

吴语有类似现象的,主要分布于两个区域:一个是杭州及其附

近,包括杭州小片的杭州、临绍小片的临安、萧山、绍兴、上虞一带;另一个是台州片的临海、路桥、温岭等地。请比较以下各点:

表44　吴语果摄见系开合对立表

方言点	个~体	过	饿	卧	河	火
杭州	ko⁵	ku⁵	ŋo⁶	ŋo⁶	ɦo²	ho³
临安青柯	ko⁵	ku⁵	ŋo⁶	ŋo⁶	ɦo²	hu³
萧山	ko⁵	ku⁵	ŋo⁶	ŋo⁶	ɦo²	hu³
绍兴柯桥	ko⁵	ku⁵	ŋo⁶	ŋo⁶	ɦu²,ɦo²	hu³
上虞小越	ko⁵	ku⁵	ŋo⁶	ŋo⁶	ɦo²	hu³
临海	ko⁵	ku⁵	ŋo⁶	ŋo⁶	ɦo²	ho³
路桥	歌 ko¹	锅 ku¹	俄 ŋo²	ŋu²	ɦo²	hu³
温岭	kɯ⁵	ku⁵	ŋɯ⁶	ŋɯ⁶	ɦɯ²	hu³

我们怀疑吴语其他地区的这一特征都是受杭州话影响的结果,不过具体情况还需要进一步研究。

(二) 麻韵二等增生-u-介音

龙门五村、上官剡溪、常安安禾、湖源上臧、东图东梓关、新桐新桐等地假开二麻韵增生-u-介音,其中龙门只在帮组、见组(疑母除外)中发生了介音增生,而其他各点各声母均增生了-u-介音。例如:

表45　富阳麻韵开口增生-u-介音表

	爬	马	茶	沙	家	瓜	牙	华	哑
龙门	buɔ²	muɔ⁴	dzɔ²	so¹		kuɔ¹	ŋɔ²	uɔ²	uɔ³
上官	buo²	muo⁴	dzuo²	suo¹		kuo¹	ŋuo²	uo²	uo³
常安	buo²	muo⁴	dzuo²	suo¹		kuo¹	ŋuo²	uo²	uo³
湖源	buo²	muo⁴	dzuo²	suo¹		kuo¹	ŋuo²	uo²	uo³
新桐	buo²	muo³	dzuo²	suo¹		kuo¹		uo²	uo³
东图	buo²	muo³	dzuo²	suo¹		kuo¹		uo²	uo³

麻韵增生-u-介音的现象也见于余杭临平(限于非见组,见组读a)、桐庐(知系字读 yo,其余读 uo)、汤溪(限于见系)等地。请比较:

表 46　吴语麻韵开口增生-u-介音表

	爬	马	茶	沙	加	瓜	牙	华	哑
余杭	buo²	muo³	zuo²	suo¹	ka¹	kuo¹	a²	uo²	uo³
桐庐	buo²	muo³	dʑyo²	ɕyo¹	kuo¹	kuo¹	ŋuo²	ɦuo²	uo³
汤溪	bo²	mo²	dzo²	sɑ¹	kuo¹	kuɑ¹	uo²	瓦 uo⁴	uo³

(三) 侯韵见组韵母读同三等

除了夏家_新祥_，富阳其他所有地区侯韵见组的韵母都读同三等（不过并没有腭化与三等合流），而与侯韵其他声母的字读音迥异，例如：

表 47　富阳侯韵见组读音表

	偷_侯_	走_侯_	狗_侯_	藕_侯_	九_尤_	纽_尤_
富春_茂浦_	tʰei¹	tsei³	kiʊ³	ŋiʊ⁶	tɕiʊ³	ȵiʊ⁶
春建_咸康_	tʰei¹	tsei³	kiʊ³	ŋiʊ⁶	tɕiʊ³	ȵiʊ⁶
鹿山_新祥_	tʰɵ¹	tsɵ³	kɵ³	ɵ³	tɕiɵ³	ȵiɵ⁶
春江_八一_	tʰei¹	tsei³	kiʊ³	ŋiʊ⁶	tɕiʊ³	ȵiʊ⁶
大源_骆村_	tʰei¹	tsei³	kiʊ³	ŋiʊ⁶	tɕiʊ³	ȵiʊ⁶
环山_环二_	tʰɵ¹	tsɵ³	kiɵ³	ŋiɵ⁶	tɕiɵ³	牛 ȵie²①
龙门_五村_	tʰɵ¹	tsɵ³	kiɵ³	ŋiɵ⁴	tɕiɵ³	ȵiɵ⁴
上官_剡溪_	tʰɵ¹	tsɵ³	kiɵ³	ŋiɵ⁴	tɕiɵ³	ȵiɵ⁴
场口_场口_	tʰɵ¹	tsɵ³	kiɵ³	ŋiɵ⁴	tɕiɵ³	ȵiɵ⁴
湖源_上臧_	tʰɵ¹	tsɵ³	kiɵ³	ŋiɵ³	tɕiɵ³	ȵiɵ³
新桐_新桐_	tʰɵ¹	tsɵ³	kiɵ³	ɵ³②	tɕiɵ³	ȵiɵ³
东图_东梓关_	tʰɵ¹	tsɵ³	kiɵ³	ɵ³	tɕiɵ³	ȵiɵ³

在新派的富春_秋丰_、灵桥_外沙_中，侯韵见组的塞音声母仍然保持与尤韵的对立，而鼻音声母则与尤韵相混，例如：狗 kiʊ³ ≠ 九 tɕiʊ³，藕＝纽 ȵiʊ⁶。

---

① 环山_环二_"纽"读 ȵie⁶，声母读音特殊，故改用"牛"字。
② 新桐、东图_东梓关_大概 *ŋ 声母的脱落要早于侯韵见组的介音增生，所以"藕"仍然读同一等。

(四) 咸山摄是否读口元音

在这个问题上，富阳方言也表现出南北差异来，北部地区一律读鼻化韵；南部的龙门、上官、常安、湖源只有口元音一种读音，而东图(东梓关)、新桐则有文白异读，白读是口元音，文读是鼻化韵。请看下表：

表 48　富阳咸山摄是否读口元音差异表

	蚕	三	安	线	船	甜	圆
富春(苋浦)	zɛ̃²	sæ̃¹	ɛ̃¹	ɕiɛ̃⁵	ʑyɛ̃²	diɛ̃²	yɛ̃²
春建(咸康)	zɛ̃²	sã¹	ɛ̃¹	ɕiɛ̃⁵	ʑyɛ̃²	diɛ̃²	yɛ̃²
鹿山(新祥)	zɛ̃²	sã¹	ɛ̃¹	ɕiɛ̃⁵	ʑyɛ̃²	diɛ̃²	yɛ̃²
春江(八一)	zɛ̃²	sã¹	ɛ̃¹	ɕiɛ̃⁵	ʑyɛ̃²	diɛ̃²	yɛ̃²
大源(骆村)	zɛ̃²	sã¹	ɛ̃¹	ɕiɛ̃⁵	ʑyɛ̃²	diɛ̃²	yɛ̃²
环山(环二)	zɛ²	sa¹	ɛ¹	si⁵	dʑyi²	di²	yi²
龙门(五村)	zɛ²	sa¹	ɛ¹	siɛ⁵	dʑyɛ²	diɛ²	yɛ²
上官(剡溪)	zɛ²	sa¹	ɛ¹	ɕiɛ⁵	dʑyɛ²	diɛ²	yɛ²
场口	zɛ²	sa¹	ɛ¹	siɛ⁵	dʑyɛ²	diɛ²	yɛ²
常安(安禾)	zɛ²	sa¹	ɛ¹	siɛ⁵	dʑyɛ²	diɛ²	yɛ²
湖源(上臧)	zɛ²	sa¹	ɛ¹	siɛ⁵	ʑyɛ²	diɛ²	yɛ²
新桐(新桐)	zɛ²	sa¹	ɛ̃¹/ɛ¹	si⁵	ʑyɛ²	dia²	yɛ²
东图(东梓关)	zɛ²,zɛ̃²	sa¹	ɛ¹,ɛ̃¹	si⁵	dʑyɛ²	dia²	yɛ²

傅国通等(1985)把咸山摄舒声字读鼻化韵看成是临绍小片的一条重要特征。这一点确实是临绍小片区别于周边其他太湖片吴语的重要特点。不过临绍小片内部并非铁板一块，也有不少方言点咸山摄已经读口元音了，主要有三种情况：第一种是像龙门(五村)、常安(安禾)一样咸山摄舒声字读都读口元音，临安、诸暨等地也是如此；第二种情况是像东图(东梓关)一样，存在文白异读，白读是口元音，文读是鼻化韵或鼻尾韵，再如桐庐方言；第三种情况是上文 1.2.2 节提到的富阳渔山方言，只有覃韵、谈寒韵见系、桓韵端系还保留鼻化，其他开口呼、合口呼字都已经读口元音。请看以下对照：

表 49　临绍小片吴语咸山摄读口元音表

	蚕	烂	安	船	甜	圆
临安青柯	zø²	lɛ⁶	ø¹	zø²	die²	yø²
诸暨	zʮ²	lɛ⁶	ɤ¹	ʑyʮ²	die²	yʮ²
桐庐	ze²	la⁶, laŋ⁶	e¹	ʑyɛ²	die²	yɛ²
渔山	zɛ̃²	lɛ⁶	ɛ̃¹	zɛ̃²	diẽ²	ɦiyẽ²

而其他方言的咸山摄舒声字也在往口元音的方向发展。如萧山区地方志办公室(2013：2464)也指出，在萧山方言中"咸、山两摄鼻化韵的鼻化成分有逐渐消失的趋势，消失的程度不同。云石、临浦保留鼻化韵[ɔ̃]、[uɔ̃]、[yɔ̃]，临浦还保留[iɛ̃]，但[ɛ]、[uɛ]的鼻化已消失；城厢镇的鼻化已全部消失；义盛、头蓬的鼻化还全部保留"。根据我们的观察，绍兴市区方言咸山摄舒声字的鼻化也在逐渐弱化。看来咸山摄鼻化的脱落，也将成为临绍小片的发展趋势。

（五）咸山摄是否分三四等

富阳方言咸山摄是否分三四等，主要可以分为三种情况：（1）不分三四等，北部各点均如此；（2）入声分，而舒声不分，龙门、山官、常安、湖源各点四等读 iaʔ 较多，而环山、场口两地稍少；（3）入声、舒声都分三四等，新桐、东图两点如此。情况以下的对照：

表 50　富阳方言咸山摄三四等的分混情况

	连	年	接	贴	薛	切
富春莧浦		niɛ̃²	tɕieʔ⁷	tʰieʔ⁷	ɕieʔ⁷	tɕʰieʔ⁷
春建咸康	liɛ̃²	niɛ̃²	tɕieʔ⁷	tʰieʔ⁷	ɕieʔ⁷	tɕʰieʔ⁷
鹿山新祥		niɛ̃²	tɕieʔ⁷	tʰieʔ⁷	ɕieʔ⁷	tɕʰieʔ⁷
春江八一	niɛ̃²	niɛ̃²	tɕieʔ⁷	tʰieʔ⁷	ɕieʔ⁷	tɕʰieʔ⁷
灵桥永丰		niɛ̃²	tɕieʔ⁷	tʰieʔ⁷	ɕieʔ⁷	tɕʰieʔ⁷
大源骆村		niɛ̃²	tɕieʔ⁷	tʰieʔ⁷	ɕieʔ⁷	tɕʰieʔ⁷
环山环二	li²	ni²	tsieʔ⁷	tʰieʔ⁷	sieʔ⁷	挟 tɕiaʔ⁷
龙门五村	liɛ̃²	niɛ̃²	tsieʔ⁷	tʰiaʔ⁷	sieʔ⁷	tsʰiaʔ⁷
上官剡溪	liɛ̃²	niɛ̃²	tɕieʔ⁷	tʰiaʔ⁷	ɕieʔ⁷	tɕʰiaʔ⁷

续 表

	连	年	接	贴	薛	切
场口_{场口}	lie²	ȵie²	tsieʔ⁷	tʰieʔ⁷	sieʔ⁷	挟 tɕiaʔ⁷
常安_{安禾}	lie²	ȵie²	tsieʔ⁷	tʰiaʔ⁷	sieʔ⁷	tsʰiaʔ⁷
湖源_{上臧}	lie²	ȵie²	tsieʔ⁷	tʰiaʔ⁷	sieʔ⁷	tsʰiaʔ⁷
新桐_{新桐}	liɛ²	ȵia²	tsieʔ⁷	tʰiaʔ⁷	sieʔ⁷	tsʰiaʔ⁷
东图_{东梓关}	li²、liɛ²	ȵia²	tsieʔ⁷	tʰiaʔ⁷	sieʔ⁷	tsʰiaʔ⁷

(六) 咸山摄开口三四等与深臻曾摄开口三四等的分混

富阳大部分地区咸山摄开口三四等读 iɛ/ie，深臻曾摄开口三四等读 iŋ，不存在相混的情况。不过在灵桥、春江一带，这两韵的发生了归并，一律读 iŋ。请看发生归并的几个点的情况：

**表 51　富阳地区咸山摄开口三四等与
深臻曾摄开口三四等的混并表**

	边	兵	田	停	免	敏
灵桥_{永丰}	piŋ¹		diŋ²		miŋ⁴	
灵桥_{外沙}	piŋ¹		diŋ²		miŋ⁴	
春江_{八一-2}	piŋ¹		diŋ²		miŋ⁴	

(七) 深臻曾摄精组三等部分字读入一等

春建、鹿山、新桐等地，深臻曾摄部分精组三等字读入一等，不过各地辖字略有差异，例如：

表 52　富阳深臻曾摄部分字三等读入一等

	寻	浸	新	进	晴
春建_{咸康}	zeŋ²	tɕiŋ⁵	seŋ¹	tɕiŋ⁵	ziŋ²
鹿山_{新祥}	zeŋ²	tseŋ⁵	seŋ¹	tseŋ⁵	ziŋ²
环山_{环二}	zeŋ²	tsiŋ⁵	seŋ¹	tsiŋ⁵	zeŋ²
新桐_{新桐}	zeŋ²	tseŋ⁵	seŋ¹	tseŋ⁵	zeŋ²

(八) 梗开二白读的与其他韵类的分混

在 4.2.1 节我们已经指出，富阳春江方言梗开二白读与咸开一谈韵端系、咸开二咸衔韵、咸合三凡韵、山开一寒韵见系、山开二山删韵、山合三元韵帮组合流。

富阳各地基本上都存在梗开二白读与其他韵类合流的情况，但是不同的地点情况不同，主要有三种情况：第一种是与春江一样，梗开二白读与咸山摄除去读 ɛ/ɛ̃ 的韵合流，主要分布于富阳北部大部分地区；第二种情况梗开二白读与宕开一合流，主要分布于场口地区；第三种情况是梗开二白读不仅与咸山摄合流，也与宕开一合流，只分布于靠近余杭的春建咸康。具体的韵类归并问题请见下表：

表53　富阳地区梗开二白读与其他韵类分混表

	胆	打	党	还	横	黄
富春苋浦	tæ̃³		tɔ̃³		uæ̃²	uɔ̃²
鹿山新祥	tã³		tɔ̃³		uã²	uɔ̃²
春江八一	tã³		tɔ̃³		uã²	uɔ̃²
灵桥永丰	tã³		tɔ̃³		uã²	uɔ̃²
大源骆村	tã³		tɔ̃³		uã²	uɔ̃²
春建咸康	tã³			uã²		
环山环二	ta³	tã³		ua²	uã²	
龙门五村	tɛ³	tã³		uɛ²	uã²	
上官剌溪	tɛ³	tã³		uɛ²	uã²	
场口场口	tɛ³	tã³		uɛ²	uã²	
湖源上臧	tɛ³	tã³		uɛ²	uã²	
新桐新桐	ta³	tã³		ua²	uã²	
东图东梓关	tɛ³	tã³		ua²	uã²	

在音值上，富春苋浦的开口呼、合口呼已经高化为了æ。这种现象在富阳北部地区的新派中也能见到，如富春秋丰、灵桥外沙，例如：打 tæ̃³、横 uæ̃²。

(九) 成音节鼻音的来源及分混

先来看成音节鼻音的来源。在 4.2.1 节我们已经指出，富阳春江方言部分通摄匣母字的白读读成音节 ŋ；而在大源骆村，影母字"翁""瓮"也读 ŋ。这一类成音节鼻音来源于 *oŋ，在富阳只见于春江、灵桥、东洲、大源这一带。

再是成音节鼻音的分混问题。富阳春江_八-1_方言有三个成音节鼻音：m̩、n̩、ŋ̍。有这个区别的只在富阳大源地区和环山的老派中有所保留，如春江_八-1_、东洲_黄公望1_、大源_骆村_、环山_环二_等都是，例如：尔_你_ ŋ̍⁶ ≠ 五_ŋ̍_⁶ ≠ 母_m̩_⁶；其他各点n̩均合并为ŋ̍。

n̩与ŋ̍的合并是富阳方言的整体发展趋势，北部的几位新派富春_秋丰_、春江_八-2_和灵桥_外沙_也都已经合并成了ŋ̍。

7.1.3 声调差异

（一）声调的个数

大部分方言是 7 个声调，南部地区的龙门、上官、场口、常安、湖源仍然有保持中古四声八调的系统；七调系统的方言浊上与浊去均已经合流。

（二）次浊调的归并

富阳地区除了场口、湖源、常安不发生次浊调的完全归并之外，大部分地区存在次浊调归入阴调类的现象，不过不同地区的归并方式不同：富阳大部分地区都是次浊去归入阴去，而东图_东梓关_、新桐_新桐_和银湖_金竺_则是次浊上归阴上。

次浊去归入阴去这是富阳的一大特色。吴语有次浊去归入阴去现象的还见于湖州地区的各方言和杭州地区的於潜等地，具体请参鲍士杰(1988)、徐越(2007：111-115)。

以上两点可以总结如下表：

表54　富阳各地声调调类、调值对照表

	阴平	阳平	阴上	次浊上	全浊上	全浊去	次浊去	阴去	阴入	阳入
富春_苋浦_	53	113	424		212		335		5	2
春建_咸康_	53	113	424		212		335		5	2
鹿山_新祥_	53	113	424		212		335		5	2
春江_八-1_	53	113	424		212		335		5	2

续 表

	阴平	阳平	阴上	次浊上	全浊上	全浊去	次浊去	阴去	阴入	阳入
灵桥永丰	53	113	424		212		335		5	2
大源骆村	55	22	53		31		335		5	2
环山环二	53	113	424		212		335		5	2
龙门五村	53	22	423		312	213	335		5	2
上官剡溪	44	223	53		31	213	335		5	2
场口场口	53	113	424		31		212	335	5	2
常安安禾	53	113	423		312		212	335	5	2
湖源上臧	553	113	423		31	213		335	5	2
东图东梓关	55	223	53			212		335	5	2
新桐新桐	53	22	424			212		335	5	2

7.2 实词差别

比起语音和虚词,富阳方言的实词相对较为统一。

笔者除了详细调查了春江方言的词汇之外,还调查了与富阳北片差别较大的东图东梓关方言的常用词三千余条,两者的实词大体一致。两地较明显的实词差异可列表如下:

表 55 春江、东图词汇差异表

	春江八一	东图东梓关
冰雹	冰雹 piŋ^{55} bɔ^{31}	冰片 piŋ^{33} pʰi^{53}
冰锥	无＝冰糖＝ u^{11} piŋ^{11} dɔ̃^{53}	水蜡烛 ɕyɛ^{33} laʔ^{33} tɕyoʔ^{55}
河坝	堰 iɛ^{335}	坝 puo^{335}
池塘	池 dz̩^{113}	塘 dã^{223}
地方	户塘 u^{33} dɔ̃^{53}	□垯 ba^{11} tsʰɛ^{53}
拾粪	捉＃狗㳅 tɕyo^{33} kiɤ^{33} u^{53}	僕＃狗㳅 dʑyɛ^{11} kiɤ^{33} u^{53}
玉米	御粟 y^{33} soʔ^{55}	六谷 loʔ^{11} kuoʔ^{55}
高粱	芦粟 lu^{11} soʔ^{55}	芦穄 lu^{11} tɕi^{55}

续 表

	春江八一	东图东梓关
茄子	茄子 dzia¹¹ tsʅ⁵⁵	落苏 laʔ¹¹ su³⁵
狼	狗头熊 kiʊ³³ dei³³ yoŋ⁵³	狼 lã²²³
兔	石鼠 zaʔ¹¹ tɕʰy⁵³	兔子 tʰu³³ tsʅ⁵⁵
翅膀	翼胛 ieʔ¹¹ kaʔ⁵⁵	翼膀 ieʔ¹¹ pʰa³⁵
蜘蛛	飞丝娘 fi³³ sʅ³³ ȵiã⁵⁵	蟢蟢 ɕi⁵⁵ ɕi⁵⁵
零食	闲食 ã¹¹ zieʔ⁵⁵	□□食 hɔ³³ lɔ³³ zieʔ⁵³
腌菜	腌 iɛ̃⁵³	盐 i³³⁵
打毛衣	挑 tʰiɔ⁵³	织 tɕieʔ⁵
挽袖子	卷 tɕyɛ̃⁴²⁴	滚 kueŋ⁵⁵
尿布	衲 neʔ²	尿布 si³³ pu⁵³
耳环	耳朵环 ŋ̍³³ tʊ³³ guã⁵³	耳箍 ŋ̍³³ kʰu⁵³
门槛	门槛 meŋ¹³ kʰã⁵³	户槛 u³³ kʰã⁵⁵
篱笆	嵌间 tɕʰiɛ̃³³ kã⁵³、篱桩 li¹¹ tsɔ³⁵	园□ yɛ̃¹¹ gã³⁵
板凳	条凳 diɔ¹¹ teŋ¹¹	长凳 dzia¹¹ teŋ⁵⁵
夜壶	夜壶 ia³³ u⁵³	尿盆 si³³ beŋ⁵⁵
脸盆	脸盆 niɛ̃¹¹ beŋ³⁵	面桶 mi¹¹ doŋ³⁵
筷笼	筷竹桶 kʰuã³³ tɕyoʔ³³ doŋ⁵³	筷笼 kʰuã³⁵ loŋ⁵³
接生婆	收生婆 ɕiɔ³³ sã³³ bu⁵⁵	□生老娘 tsʰa³³ ɕiã³³ lɔ³³ ȵiã⁵⁵
弟	兄弟 ɕyoŋ³³ di⁵³	弟郎 di¹¹ lã⁵⁵
脸	脸孔 niɛ̃³³ kʰoŋ⁵³	面 mi²¹²
耳屎	耳朵浣 ŋ̍³³ tʊ³³ u⁵³	耳黄 ŋ̍³³ uã⁵³
女阴	屄 pi⁵³	□□ mo¹¹ mo⁵⁵
痴呆、傻	倭 u⁵³	□ ziɔ²¹²
瘊子	饭瘊 vã¹¹ hei³⁵	瘤 lɛ⁵⁵
喂食物	餧 y³³⁵	饲 zʅ²¹²
船篙	撑杠 tsʰã⁵⁵ kɔ³¹	篙子 kɔ³³ tsʅ³⁵
乘~船、~车	趁 tsʰeŋ³³⁵	搭 taʔ⁵
玩儿(通用)	搞 kɔ⁴²⁴、顽 mã²	嬉 ɕi⁵³
藏老猫	躲#猫 to³³ mɔ⁵³	迷#盲 bɛ¹¹ mã²²³
接吻	亲#嘴 tɕʰiŋ³³ tsɛ⁴²⁴	搏#嘴 poʔ³³ tsɛ⁵⁵

续 表

	春江八一	东图东梓关
盛饭	盛 ziŋ¹¹³	齿 tsʅ⁵³
夹菜	搛 tɕiɛ⁵³	挟 tɕiaʔ⁵
看	看 kʰɛ³³⁵	望 moŋ²¹²
睁眼	挖 uaʔ⁵	□tɕʰiã⁵³
吮吸	嘟 ɕyoʔ⁵	嘬 tɕyoʔ⁵
捂眼睛	糊 u¹¹³	瞒 mɛ²²³
推	挺 soŋ⁴²⁴、推 tʰe⁵³	竖 zy²¹²、攮 lã²²³
蹲	伏 bu²¹²	蹲 teŋ⁵³
跨过	跨 kʰo³³⁵	□tɕʰia³³⁵
躲起来	躲 tʊ⁴²⁴	迷 bɛ²¹²
想	想 ɕiã⁴²⁴	忖 tsʰeŋ⁵⁵
坡度小	平 biŋ¹¹³	坦 tʰa⁵⁵
涩	涩 seʔ⁵	□pi³³⁵
乖(小孩～)	慧 uɛ³³⁵、填♯债 diɛ¹¹ tsa³³⁵	□□tɕiɛ⁵⁵ tɕiŋ⁵⁵
脏	浠 foŋ³³⁵	邋遢 laʔ¹¹ tʰaʔ¹¹³

其中有部分差别涉及一些差异，我们做了更广泛的调查，主要表现为南北的差异。现将这些不同的词的情况列表如下：

表 56　富阳方言常用词差异表

	富春苋浦	春江八一	大源骆村	春建咸康	鹿山新祥	环山环二	上官剡溪	常安安禾	湖源上臧	新桐新桐	东图东梓关
茄子	茄子	茄子	茄	茄	茄子	茄子	茄	落苏	落苏	落苏	落苏
玉米	六谷	御粟	御粟、六谷	六谷	六谷	六谷	六谷	六谷	六谷	六谷	六谷
翅膀	翼胛	翼胛	翼胛	翼胛	翼胛	翼膀	翼膀	翼膀	翼膀	翼膀	翼膀
门槛	门槛	门槛	门槛	门槛	门槛	门槛	户槛	户槛	户槛	户槛	户槛
迈～门槛	跨	跨	跨	跨	跨	跨	□tɕʰia⁵	□tɕʰia⁵	□tɕʰia⁵	□tɕʰia⁵	□tɕʰia⁵
推～人	推	挺、推	推	推	推	竖 zy⁶	竖 zy⁴	攮 lã²	竖 zy⁴	攮 lã²	攮 lã²、竖

续 表

	富春 苋浦	春江 八一	大源 骆村	春建 咸康	鹿山 新祥	环山 环二	上官 刺溪	常安 安禾	湖源 上臧	新桐 新桐	东图 东梓关
夹菜	搛	搛	搛	搛	搛	挟 tɕiaʔ⁷	搛	夹 gaʔ⁸	夹 gaʔ⁸	挟 tɕiaʔ⁷	挟 tɕiaʔ⁷
喂~猪	餧	餧	餧	餧	餧	餧	饲	饲	饲	饲	饲
玩儿	嬉	搞、顽	嬉	嬉	嬉	嬉	嬉	嬉	嬉	嬉	嬉
玩具	嬉嬉家生	搞家生	顽顽家生	嬉嬉家生	嬉家生	嬉家生	嬉家生	嬉家生	嬉家生	嬉家生	嬉家生
差	寿= ziʊ⁶	疲、邹= tɕiʊ¹	邹= tsei¹	寿= ziʊ⁶	邹= tsɘ¹	邹= tsɘ¹	邹= tsɘ¹	邹= tsɘ¹	邹= tsɘ¹	邹= tsɘ¹	邹= tsɘ¹
傻	□zɿ⁶	倭	□ziɕ⁶, 倭 程度较轻	□nɕ², 倭	□ɕiɕ⁶	□ɕiɕ⁶	□ɕiɕ⁴	□ɕiɕ⁴	□ɕiɕ⁶	□ziɕ⁶	□ziɕ⁶

7.3 虚 词 差 别

富阳方言的虚词内部有较大的差异,本书选择其中的人称代词、指示代词、疑问代词、否定词、常用介词、体标记这六个封闭类词作为讨论的对象。

7.3.1 人称代词

富阳方言的人称代词可列表如下:

表 57 富阳方言人称代词内部差异

	我	我们	你	你们	他	他们
富春	我 ŋo²¹²	我拉 aʔ³³la³⁵	尔 iʔ²¹²	倷 na²¹²	渠 i²¹²	俹 ia²¹²
春建	我 ŋo²¹²	我拉 aʔ¹¹la³⁵	尔 iʔ²¹²	倷 na²¹²	渠 i²¹²	俹 ia²¹²
春江	我 ŋo²¹²	我拉 aʔ³³la²¹²、拉 la²¹²	尔 iʔ²¹²	倷 na²¹²	渠 i²¹²	俹 ia²¹²

续 表

	我	我们	你	你们	他	他们
大源	我 ŋo³¹	我拉 a?¹¹la¹¹	尔ŋ³¹	偦 na³¹	渠 i²²	俰 ia²²
鹿山	我 u²¹²	我拉 a?¹¹la⁵³	尔ŋ²¹²	偦 na²¹²	渠 i²¹²	俰 ia²¹²
环山	我ŋ̍²¹²	我拉 uo?¹¹la³⁵、□ua²¹²	尔ŋ²¹²	偦 la²¹²	渠 i²¹²	俰 ia²¹²
龙门	我侬 uo?¹¹ loŋ³⁵、□oŋ²¹²	我拉 uo?¹¹la³⁵、□ua²¹²	侬 noŋ²¹²	偦 na²¹²	渠 i²¹²	俰 ia²¹²
上官	□oŋ³¹	我拉 uo?¹¹la³⁵	尔ŋ³¹	偦 na³¹	渠 i³¹	俰 ia³¹
场口	我侬 uo?¹¹ loŋ³⁵、□oŋ¹¹³	我拉 uo?¹¹la³⁵、□ua¹¹³	侬 noŋ¹¹³、尔ŋ¹¹³	偦 na¹¹³	渠 i¹¹³	俰 ia¹¹³
常安	我ŋ̍³¹²	我拉 uo?¹¹la⁵³	侬 noŋ³¹²	偦 na³¹²	渠 i³¹²	俰 ia³¹²
湖源	我ŋ̍³¹²	我拉 uo?¹¹la³⁵、□ua³¹²	侬 noŋ³¹²	偦 na³¹²	渠 i³¹²	俰 ia³¹²
东图	□oŋ²¹²	□得= oŋ¹¹te?⁵⁵	尔ŋ²¹²	尔得= ŋ¹¹te?⁵⁵	渠 i²²³	渠得= i¹¹te?⁵⁵
新桐	我侬 uo?¹¹loŋ³⁵	我得= uo?¹¹te?³⁵	尔ŋ²¹²、尔侬ŋ³³noŋ⁵³	尔得= ŋ³³te?⁵³	渠 i²¹²、渠侬 i³³loŋ⁵³	渠得= i³³te?⁵³

富阳人称代词单数的基本形式是"我""尔""渠"及其派生形式。其中第一人称单数,富春、春建的"我"不合歌韵主体层而读入麻韵,这种现象在浙北地区非常常见;环山、常安、湖源读声化韵ŋ̍、ŋ;而龙门、上官、东图的oŋ²¹²,来源于"我侬"合音。第二人称单数,龙门、扬口、常安、湖源的noŋ,来源于"尔侬"的合音。第三人称单数"渠",大部分地区读阳去调,是受第一人称、第二人称同化所致。

富阳大部分地区的复数标记是"拉"la⁰,第一人称复数的本字是"我拉"。春江的"我们"可以说"拉",来源于"我拉"的省缩。而第一人称□ua²¹²、第二人称复数"偦"、第三人称复数"俰"分别是"我拉""尔拉""渠拉"的合音。只有东图、新桐用"得="te?⁵比较特别,共时表现上较接近桐庐的复数标记 tʌ?⁷、浦江的 tɛ⁷(盛益民、毛浩:待刊)。不过这两类复数标记来源大概是相同，具体请参盛益民(2013b)、盛益民等(待刊)的讨论。

此外，富阳方言还有一整套带"是"前缀的论元性强调代词，具体请参 6.3 节以及李旭平(Li2015)的讨论。

7.3.2 指示词

富阳方言的主要指示词可列表如下：

表 58 富阳方言指示代词内部差异

	这	那	这里	那里	这么、那么	这…那… 这也不对，那也不对
富春	格 kəʔ⁵	唔带 n⁵⁵ taʔ⁵⁵	格里 kəʔ³³liʔ⁵³	唔带 n⁵⁵ ta⁵⁵	介 ga²¹²	ka³³⁵...kiʊ³³⁵
春建	格 kəʔ⁵	唔带 n³³ ta⁵³	垒⁼里 lɛ¹¹ iʔ⁵³	唔带 n³³ ta⁵³	介 ga²¹²	ka³³⁵...tɕi³³⁵
鹿山	格 keʔ⁵	唔带 n³³ ta⁵⁵	垒⁼里 lɛ³¹³⁻¹¹ iʔ⁵³	唔带 n³³ ta⁵⁵	是 个 zoʔ¹¹ koʔ³⁵、□zu²¹²	——
春江	格 kieʔ⁵	唔带 n³³ ta⁵³	克⁼底 kʰieʔ³³ tiʔ⁵³、勒里 leʔ¹¹ liʔ⁵³	唔带 n³³ ta⁵³、带 ta⁵³	介 ga²¹²	ka³³⁵...kiʊ³³⁵
大源	格 kieʔ⁵	唔带 n¹¹ ta⁵⁵	(格)段里 (kieʔ³³)dẽ³³ iʔ⁵³	唔带段里 n³³ ta³³ dẽ³³ iʔ⁵³	介 ga³¹	ka³³⁵...kiʊ³³⁵
环山	格 keʔ⁵	唔带 n³³ ta⁵³	格里 keʔ³³ liʔ³⁵	唔带 n³³ ta⁵³	□za²¹²	是个…是个…
龙门	格 keʔ⁵	带 ta⁵³	格里 keʔ³³ liʔ³⁵	带里 ta³³ liʔ³⁵	是介 zeʔ¹¹ kaʔ⁵⁵	——
上官	格 keʔ⁵	唔带 n³³ ta³⁵	□里 leʔ¹¹ iʔ³⁵	唔带 n³³ ta³⁵	是个 zeʔ¹¹ geʔ¹¹	ka³³⁵...kiʊ³³⁵
场口	格 keʔ⁵	唔带 n³³ ta⁵³	格里 keʔ³³ liʔ⁵³	唔带 n³³ ta⁵³	是介 zeʔ¹¹ geʔ⁵³	是介…是介…
常安	格 keʔ⁵	唔带 n³³ ta⁵³	格里 keʔ³³ liʔ⁵³	唔带 n³³ ta⁵³	是介 zaʔ¹¹ kaʔ⁵³	ka³³⁵...ki³³⁵...
湖源	格 keʔ⁵	带 ta⁵⁵³	格段 keʔ³³ dɛʔ⁵³	带段 ta³³ dɛʔ⁵³	是个 zeʔ¹¹ keʔ¹¹	ka³³⁵...kiʊ³³⁵
东图	格 keʔ⁵	唔带 n³³ ta⁵³	格里 keʔ³³ liʔ⁵³	唔带 n³³ ta⁵³	是个 zaʔ¹¹ keʔ⁵³	ka³³⁵...ki³³⁵...
新桐	格 keʔ⁵	唔带 n³³ ta⁵³	格里 keʔ³³ liʔ⁵³	唔带 n³³ ta⁵³	是个 zaʔ¹¹ keʔ⁵³	ka³³⁵...ki³³⁵...

富阳方言的基本指示词，近指用 kə$?^5$/ke$?^5$/kie$?^5$，本字大概是"个"。远指用"唔带"，前字是阴去调，所以本书不写作"尔"；"带"是"唔带"省略"唔"的形式。"唔带"原本是表示远指的处所指示词，经历了处所指示词＞基本指示词的演变，具体的演变请参盛益民(2015)。

处所指示词中，春建、鹿山、春江、上官各点方言最大的特点是用"垒⁼里/勒里"表示近指，"垒⁼里/勒里"原本是"在这里"的意思，这种演变在汉语方言中较罕见。另外，春建、鹿山、大源、上官的"里"读 i，l-声母脱落。

表示性状、程度的指示词存在南北差异，北部都用"介"，不过相比于其他吴语，声母发生了浊化；而南部用"是个"或"是介"，鹿山的 □zʊ^{212} 大概是"是个"的合音。

7.3.3 疑问代词

富阳方言的主要疑问代词可列表如下：

表 59　富阳方言疑问代词内部差异

	谁	什么	哪里、哪	怎么
富春	何侬 gæ^{11}ŋ^{11}	何事 go^{11}l̩^{11}	何里 ga^{11}li^{11}	哪个 na$?^{11}$gə$?^{11}$
春建	何侬 gā^{11}ŋ^{11}	何事 gɔ^{11}l̩^{11}	哪里 la^{11}li^{35}	哪个 na$?^{11}$gə$?^{53}$
春江	何侬 gā^{11}ŋ^{11}	何事 go^{11}l̩^{11}	何里 a^{11}(l)i^{11}	哪个 na$?^{11}$gie$?^{53}$
大源	何侬 ga^{11}ŋ^{11}	何事 go^{11}l̩^{53}	何里 ga^{11}li^{11}	哪个 na$?^{11}$gie$?^{53}$
鹿山	何侬 ga^{11}ŋ^{35}	何事 gɔ^{11}l̩^{35}	哪里 la^{11}i^{35}	哪个 no$?^{11}$ko$?^{53}$
环山	何侬 ga^{11}ŋ^{35}	何事 gʊ^{11}l̩^{53}	何里 ga^{11}li^{35}	哪个 la$?^{11}$ge$?^{53}$
龙门	何侬 ga^{11}noŋ^{35}、何侬 ga^{11}ŋ^{35}	何事 ga^{11}l̩^{35}	何里 ga^{11}li^{35}	哪个 na$?^{11}$ka$?^{11}$
上官	何侬 ga^{11}ŋ^{35}	何事 ga^{11}l̩^{35}	何里 ga^{11}i^{35}	哪个 na$?^{11}$kie$?^{11}$
场口	何侬 ga^{11}ŋ^{53}	何事 ga^{11}l̩^{53}	何里 ga^{11}li^{53}	哪个 na$?^{11}$ge$?^{53}$
常安	何侬 ga^{11}ŋ^{53}	何事 ga^{11}z̩^{53}	何里 ga^{11}li^{53}	哪个 na$?^{11}$kie$?^{53}$
湖源	何侬 ga^{11}ŋ^{53}	何事 ga^{11}z̩^{35}	何里 ga^{11}li^{53}	哪个 na$?^{11}$kie$?^{55}$
东图	何侬 ga^{35}ŋ^{31}	何事 ga^{35}l̩^{55}	何里 ga^{35}li^{31}	哪个 na$?^{11}$gie$?^{55}$
新桐	何侬 ga^{13}ŋ^{53}	何事 go^{11}l̩^{35}	哪里 la^{33}li^{35}	哪个 na$?^{11}$gə$?^{55}$

疑问代词中的 ga、go、gɔ、a 本字都是"何"，匣母读 g- 保留了早期

的读音,韵母读 a、ɔ、o 分别体现了 *a 后高化的三个不同阶段。

富阳方言表示"谁"的疑问代词,我们认为大概来自"何侬"。龙门存在 ga¹¹noŋ³⁵、ga¹¹ŋ³⁵ 两种形式,前一个明显是"何侬",表明 ŋ 来源于 noŋ 在本词中发生了特殊的成音节化,其他各点的 ŋ 大概来源也相同。而春江、富春的 gã、gæ̃来自 *ga 受 n 逆同化的结果。

表示"什么"的词,前字本字都是"何",不过存在南北差异:北部元音为 ɔ、o,南部元音为 a。大部分地区"什么"的后字为成音节边音 l̩,而常安、湖源是"何事",来源于"何物事"①省略其中的"物"。成音节边音的 l̩ 有可能也来源于"事",其中具体语音机制如何,还有待于进一步研究。

问处所的疑问代词大部分地区说"何里",而春建、鹿山、新桐的"哪里"大概是受杭州话影响的结果。春江、鹿山、上官的后字"里"读 i,是脱落 l 声母的形式。

7.3.4 否定词

富阳方言的常用否定词可列表如下:

表 60　富阳方言否定词内部差异

	不~去	没有~电脑	没有昨天~去	没有他还~去	不要~去	不用~去
富春	弗 fəʔ⁵	□mi⁵³	□mi⁵³	□mi⁵³	嬲 fiɔ³³⁵	甮得 foŋ³³ təʔ⁵³
春建	弗 fəʔ⁵	无 得 m̩¹¹ pəʔ¹¹	弗 fəʔ⁵	还未 uã¹¹m¹¹	嬲 fiɔ³³⁵	甮得 foŋ³³ təʔ⁵³
鹿山	弗 veʔ⁵	无 得 m̩¹¹ teʔ⁵³、□mi³³	□mi³³、勿 veʔ⁵	未 mi³³⁵	嬲 viɔ³³⁵	甮 foŋ³³⁵
春江	弗 feʔ⁵	□mei⁵³ / mi³³	□mei⁵³ / mi⁵³、弗 feʔ⁵	还未ã¹¹m¹¹	嬲 fiɔ³³⁵	甮得 foŋ³³ teʔ⁵³
大源	弗 feʔ⁵	无 有 m̩³³ miɵ⁵⁵	弗 feʔ⁵	未m³³⁵	嬲 fiɔ³³⁵	甮得 foŋ⁵⁵ deʔ³¹
环山	勿 veʔ⁵	无 有 m̩³³ miɵ⁵⁵	勿 veʔ⁵	未m³³⁵	嬲 viɔ³³⁵	嬲 viɔ³³⁵

---

① 富阳地区现在虽然用"东西",但这也表明早期曾经使用"物事"表"东西"的意思。

续　表

	不~去	没有~电脑	没有昨天~去	没有他还~去	不要~去	不用~去
龙门	弗 fe$ʔ^5$	□mie^{534}	□mie^{534}	未 mi^{335}	覅	覅（得）
上官	弗 fe$ʔ^5$	无有 me^{33} mie^{55}	弗 fe$ʔ^5$	未 mi^{335}	覅 viɔ^{335}	覅 viɔ^{335}
场口	弗 fe$ʔ^5$	mie^{53}	弗 fe$ʔ^5$	未 mi^{212}	覅 viɔ^{335}	覅 viɔ^{335}
常安	勿 ve$ʔ^5$	无有 me^{33} n̩ie^{53}	勿 ve$ʔ^5$	未 n̩^{55}	覅 viɔ^{335}	覅 viɔ^{335}
湖源	弗 fe$ʔ^5$	□mie^{53}	□mie^{53}	□mie^{53}	覅 fiɔ^{335}	覅 fiɔ^{335}
东图	勿 ve$ʔ^5$	□mie^{55}	还□uã^{11} meŋ^{55}、无 m^{55}	未 mi^{212}	覅 vɔ^{335}	覅（得）vɔ^{33} te^{53}
新桐	勿 ve$ʔ^5$	无有 m̩^{33} mie^{53}	还未 n̩^{55}、勿 ve$ʔ^5$	未 n̩^{55}	覅 viɔ^{335}	覅得 viɔ^{11} te$ʔ^{53}$

富阳方言的基本否定词是"弗"或"勿"，根据潘悟云(2002)的研究，为方久切"不"的促化形式。浊音的 ve$ʔ^5$ 来源于 fe$ʔ^5$ 的浊化，有意思的是声母浊化的那些点声调仍保留阴入调。

存在否定词除了鹿山、春建可以说"无得"之外，其他都说"无有"或者"无有"的合音。大源、上官、常安、新桐说"无有"，其他等地的 mei^{53}、mi^{53}、mie^{53}、mie^{55} 等是"无有"的合音。

鹿山、上官、东图等地还保留了表示主观已然否定的否定词"未"，大源、环山等地发生了鼻音的成音节化读 m̩^{335}，在常安、新桐等地又进一步读成 n̩ 了。而春建、春江等地"还未"发生了词汇化，这与汉语史中的"尚未"是一样的。

意愿否定词主要是用"弗要"的合音"覅"，北部地区还有来源于"弗用"合音的"甭"表示"不必"的意思，而南部地区仍用"覅"表示"不必"的意思。

7.3.5　介词

富阳方言的常用介词可列表如下①：

---

① 为了讨论方便，给予动词和并列连词也一并考察。

表 61　富阳方言介词内部差异

	给~他一本书	给~他开门	被~他打	把~鸡杀掉了	和~他说	和我~你
富春	拨=pəʔ⁵	拨=pəʔ⁵	拨=pəʔ⁵	搭 kʰɔʔ⁵	同 doŋ¹¹³	同 doŋ¹¹³
春建	拨=pəʔ⁵	拨=pəʔ⁵	拨=pəʔ⁵	搭 kʰɔʔ⁵	□tɔ³³⁵	□tɔ³³⁵
春江	拨=peʔ⁵	拨=peʔ⁵	拨=peʔ⁵	搭 kʰɔʔ⁵	得=teʔ⁵、则=tseʔ⁵	得=teʔ⁵、则=tseʔ⁵
大源	拨=peʔ⁵	拨=peʔ⁵	拨=peʔ⁵	搭 kʰɔʔ⁵	同 doŋ²²、同道	同 doŋ²²、同道
鹿山	拨=peʔ⁵	拨=peʔ⁵	拨=peʔ⁵	搭 kʰʊ³³⁵	□tɔ³³⁵、同道 doŋ¹¹ dɔ⁵⁵	□tɔ³³⁵、同道 doŋ¹¹ dɔ⁵⁵
环山	拨=peʔ⁵	拨=peʔ⁵	拨=peʔ⁵	搭 kʰʊ³³⁵	做淘 tsu³³ dɔ⁵³	做淘 tsu³³ dɔ⁵³
龙门	拨=peʔ⁵	拨=peʔ⁵	拨=peʔ⁵	靠=(搭)kʰɔ³³⁵	同 doŋ²²、得=同 teʔ⁵⁵ doŋ⁵⁵	同 doŋ²²、得=同 teʔ⁵⁵ doŋ⁵⁵
上官	拨=peʔ⁵	拨=peʔ⁵	拨=peʔ⁵	搭 kʰɔ³³⁵	足=tsɔʔ⁵	做淘 tsu³³ dɔ³⁵
场口	拨=peʔ⁵	拨=peʔ⁵	拨=peʔ⁵	望=moŋ²¹²	淘=dɔ¹¹³	淘=dɔ¹¹³
常安	把 pa⁴²⁴	拨=peʔ⁵	把 pa⁴²⁴	马=muo³¹²	做淘 tsu³³ dɔ⁵³	做淘 tsu³³ dɔ⁵³
湖源	□paʔ⁵	□paʔ⁵	□paʔ⁵	搭 kʰuo³³⁵	做淘 tsu³³ dɔ³⁵、□tsɔ³³⁵	做淘 tsu³³ dɔ³⁵、□tsɔ³³⁵
东图	□paʔ⁵	□paʔ⁵	□paʔ⁵	望=moŋ³¹³	同 doŋ²²³	同 doŋ²²³
新桐	把 pa⁴²⁴	拨=出 peʔ³³ tsʰeʔ⁵⁵	把 pa⁴²⁴	拨=出 peʔ³³ tsʰeʔ⁵⁵	同淘 doŋ¹¹ dɔ⁵⁵	同淘 doŋ¹¹ dɔ⁵⁵

富阳大部分地区给予动词、受益者标记、被动标记都用 peʔ⁵/pəʔ⁵ 或者 paʔ⁵，只有常安、新桐给予动词和被动标记是"把"pa⁴²⁴，而受益者标记用 peʔ⁵。这些词的本字大概都是"把"，主要经历了 *pa > paʔ⁵ > peʔ⁵/pəʔ⁵ 的音变。

富阳方言处置标记有特殊的词形，大部分方言来源于表示"抓住"义的"搭"。具体请参 6.8.3 节的讨论。至于场口、东图的"望="，常安的"马"，应该有同源关系，本字暂时不详。

伴随介词和并列连词，主要用"得=""则=/足=""同（淘）""做淘"等形式，其中□tsɔ³³⁵ 等是"做淘"的合音。

7.3.6　体标记

富阳方言常用的体标记的差别如下表所示：

表 62 富阳方言常用体标记内部差异

	在(近指)我~吃饭	在(远指)他~看书	了1吃~一碗饭	了2天晴~
富春	来＝带 lɛ¹¹ta¹¹	来＝底 lɛ¹¹ti¹¹	勒 lə⁵	特＝də²
春建	垒＝里 lɛ¹¹i³⁵	垒＝底 lɛ¹¹ti⁵⁵	特＝də²	特＝də⁸
春江	勒里 lɛ²¹¹(l)i⁵³	勒底 lɛ²¹ti⁵³	勒 lə²	得＝die² / lie²
大源	垒＝里 lɛ¹¹i⁵³	垒＝底 lɛ¹¹ti⁵³	勒 lə²	□dʑie⁸
鹿山	垒＝里 lɛ¹¹i³⁵	垒＝浪 lɛ¹¹lɔ̃³⁵、垒＝底 lɛ¹¹ti³⁵	得＝teʔ⁷ / leʔ⁷	□dʑie⁸
环山	垒＝里 lɛ¹¹i³⁵	垒＝底 lɛ¹¹ti³⁵	得＝teʔ⁵	□tɕie⁵
龙门	□里 lɛ¹¹li⁵⁵	□底 lɛ¹¹ti⁵⁵	得＝teʔ⁵	□tɕieʔ⁵ / dʑieʔ²
上官	来＝lɛ¹¹³		辣＝laʔ⁸	□dʑieʔ²
场口	□里 lɛ¹¹li⁵³	□头 lɛ¹¹dθ⁵³	得＝teʔ⁵	□dʑieʔ²
常安	□里 lɛ¹¹li⁵³	□里 laʔ¹¹li⁵³	浪 lɔ̃⁰	□dʑieʔ²
湖源	辣＝里 laʔ¹¹li⁵³		辣＝laʔ⁵	□tie⁵
新桐	□里 lɛ¹¹li³⁵	□带 lɛ¹¹ta³⁵	勒 ləʔ²	□dʑieʔ²
东图	□里 lɛ¹¹li¹¹	□带 lɛ¹¹ta¹¹	得＝teʔ⁵	□dʑieʔ²

富阳大部分地区进行体标记有远近的区分,富阳城区为"X 带- X 底"的区分,青云地区、大源地区、剡溪地区是"X 里- X 底"的区分,而东图地区是"X 里- X 带"的区分。前字在春建、大源、鹿山等地都是阳去调,从声调大概可以看出来源于"在"字的弱化。

相当于"了1"的体标记主要是来源于"得＝/特＝"及其弱化形式"勒"。常安只用"浪"(本字"上"),较为特殊。

相当于"了2"的体标记北部为"得"teʔ⁵/deʔ² 等,南部多是 tɕieʔ⁵/dʑieʔ²,南部的形式也许为北部"得"的腭化形式。

7.4 方言内部分区小结

下面对富阳方言的内部方言分区做一下总结。从以上的讨论我

们可以看出,富阳方言最主要的差别体现在南北差异上:

A北片包括原青云、大源地区,主要是河谷平原地区。B南片主要是原场口地区和原大源区的上官,多为山地,主要区域是壶源江、剡溪流域,而新桐由于有山与北部相隔且与原东图乡一带交通便利,所以方言属于南片。北片大致以富春江为界,又可以分为:A1江北青云片和B2江南大源片两个次方言区。南片又可以分为三个区:B1剡溪片,剡溪流域,包括环山、龙门、上官;B2壶源片,壶源江流域,包括原场口镇、常安、湖源;B3东图片,东图码头一带,包括原东图乡和新桐乡。

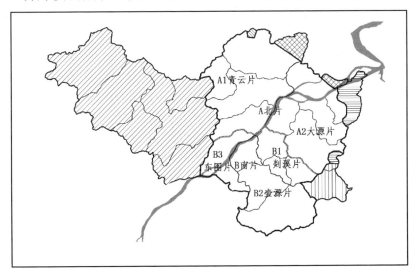

图6 富阳方言内部分区简图

各地的差别可以总结如下表:

表63 富阳方言内部差异总表

		A北片		B南片		
		A1青云区	A2大源区	B1剡溪区	B2壶源区	B3东图区
南北差异	来母细音读鼻音	+	+	−	−	−
	果摄一等见组开合口有别	+	+	−	−	−
	侯韵非见组读ei	+	+	−	−	−
	咸山摄舒声字有读口元音的现象	−	−	+	+	+

续　表

		A 北片		B 南片		
		A1 青云区	A2 大源区	B1 㘆溪区	B2 壶源区	B3 东图区
南北差异	梗开二与咸山摄合流	＋	＋	－	－	－
	咸山摄入声分三四等	－	－	＋	＋	＋
	"翅膀"的说法	翼胛	翼胛	翼膀	翼膀	翼膀
	"喂"的说法	馁	馁	饲	饲	饲
	"夹菜"的说法	搛	搛	夹	夹	挟
	"这么"的说法	介	介	是个/介	是个/介	是个/介
	表"了2"的体标记为腭化形式	－	－	＋	＋	＋
北片内部	成音节鼻音有ŋ、ɲ的对立	－	＋	－	－	－
	匣母通摄字白读ɦ	－	＋	－	－	－
	"水"字读细音	＋	－	＋	＋	＋
	"差"说 ziu⁶	＋	－	－	－	－
	"玉米"的说法	六谷	御黍	六谷	六谷	六谷
南片内部	麻韵二等与豪韵部分合流	－	－	＋	－	－
	次浊去归阴去	＋	＋	＋	－	－
	四声八调系统	－	－	＋	＋	－
	疑母洪音读零声母	－	－	－	－	＋
	咸山摄有文白异读,白读口元音,文读鼻化	－	－	－	－	＋
	咸山摄舒声分三四等	－	－	－	－①	＋
	人称代词复数标记用"得"	－	－	－	－	＋

---

① 在这一点上原场口镇与东图片一致,而有别于其他壶源片的点。

附 录
代表点音系及字音对照表

代表点音系

(一) 富春苋浦

(1) 声母：

p	pʰ	b	m	f	v
t	tʰ	d	n	l	
ts	tsʰ	dz		s	z
tɕ	tɕʰ	dʑ		ɕ	ʑ
k	kʰ	g	ŋ	h	
ʔ					

说明：没有ȵ-声母，一律读n-。

(2) 韵母：

ɿ 支猪丝池	i 地吕戏衣	u 婆补何乌	y 朱遇雨鱼
a 排鞋街外	ia 写夜	ua 快坏	
ɛ 赔梅堆开	iɛ 介	ɜu 鬼会回	yɛ 水
ɔ 宝饱老咬	ɔi 表钓笑桥		
o 牙瓦茶我		uo 挂跨花化	yo 搰
ʊ 多罗歌祖	iʊ 酒牛油有		
ei 豆刘走愁			
æ 胆蓝打	iæ 亮将强羊	uæ 关横梗	

续　表

ã 闪安乱敢	iẽ 边颠田前	uẽ 官宽换碗	yẽ 船善
ɔ̃ 绑党港杭		uɔ̃ 光黄广框	yɔ̃ 双爽
əŋ 参灯争	iŋ 经心身英	uen 滚棍温稳	yŋ 春云
oŋ 东龙公空			yoŋ 种冲兄用
aʔ 盒塔鸭法	iaʔ 贴药	uaʔ 刮划	
əʔ 得色责割	ieʔ 接十急直		
oʔ 八托壳		uoʔ 骨郭国	yoʔ 月出橘
m̩ 母	n̩ 五午芛~芽	l̩ 而	

说明：

① 对应于春江八一的 ã、ɛ̃ 两组韵，富春音 æ̃、ẽ，是进一步高化的表现，大源地区的新派也如此。

② 对应于春江八一的 eʔ，富春音 əʔ。

（3）声调：

| 1 阴平：53 | 3 阴上：424 | 5 阴去：335 | 7 阴入：5 |
| 2 阳平：113/22 | | 6 阳去：212 | 8 阳入：2 |

（二）春建咸康

（1）声母：

p	pʰ	b	m	f	v
t	tʰ	d	n		l
ts	tsʰ	dz		s	z
tɕ	tɕʰ	dʑ	ɲ	ɕ	ʑ
k	kʰ	g	ŋ	h	
ʔ					

（2）韵母：

ɿ	a	ɛ	ɔ	o	ʊ	ei	ã	ẽ	eŋ	oŋ	aʔ	əʔ	oʔ	m̩
i	ia		iɔ		iʊ		iã	iẽ	iŋ	uoŋ	iaʔ	ieʔ		n̩
u	ua				ou		uã	uẽ	uen		uaʔ		uoʔ	l̩
y	yɛ		yo				yã	yẽ	yŋ	yoŋ			yoʔ	

(3) 声调：

| 1 阴平：53 | 3 阴上：424 | 5 阴去：335 | 7 阴入：5 |
| 2 阳平：113 | | 6 阳去：212 | 8 阳入：2 |

春建与富春的声韵格局基本相同，不同之处主要有以下几点：

① 来母细音不读 n- 声母。这也许与发音人文化程度较高有关。

② 宕江曾开口一等白读梗二等白读舒声合流为 ã，例如：打＝党 tã³，横＝黄 uã²；入声则仍有别，如：角 koʔ⁷≠格 kaʔ⁷。

③ 通摄见组读 uoŋ。

(三) 灵桥永丰

(1) 声母：

p	pʰ	b	m	f	v
t	tʰ	d	n	l	
ts	tsʰ	dz		s	z
tɕ	tɕʰ	dʑ	ȵ	ɕ	ʑ
k	kʰ	g	ŋ	h	
ʔ					

(2) 韵母：

ɿ	a	ɛ	ɔ	o	ʊ	ei	ã	ɛ̃	ɔ̃	eŋ	oŋ	aʔ	eʔ	oʔ	m̩
i	ia	iɛ	iɔ		iʊ		iã			iŋ		iaʔ	ieʔ		n̩
u	ua	uɛ		uo			uã	uɛ̃	uɔ̃	ueŋ		uaʔ		uoʔ	l̩
y	yɛ		yo				yã	yẽ	yɔ̃	yŋ	yoŋ		yoʔ		

(3) 声调：

| 1 阴平：53 | 3 阴上：424 | 5 阴去：335 | 7 阴入：5 |
| 2 阳平：113 | | 6 阳去：212 | 8 阳入：2 |

灵桥永丰方言的音系与春江八一非常接近，差别主要有三点：

第一，来母细音字中，除了拼-i 仍读 l 外，其余一律读 n-，且与泥母合流，例如：离 li²≠泥 ȵi²，辽＝饶 niɔ²，林＝宁＝莲＝年 niŋ²，良＝娘 niã²，力＝热 nieʔ⁸，掠＝捏 niaʔ⁸。

第二，对应春江_{八一}的 iɛ̃、iŋ 两韵，灵桥_{永丰}合并为 iŋ，例如：边＝兵 piŋ¹，田＝停 diŋ²。

第三，对应春江_{八一}的 ȵ、ŋ̍ 两韵，灵桥_{永丰}合并为 ŋ̍，例如：尔_你＝五 ŋ̍⁶。

(四) 大源骆村

(1) 声母：

p	pʰ	b	m	f	v
t	tʰ	d	n	l	
ts	tsʰ	dz		s	z
tɕ	tɕʰ	dʑ	ȵ	ɕ	ʑ
k	kʰ	g	ŋ	h	
ʔ					

(2) 韵母：

ɿ 支猪丝池	i 地吕戏衣	u 婆补何乌	y 朱遇雨鱼
a 排鞋街外	ia 写借谢夜	ua 快坏	
ɛ 赔梅堆开	iɛ 介	uɛ 鬼会回	
ɔ 宝饱老咬	iɔ 表钓笑桥		
o 牙瓦茶我		oo 挂跨花化	yo 揸
ʊ 歌鹅	iu 酒牛油有		
ei 豆走后愁			
ã 胆蓝打	iã 亮将强羊	uã 关横梗	
ẽ 闪安乱敢	iẽ 边颠田前	uẽ 官宽换碗	yẽ 船善权原
ɔ̃ 绑党港杭		uɔ̃ 光黄广框	yɔ̃ 双爽
eŋ 参灯争春	iŋ 经心根英	ueŋ 滚棍温稳	yŋ 云
oŋ 东龙公空			yoŋ 种冲兄用
aʔ 盒塔鸭法	iaʔ 贴药	uaʔ 刮划	
eʔ 得色责割直	ieʔ 接十急		
oʔ 八托壳		uoʔ 骨郭国	yoʔ 月出橘
m̩ 母	ŋ̍ 芋～头	ŋ̍ 午五红①	

---

① 通摄匣母、影母字读成音节鼻音 ŋ̍，例如：翁_{不倒}瓮 ŋ̍、红宏洪鸿虹 ŋ̍。

(3) 声调：

1 阴平：55	3 阴上：53	5 阴去：335	7 阴入：5
2 阳平：22～22³	6 阳去：²31		8 阳入：2

（五）鹿山新祥

(1) 声母：

p	pʰ	b	m	f	v
t	tʰ	d	n	l	
ts	tsʰ			s	z
tɕ	tɕʰ	dʑ	ȵ	ɕ	ʑ
k	kʰ	g		h	
ʔ					

音值说明：

① 浊声母为气声。

② Ts 组声母拼 ɿ 时的实际发音是以唇齿的方式除阻。

③ K-组声母拼细音时略靠前。

音韵特点：

① 不分尖团。

② 知₃章组（蟹、止摄除外）和佳韵开口庄组字读 Tɕ-组，与见系三四等合流。例如：张＝姜 tɕiã¹。

③ 来母细音阳声韵字与泥母合流，读音为 n，例如：林＝宁 niŋ²。

④ 疑母洪音读零声母。

(2) 韵母：

ɿ 支猪丝池	i 地吕戏衣	u 多罗卢鹅	y 朱遇雨鱼
a 排鞋街外	ia 写夜	ua 快坏	
ɛ 赔梅堆开		uɛ 鬼	
ɔ 宝饱老咬	iɔ 表钓笑桥		
ʊ 牙瓦家挂			yʊ 撮
ɵ 豆走后愁	iɵ 酒牛油有		

续　表

ā 胆蓝打硬	iā 亮将强羊	uā 关横梗	
ē 闪安乱敢	iē 边颠天烟	uē 官宽换碗	yē 船善
ɔ̄ 绑党港杭		uɔ̄ 光黄广框	yɔ̄ 双爽
eŋ 参灯争新	iŋ 心神经英	ueŋ 滚棍温稳	yŋ 春云
oŋ 东龙公空			yoŋ 种冲兄用
aʔ 盒塔鸭法	iaʔ 贴药	uaʔ 刮	
eʔ 得色责割	ieʔ 接十急直		
oʔ 八托壳		uoʔ 骨郭国	yoʔ 月出橘舌
m̩ 母亩磨	n̩ 五午芋~艿		

音值说明：

① i 韵母带有较强烈的擦化，实际读音为 iʲ。①

② a 组中 a 实际为 ᴀ，ā 组中 a 是前元音 a。

③ ө 组中 ө 略靠前，略有动程。

④ yoʔ 中 o 的开口略大。

⑤ 自成音节的 ŋ 舌位略靠后

音韵特点：

① 果摄一等与遇摄一等模韵合流，例如：过＝故 kʋ⁵，蓑＝苏 sʋ¹。

② 麻韵二等开合口合流，都读 ʋ，例如：嫁＝挂 kʋ⁵。

③ 鱼韵有一系列白读，例如：女 nʋ⁶、徐 zi²、咀 tɕʰi¹、去 tɕʰi⁵、渠_他_ i²、猪 tsʅ¹、锄~头 zʅ²、煮 tsʅ³、锯 kɛ⁵、虚_脸浮肿_ hɛ¹ 等。

④ 止蟹摄清母字白读不送气，例如：齿_牙~_ tsʅ³、刺_名词_ tsʅ⁵、痴~刁鸟:故意刁难别人 tsʅ¹、雌 tsʅ¹ 等。

⑤ 咸山摄开口（除去读 ɛ）与梗开二白读合流，读 ā。

⑥ 深臻摄精组三等部分字读 eŋ，例如：新 seŋ¹、浸进 tseŋ⁵、寻 zeŋ²。这一点与新登方言比较一致。

⑦ 部分春江读 oʔ 的字读 eʔ，例如：拍~照相 pʰeʔ⁷、覆_罩住_ pʰeʔ⁷、

---

① 除了鹿山夏家、大源骆村、大源虹赤等地的 i 韵母也带有强烈的擦化。

雹₍雪~子;雪雹₎ beʔ⁸、薄~刀，菜刀 beʔ⁸ 等。

⑧ 山摄开口读 yɛ/yoʔ，如：舌~头 zyoʔ⁸。

⑨ 成音节鼻音没有 ŋ̍、n̩ 的对立。

（3）声调：

| 1 阴平：53 | 3 阴上：424 | 5 阴去：335 | 7 阴入：5 |
| 2 阳平：22～223 | | 6 阳去：212 | 8 阳入：2 |

说明：① 次浊去归阴去。

② 入声可读长调。

(六) 环山环二

（1）声母：

p 布班本逼	pʰ 怕潘骗撒	b 爬盘鼻扶	m 马满米麦	f 飞封福法	v 唯饭文罚
t 刀胆多答	tʰ 讨土统脱	d 大甜藤敌	n 脑内难诺		l 老蓝冷绿
ts 资剪总作	tsʰ 刺错千切	dz 徐绽常泽		s 沙小仙雪	z 邪床寻席
tɕ 朱债针菊	tɕʰ 溪抢窗册	dʑ 奇丈穷直	ɲ 二娘人日	ɕ 虚水深识	ʑ 柴船神十
k 家更讲割	kʰ 开看空客	g 跪厚共夹	ŋ 牙岸硬额	h 虾好汉瞎	
∅ 安一鞋学					

（2）韵母：

ɿ 支猪线池	i 戏边颠烟	uᵛ 多罗卢鹅	y 朱遇雨鱼
a 排鞋三担	ia 写夜扯	ua 快	
ɔ 宝饱	iɔ 笑桥		
ʊ 马茶沙牙魔麻			
ɛ 开赔男闪安乱		uɛ 鬼会回	yi 船权原远
ɵ 豆走后愁	iɵ 酒牛油有		
ã 打硬党狼	iã 亮将强羊	uã 横王光黄	yã 双爽
eŋ 参灯争	iŋ 经心身英	ueŋ 滚棍温稳	yŋ 春云
oŋ 东龙公空			yoŋ 种冲兄用
aʔ 盒塔托壳	iaʔ 贴药学节	uaʔ 活刮阔挖	
eʔ 色拨德黑	ieʔ 十急直割		
oʔ 八袜独六		uoʔ 骨角霍屋	yoʔ 月出橘说
m̩ 母磨	ŋ̍ 五午芋~头		

(3) 声调有 8 个：

1 阴平：53	3 阴上：432	5 阴去：335	7 阴入：5
2 阳平：22		6 阳去：212	8 阳入：2

音韵特点：

① 分尖团。

② 麻韵一等开合口合流读 ʋ，例如：家＝瓜 kʋ¹。

③ 宕江摄开口见系与合口合流读 uoʔ，例如：角＝郭 kuoʔ⁷。

④ 次浊去一律归阴去。少部分零声母上声字归阴上，例如：雨 y³、远 yɛ³、痒 iã³ 等。

（七）龙门五村

(1) 声母：

p 布班本逼	pʰ 怕潘骗撒	b 爬盘鼻扶	m 马满米麦	f 飞封福法	v 唯饭文罚
t 刀胆多答	tʰ 讨土统脱	d 大甜藤敌	n 脑内难诺	l 老蓝冷绿	
ts 资剪总作	tsʰ 刺错千切	dz 徐绽常泽		s 沙小仙雪	z 邪床寻席
tɕ 朱债针菊	tɕʰ 溪抢窗册	dʑ 奇丈穷直	ɲ 二娘人日	ɕ 虚水深识	ʑ 柴船神十
k 家更讲割	kʰ 开看空客	g 跪厚共夹	ŋ 牙岸硬额	h 虾好汉瞎	
Ø 安一鞋学					

音值说明：

① Tɕ-组拼 ia、iã、yã、iɔ、iaʔ 等低元音韵核的韵母时，实际音值略靠前，接近舌叶的 Tʃ-。

② K-组拼细音时，较靠前。

音韵特点：

① 齐齿呼前分尖团，而撮口呼前不分尖团。例如：西 si¹≠稀 ɕi¹，酒 tsie³≠九 tɕie³，精 tsiŋ¹≠经 tɕiŋ¹，需＝虚 ɕy¹。

② 知₌章组（蟹、止摄除外）①和佳韵开口庄组字读 Tɕ-组，与见系三四等合流。例如：张＝姜 tɕiã¹。

---

① 麻三有文白，文读为 Ts-组，白读为 Tɕ-，如：扯[tɕʰia³]。

③ 来母细音仍然读 l，与富阳城区不同。

（2）韵母：

1 支猪丝池	i 戏	u 多罗卢鹅	y 朱遇雨鱼
a 排鞋三担	ia 写	ua 快	
ɔ 茶牙宝饱	iɔ 笑桥	uɔ 把爬家挂	
ɛ 开赔男闪安乱	iɛ 边颠天烟	uɛ 鬼会回	yɛ 船权原远
ɵ 豆走后愁	iɵ 酒牛油有		
ã 打硬党狼	iã 亮将强羊	uã 横王光黄	yã 双爽
eŋ 参灯争	iŋ 经心身英	ueŋ 滚棍温稳	yŋ 春云
oŋ 东龙公空		uoŋ 宫公共空	yoŋ 种冲兄用
aʔ 盒塔托壳	iaʔ 贴药学节	uaʔ 活刮阔挖	
eʔ 色拨德黑	ieʔ 十急直割		
oʔ 八袜独六		uoʔ 骨国霍屋	yoʔ 月出橘说
m̩ 母	n̩ 五午芋~艿		

音值说明：

① 单韵母 i、y 带有明显的擦化，实际读音为 i^j、y^j。

② a 组中 a 实际为 ᴀ，ã 组中 a 是前元音 a，aʔ 组中 a 实际为 ɐ。

③ ɔ 组中 ɔ 较靠上。

④ ɵ 组中 ɵ 略靠前，略有动程。

⑤ eŋ 组和 eʔ 韵中的 e 略靠后。

⑥ 自成音节的 ŋ 舌位略靠后。

音韵特点：

① 果摄一等与遇摄一等模韵合流，例如：过＝故 ku^5，蓑＝苏 su^1。

② 麻韵二等与效摄主元音都读 ɔ。麻开二帮组、见组（疑母除外）读 uɔ，与麻合二合流，例如：家＝瓜 $kuɔ^1$；而豪韵只读 ɔ，但与麻开二帮组、见组（疑母除外）有对立，例如：叉＝抄 $tʂʰɔ^1$，把 $puɔ^3$≠保 $pɔ^3$，家 $kuɔ^1$≠高 $kɔ^1$。①

---

① 富阳南部、桐庐都有 o 增生-u-介音的现象。我们认为龙门五村麻二的帮组、见组（疑母除外）读 uɔ，也是 ɔ 增生-u-介音的现象。麻二与豪韵存在对立，有两种可能的解释：一种是麻二较早读 ɔ，帮组、见组（疑母除外）增生-u-介音早于豪韵的单元音化；另一种解释是，龙门与场口东ㄠ关、桐庐一样，麻二先是从 *ɔ 高化成了 o，之后在帮组、见组（疑母除外）增生-u-介音，后来才与豪韵合流。

③ 鱼韵有一系列白读,例如:女 nɿ⁴、徐 zi²、咀 tsʰi⁵、去 tɕʰi⁵、渠他 i²、猪 tsɿ¹、锄~头 zɿ²、煮 tsɿ³、锯 kie⁵(与"够"同音)、虚脸浮肿 hɛ¹ 等。

④ 止摄合口三等的主体层是 ɛ、uɛ、yɛ,但有部分字有白读,例如:髓骨~si⁵、餒 y⁵、泪眼~水 li⁵、围~身布襕:围裙 y² 等。

⑤ 咸山摄舒声字读口元音,具体读音见下表:

	覃	谈寒	咸衔山删	盐严添	凡	仙元先	桓
帮、非组	—	—	a	ɛ	ɛ	ɛ	ɛ
端系	ɛ	a	—	iɛ	—	iɛ	ɛ
知系	—	—	a	iɛ	—	iɛ开/yɛ合	—
见系	iɛ见组/ɛ晓影	iɛ见组/ɛ晓影	a开/ua合	iɛ	—	iɛ开/yɛ合	uɛ

覃韵、谈寒韵见系、桓韵端系与蟹摄一等非见组中合流为 ɛ,但是见组中仍有别,例如:改 kɛ³ ≠ 感 kʰiɛ³、碍 ŋɛ⁵ ≠ 岸 ŋiɛ⁵。①

⑥ 咸山摄入声三四等有别,三等读 iɛʔ,而四等部分字读 iaʔ,以下是部分四等读 iaʔ 的字:跌 tiaʔ⁷、帖贴铁 tʰiaʔ⁷、叠碟䗩蝶谍 diaʔ⁸、捏 niaʔ⁸、切~菜 tsʰiaʔ⁷、挟~菜 tɕiaʔ⁷、噎 iaʔ⁷、协 iaʔ⁸。

⑦ 宕江曾开口一等白读梗二等白读舒声合流为 ã,例如:打 = 党 tã³,横 = 黄 uã²;入声合流为 aʔ,如:角 = 格 kaʔ⁷。

(3) 声调有 8 个:

1 阴平:53	3 阴上:432	5 阴去:335	7 阴入:5
2 阳平:22	4 阳上:312	6 阳去:213	8 阳入:2

音韵特点:

① 次浊去一律归阴去。

② 少部分零声母上声字归阴上,如:雨 y³、远 yɛ³、痒 iã³ 等。

(八) 上官剡溪

上官与龙门同处于剡溪流域,两地的方言较为接近。

---

① 从北部吴语的情况来看,龙门覃谈寒韵读 ɛ 的来源于 *ɜ 或 *ɜ̃,ɜ 或其失落鼻化的 ɛ 在见组中增生了 -i- 介音之后才与蟹摄一等合流,因此仍有对立。

(1) 声母：

p 布班本逼	pʰ 怕潘骗撒	b 爬盘鼻扶	m 马满米麦	f 飞封福法	v 唯饭文罚
t 刀胆多答	tʰ 讨土统脱	d 大甜藤敌	n 脑内难诺		l 老蓝冷绿
ts 资剪总作	tsʰ 刺错千切	dz 徐绽常泽		s 沙小仙雪	z 邪床寻席
tɕ 朱债针菊	tɕʰ 溪抢窗册	dʑ 奇丈穷直	ȵ 二娘人日	ɕ 虚水深识	ʑ 柴船神十
k 家更讲割	kʰ 开看空客	g 跪厚共夹	ŋ 牙岸硬额	h 虾好汉瞎	
∅ 安一鞋学					

(2) 韵母：

ɿ	a	ɛ	ɵ	ɔ	ã	eŋ	oŋ	aʔ	eʔ	oʔ	m̩
i	ia	iɛ	iɵ	iɔ	iã	iŋ		iaʔ	ieʔ		n̩
u	ua	uɛ		uo	uã	ueŋ		uaʔ		uoʔ	l̩
y		yɛ			yã	yŋ	yoŋ		yoʔ		

(3) 声调：

| 1 阴平：44 | 3 阴上：53 | 5 阴去：335 | 7 阴入：5 |
| 2 阳平：223 | 4 阳上：31 | 6 阳去：213 | 8 阳入：2 |

上官与龙门不同的地方主要在于：

① 麻韵开口二等读 ɔ，与效摄合流，如：把＝宝 pɔ³、牙＝熬 ŋɔ²。

② 覃韵、谈寒韵见系、桓韵端系读 ɛ，与蟹摄一等合流，如：改＝敢 kɛ³。

(九) 场口场口

(1) 声母有 28 个：

p	pʰ	b	m	f	v
t	tʰ	d	n		l
ts	tsʰ	dz		s	z
tɕ	tɕʰ	dʑ	ȵ	ɕ	ʑ
k	kʰ	g	ŋ	h	
ʔ					

声母的音韵特点有：

① 齐齿呼前分尖团，而撮口呼前不分尖团。例如：西 si¹ ≠ 稀 ɕi¹，

酒 tsio³ ≠ 九 tɕio³，精 tsiŋ¹ ≠ 经 tɕiŋ¹，需 = 虚 ɕy¹。

② 来母细音仍然读 l，与富阳城区不同。

(2) 韵母：

ɿ	a	ɛ	ɵ	o	ɔ	ã	eŋ	oŋ	aʔ	eʔ	oʔ	m̩
i	ia	ie	iɵ		iɔ	iã	iŋ		iaʔ	ieʔ		n̩
u	ua	uɛ		ou		uã	ueŋ		uaʔ	ueʔ	uoʔ	l̩
y		ye		yo		yã	yŋ	yoŋ			yoʔ	

韵母的主要音韵特点有：

① 果摄一等与遇摄一等模韵合流，如：过 = 故 ku⁵，蓑 = 苏 su¹。

② 麻韵开口二等读 uo，与合口合流，如：家 = 瓜 kuo¹。

③ 咸山摄舒声字读口元音，具体读音见下表：

	覃	谈寒	咸衔山删	盐严添	凡	仙元先	桓
帮、非组	—	—	a	ɛ	ɛ	ɛ	ɛ
端系	ɛ	a	—	ie	—	ie	ɛ
知系	—	—	a	ie	—	ie开/ye合	—
见系	ɛ	ɛ	a开/ua合	ie	—	ie开/ye合	uɛ

覃韵、谈寒韵见系、桓韵端系与蟹摄一等非见组中合流为 ɛ，例如：陪 = 盘 bɛ²，改 = 感 kɛ³。

④ 宕江曾开口一等白读梗二等白读舒声合流为 ã，例如：打 = 党 tã³，横 = 黄 uã²；入声合流为 aʔ，如：角 = 格 kaʔ⁷。

⑤ 只有两个成音节鼻音，以下为同音：五 = 耳 ŋ̍⁴。

(3) 声调：

1 阴平：53	3 阴上：424	5 阴去：335	7 阴入：5
2 阳平：113	4 阳上：²31	6 阳去：212	8 阳入：2

主要音韵特点有：

① 保留中古的四声八调系统。

② 不发生次浊归阴调的现象。只有一小部分零声母字并入了阴调类，例如：夏 uo⁵，雨 y³，用 yoŋ⁵。

（十）湖源上臧

（1）声母有 28 个：

p	pʰ	b	m	f	v	
t	tʰ	d	n			l
ts	tsʰ	dz		s	z	
tɕ	tɕʰ	dʑ	ɲ	ɕ	ʑ	
k	kʰ	g	ŋ	h		
ʔ						

声母的音韵特点有：

① 齐齿呼前分尖团，而撮口呼前不分尖团。例如：西 si¹ ≠ 稀 ɕi¹，酒 tsiɵ³ ≠ 九 tɕiɵ³，精 tsiŋ¹ ≠ 经 tɕiŋ¹，需 = 虚 ɕy¹。

② 来母细音仍然读 l，与富阳城区不同。

（2）韵母：

ɿ	a	ɛ	ɵ	o	ɔ	ã	eŋ	oŋ	aʔ	eʔ	oʔ	m̩
i	ia	ie	iɵ		iɔ	iã	iŋ		iaʔ	ieʔ		n̩
u	ua	uɛ		uo		uã	ueŋ		uaʔ	ueʔ	uoʔ	l̩
y		ye	yo			yã	yŋ	yoŋ			yoʔ	

韵母的主要音韵特点有：

① 果摄一等与遇摄一等模韵合流，例如：过 = 故 ku⁵，蓑 = 苏 su¹。

② 麻韵开口二等读 uo，与合口合流，例如：家 = 瓜 kuo¹。

③ 咸山摄舒声字读口元音，具体读音见下表：

	覃	谈寒	咸衔山删	盐严添	凡	仙元先	桓
帮、非组	—	—	a	ɛ	ɛ	ɛ	ɛ
端系	ɛ	a	—	ie		ie	ɛ
知系	—	—	a	ie		ie开/ye合	—
见系	ie见组/e晓影	ie见组/e晓影	a开/ua合	ie		ie开/ye合	uɛ

覃韵、谈寒韵见系、桓韵端系与蟹摄一等非见组中合流为 ɛ，例如：赔 = 盘 bɛ²；但是见组中仍有别，例如：改 kɛ³ ≠ 感 kie³。

④ 咸山摄入声三四等有别，三等读 ieʔ，而四等部分字读 iaʔ，以下是四等读 iaʔ 的字：跌 tiaʔ⁷、帖贴铁 tʰiaʔ⁷、叠碟牒蝶谍 diaʔ⁸、捏 ȵiaʔ⁸、切~菜 tsʰiaʔ⁷、噎 iaʔ⁷、协 iaʔ⁸。

⑤ 宕江曾 开口一等白读 梗 二等白读 舒声合流为 ã，例如：打＝党 tã³、横＝黄 uã²；入声合流为 aʔ，如：角＝格 kaʔ⁷。

⑥ 只有两个成音节鼻音，以下为同音：五＝我＝耳 ŋ⁴。

（3）声调：

| 1 阴平：553 | 3 阴上：423 | 5 阴去：335 | 7 阴入：5 |
| 2 阳平：113 | 4 阳上：31 | 6 阳去：213 | 8 阳入：2 |

主要音韵特点有：

① 保留中古的四声八调系统。

② 不发生次浊归阴调的现象。只有一小部分零声母字并入了阴调类，例如：夏 uo⁵、雨 y³、用 yoŋ⁵ 等。

（十一）常安安禾

常安方言的声韵调系统与湖源方言比较接近。

（1）声母有 28 个：

p	pʰ	b	m	f	v	
t	tʰ	d	n			l
ts	tsʰ	dz		s	z	
tɕ	tɕʰ	dʑ	ȵ	ɕ	ʑ	
k	kʰ	g	ŋ	h		
ʔ						

（2）韵母：

ɿ	a	ɛ	ɵ	o	ɔ	ã	eŋ	oŋ	aʔ	eʔ	oʔ	m̩
i	ia	ie	iɵ		iɔ	iã	ĩ		iaʔ	ieʔ		ŋ̍
u	ua	uɛ		uo		uã	ueŋ		uaʔ		uoʔ	l̩
y		ye		yo		yã	ỹ	yoŋ			yoʔ	

（3）声调（8个）：

| 1 阴平：53 | 3 阴上：423 | 5 阴去：335 | 7 阴入：5 |
| 2 阳平：113 | 4 阳上：312 | 6 阳去：213 | 8 阳入：2 |

常安与湖源不同的特点有：

① 果摄疑母部分字读 ŋ̍，如：我 ŋ̍^{4}、饿 ŋ̍^{6}。

② 麻韵三等精组字读 ie，例如：写 sie^3、借 tsie^5、斜邪 zie^2、谢 zie^6。与咸山摄三四等合流，例如：前＝斜 zie^2。

③ 覃谈寒桓韵与蟹摄一等主元音是 ε，例如：赔＝盘 bε^2；但是见组塞音后仍有别，例如：改 kε^3≠感 kiε^3、碍＝岸 ŋε^6。

④ 山摄合口一等存在文白异读，文读为 uã，与宕梗摄合口合流，例如：官观＝光 kuã^1、馆＝广 kuã^3。

⑤ 对应湖源读 iŋ、yŋ 的字，常安读 ĩ、ỹ。

（十二）东图东梓关

（1）声母：

p 布班本逼	pʰ 怕潘骗撇	b 爬盘鼻扶	m 马满米麦	f 飞封福法	v 唯饭文罚
t 刀胆多答	tʰ 讨土统脱	d 大甜藤敌	n 脑内难诺		l 老蓝冷绿
ts 资剪总作	tsʰ 刺错千切	dz 徐绽常泽		s 沙小仙雪	z 邪床寻席
tɕ 朱债针菊	tɕʰ 溪扯窗册	dʑ 奇丈穷直	ȵ 二娘人日	ɕ 虚水深识	ʑ 柴船神十
k 家更讲割	kʰ 开看空客	g 跪厚共夹		h 虾好汉瞎	
Ø 安一鞋学					

音值说明：

① 富阳话的浊音其实并非真正的浊音，而是发声态上的气声（breathy），本文仍用浊音表示。

② m、n、ȵ、ŋ 拼阴调类时，有紧喉作用。

③ Tɕ-组拼 ia、iã、iaʔ 三韵时，实为舌叶的 Tʃ-。

④ K-组拼齐齿呼时，实际读音为 c、cʰ、ɟ。

音韵特点[①]：

[①] 关于东梓关方言音韵特点的详细讨论，请参盛益民（2016b）。

① 齐齿呼分尖团，撮口呼不分尖团。

② 疑母洪音读零声母。

③ 与富阳城区不同，来母细音字仍然读 l。

④ 知₂庄读 Ts-（例外：止开三支脂之），知₃章读 Tɕ-（例外：佳韵庄组等）。麻三章组有文白异读，白读 Tɕ-，文读 Ts-。

（2）韵母：

ɿ 师丝试猪	i 戏飞盐面	u 歌坐过苦	y 许朱雨围
a 排鞋三伞	ia 写洒天田	ua 怪快关碗	
o 阿~弥陀佛 □~尿；女阴		uo 把茶家牙	
ɔ 宝饱刀曹	iɔ 笑桥庙赵		
ɛ 开赔盘含	iɛ 阶届皆查宿~	uɛ 鬼灰回威	yɛ 吹靴水船
ɵ 豆走刘侯	iɵ 酒周手油		
ã 糖床硬壮	iã 良蒋响像	uã 光王横黄	yɔ̃ 桩窗状双
ɛ̃ 南半贪敢	iɛ̃ 编颠连仙	uɛ̃ 官欢完缓	yɛ̃ 展权原远
eŋ 本灯寻恩	iŋ 心神升星	ueŋ 滚昆昏温	yŋ 君春云允
oŋ 东望风公			yoŋ 中兄用重
aʔ 盒塔托壳	iaʔ 贴药学节	uaʔ 活刮阔挖	
eʔ 色拨德黑	ieʔ 十急直割		
oʔ 八袜独六		uoʔ 骨国霍屋	yoʔ 月出橘说
ŋ̩ 儿五午耳	m̩ 无亩母墓	l̩ 而儿二耳	

音值说明：

① a 组、ã 组、aʔ 组的实际音值为 A。

② ɛ 组、ɛ̃ 组中 ɛ 的实际音值为 E。

③ eŋ、ueŋ 中的 e 实际发音较偏央。

④ l̩ 的实际读音为 ɭ。

音韵特点：

① 果摄与模韵合流，读 u。

② 麻二读 uo，为 o 裂化的结果。

③ 鱼韵有丰富的文白异读。

④ 蟹摄开口一等咍泰在端系中有别咍 ɛ、泰 a，见系无别读 ɛ。

⑤ 止蟹摄合口三等有文白异读。

⑥ 蟹、咸、山摄三四等有别。

⑦ 成音节鼻音没有ŋ、ŋ̍的对立。

(3) 声调:

1 阴平: 53	3 阴上: 55	5 阴去: 335	7 阴入: 5
2 阳平: 113		6 阳去: 212	8 阳入: 2

音值说明:

① 阳平 113 有 22、23 的变体。

② 阴入 5 的实际音值为 53,阳入 2 的实际音值为 23。

音韵特点:次浊上归阴上,与富阳城区不同。

(十三) 新桐新桐

(1) 声母:

p 布班本逼	pʰ 怕潘骗撒	b 爬盘鼻扶	m 马满米麦	f 飞封福法	v 唯饭文罚
t 刀胆多答	tʰ 讨土统脱	d 大甜藤敌	n 脑内难诺		l 老蓝冷绿
ts 资剪总作	tsʰ 刺错千切	dz 徐绽常泽		s 沙小仙雪	z 邪床寻席
tɕ 朱债针菊	tɕʰ 溪扯窗册	dʑ 奇丈穷直	ȵ 二娘人日	ɕ 虚水深识	ʑ 柴船神十
k 家更讲割	kʰ 开看空客	g 跪厚共夹		h 虾好汉瞎	
Ø 安一鞋学					

音值说明:

① 富阳话的浊音其实并非真正的浊音,而是发声态上的气声(breathy),本文仍用浊音表示。

② m、n、ȵ、ŋ 拼阴调类时,有紧喉作用。

③ tɕ- 组拼部分韵时,有舌叶 tʃ- 的变体。

④ k- 组拼齐齿呼时,实际读音为 c、cʰ、ɟ。

音韵特点:

① 齐齿呼分尖团,撮口呼不分尖团。

② 疑母洪音读零声母。

③ 与富阳城区不同,来母细音字仍然读 l。

(2) 韵母：

ɿ 师丝试猪	i 戏飞盐面	u 歌坐过苦	y 许朱雨水
a 排鞋三伞	ia 写洒天田	ua 怪快关碗	
e 盘含	ie 阶届皆<u>舍</u>宿~		ye 船
ɛ 开赔		uɛ 鬼灰回威	
ɵ 豆走刘侯	iɵ 酒周手油		
ɔ 宝饱刀曹	iɔ 笑桥庙赵	uo 把茶家牙	
ã 糖床硬壮	iã 良蒋响像	uã 光王横黄	yã 桩窗状双
ɛ̃ 南半贪敢	iɛ̃ 编颠连仙	uɛ̃ 官欢完缓	yɛ̃ 展权原远
eŋ 本灯寻恩	iŋ 心神升星	ueŋ 滚昆昏温	yŋ 君春云允
oŋ 东望风公			yoŋ 中兄用重
aʔ 盒塔托壳	iaʔ 贴药学节	uaʔ 活刮阔挖	
eʔ 色拨德黑	ieʔ 十急直割		
oʔ 八袜独六		uoʔ 骨国霍屋	yoʔ 月出橘说
ŋ̍ 儿五午耳	m̩ 无亩母墓	l̩ 而儿二耳	

音值说明：

① a 组、aʔ 组的实际音值为 A，ã 组实际音值为 ɑ̃。

② ɛ 组、ɛ̃ 组中 ɛ 的实际音值为 E。

③ eŋ、ueŋ 中的 e 实际发音较偏央。

④ l̩ 的实际读音为 ɭ。

音韵特点：

① 果摄与模韵合流，读 u。

② 麻二读 uo，为 o 裂化的结果。

③ 鱼韵有丰富的文白异读。

④ 蟹摄开口一等咍泰在端系中有别咍 ɛ、泰 a，见系无别读 ɛ。

⑤ 止蟹摄合口三等有文白异读，一律读 y，例如：吹 tɕʰy¹、水 ɕy³、坠 dʑy⁶、蕊~头:花骨朵 ȵy³、围 y² 等。精组、知系读 y，湖源也有部分字读 y，但不见于其他富阳地区。

⑥ 咸山摄有文白异读，白读为口元音，文读为鼻化韵。其中覃韵、谈韵寒韵见系、桓韵端系白读见组为 i，例如：磡 kʰi⁵、甘 ki¹、赶 ki³ 等；非见组为 e，且与蟹摄的 ɛ 有别，例如：蚕 ze² ≠ 裁 zɛ²。

⑦ 成音节鼻音没有 ŋ、ŋ̍ 的对立。

（3）声调：

| 1 阴平：53 | 3 阴上：424 | 5 阴去：335 | 7 阴入：5 |
| 2 阳平：11 | | 6 阳去：212 | 8 阳入：2 |

说明：次浊上归阴上。

（十四）银湖金竺

（1）声母：

p	pʰ	b	m	f	v
t	tʰ	d	n		l
ts	tsʰ			s	z
tɕ	tɕʰ	dʑ	ɲ	ɕ	ʑ
k	kʰ	g	ŋ	h	
∅					

说明：① 分尖团：西 si¹ ≠ 稀 ɕi¹，精 tsiŋ¹ ≠ 经 tɕiŋ¹

② 来母阳声韵字读 n，例如：连 niẽ²、两 niã³。

（2）韵母：

ɿ 支猪丝池	i 地衣遇雨	u 婆补多乌
a 排鞋街外	ia 写夜	ua 快坏
ɛ 赔梅堆开	iɛ 介	uɛ 鬼会回
ɔ 宝饱老咬	iɔ 表钓笑桥	
o 牙瓦茶我		uo 挂跨花化
ɯ 鹅歌	iu 酒牛油有	
ei 豆走后愁		
ã 胆蓝打党	iã 亮将羊双	uã 关横光黄
	iẽ 边颠田前	
	iɔ̃ 权原县船	uɔ̃ 安乱敢
eŋ 参灯争	iŋ 经心英云	ueŋ 滚棍温稳
oŋ 东龙	ioŋ 种冲兄用	uoŋ 公空
aʔ 盒塔鸭法	iaʔ 贴药	uaʔ 刮划

续　表

eʔ 得色责割	ieʔ 接十急直	
oʔ 八托壳	ioʔ 月出橘	uoʔ 骨郭国
m̩ 母	ŋ̍ 五午芋~头	

说明：① iu 中 u 有较明显的撮唇。

② ɯ 只见于果摄一等见组，不过与 o、均 u 有对立：歌 kɯ¹≠姑 ku¹，鹅 ŋɯ²≠牙 ŋo²。

③ 富阳其他地区的 ã、ɔ̃ 两组韵完全合并。这一点与余杭、老杭县方言相同，老咸康乡、新联乡北部、新义乡北部均如此。

④ 没有撮口呼。

（3）声调：

1 阴平：55	3 阴上：424	5 阴去：53	7 阴入：5
2 阳平：22		6 阳去：212	8 阳入：2

说明：① 次浊上归阴上。

② 阴入、阳入在比字和多字组非末字时读短调，多字组末字和单念时可读长调：阴入读 424，阳入读 212。

（十五）渔山墅溪

（1）声母：

p	pʰ	b	m	f	v
t	tʰ	d	n	l	
ts	tsʰ	dz		s	z
tɕ	tɕʰ	dʑ	ȵ	ɕ	ʑ
k	kʰ	g		h	ɦ
∅					

声母特点：

① 不分尖团。

② 泥母拼阳声韵读 l，所以：农＝龙 ləŋ²、能＝轮 lən²。

(2) 韵母：

ɿ 支猪丝池	i 地吕戏衣	u 补祖姑乌	y 朱遇雨鬼
a 排鞋街外	ia 写夜借也	ua 拐快怀坏	
e 赔堆再开	ie□句末语气词"了2"	ue 桂亏会回	
ɛ 胆蓝山间		uɛ 关弯	
ɔ 宝饱老咬	iɔ 表钓笑桥		
o 多歌瓦茶		uo 挂跨花化	
	iɤu 豆走愁牛		
ã 打硬冷张	iã 亮将强羊	uã 梗横	
ɛ̃ 闪船乱敢	iẽ 边颠尖烟	uẽ 官宽换碗	yẽ 卷圈权圆
ɔ̃ 绑党港杭		uɔ̃ 光黄广框	yɔ̃ 双爽撞窗
əŋ 参灯东龙	iŋ 经心英根	uəŋ 滚棍公空	yəŋ 春云兄用
aʔ 盒塔鸭法	iaʔ 脚嚼削药	uaʔ 刮划滑挖	
əʔ 得色责壳	ieʔ 接十直割	uəʔ 骨郭国活	yəʔ 月出橘
m̩ 母	ŋ̍ 五午鱼渔~山		

韵母特点：

① 流摄一三等合流，读细音 iɤu，是介音增生的结果，具体请参陶寰（2003）的讨论。

② 咸山摄读口元音。

③ 通摄主元音读 ə，与深臻曾等摄合流。

声调：

1 阴平：55/554	3 阴上：33	5 阴去：335	7 阴入：5
2 阳平：22/221	4 阳上：213	6 阳去：113	8 阳入：2

（十六）常绿五联

(1) 声母：

p	pʰ	b	m	f	v
t	tʰ	d	n		l
ts	tsʰ	dz		s	z
tɕ	tɕʰ	dʑ	ɲ	ɕ	ʑ
k	kʰ	g		h	ɦ
∅					

声母特点：

① 来母细音拼阳声韵与泥母合流，读 n-。

② 非组拼 oŋ、oʔ 两韵读 h、v。

③ 泥母拼阳声韵读 l，所以：农浓＝龙 loŋ²、能＝轮 lẽ²、暖＝冷 lẽ⁴。

（2）韵母：

1 支猪丝池	i 地吕戏衣	u 补祖姑乌	y 朱遇雨鬼
a 排鞋街外	ia 写夜	ua 快坏	
e 赔堆再开	ie 开边颠田	ue 桂亏会回	
ɛ 胆蓝山间		uɛ 关弯	
ɔ 宝饱老咬	iɔ 表钓笑桥		
o 牙瓦茶我		uo 挂跨花化	
ɤ 闪船乱敢		uɤ 官宽换碗	yɤ 卷圈权圆
ɐu 多罗歌婆	iu 酒牛油有		
ei 豆刘走愁			
ã 打硬冷张	iã 亮将强羊	uã 横梗	
ɔ̃ 绑党港杭		uɔ̃ 光黄广框	yɔ̃ 双爽
ẽ 本灯参恩	iŋ 经心身英	uẽ 滚棍温稳	yŋ 春云
oŋ 东龙公空			yoŋ 种冲兄用
aʔ 盒塔鸭法	iaʔ 脚嚼削药	uaʔ 刮划滑挖	
eʔ 得色责割	ieʔ 接十急直		
oʔ 八托壳各		uoʔ 骨郭国活	yoʔ 月出橘局
m 母	ŋ 五午芊~ŋ鱼		

韵母特点：

① 模韵的锐音声母、明母与果摄合流。

② 咸山摄一律读口元音。

（3）声调：

1 阴平：44	3 阴上：53	7 阴入：5
2 阳平：113	4 阳上：31	8 阳入：2

声调特点：

① 阴平与阴去合流。

② 阳平与阳去合流。

字音对照表

说明：7.4 节已经指出，富阳方言可以分为南北两大片、五个小区。下面以富春〔苋浦〕作为 A1 青云区的代表，大源〔骆村〕作为 A2 大源区的代表，龙门〔龙五〕作为 B1 剡溪区的代表，常安〔安禾〕、湖源〔上臧〕作为 B2 湖源区的代表，东图〔东梓关〕作为 B3 东图区的代表；鹿山〔新祥〕处于南北之间，又有部分新登方言的特点；银湖〔金竺〕靠近余杭，有部分余杭的特点；渔山〔墅溪〕、常绿〔五联〕基本是就是萧山话和诸暨话。

	多	拖	大~小	左	歌	饿	河	茄	婆	磨石磨
	果开一平歌端	果开一平歌透	果开一去个定	果开一上哿精	果开一平歌见	果开一去个疑	果开一平歌匣	果开三平戈羣	果合一平戈并	果合一去过明
富春	to¹	tʰa¹	du⁶	tsu³	ku¹	ŋu⁵	u²	dʑia²	bu²	mu⁵
大源	to¹	tʰa¹	du⁶	tsu³	ku¹	ŋu⁵	u²	dʑia⁶	bu²	mu⁶
鹿山	tu¹	tʰa¹	du⁶	tsu³	ku¹	u⁵	u²	dʑia²	bu²	m⁵
龙门	tu¹	tʰa¹	du⁶	tsu³	ku¹	ŋu¹	u²	dʑia²	bu²	m⁶
常安	tu¹	tʰu¹	du⁶	tsu³	ku¹	ŋ̍⁶	u²	dʑia²	bu²	m⁶
湖源	tu¹	tʰa¹	du⁶	tsu³	ku¹	ŋu⁵	u²	dʑia²	bu²	m⁶
东图	tu¹	tʰa¹	du⁶	tsu³	ku¹	u⁶	u²	dʑia²	bu²	mu⁶
银湖	tu¹	tʰa¹	du⁶	tsu³	kuɯ¹	ŋu⁶	u²	dʑia⁶	bu²	mu⁶
渔山	to¹	tʰa¹	do⁶	tso¹	ko¹	ŋo⁶	ɦo²	dʑia²	bo²	mo²
常绿	təu¹	tʰa¹	dəu²	tsəu³	kəu¹	ŋəu²	ɦəu²	dʑia²	bəu²	məu²

	朵~~花	螺~蛳	坐	过	课	火	靴	爬	马	茶
	果合一上果端	果合一平戈来	果合一上果从	果合一去过见	果合一去过溪	果合一上果晓	果合三平戈晓	假开二平麻并	假开二上马明	假开二平麻澄
富春	to³	lu²	zu⁶	ku⁵	kʰu⁵	hu³	ɕyɛ³	bo²	mo⁶	dzo²
大源	tu³	lu²	zu⁶	ku⁵	kʰu¹	hu³	ɕyɛ³	bo²	mo⁶	dzo²
鹿山	tu³	lu²	zu⁶	ku⁵	kʰu¹	hu³	ɕyɛ³	bu²	mo⁶	dzo²
龙门	tu³	lu²	zu⁴	ku⁵	kʰu⁵	hu³	ɕyɛ³	buo²	muo⁴	dzo²
常安	tu³	lu²	zu⁴	ku⁵	kʰu¹	hu³	ɕyɛ³	buo²	muo⁴	dzuo²
湖源	tu³	lu²	zu⁴	ku⁵	kʰu¹	hu³	ɕy³	buo²	muo⁴	dzuo²
东图	tu³	lu²	zu⁶	ku⁵	kʰu¹	hu³	ɕyɛ³	buo²	muo⁴	dzuo²
银湖	toʔ⁷	lu²	zu⁶	ku⁶	kʰu³	hu³	ɕiɛ³	bo²	mo³	dzo²
渔山	tu³	lo²	zo⁶	ku⁵	kʰo⁵	hu³	ɕy¹	bo²	mo²	dzo²
常绿	təu³	ləu²	zəu⁴	kəu⁵	kʰəu⁵	həu³	ɕy¹	buo²	muo⁴	dzuo²

	沙	嫁	牙	下	哑	写	谢	车	夜	瓦
	假开二平麻生	假开二去祃见	假开二平麻疑	假开二上马匣	假开二上马影	假开三上马心	假开三去祃邪	假开三平麻昌	假开三去祃以	假合二上马疑
富春	so¹	ko⁵	ŋo²	o⁶	o³	ɕia³	zia⁶	tsʰo¹	ia⁵	ŋo⁶
大源	so¹	ko⁵	ŋo²	o⁶	o³	ɕia³	zia⁶	tsʰo¹	ia⁵	ŋo⁶
鹿山	sʊ¹	kʊ⁵	ʊ²	ʊ⁶	ʊ³	ɕia³	zia⁶	tsʰʊ¹	ia⁵	ʊ⁶
龙门	sɔ¹	kuɔ⁵	ŋɔ⁵	ɔ⁴	ɔ³	sia³	zia⁶	tsʰɔ¹	ia⁵	ŋɔ⁶
常安	suo¹	kuo⁵	ŋuo²	uo⁴	uo³	sie³	zie⁶	tsʰuo¹	ia⁵	ŋuo⁴
湖源	suo¹	kuo⁵	ŋuo⁵	uo⁴	uo³	sia³	zia⁶	tsʰuo¹	ia⁵	ŋuo⁴
东图	suo¹	kuo⁵	uo²	uo³	uo³	sia³	zia⁶	tsʰuo¹	ia⁵	uo³
银湖	suo¹	kuo⁵	ŋuo²	o³	o³	sia³	zia⁶	tsʰuo¹	ia⁵	ŋuo⁴
渔山	so¹	ko⁵	ŋo²	ɦo⁴	o³	ɕia³	zia⁶	tsʰo¹	ɦia⁶	ŋo⁴
常绿	suo¹	kuo¹	ŋuo²	ɦuo⁴, huo¹摘帽	uo³	ɕia³	zia²	tsʰuo¹	ɦia²	ŋuo⁴

	花	谱家~	路	租	做	箍	古	苦	五	虎
	假合二平麻晓	遇合一上姥帮	遇合一去暮来	遇合一平模精	遇合一去暮精	遇合一平模见	遇合一上姥见	遇合一上姥溪	遇合一上姥疑	遇合一上姥晓
富春	huo¹	pʰu³	lʊ⁵	tsu¹	tsu⁵	kʰu¹	ku³	kʰu³	ŋ̍⁶	hu³
大源	huo¹	pu³	lʊ⁵	tsu¹	tsu⁵	kʰu¹	ku³	kʰu³	ŋ̍²	hu³
鹿山	hʊ¹	pʰu⁵	lu⁵	tsu¹	tsu⁵	kʰu¹	ku³	kʰu³	ŋ̍⁶	hu³
龙门	huɔ¹	pu³	lu⁵	tsu¹	tsu⁵	kʰu¹	ku³	kʰu³	ŋ̍²	hu³
常安	huo¹	pʰu³	lu⁶	tsu¹	tsu⁵	kʰu¹	ku³	kʰu³	ŋ̍⁴	hu³
湖源	huo¹	pʰu³	lu⁶	tsu¹	tsu⁵	kʰu¹	ku³	kʰu³	ŋ̍⁴	hu³
东图	huo¹	pʰu³	lu⁶	tsu¹	tsu⁵	kʰu¹	ku³	kʰu³	ŋ̍³	hu³
银湖	huo¹	pʰu³	lu⁶	tsu¹	tsu⁵	kʰu¹	ku³	kʰu³	ŋ̍³	hu³
渔山	huo¹	pu⁵	lu⁶	tsu¹	tsu⁵	kʰu³	ku³	kʰu³	ŋ̍⁴	hu³
常绿	huo¹	pu³	ləʊ²	tsəʊ¹	tsəʊ⁵	kʰu³	ku³	kʰu³	ŋ̍⁴	hu³

	户	女女儿	猪	初	锄~头	书	鼠	锯锯子	去来~	鱼
	遇合一上姥匣	遇合三上语泥	遇合三平鱼知	遇合三平鱼昌	遇合三平鱼崇	遇合三平鱼书	遇合三上语书	遇合三去御见	遇合三去御溪	遇合三平鱼疑
富春	u^6	no^6	tʂɿ^1	tʂʰu^1	ʐɿ^2	ɕy^1	tɕʰy^3	tɕi^5	tɕʰi^5	y^2
大源	u^6	no^6	tʂɿ^1	tʂʰu^1	ʐɿ^2	ɕy^1	tɕʰy^1，tʂɿ^1 黄~佬；黄鼠狼	tɕi^5	tɕʰi^5	y^2
鹿山	u^6	no^6	tʂɿ^1	tʂʰu^1	ʐɿ^2	ɕy^1	tɕʰy^5	ke^5	tɕʰi^5	y^2
龙门	u^4	nɔ^4	tʂɿ^1	tʂʰu^1	ʐɿ^2	ɕy^1	tɕʰy^3	kiɛ^5	tɕʰi^5	y^2
常安	u^4	nuo^4	tʂɿ^1	tʂʰu^1	ʐɿ^2	ɕy^1	tɕʰy^3	ke^5	tɕʰi^5	y^2
湖源	u^4	nuo^4	tʂɿ^1	tʂʰu^1	ʐɿ^2	ɕy^1	tɕʰy^3	kiɛ^5	tɕʰi^5	y^2
东图	u^6	nuo^5	tʂɿ^1	tʂʰu^1	ʐɿ^2	ɕy^1	tɕʰy^3	ki^5	tɕʰi^5	y^2
银湖	u^6	nuo^3	tʂɿ^1	tʂʰu^1	ʐɿ^2	sɿ^1	tʂʰɿ^3	tɕi^5	tɕʰi^5	i^2
渔山	fiu^4	ȵy^4	tʂɿ^1	tʂʰu^1	ʐɿ^2	sɿ^1	tʂʰɿ^3	ke^5	tɕʰi^5	ŋ̍^{2}
常绿	fiu^2	nuo^2	tʂɿ^1	tʂʰəu^1	ʐɿ^2	ɕy^1	tɕʰy^3	kiɛ^1	tɕʰi^1	ŋ̍^{2}

	虚发肿	余	府	柱	主	树	区	雨	芋~艿	带
	遇合三平鱼晓	遇合三平鱼以	遇合三上虞非	遇合三上虞澄	遇合三上虞章	遇合三去遇禅	遇合三平虞溪	遇合三上虞云	遇合三去遇云	蟹开一去泰端
富春	hɛ^1	y^2	fu^5	ʑy^6	tɕy^3	ʑy^6	tɕʰy^1	y^3	ŋ̍^{5}	ta^5
大源	hɛ^1	y^2	fu^3	dʑy^6	tɕy^3	ʑy^6	tɕʰy^1	y^3	ŋ̍^{5}	ta^5
鹿山	hɛ^1	y^2	fu^5	dʑy^6	tɕy^3	ʑy^6	tɕʰy^1	y^3	ŋ̍^{5}	ta^5
龙门	hɛ^1	y^2	fu^5	dʑy^4	tɕy^3	ʑy^6	tɕʰy^1	y^3	ŋ̍^{5}	ta^5
常安	hɛ^1	y^2	fu^5	dʑy^4	tɕy^3	ʑy^6	tɕʰy^1	y^4	ŋ̍^{5}	ta^5
湖源	hɛ^1	y^2	fu^5	dʑy^4	tɕy^3	ʑy^6	tɕʰy^1	y^4	ŋ̍^{5}	ta^5
东图	hɛ^1	y^2	fu^5	dʑy^6	tɕy^3	ʑy^6	tɕʰy^1	y^3	ŋ̍^{3}	ta^5
银湖	hɛ^1	i^2	fu^5	dʐɿ^6	tʂɿ^3	ʐɿ^6	tɕʰi^1	i^3	ŋ̍^{5}	ta^5
渔山	hɛ^1	ɦy^2	fu^5	dʑy^6~脚	tɕy^3	ʐɿ^6	tɕʰy^1	ɦy^4	ŋ̍^{3}	ta^5
常绿	hɛ^1	ɦy^2	fu^3	dʑy^4	tɕy^3	ɦy^2	tɕʰy^1	ɦy^4	ŋ̍^{2}	ta^1

	袋	菜	该	盖	开	排	戒	派	败	买
	蟹开一去代定	蟹开一去代清	蟹开一平哈见	蟹开一去泰见	蟹开一平哈溪	蟹开二平皆並	蟹开二去怪见	蟹开二去卦滂	蟹开二去夬並	蟹开二上蟹明
富春	dɛ⁶	tsʰe⁵	kɛ¹	kɛ⁵	kʰɛ¹	ba²	ka⁵	pʰa⁵	ba⁶	ma⁶
大源	dɛ⁶	tsʰe⁵	kɛ¹	kɛ⁵	kʰɛ¹	ba²	ka⁵	pʰa⁵	ba⁶	ma⁶
鹿山	dɛ²	tsʰe⁵	kɛ¹	kɛ⁵	kʰɛ¹	ba²	ka⁵	pʰa⁵	ba⁶	ma⁶
龙门	dɛ⁶	tsʰe⁵	kɛ¹	kɛ⁵	kʰɛ¹	ba²	ka⁵	pʰa⁵	ba⁶	ma⁴
常安	dɛ⁶	tsʰe⁵	kɛ¹	kɛ⁵	kʰɛ¹	ba²	ka³	pʰa⁵	ba⁶	ma⁴
湖源	dɛ⁶	tsʰe⁵	kɛ¹	kɛ⁵	kʰɛ¹	ba²	ka⁵	pʰa⁵	ba⁶	ma⁴
东图	dɛ⁶	tsʰe⁵	kɛ¹	kɛ⁵	kʰɛ¹	ba²	ka⁵	pʰa⁵	ba⁶	ma³
银湖	dɛ⁶	tsʰe⁵	kɛ¹	kɛ⁵	kʰɛ¹	ba²	ka⁵	pʰa⁵	ba⁶	ma³
渔山	dɛ⁶	tsʰe⁵	ke³	ke⁵	kʰe¹	ba²	ka⁵	pʰa⁵	ba⁶	ma⁴
常绿	dɛ²	tsʰe¹	kie¹	kie¹	kʰie¹	ba²	ka¹	pʰa¹	ba²	ma⁴

	卖	柴	街	鞋	矮	米	剃	泥	西	世
	蟹开二去卦明	蟹开二平佳崇	蟹开二平佳见	蟹开二平佳匣	蟹开二上蟹影	蟹开四上荠明	蟹开四去霁透	蟹开四平齐泥	蟹开四平齐心	蟹开三去祭书
富春	ma⁵	za²	ka¹	a²	a³	mi⁶	tʰi⁵	ni²	ɕi¹	sɿ⁵
大源	ma⁵	za²	ka¹	a²	a³	mi⁶	tʰi⁵	ni²	ɕi¹	sɿ⁵
鹿山	ma⁵	zia²	ka¹	a²	a³	mi⁶	tʰi⁵	ȵi²	ɕi¹	sɿ⁵
龙门	ma⁵	zia²	ka¹	a²	a³	mi⁴	tʰi⁵	ȵi²	si¹	sɿ⁵
常安	ma⁴	zia²	ka¹	a²	a³	mi⁴	tʰi⁵	ȵi²	si¹	sɿ⁵
湖源	ma⁴	za²	ka¹	a²	a³	mi⁴	tʰi⁵	ȵi²	si¹	sɿ⁵
东图	ma⁶	zia²	ka¹	a²	a³	mi³	tʰi⁵	ȵi²	si¹	sɿ⁵
银湖	ma⁶	za²	ka¹	a²	a³	mi³	tʰi⁵	ȵi²	si¹	sɿ⁵
渔山	ma⁶	zia²	ka¹	fia²	a³	mi⁴	tʰi⁵	ȵi²	ɕi¹	sɿ⁵
常绿	ma²	za²	ka¹	fia²	a³	mi⁴	tʰi¹	ȵi²	ɕi¹	sɿ¹

	鸡	溪	赔	妹	对	雷	罪	碎	外	灰
	蟹开四平齐见	蟹开四平齐溪	蟹合一平灰並	蟹合一去队明	蟹合一去队端	蟹合一平灰来	蟹合一上贿从	蟹合一去队心	蟹合一去泰疑	蟹合一平灰晓
富春	tɕi¹	tɕʰi¹	bɛ²	mɛ⁵	tɛ⁵	lɛ²	dzɛ⁶,zɛ⁴~过	sɛ⁵	ŋɛ⁵	huɛ¹
大源	tɕi¹	tɕʰi¹	bɛ²	mɛ⁵	tɛ⁵	lɛ²	dzɛ⁶	sɛ⁵	ŋɛ⁵	huɛ¹
鹿山	tɕi¹	tɕʰi¹	bɛ²	mɛ⁵	tɛ⁵	lɛ²动~鼓	dzɛ⁶	sɛ⁵	a⁵	huɛ¹
龙门	tɕi¹	tɕʰi¹	bɛ²	mɛ⁵	tɛ¹	lɛ²	dzɛ⁴	sɛ⁵	ŋɛ¹	huɛ¹
常安	tɕi¹	tɕʰi¹	bɛ²	mɛ⁴	tɛ⁵	lɛ²	dzɛ⁴,zɛ⁴~过	sɛ⁵	ŋɛ⁶	huɛ¹
湖源	tɕi¹	tɕʰi¹	bɛ²	mɛ⁶	tɛ⁵	lɛ²	dzɛ⁴	sɛ⁵	ŋɛ⁶	huɛ¹
东图	tɕi¹	tɕʰi¹	bɛ²	mɛ⁵	tɛ¹	lɛ²	dzɛ⁶	sɛ⁵	a⁶	huɛ¹
银湖	tɕi¹	tɕʰi¹	bɛ²	mɛ⁶	tɛ⁵	lɛ²	dzɛ⁶	sɛ⁵	ua⁶	huɛ¹
渔山	tɕi¹	tɕʰi¹	bɛ²	mɛ⁶	tɛ⁵	lɛ²	dzɛ⁴	sɛ⁵	ŋɛ⁶	huɛ¹
常绿	tɕi¹	tɕʰi¹	bɛ²	mɛ²	tɛ¹	lɛ²	dzɛ⁴	sɛ¹	ŋɛ²	fɛ¹

	怪	挂	快	肺	岁	桂	皮	刺	纸	儿~子
	蟹合二去怪见	蟹合二去卦见	蟹合二去夬溪	蟹合三去废敷	蟹合三去祭心	蟹合四去霁见	止开三平支並	止开三去寘清	止开三上纸章	止开三平支日
富春	kua⁵	kuo⁵	kʰua⁵	fi⁵	sɛ⁵	kuɛ⁵	bi²	tsʰɿ⁵	tsɿ³	n̩²
大源	kua⁵	kuo⁵	kʰua⁵	fi⁵	sɛ⁵	kuɛ⁵	bi²	tsʰɿ⁵	tsɿ³	n̩²
鹿山	kua⁵	kʊ⁵	kʰua⁵	fi⁵	sɛ⁵	kuɛ⁵	bi²	tsɿ⁵,tsʰɿ⁵ ①	tsɿ³	n̩²
龙门	kua⁵	kuo⁵	kʰua⁵	fi⁵	sɛ⁵	kuɛ⁵	bi²	tsʰɿ⁵	tsɿ³	n̩²
常安	kua⁵	kuo⁵	kʰua⁵	fi⁵	sɛ⁵	kuɛ⁵	bi²	tsʰɿ⁵	tsɿ³	n̩²
湖源	kua⁵	kuo⁵	kʰua⁵	fi⁵	sɛ⁵	kuɛ⁵	bi²	tsʰɿ⁵	tsɿ³	n̩²
东图	kua⁵	kuo⁵	kʰua⁵	fi⁵	sɛ⁵	kuɛ⁵	bi²	tsʰɿ⁵	tsɿ³	n̩²
银湖	kua⁵	kuo⁵	kʰua⁵	fi⁵	sɛ⁵	kuɛ⁵	bi²	tsʰɿ⁵	tsɿ³	n̩²
渔山	kua⁵	kuo⁵	kʰua⁵	fi⁵	sɛ⁵	kuɛ⁵	bi²	tsʰɿ⁵	tsɿ³	n̩²
常绿	kua¹	kuo¹	kʰua¹	fi¹	sɛ¹	kuɛ¹	bi²	tsʰɿ¹	tsɿ³	n̩²

① 鹿山名词的"刺"音 tsɿ⁵,动词的"刺"音 tsʰɿ⁵。

	寄	戏	眉~毛	地	梨	资	四	迟	师	二
	止开三去真见	止开三去真晓	止开三平脂明	止开三去至定	止开三平脂来	止开三平脂精	止开三去至心	止开三平脂澄	止开三平脂生	止开三去至日
富春	tɕi⁵	ɕi⁵	mi²	di⁶	li²	tsɿ¹	sɿ⁵	dzɿ²	sɿ¹	ni⁵
大源	tɕi⁵	ɕi⁵	mi²	di⁶	ni²	tsɿ¹	sɿ⁵	dzɿ²	sɿ¹	ni⁵
鹿山	tɕi⁵	ɕi⁵	mi²	di⁶	li²	tsɿ⁵	sɿ⁵	dzɿ²	sɿ¹	ȵi⁵
龙门	tɕi⁵	ɕi⁵	mi²	di⁶	li²	tsɿ¹	sɿ⁵	dzɿ²	sɿ¹	ȵi⁶
常安	tɕi⁵	ɕi⁵	mi²	di⁶	li²	tsɿ¹	sɿ⁵	dzɿ²	sɿ¹	ȵi⁶
湖源	tɕi⁵	ɕi⁵	mi²	di⁶	li²	tsɿ¹	sɿ⁵	dzɿ²	sɿ¹	ȵi⁶
东图	tɕi⁵	ɕi⁵	mi²	di⁶	li²	tsɿ¹	sɿ⁵	dzɿ²	sɿ¹	ȵi⁶
银湖	tɕi⁵	ɕi⁵	mi²	di⁶	li²	tsɿ¹	sɿ⁵	dzɿ²	sɿ¹	ȵi⁶
渔山	tɕi⁵	ɕi⁵	mi²	di⁶	li²	tsɿ¹	sɿ⁵	dzɿ²	sɿ¹	ȵi⁶
常绿	tɕi¹	ɕi¹	mi²	di²	li²	tsɿ¹	sɿ¹	dzɿ²	sɿ¹	ȵi²

	字	丝	祠~堂	柿	试	棋	几~个	气	衣	吹
	止开三去志从	止开三平之心	止开三平之邪	止开三上止崇	止开三去志书	止开三平之群	止开三上尾见	止开三去未溪	止开三平微影	止合三平支昌
富春	zɿ⁶	sɿ¹	zɿ²	zɿ⁶	sɿ⁵	dʑi²	tɕi³	tɕʰi⁵	i¹	tsʰɛ¹
大源	zɿ⁶	sɿ¹	zɿ²	zɿ⁶	sɿ⁵	dʑi²	tɕi³	tɕʰi⁵	i¹	tsʰɛ¹
鹿山	zɿ⁶	sɿ¹	zɿ²	zɿ⁶	sɿ⁵	dʑi²	tɕi³	tɕʰi⁵	i¹	tɕʰyɛ¹
龙门	zɿ⁶	sɿ¹	zɿ²	zɿ⁴	sɿ⁵	dʑi²	tɕi³	tɕʰi⁵	i¹	tɕʰyɛ¹
常安	zɿ⁶	sɿ¹	zɿ²	zɿ⁶	sɿ⁵	dʑi²	tɕi³	tɕʰi⁵	i¹	tɕʰyɛ¹
湖源	zɿ⁶	sɿ¹	zɿ²	zɿ⁴	sɿ⁵	dʑi²	tɕi³	tɕʰi⁵	i¹	tɕʰyɛ¹
东图	zɿ⁶	sɿ¹	zɿ²	zɿ⁶	sɿ⁵	dʑi²	tɕi³	tɕʰi⁵	i¹	tɕʰyɛ¹
银湖	zɿ⁶	sɿ¹	zɿ²	zɿ⁶	sɿ⁵	dʑi²	tɕi³	tɕʰi⁵	i¹	tsʰɛ¹
渔山	zɿ⁶	sɿ¹	zɿ²	zɿ⁶	sɿ⁵	dʑi²	tɕi³	tɕʰi⁵	i¹	tsʰɿ¹
常绿	zɿ²	sɿ¹	zɿ²	zɿ⁴	sɿ¹	dʑi²	tɕi³	tɕʰi⁵	i¹	tsʰɿ¹

附录　代表点音系及字音对照表

	亏	跪 下跪	醉	锤	水	飞	肥	鬼	围 白读	宝
	止合三平支溪	止合三上纸群	止合三去至精	止合三平脂澄	止合三上旨书	止合三平微非	止合三平微奉	止合三上尾见	止合三平微云	效开一上皓帮
富春	k^hue^1	gue^6	$tsɛ^5$	$dzɛ^2$	$ɕye^3$	fi^1	vi^2~皂	kue^3	y^2~兜;围嘴	$pɔ^3$
大源	k^hue^1	gue^6	$tsɛ^5$	$dzɛ^2$	$sɛ^1$	fi^1	vi^2~皂	kue^3	y^2~身布襕	$pɔ^3$
鹿山	k^hue^1	gue^6	$tsɛ^5$	——	$ɕye^3$	fi^1	bi^2 洋~皂, vi^2	kue^3	y^2~身布襕	$pɔ^3$
龙门	k^hue^1	gue^4	$tsɛ^1$	$dzɛ^2$	$ɕye^3$	fi^1	bi^2 洋~皂, vi^2	kue^3	y^2~身布襕	$pɔ^3$
常安	k^hue^1	gue^4	$tsɛ^1$	$dzɛ^2$	$ɕye^3$	fi^1	bi^2 洋~皂, vi^2	kue^3	y^2~身布襕	$pɔ^3$
湖源	k^hue^1	gue^4	$tsɛ^1$	$dzɛ^2$	$ɕy^3$	fi^1	vi^2~皂	kue^3	y^2~身布襕	$pɔ^3$
东图	k^hue^1	gue^6	$tsɛ^1$	$dzɛ^2$	$ɕye^3$	fi^1	bi^2~皂, vi^2	kue^3	y^2~身布襕, ~围巾	$pɔ^3$
银湖	k^hue^1	gue^6	$tsɛ^5$	$dzɛ^2$	$ɕie^3$	fi^1	vi^2	kue^3	ue^2~巾, ~围巾	$pɔ^3$
渔山	k^hue^1	$dʑy^4$	$tsɛ^1$	dze^6	$sɿ^3$	fi^1	bi^2~肉, vi^2~皂	$tɕy^3$	fiy^2~身;围裙	$pɔ^3$
常绿	k^hue^1	$dʑy^4$	$tsɛ^1$	dze^4	$sɿ^3$	fi^1	bi^2, vi^2	$tɕy^3$	fiy^2~身布襕	$pɔ^3$

	毛	讨	脑	老	早	草	糙~米	高	熬~药	好
	效开一平豪明	效开一上皓透	效开一上皓泥	效开一上皓来	效开一上皓精	效开一上皓清	效开一去号清	效开一平豪见	效开一平豪疑	效开一上皓晓
富春	$mɔ^2$	$t^hɔ^3$	$nɔ^6$	$lɔ^6$	$tsɔ^3$	$ts^hɔ^3$	$ts^hɔ^5$	$kɔ^1$	$ŋɔ^2$	$hɔ^3$
大源	$mɔ^2$	$t^hɔ^3$	$nɔ^6$	$lɔ^6$	$tsɔ^3$	$ts^hɔ^3$	$ts^hɔ^5$	$kɔ^1$	$ŋɔ^2$	$hɔ^3$
鹿山	$mɔ^2$	$t^hɔ^3$	$nɔ^6$	$lɔ^6$	$tsɔ^3$	$ts^hɔ^3$	$ts^hɔ^5$	$kɔ^1$	$ɔ^2$	$hɔ^3$
龙门	$mɔ^2$	$t^hɔ^3$	$nɔ^4$	$lɔ^4$	$tsɔ^3$	$ts^hɔ^3$	$ts^hɔ^5$	$kɔ^1$	$ŋɔ^2$	$hɔ^3$
常安	$mɔ^2$	$t^hɔ^3$	$nɔ^4$	$lɔ^4$	$tsɔ^3$	$ts^hɔ^3$	$ts^hɔ^5$	$kɔ^1$	$ŋɔ^2$	$hɔ^3$
湖源	$mɔ^2$	$t^hɔ^3$	$nɔ^4$	$lɔ^4$	$tsɔ^3$	$ts^hɔ^3$	$ts^hɔ^5$	$kɔ^1$	$ŋɔ^2$	$hɔ^3$
东图	$mɔ^2$	$t^hɔ^3$	$nɔ^6$	$lɔ^6$	$tsɔ^3$	$ts^hɔ^3$	$ts^hɔ^5$	$kɔ^1$	$ɔ^2$	$hɔ^3$
银湖	$mɔ^2$	$t^hɔ^3$	$nɔ^4$	$lɔ^4$	$tsɔ^3$	$ts^hɔ^3$	$ts^hɔ^5$	$kɔ^1$	$ŋɔ^2$	$hɔ^3$
渔山	$mɔ^2$	$t^hɔ^3$	$nɔ^4$	$lɔ^4$	$tsɔ^3$	$ts^hɔ^3$	$ts^hɔ^5$	$kɔ^1$	$ŋɔ^2$	$hɔ^3$
常绿	$mɔ^2$	$t^hɔ^3$	$nɔ^4$	$lɔ^4$	$tsɔ^3$	$ts^hɔ^3$	$ts^hɔ^5$	$kɔ^1$	$ŋɔ^2$	$hɔ^3$

	饱	罩	抓~痒	找~钞票	抄	交白读	孝白读	表	笑	照
	效开二上巧帮	效开二去效知	效开二平爻庄	效开二上巧庄	效开二平爻初	效开二平爻见	效开二去效晓	效开三上小帮	效开三去笑心	效开三去笑章
富春	pɔ³	tsɔ⁵	tsɔ¹	tsɔ³	tsʰɔ¹	kɔ¹	ɕiɔ⁵	piɔ³	ɕiɔ⁵	tsɔ⁵
大源	pɔ³	tsɔ⁵	tsɔ¹	tsɔ³	tsʰɔ¹	kɔ¹~待	ɕiɔ¹~堂竹	piɔ³	ɕiɔ⁵	tsɔ⁵
鹿山	pɔ³	tsɔ⁵	tsɔ¹	tsɔ³	tsʰɔ¹	kɔ¹~拨裹	ɕiɔ⁵	piɔ³	ɕiɔ⁵	tɕiɔ⁵
龙门	pɔ³	tsɔ⁵	tsɔ¹	tsɔ³	tsʰɔ¹	kɔ¹~待	ɕiɔ⁵	piɔ³	siɔ⁵	tɕiɔ⁵
常安	pɔ³	tsɔ⁵	tsɔ¹	tsɔ³	tsʰɔ¹	kɔ¹~把尔	hɔ⁵~堂	piɔ³	siɔ⁵	tɕiɔ⁵
湖源	pɔ³	tsuo⁵	tsɔ¹	tsɔ³	tsʰɔ¹	kɔ¹~拨尔	ɕiɔ⁵	piɔ³	siɔ⁵	tɕiɔ⁵
东图	pɔ³	tsɔ⁵	tsɔ¹	tsɔ³	tsʰɔ¹	kɔ¹~待	hɔ⁵~堂	piɔ³	siɔ⁵	tɕiɔ⁵
银湖	pɔ³	tsɔ⁵	tsɔ¹	tsɔ³	tsʰɔ¹	kɔ¹~拨尔、~埠:交界处	ɕiɔ⁵	piɔ³	siɔ⁵	tsɔ⁵
渔山	pɔ³	tsɔ⁵	tsɔ¹	tsɔ³	tsʰɔ¹	kɔ¹	hɔ⁵~堂	piɔ³	siɔ⁵	tsɔ⁵
常绿	pɔ³	tsɔ⁵	tsɔ¹	tsɔ³	tsʰɔ¹	kɔ¹	hɔ¹~堂	piɔ³	ɕiɔ¹	tsɔ¹

	烧	桥	腰	钓	料	浇	叫	母	豆	楼
	效开三平宵书	效开三平宵群	效开三平宵影	效开四去啸端	效开四去啸来	效开四平萧见	效开四去啸见	流开一上厚明	流开一去候定	流开一平侯来
富春	sɔ¹	dʑiɔ²	iɔ¹	tiɔ⁵	liɔ⁵	tɕiɔ¹	tɕiɔ⁵	m̩⁶丈~,mu⁶~亲	dei⁶	lei²
大源	sɔ¹	dʑiɔ²	iɔ¹	tiɔ¹	liɔ⁵	tɕiɔ¹	tɕiɔ⁵	m̩³丈~,mu⁶	dei⁶	lei²
鹿山	ɕiɔ¹~锤	dʑiɔ²	iɔ¹	tiɔ⁵	liɔ⁵	tɕiɔ¹	tɕiɔ⁵	m̩⁶丈~,mu⁶~亲	də⁶	lə²
龙门	ɕiɔ¹~火	dʑiɔ²	iɔ¹	tiɔ⁵	liɔ⁵	tɕiɔ¹	tɕiɔ⁵	m̩⁴丈~,mo⁴	də⁶	lə²
常安	ɕiɔ¹~火	dʑiɔ²	iɔ¹	tiɔ⁵	liɔ⁵	tɕiɔ¹	tɕiɔ⁵	m̩⁴丈~,mu⁴	də⁶	lə²
湖源	ɕiɔ¹~火	dʑiɔ²	iɔ¹	tiɔ⁵	liɔ⁵	tɕiɔ¹	tɕiɔ⁵	m̩⁴丈~,mu⁴	də⁶	lə²
东图	ɕiɔ¹~火	dʑiɔ²	iɔ¹	tiɔ⁵	liɔ⁵	tɕiɔ¹	tɕiɔ⁵	m̩³,mu³	də⁶	lə²
银湖	ɕiɔ¹~火	dʑiɔ²	iɔ¹	tiɔ⁵	liɔ⁵	tɕiɔ¹	tɕiɔ⁵	m̩³阿~:伯母,mo³	dei⁶	lei²
渔山	sɔ¹	dʑiɔ²	iɔ¹	tiɔ⁵	liɔ⁶	tɕiɔ¹	tɕiɔ⁵	m̩⁴丈~:娘,mo⁴	diɣu²	liɣu²
常绿	sɔ¹	dʑiɔ²	iɔ¹	tiɔ¹	liɔ²	tɕiɔ¹	tɕiɔ¹	m̩⁴,məu⁴	dei²	lei²

	走	钩	藕	后前~	厚	副	浮	流	酒	抽
	流开一上厚精	流开一平侯见	流开一上厚疑	流开一上厚匣	流开一上厚匣	流开三去宥敷	流开三平尤奉	流开三平尤来	流开三上有精	流开三平尤初
富春	tsei³	kiʊ¹	ŋiʊ⁶	ei⁶	ei⁶	fu⁵	vu²	lei²	tɕiʊ³	tsʰei¹
大源	tsei³	kiʊ¹	ŋiʊ⁶	ei²	ei²	fu⁵	vu²	lei²	tɕiʊ¹	tsʰei¹
鹿山	tsɵ³	kɵ¹	ɵ⁶	ɵ⁶	gɵ⁶板~	fu⁵	vu²	lɵ²	tɕiɵ³	tɕʰiɵ¹
龙门	tsɵ³	kiɵ¹	ŋiɵ⁴	ɵ⁴	ɵ⁴	fu⁵	vu²	lɵ²	tsiɵ³	tɕʰiɵ¹
常安	tsɵ³	kiɵ¹	ŋiɵ⁴	ɵ⁴	ɵ⁴	fu⁵	vu²	lɵ²	tsiɵ³	tɕʰiɵ¹
湖源	tsɵ³	kiɵ¹	ŋiɵ⁴	ɵ⁶	ɵ⁴	fu⁵	vu²	lɵ²	tsiɵ³	tɕʰiɵ¹
东图	tsɵ³	kiɵ¹	ɵ³	ɵ³	ɵ³	fu⁵	vu²	lɵ²	tsiɵ³	tɕʰiɵ¹
银湖	tsei³	kiu¹	ŋiu³	ei⁵	ei⁵	fu⁵	vu²	lei²	tsiu³	tɕʰiu¹
渔山	tɕiɤu³	kiɤu¹	ŋiɤu⁴	ɦiɤu⁶	ɦiɤu⁴	fu⁵	viɤu²	liɤu²	tɕiɤu³	tɕʰiɤu¹
常绿	tsei³	kiy¹	ŋiy⁴	ɦei⁴	ɡiy⁴	fu¹	fiu²	lei²	tɕiy³	tsʰei¹

	皱	愁	瘦	州	手	九	牛	有	油	搭
	流开三去宥庄	流开三平尤崇	流开三去宥生	流开三平尤章	流开三上有书	流开三上有见	流开三平尤疑	流开三上有云	流开三平尤以	咸开一入合端
富春	tsei⁵	zei²	sei⁵	tsei¹	ɕiʊ³	tɕiʊ³	ŋiʊ²	iʊ⁶	iʊ²	taʔ⁷
大源	tsei⁵	zei²	sei⁵	tsei¹	ɕiʊ³	tɕiʊ³	ŋiʊ²	iʊ⁶	iʊ²	taʔ⁷
鹿山	tsɵ⁵	zɵ²	sɵ⁵	tɕiɵ¹	ɕiɵ³	tɕiɵ³	ŋiɵ²	iɵ⁶	iɵ²	taʔ⁷
龙门	tsɵ⁵	zɵ²	sɵ⁵	tɕiɵ¹	ɕiɵ³	tɕiɵ³	ŋiɵ²	iɵ⁴	iɵ²	taʔ⁷
常安	tsɵ⁵	dzɵ²	sɵ⁵	tɕiɵ¹	ɕiɵ³	tɕiɵ³	ŋiɵ²	iɵ⁴	iɵ²	taʔ⁷
湖源	tsɵ⁵	zɵ²	sɵ⁵	tɕiɵ¹	ɕiɵ³	tɕiɵ³	ŋiɵ²	iɵ⁴	iɵ²	taʔ⁷
东图	tsɵ⁵	zɵ²	sɵ⁵	tɕiɵ¹	ɕiɵ³	tɕiɵ³	ŋiɵ²	iɵ⁴	iɵ²	taʔ⁷
银湖	tsei⁵	zei²	sei⁵	tɕiu¹	ɕiu³	tɕiu³	ŋiu²	iu³	iu²	taʔ⁷
渔山	tɕiɤu⁵	ziɤu²	ɕiɤu⁵	tɕiɤu¹	ɕiɤu³	tɕiɤu³	ŋiɤu²	ɦiɤu⁴	ɦiɤu²	taʔ⁷
常绿	tsei¹	zei²	sei¹	tɕiy¹	ɕiy³	tɕiy³	ŋiy²	ɦiy⁴	ɦiy²	taʔ⁷

	贪	踏	潭	南	拉	蚕	含	盒	暗	胆
	咸开一平覃透	咸开一入合定	咸开一平覃定	咸开一平覃泥	咸开一入合来	咸开一平覃从	咸开一平覃匣	咸开一入合匣	咸开一去勘影	咸开一上敢端
富春	tʰẽ¹	daʔ	dẽ²	nẽ²	la¹	zẽ²	ẽ²	aʔ⁸	ẽ⁵	tæ̃³
大源	tʰẽ¹	daʔ⁸	dẽ²	nẽ²	la¹	zẽ²	ẽ²	aʔ⁸	ẽ⁵	tã³
鹿山	tʰẽ¹	daʔ⁸	dẽ²	nẽ²	la¹	zẽ²	ẽ²	aʔ⁸	ẽ⁵	tã¹
龙门	tʰɛ¹	daʔ⁸	dɛ²	nɛ²	la¹	zɛ²	ɛ²	aʔ⁸	ɛ⁵	ta³
常安	tʰɛ¹	daʔ⁸	dɛ²	nɛ²	la¹	zɛ²	ɛ²	aʔ⁸	ɛ⁵	ta³
湖源	tʰɛ¹	daʔ⁸	dɛ²	nɛ²	la¹	zɛ²	ɛ²	aʔ⁸	ɛ⁵	ta³
东图	tʰẽ¹	daʔ⁸	dẽ²	nẽ²	la¹	zɛ²,zẽ²	ɛ²	aʔ⁸	ɛ̃⁵	ta³
银湖	tʰuɔ̃¹	daʔ²	duɔ̃²	nuɔ̃²	la¹	zuɔ̃²	uɔ̃²	aʔ⁸	uɔ̃⁵	tã³
渔山	tʰɛ̃¹	daʔ⁷	dẽ²	nẽ²	la¹	zẽ²	ɦiẽ²	ɦiaʔ⁸	ɛ̃⁵	te³
常绿	tʰɤ̃¹	daʔ⁷	dɤ²	nɤ²	la¹	zɤ²	ɦiɤ²	ɦiaʔ⁸	ẽ¹,ɤ¹	te³

	塔	淡	蓝	三	敢	插	咸	衫	鸭	尖
	咸开一入盍透	咸开一上敢定	咸开一平谈来	咸开一平谈心	咸开一上敢见	咸开二入洽初	咸开二平咸匣	咸开二平衔生	咸开二如狎影	咸开三平盐精
富春	tʰaʔ⁷	dæ̃⁶	læ̃²	sæ̃¹	kẽ³	tsʰaʔ⁷	æ̃²	sæ̃¹	aʔ⁷	tɕiẽ¹
大源	tʰaʔ⁷	dã⁶	lã²	sã¹	kẽ³	tsʰaʔ⁷	ã²	sã¹	aʔ⁷	tɕiẽ¹
鹿山	tʰaʔ⁷	dã⁶	lã²	sã¹	kẽ¹	tsʰaʔ⁷	ã²	sã⁵	aʔ⁷	tɕiẽ¹
龙门	tʰaʔ⁷	da⁴	la²	sa¹	kiɛ³	tsʰaʔ⁷	a²	sa⁵	aʔ⁷	tsie¹
常安	tʰaʔ⁷	da⁴	la²	sa¹	kɛ³	tsʰaʔ⁷	a²	sa⁵	aʔ⁷	tsie¹
湖源	tʰaʔ⁷	da⁴	la²	sa¹	kiɛ³	tsʰaʔ⁷	a²	sa⁵	aʔ⁷	tsie¹
东图	tʰaʔ⁷	da⁶	la²	sa¹	kɛ̃³	tsʰaʔ⁷	a²	sa⁵	aʔ⁷	tsi¹
银湖	tʰaʔ⁷	dã⁶	lã²	sã¹	kuɔ̃³	tsʰaʔ⁷	ã²	sã⁵	aʔ⁷	tsiẽ¹
渔山	tʰaʔ⁷	dɛ⁴	lɛ²	sɛ¹	kɛ̃³	tsʰaʔ⁷	ɦiẽ²	sɛ¹	aʔ⁷	tɕiẽ¹
常绿	tʰaʔ⁷	dɤ⁴	lɤ²	sɤ¹	kɤ³	tsʰaʔ⁷	ɦiɤ²	sɤ¹	aʔ⁷	tɕiẽ¹

	接	盐名词	叶	欠	严	店	跌	贴	甜	嫌
	咸开三入葉精	咸开三平盐以	咸开三入葉以	咸开三去酽溪	咸开三平严疑	咸开四去㮇端	咸开四入帖端	咸开四入帖透	咸开四平添定	咸开四平添匣
富春	tɕieʔ⁷	iẽ²	ieʔ⁸	tɕʰiẽ⁵	ɲiẽ²	tiẽ⁵	tieʔ⁷	tʰieʔ⁷	diẽ²	iẽ¹~憎
大源	tɕieʔ⁷	iẽ²	ieʔ⁸	tɕʰiẽ⁵	ɲiẽ²	tiẽ¹	tieʔ⁷	tʰieʔ⁷	diẽ²	iẽ¹~憎
鹿山	tɕieʔ⁷	iẽ²	ieʔ⁸	tɕʰiẽ¹	ɲiẽ²	tiẽ⁵	tieʔ⁷	tʰieʔ⁷	diẽ²	iẽ¹~憎
龙门	tsieʔ⁷	ieʔ²	ieʔ⁸	tɕʰieʔ⁵	ɲieʔ²	tieʔ⁵	tiaʔ⁷	tʰiaʔ⁷	dieʔ²	ɲieʔ⁵~憎
常安	tsieʔ⁷	ieʔ²	ieʔ⁸	tɕʰieʔ⁵	ɲieʔ²	tieʔ⁵	tiaʔ⁷	tʰiaʔ⁷	dieʔ²	ieʔ¹~憎
湖源	tsieʔ⁷	ieʔ²	ieʔ⁸	tɕʰieʔ⁵	ɲieʔ²	tieʔ⁵	tiaʔ⁷	tʰiaʔ⁷	dieʔ²	ieʔ¹~憎
东图	tsieʔ⁷	i²	ieʔ⁸	tɕʰieʔ⁵	ɲieʔ²	tia⁵	tiaʔ⁷	tʰiaʔ⁷	dia²	ia³~憎
银湖	tsieʔ⁷	ieʔ²	ieʔ⁸	tɕʰieʔ⁵	ɲieʔ²	tiẽ⁵	tieʔ⁷	tʰieʔ⁷	diẽ²	iẽ⁵~憎
渔山	tɕieʔ⁷	ɦieʔ²	ɦieʔ⁸	tɕʰieʔ⁵	ɲieʔ²	tiẽ⁵	tieʔ⁷	tʰieʔ⁷	diẽ²	iẽ⁵
常绿	tɕieʔ⁷	ɦieʔ²	ɦieʔ⁸	tɕʰieʔ¹	ɲieʔ²	tieʔ⁵	tieʔ⁷	tʰieʔ⁷	dieʔ²	ieʔ¹

	法	犯	林	立	心	寻	参人~	深	十	急
	咸合三入乏非	咸合三上范奉	深开三平侵来	深开三入缉来	深开三平侵心	深开三平侵邪	深开三平侵生	深开三平侵书	深开三入缉禅	深开三入缉见
富春	faʔ⁷	væ̃⁶	niŋ²	lieʔ⁸	ɕiŋ⁵	ziŋ²	səŋ¹	ɕiŋ¹	zieʔ⁸	tɕieʔ⁷
大源	faʔ⁷	vã⁶	niŋ²	lieʔ⁸	ɕiŋ⁵	ziŋ²	seŋ¹	ɕiŋ¹	zieʔ⁸	tɕieʔ⁷
鹿山	faʔ⁷	vã⁶	niŋ²	lieʔ⁸	ɕiŋ⁵	zeŋ²	seŋ¹	ɕiŋ¹	zieʔ⁸	tɕieʔ⁷
龙门	faʔ⁷	va⁴	liŋ²	lieʔ⁸	siŋ⁵	zeŋ²	seŋ¹	ɕiŋ¹	zieʔ⁸	tɕieʔ⁷
常安	faʔ⁷	va⁶	lĩ²	lieʔ⁸	sĩ¹	zeŋ²	seŋ¹	ɕĩ¹	zieʔ⁸	tɕieʔ⁷
湖源	faʔ⁷	va⁴	liŋ²	lieʔ⁸	siŋ¹	ziŋ²	seŋ¹	ɕiŋ¹	zieʔ⁸	tɕieʔ⁷
东图	faʔ⁷	va⁶	liŋ²	lieʔ⁸	siŋ¹	ziŋ²	seŋ¹	ɕiŋ¹	zieʔ⁸	tɕieʔ⁷
银湖	faʔ⁷	vã⁶	niŋ²	lieʔ⁸	siŋ¹	ziŋ²	seŋ¹	ɕiŋ¹	zieʔ⁸	tɕieʔ⁷
渔山	faʔ⁷	vɛ⁴	liŋ²	lieʔ⁸	ɕiŋ¹	ziŋ²	səŋ¹	səŋ¹	zəʔ⁸	tɕieʔ⁷
常绿	faʔ⁷	vɛ⁴	niŋ²	lieʔ⁸	ɕiŋ¹	ziŋ²	sẽ¹	sẽ¹	zeʔ⁸	tɕieʔ⁷

	音	炭	兰	辣	割	汗	安	八	办	山
	深开三平侵影	山开一去翰透	山开一平寒来	山开一入曷来	山开一入曷见	山开一去翰匣	山开一平寒影	山开二入黠帮	山开二去裥並	山开二平山生
富春	iŋ¹	tʰæ̃⁵	læ̃²	laʔ⁸	kieʔ⁷	ẽ⁵	ẽ¹	poʔ⁷	bæ̃⁶	sæ̃¹
大源	iŋ¹	tʰã⁵	lã²	laʔ⁸	kieʔ⁷	ẽ⁵	ẽ¹	poʔ⁷	bã²	sã¹
鹿山	iŋ¹	tʰã⁵	lã²	laʔ⁸	kieʔ⁷	ẽ⁵	ẽ¹	poʔ⁷	bã⁶	sã¹
龙门	iŋ¹	tʰa⁵	la²	laʔ⁸	kieʔ⁷	ε⁵	ε¹	poʔ⁷	ba²	sa¹
常安	iŋ¹	tʰã⁵	lã²	laʔ⁸	kieʔ⁷	ẽ⁵	ε¹	poʔ⁷	bã⁶	sã¹
湖源	iŋ¹	tʰã⁵	lã²	laʔ⁸	kieʔ⁷	ẽ⁵	ε¹	poʔ⁷	ba⁶	sã¹
东图	iŋ¹	tʰã⁵	lɛ̃²	laʔ⁸	kieʔ⁷	ɛ̃⁵	ɛ̃¹, ɛ̃¹	poʔ⁷	bɛ̃⁶	sa¹
银湖	iŋ¹	tʰã⁵	lã²	laʔ⁸	keʔ⁷	uɔ̃⁶	uɔ̃¹	poʔ⁷	bã⁶	sã¹
渔山	iŋ¹	tʰẽ⁵	le²	laʔ⁸	kieʔ⁷	ɦɛ̃²	ɛ̃¹	paʔ⁷	bɛ⁶	sɛ¹
常绿	iŋ¹	tʰe⁵	le²	laʔ⁸	kieʔ⁷	ɦɤ²	ɤ¹	paʔ⁷	bɛ⁶	sɛ¹

	产	杀	间房~	眼	板	颜~色	连	线	舌	扇
	山开二上产生	山开二入黠生	山开二平山见	山开二上产疑	山开二上潸帮	山开二平删疑	山开三平仙来	山开三去线心	山开三入薛船	山开三去线书
富春	tsʰæ̃³	saʔ⁷	kæ̃¹	ŋæ̃⁶	pæ̃³	ŋæ̃²	niẽ²	ɕiẽ⁵	ziẽʔ⁸	ɕyẽ⁵
大源	tsʰã³	saʔ⁷	kã¹	ŋã⁶	pã³	ŋã²	niẽ²	ɕiẽ⁵	ziẽʔ⁸	ɕyẽ⁵
鹿山	tsʰã¹	saʔ⁷	kã¹	ã⁶	pã¹	ã²	niẽ²	ɕiẽ⁵	zyoʔ⁸~头	ɕyẽ¹
龙门	tsʰa³	saʔ⁷	ka¹	ŋa⁵	pa³	ŋa²	lie²	sie⁵	zieʔ⁸	ɕye⁵
常安	tsʰã³	saʔ⁷	kã¹	ŋã⁴	pã³	ŋã²	lie²	sie⁵	zieʔ⁸	ɕye⁵
湖源	tsʰã³	saʔ⁷	kã¹	ŋã⁴	pã³	ŋã²	lie²	sie⁵	zieʔ⁸	ɕye⁵
东图	tsʰɛ̃	saʔ⁷	ka¹	a³	pa³	a², iɛ̃²	liɛ̃²	si⁵, siɛ̃⁵	ziɛ̃ʔ⁸	ɕyɛ̃⁵, ɕyẽ⁵
银湖	tsʰã³	saʔ⁷	kã¹	ŋã³	pã³	ŋã²	niẽ²	siẽ⁵	ziẽʔ⁸ ~佬;舌头	ɕiɔ̃⁵
渔山	tsʰẽ³	saʔ⁷	kɛ¹	ŋɛ⁴	pɛ³	ŋɛ²	liẽ²	ɕiẽ⁵	zeʔ⁸	sæ̃⁵
常绿	tsʰe³	saʔ⁷	ke¹	ŋe⁴	pe³	ŋe²	lie²	ɕie¹	zeʔ⁸	sɤ⁵

附录 代表点音系及字音对照表

	热	件	建	歇	面	天	年	莲	节	切~菜①
	山开三入薛日	山开三上狝群	山开三去愿见	山开三入月晓	山开四去霰明	山开四平先透	山开四平先泥	山开四平先来	山开四入屑精	山开四入屑清
富春	ȵieʔ⁸	dʑiẽ⁶	tɕiẽ⁵	ɕieʔ⁷	miẽ⁵	tʰiẽ¹	ȵiẽ²	ȵiẽ²	tɕieʔ⁷	tɕʰieʔ⁷
大源	ȵieʔ⁸	dʑiẽ⁶	tɕiẽ⁵	ɕieʔ⁷	miẽ⁵	tʰiẽ¹	ȵiẽ²	ȵiẽ²	tɕieʔ⁷	tɕʰieʔ⁷
鹿山	ȵieʔ⁸	dʑiẽ⁶	tɕiẽ¹	ɕieʔ⁷	miẽ⁵	tʰiẽ¹	ȵiẽ²	ȵiẽ²	tɕieʔ⁷	tɕʰieʔ⁷
龙门	ȵieʔ⁸	dʑiẽ⁶	tɕiẽ⁵	ɕieʔ⁷	miẽ⁵	tʰiẽ¹	ȵiẽ²	liẽ²	tsiẽ⁷	tsʰia⁷
常安	ȵieʔ⁸	dʑiẽ⁶	tɕiẽ⁵	ɕieʔ⁷	miẽ⁶	tʰie¹	ȵie²	liẽ²	tsia⁷ ₍过~₎	tsʰia⁷
湖源	ȵieʔ⁸	dʑiẽ⁴	tɕiẽ⁵	ɕieʔ⁷	miẽ⁶	tʰiẽ¹	ȵiẽ²	liẽ²	tsiẽ⁷	tsʰia⁷
东图	ȵieʔ⁸	dʑi⁶ / dʑiɛ⁶	tɕiẽ⁵	ɕieʔ⁷	mi⁶ / miɛ⁶	tʰia¹	ȵia²	liẽ²	tsia⁷	tsʰia⁷
银湖	ȵieʔ⁸	dʑiẽ⁶	tɕiẽ⁵	ɕieʔ⁷	miẽ⁶	tʰiẽ¹	ȵiẽ²	ȵiẽ²	tsiẽ⁷	tsʰie⁷
渔山	ȵieʔ⁸	dʑiẽ⁶	tɕiẽ⁵	ɕieʔ⁷	miẽ⁶	tʰiẽ¹	ȵiẽ²	liẽ²	tɕieʔ⁷	tɕʰieʔ⁷
常绿	ȵieʔ⁸	dʑie²	tɕie¹	ɕieʔ⁷	mie²	tʰie¹	ȵie²	lie²	tɕieʔ⁷	tɕʰieʔ⁷

	肩	结	烟	搬~家	半	拨	满	端~午	短	脱
	山开四平先见	山开四入屑见	山开四平先影	山合一平桓帮	山合一去换帮	山合一入末帮	山合一上缓明	山合一平桓端	山合一上缓端	山合一入末透
富春	tɕiẽ¹	tɕieʔ⁷	iẽ¹	pəŋ¹	pẽ⁵	poʔ⁷	mẽ⁴	tẽ¹	tẽ³	tʰəʔ⁷
大源	tɕiẽ¹	tɕieʔ⁷	iẽ¹	peŋ	pẽ⁵	peʔ⁷	mẽ⁶	tẽ¹	tẽ¹	tʰe⁷
鹿山	tɕiẽ¹	tɕieʔ⁷	iẽ¹	peŋ¹	pẽ⁵	peʔ⁷	mẽ⁴	tẽ¹	tẽ¹	tʰe⁷
龙门	tɕiẽ¹	tɕieʔ⁷	iẽ¹	peŋ¹	pɛ⁵	pɛ⁷	mɛ⁴	tɛ¹	tɛ³	tʰa⁷
常安	tɕiẽ¹	tɕieʔ⁷	iẽ¹	pɛ¹	pɛ⁵	pɛ⁷	mɛ⁴	tɛ¹	tɛ³	tʰe⁷
湖源	tɕiẽ¹	tɕieʔ⁷	iẽ¹	pɛ¹	pɛ⁵	pɛ⁷	mẽ⁴	tɛ¹	tɛ³	tʰe⁷
东图	tɕi¹	tɕieʔ⁷	ia¹	peŋ¹	pɛ̃⁵	peʔ⁷	mɛ³ / mẽ³	tɛ¹	tɛ³	tʰe⁷
银湖	tɕiẽ¹	tɕieʔ⁷	iẽ¹	peŋ¹	puɔ⁵	poʔ⁷ ~算盘 / boʔ⁸ ~~动动	muɔ³	tuɔ¹	tuɔ³	tʰo⁷
渔山	tɕiẽ¹	tɕieʔ⁷	iẽ¹	pəŋ¹	pɛ̃¹	pɛ̃⁷	mɛ̃⁴	təŋ¹	tɛ̃³	tʰəʔ⁷
常绿	tɕie¹	tɕie¹	ie¹	pẽ¹	pɤ¹	peʔ⁷	mɤ⁴	tɤ¹	tɤ³	tʰe⁷

① 龙门、常安、湖源等地有文白异读,"一切"等词中音 tsʰieʔ⁷。

	暖	乱	酸	官	换	活	刷	关	刮	还
	山合一上缓泥	山合一去换来	山合一平桓心	山合一平桓见	山合一去换匣	山合一入末匣	山合二入鎋生	山合二平删见	山合二入鎋见	山合二平删匣
富春	nẽ⁶	lẽ⁵	sẽ¹	kuẽ¹	uẽ⁵	uoʔ⁸	ɕyoʔ⁷	kuæ̃¹	kuaʔ⁷	uæ̃², uaʔ⁸~有
大源	nẽ⁶	lẽ⁵	sẽ¹	kuẽ¹	uẽ⁵	uoʔ⁸	ɕyoʔ⁷	kuã¹	kuaʔ⁷	uã², uaʔ⁸~有
鹿山	nẽ²~热	lẽ⁵	sẽ¹	kuẽ¹	uẽ⁵	uoʔ⁸	ɕyoʔ⁷	kuã¹	kuaʔ⁷	uã²~钞票, uã⁸~有
龙门	ne⁴	le⁵	se¹	kue¹	ue⁵	uaʔ⁸	ɕyoʔ⁷	kua¹	kuaʔ⁷	ua⁶, uoʔ⁷~有十个人
常安	ne⁴	le⁵	se¹	kuã¹	ua⁵	uã⁸~落去, uoʔ⁸~做生	ɕyoʔ⁷	kuã¹	kuaʔ⁷	ua⁶, uaʔ⁷~有十个人
湖源	ne⁴	le⁶	se¹	kue¹	ua⁵	uã⁸~落去, uoʔ⁸~做生	ɕyoʔ⁷	kuã¹	kuaʔ⁷	ua⁶, uaʔ⁷~有十个人
东图	nẽ⁴	lẽ⁶	sẽ¹, s̠ẽ¹	kuẽ¹	ua⁶	uaʔ⁸	ɕyoʔ⁷	kua¹, kuẽ¹	kuaʔ⁷	uaʔ⁸~要, uoʔ⁷~未吃完
银湖	nuɔ̃³	nuɔ̃⁶	suɔ̃¹	kuɔ̃¹	uɔ̃⁶	uoʔ⁸	ɕyoʔ⁷	kuã¹	kuaʔ⁷~胡须, guaʔ⁷~巴掌	uã⁶, uaʔ⁸~有
渔山	nẽ⁴	lẽ⁶	sẽ¹	kuẽ¹	fiuẽ⁶	fiuoʔ⁸	səʔ⁷	kue¹	kuaʔ⁷	vɛ²
常绿	lẽ⁴, nɣ⁴	lɣ²	sɣ¹	kuɣ¹	fiuɣ²	fioʔ⁸	seʔ⁷	kue¹	kuaʔ⁷	vɛ²

	全	雪	传	砖	船	软	权	铅	饭	罚
	山合三平仙从	山合三入薛心	山合三平仙澄	山合三平仙章	山合三平仙船	山合三上狝日	山合三平仙群	山合三平仙以	山合三去愿奉	山合三入月奉
富春	dʑyẽ²	ɕieʔ⁷	dʑyẽ²	tɕyẽ¹	dʑyẽ²	nyẽ²	dʑyẽ²	kʰæ̃¹	væ̃⁶	vaʔ⁸
大源	dʑie²	ɕieʔ⁷	dʑyẽ²	tɕyẽ¹	zyẽ²	nyẽ²	dʑyẽ²	kʰã¹	vã⁶	vaʔ⁸
鹿山	dʑie²	ɕieʔ⁷	dʑyẽ²	tɕyẽ¹	dʑyẽ²	nyẽ⁵	dʑyẽ²	kʰã¹	vã⁶	vaʔ⁸
龙门	zie²	sieʔ⁷	dʑye²	tɕye¹	dʑye²	nye⁴	dʑye²	kʰa¹	va⁶	vaʔ⁸
常安	dʑie²	sieʔ⁷	dʑye²	tɕye¹	dʑye²	nye⁴	dʑye²	kʰa¹	va⁶	vaʔ⁸
湖源	die²~部①	sieʔ⁷	dʑye²	tɕye¹	zye²	nye⁴	dʑye²	kʰa¹	va⁶	vaʔ⁸
东图	dʑie²	sieʔ⁷	dʑyẽ²	tɕyẽ¹	dʑyẽ²	nyẽ⁴	dʑyẽ²	kʰa¹	va⁶	vaʔ⁸
银湖	zie²	sieʔ⁷	dʑiɔ̃²	tɕiɔ̃¹	dʑiɔ̃²	niɔ̃³	dʑiɔ̃²	kʰã¹	vã⁶	vaʔ⁸
渔山	dʑie²	ɕieʔ⁷	dʑɛ²	tsɛ¹	zɛ²	nyẽ⁴	dʑye²	kʰe¹	ve⁶	vaʔ⁸
常绿	dʑie²	ɕieʔ⁷	dʑɣ²	tsɣ¹	zɣ²	nɣ⁴	dʑyɣ²	kʰe¹	vɛ²	vaʔ⁸

---

① 读音特殊，与"田"同音。

	万	月	园	远	血	县	根	恨	恩	笔
	山合三去愿微	山合三入月疑	山合三平元云	山合三上阮云	山合四入屑晓	山合四去霰匣	臻开一平痕见	臻开一去恨匣	臻开一平痕影	臻开三入质帮
富春	væ⁶	yoʔ⁸	yẽ⁶	yẽ³	ɕyoʔ⁷	yẽ⁵	kiŋ¹	əŋ⁶	əŋ¹	pieʔ⁷
大源	vã⁶	yoʔ⁸	yẽ²	yẽ³	ɕyoʔ⁷	yẽ⁵	kiŋ¹	eŋ⁶	eŋ¹	pieʔ⁷
鹿山	vã²	yoʔ⁸	yẽ²	yẽ³	ɕyoʔ⁷	yẽ⁵	kiŋ¹	eŋ⁶	eŋ¹	pieʔ⁷
龙门	va⁶	yoʔ⁸	ye²	ye³	ɕyoʔ⁷	ye⁵	kiŋ¹	eŋ⁶	eŋ¹	pieʔ⁷
常安	va⁶ ~一~, mã⁶ ~子	yoʔ⁸	ye²	ye⁴	ɕyoʔ⁷	ye⁵	kĩ¹	eŋ⁶	eŋ¹	pieʔ⁷
湖源	va⁶	yoʔ⁸	ye²	ye⁴	ɕyoʔ⁷	ye⁶	kiŋ¹	eŋ⁶	eŋ¹	pieʔ⁷
东图	ma⁶, va⁶	yoʔ⁸	yɛ̃²	yɛ̃³	ɕyoʔ⁷	yɛ̃⁶	kiŋ¹	eŋ⁶	eŋ¹	pieʔ⁷
银湖	vã⁶	ioʔ⁸	iɔ̃² ~菜~	iɔ̃³	ɕioʔ⁷	iɔ̃⁶	keŋ¹	eŋ⁶	eŋ¹	pieʔ⁷
渔山	vɛ⁶	ɦiyoʔ⁸	ɦiyɛ̃²	ɦiyɛ̃⁴	ɕyoʔ⁷	ɦiyɛ̃⁶	kiŋ¹	ɦeŋ²	əŋ¹	pieʔ⁷
常绿	vɛ²	ɦiyoʔ⁸	ɦiyɤ²	ɦiyɤ⁴	ɕyoʔ⁷	ɦiyɤ²	kiŋ¹	ɦẽ²	ẽ¹	pieʔ⁷

	民	七	新	身	银~子	一	劲~头	近	门	墩
	臻开三平真明	臻开三入质清	臻开三平真心	臻开三平真书	臻开三平真疑	臻开三入质影	臻开三去焮群	臻开三上隐群	臻合一平魂明	臻合一平魂端
富春	miŋ²	tɕʰieʔ⁷	ɕiŋ¹	ɕiŋ¹	iŋ²	ieʔ⁷	dʑiŋ⁴	dʑiŋ⁴	məŋ²	təŋ¹
大源	miŋ²	tɕʰieʔ⁷	ɕiŋ¹	ɕiŋ¹	iŋ²	ieʔ⁷	dʑiŋ⁶	dʑiŋ⁶	meŋ²	teŋ¹
鹿山	miŋ²	tɕʰieʔ⁷	seŋ¹	ɕiŋ¹	iŋ²	ieʔ⁷	dʑiŋ⁴	dʑiŋ⁴	meŋ²	teŋ¹
龙门	miŋ²	tsʰieʔ⁷	siŋ¹	ɕiŋ¹	iŋ²	ieʔ⁷	dʑiŋ⁶	dʑiŋ⁶	meŋ²	teŋ¹
常安	mĩ²	tsʰieʔ⁷	sĩ¹	ɕĩ¹	ĩ²	ieʔ⁷	dʑĩ⁶	dʑĩ⁴	meŋ²	teŋ¹
湖源	miŋ²	tsʰieʔ⁷	siŋ¹	ɕiŋ¹	iŋ²	ieʔ⁷	dʑiŋ⁶	dʑiŋ⁴	meŋ²	teŋ¹
东图	miŋ²	tsʰieʔ⁷	siŋ¹	ɕiŋ¹	iŋ²	ieʔ⁷	dʑiŋ⁶	dʑiŋ⁶	meŋ²	teŋ¹
银湖	miŋ²	tsʰieʔ⁷	siŋ¹	ɕiŋ¹	iŋ²	ieʔ⁷	dʑiŋ⁶	dʑiŋ⁶	meŋ²	teŋ¹
渔山	miŋ²	tɕʰieʔ⁷	ɕiŋ¹	səŋ¹	n.iŋ²	ieʔ⁷	dʑiŋ⁶	dʑiŋ⁴	məŋ²	təŋ¹
常绿	miŋ²	tɕʰieʔ⁷	ɕiŋ¹	sẽ¹	n.iŋ²	ieʔ⁷	dʑiŋ⁴	dʑiŋ⁴	mẽ²	tẽ¹

	嫩	寸	孙	滚	骨	温	笋	春	出	准
	臻合一去恩泥	臻合一去恩清	臻合一平魂心	臻合一上混见	臻合一入没见	臻合一平魂影	臻合三上準心	臻合三平谆昌	臻合三入术昌	臻合三上準章
富春	ləŋ⁵	tsʰəŋ⁵	səŋ¹	kuəŋ³	kuoʔ⁷	uəŋ¹	səŋ¹	tɕʰyŋ⁵	tsʰəʔ⁷	tɕyŋ³
大源	leŋ⁵	tsʰeŋ⁵	seŋ¹	kueŋ¹	kuoʔ⁷	ueŋ¹	seŋ³	tɕʰeŋ¹	tsʰeʔ⁷	tɕyŋ³
鹿山	leŋ⁵	tsʰeŋ⁵	seŋ¹	kueŋ¹	kuoʔ⁷	ueŋ¹	seŋ¹	tɕʰyŋ¹	tɕʰyoʔ⁷	tɕyŋ³
龙门	leŋ⁵	tsʰeŋ⁵	seŋ¹	kueŋ⁵	kuoʔ⁷	ueŋ¹	seŋ³	tɕʰyŋ¹	tɕʰyoʔ⁷	tɕyŋ³
常安	neŋ⁶	tsʰeŋ⁵	seŋ¹	kueŋ³	kuoʔ⁷	ueŋ¹	seŋ³	tɕʰyĩ¹	tɕʰyoʔ⁷	tɕyĩ³
湖源	leŋ⁶	tsʰeŋ⁵	seŋ¹	kueŋ¹	kuoʔ⁷	ueŋ¹	seŋ³	tɕʰyŋ¹	tɕʰyoʔ⁷	tɕyŋ³
东图	leŋ⁵	tsʰeŋ⁵	seŋ¹	kueŋ⁵	kuoʔ⁷	ueŋ¹	seŋ³	tɕʰyŋ¹	tɕʰyoʔ⁷	tɕyŋ³
银湖	leŋ⁶	tsʰeŋ⁵	seŋ¹	kueŋ⁵	koʔ⁷	ueŋ¹	seŋ³	tɕʰiŋ¹	tɕʰieʔ⁷	tɕyŋ³
渔山	ləŋ⁶	tsʰəŋ⁵	səŋ¹	kuəŋ³	kuəʔ⁷	uəŋ¹	ɕiŋ³	tsʰəŋ¹	tsʰəʔ⁷	tsəŋ³
常绿	lẽ²	tsʰẽ⁵	sẽ¹	kuẽ³	koʔ⁷	uẽ¹	ɕiŋ³	tsʰẽ¹	tsʰeʔ⁷	tsẽ³

	顺	闰	橘	分	问	军	云	帮	糖	托
	臻合三上準船	臻合三去稕日	臻合三入术见	臻合三平文非	臻合三去问微	臻合三平文见	臻合三平文云	宕开一平唐帮	宕开一平唐定	宕开一入铎透
富春	ʑiŋ⁶	yŋ⁵	tɕyoʔ⁷	fəŋ¹	məŋ⁵	tɕyŋ¹	yŋ²	pɑ̃¹	dɑ̃²	tʰo?⁷
大源	ʑiŋ⁶	yŋ⁵	tɕyoʔ⁷	feŋ¹	meŋ⁵	tɕyŋ¹	yŋ²	pɑ̃¹	dɑ̃²	tʰo?⁷
鹿山	ʑiŋ⁶	yŋ⁵	tɕyoʔ⁷	feŋ¹	meŋ⁵	tɕyŋ¹	yŋ²	pɑ̃¹	dɑ̃²	tʰo?⁷
龙门	ʑiŋ⁶	iŋ⁵	tɕyoʔ⁷	feŋ¹	meŋ⁵	tɕyŋ¹	yŋ²	pã¹	dã²	tʰa?⁷
常安	ʑiŋ⁶	ʑiŋ⁵	tɕyoʔ⁷	feŋ¹	meŋ⁵	tɕyĩ¹	yĩ²	pã¹	dã²	tʰa?⁷
湖源	ʑiŋ⁶	ȵiŋ⁵	tɕyoʔ⁷	feŋ¹	meŋ⁵	tɕyŋ¹	yŋ²	pã¹	dã²	tʰa?⁷
东图	ʑiŋ⁶	ʑiŋ⁵	tɕyoʔ⁷	feŋ¹	meŋ⁵	tɕyŋ¹	yŋ²	pã¹	dã²	tʰa?⁷
银湖	ʑiŋ⁶	iŋ⁶	tɕieʔ⁷	feŋ¹	meŋ⁵	tɕiŋ¹	iŋ²	pã¹	dã²	tʰo?⁷
渔山	zəŋ⁶	ɦyəŋ⁵	tɕyoʔ⁷	fəŋ¹	məŋ⁵	tɕyəŋ¹	ɦyəŋ²	pɑ̃¹	dɑ̃²	tʰə?⁷
常绿	ʑẽ²	ɦyoŋ²	tɕyoʔ⁷	fẽ¹	mẽ²	tɕyoŋ¹	ɦyoŋ²	pɑ̃¹	dɑ̃²	tʰe?⁷

	糠	恶	浆	想	削	张	长	装	床	章
	宕开一平唐溪	宕开一入铎影	宕开三平阳精	宕开三上养心	宕开三入药心	宕开三平阳知	宕开三平阳澄	宕开三平阳庄	宕开三平阳崇	宕开三平阳章
富春	kʰɔ̃¹	oʔ⁷	tɕiã¹	ɕiã³	ɕiaʔ⁷	tsæ̃¹	dʑæ̃²	tsɔ̃¹	zɔ̃²	tsɔ̃¹
大源	kʰɔ̃¹	oʔ⁷	tɕiã¹	ɕiã³	ɕiaʔ⁷	tsã¹	dʑã²	tɕyɔ̃¹	zɔ̃²	tsɔ̃¹, tsã¹ 文~
鹿山	kʰɔ̃¹	oʔ⁷	tɕiã¹ ~水	ɕiã³	ɕiaʔ⁷	tsã¹	dʑiã²	tsɔ̃¹	zɔ̃²	tsɔ̃¹
龙门	kʰã¹	aʔ⁷	tsiã¹	siã³	siaʔ⁷	tɕiã¹	dʑiã²	tɕyã¹	zã²	tsã¹
常安	kʰã¹	aʔ⁷ 人~, uoʔ⁷ ~心	tsiã¹	siã³	siaʔ⁷	tɕiã¹	dʑiã²	tsã¹	zã²	tsã¹
湖源	kʰã¹	aʔ⁷, uoʔ⁷ ~心	tsiã¹	siã³	siaʔ⁷	tɕiã¹	dʑiã²	tɕyã¹	zã²	tsã¹
东图	kʰã¹	aʔ⁷	tsiã¹	siã³	siaʔ⁷	tɕiã¹	dʑiã²	tsã¹	zã²	tsã¹
银湖	kʰã¹	oʔ⁷	tsiã¹	siã³	siaʔ⁷	tɕiã¹	dʑiã²	tsã¹	zã²	tsã¹
渔山	kʰɔ̃¹	əʔ⁷	tɕiã¹	ɕiã³	ɕiaʔ⁷	tsã¹	dʑã²	tsɔ̃¹	zɔ̃²	tsɔ̃¹, tɕyɔ̃¹ 文~
常绿	kʰɔ̃¹	oʔ⁷	tɕiã¹	ɕiã³	ɕiaʔ⁷	tsã¹	dʑã²	tsɔ̃¹	zɔ̃²	tsɔ̃¹

	唱	姜	响	痒	样	药	光	郭	黄	放
	宕开三去漾昌	宕开三平阳见	宕开三上养晓	宕开三上养以	宕开三去漾以	宕开三入药以	宕合一平唐见	宕合一入铎见	宕合一平唐匣	宕合三去漾非
富春	tsʰɔ̃⁵	tɕiã¹	ɕiã³	iã³	iã⁵	iaʔ⁸	kuɔ̃¹	kuoʔ⁷	uɔ̃²	fɔ̃⁵
大源	tsʰɔ̃⁵	tɕiã¹	ɕiã³	iã³	iã⁵	iaʔ⁸	kuɔ̃¹	kuoʔ⁷	uɔ̃²	fɔ̃⁵
鹿山	tsʰɔ̃⁵	tɕiã¹	ɕiã⁵	iã³	iã⁵	iaʔ⁸	kuɔ̃¹	kuoʔ⁷	uɔ̃²	fɔ̃⁵
龙门	tsʰã¹	tɕiã¹	ɕiã³	iã³	iã⁵	iaʔ⁸	kuã¹	kuoʔ⁷	uã²	fã⁵
常安	tsʰã⁵	tɕiã¹	ɕiã³	iã⁴	iã⁵	iaʔ⁸	kuã¹	kuoʔ⁷	uã²	fã⁵
湖源	tsʰã⁵	tɕiã¹	ɕiã³	iã⁴	iã⁵	iaʔ⁸	kuã¹	kuoʔ⁷	uã²	fã⁵
东图	tsʰã⁵	tɕiã¹	ɕiã³	iã⁴	iã⁵	iaʔ⁸	kuã¹	kuoʔ⁷	uã²	fã⁵
银湖	tsʰã¹	tɕiã¹	ɕiã³	iã³	iã⁵	iaʔ⁸	kuã¹	koʔ⁷	uã²	fã⁵
渔山	tɕyɔ̃⁵	tɕiã¹	ɕiã³	ɦiã⁴	ɦiã⁶	ɦiaʔ⁸	kuɔ̃¹	kuəʔ⁷	ɦuɔ̃²	fɔ̃⁵
常绿	tɕʰyɔ̃¹	tɕiã¹	ɕiã³	ɦiã⁴	ɦiã²	ɦiaʔ⁸	kuɔ̃¹	koʔ⁷	ɦuɔ̃²	fɔ̃¹

	防	王	剥	棒	撞	双	讲	角	壳	学~东西
	宕合三平阳奉	宕合三平阳云	江开二入觉帮	江开二上讲並	江开二去绛澄	江开二平江生	江开二上讲见	江开二入觉见	江开二入觉溪	江开二入觉匣
富春	vɔ̃²	uɔ̃²	poʔ⁷	boŋ⁶	dʑyɔ̃²	ɕyɔ̃¹	kɔ̃³	koʔ⁷	kʰoʔ⁷	iaʔ⁸
大源	bɔ̃²	uɔ̃²	poʔ⁷	boŋ⁶	dʑyɔ̃⁶	ɕyɔ̃¹	kɔ̃³	koʔ⁷	kʰoʔ⁷	oʔ⁸
鹿山	bɔ̃²	uɔ̃²	poʔ⁷	boŋ⁶	dʑyɔ̃⁶	ɕyɔ̃¹	kɔ̃³	koʔ⁷	kʰoʔ⁷	oʔ⁸
龙门	bã²	uã²	poʔ⁷	boŋ⁴	dʑyã⁶	ɕyã¹	kã³	kaʔ⁷	kʰaʔ⁷	aʔ⁸
常安	bã²~架一脚	uã²	poʔ⁷	boŋ⁴	dʑyã⁶	ɕyã¹	kã³	kaʔ⁷	kʰaʔ⁷	aʔ⁸
湖源	bã²~架一脚	uã²	poʔ⁷	boŋ⁴	dʑyã⁶	ɕyã¹	kã³	kaʔ⁷	kʰaʔ⁷	aʔ⁸
东图	bã²	uã²	poʔ⁷	boŋ⁶	dʑyã⁶	ɕyã¹	kã³	kaʔ⁷	kʰaʔ⁷	aʔ⁸
银湖	bã²	uã²	poʔ⁷	boŋ⁶	dʑiã⁶	ɕiã¹	kã³	koʔ⁷	kʰoʔ⁷	uoʔ⁸
渔山	bɔ̃²	ɦuɔ̃²	pəʔ⁷	bɔ̃⁴	dʑyɔ̃⁶	ɕyɔ̃¹	kɔ̃³	kəʔ⁷	kʰəʔ⁷	ɦəʔ⁸
常绿	bɔ̃²	ɦuɔ̃²	poʔ⁷	boŋ⁴, bɔ̃⁴	dʑyɔ̃²	ɕyɔ̃¹	kɔ̃³	koʔ⁷	kʰoʔ⁷	ɦoʔ⁸

	北	墨	灯	贼	僧	肯	刻	冰	力	直
	曾开一入德帮	曾开一入德明	曾开一平登端	曾开一入德从	曾开一平登心	曾开一上等溪	曾开一入德溪	曾开三平蒸帮	曾开三入职来	曾开三入职澄
富春	poʔ⁷	moʔ⁸	təŋ¹	zeʔ⁸	səŋ¹	kʰiŋ³	kʰieʔ⁷	piŋ¹	lieʔ⁸	dzeʔ⁸
大源	poʔ⁷	moʔ⁸	təŋ¹	zeʔ⁸	səŋ¹	kʰiŋ³	kʰieʔ⁷	piŋ¹	lieʔ⁸	dzeʔ⁸
鹿山	poʔ⁷	moʔ⁸	təŋ¹	zeʔ⁸	səŋ¹	kʰiŋ⁵	kʰieʔ⁷	piŋ¹	lieʔ⁸	dʑieʔ⁸
龙门	poʔ⁷	moʔ⁸	təŋ¹	zeʔ⁸	səŋ¹	kʰiŋ⁵	kʰieʔ⁷	piŋ¹	lieʔ⁸	dʑieʔ⁸
常安	poʔ⁷	moʔ⁸	təŋ¹	zeʔ⁸	səŋ¹	kʰĩ⁵	kʰieʔ⁷	pĩ¹	lieʔ⁸	dʑieʔ⁸
湖源	poʔ⁷	moʔ⁸	təŋ¹	zeʔ⁸	səŋ¹	kʰiŋ⁵	kʰieʔ⁷	piŋ¹	lieʔ⁸	dʑieʔ⁸
东图	poʔ⁷	moʔ⁸	təŋ¹	zeʔ⁸	səŋ¹	kʰiŋ³	kʰieʔ⁷	piŋ¹	lieʔ⁸	dʑieʔ⁸
银湖	poʔ⁷	moʔ⁸	təŋ¹	zeʔ⁸	səŋ¹	kʰiŋ⁵	kʰeʔ⁷	piŋ¹	lieʔ⁸	dʑieʔ⁸
渔山	pəʔ⁷	məʔ⁸	təŋ¹	zəʔ⁸	səŋ¹	kʰiŋ³	kʰieʔ⁷	piŋ¹	lieʔ⁸	dzəʔ⁸
常绿	poʔ⁷	moʔ⁸	tẽ¹	zeʔ⁸	sẽ³	kʰiŋ³	kʰieʔ⁷	piŋ¹	lieʔ⁸	dzeʔ⁸

	侧	色	织	升	国	百	拍	白	冷	拆
	曾开三入职庄	曾开三入职生	曾开三入职章	曾开三平蒸书	曾合一入德见	梗开二入陌帮	梗开二入陌滂	梗开二入陌並	梗开三上梗来	梗开二入陌彻
富春	tsʰəʔ⁷	səʔ⁷	tsəʔ⁷	ɕiŋ¹	kuoʔ⁷	paʔ⁷	pʰaʔ⁷ ~手, pʰoʔ ~照相	baʔ⁸	læ⁶	tsʰaʔ⁷
大源	tsʰeʔ⁷	seʔ⁷	tseʔ⁷	ɕiŋ¹	kuoʔ⁷	paʔ⁷	pʰaʔ⁷ ~手, pʰoʔ ~照片	baʔ⁸	lã⁶	tsʰaʔ⁷
鹿山	tseʔ⁷ 身体~转	seʔ⁷	tɕieʔ⁷	ɕiŋ¹	kuoʔ⁷	paʔ⁷	pʰaʔ⁷ ~手, pʰoʔ ~照相	baʔ⁸	lã⁶	tɕʰiaʔ⁷ 老, tsʰaʔ⁷
龙门	tsʰeʔ⁷, tseʔ⁷ 身体~一~	seʔ⁷	tɕieʔ⁷	ɕiŋ¹	kuoʔ⁷	paʔ⁷	pʰaʔ⁷ ~手, pʰoʔ ~照	baʔ⁸	lã⁴	tɕʰiaʔ⁷
常安	tsʰeʔ⁷, tseʔ⁷ ~转	seʔ⁷	tɕieʔ⁷	ɕĩ¹	kuoʔ⁷	paʔ⁷	pʰaʔ⁷ ~手, pʰoʔ ~照片	baʔ⁸	lã⁴	tsʰaʔ⁷
湖源	tsʰeʔ⁷	seʔ⁷	tɕieʔ⁷	ɕiŋ¹	kuoʔ⁷	paʔ⁷	pʰaʔ⁷ ~手, pʰoʔ ~照片	baʔ⁸	lã⁴	tsʰaʔ⁷
东图	tseʔ⁷	seʔ⁷	tɕieʔ⁷	ɕiŋ¹	kuoʔ⁷	paʔ⁷	pʰaʔ⁷ ~手, pʰoʔ ~照	baʔ⁸	lã⁶	tɕʰiaʔ⁷
银湖	tsʰeʔ⁷	seʔ⁷	tɕieʔ⁷	ɕiŋ¹	koʔ⁷	paʔ⁷	pʰaʔ⁷	baʔ⁸	lã³	tsʰaʔ⁷
渔山	tsəʔ⁷	səʔ⁷	tsəʔ⁷	səŋ¹	kuaʔ⁷	paʔ⁷	pʰaʔ⁷	baʔ⁸	lã⁴	tsʰaʔ⁷
常绿	tsʰeʔ⁷	seʔ⁷	tseʔ⁷	seŋ¹	koʔ⁷	paʔ⁷	pʰaʔ⁷	baʔ⁸	lã⁴	tsʰaʔ⁷

	生~小人	更	梗~塞	梗植物茎	客	硬	麦	摘	争争吵	策
	梗开二平庚生	梗开二平庚见	梗开二上梗见	梗开二上梗见	梗开二入陌溪	梗开二去映疑	梗开二入麦明	梗开二入麦知	梗开二平耕庄	梗开二入麦初
富春	sæ̃¹	kæ̃⁵ 半夜三~, kiŋ⁵	kiŋ³	kuæ̃³	kʰaʔ⁷	ŋæ̃⁵	maʔ⁸	tsaʔ⁷	tsæ̃⁷	tsʰaʔ⁷
大源	sã¹	kã¹ 五~, kiŋ⁵ ~改	kiŋ³	kuã³ 菜~	kʰaʔ⁷	ŋã⁵	maʔ⁸	tsaʔ⁷	tsã¹ 天夺地	tsʰaʔ⁷
鹿山	ɕiã¹	kã¹ 打~、五~, kiŋ⁵ 自力~生	kiŋ³	kuã³ 菜~	kʰaʔ⁷	ã⁵	maʔ⁸	tɕiaʔ⁷	tɕiã¹ ~天夺地	tsʰeʔ
龙门	ɕiã¹	kã¹ 敲~, kiŋ⁵ 自力~生	kiŋ³	kuã³ 树~子	kʰaʔ⁷	ŋã⁵	maʔ⁸	tɕiaʔ⁷	tɕiã¹	tsʰeʔ⁷
常安	ɕiã¹	kã¹ 五~, kĩ⁵ 自力~生	kĩ³	kuã³ 树~子	kʰaʔ⁷	ŋã⁵	maʔ⁸	tɕiaʔ⁷	tɕiã¹	tsʰaʔ⁷
湖源	sã¹	kã¹ 三~, kiŋ⁵ 自力~生	kiŋ³	kuã³ 树~子	kʰaʔ⁷	ŋã⁵	maʔ⁸	tɕiaʔ⁷	tsã¹	tsʰaʔ⁷
东图	ɕiã¹	kã¹ 敲~, kiŋ⁵ 自力~生	kiŋ³	kuã³ 树~子	kʰaʔ⁷	ã⁶	maʔ⁸	tɕiaʔ⁷, tɕiã¹	tɕiã¹	tsʰeʔ⁷
银湖	sã¹	kã¹ 五~, kiŋ⁵ 自力~生	kiŋ³	kuã³ 树~子	kʰaʔ⁷	ŋã⁶	maʔ⁸	tsaʔ⁷	tsã¹	tsʰaʔ⁷
渔山	sã¹	kã¹, kiŋ¹	kã³, kiŋ¹	kuã³	kʰaʔ⁷	ŋã⁶	maʔ⁸	tsaʔ⁷	tsã¹	tsʰaʔ⁷
常绿	sã¹	kã¹, kiŋ¹	kã³	kuã³	kʰaʔ⁷	ŋã²	maʔ⁸	tsaʔ⁷	tsã¹	tsʰaʔ⁷

	耕	兵	柄	病	镜	影	井	清	尺	城
	梗开二平耕见	梗开三平庚帮	梗开三去映帮	梗开三去映並	梗开三去映见	梗开三上梗影	梗开三上静精	梗开三平清清	梗开三入昔昌	梗开三平清禅
富春	kã¹, kiŋ¹	piŋ¹	piŋ⁵	biŋ⁶	tɕiŋ⁵	iŋ³	tɕiŋ³	tɕʰiŋ¹	tsʰəʔ⁷	dzəŋ²
大源	kã¹, kiŋ¹	piŋ¹	piŋ⁵	biŋ⁶	tɕiŋ⁵	iŋ³	tɕiŋ³	tɕʰiŋ¹	tsʰeʔ⁷	dzəŋ²
鹿山	kã¹~田	piŋ¹	piŋ⁵	biŋ⁶	tɕiŋ⁵	iŋ³	tɕiŋ³	tɕʰiŋ¹	tɕʰieʔ⁷	dzəŋ²
龙门	kã¹~田, kiŋ¹~读世家	piŋ¹	piŋ⁵	biŋ⁶	tɕiŋ⁵	iŋ³	tsiŋ³	tsʰiŋ¹	tɕʰieʔ⁷	dziŋ²
常安	kã¹~田	pĩ¹	pĩ⁵	bĩ⁶	tɕĩ⁵	ĩ³	tsĩ⁵	tsʰĩ¹	tɕʰieʔ⁷	dziŋ²
湖源	kã¹~田	piŋ¹	piŋ⁵	biŋ⁶	tɕiŋ⁵	iŋ³	tsiŋ⁵	tsʰiŋ¹	tɕʰieʔ⁷	dziŋ²
东图	kã¹~田	piŋ¹	piŋ⁵	biŋ⁶	tɕiŋ⁵	iŋ³	tsiŋ³	tsʰiŋ¹	tɕʰiaʔ⁷	dziŋ²
银湖	kã¹~田, kiŋ¹	piŋ¹	piŋ⁵	biŋ⁶	tɕiŋ⁵	iŋ³	tsiŋ⁵	tsʰiŋ¹	tɕʰieʔ⁷	dzəŋ²
渔山	kã¹, kiŋ¹	piŋ¹	piŋ⁵	biŋ⁶	tɕiŋ⁵	iŋ³	tɕiŋ³	tɕʰiŋ¹	tsʰəʔ⁷	dzəŋ²
常绿	kã¹	piŋ¹	piŋ³	biŋ²	tɕiŋ¹	iŋ³	tɕiŋ³	tɕʰiŋ¹	tsʰeʔ⁷	dzəŋ²

	轻	壁	顶	厅	零	星	锡	横	兄	荣
	梗开三平清溪	梗开四入锡帮	梗开四上迥端	梗开四平青透	梗开四平青来	梗开四平青心	梗开四入锡心	梗合二平庚匣	梗合三平庚晓	梗合三平庚云
富春	tɕʰiŋ¹	pieʔ⁷	tiŋ³	tʰiŋ¹	niŋ²	ɕiŋ¹	ɕieʔ⁷	uã²	ɕyoŋ¹	yoŋ²
大源	tɕʰiŋ¹	pieʔ⁷	tiŋ³	tʰiŋ¹	niŋ²	ɕiŋ¹	ɕieʔ⁷	uã²	ɕyoŋ¹	yoŋ²
鹿山	tɕʰiŋ¹	pieʔ⁷	tiŋ³	tʰiŋ¹	niŋ²	ɕiŋ¹	ɕieʔ⁷	uã²	ɕyoŋ¹	yoŋ²
龙门	tɕʰiŋ¹	pieʔ⁷	tiŋ³	tʰiŋ¹	liŋ²	siŋ¹	sieʔ⁷	uã²	ɕyoŋ¹	yoŋ²
常安	tɕʰĩ¹	pieʔ⁷	tĩ³	tʰĩ¹	lĩ²	sĩ¹	sieʔ⁷	uã²	ɕyoŋ¹	yoŋ²
湖源	tɕʰiŋ¹	pieʔ⁷	tiŋ³	tʰiŋ¹	liŋ²	siŋ¹	sieʔ⁷	uã²	ɕyoŋ¹	yoŋ²
东图	tɕʰiŋ¹	pieʔ⁷	tiŋ³	tʰiŋ¹	liŋ²	siŋ¹	sieʔ⁷	uã², uã¹蛮横	ɕyoŋ¹	yoŋ²
银湖	tɕʰiŋ¹	pieʔ⁷	tiŋ³	tʰiŋ¹	niŋ²	siŋ¹	ɕieʔ⁷	uã², uã⁵蛮横	ɕioŋ¹	ioŋ²
渔山	tɕʰiŋ¹	pieʔ⁷	tiŋ³	tʰiŋ¹	liŋ²	ɕiŋ¹	ɕieʔ⁷	ɦuã²	ɕyəŋ¹	ɦyəŋ²
常绿	tɕʰiŋ¹	pieʔ⁷	tiŋ³	tʰiŋ¹	niŋ²	ɕiŋ¹	ɕieʔ⁷	ɦuã²	ɕyoŋ¹	ɦyoŋ²

附录 代表点音系及字音对照表

	木	东	懂	冻	通	桶	痛	铜	动	洞
	通合一入屋明	通合一平东端	通合一上懂端	通合一去送端	通合一平东透	通合一上懂透	通合一去送透	通合一平东定	通合一上懂定	通合一去送定
富春	moʔ⁸	toŋ¹	toŋ³	toŋ⁵	tʰoŋ¹	doŋ⁴	tʰoŋ⁵	doŋ²	doŋ⁶	doŋ⁶
大源	moʔ⁸	toŋ¹	toŋ³	toŋ⁵	tʰoŋ¹	doŋ⁶	tʰoŋ⁵	doŋ²	doŋ⁶	doŋ⁶
鹿山	moʔ⁸	toŋ¹	toŋ³	toŋ⁵	tʰoŋ¹	doŋ⁴	tʰoŋ⁵	doŋ²	doŋ²	doŋ²
龙门	moʔ⁸	toŋ¹	toŋ³	toŋ⁵	tʰoŋ¹	doŋ⁶	tʰoŋ⁵	doŋ²	doŋ⁴	doŋ⁶
常安	moʔ⁸	toŋ¹	toŋ³	toŋ⁵	tʰoŋ¹	doŋ⁴	tʰoŋ⁵	doŋ²	doŋ⁴	doŋ⁶
湖源	moʔ⁸	toŋ¹	toŋ³	toŋ⁵	tʰoŋ¹	doŋ⁴	tʰoŋ⁵	doŋ²	doŋ⁴	doŋ⁶
东图	moʔ⁸	toŋ¹	toŋ³	toŋ⁵	tʰoŋ¹	doŋ⁶	tʰoŋ⁵	doŋ²	doŋ⁶	doŋ⁶
银湖	moʔ⁸	toŋ¹	toŋ³	toŋ⁵	tʰoŋ¹	doŋ⁶	tʰoŋ⁵	doŋ²	doŋ⁶	doŋ⁶
渔山	məʔ⁸	təŋ¹	təŋ³	təŋ¹	tʰəŋ¹	dəŋ⁴	tʰəŋ¹	dəŋ²	dəŋ⁴	dəŋ⁶
常绿	moʔ⁸	toŋ¹	toŋ³	toŋ¹	tʰoŋ¹	doŋ⁴	tʰoŋ¹	doŋ²	doŋ⁴	doŋ²

	聋	弄~堂	粽	公	穀	哭	红	虹~赤	冬	统
	通合一平东来	通合一去送来	通合一去送精	通合一平东见	通合一入屋见	通合一入屋溪	通合一平东匣	通合一平东匣	通合一平冬端	通合一去宋透
富春	loŋ²	loŋ⁵	tsoŋ⁵	koŋ¹	kuoʔ⁷	kʰuoʔ⁷	oŋ²	oŋ²	toŋ¹	tʰoŋ³
大源	loŋ²	loŋ⁵	tsoŋ⁵	kuoŋ¹	kuoʔ⁷	kʰuoʔ⁷	ŋ̍²	ŋ̍²	toŋ¹	tʰoŋ³
鹿山	loŋ²	loŋ⁵	tsoŋ⁵	koŋ¹	kuoʔ⁷	kʰuoʔ⁷	oŋ²	oŋ²	toŋ¹	tʰoŋ³
龙门	loŋ²	loŋ⁵	tsoŋ⁵	kuoŋ¹	kuoʔ⁷	kʰuoʔ⁷	oŋ²	oŋ²	toŋ¹	tʰoŋ³
常安	loŋ²	loŋ⁵	tsoŋ⁵	koŋ¹	kuoʔ⁷	kʰuoʔ⁷	oŋ²	oŋ²	toŋ¹	tʰoŋ³
湖源	loŋ²	loŋ⁶	tsoŋ⁵	koŋ¹	kuoʔ⁷	kʰuoʔ⁷	oŋ²	oŋ²	toŋ¹	tʰoŋ³
东图	loŋ²	loŋ⁶	tsoŋ⁵	koŋ¹	kuoʔ⁷	kʰuoʔ⁷	oŋ²	oŋ²	toŋ¹	tʰoŋ³
银湖	loŋ²	loŋ⁵	tsoŋ⁵	koŋ¹	koʔ⁷	kʰoʔ⁷	oŋ²	oŋ²	toŋ¹	tʰoŋ³
渔山	ləŋ¹	ləŋ¹	tsəŋ⁵	kuəŋ¹	kuəʔ⁷	kʰuəʔ⁷	ɦuəŋ²	ɦuəŋ²	təŋ¹	tʰəŋ³
常绿	loŋ²	noŋ¹	tsoŋ¹	koŋ¹	koʔ⁷	kʰoʔ⁷	ŋ̍²	ŋ̍²	toŋ¹	tʰoŋ¹

	毒	脓	风	六	宿住~	中	竹	虫	肉	宫
	通合一入沃定	通合一平冬泥	通合三平东非	通合三入屋来	通合三入屋心	通合三平东知	通合三入屋知	通合三平东澄	通合三入屋日	通合三平东见
富春	doʔ⁸	loŋ²	foŋ¹	loʔ⁸	soʔ⁷	tɕyoŋ¹	tɕyoʔ⁷	dʑyoŋ²	n̠yoʔ⁸	koŋ¹
大源	doʔ⁸	loŋ⁵出~	foŋ¹	loʔ⁸	soʔ⁷	tɕyoŋ¹	tɕyoʔ⁷	dʑyoŋ²	n̠yoʔ⁸	kuoŋ¹
鹿山	doʔ⁸	loŋ²	foŋ¹	loʔ⁸	soʔ⁷	tɕyoŋ¹	tɕyoʔ⁷	dʑyoŋ²	n̠yoʔ⁸	koŋ¹
龙门	doʔ⁸	loŋ⁵	foŋ¹	loʔ⁸	soʔ⁷	tɕyoŋ¹	tɕyoʔ⁷	dʑyoŋ²	n̠yoʔ⁸	kuoŋ¹
常安	doʔ⁸	noŋ²	foŋ¹	loʔ⁸	soʔ⁷	tɕyoŋ¹	tɕyoʔ⁷	dʑyoŋ²	n̠yoʔ⁸	koŋ¹
湖源	doʔ⁸	noŋ²	foŋ¹	loʔ⁸	soʔ⁷	tɕyoŋ¹	tɕyoʔ⁷	dʑyoŋ²	n̠yoʔ⁸	koŋ¹
东图	doʔ⁸	loŋ²	foŋ¹	loʔ⁸	soʔ⁷	tɕyoŋ¹	tɕyoʔ⁷	dʑyoŋ²	n̠yoʔ⁸	koŋ¹
银湖	doʔ⁸	loŋ²	foŋ¹	loʔ⁸	ɕioʔ⁷	tɕioŋ¹	tɕioʔ⁷	dʑioŋ²	n̠ioʔ⁸	koŋ¹
渔山	dəʔ⁸	n̠yəŋ²	fəŋ¹	ləʔ⁸	səʔ⁷	tɕyəŋ¹	tɕyəʔ⁷	dʑyəŋ²	n̠yəʔ⁸	kuəŋ¹
常绿	doʔ⁸	loŋ²	hoŋ¹	loʔ⁸	soʔ⁷	tɕyoŋ¹	tɕyoʔ⁷	dʑyoŋ²	n̠yoʔ⁸	koŋ¹

	菊	雄	蜂	龙	绿	足~球	松~树	肿	烛	共
	通合三入屋见	通合三平东云	通合三平钟敷	通合三平钟来	通合三入烛来	通合三入烛精	通合三平钟邪	通合三上肿章	通合三入烛章	通合三去用群
富春	tɕyoʔ⁷	yoŋ²	foŋ¹	loŋ²	loʔ⁸	tsoʔ⁷	soŋ¹	tɕyoŋ³	tɕyoʔ⁷	goŋ⁶
大源	tɕyoʔ⁷	yoŋ²	foŋ¹	loŋ²	loʔ⁸	tsoʔ⁷	soŋ¹	tɕyoŋ³	tɕyoʔ⁷	guoŋ⁶
鹿山	tɕyoʔ⁷	yoŋ²	foŋ¹	loŋ²	loʔ⁸	tsoʔ⁷	soŋ¹	tɕyoŋ³	tɕyoʔ⁷	goŋ⁶
龙门	tɕyoʔ⁷	yoŋ²	foŋ¹	loŋ²	loʔ⁸	tsoʔ⁷	soŋ¹	tɕyoŋ³	tɕyoʔ⁷	guoŋ⁶
常安	tɕyoʔ⁷	yoŋ²	foŋ¹	loŋ²	loʔ⁸	tsoʔ⁷	soŋ¹	tɕyoŋ³	tɕyoʔ⁷	goŋ⁶
湖源	tɕyoʔ⁷	yoŋ²	foŋ¹	loŋ²	loʔ⁸	tsoʔ⁷	soŋ¹	tɕyoŋ³	tɕyoʔ⁷	goŋ⁶
东图	tɕyoʔ⁷	yoŋ²	foŋ¹	loŋ²	loʔ⁸	tsoʔ⁷	soŋ¹	tɕyoŋ³	tɕyoʔ⁷	goŋ⁶
银湖	tɕioʔ⁷	ioŋ²	foŋ¹	loŋ²	loʔ⁸	tsoʔ⁷	soŋ¹	tɕioŋ³	tɕioʔ⁷	goŋ⁶
渔山	tɕyəʔ⁷	ɦyəŋ²	fəŋ¹	ləŋ²	ləʔ⁸	tsəʔ⁷	səŋ¹	tɕyəŋ³	tɕyəʔ⁷	guəŋ⁶
常绿	tɕyoʔ⁷	ɦyoŋ²	hoŋ¹	loŋ²	loʔ⁸	tsoʔ⁷	soŋ¹	tɕyoŋ³	tɕyoʔ⁷	goŋ⁶

	局	用
	通合三入烛群	通合三去用以
富春	dʑyoʔ⁸	yoŋ⁵
大源	dʑyoʔ⁸	yoŋ⁵
鹿山	dʑyoʔ⁸	yoŋ⁵
龙门	dʑyoʔ⁸	yoŋ⁵
常安	dʑyoʔ⁸	yoŋ⁵
湖源	dʑyoʔ⁸	yoŋ⁵
东图	dʑyoʔ⁸	yoŋ⁶
银湖	dʑioʔ⁸	ioŋ⁶
渔山	dʑyəʔ⁸	ɦiyəŋ⁶
常绿	dʑyoʔ⁸	ɦiyoŋ²

参考文献

鲍士杰　1988　浙江西北部吴语与官话的边界,《方言》第 1 期。
鲍士杰　1998　《杭州话音档》,上海教育出版社。
北大中文系语言学教研室编　1995　《汉语方言词汇》(第二版),语文出版社。
曹茜蕾　2007　汉语方言的处置标记的类型,《语言学论丛》36：184 - 209,商务印书馆。
曹志耘　1996　《金华方言词典》,江苏教育出版社。
曹志耘　2002　《南部吴语语音研究》,商务出版社。
曹志耘　2011　汉语方言的地理分布类型,《语言教学与研究》第 5 期。
曹志耘等　2000　《吴语处衢方言研究》,[日]好文出版。
曹志耘主编　2008　《汉语方言地图集·词汇卷》,商务印书馆。
曹志耘　秋谷裕幸主编　2016　《吴语婺州方言研究》,商务印书馆。
陈山青　1993　《汨罗长乐方言研究》,湖南教育出版社。
陈忠敏　1996　论北部吴语一种代词前缀"是",载《语言研究》第 2 期。
赤松祐子　1991　湖州音系,[日]《均社论丛》第 17 号,京都大学文学部。
大西博子　1999　《萧山方言研究》,[日]好文出版。
戴昭铭　2006　《天台方言研究》,中华书局。
德清县志编委会　1992　《德清县志》,浙江人民出版社。

丁邦新　2002　汉语方言中的"特字"——一致的例外，*Journal of Chinese Linguistics* 30.1：1-15.

傅国通等　1985　《浙江吴语的分区》，浙江省语言学会编委会。

傅国通　郑张尚芳主编　2015　《浙江省语言志》，浙江人民出版社。

富阳县地方志编纂委员会　1993　《富阳县志》，浙江人民出版社。

海宁史志办　2009　《海宁方言志》，浙江人民出版社。

胡明扬　1992　《海盐方言志》，浙江人民出版社。

胡松柏　林芝雅　2008　《铅山方言研究》，文化艺术出版社。

胡正武　2011　台州方言词语溯源，载游汝杰等主编《吴语研究》（六），上海教育出版社。

黄晓东　2007　临海方言音系，《方言》第1期。

黄晓东　2010　衢州柯城区方言音系，《吴语研究》（五），上海教育出版社。

黄晓东　2015　吴语婺州方言齐韵字的读音，第三届音韵与方言青年学者论坛（安徽大学）。

高志佩　辛创　杨开莹　1991　宁波方言同音字汇，《宁波大学学报》（人文社科版）第1期。

顾春蕾　2007　浙江诸暨方言同音字汇，《现代语文》第9期。

江蓝生　2014　"趁钱"南北词义考——由偏指引起的词义演变，《历史语言学研究》第八辑，商务印书馆。

金有景　1982　关于浙江方言中咸山两摄三四等字的分别，《语言研究》第1期。

李如龙　2001　闽语的特征词，载李如龙主编《汉语方言的特征词研究》，厦门大学出版社。

李荣　1965　语音演变规律的例外，《中国语文》第2期。

李荣　1966　温岭方言语音分析，《中国语文》第1期。

李荣　1982　从现代方言论古群母有一、二、四等，载《音韵存稿》，商务印书馆。

李荣　1992　方言词典说略，《方言》4：243-254。

李　荣　1994　禁忌字举例,《方言》3:161-169。

李小凡　陈宝贤　2002　从"港"的词义演变和地域分布看古吴语的北界,《方言》第3期。

李旭平　2014　吴语及其邻近方言中数词和亲属名词连用现象的考察,《中国语文》2014(1):75-77。

李旭平　2015a　富阳方言的否定词和否定句,第二届吴语语法研究研讨会(浙江财经大学,9月)。

李旭平　2015b　吴语富阳话关系从句的调查报告,"中国境内语言及文化研讨会"(澳门大学,12月)。

刘丹青　1992　吴江方言[g]声母字研究,《语言研究》第2期。

刘丹青　2003　《语序类型学与介词理论》,商务印书馆。

林晓晓　2012　浙江台州路桥方言同音字汇,《方言》第2期。

罗美珍　林立芳　饶长溶主编　2004　《客家话通用词典》,中山大学出版社。

梅祖麟　2012　重纽在汉语方言的反映——兼论《颜氏家训》所论"奇""祇"之别,《方言》第2期。

梅祖麟　2015　试释《颜氏家训》里的"南染吴越,北杂夷虏"——兼论现代闽语的来源,《语言暨语言学》16.2。

潘悟云　1995a　"囡"所反映的音韵地位,《语言研究》第1期。

潘悟云　1995b　温、处方言和闽语,载《吴语与闽语的比较研究》(《中国东南方言比较研究丛书》第一辑),上海教育出版社,1995。

潘悟云　2002a　吴语中麻韵与鱼韵的历史层次,丁邦新、张双庆主编《闽语及其与周边方言的关系》,香港中文大学出版社。

潘悟云　2002b　吴闽语中的音韵特征词——三等读入二等的音韵特征词,(台)《声韵论丛》12:175-188。

彭燕飞　2008　《衢州九华话的声韵调系统研究》,浙江大学硕士学位论文。

钱乃荣　1992a　《当代吴语研究》,上海教育出版社。

钱乃荣　1992b　《杭州方言志》,[日]好文出版。

钱曾怡　2003　长乐话音系,《方言》第 4 期。

钱曾怡　2008　《钱曾怡汉语方言研究文选》,山东大学出版社。

秋谷裕幸　1999　也谈吴语处衢方言中的闽语成分,《语言研究》第 1 期。

秋谷裕幸　2000　江西广丰方言音系,《方言》第 3 期。

秋谷裕幸等　2002　《吴语兰溪东阳方言调查报告》,平成 13—15 年度成果报告书。

秋谷裕幸　汪维辉　吴语中表示"左"的本字,《语文研究》第 4 期。

覃远雄　韦树关　卞成林　1997　《南宁平话词典》,江苏教育出版社。

阮咏梅　2013　《温岭方言研究》,中国社科出版社。

沈钟伟　2016　吴语 ɦ 的音系地位,《吴语研究》第八辑,上海教育出版社。

盛益民　2010　绍兴柯桥话多功能虚词"作"的语义演变——兼论太湖片吴语受益者标记来源的三种类型,《语言科学》第 2 期。

盛益民　2013a　吴语绍兴柯桥话音系,《东方语言学》第 12 辑。

盛益民　2013b　吴语人称代词复数标记来源的类型学研究,《语言学论丛》第 48 辑,商务印书馆。

盛益民　2014　《吴语绍兴柯桥话参考语法》,南开大学博士学位论文。

盛益民　2015　汉语吴方言的"处所成分-指示词"演化圈,载 *International Journal of Chinese Linguistics*,第 3 期,John Benjamins Publishing Company。

盛益民　2016a　论"玉米"名称的来源,《语言文字周报》总第 1687 号。

盛益民　2016b　古杭州、严州府交界地带的富阳东梓关方言,载郑伟主编《边界方言与音韵音系演变论集》,中西书局。

盛益民　2017　北部吴语蟹摄一等咍灰韵的读音类型及历史演变,(台湾"中央"研究院语言研究所会议论文)。

盛益民　丁　健　2015　从语言演化看台州路桥方言介音增生的重复性发生,第七届演化语言学国际研讨会论文(南开大学,2015.6)。

盛益民　李旭平　2015　吴语富阳(春江)方言音系,《东方语言学》第15辑,上海教育出版社。

盛益民　毛　浩　待刊　南部吴语人称代词复数标记来源类型新探——从浦江(虞宅)方言的人称代词谈起,《汉语史学报》待刊。

施　俊　2010　《义乌方言声调研究》,暨南大学硕士学位论文。

施文涛　1979　宁波方言本字考,《方言》3：161-170。

石汝杰　1985　《川沙音系》,复旦大学硕士学位论文。

石汝杰　宫田一郎　2005　《明清吴语词典》,上海辞书出版社。

汤珍珠　陈忠敏　吴新贤　1997　《宁波方言词典》,江苏教育出版社。

陶　寰　1996a　《绍兴市志・方言卷》(任桂全主编),浙江人民出版社。

陶　寰　1996b　绍兴方言的体,载张双庆主编《动词的体》,香港中大中国文化研究所吴多泰中国语文研究中心。

陶　寰　2003　吴语一等韵带介音研究——以侯韵为例,《吴语研究》,上海教育出版社。

陶　寰　2016　云匣母的读音和共同吴闽语时期全浊声母的清化,第一届汉语史研究的材料、方法与学术史观研讨会暨南京大学汉语史研究所成立大会(南京大学)。

陶　寰　盛益民　2017　论吴闽语的一个同源词"桸",《语言文字周报》第1715号。

桐乡市方志办　2014　《桐乡方言志》,方志出版社。

肖　萍　2011　《余姚方言研究》,浙江大学出版社。

萧山区地方志办公室　2013　《萧山市志》,浙江人民出版社。

项梦冰　2014a　汉语方言里的拾取义动词(下),《民俗典籍文字研究》第1期。

项梦冰　2014b　吴语的"鲎"(虹),《长江学术》第3期。

谢留文　2003　《客家方言语音研究》,中国社科出版社。

徐　越　2007　《浙北杭嘉湖方言语音研究》,中国社科出版社。

徐　越　2015　《钱塘江方言》,杭州出版社。

许宝华　汤珍珠主编　1988　《上海市区方言志》,上海教育出版社。

许宝华　陶　寰　2015　《松江方言研究》,复旦大学出版社。

汪　平　1987　苏州音系再分析,《语言研究》第1期。

汪　平　2011　《苏州方言研究》,中华书局。

汪维辉　2016　说"脖子",朱庆之、汪维辉、董志翘、何毓玲编《汉语历史语言学的传承与发展——张永言先生从教六十五周年纪念文集》,复旦大学出版社。

汪维辉　秋谷裕幸　2010　汉语"站立"义词的现状与历史,《中国语文》第4期。

王福堂　2003　方言本字考证说略,《方言》第4期。

王福堂　2008a　绍兴方言同音字汇,《方言》第1期。

王福堂　2008b　绍兴方言韵母又读中的ɒ和a,《语言学论丛》37辑,商务印书馆。

王福堂　2015　《绍兴方言研究》,语文出版社。

王洪钟　2011　《海门方言研究》,中华书局。

俞光中　1988a　嘉兴方言同音字汇,《方言》第3期。

俞光中　1988b　嘉兴方言本字考,《方言》第4期。

叶祥苓　1988　《苏州方言志》,江苏教育出版社。

叶祥苓　郭宗俊　1991　宜兴方言同音字汇,《方言》第2期。

叶宗正　2011　《象山方言志》,中华书局。

袁　丹　2010　江苏常熟梅李方言同音字汇,《方言》第4期。

张洪明　2008　短语音系学理论与汉语连读变调研究,载沈阳、冯胜利主编《当代语言学理论和汉语研究》,商务印书馆。

张洪明　2014　韵律音系学与汉语韵律研究中的若干问题,《当代语言学》第3期。

张惠英　1980　吴语札记,《中国语文》第6期。

张惠英　2003　从吴语"官"表孩子说起,《吴语研究》(二),上海教育出版社。

张惠英　2009　《崇明方言研究》,中国社科出版社。

张　敏　2011　汉语方言双及物结构南北差异的成因:类型学研究引发的新问题,《汉语研究集刊》第4卷第2期,中华书局。

赵日新　2003　徽语中的几个本字,《吴语研究》(二),上海教育出版社。

赵元任　1956[1928]　《现代吴语的研究》,科学出版社。

赵则玲　2003　浙江兰溪方言音系,《宁波大学学报》(人文社科版),第4期。

赵则玲　大西博子　1999　萧山方言的若干内部差异,《方言》第1期。

浙江省桐庐县县志编纂委员会　1992　《桐庐方言志》,语文出版社。

郑　伟　2010　现代和早期吴语中"上"的完整体用法,《方言》第1期。

郑　伟　2013　《吴方言比较韵母研究》,商务印书馆。

郑　伟　2015　中古以后麻佳同韵的类型及其性质,《中国语文》第3期。

郑张尚芳　2002　闽语与浙南吴语的深层联系,载丁邦新主编《闽语研究及其与周边方言的关系》,中文大学出版社。

郑张尚芳　2008a　《温州方言志》,中华书局。

郑张尚芳　2008b　温州常用方言词本字辨正,《东方语言学》第3辑,上海教育出版社。

郑张尚芳　2010a　吴语方言的历史记录及文学反映,《东方语言学》第7辑,上海教育出版社。

郑张尚芳　2010b　汉语方言的零母鼻化现象,刊《中国语言学报》单刊《历时演变与语言接触:中国东南方言》,香港中文大学。

周志锋　2012　《周志锋解说宁波话》,语文出版社。

周振鹤　游汝杰　1986　《方言与中国文化》,上海人民出版社。

朱德熙 1982 《语法讲义》,商务印书馆。

Chappell, H.（曹茜蕾） 2015 Linguistic areas in China for differential object marking, passive and comparative constructions. In *Diversity in Sinitic Languages*, by H. Chappell (ed). Oxford: Oxford University Press. pp.13–52.

Chen, Matthew Y.（陈渊泉） 2000 *Tone Sandhi: Patterns Across Chinese Dialects*. Oxford University Press.

Kulikov, Leonid I. 2001 Causatives. In Haspelmath et al. (eds.) *Language Typology and Language Universals: An international handbook* (Vol. 2). Berlin/New York: Walter de Gruyter, 831–898.

Li, Xuping（李旭平） 2015 Emphatic pronouns in Wu Chinese: focalization and topicalization. In *Diversity in Sinitic Languages*, by H. Chappell (ed). Oxford: Oxford University Press.

Li, Xuping（李旭平）& Walter Bisang 2012 Classifiers in Sinitic languages: from individuation to definiteness marking. *Lingua* 122 (4): 335–355.

Norman, Jerry（罗杰瑞） 1979 Chronological strata in Min dialects.《方言》第4期。

Nespor M. & I. Vogel 1986 *Prosodic Phonology*. Dordrecht: Foris.

Selkirk, Elizabeth 1984 *Phonology and Syntax*. Massachusettes: Massachusettes Institute of Technology Press.

Shen, Zhongwei（沈钟伟） 2007 Syllabic nasals in Chinese Dialects,载《中国语言学集刊》第1期。

Simmons, Richard VanNess（史皓元） 1992 *The Hangzhou Dialect*. Ph.D. dissertation. University of Washington, Seattle.

后记一

　　根据《中国语言地图集》，吴语太湖片临绍小片包括的范围为原绍兴府的山阴、会稽、萧山、上虞、余姚、诸暨、嵊县、新昌8县（除萧山今属杭州、余姚今属宁波外，其余皆属绍兴），原杭州府的临安、於潜、昌化、富阳、新登5县和原严州府的桐庐、分水2县（以上7县今皆属杭州）。临绍小片绍兴部分和杭严部分的研究极度不平衡：绍兴部分材料丰富，绍兴、萧山、余姚、嵊州等地均有详细的调查报告或参考语法，而且研究人员充足且研究较为深入；而杭严部分除了桐庐有《桐庐方言志》之外，其他六县几无较为完整可靠的调查报告。有鉴于此，笔者希望能改变这一不平衡的现状，逐步调查杭严部分各点，本书就是笔者调查计划的初步成果。

　　本书富阳方言的材料由盛益民与李旭平共同调查所得。全书的分工为：第一章、第二章、第三章、第四章、第五章、第七章、第八章：盛益民撰写，李旭平提供修改意见；第六章：李旭平撰写，盛益民提供修改意见。

　　笔者与富阳方言渊源颇深。2009年暑假，潘悟云教授在上海师范大学主持推广使用田野调查系统TFW系统进行吴语调查的项目，其中太湖片由郑伟教授负责。笔者承蒙浙江外国语大学吴子慧教授推荐有幸参与了该项目，负责调查绍兴、萧山、余姚、诸暨、嵊州、新昌和富阳临绍小片的7个点，这是笔者第一次独立进行方言调查，也是第一次与富阳方言结缘。董仁青先生就是那一次调查富阳的发音人，从那以后，笔者与董老师结下了深厚的友谊，之后又数次赴富阳调查方言。2013年常熟类型学会议,通过王健教授引荐,有幸得以认识旭平兄。由于笔者调查富阳的经历,加之与旭平在诸多问题上的想法不谋而合,我们俩便萌生了一起合作调查富阳方言的念头。本书就是笔者与旭平几年来共同调查、研究富阳话的初步成果,不当之处还请读者不吝赐教!

这本书能顺利出版,首先要感谢诸位发音人的辛苦合作,尤其要感谢董仁青老师(调查了一份字表+5 000词)和许履潭老师(调查了一份字表+3 000词)的辛勤付出。作为本书主要发音人的董老师,是老浙大的毕业生,大学毕业后一直在富阳的工厂工作,不仅口音地道、对方言有浓厚的兴趣,而且对山川地理、动物植物、地名家谱等都有广泛的考察研究,从董老师那里笔者不仅调查到了地道的富阳话,还学到了诸多百科知识。董老师交友广泛,经常组织同事、朋友登山、旅游,本书的不少发音人就是经由董老师介绍认识的。而许履潭老师让我深刻感受到富阳内部差别之巨大,这对于从小生活于平原地区的我来说是莫大的触动,这也是促成我们广泛调查富阳内部差异的直接原因。还要感谢徐长德老师的大力协助,徐老师是1993年版《富阳县志》"方言"部分的撰写者,对富阳方言比较了解,同时还为我们提供了春建乡的方言并介绍了部分发音人。感谢富阳档案局洪岸科长等诸位同仁的大力协助联系发音人,并多次亲自带领我们下乡调查,为我们的富阳方言调查提供了莫大的便利。

感谢笔者的两位老师刘丹青教授和洪波教授一直以来的教导和栽培。感谢陶寰老师的大力支持与帮助,笔者在写作过程中时常与陶老师切磋讨论,不少问题得到了他的指点;全书初稿完成之后,又承蒙陶老师和林晓晓审阅一过,校正了本书不少疏漏;陶老师将本书纳入"吴语重点方言研究"系列丛书中,使得本书成为系列的第一批,这也让我们压力倍增,但愿本书不至于让人太过失望。感谢游汝杰教授、潘悟云教授大力推荐本书的出版,感谢两位外审专家中肯的修改意见。感谢复旦大学学术出版基金和复旦大学出版社对本书出版的资助,尤其要感谢复旦大学出版社孙晶女士与本书责编杜怡顺先生的大力支持和帮助,杜编辑细致认真的工作,使得本书的疏漏大大减少。感谢复旦大学中文系给笔者提供了一个良好的工作、生活环境,不仅支持笔者完成繁重的调查、研究任务,还为本书的撰写提供了优良的氛围;感谢系里领导、同事的诸多关怀,尤其要感谢陈忠敏教授一直以来对笔者的指导与帮助。感谢上海交通大学王佳亮同学帮忙绘制了本书的大部分方言地图。感谢我的父母一如既往的支持和鼓励!

盛益民

2017.02.16

改定于复旦大学光华楼

后记二

作为一个语言学学者,调查和记录自己的母语是一种使命。2008年秋博士第三年的时候,我在德国美茵茨大学访学,和汉学家Bisang教授合作写了有关富阳话"定指量词"的文章。这算是我第一篇正式的有关富阳话研究的文章。从此,敲开了我富阳话语法研究的大门,后来也陆陆续续写了富阳话中一些其他语法现象的文章。不过,想要更好地把握富阳话的全貌,仅仅懂语法肯定是不够的,词汇和语音也是重要组成部分。我有幸在2013冬季的常熟类型学会议上结识益民兄,得知之前他已经调查过两次富阳话的语音了。诧异之余,我内心也有一种欣慰感,有人把我想做但又不敢做的事给做了。更巧的是,他先前调查的那个点就在我的邻村——八一村。随后,就有了2014年到2016年,每年寒暑假的富阳话系列调查。我们基本上把大半个富阳跑遍了,从最初的八一村一个点,到后来的城区、东梓关、大源、虹赤、龙门、鹿山夏家、导岭、新桐、场口镇上和环山。我虽是一个土生土长的富阳人,但很多地方以前也都没去过,尤其是我们本地人所说的"上头"(指富阳南部地区,包括场口、龙门等乡镇)。这一圈跑下来,让我对富阳内部的方言差异和分化也有了一个基本的了解,我也惊讶于富阳方言的内部复杂性。在这个过程中,益民兄对于音韵学的精通和丰富的吴语调查经验,都让我获益匪浅。这个书稿最终能够付梓,益民兄的付出还是要比我多得多。

但是,对我个人来说,这本书的出版可能更是本人富阳方言研究一个新的开始,因为这几年的调查中,我们也发现了富阳方言内部的语法差异也比以前想得要大得多，所以还有很多的事情等着我们去做。作为一个富阳方言的母语者兼研究者，我想我会义不容辞地把富阳方言研究这个工作继续做下去。

从最初的调查到书稿的撰写，我想要首先感谢我家人的无私支持，能够允许我游离在家庭生活之外，全身心地投入调查工作。当然还要感谢益民，一个很棒的合作者。最后感谢复旦大学的陶寰老师一直以来的关心和帮助，很荣幸成为"吴语重点方言调查研究计划研究团队"的一员。

李旭平

2017年元月7日夜于富阳外沙

图书在版编目(CIP)数据

富阳方言研究/盛益民,李旭平著.—上海:复旦大学出版社,2018.1(2023.9重印)
(吴语重点方言研究丛书/陶寰主编)
ISBN 978-7-309-13379-0

Ⅰ.富…　Ⅱ.①盛…②李…　Ⅲ.吴语-方言研究-富阳　Ⅳ.H173

中国版本图书馆 CIP 数据核字(2017)第 278374 号

富阳方言研究
盛益民　李旭平　著
责任编辑/杜怡顺

复旦大学出版社有限公司出版发行
上海市国权路 579 号　邮编: 200433
网址: fupnet@fudanpress.com　http://www.fudanpress.com
门市零售: 86-21-65102580　团体订购: 86-21-65104505
出版部电话: 86-21-65642845
崇明裕安印刷厂

开本 787 毫米×960 毫米　1/16　印张 29.25　字数 374 千字
2023 年 9 月第 1 版第 3 次印刷

ISBN 978-7-309-13379-0/H·2767
定价: 80.00 元

如有印装质量问题,请向复旦大学出版社有限公司出版部调换。
版权所有　侵权必究